THEODORETI CYRENSIS
QUAESTIONES IN REGES ET PARALIPOMENA

TEXTOS Y ESTUDIOS
«CARDENAL CISNEROS»

(Colección fundada por FEDERICO PEREZ CASTRO)

32

CONSEJO SUPERIOR DE INVESTIGACIONES CIENTIFICAS

THEODORETI CYRENSIS QUAESTIONES IN REGES ET PARALIPOMENA

EDITIO CRITICA

por

NATALIO FERNANDEZ MARCOS

Y

JOSE RAMON BUSTO SAIZ

TEXTOS Y ESTUDIOS «CARDENAL CISNEROS»
DE LA BIBLIA POLÍGLOTA MATRITENSE
INSTITUTO «ARIAS MONTANO» C.S.I.C.
MADRID 1984

Obra subvencionada por la Comisión Asesora de Investigación
Científica y Técnica

Depósito legal: S. 134 - 1984
ISBN 84 - 00 - 05607 - 8
ISSN 0561 - 3481
EUROPA ARTES GRÁFICAS, S. A. Sánchez Llevot, 1
Salamanca, 1984

Suscripciones y pedidos:
Administración y Distribución
Servicio de Publicaciones C.S.I.C.
Vitrubio, 8
Madrid-6 (España)

I N D I C E

PROLOGO

Concluida la edición de las Quaestiones in Octateuchum *nos pareció conveniente extender nuestro trabajo editorial a las* Quaestiones in Reges et Paralipomena, *obra que formaba una unidad con la anterior al menos desde el punto de vista del género literario.*

Una consideración más detenida nos llevó pronto al convencimiento de que la edición proyectada no sólo estaba justificada sino que presentaba facetas nuevas que la hacían más sugerente. Dentro de nuestra perspectiva predominantemente bíblica, el texto luciánico en Reyes-Crónicas era un hecho admitido por todos los especialistas con independencia de las distintas opiniones existentes en torno al protoluciánico y su relación con la antigua Septuaginta y los textos hebreos de 4QSam. Todo lo que contribuyera a esclarecer y definir mejor dicho texto nos parecía una aportación importante dado que es éste uno de los puntos más debatidos en la investigación actual sobre la Septuaginta. El texto de Teodoreto a Reyes-Crónicas y su transmisión ofrecían unos problemas adicionales que añadían un nuevo estímulo a la investigación. Por un lado la edición de Sirmond (1642), reproducida por Schulze (1769) e impresa en Migne (PG 80, 527-858) no era de fiar como había comprobado Rahlfs en un sondeo realizado sobre las citas bíblicas de 3-4 Reyes (Septuaginta-Studien 1, *Göttingen 1904). Por otro, seguía perpetuándose en los catálogos una confusión de fondo entre los manuscritos propiamente catenáceos y aquellos que contenían las cuestiones de Teodoreto más una colección de añadidos de otros Padres, generalmente antioquenos, incógnita que sólo podía ser despejada mediante un examen exhaustivo de la tradición manuscrita.*

Toda edición crítica tiene un valor por sí misma, pues constituye un instrumento de trabajo indispensable para otras disciplinas como la lexicología y la historia de la lengua, la filología en el pleno sentido de la palabra, la exégesis, etc. En nuestro caso este valor se ve acrecentado por la repercusión que tiene el texto de Teodoreto críticamente establecido para el mejor conocimiento del texto luciánico en Reyes-Crónicas. Esta vertiente bíblica de nuestra investigación nos ha llevado a poner el máximo cuidado en la fijación y el estudio del texto bíblico de Teodoreto, un texto de capital importancia dados los problemas de restauración que presentan los libros de los Reyes y el hecho del pluralismo textual en los primeros estadios de su transmisión.

Nuestra obra es el resultado de años de trabajo y de la confluencia de una serie de colaboraciones entre las que cabe destacar la de las Bibliotecas que han atendido nuestra petición de manuscritos. En particular queremos agradecer a M. Ch. Astruc, de la Biblioteca Nacional de París las facilidades dadas para la consulta directa de algunos manuscritos griegos así como su información sobre la historia del gr. 842 *en el momento de entrar a formar parte de la* Bibliotheca Regia; *a J. Paramelle, del* Institut de Recherche et d'Histoire des Textes *por su información sobre el contenido de los mss.* Patmos 177 y 178; *a la Dra. Eva Irblich de la* Österreichische Nationalbibliothek *de Viena por su información acerca del manuscrito de Nikolsburg; a Mlle. F. Petit por habernos enviado amablemente fotocopia del* Metochion 252 *así como por su información sobre el* Berol. gr. 1 y Andritsaina, Δημοτικὴ Βιβλιοθήκη *(sin signatura). Con Mlle. Petit hemos mantenido un fecundo intercambio epistolar en torno a diversos aspectos de la tradición manuscrita de Teodoreto sobre todo en relación con el origen y clasificación de las* catenae. *Desde aquí nuestro agradecimiento por sus sabias observaciones.*

LOS AUTORES

SIGLAS

BASOR	Bulletin of the American Schools of Oriental Research. Cambridge, Mass.
BZ	Biblische Zeitschrift. Paderborn.
CBQ	Catholic Biblical Quarterly. Washington, D. C.
CC SG	Corpus Christianorum, Series Graeca. Leuven-Turnhout 1977-
CPG	M. Geerard, *Clavis Patrum Graecorum* I-IV, Turnhout 1974-1980.
DBS	Dictionnaire de la Bible. Supplement. Paris.
Field	F. Field, *Origenis Hexaplorum quae supersunt* I-II, Oxford 1875.
IOSCS	International Organization for Septuagint and Cognate Studies. Notre Dame, Indiana.
MSU	Mitteilungen des Septuaginta Unternehmens. Göttingen.
NGWGött	Nachrichten der Gesellschaft der Wissenschaften zu Göttingen.
PG	*Patrologia graeca*, ed. J.-P. Migne, Paris 1857-1866.
QO	N. Fernández Marcos - A. Sáenz-Badillos, *Theodoreti Cyrensis Quaestiones in Octateuchum. Editio Critica,* Madrid 1979.
QRP	*Quaestiones in Reges et Paralipomena* de Teodoreto. En caso de cita indica nuestra edición.
RB	Revue Biblique. Paris.
SC	Sources Chrétiennes. Paris.
Sef	Sefarad. Madrid.
ST	Studi e Testi. Roma.
TLZ	Theologische Literaturzeitung. Berlin.
TU	Texte und Untersuchungen zur Geschichte der altchristlichen Literatur. Leipzig 1882-
VTS	Vetus Testamentum (Supplement). Leiden.
ZAW	Zeitschrift für die Alttestamentliche Wissenschaft. Berlin.

INTRODUCCION

I. Las cuestiones a Reyes y Crónicas

Es sin duda una de las últimas obras de Teodoreto [1]. No se menciona en ninguna de las cartas en las que el obispo de Ciro enumera el catálogo de sus publicaciones [2]. Al contrario, en varios pasajes de las Cuestiones al Octateuco, a Reyes y a Crónicas remite Teodoreto a obras suyas anteriores. El más conocido es el de la cuestión primera del Levítico en donde alude a sus escritos contra los helenos, las herejías y los magos, a la interpretación de los profetas y de los evangelios [3]. Que las QRP fueron escritas a continuación de las *Quaestiones in Octateuchum* y a instancias del mismo Hipatio lo afirma Teodoreto claramente en su prólogo a los libros de los Reyes [4]. Todavía hay otros indicios internos en apoyo de esta suposición. En la cuestión 43 de 2 Reyes, al hablar del canto de David que coincide con el salmo 17, se excusa de explicarlo más a fondo por haberlo tratado ya al comentar los salmos [5].

---

[1] Sobre la vida de Teodoreto (393-ca. 466), aparte de la extensa *Historia Theodoreti* de P. Garnier escrita en París 1684 (PG 84, 89-198) y de la *Dissertatio de vita et scriptis Theodoreti* de J. L. Schulze, Halae 1769 (PG 80, 35-66), puede consultarse P. Canivet, *Thérapeutique des maladies helléniques*, I, SC 57, Paris 1958, 7-23 con la bibliografía allí incluida.

[2] Cf. P. Garnier, *Dissertatio II. De libris Theodoreti Cyrensis Episcopi* (PG 84, 198-368 y 205-207). Estas cartas son: la 82 dirigida a Eusebio de Ancira, la 115 dirigida a San León, la 116 enviada al sacerdote Renato y la 145 a los monjes de Constantinopla. Las tres últimas están escritas al final del año 449. Para las cartas de Teodoreto cf. la edición de Y. Azéma, *Théodoret de Cyr, Correspondence*, I, SC 40, Paris 1955; II, SC 98, Paris 1964 y III, SC 111, Paris 1965.

[3] Πολλαχοῦ μὲν ἡμῖν εἴρεται περὶ τούτων, κἂν τοῖς πρὸς ἕλληνας συγγεγραμμένοις κἂν τοῖς πρὸς τὰς αἱρέσεις, καὶ μέντοι κἂν τοῖς πρὸς τοὺς μάγους. Πρὸς δὲ τούτοις κἂν ταῖς τῶν προφητῶν ἑρμενείαις, καὶ τοῖς τῶν ἀποστόλων ὑπομνήμασιν (QO 153, 2-5).

[4] Ἐπειδὴ τῆς θείας χάριτος ἀπολαύσαντες, Μωϋσέως νομοθέτου τὰς βίβλους καὶ Ἰησοῦ τοῦ προφήτου καὶ τῶν Κριτῶν καὶ τῆς Ῥούθ ἡρμηνεύσαμεν... τὰς τῶν Βασιλειῶν ἀναπτύξωμεν ἱστορίας... ἵνα σου τὴν αἴτησιν, ἐρασμιώτατε Ὑπάτιε, μὴ καταλείπωμεν ἀτελῆ (QRP 3, 2-8). Hipatio es el sacerdote y χωρεπίσκοπος al que dirige la carta 113. Este último título aparece oficialmente por primera vez en el sínodo de Ancira (314). Era como un vicario y representante del obispo en las zonas rurales, cf. H. Siegert, *Griechisches in der Kirchensprache*, Heidelberg 1950, p. 50.

[5] Ἔστι δὲ σύμφωνος τῷ ἑπτακαιδεκάτῳ ψαλμῷ· μᾶλλον δὲ ὁ αὐτός ἐστιν, ὀλίγας ἔχων ὀνομάτων ἐναλλαγάς. Ἐγὼ δὲ μετὰ τῶν ἄλλων ψαλμῶν καὶ τοῦτον ἑρμηνεύσας, περιττὸν ὑπέλαβον δευτέραν ἑρμηνείαν ποιήσασθαι (QRP 112, 16-19; cf. PG 80, 972/C-989/C).

Asimismo al final del prólogo a 1 Crónicas remite a su explicación sobre los instrumentos músicos en Reyes [1].

Estos datos unidos al temor de que su obra quede sin terminar (ἀτελῆ), como manifiesta a su discípulo Hipatio en el prólogo a Reyes antes citado, y a su mala salud o ancianidad a la que alude en la carta 113 y en el prólogo al Octateuco [2], nos hacen suponer con gran probabilidad que fue la última obra de Teodoreto.

Apenas terminada la edición de las *Quaestiones in Octateuchum* atrajo nuestra atención lo que ha de considerarse como su complemento, las QRP, y no sólo por el hecho de poseer ya en microfilm la mayor parte de los manuscritos que necesitábamos para la edición crítica. Se daban cita una serie de circunstancias y problemas que despertaban particularmente nuestro interés por esta nueva edición. La existencia del texto luciánico en Reyes-Crónicas era un hecho indiscutible entre los septuagintistas. Más aún, desde la primera valoración de los descubrimientos de Qumrán se había convertido en uno de los puntos más controvertidos de la reciente polémica sobre el texto bíblico de Reyes y los primeros estadios de su transmisión. La importancia de Teodoreto como control de dicho texto quedaba fuera de toda duda desde los estudios de Ralhfs [3]. Verdad es que Ralhfs ya había compulsado en su monografía las citas bíblicas de la edición de Schulze con otros dos manuscritos, el *Coisl. 8* de la Biblioteca Nacional de París y el *B. VI. 22* de la Biblioteca Universitaria de Basilea [4], pero pensamos que Teodoreto merecía una nueva edición que tuviera en cuenta todo el espectro de la tradición manuscrita, dada la relevancia que había adquirido el texto luciánico en estos libros en cuanto a la peculiar identidad del texto mismo, distinta división de 2-3 Reyes, añadidos, omisiones, transposiciones y otras modificaciones de envergadura.

Esta edición ofrecía como aliciente algunos problemas suplementarios que debían ser esclarecidos. No se trataba sólo de la presencia en las ediciones impresas de párrafos ajenos a Teodoreto (cf. cuestión 6 de 1 Reyes) que ya habíamos detectado en las *Quaestiones in Octa-*

---

[1]   Τὴν δὲ τῶν μουσικῶν ὀργάνων διαφορὰν ἐν ταῖς Βασιλείαις εἰρήκαμεν (QRP 252, 7-8; cf. QRP 151, 8-10).

[2]   Οὐ δὲ ἕνεχα καίτοι τοῦ σώματος οὐκ εὖ μοι διαχειμένου τόνδε προειλόμεν τὸν πόνον (QO 3, 6-7). Nótense además los apelativos φίλτατε παίδων y ἐρασμιώτατε παίδων con que se dirige a su antiguo discípulo Hipatio en el prólogo al Octateuco y en el prólogo a Reyes respectivamente. Según Garnier (*Dissertatio* II, 213-214) este lenguaje sólo es explicable en una edad muy avanzada.

[3]   A. Ralhfs, *Septuaginta-Studien 1. Studien zu den Königsbüchern*, Göttingen 1904 y — *Septuaginta-Studien 3. Lucians Rezension der Königsbücher*, Göttingen 1911.

[4]   Ralhfs, *Septuaginta-Studien 1*, pp. 18-19.

teuchum, sino la aparición en algunos manuscritos catenáceos de numerosos párrafos atribuidos a Teodoreto y que faltaban en el texto de las
ediciones impresas [1]. Ya Faulhaber había reclamado la necesidad de una
investigación más profunda de estos añadidos en los mss. Σ.*II.19* y
Ψ.*I.8* de El Escorial, puesto que este último, copia del anterior, resolvía
en Θεοδώρου la sigla ambigua θεοδ⁰ que figura en el Σ.*II.19* tanto para
los párrafos pertenecientes a Teodoreto como para los otros no identificados [2]. Por su parte Devreesse frente al mismo fenómeno de fragmentos precedidos de la sigla θεοδ⁰ en el *Coisl. 8* sugería que las divergencias que se apreciaban en relación con las cuestiones de Teodoreto
permitirían pensar en una segunda edición de la obra [3].

Teodoreto es además el único Padre griego que escribió cuestiones o
comentarios a los libros de Crónicas. Y pensamos que no se debe a un
azar de la transmisión puesto que los mss. catenáceos, que en el resto
de los libros bíblicos entrelazan con las cuestiones de Teodoreto fragmentos de otros muchos padres con independencia de los planteamientos doctrinales de los mismos, al llegar a Crónicas transmiten exclusivamente el texto seguido de las cuestiones de Teodoreto. Se puede
concluir, pues, razonablemente que los catenistas no encontraron otros
comentarios a estos libros distintos de los de Teodoreto.

Por fin, el texto impreso de las cuestiones a Crónicas presentaba una
curiosa anomalía. Tanto las cuestiones a 1 como a 2 Crónicas no contaban más que con una pregunta por libro frente a las 62 y 57 de 3 y 4
Reyes respectivamente. ¿Se mantendría esta desproporción en la tradición manuscrita o era esta distribución una consecuencia accidental del
manuscrito elegido por los editores anteriores? Ya que en caso de confirmarse, tal desproporción podría significar un estadio intermedio de
transición del género literario de las *erotapokriseis* al de comentario
bíblico seguido, tal como aparece, por ejemplo, en el comentario a los
Salmos o al Cantar del mismo Teodoreto [4].

---

[1]   Los párrafos incorporados en el aparato (cf. PG 80, 741-742 y 785-792) a partir de la *Catena Lipsiensis* no coinciden con los que aquí estamos aludiendo y que se encuentran en algunos
manuscritos.

[2]   Cf. M. Faulhaber, *Katenenhandschriften in spanischen Bibliotheken.* BZ 1 (1903) 247-252.

[3]   Cf. R. Devreesse, *Les anciens commentateurs grecs de l'Octateuque et des Rois,* ST 201,
Ciudad del Vaticano 1959, 177 n. 1.

[4]   Bardy sospecha que esta forma de comentario se debe a la edición impresa: «Dans ces conditions, on comprend avec quelle urgence s'imposerait un examen sérieux de la tradition manuscrite. Grâce à cet examen seulement, il serait possible d'étudier comme il convient la chaîne de Nicéphore, qui est la mieux représentée des chaînes sur l'Octateuque; et tout aussi bien de déterminer exactement le travail accompli par Théodoret, d'expliquer, par example pourquoi, tout au

El plan del trabajo (ὑπόθεσις) aparece enunciado en el prólogo: a) continuará la obra comenzada a instancias de Hipatio, tras haber interpretado el Octateuco, limitándose a aquellos problemas que necesitan una aclaración; b) la causa de la oscuridad del texto bíblico radica en el esfuerzo que pusieron los traductores por traducir a la letra (περὶ πόδα); c) el argumento de estos libros se basa en lo que escribieron muchos profetas de lo que estaba ocurriendo en su tiempo. Los que compusieron el libro de los Reyes lo redactaron sirviéndose de aquellos escritos al cabo de muchos años. Todavía vinieron otros historiógrafos que pusieron por escrito lo que habían omitido los autores del libro de los Reyes y por eso se llaman estos escritos *Paralipomena* (Παραλειπο-μένων βίβλον). Desde el mismo preámbulo se advierte la voluntad exegética de Teodoreto por explicar científicamente las aparentes contradicciones de la Escritura. Siguen 65 cuestiones en 1 Reyes, 51 para 2 Reyes, 62 para 3 Reyes[1] y 57 para 4 Reyes[2].

II. LOS MANUSCRITOS

Comparada con las *Quaestiones in Octateuchum* la tradición manuscrita de las QRP se ha reducido aproximadamente a la mitad. Hemos reunido, la mayoría en microfilm, todos los manuscritos conocidos que contienen las QRP[3] y casi todos los que Rahlfs clasifica entre las

---

moins dans l'édition imprimée, le commentaire remplace les questions pour les livres des Paralipomènes», cf. G. Bardy, *La litterature patristique des «Quaestiones et responsiones» sur l'Écriture Sainte*. RB 42 (1933) p. 225. Esta transición de las cuestiones al comentario vendría exigida en buena parte por las características de los libros de Crónicas. Por tratar una temática similar a la de Reyes, las principales aporías que podían presentarse estaban ya respondidas en esos libros. Por eso recurre Teodoreto a la paráfrasis seguida.

[1] Así en nuestra edición, siguiendo la organización luciánica de 2-3 Reyes que difiere de la de las ediciones impresas. Estas suman 45 cuestiones en 2 Reyes y 68 en 3 Reyes. Nótese cómo en esta nueva distribución del texto de acuerdo con casi todos los manuscritos se guarda mejor la extensión y proporción de cuestiones de los cuatro libros comentados por Teodoreto.

[2] Como acabamos de decir 1 y 2 Crónicas sólo tienen una cuestión cada uno. La exégesis de Teodoreto pertenece a la escuela antioquena pero con sus matizaciones propias. Pese a las publicaciones recientes sobre el tema éste merecería un análisis más sistemático. Cf. G. W. Ashby, *Theodoret of Cyrrhus as Exegete of the Old Testament,* Grahamstown 1972, en especial pp. 71-73, 114-116 y 149-158 para Reyes-Crónicas. Y para la escuela antioquena cf. Ch. Schäublin, *Untersuchungen zu Methode und Herkunft der antiochenischen Exegese,* Köln-Bonn 1974. En general Teodoro de Mopsuestia ha atraído más la atención que Teodoreto en este aspecto. La obra reciente de B. de Margerie, *Introduction à l'histoire de l'exégèse I. Les Pères grecs et orientaux,* Paris 1980, es muy general y no trata de Teodoreto. Para la exégesis antioquena véase pp. 188-213.

[3] Cf. A. Rahlfs, *Verzeichnis der griechischen Handschriften des Alten Testaments,* Berlin 1914, pp. 380-382.

catenae [1]. Hemos colacionado los catorce que nos han parecido más importantes para establecer la historia del texto y su fijación. Asimismo hemos sondeado otros muchos más tardíos o de carácter catenáceo con el fin de determinar su relación con los testimonios textuales del *stemma*.

A) *Relación y descripción de los mss colacionados íntegramente para esta edición* [2]

1. *Florencia, Bibl. Laur., Plu. VI.19* (s. XI). En pergamino, consta de 174 folios. Se encuentra en la actualidad mutilado al comienzo y al final. A partir del fol. 49ʳ hallamos las *Q. in Re. et Par.* a las que preceden, hoy de manera incompleta, las *Q. in Oct.* Presenta asimismo una amplia laguna que incluye desde la cuestión 12 de *1 Re.* hasta la 23 de *2 Re.* Un índice del conjunto de las cuestiones de que consta precede a cada libro. La escritura, que ocupa unas 30 líneas por página, hace distinción entre las preguntas, escritas en semiuncial con el margen sangrado, y las respuestas en cada cuestión. Presenta algunas adiciones de otros PP. como Acacio, Diodoro y notas hexaplares. Las seis primeras *Q.* de *3 Re.*, según la edición de Migne, reciben aquí los números 46-51 de *2 Re.* El tercer libro de los Reyes incluye una cuestión de más —con el n.º 18—, mientras *4 Re.* numera las *Q.* de forma defectuosa, no siempre correlativa. Los últimos folios del ms. contienen el inicio del comentario al Apocalipsis de Juan, de Andrés, Arzobispo de Cesarea de Capadocia [3].

3. *Florencia, Bibl. Laur., S. Marco 725* (s. XI). Pergamino. Consta de 328 folios (26 × 18 cms.) que contienen las *Q. in Oct. et 1 Re.* Continúa presentando adicciones de PP. antioquenos (Diodoro, Teodoro, Acacio) y frecuentes notas hexaplares hasta el final de *1 Re.*, en la misma posición que los mss. de su grupo (8, 15) hasta la *Q. 29* y prácticamente en solitario desde ahí hasta el final de *1 Re.* Escritura cursiva, excepto las preguntas de las cuestiones que aparecen en letra semiuncial. Una segunda mano ha corregido el ms. borrando la «v» efelcística ante consonante y algunos itacismos [4].

---

[1] A. Rahlfs, *Verzeichnis,* p. 385.

[2] La descripción puede completarse en QO, p. XIII-XXII. Los mss. utilizados ya en QO conservan el mismo número.

[3] Cf. A. M. Bandini, *Catalogus codicum mss. Bibliothecae Mediceae Laurentianae,* t. I, Florencia 1764, pp. 136-139.

[4] Cf. E. Rostagno - N. Festa, *Indice dei codici greci Laurenziani non compresi nel catalogo del Bandini,* Studi italiani di filol. class. 1 (1893), p. 195. Para la historia del ms. cf. F. Petit, *Les Questions sur l'Octateuque,* p. 36.

5. *Florencia, Bibl. Laur., Plut. VI.8* (s. XIII-XIV). En papel, mal conservado. Consta de 311 folios. A partir del fol. 229 contiene el texto de las *Q. in Re. et Par.* completo, a excepción de un folio perdido al final de *2 Par.* Tras las *Q.* se encuentran otros comentarios al Pentateuco y a algunos pasajes de los Profetas anteriores. Las frecuentes abreviaturas, que le confieren un aspecto casi taquigráfico, y su menuda escritura no hacen cómoda la lectura. Tras algunas cuestiones intercala párrafos anónimos (cf. infra, p. XXX nota 1). Tiende, como los mss. de su grupo (véase más abajo) a abreviar el texto de Teodoreto. Presenta la división entre *2* y *3 Re.* en el mismo lugar que la edición de Migne [1].

6. *Venecia, Bibl. Marciana, Ms. Gr. I.33* (s. XI). Las *Q. in Re et Par.* ocupan los folios 59^r-100^r. En el prólogo de *1 Re.* introduce dos cuestiones más remodelando el texto. Las preguntas de cada cuestión se hacen notar por el sangrado del margen y por el tipo de escritura semiuncial. El ms. atribuye a *2 Re.* las seis primeras cuestiones de *3 Re.* en la edición de Migne. Es sorprendente la libre remodelación del texto que encontramos en este ms. así como las abundantes omisiones y resúmenes, sobre todo al final de *2 Re.* y *2 Par.* [2].

8. *Munich, Bay. Staatsbibliothek, Gr. 209* (s. X). Consta de 160 folios de pergamino bien conservados. Las *Q. in Re. et Par.* ocupan los fol. 116^r-160^v. Algunos folios aparecen traspuestos de forma que las *Q. in 3 Re.* comienzan en el folio 111^r. Cada página incluye unas cuarenta líneas de letra minúscula muy nítida. Sólo usa mayúsculas en los títulos de cada libro pero señala con asterisco las preguntas, las respuestas y los añadidos de otros autores que introduce. Presenta pues, las conocidas adiciones de PP. antioquenos y frecuentes notas hexaplares propias de su grupo, que dejamos de encontrar después de la cuestión 29 de *1 Re.* Tiende a escribir la «v» efelcística incluso ante consonante. Puesto que se da transposición de folios, hay que tener presente la siguiente ordenación correcta: del fol. 120^v hay que pasar a los fol. 105^r-112^v; del fol. 112^v hay que pasar al fol. 129^r-136^v; a continuación han de seguir los fol. 121^r-128^v para volver de nuevo al fol. 137^r. Como ocurre en otros mss. las seis primeras cuestiones de *3 Re.* están incluidas aquí al final de *2 Re.* [3].

---

[1] Cf. A. M. Bandini, *Catalogus codicum mss. Bibliothecae Mediceae Laurentianae*, t. I, pp. 108-114.

[2] C. Castellani, *Catalogus codicum graecorum...*, Venecia 1895, p. 69.

[3] Cf. I. Hardt, *Catalogus codicum manuscriptorum graecorum Bibliothecae Regiae Bavaricae*, t. 1-4, Munich 1806-1812. Sobre la historia del ms. cf. F. Petit, Les *Questions sur l'Octateuque*, pp. 36-37.

9. *Roma, Bibl. Vallicel., Gr. 7* (s. XI o XII). Consta de 259 folios de pergamino (33 × 24 cms.). Contiene las *Q. in Oct.* (fol. 1), *Re* (fol. 147ʳ), *et Par.* (fol. 236ᵛ). En los folios 147ʳ-154ᵛ se encuentra un índice con todas las cuestiones a los libros de Reyes y Crónicas. Su escritura es suelta y regular, con las preguntas en mayúscula destacadas del texto. Este ha sido corregido en ocasiones. La división entre *2* y *3 Re.* se encuentra en el mismo lugar que en el ms. anterior [1].

10. *Roma, Bibl. Vallicel., Gr. 76* (s. XII). Consta de 198 folios en pergamino (23 × 16 cms.). Contiene las *Q. in Re.* (fol. 120ᵛ) *et Par.* (fol. 180ʳ). Escritura con abreviaturas a una columna de unas 27 líneas por página. Los títulos de las cuestiones, sin numerar, aparecen en línea aparte en semiuncial. Omite la cuestión 26 de *1 Re.* asimilándola a la respuesta de la cuestión anterior. Al igual que los mss. 5 y 6 funde en una sola las cuestiones 44 y 45 de *4 Re.* Presenta lagunas entre los folios 152-153 y 180-181 debido a la pérdida de dos y un folio respectivamente. Divide *2* y *3 Re.* en el mismo lugar que el ms. 5. En el folio 192ʳ comienza una mano distinta, con un tipo de letra más tardío y sin abreviaturas. Probablemente el texto terminaría originariamente en el fol. 193ʳ —en el mismo lugar que el ms. 5— (καὶ ὁ ταπεινῶν ἑαυτὸν ὑψωθήσεται QRP 295,18ap) y posteriormente ha sido completado hasta el final de *2 Par.* [2]. Estos dos últimos folios los añadiría un nuevo copista a partir de un ms. próximo al grupo D (cf. infra p. XXXIII).

12. *Patmos,* Ἰωάννου τοῦ Θεολόγου *114* (s. X-XI). Escrito, según el colofón, por mano de Teodosio. Contiene las *Q. in Oct.* a partir de la cuestión 19 *in Gen.,* —se han perdido las páginas iniciales—, y las *Q. in Re. et Par.* (fol. 121-229). En el fol. 230 comienza el Comentario a los Doce Profetas. Presenta unas 36 líneas por página a una sola columna, con las preguntas en letra semiuncial y las respuestas en cursiva. El ms. es muy poco cuidadoso con las cantidades vocálicas e itacismos y presenta con frecuencia la «ν» eufónica, incluso ante consonante. Tampoco numera correcta y correlativamente las cuestiones. Se interrumpe bruscamente al final de *1 Re.* sin consignar las últimas palabras. En la primera cuestión de *2 Re.* faltan algunas palabras pero hay espacio en blanco para escribirlas. También la segunda cuestión quedó en blanco y posteriormente una segunda mano escribió un compendio de respuesta.

---

[1] Cf. E. Martini, *Catalogo di manoscritti greci esistenti nelle biblioteche italiane*, t. II, *Catalogus codicum graecorum qui in Bibl. Vallicelliana Romae adservantur*, Milano 1902, p. 10.

[2] Cf. E. Martini, *Catalogo di manoscritti greci esistenti nelle biblioteche italiane*, t. II, pp. 126-128.

Da la impresión de que en estos pasajes el copista no entendió el texto que copiaba y dejó espacio en blanco para completar después el texto tomándolo de otro ms., lo cual nunca hizo. Como ocurre en la mayoría de los mss. colacionados la división entre *2 y 3 Re.* no coincide con la que presenta la edición de Migne [1].

15. *Paris, Bibl. Nat., Coisl. 113* (s. IX). 435 folios en pergamino (32 × 23 cms.). Presenta unas 35 líneas por página a dos columnas de letra clara, cuidada y elegante. Las preguntas, escritas en unciales, van numeradas al margen. Contiene, tras las *Q. in Oct.* las 29 —cuestión 28 en el ms.—, primeras cuestiones de *1 Re.* a partir del folio 427[v]. A partir de dicha cuestión se interrumpe el texto no por mutilación pues le queda libre al copista la otra columna del folio. Intercala pasajes de Acacio, Diodoro, Teodoro, así como frecuentes citas de material hexaplar. En el folio 432[v] después de la cuestión 10, un fragmento de Diodoro, una cita de Aquila y otra de Símaco, aparecen dos fragmentos atribuidos a Teodoro no recogidos en la obra de Devreesse [2].

35. *Paris, Bibl. Nat., Gr. 841* (s. X). 724 páginas en pergamino, escritas a dos columnas, con unas 35 líneas por página. Escritura suelta no muy regular. Las preguntas, en letra uncial, aparecen numeradas al margen. Después de las *Q. in Oct.* encontramos las *Q. in Re.* (a partir del folio 219) y *Par.* (a partir del folio 368). Sigue el prólogo a la edición de los Profetas (fol. 404) y el comentario a Doce Profetas (fol. 408-724). Las *Q. in Re. et Par.* van precedidas de un índice a las cuestiones de todos los libros en conjunto. El ms. es poco cuidadoso con la ortografía, cantidades vocálicas, itacismos, etc. Por eso aparece corregido con frecuencia. Como en otros mss. las *Q. in 2 Re.* se prolongan hasta *3 Re. 2, 11* según el texto septuagintal [3].

37. *Paris, Bibl. Nat., Gr. 842* (s. XII). 212 folios en pergamino con unas 32 líneas por página. Las *Q. in Re.* comienzan en el fol. 115[r] y las *Q. in Par.* en el fol. 188[v]. Las preguntas aparecen sin numerar, en semiuncial y separadas de las respuestas por un espacio en blanco. Prolonga el libro segundo de los Reyes hasta *3 Re. 2, 11* según el texto septuagintal. Omite la pregunta de la cuestión 32 de *3 Re.* y nos ofrece

---

[1] Cf. J. Sakkelion, Πατμιαχὴ Βιβλιοθήχη, Atenas 1890, pp. 68-69.

[2] Cf. R. Devreesse, *Les anciens commentateurs grecs de l'Octateuque et des Rois*, pp. 121; 159-161; 176-177. Para completar la descripción puede verse: R. Devreesse, *Catalogue des manuscrits grecs, II, Le Fonds Coislin*, Paris 1945, pp. 104-105.

[3] Cf. H. Omont, *Inventaire sommaire des manuscrits grecs de la Bibliothèque Nationale*, Paris 1898, p. 157.

la respuesta de dicha cuestión en forma abreviada. También fusiona las cuestiones 62 y 63 del mismo libro. Con relativa frecuencia omite alguna palabra o frase que luego restaura en el margen (= 37mg), restauraciones que no parecen debidas a una segunda mano, sino al mismo escriba que soluciona la omisión con una llamada al margen. Quizá ocurra lo mismo con las correcciones interlineares (= 37c) que presenta el ms. Al comienzo, este ms. aparece como seguidor de los mss. 1, 3, 8 y 15, pero a partir del final de *2 Re* comienza a coincidir con los mss. 1, (9) y 56. No es el ms. utilizado por J. Sirmond para su edición en contra de lo que dice A. Rahlfs [1] (cf. infra p. XXXVII).

54. *Roma, Bibl. Vat., Gr. 331* (s. XI). 225 folios en pergamino (40 × 32 cms.). Tras la *catena* marginal a Josué-Rut con texto bíblico en el centro (fol. 1-41) contiene la *catena* formada fundamentalmente a base de las *Q.* de Teodoreto y del Comentario de Procopio a los tres primeros libros de los Reyes (fol. 42-111) y las *Q.* de Teodoreto a *4 Re.* (fol. 112-119) y a *1 y 2 Par.* (fol. 130-165). El texto de la *catena* se halla dispuesto ocupando los márgenes en torno al texto bíblico. Continúa luego el texto bíblico de los siguientes libros: 1 y 2 Esd., Ester, Judit y 1-4 Mac. El texto que presenta es una reelaboración del de Teodoreto, resumiéndolo normalmente. A veces da la impresión de presentar dos resúmenes alternativos de la misma cuestión. Omite con frecuencia las preguntas de las cuestiones que son suplidas a veces por algunas palabras del texto bíblico utilizadas como lema. A medida que avanza la *catena* presenta menos textos de otros PP. y en *4 Re.* y *Par.*, como ya hemos dicho, el texto es sólo de Teodoreto, bien que resumido [2].

55. *El Escorial, Σ.II.19* (s. XIII-XIV). Es el ms. 98 de la edición de Holmes-Parsons, citado ocasionalmente con esa sigla por Brooke-McLean y utilizado por R. Hanhart en su edición de Esd., Ester, Judit y 1 Mac. Consta de 356 folios de papel de 30 × 19 cms. El ms. ha sido dañado por la humedad y el fuego. En 1671 un incendio hizo desaparecer parte del texto, faltándole en la actualidad algunas hojas al comienzo y al final. Contiene el texto bíblico y comentario de Teodoreto y otros PP. a *1-4 Re.* (fol. 1r-201r) y el texto bíblico y comentario de Teodoreto exclusivamente a *1-2 Par.* (fol. 207r-230v), seguido del texto bíblico de 1-2 Esd., Ester, Tobit, Judit, 1 Mac. y 2 Mac. hasta 4, 39. Los comentarios patrísticos se intercalan con el texto bíblico sin distinción de escritura

---

[1] *Verzeichnis*, p. 208. Se puede completar la descripción en H. Omont, *Inventaire sommaire*, p. 157 y F. Petit, Les *Questions sur l'Octateuque*, pp. 27-28.

[2] Cf. R. Devreesse, *Codices Vaticani Graeci, t. II, Codices 330-603*, Roma 1937, pp. 2-4.

(Text-katene). Desde el final de *1 Re.* el ms. coincide normalmente con el ms. 56 al que sigue en transposiciones y omisiones importantes como la de las cuestiones 44 y 50 de *4 Re.* Copia de este ms. es nuestro 55a [1].

56. *Paris, Bibl. Nat., Coisl. 8* (s. X). 283 folios en pergamino de 35 × 28 cms. Contiene unas 39 líneas por página. Es el *cod.* α en *Re.* y *cod.* en *Par.* de la edición de Schulze. Contiene los cuatro libros de los Reyes con *catena* (fol. 2-156ᵛ) que se inicia en 1 Re. 14, 49, y los dos libros de Crónicas (a partir del fol. 161). Siguen a continuación los 2 libros de Esd., Ester, Tobit, Judit y 1-2 Mac. La primera cuestión de Teodoreto que se menciona es la 32 de *1 Re.* El texto bíblico aparece dividido en secciones de extensión variable, —algunas ocupan varios folios—, acompañado en los márgenes de numerosas notas hexaplares, glosas y breves comentarios con frecuencia anónimos. Entre las secciones bíblicas, con mayor anchura y caracteres más pequeños, va transcrita una *catena* [2] cuya base son las *Q.* de Teodoreto, en una forma textual que difiere ampliamente de la que encontramos impresa en Migne. Completan la *catena* las citas de otros muchos PP. Algunas de las cuestiones de Teodoreto aparecen sin atribución, por ejemplo la cuestión 50 de *1 Re.,* con atribución equivocada —la cuestión 39 de *1 Re.* aparece atribuida a Dídimo—, con el orden alterado, o bien, simplemente omitidas como ocurre con la cuestión 45 de *1 Re.* A lo largo de los cuatro libros de *Re.* hay frecuentes añadidos breves tras algunas de las cuestiones. No todas están tomadas del Comentario de Teodoreto a Salmos o Isaías como afirma R. Devreesse [3]. Son también precisiones, aclaraciones complementarias e incluso en algunos casos dan la impresión de ser respuestas alternativas [4] (cf. infra p. XLI nota 2).

B) *Relación y descripción de los mss. consultados, pero no colacionados totalmente*

16. *Atenas, Metochion S. Sepulcro* (= M.Π.T.) *252* (s. XVI). La sección de Teodoreto se inicia en el fol. 130ʳ con las *Q. in Dt.* A partir del fol. 215ᵛ se encuentran las *Q.* a los cuatro libros de *Re.* y en el fol.

---

[1] Cf. A. Revilla, *Catálogo de los códices griegos de la Biblioteca de El Escorial*, I, Madrid 1936, pp. 333-337 y M. Faulhaber, *Katenenhandschriften in spanischen Bibliotheken*, BZ 1 (1903) pp. 247-252

[2] Cf. G. Karo - H. Lietzmann, *Catenarum Graecarum Catalogus*, NGWGött. 1902, pp. 18-19.

[3] *Les anciens commentateurs grecs de l'Octateuque et des Rois*, p. 177, n. 1.

[4] Cf. R. Devreesse, *Le Fonds Coislin*, Paris 1945, pp. 7-8 y A. Rahlfs, *Verzeichnis*, p. 185.

264[v] comienza el comentario a los libros de Crónicas. Presenta el texto seguido de Teodoreto sin añadidos de otros PP. y sin numerar las cuestiones. El tipo de texto es asimilable al que presenta el grupo formado por los mss. 8, 12 y 35 (= tipo D, cf. infra p. XXXIII). En algún caso presenta sus propias lecturas peculiares. Como en los mss. indicados la división entre *2* y *3 Re.* tiene lugar también aquí en 3 Re. 2, 11[1].

21. *Roma, Bibl. Vat., Pii II Gr. 49* (s. XV). 275 folios en papel. Contiene las *Q. in Oct., Re.* (a partir del fol. 146) *et Par.* (a partir del fol. 217). Su texto es muy similar al del ms. 5. Contiene las mismas adiciones anónimas y en la misma posición que el ms. 5 y también como el ms. 5 presenta la división entre *2* y *3 Re.* en el mismo lugar que la edición de Migne. Al final de *2 Cr.* el texto se interrumpe, aunque no exactamente en el mismo lugar que el ms. 5. Ha sido completado posteriormente con un texto del tipo de su mismo grupo[2].

22. *Roma, Bibl. Vat., Ottob. Gr. 16* (s. XVI). 300 folios en papel (34 × 23 cms.). 28 líneas por página. Contiene las *Q. in Oct., Re.* (fol. 200) *et Par.* (fol. 278)[3]. Como ha demostrado F. Petit, es una copia directa del ms. 45 que a su vez es, junto con el *Berol. gr. 1 (Phill. 1405)*, un descendiente directo del ms. 8. Está escrito por una sola mano no identificada[4]. Estos tres manuscritos siguen al 8 antes y después de la Q. 29 de *1 Re.* en que éste cambia de familia textual.

23. *Roma, Bibl. Vat., Ottob. Gr. 226* (s. XVI). 325 folios en papel (24 × 17 cms.). Contiene tras las *Q. in Oct.* las cuestiones a los dos primeros libros de *Re.* [fol. 255[v] *1 Re.;* fol. 289[r] *2 Re.; des.* ὅτι μικρὸν ἦν ἐν πρώτοις (fol. 325[r]) QRP 121, 14]. Su texto es muy similar al del ms. 5 con los mismos añadidos anónimos. Probablemente tendría la división entre *2* y *3 Re.* en el mismo lugar en que la presenta el ms. 5, dada la disposición del último folio del ms.[5].

33. *Paris, Bibl. Nat., Coisl. 16* (s. XVI). 272 folios (30 × 20 cms.). Entre 25 y 28 líneas por página. Contiene las *Q. in Oct., Re.* (a partir del fol. 136) *et Par.* (fol. 213), seguidas de las interpretaciones anagógi-

---

[1] Cf. A. Papadopoulos-Kerameus, Ἱεροσολυμιτικὴ Βιβλιοθήκη, t. 4, Petropolis 1899, pp. 219-220

[2] Cf. L. Duchesne, *De codicibus mss. graecis Pii II in bibl. Alexandrino-Vaticana. (Bibliothèque des écoles françaises d'Athènes et de Rome*, Fasc. 13), Paris 1880, p. 28.

[3] Cf. E. Feron - F. Battaglini, *Codices Manuscripti Graeci Ottoboniani Bibliothecae Vaticanae*, Roma 1893, p. 19.

[4] F. Petit, Les *Questions sur l'Octateuque*, pp.16-20.

[5] Cf. E. Feron - F. Battaglini, *Codices Manuscripti Graeci Ottoboniani*, p. 150.

cas de otros pasajes de la Escritura. El texto es semejante al del ms. 5 y su grupo. Presenta las mismas adiciones anónimas que el ms. 5 y como él tiene la división entre *2* y *3 Re.* en el mismo lugar que la edición de Migne. Sin embargo, no acaba abruptamente como 5. Quizá este ms. conserva al final de *2 Par.* el texto propio de su grupo que ahora no encontramos ni en 5, ni en 10, y que se halla tan drásticamente resumido en el 6 y el 54 [1].

36. *Nápoles, Bibl. Naz., II.B.12* (s. XV). 574 folios en papel, de los que 264 corresponden a Teodoreto. Contiene las *Q. in Oct.* (fol. 6), *in Re.* (fol. 163) *et Par.* (fol. 246). El ms. presenta varios tipos de letra, debidos sin duda a varias manos. Su texto es muy próximo al del ms. 5 de forma que, incluso, finaliza abruptamente en el mismo lugar que aquél. Presenta las mismas adiciones anónimas que el ms. 5 y mantiene la división entre *2* y *3 Re.* en el mismo lugar que éste [2].

39. *Paris, Bibl. Nat., Coisl. 251* (s. X). 310 folios en pergamino (21 × 15 cms.), 24 líneas por página. Contiene las *Q. in Re.* (fol. 1-185) *et Par.* (fol. 186-226) a las que sigue el Comentario, incompleto, a Doce Profetas. En los folios 227-231 se inserta un Prólogo sobre el origen de las versiones griegas de la Biblia, que según R. Devreesse hay que poner en relación con la Sinopsis del Pseudo-Atanasio (PG 28, 433B-436C). Fue consultado con vistas a la presente edición en julio de 1979 en la Biblioteca Nacional de París, ya que una copia en microfilm nos había sido denegada por miedo a deteriorar la encuadernación que ha tenido que ser restaurada. Del sondeo, que abarcó solamente el comienzo de *1 Re.* (fol. 12^r-13^r) se puede decir que el texto del ms. sigue especialmente el de los mss. 12 y 35 [3] (cf. infra p. XXIX).

42. *Patmos,* Ἰωάννου τοῦ Θεολόγου *177* (s. X). 232 hojas de pergamino. Contiene el Epítome de León Magistro *in Oct., Re. et Par.*, Mateo, Juan, Lucas, Epístolas Católicas y Hechos. Presenta las preguntas de Teodoreto pero un resumen muy breve de sus respuestas. Como testigo del texto de Teodoreto no tiene nada que aportar. Quizá lo más importante sea subrayar que divide *2* y *3 Re.* como lo hacen los mss. luciánicos y no la edición de Migne [4].

---

[1] Cf. R. Devreesse, *Le Fonds Coislin*, Paris 1945, pp. 12-13.
[2] Cf. S. Cyrillus, *Codices graeci manuscripti Regiae Bibliothecae Borbonicae*, t. 1, Nápoles 1826, pp. 159-160.
[3] Cf. R. Devreesse, *Le Fonds Coislin*, Paris 1945, p. 230 y A. Rahlfs, *Verzeichnis*, p. 189.
[4] Cf. A. Rahlfs, *Verzeichnis*, p. 218.

43. *Patmos,* Ἰωάννου τοῦ Θεολόγου *178* (s. X-XI). 281 hojas en pergamino. Contiene el Epítome de León Magistro *in Oct., Re. et Par.* Parece copia del ms. 42, al menos hasta el fol. 68ᵛ en que acaba el Comentario a Crónicas [1].

44. *Madrid, Bibl. Nac., 4863* (año 1566). Antes en *Madrid, Arch. Hist. 164, 6.* 396 folios en papel. Copiado por Calosinas y encuadernado en pergamino. Unas 24 líneas por página a una sola columna. Contiene tras el comentario al Cantar, de Teodoreto, las *Q. in Re. —1 Re.* comienza en fol. 139ʳ, *2 Re.* en fol. 168ʳ, *3 Re.* en fol. 197ʳ y *4 Re.* en fol. 237ʳ— y el comentario *in 1 Par.* (fol. 251ᵛ). Carece, pues, de comentario al libro segundo de Crónicas. Su texto es muy similar al del ms. 5 y presenta los mismos añadidos anónimos que aquél. No numera las cuestiones. A partir del fol. 260ʳ encontramos las conocidas interpretaciones anagógicas a ciertos pasajes de la Escritura de Cirilo, Máximo y otros exegetas [2], pero omite las secciones relativas al Génesis y desde *Dt.* hasta *1 Re.* inclusive. En el fol. 291ʳ bajo el encabezamiento τῆς ἐξόδου βιβλίου δευτέρου aparecen las 12 primeras cuestiones de Teodoreto al Exodo y a continuación siguen las interpretaciones anagógicas desde *3 Re.* hasta Esdras. En el folio 319 se inicia el tratadito titulado: Ἀναγωγαὶ σύντομοι εἰς τοὺς πρὸ τοῦ νόμου πατέρας λάμψαντας. Por fin, a partir del fol. 320ᵛ encontramos las *Q. in Ge.* de Teodoreto completas. La descripción del contenido en el catálogo de Ch. Graux - A. Martin [3], no sólo está incompleta sino que en muchos casos puede inducir a error.

45. *Madrid, Bibl. Nac., 4710 (O.31)* (s. XVI). 177 folios de papel apergaminado (35 × 25 cms.). De ordinario de 30 a 32 líneas por página, pero a veces ascienden hasta 37 ó 38. Contiene las *Q. in Oct., Re. et Par.,* pero no el Comentario a los Profetas en contra de lo que afirma M. Miller [4]. Presenta frecuentes añadidos de otros PP. y de los traductores recientes de la Biblia Griega que a veces aparecen incorporados al texto y otras veces anotados al margen. Estos añadidos de los Padres antioquenos y fragmentos hexaplares coinciden por la posición y el contenido con los añadidos del ms. 8 y desaparecen al final de la cuestión 28 de *1 Re.* como pasa en ese mismo ms. El ms. 8 es seguido también en

---

[1] Cf. A. Rahlfs, *Verzeichnis,* p. 218.

[2] Cf. R. Devreesse, *Le Fonds Coislin,* Paris 1945, p. 12.

[3] Ch. Graux - A. Martin, *Notices sommaires des manuscrits grecs d'Espagne et de Portugal,* Paris 1892, pp. 41-43.

[4] *Notices et extraits des manuscrits de la Bibliothèque Nationale et autres Bibliothèques,* Paris 1886, p. 76.

el cambio de grupo y filiación al final de *1 Re*. Según F. Petit las cola-
ciones permiten concluir que es una copia directa del ms. 8. Pero hay
tal variedad de manos en la ejecución de la copia que esta autora se
pregunta en qué condiciones concretas ha podido realizarse dicha
copia [1].

46. *Salamanca, Bibl. Univ., Gr. 2714* (s. XVI). Antes en Madrid,
Bibl. Real. 18, de donde pasó a Salamanca en 1952. Así figura en
Rahlfs, *Verzeichnis,* p. 122. 328 folios en papel (31 × 20 cms.). En el
fol. 329 comienza propiamente un segundo ms. con numeración pro-
pia. Copiado por Andreas Darmarios. Contiene las *Q. in Oct.* (fol. 1^r)
Re. (fol. 134^r) *et Par.* (fol. 240^r). *2 Par.* termina en el fol. 263^v en el
mismo lugar que los mss. 5, 10 y 36. A continuación las interpreta-
ciones anagógicas de la Escritura completas que se extienden hasta el
fol. 325^v. En los folios 326-28, de mano posterior, se pueden reconocer
los títulos de algunas de las cuestiones, —15, 39 y 48—, de Teodoreto
al Génesis. En el fol. 327^r se lee la siguiente anotación: «Partem postre-
mam hujus capitis hoc in loco ex Codice Lutetiae typis tradito ab Iacobo
Puscam transcripsimus eo quod maxime differat ab ea quae in hoc
exemplari manu scripto habetur». El texto del ms. es muy similar al del
ms. 5 al que sigue en todas sus variantes específicas así como en los
añadidos anónimos que intercala en el texto de Teodoreto [2].

47. *Basilea, Universitätsbibliothek, B.VI.22* (s. XIII). 262 folios en
pergamino (23 × 17 cms.). Contiene las *Q. in Re. et Par.* (fol. 167^r-
211^v) que siguen al texto bíblico de 1-4 Re. y 1-2 Cr. Presenta el texto
de Teodoreto sin añadidos de otros PP. No nos hallamos, pues, ante
una *catena* sino ante un ms. que contiene el texto bíblico y a conti-
nuación las *Q.* de Teodoreto. Su ortografía es descuidada, presenta fre-
cuentes itacismos y mala notación de las cantidades vocálicas. Normal-
mente sigue la lectura mayoritaria. Fue utilizado para las ediciones del
texto bíblico por Holmes-Parsons y por Brooke-McLean-Thackeray [3].

48. *Bolonia, Bibl. Comun., A.I.4* (s. XVI). 238 folios en papel de
31 × 21 cms. Las *Q. in Re. et Par.* se encuentran en los folios 124-195. Ter-
minan en el mismo lugar que el ms. 5 y el 36 (καὶ ὁ ταπεινῶν ἑαυτὸν
ὑψωθήσεται QRP 295,18ap). A continuación aparecen los breves resú-

---

[1] F. Petit, Les *Questions sur l'Octateuque,* pp. 17-18 y nota 100.

[2] Cf. Ch. Graux - A. Martin, *Notices sommaires des manuscrits grecs d'Espagne et de Portu-
gal,* Paris 1892, pp. 82-83.

[3] Cf. H. Omont, *Catalogue des manuscrits grecs des Bibliothèques de Suisse,* Leipzig, 1886,
p. 5.

menes sobre pasajes del Génesis que encontramos también en los mss. 10 y 36 (sobre Caín, la torre de Babel, Abrahán, Melquisedec, Lot y José). Sigue con gran regularidad el texto de los mss. 5, 33 y 46.

55a. *El Escorial*, Ψ.*I.8* (s. XVI). 582 folios de papel (34×24 cms.) con unas 28 líneas por página. Copiado en 1579 del ms. Σ.*II.19* (= 55 de nuestra edición), antes de que éste fuera dañado por el fuego. Así lo indica un documento existente en el archivo escurialense[1]. Su contenido es idéntico al del ms. 55. Lo hemos utilizado como control del mismo en los pasajes en que estaba ilegible debido al incendio, especialmente en los bordes superiores e inferiores.

57. *Paris, Bibl. Nat., Coisl. 7* (s. XII). 128 folios en pergamino de 33×28 cms., con unas 45 líneas por página. Contiene el texto de una *catena* a Jos. Jue. y Rut (fol. 1-39) seguida de tres capítulos que tratan respectivamente de las traducciones de la Biblia, las deportaciones judías y los nombres divinos. A continuación (fol. 40-127) se encuentra la *catena* a *1-4 Re.* Presenta el texto bíblico en el centro de la página con el comentario dispuesto alrededor con un tipo de letra bastante más menudo y muchas abreviaturas. El tipo de texto es muy similar al del ms. 54[2]. Señalado como C.β en Reyes en el aparato de la edición de Schulze.

58. *Paris, Bibl. Nat., Gr. 133* (s. XIV). 258 folios en papel (25×17 cms.). Contiene la *catena* a *1-4 Re.* (a partir del fol. 1) y a *1-2 Par.* (a partir del fol. 183). Es el ms. *z* de la edición del texto bíblico de Brooke-McLean. No presenta tipo de letra diverso ni disposición distinta para el texto bíblico y los fragmentos del comentario, breves en general, que toma de diversos PP. como Atanasio, Basilio, Crisóstomo, Cirilo y, naturalmente, Teodoreto. Los fragmentos atribuidos a nuestro autor no pueden tomarse como testigos textuales de su obra pues son breves resúmenes de las cuestiones de Teodoreto que se hallan muy alterados respecto al texto de los mss. que nos transmiten la obra continuada de este autor. El texto que ofrece este ms. se encuentra asimismo alejado del de las *catenae* que presentan los mss. 54 y 57 por un lado y los mss. 55 y 56 por otro[3].

59. *Venecia, Bibl. Marciana, Gr. 16* (s. XIV). 465 folios de 34×25 cms. Manuscrito catenáceo *(Text-katene)*, que contiene el texto

---

[1] Cf. G. de Andrés, *Catálogo de los códices griegos de la Real Biblioteca de El Escorial*, III, *Códices 421-649*, Madrid 1967, pp. 12-13.

[2] Cf. R. Devreesse, *Le Fonds Coislin*, Paris 1945, pp. 6-7.

[3] Cf. H. Omont, *Inventaire sommaire des manuscrits grecs de la Bibliothèque Nationale*, Paris 1898.

bíblico y comentario de *1-4 Re.* (a partir del fol. 12) y *1-2 Par.* (a partir del fol. 271). Tras los libros de Crónicas encontramos el texto bíblico del resto de los libros históricos. Indices de los capítulos preceden al texto de los libros bíblicos. El comentario contiene fragmentos de diversos PP. además de Teodoreto cuyos nombres aparecen indicados en tinta de color distinto. Al contrario de lo que ocurre con otras *catenae* este ms. no presenta resúmenes del texto de Teodoreto, sino que, más bien, ofrece el mismo texto de Teodoreto aunque, a veces, omita la pregunta o el final de la respuesta. Su texto es muy próximo al de los mss. 55 y 56 tanto en variantes como en omisiones y transposiciones. Como ellos es testigo de la división luciánica entre *2* y *3 Re.* pues tiene el escolio que hace referencia a esta división a pesar de que su texto bíblico aparezca dividido en el mismo lugar que los mss. septuagintales [1].

60. *Athos,* Ἰβήρων *15* (s. XI). 519 folios en pergamino de 30 × 21 cms. Es una *Text-katene* a Josué-Reyes. La *catena* a *1-4 Re.* se encuentra en los folios 170ᵛ-519ʳ. Entre Rut y Reyes figuran los conocidos opúsculos acerca de las ediciones de la Biblia, las diferentes deportaciones de los israelitas y los diez nombres de Dios entre los hebreos. Excepto en el prólogo a Reyes (muy resumido) en el que sigue a los mss. 5, 33 y 46 con buen número de lecturas propias, en el resto sigue regularmente a los manuscritos 54 y 57.

C) *Tipos de manuscritos en que se transmite el texto*

Como advertíamos al editar las Cuestionas al Octateuco [2], las preguntas y respuestas de Teodoreto se han transmitido en estrecha conexión con el material de las cadenas. Pero esta vinculación no alcanza el punto sospechado por Devreesse, en el sentido de que quizá no hubiera ningún manuscrito portador de las Cuestiones sin acompañarlas de algún añadido o interpolación de otros Padres [3]. Vimos cómo esta hipótesis se desvanecía a medida que consultábamos los manuscritos del Octateuco y carece igualmente de fundamento por lo que respecta a Reyes y

---

[1] Cf. A. Rahlfs, *Verzeichnis,* p. 307 y A. M. Zanetti - A. Bongiovanni, *Graeca D. Marci Bibliotheca codicum manuscriptorum...,* Venecia 1740, pp. 17-18.

[2] QO, pp. XI-XII.

[3] R. Devreesse, *Chaînes exégétiques grecques,* en DBS, 1, 1928, 1100: «Peut être n'existe-t-il pas un seul manuscrit parmi les 53 qu'énumère A. Rahlfs, pp. 380-382, qui donne les *Quaestiones* sans y ajouter autre chose; que les auteurs soient nommés ou non, il est probable que tous les manuscrits sont interpolés».

Crónicas. Contamos con un número mayoritario de manuscritos, y de manuscritos muy antiguos, que transmiten exclusivamente el texto de las Cuestiones de Teodoreto, sin añadidos o interpolaciones de ninguna clase. Y aunque entre los manuscritos más antiguos se encuentren algunos como el *Coisl. 113* (s. IX) con interpolaciones de algunos Padres antioquenos, pensamos que este hecho es un exponente de la temprana actividad catenácea en el área de Antioquía, sin que ello signifique que estos manuscritos reflejan la forma más genuina de las Cuestiones. La hipótesis de que los manuscritos que conservan el texto puro de Teodoreto dependen de aquellos testigos que añaden además la colección de Padres antioquenos no es plausible. En particular sería difícil de explicar de qué modo y por qué razón habría podido darse el paso de un texto compuesto de citas de varios Padres a un texto exclusivo de Teodoreto. Por otro lado, tanto por lo que sabemos del género de las *erotapokriseis* como a partir de la información que suministra el prólogo de Teodoreto a Hipatio, queda avalada la hipótesis de que las Cuestiones a Reyes y Crónicas en su estadio más primitivo, tal como salieron de la pluma de Teodoreto, se asemejarían a la forma en que las transmiten los manuscritos no contaminados con otros añadidos. Añadidos que han de ser considerados, sin duda, de extracción catenácea.

Pero precisamente por la importancia que tienen las Cuestiones de Teodoreto para el origen y la transmisión de las cadenas a Reyes nos parece oportuno hacer aquí una clasificación de los diversos tipos de manuscritos desde un punto de vista descriptivo, es decir, atendiendo a los aspectos más externos de la transmisión del texto, el del contenido y distribución de los materiales. Esperamos que este análisis provisional pueda arrojar luz para un mejor conocimiento y clasificación de las cadenas en Reyes, clasificación que aún se encuentra en un estado embrionario [1]. La exploración de los manuscritos de Teodoreto para Reyes y Crónicas nos ha desvelado la siguiente distribución:

A) Manuscritos que transmiten *exclusivamente* el texto de las Cuestiones de Teodoreto: son los mss. 6, 9, 10, 12, 35 y 37 de los colacionados. A éstos hay que añadir de entre los mss. consultados el 16, 39 y el 47.

B) Manuscritos con interpolaciones o añadidos a las Cuestiones de Teodoreto:

---

[1] Cf. R. Devreesse, *Chaînes exégétiques grecques*, 1113-1114; — *Les anciens commentateurs grecs de l'Octateuque et de Rois*, pp. XIV-XV, y M. Geerard, CPG IV C4, p. 187.

1.   El texto de las Cuestiones salpicado en ocasiones de párrafos anónimos que se extienden esporádicamente hasta el final de Reyes [1]. Estos añadidos no coinciden ni por el contenido ni por la posición con los párrafos de los manuscritos catenáceos propiamente dichos. Así aparece el texto en el ms. 5. De entre los consultados forman grupo con el 5, coincidiendo con él en estos añadidos, los mss. 21, 23, 33, 36, 44 y 46.

2.   El texto de las Cuestiones acompañado de un *corpus* de fragmentos de Padres antioquenos (Acacio, Diodoro, Teodoro, Teodoreto) y notas hexaplares, que se insertan al final de numerosas cuestiones. Así lo encontramos en los mss. 1, 3, 8 y 15 de los colacionados a los que hay que añadir el 22 y 45 de los consultados, así como el *Berol. 1,* los cuales siguen al ms. 8 [2].

Dado que el ms. 3 termina con 1 Reyes, el 15 al final de la cuestión 29 de 1 Reyes, y que el 8 cambia de familia textual precisamente allí donde termina el 15, no podemos decidir si originariamente esta colección que incluía el *corpus* de textos de Padres antioquenos más algunas notas hexaplares llegaba sólo hasta el final de 1 Reyes o, por el contrario, se prolongaba hasta el fin de los libros de los Reyes. De hecho, el ms. 1 continúa con adiciones anónimas a lo largo de 3-4 Reyes, algunas de las cuales parecen observaciones editoriales. En cualquier caso estas adiciones no coinciden ni en posición ni en contenido con las del grupo anterior ni con las de los manuscritos catenáceos.

3.   Manuscritos catenáceos propiamente dichos, o sea, con el texto bíblico incorporado: son los mss. 54, 55 y 56 de los colacionados y,

---

[1]   Estos párrafos anónimos que no suelen sobrepasar las diez líneas aparecen al final del texto de las cuestiones 18, 49 y 63 de 1 Reyes; detrás de las cuestiones 8, 16, 19, 28, 33 y 39 de 2 Reyes; detrás de las cuestiones 21 y 32 de 3 Reyes; y detrás de las cuestiones 13 y 53 de 4 Reyes.

Este grupo o colección además de coincidir en el tipo textual que transmiten y en los añadidos anónimos que acabamos de señalar van acompañados por una serie de criterios externos comunes que se verifican en mayor o menor grado en todos ellos: a) Menos el 23 todos tienen (aunque en distinto orden y extensión) además de las *Quaestiones in Oct. Re. et Par.* de Teodoreto, las interpretaciones anagógicas de Cirilo, Máximo y otros exegetas desde Génesis a Esdras; b) todos (menos el 33 y 46) tienen el opúsculo titulado ἀναγωγαὶ σύντομοι εἰς τοὺς πρὸ τοῦ νόμου λάμψαντας; c) todos (menos el 44 y 46) tienen al comienzo un pequeño tratado *Adversus Iudaeos;* d) algunos de ellos añaden por fin una ἀναγωγὴ τῶν κατὰ τὸν νομικὸν ἀρχιερέα (los mss. 5, 21, 36) y una nota sobre los magistrados antiguos (los mss. 5, 44, 46). Todos estos criterios menos el último (nota sobre los magistrados) aparecen también en el ms. 10 y en el mismo orden que en los mss. 5, 21 y 36. Sin embargo conviene notar que el ms. 10 carece de los añadidos anónimos de toda la colección al final de determinadas cuestiones.

[2]   F. Petit ha demostrado la dependencia de los mss. 45 y *Berol. 1* del ms. 8. Por su parte el ms. 22 es copia del 45, cf. F. Petit, Les *Questions sur l'Octateuque,* pp. 19 y 42.

entre los consultados, el ms. 57 (además del de *Viena, Hofbibl. Theol. gr. 135*) ambos muy semejantes al 54 y al texto de la *catena Lipsiensis,* el 58 y el 59 (que forma grupo con el 55 y 56). Los autores citados en esta cadena no son sólo antioquenos[1]. El grupo formado por los mss. 55, 56 y 59 tiene además numerosos fragmentos inéditos atribuidos a Teodoreto, como hemos indicado en la descripción de los mismos.

C)   Además de estos manuscritos con añadidos, nos encontramos también con algunos mss. no catenáceos que tienen el texto de las Cuestiones drásticamente resumido, reelaborado y de carácter claramente secundario. Tal es el caso de los mss. 42 y 43. En ellos las preguntas están recogidas casi por entero y en el mismo orden, pero las respuestas se hallan resumidas formando una especie de catecismo, de tal manera que apenas se reconocen en ellas las respuestas que transmite el texto mayoritario.

D)   *Los grupos textuales*

Los mss. colacionados íntegramente pueden ser agrupados en tres tipos textuales que vamos a señalar con las letras A, D y C. El primero de ellos, A, es fruto de una recensión pretendida del texto de Teodoreto. El tipo D contiene exclusivamente el texto de nuestro autor sin añadidos de otros Padres que ha sido más o menos influido por los avatares de la transmisión manuscrita, pero cuyas variantes se deben a modificaciones accidentales. Finalmente, en el grupo C incluimos dos subgrupos: unos mss. que junto a Teodoreto intercalan una colección de fragmentos exegéticos de otros PP.: *c*, y una *catena* propiamente dicha, c_1. Este último subgrupo presenta variantes peculiares exigidas por la necesidad de adaptar el texto de Teodoreto al conjunto de la *catena* y al texto bíblico.

TIPO A

Comprende los mss. 5, 6, 10 y 54. No obstante provenir de un antepasado común no forman un grupo homogéneo. El ms. 6 remodela y resume el texto con amplísima libertad, el ms. 54 es una *catena* con el texto bíblico dispuesto en el centro de la página y el comentario patrístico formando una corona alrededor, aunque no transmite el mismo tipo textual que la cadena de los mss. 55 y 56. El ms. 10 es el me-

---

[1]   Cf. M. Geerard, CPG IV C4, p. 187.

nos fiel a su grupo especialmente en el libro primero de los Reyes. Sin embargo, un gran número de variantes bien significativas son comunes a los cuatro, lo que les constituye en una auténtica recensión del texto que no es fruto de la mera corrupción por la transmisión manuscrita. Abundan las correcciones intencionadas, p. e.: ἀπήλαυσαν προμηθείας] ἔτυχον χάριτος A (7, 15), algunas de ellas de carácter estilístico como ἐπ᾽ αὐτῶν] ἐπ᾽ αὐτούς A (20, 1), εἰς χεῖρας ἡμῶν] εἰς τὰς χεῖρας ἡμῶν A (37, 20), τοῦ ἀποθανεῖν αὐτήν] τοῦ θανάτου αὐτῆς A (78, 6). Otras afectan al contenido mismo de las cuestiones, p. e. la omisión de «τὴν ὕνιν», ὁ δὲ Ἀκύλας (28, 1-2). Predominan con gran diferencia las omisiones: >τῆς ἐκκρίσεως A (14, 13), >φαγέδαιναν δὲ τῷ χρόνῳ τὸ ἕλκος μετέπεσε A (14, 14), >πόρρωθεν A (16, 22), >δεικνύμενα. Ἄλλως τε καὶ τοῦ προφήτου A (34, 11-12), y otras muchas como se apreciará en el aparato. Es perceptible una tendencia a agilizar el texto omitiendo expresiones pleonásticas. Sin embargo, algunas de las omisiones se deben a *homoioteleuton,* p. e.: >(βασιλεὺς) τὸ ῥῆμα τῆς παιδίσκης αὐτοῦ· ὅτι ἀκούσεται ὁ βασιλεύς A (95, 16-17), >τοῦ ἀριθμῆσαι τὸν Ἰσραήλ. Καὶ οὐκ εἶπεν, Ἀνέστη Σατᾶν ἐπὶ Δαβίδ, ἀλλ᾽ (ἐπὶ τὸν Ἰσραήλ) A (116, 18-19), ἐπέσεισε τὸν Δαβὶδ τοῦ ἀριθμῆσαι τὸν Ἰσραήλ. Οὕτω κἀνταῦθα, Προσέθετο ὀργὴ τοῦ Θεοῦ τοῦ θυμωθῆναι ἐπὶ Ἰσραήλ· καὶ ἐπέσεισε] ἔπεισεν εἰς αὐτούς A (117, 8-10). Otro buen número de variantes son también de origen paleográfico, revelando así su carácter secundario: πολιᾶς] παλαιᾶς A⁻¹⁰ (12, 11), ἄλυτον] αὐτὸν A (33, 8), ἑλὼν] ἔχων A (74, 6). Aunque de poco relieve y escasos en número tampoco carece de añadidos, p. e.: ὡμολόγησε + τὴν εὐεργεσίαν A (50, 8). El grupo tiene tendencia a evitar los semitismos, a declinar los nombres propios: Ἐλεάζαρ] Ἐλεαζάρου A⁻¹⁰ (11, 13), Ἱερουσαλὴμ] Ἱεροσόλυμα A (148, 19) y a omitir el artículo de los mismos como ocurre con Ἀχιμέλεχ y Ἀβιάθαρ 2.° en 84, 16. Es muy frecuente el cambio intencionado de sinónimos: ἡρμήνευσεν] ἐδήλωσεν A⁻¹⁰ (26, 16), ἁμαρτάδων] ἁμαρτιῶν A (46, 11), πονηρίας] τιμωρίας A⁻¹⁰ (49, 1), στερίφῃ] στεῖρα A (78, 7), προμηθείας] προνοίας A (81, 18), ἐκακουχήθης] ἐκακώθης A (128, 12). Son frecuentes también las transposiciones: πιθανὸν ἀπεργάσεται tr A (42, 14), αὐτὸν παιδοτρίβης tr A (75, 10), así como los cambios de modo y tiempo en los verbos: μεθύουσα] μεθύει A (6, 9), ἐβασίλευσεν] βασιλεύει A (26, 6), προσερεῖσαι] προσήρεισε A (76, 18), προστέθεικεν] προσέθηκεν A (79, 14), la sustitución de verbo compuesto por simple: μεταλαβεῖν] λαβεῖν A (31, 14), εἰσελθεῖν] ἐλθεῖν A⁻¹⁰ (53, 2), προσβαλεῖν] βαλεῖν A (69, 7), y cambios de preverbio: κατασκευασθῆναι] ἐπισκευασθῆναι A (11, 15 y 12, 3). En este grupo deben incluirse también los mss. 21, 23, 33,

36, 44 y 46 de los meramente consultados que siguen al ms. 5 y el 57
que sigue al 54. Pese a las múltiples diferencias externas (el 6 transmite
el texto exclusivo de Teodoreto con abundantes omisiones y resúmenes;
el 5 transmite ese mismo texto sin abreviar y acompañado de párrafos
anónimos al final de algunas cuestiones; y el 54 es formalmente una ca-
dena), el tipo de texto es tan semejante y el número de variantes comu-
nes tan elevado y regular que hay que postular un antepasado común
del que procedería el texto de Teodoreto en estos tres manuscritos, por
encima de las mutaciones experimentadas a lo largo de su transmisión.
Este fenómeno puede apreciarse desde las primeras páginas del aparato
crítico y no vale la pena repetir aquí la larga lista de variantes comunes
significativas.

Tipo D

Es un grupo bastante bien delimitado por la coincidencia de nume-
rosas variantes. Está constituido por los mss. 8, 12 y 35. El primero de
ellos sólo a partir de la cuestión 30 de 1 Reyes. Es curioso constatar que
el ms. 8 se convierte en fiel testigo del grupo a partir de este punto de-
jando al mismo tiempo de presentar las breves adiciones de otros Padres
y de caminar con el 3. Un testigo muy próximo a este grupo, aunque
no tanto como para ser incluido en él es el ms. 9.

A nuestro entender este grupo ha de tenerse muy en cuenta en or-
den a la restauración del texto original dada la gran antigüedad de to-
dos sus componentes. Es el tipo textual que ha sufrido menos modifica-
ciones intencionadas aunque no sea quien ha cuidado más su texto. To-
dos los mss. de que consta el grupo prolongan el libro segundo de los
Reyes hasta la muerte de David en 3 Reyes 2, 11. Asimismo los mss. de
este grupo son los que mantienen la numeración correcta de las cues-
tiones en contra de los otros grupos.

En cuanto a las características que le son propias podemos señalar las
siguientes: son muy escasas las omisiones, aunque presenta algunas, p.
e. >τὰς παρεμβολὰς αὐτῶν, τοῦ ἐξελθεῖν εἰς πόλεμον ἐπὶ Ἰσραήλ D
(58, 5-6), >χρησαμένη τοῖς λόγοις D (108, 6). Con frecuencia las omi-
siones se deben a *homoioteleuton* como >(νόμος)· τοῦτο δέ γε ἄντικρυς
ὁ θεῖος ἀπηγόρευσε νόμος D (86, 2-3), >(ὁ Δεσπότης ἐγένετο), καὶ τῶν
νεφῶν ἔλυσε τὰς ὠδῖνας, καὶ τῇ γῇ συνήθως δοῦναι προσέταξε τοὺς
καρπούς. Ἡμεῖς δὲ διὰ τούτων μανθάνομεν, ὡς γένους ὁ Δεσπότης D
(111, 15-17). La mayor parte de sus variantes frente a los otros grupos
son de origen paleográfico y por tanto secundarias como φυγήν] σφαγήν
D (42, 18), γεγενημένης] γεγυμνωμένου D (55, 13), σφίσι] φησί D (59,

19), λαοῦ] Σαούλ D (73, 10), ἐγκαρσίως] ἐγκαρδίως D (103, 11). A veces hay también cambios de sinónimos como πόθου] πάθους D (47, 19), ἐρρέθη] ἑρμηνεύθη D (81, 12), ἔφη] φησί D (84, 2), ἐδίδαξεν] ἔδειξεν D (77, 16 y 102, 12), y algunas otras correcciones intencionadas, p. e.: τὸ δὲ] ἀντι τοῦ D (53, 1), τίνα λέγει] διὰ τί ὠνομάσθη D (75, 1), κατηγορίαν] ἀμαρτίαν D (88, 9), sin excluir la intencionalidad teológica en alguna como ὀργήν] ἐνέργειαν D con el calificativo θείαν (101, 8). Aparecen cambios de modo y tiempo en los verbos, pero es sobre todo perceptible la tendencia a sustituir el verbo compuesto por simple, p. e.: ἀπαγγειλάντων] ἀγγειλάντων D (29, 18), ἀπέδωκε] δέδωκε D (56, 2), προσερεῖσαι] ἐρεῖσαι D (76, 18), διαφθαρῆναι] φθαρῆναι D (120, 8). En conjunto, cuando los mss. de este grupo van solos frente a todos los demás sus variantes parecen ser secundarias. De los mss. no colacionados han de incluirse en este grupo los mss. 16, 22, 39 y 45. Dentro de este grupo una serie de lecturas exclusivas propias del 8 (a partir de la cuestión 30 de 1 Reyes) y del 35, así como otros errores comunes permiten clasificar estos dos manuscritos como un subgrupo con un antepasado común. He aquí algunas de estas lecturas comunes más significativas: Ἀκύλα] Ἀκύλου (33, 5); Γολιάθ] Γολιάδ (37, 8 y 75, 4); οὔτε] ὥστε (45, 2); ἵνα λείαν] ἱμάτιαν (62, 8); φιλίας] φιλανθρωπίας (72, 11); διατάττειν] διαλλάτειν (112, 11); δυσσεβεῖ] βασιλεῖ (115, 7); φυλάξαι] ποιῆσαι (116, 15); Σαρουιά] Σαρουιᾶς (125, 12); ἄκραν] κακίαν (127, 3); ἀναγκαῖον ὑπέλαβεν] ὑπέλαβεν εἶναι ἀναγκαῖον (189, 7); πελάζουσαν] προσπελάζουσαν (193, 7); λόγων] ἤγουν (224, 16) y εἰ] ἐνώπιον (275, 1).

TIPO C

En el grupo C incluimos los mss. 3, 8, 15, 55 y 56, que, a su vez, se pueden agrupar en dos subtipos: c y c_1. El primero de ellos está constituido por los mss. 3, 8 y 15 que presentan el texto de Teodoreto con añadidos intercalados de otros PP. antioquenos. Se extiende solamente hasta la cuestión 29 de 1 Reyes inclusive, ya que en este punto el ms. 8 cambia de grupo y el ms. 15, el más antiguo de todos, finaliza. Sólo el ms. 3 se prolonga hasta el final de 1 Reyes. Este subgrupo continúa al de la misma sigla de las *Quaestiones in Octateuchum*[1] y, como en el Octateuco, sus características son las siguientes: frecuentes omisiones, p. e.: >(συγγεγραφότες), ἐξ ἐκείνων τῶν βιβλίων τὰς ἀφορμὰς εἰληφότες c (4, 4-5), >(συντετριμμένον), καὶ τῶν ἄκρων πάντων ἐστερημένον c (14,

___

[1] QO, pp. XXIV-XXV y LXIII.

5), >(ἐπετίμησε), καὶ τῆς βασιλείας αὐτῷ τὴν στέρησιν προεμήνυσε c (27, 7-8), algunas de las cuales se deben probablemente a *homoiote-leuton*. Son escasos los añadidos, aunque algunos de ellos amplios, dado el caracter compilatorio del grupo como ἐδέξατο + καὶ συγκόψω τὸν βραχίονά σου καὶ τὸν βραχίονα οἴκου πατρός σου μὴ εἶναι πρεσβύτην ἐν τῷ οἴκῳ σου, καὶ ὄψῃ θλίψιν κατοικήσεως ἐν παντὶ ᾧ εὐεργετηθήσεται Ἰσραήλ· οὐκ ἔσται γέρων ἐν τῷ οἴκῳ σου πάσας τὰς ἡμέρας c (11, 14), o bien, μυθολογοῦσι + καὶ ἐπάταξεν ἐν ἀνδράσι Βεθσάμοις, ὅτι εἶδον ἐν γλωσσοκόμῳ Κυρίου, καὶ ἔπληξεν ἐν τῷ λαῷ ἑβδομήκοντα ἄνδρας καὶ πεντήκοντα χιλιάδας ἀνδρῶν. Ἐπάταξε δὲ τῶν ἀνθρώπων τῆς Βεθσάμοις, ὅτι κατώπτευσαν τὴν κιβωτὸν Κυρίου· ἐπλήξει δὲ τοῦ λαοῦ ἑβδομήκοντα ἄνδρας καὶ πεντήκοντα χιλιάδας ἀνδρῶν c (18, 8). Encontramos también correcciones intencionadas de tipo recensional. Así la primera cuestión de 1 Reyes comienza con Πρῶτον δὲ τῆς ἱστορίας... omitiendo las once primeras líneas. Algunas de estas correcciones se deben sin duda a razones teológicas como Ἀστάρτης] ἁμαρτίας c (18, 6). Al lado de éstas, hay también otras variantes de menor interés: cambios de modo, tiempo y persona en los verbos: διελεύσεται] διελεύσονται c (11, 1), transposiciones: μεμαθήκαμεν ἱστορίας tr c (3, 15), ἐμφυσήσας post ἀποστόλοις c (22, 3), etc., otras, quizá, intencionadas como Σαούλ] Σαμουήλ c (4, 6). Todas ellas contribuyen a delimitar y caracterizar el subgrupo. No sólo las características externas (el hecho de que el 8 cambie de grupo textual precisamente allí donde finaliza el 15), sino las mismas lecturas comunes, a pesar de la poca extensión del texto en Reyes, nos obligan a postular para los mss. 8 y 15 un antepasado común. He aquí las lecturas exclusivas de estos dos mss.: >καὶ (5, 1); αὐτοὺς] αὐτοῦ (11, 10); ταύτην] ταύτης (14, 16); y ἀπῆλθον] ἀπῆλθεν (16, 3).

El otro subgrupo, c_1, comprende los mss. 55 y 56 cuyo texto coincide, a veces, con el de los mss. 1 y 37 frente a los demás mss. Los dos testigos de que consta son cadenas del tipo *Text-katene,* es decir, con comentarios de mayor o menor amplitud intercalados entre párrafos del texto bíblico. El subgrupo presenta características exigidas por la adaptación del texto de Teodoreto a la *catena.* Así, son frecuentes las omisiones, sobre todo de los títulos de algunas cuestiones como en la tercera y la quinta de 1 Reyes (5, 14 y 8, 5), de los finales de otras muchas como ocurre en la cuestión 32 (30, 13-18), en la 54 (46, 10 - 47, 3), en la 56 (49, 12-20) del mismo libro, el final de la cuestión 41 y las cuestiones 42 y 43 completas, también en 1 Reyes. Es probable, sin embargo, que alguna de las omisiones se deba a *homoioteleuton* como (ἀφωρισμένον), βέβηλον δὲ τὸ τοῖς ἄλλοις ἅπασιν ἀπονενεμημένον c_1 (45, 16-17). Son frecuentísimas las transposiciones de cuestiones completas, p. e. la cuestión 45 de 1 Reyes se coloca tras la c. 50, la c. 47 después de la 48. En 2 Reyes la c. 1 va después de la c. 2, la c. 30 después de la 31. En el libro tercero la c. 2 sigue a la 3, la c. 50 sigue a la 53, la c. 60 antecede a la c. 58, etc. Como en los otros grupos aparecen también variantes de origen paleográfico: Ἰδουμαίᾳ] Ἰουδαίᾳ c_1 (84, 4), θερμάστρεις] θέρμας δὲ τρεῖς c_1 (142, 10), y otras variantes menos específicas. A este grupo pertenecen, entre los no colacionados íntegramente, los mss. 55a y 59.

En resumen, el grupo A es una recensión intencionada del texto de Teodoreto, aunque luego cada uno de los mss. que lo integran haya seguido caminos divergentes [1]. El grupo C presenta un texto que podemos calificar de «catenáceo», ya sea que nos encontremos con una *catena* propiamente dicha, c_1, donde el texto se ha modificado para acomodarlo a la narración bíblica y al conjunto de la cadena, ya sea que nos hallemos ante el texto seguido de Teodoreto, con añadidos intercalados de otros Padres antioquenos formando una especie de colección exegética, c. El grupo D es, quizá, quien nos conserva un texto más próximo al que salió de las manos de Teodoreto. Sus mss. son, en conjunto, los más antiguos, aunque quizá no sea el grupo más cuidadoso. Cercano al grupo D se halla el ms. 9. Finalmente los mss. 1 y 37, que transmite el texto puro de Teodoreto, no forman parte de ninguno de los grupos aunque están más cerca del grupo C que de los otros. Estos tres mss. quizá podrían servir de criterio fiable de las lecturas más originales en los casos en que vayan con cualquiera de los grupos frente a los demás.

Supuestas estas relaciones entre los mss. y estos tipos textuales, creemos poder establecer el siguiente *stemma codicum* aproximativo donde incluimos solamente los mss. íntegramente colacionados. Insistimos en que el *stemma* no puede ser más que aproximativo, pues faltan demasiados eslabones como para trazar derivaciones y parentescos más precisos.

---

[1] Es interesante constatar que con el ms. 5, el más moderno de los colacionados íntegramente, coinciden en texto y añadidos varios mss. todavía posteriores, que sólo hemos consultado. Por otra parte, quizá sea con el ms. 5 con quien más frecuentemente coincide el texto impreso por Sirmond. Este ms. y el 10 son los únicos que dividen 2 y 3 Reyes en el punto en que lo hace el texto septuagintal. El ms. 5 da, pues, la impresión de contener un texto al que analógicamente podríamos calificar de *«textus receptus»*, que la consulta a mss. más antiguos obliga a modificar.

E) *Stemma codicum*

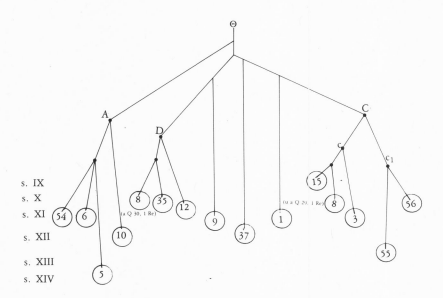

III.   Las ediciones anteriores

Las QRP fueron publicadas como *editio princeps* en 1642, en el tomo primero de las obras completas de Teodoreto que editó J. Sirmond [1]. Con relación al manuscrito utilizado por Sirmond para su edición, el *«codex regius»*, al que alude en el prólogo, tenemos que reconocer que seguimos sin identificarlo. No pudo ser el *Gr. 842* de la Bibl. Nacional de París, el 37 de nuestra edición, como afirman Rahlfs [2] y Geerard [3], y

[1]   *Theodoreti episcopi Cyri Opera Omnia Graece et Latine,* ed. J. Sirmond s. j., Paris 1642, en 4 tomos seguidos de un tomo quinto editado por J. Garnier s. j., *Auctarium Theodoreti Cyrensis episcopi seu Operum tomus V,* Paris 1684. Las cuestiones a Reyes y Crónicas se encuentran en las pp. 229-392 del tomo I.

[2]   A. Rahlfs, *Verzeichnis...* 380 n. 1 y 208: «Von Sirmond für seine Tht.-Ausg. benutzt, denn er sagt Bd. 1 (1642), Vorrede 'Lectori', es sei jetzt eine Hs. der Quaest. in der Bibl. Reg., und diese habe er benutzt; das kann aber nur Grec 842 sein, da die übrigen Hss. der Quaest. erst später in die Bibl. gekommen sind».

[3]   M. Geerard, CPG III n.º 6201.

en parte repetimos en nuestra edición de las *Quaestiones in Octateu-*
chum [1].

Varias son las razones que nos obligan a descartar este manuscrito
como base de la edición de Sirmond. En primer lugar, no contiene el
fragmento de Diodoro que figura en dicha edición entre las cuestiones
6 y 7 de 1 Reyes. El cúmulo de variantes con relación al texto impreso
es tal que no se puede pensar en el texto de este manuscrito como *Vorla-*
ge. Por otro lado, siguiendo la disposición de los mss. luciánicos, el ms.
37 extiende las cuestiones de 2 Reyes hasta el final de la cuestión 6 de 3
Reyes en contra del texto impreso que sigue la división de la LXX y
atribuye a 3 Reyes las seis últimas cuestiones de 2 Reyes. Además, en el
mismo prólogo al lector Sirmond afirma que el «exemplar in Bibliotheca
Regia... optimum vetustissimumque» por él usado contenía «Theodoreti
praefactionem hactenus non editam». No puede ser, pues, el ms. 37
que está mutilado por el principio y sólo comienza con la cuestión se-
gunda al Génesis. Sirmond tiene que referirse por tanto a otro ma-
nuscrito de los ingresados en la *Bibliotheca Regia,* que ciertamente no
coincide con ninguno de los colacionados para nuestra edición [2].

A la vista de nuestras colaciones y tras el estudio de los mss., lo más
que podemos afirmar es que Sirmond siguió un manuscrito muy próxi-
mo al 5, ya que es el único (fuera de los *catenae* propiamente dichos y

---

[1]   p. XXVII. Al describir el manuscrito ya habíamos constatado (p. XIX) que el Gr. 842
carecía de los añadidos de otros Padres que figuraban en la edición impresa. Pero fue Mlle. Petit
quien nos hizo caer en la cuenta de que dichos añadidos se encontraban ya en la edición de J. Pi-
cot (París 1558) aunque sin atribución. Lo que hará Sirmond es anteponer los nombres de los dis-
tintos autores delante de los párrafos ajenos a Teodoreto como explica en el prólogo a su edición:
«Quo prorsus mendo caruit codex regius, qui quod Theodoreti non sit hoc loco nihil habet. Hunc
itaque nos secuti, ea quae subsequebantur sic retinuimus, ut Origenis, Diodori et Theodori praefi-
xis vocabulis, non Theodoreti, sed aliorum esse ostenderemus».

[2]   M. Ch. Astruc, conservador de los manuscritos griegos de la Biblioteca Nacional de París
nos ha confirmado en carta del 24 de junio de 1980 que el *ms. Gr. 842* no es el utilizado por Sir-
mond, puesto que dicho códice que procedía de la colección del cardenal Ridolfi entró en la
Biblioteca Real en 1599 y fue encuadernado en 1602. Desde ese momento se presentaba tal como
hoy lo conocemos, es decir, mutilado por el comienzo. La posibilidad de que el ms. utilizado por
Sirmond desapareciera de los fondos de la Bibl. Nacional después de 1642, año de la edición de
Sirmond, la considera Ch. Astruc «fort improbable». Podría orientarse la investigación hacia un ti-
po de ms. catenáceo que hubiera entrado en la Biblioteca Real con anterioridad a la edición de
Sirmond. Pero en contra de esta hipótesis está la afirmación del mismo Sirmond en el prólogo (cf.
n. 1) de que su códice carecía de esos añadidos. Queda no obstante la duda de dónde encontró
Sirmond los nombres de esos autores que faltaban en la edición de Picot y que antepone a los
párrafos ajenos a Teodoreto. ¿Consultaría tácitamente un ms. catenáceo? Respecto a este último
punto F. Petit sugiere que Sirmond consultó los mss. Paris, *Gr.* 130, y Paris, *Gr.* 161 y posible-
mente una tercera fuente (Les *Questions sur l'Octateuque,* pp. 30-31).

del grupo c) que tiene la interpolación de Diodoro, aunque sin atribución, al final de la cuestión 6 de 1 Reyes [1]. Existe un buen número de lecturas en las que el editor sigue al ms. 5 sólo o al 37 sólo, pero no se identifica con ninguno de estos mss. dadas las frecuentes variantes con que estos dos mss. se separan del texto impreso. Probablemente Sirmond siguió un ms. del grupo A, próximo al 5 que hoy se ha perdido o, al menos, no hemos podido identificar, pero que carecería en todo caso de los añadidos anónimos de este ms.

La traducción latina que edita Sirmond es obra de Gentianus Hervetus Aurelius Remensis, quien en su prólogo al lector explica cómo hallándose en el concilio de Trento con el cardenal Lotharenus le ofrecieron un libro de las Cuestiones de Teodoreto más extenso que el editado por J. Picot en París [2], que estaba traducido al latín por el mismo Picot. Dicho libro contenía las cuestiones que faltaban al libro de los Jueces en la edición de Picot y además las cuestiones a Reyes-Crónicas. Y continúa: «Verti itaque quae Pici deerant exemplari, et ab eo versa non erant. Quare habe, Lector, hanc a nobis tibi oblatam Quaestionum quae deerant in Judices, et in libros Regum et Paralipomenon accessionem».

En 1769 publica J. L. Schulze una nueva edición de las obras completas de Teodoreto [3] en cinco tomos. Las Cuestiones a Reyes-Crónicas se encuentran en el tomo primero. Como declara en el prólogo [4], Schulze imprime la edición de Sirmond añadiendo para Reyes, en el aparato: a) variantes de la *Catena Lipsiensis* que había sido recientemente publicada [5], b) variantes de los mss. 56 y 57 bajo las siglas *cod.*α y *cod.*β respectivamente. Para los libros de Crónicas, al carecer del comentario a estos libros el ms. 57 y la *Catena Lipsiensis,* incorpora exclusivamente variantes del ms. 56 en el aparato.

J. P. Migne en la *Patrologia Graeca,* 80, 527-858 reprodujo íntegramente la edición de Schulze incluidos el aparato de variantes y la traducción latina de Gentianus Hervetus.

[1] La tienen también los manuscritos catenáceos 54, 55 (el 56 no tiene esta parte de 1 Reyes) y la colección coisliniana del grupo c (3, 8, 15).

[2] Sobre la extensión de la edición de J. Picot hasta la Q. 20 de Jueces, cf. QO, p. XXVII.

[3] J. L. Schulze, *Beati Theodoreti episcopi Cyri opera omnia,* Halae 1769-74.

[4] *Praefatio ad Lectorem,* XIV: «Ordinem librorum eundem tenuimus, quem olim secutus est Jac. Sirmondus, cuyus editioni nostram esse cupimus quam simillimam».

[5] Nikephoros Hieromonachos Theotokis, Σειρὰ ἑνὸς καὶ πεντήκοντα ὑπομνηματιστῶν εἰς τὴν Ὀκτάτευχον καὶ τὰ τῶν Βασιλειῶν, 2 vols., Leipzig 1772-73.

IV. LA PRESENTE EDICIÓN

Nuestra edición se basa en una exploración completa de los ma-
nuscritos conocidos de las QRP, tanto los que contienen el texto de Te-
odoreto sólo, como los compuestos de otras colecciones o los propiamen-
te catenáceos. Esta inspección se ha extendido también a los más tardíos
ya que éstos pueden ser copia de manuscritos hoy perdidos y que eran
de alta calidad textual.

Hemos colacionado íntegramente en microfilm los mss. que nos han
parecido más importantes y suficientes para el establecimiento del texto
crítico. Algunos de ellos como los *Coisl. 8, 113* y *251*, el *Gr. 842* de la Bibl.
Nacional de París, o los *Gr. 4710* y *4863* de la Bibl. Nacional de Madrid,
Escorial Σ.*II.19* y Ψ.*I.8* los hemos examinado también *in situ* [1].

J. Paramelle del «*Institut de Recherche et d'Histoire des Textes*» nos
sugirió el posible interés para nuestra edición de dos mss. de Patmos, el
177 y 178, que contienen un resumen de la obra de Teodoreto a cargo
de León Magistro. El texto de las cuestiones está tan resumido que no
se puede utilizar para la restauración crítica de Teodoreto [2].

En cuanto a los grupos de manuscritos, se mantienen sustancialmen-
te con las mismas características el A y C de las *Quaestiones in
Octateuchum* [3], y surge un nuevo grupo, el D. Ya se ha advertido que

---

[1] Del Coisl. 251 transcribimos una parte a nuestro paso por París en el verano de 1979, sufi-
ciente para reconocer el tipo de texto representado. Sin embargo, no pudimos obtener una copia
en microfilm por el peligro de deteriorar la encuadernación que ya ha tenido que ser restaurada
(carta del 20.8.1979 del Conservador, jefe del servicio fotográfico de la Bibl. Nacional).

Con relación al Nikolsburg, *Dietrichsteinsche Schlossbibl., I. 131,* se sabe que la colección de
mss. Dietrichstein fue subastada en 1933 por Gilhoher & Rauschburg en Luzerna. La Biblioteca
Nacional de Viena adquirió algunos fondos en esa subasta, pero no este ms. que llevaba el n.º
420 en el catálogo de subasta. Debemos esta información a la Dra. Eva Irblich de la *Ös-
terreichische Nationalbibliothek* de Viena, quien amablemente nos lo comunicó en carta del 1 de
febrero de 1982.

[2] No nos ha parecido necesario incorporar la *Catena Lipsiensis* como hace Schulze, porque su
texto, que sigue básicamente el del ms. *Atenas, Bibl. Nac. 43* (cf. A. Rahlfs, *Verzeichnis,* p. 6) es
muy semejante al texto de nuestro ms. 54. Por otra parte parece cierto que el editor de dicha cate-
na ha utilizado la edición de Teodoreto de Schulze como ha probado A. Rahlfs, *Septuaginta-
Studien* I, 27: «Bei der entschiedenen Unrichtigkeit des Schulzeschen Textes ist es höchst auffällig,
dass Nic. so oft mit Schulze übereinstimmt, selbst in so handgreiflichen Fehlern wie Regn. γ 8₂₄
δ 11₁₇. Da nun Nikephoros, der Herausgeber der Katene, die Schulzesche Theodoret-Ausgabe be-
nutzt hat —er zitiert sie in den Anmerkungen überall als 'die Hallesche Ausgabe' (ἡ ἐν Χαλ.
ἔκδ.)—, ...so liegt der Verdacht nahe, dass er den handschriftlichen Katenentext öfters für falsch
gehalten und nach dem gedruckten Theodorettexte verbessert hat».

[3] QO, pp. XXIII-XXVI.

el subgrupo c sólo se extiende hasta la mitad de 1 Reyes, ya que al final de la cuestión 29 termina el ms. 15 y el 8 cambia de filiación textual pasando a formar parte del grupo D.

Pese a la antigüedad de algunos mss. del grupo C —tanto los propiamente catenáceos como los que transmiten las Cuestiones de Teodoreto entrelazadas con fragmentos de otros PP. antioquenos—, el texto puro de Teodoreto aparece en un número de testimonios suficiente como para ser editado por separado, con independencia de las implicaciones que puedan tener los mss. mencionados para el origen y transmisión de las *catenae*.

A la vista de la exploración global de la tradición manuscrita, nos parece que tanto las omisiones drásticas de mss. como el 6 o el 54 [1], como los añadidos atribuidos a Teodoreto en los mss. 55-56-59 y que están ausentes del texto impreso se deben a intervenciones de los catenistas, son de carácter secundario y, por tanto, no pueden condicionar una edición de las cuestiones de Teodoreto [2]. Hay que deslindar la transmisión de las cuestiones de Teodoreto de la transmisión de las *catenae* una vez que hemos constatado que las cuestiones se han transmitido también con independencia de las *catenae*.

Por eso renunciamos a incorporar, como hace Schulze, las digresiones catenáceas en 3-4 Reyes que tienen su verdadero puesto en una edición de los diferentes tipos de *catenae* a estos libros como ha iniciado F. Petit para el Pentateuco [3].

Mas, por otro lado, esta transmisión plural y diferenciada del texto de Teodoreto —solo, asociado a una colección de otros PP. antioquenos, o formando el núcleo de una cadena más vasta—, no debe predisponernos en principio para juzgar la calidad del texto de los diversos mss. pues, como es bien sabido, el tipo textual de un ms. no

---

[1] En el caso del 54 la estructura catenácea le obliga a abreviar para dar cabida a otros Padres y a resumir (es el único que omite las preguntas). Las omisiones del 6 son de carácter distinto. Un caso extremo lo constituyen los resúmenes de las respuestas en los mss. 42 y 43.

[2] Como ya señalamos en otra parte [cf. N. Fernández Marcos, *La edición de las 'Quaestiones in Reges et Paralipomena' de Teodoreto*, Sef 40 (1980) 235-253] los fragmentos suplementarios que se encuentran en los mss. 55, 56 y 59, muchos de los cuales reflejan claramente respuestas alternativas al problema planteado en la cuestión, merecen un examen aparte y tal vez una edición de los *incipit* y *desinit* que facilite su identificación y ulterior estudio. Pensamos, sin embargo, que no afectan a la edición de las Cuestiones de Teodoreto, ni siquiera al problema que algunos han sugerido (*ibid.* 240) de una segunda edición de la obra sino que deben ponerse en conexión con el origen de la actividad catenácea en el área geográfica de Antioquía.

[3] Cf. F. Petit, *Catenae graecae in Genesim et in Exodum. I. Catena Sinaitica*, CC SG 2, Turnhout-Leuven 1977 y — *La tradition de Théodoret de Cyr dans les chaînes sur la Genèse. Vues nouvelles dans le classement de ces chaînes*. Le Muséon 92 (1979) 281-286.

coincide necesariamente con el grupo en el que se le inscribe a partir de una descripción más externa y formal.

El estudio de los grupos de mss. no nos ha revelado una superioridad textual de un grupo sobre otro y mucho menos dependencia de los grupos entre sí, aunque haya mss. mixtos que no siguen de modo totalmente consecuente a ningún grupo concreto. Tenemos que recurrir, por tanto, para la restauración del texto a la tradición mayoritaria y, en caso de conflicto entre los diversos grupos es muy importante prestar atención a aquellos mss. independientes que transmiten exclusivamente el texto de Teodoreto y que unas veces acompañan a un grupo y otras a otro. Estos son, sobre todo, los mss. 9, 37 y en menor medida el 1.

Una vez comprobado que ningún grupo concreto merecía la preferencia a la hora de restaurar el texto, nuestro esfuerzo se centró en la discusión pormenorizada de las variantes apoyándonos en nuestra experiencia y los criterios al uso en crítica textual [1], así como en la lengua y estilo de Teodoreto. Por lo general hemos seguido los mss. salvo en el caso de unos pocos nombres propios que nos ha parecido oportuno regularizar siempre en la dirección señalada por los mss. más fidedignos y teniendo en cuenta el comportamiento de Teodoreto a lo largo de toda la obra. Estas regularizaciones son: υἱέων, Σαδούκ, Ἰουδάν, Χερουβίμ, Ῥουβίμ, Μωϋσῆς [2]. Hemos mantenido la grafía Μωϋσῆς, Ναβουθέ, Βηρσαβεέ pese a que los mss. lucianicos leen Μωσῆς, Ναβουθαί, Βηρσαβεαί [3], porque así parece exigirlo la tradición de Teodoreto y porque la lectura de los mss. lucianicos es un dato más a tener en cuenta pero nunca puede ser criterio definitivo para la restauración del texto de Teodoreto si no queremos incurrir en una *petitio principii*. Un caso similar lo encontramos en 140, 10: Teodoreto utiliza normalmente el ático νεώς, pero en este pasaje, que es una cita bíblica, mantiene ναός. Es decir, usos lingüísticos como el aticismo no se siguen con una consistencia absoluta.

Excepto en el caso de los nombres propios y citas bíblicas, en donde hemos procurado ser especialmente exhaustivos, para el resto del texto recogemos las variantes que pueden enriquecer el aparato, pero desechamos normalmente —siempre que no haya una razón especial para indicarlas—, las variantes puramente fonéticas como itacismos, errores de

---

[1]   QO, p. XXVIII.

[2]   Sobre este último nombre, cf. E. Nestle, *Moses/Moyses.* ZAW 27 (1907) 111-112.

[3]   Menos en *2 Cr* 19, 4 (274, 2) donde hay que preferir Βηρσαβεέ según los mss. Cf. S. P. Brock, *The Recensions of the Septuagint Version of 1 Samuel,* Diss. Oxford 1966 (inédita), pp. 329, 330 y 344.

cantidad vocálica, -ν efelcística, la falta de aumento, las hipercaracteri-
zaciones y los errores gramaticales patentes.

Las novedades más sobresalientes frente a las ediciones anteriores son
la supresión del párrafo atribuido a Diodoro (PG 80, 536AB) que sólo
está atestiguado en los mss. catenáceos [1], y, sin atribución, en el ms. 5 y
en los mss. tardíos que le siguen. También hay que destacar la nueva
división de las Cuestiones en los libros 2 y 3 de Reyes. De acuerdo con
la mayoría de los mss. de Teodoreto y en consonancia con la división
del texto bíblico de los mss. luciánicos incorporamos a 2 Reyes las seis
primeras cuestiones del libro tercero [2]. Estas son las novedades más lla-
mativas de la edición. No hay que olvidar tampoco la disección operada
entre el texto de las Cuestiones de Teodoreto y el conglomerado de las
catenae. Esta clarificación nos ha permitido aligerar el aparato crítico de
una serie de adherencias que pertenecen más a una edición de los dis-
tintos tipos de cadenas a Reyes que a una edición de Teodoreto. Tam-
poco se pueden pasar por alto toda una serie de restauraciones de lectu-
ras erróneas o dudosas, rectificaciones notables, como veremos a conti-
nuación, en el texto de las citas bíblicas, que repercuten directamente
sobre el texto bíblico de Teodoreto [3]. Para esta restauración del texto de
nuestro autor nos ha ayudado no sólo el examen exhaustivo de la tradi-
ción manuscrita sino también el conocimiento de los nuevos plantea-
mientos sobre el texto bíblico en los libros de los Reyes que se ignora-
ban en tiempos de los editores anteriores. Por ejemplo, por desconocer
la lectura de los mss. luciánicos, Schulze no duda en restaurar el
nombre de 'Αβεσσά en contra de los mss. de Teodoreto en lugar de
'Ιωάβ siguiendo al texto hebreo y a la LXX en 2 Re. 16, 11 [4]. Igual-
mente, la sorpresa de gran parte de las notas de la edición de Schulze
por el hecho de que las lecturas de Teodoreto coincidan con la Complu-
tense y con Teodoción [5] obviamente se desvanece al comprobar que la

---

[1] Mss. 54, 55 y 57.

[2] La división de las cuestiones en 2-3 Reyes tal como se halla en las ediciones impresas sólo
se encuentra en los mss. 5, 10 y algunos mss. tardíos que forman grupo con el 5.

[3] Un ejemplo de las mejoras que nuestra edición introduce en el aparato de Brooke-McLean
puede verse en 2 Reyes 20, 19, cf. *infra* pp. LII-LIV.

[4] Cf. 642, n. 44. Una frase que hemos de atribuir a intervención armonizadora por parte del
editor es la de PG 80, 844C: 'Αντ' αὐτοῦ δὲ ἐβασίλευσεν ὁ υἱὸς αὐτοῦ 'Αμασίας, pues no figura en
ninguno de los códices por nosotros colacionados. Aunque tanto en éste como en otros casos en
que va el *ed.* solo, dado que no hemos descubierto el manuscrito seguido por Sirmond, siempre
quedará la duda de si se deben al códice modelo de Sirmond o a intervenciones editoriales.

[5] Cf. 664, 653 y *passim*.

Complutense siguió uno de los manuscritos luciánicos[1], y al caer en la cuenta de que en la sección de 2 Re. 11, 2 - 3 Re. 2, 11, como ha demostrado Barthélemy[2], la sexta columna hexaplar no representa a Teodoción sino que es un testigo más del texto luciánico debido a un error en la atribución de la sigla θ' que en los mss. tanto puede significar Teodoción como Teodoreto.

Aunque dado el número de mss. colacionados hubiera sido posible señalarlos con letras mayúsculas, nos ha parecido preferible mantener el uso de los números arábigos por continuidad con la edición anterior y para facilitar la identificación de los mismos a lo largo de Génesis-Crónicas. También señalamos en cada página a la cabecera del aparato los manuscritos utilizados y en el margen interior de cada página el número de la columna de la edición de Migne.

V. EL TEXTO BÍBLICO DE TEODORETO

Concebimos la edición de las *Quaestiones in Octateuchum* como un paso previo en la búsqueda del texto bíblico utilizado por Teodoreto. En otras palabras, queríamos zanjar definitivamente el problema de la existencia de un texto luciánico o antioqueno en el Octateuco, problema que contaba ya con un siglo de historia sin que se le hubiera dado una solución satisfactoria[3]. Por eso pusimos el máximo cuidado y atención en la fijación del texto de las citas de Teodoreto y dedicamos amplio espacio a la comparación del texto de Teodoreto con el de los diferentes grupos de manuscritos de la Septuaginta. Los resultados de nuestra edición, por lo que al texto bíblico se refiere, aparecen formulados en la citada introducción y, con mayor precisión, en un artículo sobre el texto de Teodoreto en el Octateuco[4]. A partir de nuestro autor no se puede defender ni justificar la existencia de la recensión luciánica

---

[1] Cf. F. Delitzsch, *Fortgesetzte Studien zur Entstehungsgeschichte der complutensischen Polyglotte,* Leipzig 1886, pp. 19-28.

[2] D. Barthélemy, *Les Devanciers d'Aquila.* VTS X, Leiden 1963, pp. 128-143.

[3] QO, pp. IX-X; N. Fernández Marcos - A. Sáenz-Badillos, *In Search of an Antiochian Text of the Septuagint: Theodoret's «Quaestiones in Octateuchum».* En «Proceedings of the Sixth World Congress of Jewish Studies (Jerusalem 13-19 August 1973)», vol. I, Jerusalem 1977, 357-362.

[4] N. Fernández Marcos, *Theodoret's Biblical Text in the Octateuch.* Bulletin of the IOSCS 11 (1978) 27-44.

en el Octateuco, al menos con el mismo perfil y rasgos con los que aparece en los libros históricos y proféticos. Sin embargo, rasgos específicos de esta recensión comienzan a dibujarse en la última parte del Octateuco, en especial de Jueces a Rut [1].

Por lo que toca a la edición de las QRP la situación es bien distinta. Ningún especialista pone hoy en duda la existencia de un texto luciánico en estos libros, texto de características bien definidas, que fue utilizado por los Padres antioquenos, en especial Teodoreto y Crisóstomo. Al estudiar el texto bíblico de Teodoreto partimos ya por tanto de hipótesis controladas por trabajos anteriores, a saber, que Teodoreto sigue sustancialmente en Reyes-Crónicas el texto de los mss. luciánicos $bo(r)c_2e_2$ de Brooke-McLean. Lo único que pretendemos es depurar falsas lecturas y atribuciones que desfiguran la tradición textual y definir mejor un texto que tanta importancia tiene para la restauración del original en Reyes-Crónicas [2], importancia que se ha visto acrecentada tras los descubrimientos de Qumrán. Por eso nos fijaremos ante todo en las nuevas lecturas de Teodoreto que acompañan a los mss. $bo(r)c_2e_2$, en la desaparición de las lecturas exclusivas de nuestro autor y en otros cambios que afectan al aparato de Brooke-McLean, despreciando por irrelevantes los casos esporádicos en que la lectura de Teodoreto sigue a uno u otro manuscrito sin regularidad.

Para enmarcar este estudio del texto bíblico de Teodoreto conviene adelantar un breve resumen del estado de la cuestión luciánica en Reyes [3].

A) *La recensión luciánica en Reyes*

En las notas de la edición de Schulze sorprende la frecuencia con que el editor advierte la coincidencia de Teodoreto con lecturas de la Complutense en contra de la llamada *recepta lectio* de Septuaginta. Ello se debe, como hoy sabemos, a que la primera edición impresa de

---

[1] Como es sabido en Rut 4, 11 comienzan a ser luciánicos los mss. utilizados por Lagarde para su edición de *Librorum Veteris Testamenti Canonicorum Pars Prior Graece*, Göttingen 1883.

[2] Cf. J. Wellhausen, *Der Text der Bücher Samuelis*, Göttingen 1871, 223-224 y S. R. Driver, *Notes on the Hebrew Text and the Topography of the Books of Samuel*, Oxford 1890, LII.

[3] Para la historia de la investigación sobre la recensión luciánica en general remitimos a QO, pp. XXIX-XXXIX y para los libros de Reyes en particular cf. N. Fernández Marcos, *The Lucianic Text in the Books of Kingdoms. From Lagarde to the Textual Pluralism.* En J. W. Wevers' Festschrift (en prensa).

la LXX, la Políglota de Alcalá (1514-1517) imprimió en la columna griega de Reyes un texto similar al que más tarde se identificaría como texto luciánico. Los editores complutenses utilizaron como base el *Vat. gr. 330* (= 108 de Holmes-Parsons, *b* de Brooke-McLean), uno de los mss. luciánicos en esos libros [1].

Pero esta coincidencia antes fue fruto del azar que una elección basada en criterios científicos [2]. De hecho, la preocupación por identificar la recensión luciánica, que mencionaban las fuentes antiguas, en los mss. de Septuaginta no surgirá hasta la primera edición que incorpora en gran escala las variantes de mss., Padres y Versiones antiguas [3]. Con anterioridad a ella había llamado la atención la presencia de la sigla λ entre las notas hexaplares de algunos manuscritos, mas su significado parecía susceptible de diversas interpretaciones [4].

Es interesante constatar cómo a partir del s. XIX la historia de la investigación sobre la recensión luciánica se confunde prácticamente con la historia de la investigación de esta recensión en los libros de los Reyes. Ceriani fue el primero en descubrir a través de sus estudios publicados en 1863 [5] que cuatro mss. (19, 82, 93 y 108 de Holmes-Parsons) junto con la Complutense, Crisóstomo y la versión siriaca de Jacobo de Edesa contenían en los libros históricos la recensión luciánica. Casi simultáneamente en 1864 C. Vercellone publica en Roma sus *Variae Lectiones Vulgatae Latinae Bibliorum Editionis II,* en donde cae en la cuenta de la coincidencia de las glosas marginales del *Cod. Legionensis*

---

[1]   Cf. F. Delitzsch, *Fortgesetzte Studien zur Entstehungsgeschichte der complutensischen Polyglotte,* pp. 2 y 19-28 y M. Revilla Rico, *La Políglota de Alcalá,* Madrid 1917, pp. 98-101.

[2]   A. Rahlfs, *Septuaginta-Studien, 3, 18* opina que el Cardenal Cisneros quería asemejar la versión griega al texto hebreo y al de la Vulgata latina con los que aparecía editada sinópticamente y que por eso escogió el ms. 108, porque coincidía en muchos puntos con la Vulgata. Sin embargo, a quien conoce las diferencias que se dan precisamente en Reyes entre el texto luciánico del ms. 108 y el *textus receptus* hebreo se le hace difícil admitir que si se busca una mayor concordancia entre el texto hebreo y griego se elija para imprimir un manuscrito luciánico. La idea de que los editores complutenses intentaron asimilar el texto griego por ellos editado al del hebreo y de la Vulgata ha de ser por lo menos convenientemente matizada, cf. N. Fernández Marcos, *El texto griego de la Complutense en Doce Profetas.* Sef 39 (1979) 3-25.

[3]   R. Holmes - J. Parsons, *Vetus Testamentum Graecum cum variis lectionibus,* 5 vols., Oxford 1798-1827.

[4]   N. Fernández Marcos, *La sigla lambda omicron (λ) en I-II Reyes-Septuaginta.* Sef 38 (1978) 243-262.

[5]   A. M. Ceriani, *Monumenta sacra et profana* II, 1, XI. Cf. A. Rahlfs, *Septuaginta-Studien 3,* 80, n. 1, donde puntualiza cómo Field depende de Ceriani en este punto (F. Field, *Origenis Hexaplorum quae supersunt,* Oxford 1875, pp. LXXXV n. 5 y LXXXVII).

con los mismos mss. 19-82-93-108 [1]. Con independencia, al parecer, de Ceriani, Lagarde llegará a la misma conclusión en 1867 al compilar y estudiar las citas bíblicas de Crisóstomo, aunque no publicó los resultados hasta 1876 [2]. El propio Wellhausen, cautivado por la importancia de las lecturas de esta familia de mss. para la crítica textual de Samuel, llega a proponer en 1871 que su texto se edite de forma seguida, aunque no fuera más que para un solo libro [3], empresa que llevará a cabo Lagarde al publicar por separado la supuesta recensión luciánica de Génesis a Ester en 1883 siguiendo los cuatro mss. antes mencionados [4]. Es el primer intento de editar por separado la recensión luciánica. Pese a las limitaciones de su realización concreta, la intuición básica de Lagarde de aislar primero las recensiones del A.T. griego para remontarse después al texto original se irá imponiendo como principio editorial válido en LXX, salvada la complejidad particular de cada libro.

Las críticas al método concreto con que procedió Lagarde están reflejadas en las publicaciones de su discípulo Rahlfs [5]. A este último le debemos también el estudio más exhaustivo que hasta el momento se haya realizado sobre la recensión luciánica en Reyes. Por un lado añade al grupo de mss. luciánicos dos nuevos testimonios: *Gr. 31* de la Bibl. Sinodal de Moscú (= 127 de Holmes-Parsons, c_2 de Brooke-McLean) y el *Vat. Gr. 2115,* ff. 35-69 (= 700 de Holmes-Parsons, r de Brooke-McLean), este último para 4 Reyes [6].

Por otro lado, en vez de utilizar el texto de Crisóstomo como control de estos mss., recurrirá al de Teodoreto según la edición de Schulze. Además compulsará las citas bíblicas de esta edición, que sospecha defectuosa, con la consulta de otros dos mss., el *B.VI.22* de la Bibl. universitaria de Basilea y el *Coisl. 8* de la Bibl. Nacional de París [7]. Lo que más nos interesa de su estudio es que la lectura de estos nuevos mss. coincide en muchos pasajes con la recensión luciánica en contra de la

---

[1] Se trata de una Biblia latina Vulgata del año 960 que se encuentra actualmente en el museo de la Real Colegiata de San Isidoro de León. En los libros de los Reyes al final de los diversos capítulos tiene glosas marginales con lecturas de la *Vetus Latina.*

[2] En TLZ 1 (1876) 605. El manuscrito de Lagarde con el registro de las citas bíblicas de Crisóstomo según la edición de Savile se encuentra en Gotinga, *Universitätsbibliothek, Cod. Lagard. 33.*

[3] J. Wellhausen, *Der Text der Bücher Samuelis,* 223.

[4] Mss. *h, f, m, d* en su edición a los que añadirá el *p* (= 118 de Holmes-Parsons) y algunas lecturas del *z* (= 44 de Holmes-Parsons) cf. P. de Lagarde, *Librorum Veteris Testamenti Canonicorum,* VI.

[5] A. Rahlfs, *Septuaginta-Studien 3,* 23-30.

[6] A. Rahlfs, *Septuaginta-Studien 3,* 3 y 9 ss.

[7] A. Rahlfs, *Septuaginta-Studien 1,* 16-46.

edición de Schulze y, en consecuencia, se reduce considerablemente el número de variantes exclusivas de Teodoreto en 3-4 Reyes [1]. Aparte de las importantes rectificaciones al texto bíblico de Teodoreto [2] su estudio de la recensión luciánica en 3-4 Reyes puede calificarse de exhaustivo. Analiza las variantes de estos mss. clasificándolas en distintos apartados ya sean dobletes, correcciones según lugares paralelos o según el texto masorético, correcciones gramaticales o estilísticas. Muestra una preocupación excesiva por probar el carácter secundario del texto luciánico intentando explicar su génesis a partir del texto mayoritario de LXX. Y naturalmente choca con un grupo de lecturas que no se pueden explicar ni como correcciones según el texto masorético, ni como desviaciones a partir del texto de LXX, es decir, topa con el problema del protoluciánico que reconoce a regañadientes. Es notable su resistencia a admitir este primer estrato de lecturas luciánicas con anterioridad al luciano histórico, a pesar de que reconoce la existencia de dichas variantes, que intenta explicar artificialmente por otras vías [3].

Después de Rahlfs es mérito de S. P. Brock el haber dado un paso más en la identificación y caracterización de esta recensión. En su tesis doctoral dedicada a 1 Reyes aduce también con frecuencia material de los otros libros. La perspectiva es distinta porque su estudio gira en torno a los rasgos lingüísticos y lexicales. De su monografía se desprenden dos nuevas aportaciones que contribuirán a esclarecer el texto luciánico de Reyes. Por un lado se delimitan con mayor precisión los rasgos lingüísticos de esta recensión, rasgos recurrentes cuya consistencia no puede explicarse como mero resultado de la evolución histórica del texto, sino que han de ser producto de una auténtica actividad recen-

---

[1] El estudio de Rahlfs sólo se extiende a 3-4 Reyes. El texto de Teodoreto es prácticamente idéntico al de los mss. luciánicos y, respecto a las lecturas exclusivas de este autor que todavía persisten, concluye Rahlfs: «Auch bleibt ja noch immer die Möglichkeit, dass manche Varianten gar nicht auf Theodoret selbst zurückgehen, sondern in älterer Zeit durch Abschreiber in seinen Text gekommen sind und bei Heranziehung eines umfangreicheren handschriftlichen Apparats verschwinden» (*Septuaginta-Studien 1*, 43). Esta sospecha se confirma en nuestra edición, cf. *infra*.

[2] Correcciones que lamentablemente no incorporan Brooke-McLean-Thackeray en su edición de Reyes de 1930. Rahlfs no modifica el texto bíblico de Thdt. en 1-2 Reyes ni en 1 Crónicas. Sólo con nuestra edición se hacen las oportunas rectificaciones a la edición de Schulze.

[3] Esta contradición aflora en diversos momentos de su estudio: al tratar del texto de Josefo (*Septuaginta-Studien 3*, 90 y 93); al abordar las citas y fragmentos de la *Vetus Latina* [*ibid*. 153 ss. y 161, cf. los resultados distintos de B. Fischer, *Lukian-Lesarten in der Vetus Latina der Vier Königsbücher*. en «Studia Anselmiana», 27-28 (1951) 169-171], y al considerar el problema de los nombres propios que difieren tanto del texto masorético como del texto septuagintal (*ibid*. 191: «Hiermit eröffnet sich aber die Möglichkeit, dass auch andere Sonderlesarten des L-Textes nicht erst von Lucian geschaffen sind, sondern einer älteren Zeit angehören»).

sional[1]. Estos elementos recensionales se materializan en la mejora esti-
lística del texto de LXX con la eliminación de ciertas formas y palabras
helenísticas[2] por un lado, y en la adaptación del texto a las necesidades
de la lectura pública por otro. Esto incluye la inserción de nombres pro-
pios en lugar de pronombres, los añadidos tendentes a clarificar el sen-
tido, la traducción de transliteraciones, etc.[3]. El segundo logro de Brock
consiste en haber probado que el texto luciánico en Reyes se desgajó de
la corriente septuagintal mayoritaria en una época muy temprana, pro-
bablemente en el s. I d.C. Lo cual quiere decir que aun conteniendo
elementos de muy diverso origen y valor, este texto es portador de lec-
turas muy antiguas, muchas de ellas originales —perdidas en la tradi-
ción mayoritaria de LXX—, y de otro contingente de variantes secunda-
rias muy tempranas[4].

El resultado más importante de los estudios de Rahlfs y de Brock
consiste en haber consolidado, creemos que definitivamente, el texto lu-
ciánico de Reyes, cuyo valor ya había sido intuido por los grandes co-
mentaristas de estos libros en el s. XIX, y el de haber definido sus prin-
cipales características. Así como en otros libros de LXX la existencia mis-
ma, la extensión y rasgos de esta recensión han sido objeto de múltiples
matizaciones cuando no se han negado del todo[5], en Reyes esta recen-
sión se dibuja cada vez con mayor nitidez. Nuestra edición de Teodore-
to quiere ser también una contribución a la mejor definición y estableci-
miento del texto luciánico en dichos libros.

---

[1]   S. P. Brock, *The Recensions of the Septuagint Version of I Samuel*, Diss. Oxford 1966,
(inédita), p. 265 de la copia depositada en la Bodleian Library.

[2]   S. P. Brock, *The Recensions*, 230 ss. y 264-266. Es consistente la corrección de ἅλως del
masculino al femenino, de ἔλεος del neutro al masculino de la segunda declinación, de las formas
del aoristo primero εἶπα -ας ... al aoristo segundo εἶπον -ες ..., del aoristo pasivo ἐγενήθη al medio
ἐγένετο, así como numerosas correcciones de léxico, cf. *ibid.* 267-308.

[3]   S. P. Brock, *The Recensions*, 313 y —, *Lucian redivivus. Some Reflections on Barthélemy's
'Les Devanciers d'Aquila'*. Studia Evangelica V = TU 103, Berlin 1968, 181: «For if Pal. has un-
dergone a hebraising revision, Ant. has also suffered from recensional activity, but of quite differ-
ent kind, the aim being to provide a more readable Greek text».

[4]   S. P. Brock, *The Recensions*, 310.

[5]   Tal es el caso del Pentateuco donde no parece que exista recensión luciánica, cf. J. W. We-
vers, *Text History of the Greek Genesis*. MSU XI, Göttingen 1974, 158-175; —, *A Lucianic recen-
sion in Genesis?* Bulletin of the IOSCS 6 (1973) 22-35; —, *The earliest witness to the LXX Deute-
ronomy*. CBQ 39 (1977) 240-244; —, *The History of Greek Deuteronomy*. MSU XIII, Göttingen
1978, 30. Para Ester, Hanhart concluye que el texto «L» no tiene nada que ver con la recensión lu-
ciánica, cf. R. Hanhart, *Septuaginta. Vetus Testamentum Graecum... VIII/3 Esther*, Göttingen
1966, 87-95. Para Salmos, cf. A. Pietersma, *Proto-Lucian and the Greek Psalter*. VT 28 (1978) 66-
72 y L. J. Perkins, *The So-called «L» Text of Psalms 72-82*. Bulletin of the IOSCS 11 (1978) 44-63.

Por otro lado, es un hecho que los documentos de 4QSam desde su primera valoración han suscitado un nuevo interés por el texto luciánico de Reyes que se manifiesta en una eclosión de publicaciones que desbordan los planteamientos de LXX y sus recensiones [1]. La mayoría de estas publicaciones se inscriben en el marco de teorías más ambiciosas como son la del pluralismo textual en la época que precede al nacimiento del cristianismo (teoría de los textos locales de F. M. Cross), o teorías que abordan la historia general de la LXX prehexaplar (D. Barthélemy). Esto ha motivado que la mayoría de los estudios posqumranianos que afectan a la recensión luciánica en Reyes se hayan polarizado en torno a dos problemas claves: la relación del protoluciánico con la antigua LXX, y la relación del protoluciánico con 4QSam. Por desbordar los límites de esta introducción remitimos para un tratamiento más pormenorizado al artículo antes mencionado [2]. Ambos problemas proporcionan un interés suplementario al texto luciánico que tratamos de estudiar. Por lo demás las investigaciones realizadas en estos dos puntos, no han hecho tambalear, en nuestra opinión, la tesis de Brock, según la cual este texto es un texto uniformado a lo largo de 1-4 Reyes, fruto de una revisión sistemática y no producto de los avatares de la transmisión, que tampoco puede identificarse sin más con la antigua Septuaginta ni siquiera en las secciones καίγε [3]. Su carácter recensional no sólo se mantiene en las secciones καίγε sino en pasajes como 3 Reyes 12, 24a-z omitido por la mayoría de los testigos de la tradición manuscrita, incluida la recensión hexaplar.

Este texto, que mantiene el mismo tipo de correcciones estilísticas y de otra índole a lo largo de 1-4 Reyes, estudiadas ya bajo diversos aspectos por Rahlfs y Brock, se define también por una serie de intervenciones editoriales del grupo que inciden en la crítica literaria: comienza el libro tercero de los Reyes en 3 Re. 2, 12; omite 3 Re. 22, 41-51 porque el relato se había narrado ya en 16, 28a-h; añade 4 Re. 10, 36, junto con la *Vetus Latina,* entre otras intervenciones notables e ilustradas [4]. Su abundante vocabulario distintivo, que no se encuentra

[1] Como punto de partida se puede señalar el año 1953 en el que aparecen los artículos de D. Barthélemy, *Redécouverte d'un chaînon manquant de l'histoire de la Septante.* RB 70 (1953) 18-29 y de F. M. Cross, *A New Qumran Biblical Fragment Related to the Original Hebrew Underlying the Septuagint.* BASOR 132 (1953) 15-26. A partir de entonces y hasta 1980 Tov reúne más de noventa títulos en una bibliografía dedicada exclusivamente a la revisión καίγε y al protoluciánico, cf. E. Tov (ed.), *The Hebrew and Greek Texts of Samuel,* Jerusalem 1980, 207-216.
[2] N. Fernández Marcos, *The Lucianic Text in the Books of Kingdoms.*
[3] S. P. Brock, *Lucian redivivus,* 178.
[4] A. Rahlfs, *Septuaginta-Studien 3,* 283. Rahlfs las llama «Gelehrtenkorrekturen».

en los léxicos y concordancias al uso por no haberse editado sistemática-
mente, así como la necesidad de determinar los componentes luciánicos
y protoluciánicos de este material siguen siendo un constante acicate
que nos estimula a esclarecer el origen y la historia de esta recensión.

B)   *Las citas bíblicas de Teodoreto en 1-2 Reyes*

1.   Cambios en el texto de la citas bíblicas [1]

1 Re	2, 30	*leg*	οὕτως	*non*	οὕτω
»	17, 46-47	»	πᾶσα ἡ γῆ ὅτι ἐστὶ θεὸς		
			Ἰσραὴλ καὶ γνώσεται	»	om totum
»	24, 18	»	om μοι		
»	26, 5	»	λαμπήνῃ	»	τῇ λαμπήνῃ
»	26, 16	»	om. ὅτι		
»	26, 16	»	φυλάσσοντες	»	φυλάττοντες
2 Re	1, 20	»	ἀπέλθητε	»	ἀπέλθετε
»	6, 21	»	ἐνώπιον	»	ἐναντίον
»	6, 21	»	ὀρχήσομαι	»	+ καὶ παίξομαι
»	12, 3	»	σμικρά	»	μικρά
»	12, 3	»	αὐτήν	»	om αὐτήν
»	12, 9	»	χετταῖον	»	χεθταῖον
»	12, 9	»	ἑαυτῷ (= b'gnChr)	»	σεαυτῷ
»	14, 15	»	ὅπως	»	εἴ πως
»	15, 20	»	πορεύομαι	»	πορεύσομαι
»	21, 3	»	Δαβίδ	»	ὁ Δαβίδ
»	21, 3	»	τίνι	»	ἐν τίνι
»	23, 19	»	ὑπὲρ τοὺς δύο ἔνδοξος	»	ἔνδοξος ὑπὲρ τοὺς δύο
3 Re	2, 4	»	οὐκ	»	οὐ μή

2.   Cambios en las citas que modifican el aparato de Brooke-McLean

   a)   Nuevas lecturas con los mss. bo(r)c₂e₂

1 Re	2, 32	*leg*	ἐν τῷ οἴκῳ σου πάσας τὰς		
			ἡμέρας (= bgc₂[sub ✳]e₂)	*non*	πάσας τὰς ἡμέρας ἐν τῷ
					οἴκῳ σου (Thdt tantum)
»	8, 7	»	ἐξουδένωσαν (*bo*c₂e₂:		
			ἐξουθένωσαν)	»	ἐξουθένησαν
»	9, 2	»	οὐθείς (= oc₂e₂)	»	οὐδείς (Thdt tantum)
»	13, 14	»	ἐντελεῖται αὐτῷ		
			(= Nboc₂e₂La)	»	ἐντελεῖ αὐτόν (Thdt tantum)

---

[1]   A continuación nos servimos de las siglas de la edición de Brooke-McLean menos en las
versiones antiguas para las que utilizamos las siglas de la edición de Gotinga. Seguimos la división
del texto bíblico de los mss. luciánicos, que es la de Thdt., y que incorpora al libro 2 de Reyes el
comienzo de 3 Reyes hasta 2, 11.

1 Re	15, 17	*leg*	σεαυτοῦ			
			(= boz[mg]c₂e₂LaSyh)		*non*	αὐτοῦ
»	20, 20	»	ἀματτάραν (= bioc₂e₂) [1]		»	ἀματάραν
»	20, 41	»	ἀργόβ (= bioz*c₂e₂)		»	Ἀργοῦν (Thdt tantum)
»	24, 22	»	ἀφανίσῃς (= *b*oc₂e₂Chr)		»	ἀφανιεῖς
2 Re	1, 26	»	ὡς ἡ ἀγάπησις (= c₂e₂Chr)		»	ὡς ἡ ἀγάπη (Thdt tantum)
»	5, 5	»	ἐν Χεβρὼν ἐπὶ Ἰούδαν ἔτη		»	ἐν Χεβρὼν καὶ ἐπὶ Ἰούδαν
			ἑπτὰ καὶ μῆνας ἕξ			ἔτη ἑπτὰ μῆνας ἕξ
			(= boc₂e₂)			(Thdt tantum)
»	7, 6	»	καὶ ἕως (= boc₂e₂)			
»	7, 6	»	om καί 2° (= boc₂e₂ArmCo)			
»	8, 2	»	om ἐν (= Aboc₂e₂)			
»	9, 1	»	ἔλεον (= boc₂e₂)			
»	12, 5	»	θανάτου post τοῦτο			
			(= oc₂e₂)			
»	12, 10	»	τὸν αἰῶνα (= oc₂e₂)		»	εἰς τὸν αἰῶνα
»	12, 10	»	ἑαυτῷ (boc₂e₂:σεαυτῷ)		»	σαυτῷ (rel: τοῦ εἶναι σοι)
»	12, 10	»	om εἰς (= boc₂e₂)			
»	12, 12	»	καὶ ἐνώπιον τοῦ ἡλίου			
			(ἐνώπιον = boc₂e₂SyhChr)			
»	13, 3	»	Ἰωνάθαν (= boc₂Syh[txt])		»	Ἰωναδάβ
»	14, 17	»	καλόν (= boc₂e₂)		»	ἀγαθόν
»	15, 20	»	ἔλεον (= boc₂e₂)			
»	15, 31	»	κύριε (= boc₂e₂)		»	om κύριε (Thdt tantum)
»	16, 11	»	Ἰωάβ (= boc₂e₂)		»	Ἀβεσσά
»	16, 12	»	τῆς ἐν τῇ ἡμέρᾳ		»	ἐν τῇ ἡμέρᾳ
			(= boc₂e₂Or-gr)			
»	20, 19	»	om. ἵνα (= boc₂e₂)			
»	20, 25	»	Σαδούκ (boc₂e₂: Σαδδούκ)			
»	21, 2	»	τῶν ἀμορραίων (= boc₂e₂)		»	om τῶν (Thdt tantum)
»	21, 2	»	ζηλῷ τοῦ (= oz[mg]c₂e₂)			
»	21, 2	»	τοῦ Ἰούδα (= oz[mg]c₂:be₂			
			τῷ Ἰούδα)			
»	21, 5	»	ἀντικαθίστασθαι			
			(= *b*j[mg]c₂e₂)		»	καθίστασθαι
»	21, 5	»	om αὐτόν 2° (= *b*oc₂e₂)			
»	22, 44	»	ἐξείλω (= oc₂[txt])			(Non sunt novae lectiones
»	22, 44	»	ἔθου (= boc₂e₂)			sed desiderantur in Brooke-
»	22, 44	»	φῶς (= boc₂e₂)			McLean)
»	23, 2	»	λόγος (= boc₂e₂)			
»	23, 18	»	ἑξακοσίους (= boc₂e₂LaJos)			(Non est nova lectio sed desi-
						deratur in Brooke-McLean)
»	24, 14	»	καὶ εἰς (= boc₂e₂LaOr-lat)			
»	31, 13	»	ἔλαβον (= bovᵇc₂e₂)			
»	31, 13	»	ἔθαψαν (= bovᵇc₂e₂)			
3 Re	1, 5 ss	»	Ὀρνίαν (= boc₂e₂Syh)			(Non est nova lectio sed de-
						sideratur in Brooke-McLean)

[1] Nótese tanto en este caso como en alguno de los siguientes que el ms. *i* (= 56 de Holmes Parsons), aunque no es luciánico, tiene muchas lecturas luciánicas como demostró Rahlfs (A. Rahlfs, *Septuaginta-Studien 3*, 34-43).

3 Re   1, 47   *leg*   υἱοῦ σου (= boc₂e₂)   *non*   om σου (Thdt tantum)
»   2, 3   »   Μωϋσῆ (boc₂e₂: Μωσῆ)   »   Μώσεως
»   2, 4   »   ἐξαρθήσεται   ⎫   (Non sunt novae lectiones
                       (= boc₂e₂LaSyh[mg])   ⎬   sed desiderantur in Brooke-
»   2, 4   »   ἀπό (= M[mg]boc₂e₂Aeth)   ⎭   McLean)

b)   Desaparición de lecturas exclusivas de Teodoreto (además de las ya señaladas bajo Thdt tantum)

1 Re   1, 17   *leg*   ὅ   *non*   οὖ
»   2, 32   »   ὦν   »   ὄν
»   3, 18   »   om ἔστι   »   κύριός ἐστι
»   9, 21   »   ἀνδρὸς Ἰεμιναίου   »   Ἰεμ. ἀνδρός
»   12, 3   »   κατ᾽ ἐμοῦ 2°   »   κἀμοί
»   15, 23 »   ἐξουδενώσει   »   ἐξουδένωσε
»   21, 7   »   νεσσάρ   »   νεασάρ
»   24, 4   »   παρασκευάσασθαι   »   ἀνασκ.
»   24, 10 »   Δαβίδ 2°   »   ὁ Δαβίδ
»   24, 11 »   κύριος   »   + ὁ θεός
»   25, 8   »   δή   »   δέ
»   25, 10 »   τοῦ κυρίου αὐτοῦ   »   τῶν κυρίων αὐτῶν
»   25, 26 »   εἰσελθεῖν   »   εἰσελθεῖν σε
»   25, 26 »   τὴν χεῖρα   »   τὰς χεῖρας
»   25, 33 »   σῶσαι   »   σῴζειν
»   28, 3   »   ἐκόψαντο   »   ἐκόψατο
»   28, 19 »   σύ   »   + ἀποθανῇ
»   28, 19 »   ἀλλοφύλων   »   pr τῶν

2 Re   1, 2   »   τῇ ἡμέρᾳ τῇ τρίτῃ   »   τῇ τρίτῃ ἡμέρᾳ
»   1, 18   »   βιβλίου   »   pr τοῦ
»   2, 14   »   τὰ παιδάρια   »   om τά
»   3, 29   »   ἐκλείποι   »   ἐκλίπῃ
»   6, 3   »   ἐξ οἴκου   »   ἐκ τοῦ οἴκου
»   7, 5   »   οἰκοδομήσεις μοι   »   om μοι
»   7, 12   »   ἐάν   »   ὡς ἄν
»   8, 18   »   φελεθθί   »   φελεθί
»   12, 9   »   ποιῆσαι   »   ποιεῖν
»   12, 9   »   υἱῶν Ἀμμών   »   pr τῶν
»   12, 10 »   ὅτι   »   οὖ
»   12, 12 »   σύ   »   σύ μεν
»   13, 37 »   θολμεί   »   θολμη
»   13, 37 »   Γεσσείρ   »   Γεσσίρ
»   14, 20 »   ὁ δοῦλος σου Ἰωάβ   »   Ἰωὰβ ὁ δοῦλος σου
»   15, 21 »   καὶ ἐάν 2°   »   ἐάν τε
»   16, 9   »   οὗτος   »   om οὗτος (Non est nova
                                                             lectio sed sic mendose apud
                                                             Brooke-McLean)

»   20, 19 »   τί   »   + ὅτι
»   24, 25 »   Σολομών   »   ὁ Σολομών

c) Otros cambios en el aparato de Brooke-McLean

1 Re	2, 31	*leg*	om καὶ οὐκ ἔσται σου πρεσβύτης ἐν οἴκῳ [1]		
»	5, 9	»	γεθθαῖοι	*non*	γετθαῖοι
»	8, 7	»	αὐτῶν	»	αὐτούς
»	8, 8	»	ἀνήγαγον	»	ἐξήγαγον
»	9, 2	»	ὑπὲρ 2°	»	ἐπὶ
»	10, 9	»	εἰς καρδίαν	»	καρδίαν
»	13, 18	»	γαῖαν	»	γῆν
»	17, 36	»	οὗτος post ἀπερίτμητος	»	post ἀλλόφυλος
»	17, 37	»	τοῦ λέοντος	»	λέοντος
»	20, 27	»	ὁ υἱός	»	υἱός
»	24, 11	»	σήμερον	»	om σήμερον
»	24, 11	»	οὗτός ἐστιν	»	ἐστιν οὗτος
»	25, 8	»	ἐάν	»	ἄν
»	25, 33	»	ἤ	»	εἰ
»	25, 33	»	ταύτῃ	»	+ τῇ ἡμέρᾳ
»	25, 33	»	ἐλθεῖν	»	εἰσελθεῖν
»	26, 6	»	Ἀβεσσά	»	Ἀβεσᾶ
»	28, 3	»	ἐν τῇ πόλει	»	τῇ πόλει
2 Re	1, 26	»	ἀγάπησις	»	ἀγάπη
»	2, 4	»	τὸν Δαβὶδ ἐκεῖ	»	ἐκεῖ τὸν Δαβίδ
»	5, 3	»	Ἰσραήλ	»	pr τόν
»	5, 24	»	τῶν ἀλλοφύλων	»	τοὺς ἀλλοφύλους
»	6, 3	»	υἱοί	»	οἱ υἱοί
»	6, 3	»	καταστῆσαι	»	τοῦ καταστῆσαι
»	8, 18	»	χερεθθί	»	χερεθί
»	12, 8	»	προσθήσω σοι	»	om σοι 3°
»	14, 14	»	om ὅτι τέθνηκεν ὁ υἱός σου		
»	14, 17	»	οὕτως ὁ κύριος	»	οὗτος καὶ ὁ κύριος
»	15, 19	»	μετῴκησας σύ	»	om σύ 3°
»	15, 20	»	ἀνάστρεφε καὶ ἀπόστρεψον	»	ἀνάστρεφε καὶ ἐπίστρεψον (Non est nova lectio sed sic mendose apud Brooke-McLean)
»	16, 10	»	κύριος	»	pr ὁ
»	16, 12	»	εἴ πως	»	ὅπως
»	20, 19	»	ἐγώ εἰμι	»	ἐγὼ δέ εἰμι
»	20, 19	»	εἰρηνικά	»	εἰρηνική
»	20, 19	»	ἐν Ἰσραήλ	»	om ἐν
»	20, 19	»	τί	»	pr καί
»	21, 2	»	om καὶ ἐζήτησε Σαοὺλ τοῦ πατάξαι αὐτούς		
»	24, 10	»	ἐματαιώθην	*non*	ἐματαιώθη

---

[1] Es decir, desaparece con esta corrección uno de los pocos casos anómalos en que Teodoreto sólo acompañaba a la recensión hexaplar representada por los mss. *Acx*.

C) Las citas bíblicas de Teodoreto en 3-4 Reyes

1. Cambios en el texto de las citas bíblicas

3 Re	13, 3	*leg*	τὸ θυσιαστήριον ῥήγνυται	*non*	ῥαγήσεται τὸ θυσιαστ.
»	15, 23	»	πλὴν ἐν τῷ καιρῷ	»	om. πλὴν
»	16, 24	»	om αὐτοῦ 2°		
»	17, 1	»	ἢ ὑετὸς	»	ἢ ὑετὸς ἐπὶ τῆς γῆς
»	18, 29	»	ὡς ὁ καιρὸς	»	om ὡς
»	19, 16s	»	Ἰηοῦ	»	Ἰοῦ
»	20, 25	»	Ἀχαάβ	»	ὁ Ἀχαάβ
»	21, 35	»	πάταξον δή με	»	om δή
»	22, 14	»	κύριος 1°	»	ὁ κύριος
»	22, 19	»	τοῦ θρόνου	»	θρόνου
4 Re	1, 18d	»	om τότε		
»	1, 18d	»	om ἐπὶ Ἰσραὴλ		
»	1, 18d	»	om Ὀχοσίου		
»	5, 27	»	κολληθήσεταί σοι	»	κολληθ. ἐν σοὶ
»	17, 33	»	θεοῖς	»	θεοῖς δὲ
»	23, 16	»	θυσιαστήριον 1° + καὶ ἐμίανε τὸ θυσιαστήριον	»	om καὶ ἐμ.—θυσιαστήριον

2. Cambios en las citas que modifican el aparato de Brooke-McLean

a) Nuevas lecturas con los mss bo(r)c$_2$e$_2$

3 Re	3, 8	*leg*	οὐκ ἀριθμηθήσεται (=boc$_2$e$_2$)	*non*	οὐ διαριθμ. (Thdt tantum)
»	3, 14	»	μακρυνῶ (= boc$_2$e$_2$)	»	μακρυνεῖς (Thdt tantum)
»	8, 65	»	τοῦ θεοῦ ἡμῶν (= boc$_2$e$_2$)	»	τοῦ θεοῦ (Thdt tantum)
»	13, 18	»	καὶ ἐγὼ (= boc$_2$e$_2$)	»	κἀγὼ
»	16, 24	»	Σομορὼν (= b'ic$_2$e$_2$)	»	σεμερὼν
»	16, 28c	»	γεγραμμένα] γέγραπται bc$_2$e$_2$ + Thdt		(Non est nova lectio sed desideratur in Brooke-McLean)
»	16, 28c	»	ἐν βιβλίῳ] ἐπὶ βιβλίου boc$_2$e$_2$ + Thdt		(Non est nova lectio sed desideratur in Brooke-McLean)
»	17, 1	»	εἰ 2°] ἐὰν boc$_2$e$_2$ + Thdt		
»	18, 25	»	μόσχον] βοῦν b'ic$_2$e$_2$La Jos(vid) + Thdt		(Non est nova lectio sed desideratur in Brooke-McLean)
»	20, 26	»	ἐβδελύχθη σφόδρα τοῦ πορευθῆναι (= boc$_2$e$_2$)	*non*	om σφόδρα πορεύεσθαι (Thdt tantum)
»	22, 4	»	καὶ ἐγὼ (= bgic$_2$e$_2$)	»	κἀγὼ (Thdt tantum)
»	22, 19	»	ἀριστερῶν (= boc$_2$e$_2$ Chr)	»	εὐωνύμων
4 Re	1, 2	»	δικτυωτὸν ὑπερῷον (= boc$_2$e$_2$⟨71⟩) + Thdt		(Non est nova lectio sed desideratur in Brooke-McLean)
»	2, 14	»	ποῦ δή ἐστιν (= oc$_2$e$_2$)		
»	3, 14	»	om Ἰωσαφὰθ borc$_2$e$_2$ + Thdt		
»	3, 14	»	καὶ 2°] ἢ borc$_2$e$_2$ + Thdt		
»	4, 23	»	οὐ] pr καὶ boc$_2$e$_2$ + Thdt		

4 Re	4, 23	*leg*	οὐδὲ] καὶ οὐ boc₂e₂ + Thdt		
»	4, 27	»	ἄνες borc₂e₂ + Thdt		
»	4, 29	»	ἄνδρα] τινὰ borc₂e₂ La+Thdt *non*		τινὰ ἐν τῇ ὁδῷ (Thdt tant.)
»	4, 29	»	ἐὰν 2°] pr ὅτι b'c₂e₂ + Thdt		
»	6, 22	»	ἀποσταλήτωσαν boc₂e₂+Thdt	»	ἀποστατήτ. (Thdt tantum)
»	10, 10	»	om ἀφφὼ borc₂e₂ + Thdt		
»	10, 15	»	ἐμὴ καρδία borc₂e₂ + Thdt		
»	10, 18	»	καὶ ἐγὼ δουλεύσω	»	καίγε ἐγώ...
			borc₂e₂ + Thdt		(Thdt tantum)
»	12, 2	»	ἐφώτιζεν boc₂e₂Syh + Thdt		
»	16, 10	»	εἰς συνάντησιν (= *b*orc₂e₂)	»	ἐπὶ συνάντ. (Thdt tantum)
»	18, 10	»	εἰς τέλος (= boc₂e₂)	»	εἰς τὸ τέλος (Thdt tantum)
»	19, 15	»	κύριε παντοκράτωρ		
			(= b'oc₂e₂)		
»	21, 3	»	κατέσπασεν] κατέσκαψε	»	pr κατέσκαψε καὶ
			(= Aboc₂e₂)		(Thdt tantum)
»	23, 18	»	τοῦ προφήτου τοῦ πρεσβύτου »		τοῦ πρεσβυτέρου τοῦ προφή-
			[al πρεσβυτέρου](= bgoc₂e₂)		του (Thdt tantum)

b)   Desaparición de lecturas exclusivas de Teodoreto (además de las ya señaladas bajo Thdt tantum)

3 Re	3, 4	*leg*	ὁλοκαύτωσιν	*non*	+ δεχομένη καὶ
»	3, 7	»	Δαβὶδ	»	τοῦ Δαβὶδ
»	6, 20	»	συγκεκλεισμένῳ	»	συγκεκλεισμένον
»	8, 6	»	εἰσφέρουσιν	»	ἐκφέρουσιν
»	8, 24	»	στόματι	»	ὀνόματι
»	9, 28	»	Σοφειρὰ	»	σοφερὰ
»	11, 9	»	τὴν καρδίαν αὐτοῦ	»	om αὐτοῦ
»	11, 31	»	δέκα σκῆπτρα	»	τὰ δέκα σκῆπτρα
»	11, 33	»	ὧν	»	οὗ
»	13, 21	»	om παντοκράτωρ	»	+ παντοκράτωρ
»	14, 23	»	ἑαυτοῖς	»	αὐτοῖς
»	15, 4	»	κύριος	»	ὁ θεός
»	15, 13	»	᾿Ανὰ	»	᾿Αννὰν
»	15, 13	»	μετέστησε	»	μετέστη
»	18, 12	»	ἐὰν	»	ὅτε
»	18, 21	»	πορεύεσθε 1°	»	πορευθῶμεν
»	18, 27	»	om ἅμα	»	om καὶ ἅμα
»	19, 11	»	κραταιὸν διαλῦον	»	κραταιὸν καὶ διαλῦον
»	21, 13	»	ἐγὼ δίδωμι	»	ἐγὼ 1° post αὐτόν
»	22, 28	»	ἐπιστρέψῃς	»	ἐπιστρέφης
4 Re	4, 1	»	ὁ ἀνήρ	»	om ὁ 2°
»	4, 16	»	περιειληφυῖα	»	συμπεριειληφυῖα
»	8, 18	»	ἐποίησε 2°	»	ἐποίει
»	10, 10	»	᾿Αχαὰβ	»	τοῦ ᾿Αχαὰβ
»	11, 11	»	τῆς ὠμίας 2°	»	ὠμίας
»	17, 11	»	ἐχάραξαν	»	ἤρξαντο
»	17, 11	»	τοῦ παροργίσαι	»	om τοῦ
»	17, 33	»	ἐκεῖθεν	»	ἐντεῦθεν

4 Re	18, 22	*leg*	καὶ εἶπεν	»	λέγων
»	18, 22	»	θυσιαστηρίου τούτου	»	om τούτου
»	19, 17	»	τὰ ἔθνη	»	καὶ τὰ ἔθνη
»	23, 10	»	καὶ τήν θυγατέρα αὐτοῦ (om ἄνδρα 2° = boc₂e₂ArmLuc)	»	om καὶ 2°—αὐτοῦ 2°

c) Otros cambios en el aparato de Brooke-McLean

3 Re	2, 26	*leg*	om τῆς Aefjmov-yc₂e₂ + Thdt		
»	3, 5	»	om κύριος 2° ⟨44.71⟩ sine Thdt, qui legit τῷ Σολομῶντι		
»	6, 18	»	διαθήκης	*non*	τῆς διαθήκης
»	6, 20	»	αὐτὸν 1°	»	αὐτὸ
»	7, 44	»	Ἐλὰμ 1° et 2°	»	Αἴλὰμ
»	7, 46	»	πάντα ταῦτα	»	ταῦτα πάντα
»	8, 53a	»	καινότητος	»	κενότητος
»	9, 6	»	Μωϋσῆς	»	Μῶσης
»	9, 8	»	ἔσται πᾶς	»	om ἔσται
»	10, 9	»	θρόνου	»	θρόνον
»	10, 9	*del*	om διὰ—Ἰσραὴλ 2° Thdt		
»	11, 8	*leg*	οὐκ ἐπορεύθη	»	pr καὶ
»	11, 31	»	ῥήσσω	»	ῥήξω
»	12, 24	»	ἀναστραφήτω	»	ἀναστρεφέτω
»	12, 24m	»	om ἐγὼ Thdt		
»	12, 33	»	ᾖ	»	ἦν
»	13, 21	»	Ἰούδα λέγων	»	om λέγων
»	14, 23	»	συσκίου	»	ἀλσώδους
»	14, 24	»	τῶν βδελυγμάτων	»	om τῶν
»	15, 11	»	Δαβὶδ	»	ὁ Δαβὶδ
»	17, 1	»	λόγου στόματος Thdt	»	Thdt 1/2
»	17, 12	»	συλλέγω	»	συλλέξω
»	18, 1	»	τῷ Ἀχαὰβ Thdt	»	om τῷ 3° Thdt 1/2
»	18, 1	»	προσώπου Thdt	»	Thdt 1/2
»	18, 12	»	ἀρεῖ	»	ἄρη
»	19, 11	»	συσσεισμὸς οὐκ	»	συσσεισμὸς καὶ οὐκ
»	19, 12	»	πῦρ οὐκ	»	πῦρ καὶ οὐκ
»	21, 23	»	θεὸς 2°	»	ὁ θεὸς
»	21, 23	»	κοιλάδος	»	κοιλάδων
»	22, 17	»	ἀποστραφήτω Thdt	»	ἀναστραφήτω Thdt 1/2
»	22, 17	»	ἑαυτοῦ οἶκον oc₂e₂Thdt	»	Thdt 1/2
»	22, 20	»	οὗτος οὕτως	»	οὕτως οὗτος
4 Re	4, 34	»	Ἐγλαὰδ	»	Ἐλαὰδ
»	5, 26	»	συνάντησίν σοι	»	συνάντησίν σου
»	6, 32	»	ἀπέστειλεν 2°	»	καὶ ἀπέστειλεν
»	8, 18	»	οἶκος	»	ὁ οἶκος
»	9, 25	»	ἔλαβεν	»	ἐλάλησεν
»	11, 17	»	ἀνὰ μέσον τοῦ βασιλέως καὶ 1°	»	om totum Thdt
»	11, 17	»	τῷ κυρίῳ	»	κυρίου
»	13, 23	»	τὴν πρὸς Ἀβραὰμ	»	om τὴν 2°

4 Re	14, 10	*leg*	καθημένος	*non*	om καθημένος
»	14, 10	»	Ἰούδας	»	ὁ Ἰούδας
»	19, 7	»	γῆ αὐτοῦ	»	γῆ αὐτῶν
»	19, 16	»	ἄνοιξον κύριε	»	om κύριε
»	23, 10	»	Μελχὸλ	»	Μελχὼλ
»	23, 25	»	αὐτῷ 1°	»	αὐτοῦ

D) *Las citas bíblicas de Teodoreto en 1-2 Crónicas*

1. Cambios en el texto de las citas bíblicas

1 Cr	3, 5	*leg*	ἐτέχθησαν τῷ Δαβὶδ	*non*	τῷ Δαβὶδ ἐτέχθησαν
»	6, 49	»	εἰς πάντα	»	καὶ εἰς πάντα
»	12, 32	»	καὶ ἀπὸ τῶν υἱῶν	»	ἀπὸ τῶν υἱῶν
»	12, 32	»	Ἰσραὴλ Ἰσαὰρ	»	Ἰσαὰρ
»	12, 32	»	οἱ ἀδελφοὶ	»	ἀδελφοὶ
»	16, 7	»	τότε ἔταξε	»	ἔταξε
»	21, 29	»	Μωϋσῆς	»	Μωσῆς
»	21, 30	»	om οὐ		
»	23, 14	»	Μωϋσῆς	»	Μωσῆς
»	24, 4	»	αὐτοὺς	»	καὶ αὐτοὺς
»	24, 4	»	κατ᾽ οἴκους πατριῶν αὐτῶν ὀκτὼ καὶ διεῖλεν	»	καὶ διεῖλεν
»	25, 5	»	τοῦ θεοῦ	»	θεοῦ
»	28, 20	»	om πᾶσαν		
2 Cr	16, 9	»	om πλήρει		
»	19, 3	»	τὰ ἄλση καὶ τὰ εἴδωλα	»	τὰ ἄλση
»	21, 7	»	ἐβούλετο	»	ἠβούλετο
»	24, 22	»	om Ἰωδᾶε		
»	25, 15	»	ἐξείλαντο	»	ἐξείλοντο
»	26, 5	»	κατεύθυνεν	»	καὶ κατεύθυνεν
»	28, 24	»	νεὼ	»	ναοῦ
»	29, 24	»	om περὶ		

2. Cambios en las citas que modifican el aparato de Brooke-McLean

a) Nuevas lecturas con los mss. be₂

1 Cr	3, 5	*leg*	βηρσαβεαὶ (= be₂)	*non*	βηρσαβεὲ
»	5, 1	»	Ῥουβὶμ (= e₂)	»	ὁ Ῥουβεὶμ
»	21, 29	»	ἐν Γαβαῶν (= Babc₂e₂)	»	τῇ ἐν Γαβαῶν
»	26, 27	»	om τῶν (= be₂)		
»	26, 28	»	Σαλωμὴθ (= be₂)	»	Σαλωμὴθ (Thdt tantum)
»	29, 15	»	πάροικοι (= be₂)	»	παρεπίδημοι (Thdt tantum)
»	29, 15	»	καὶ ὡς (= be₂ Bo)	»	καὶ ὡσεὶ (Thdt tantum)
2 Cr	2, 6	»	om καὶ ὁ οὐρανὸς (= e₂)		
»	5, 2	»	αὕτη ἐστὶ (= e₂)	»	αὕτη δὲ (Thdt tantum)
»	7, 6	»	ὧν ἐποίησε Δαβὶδ ὁ βασιλεὺς [= be₂Bo(om. ὁ βασιλεὺς b′)]		(Non est nova lectio sed desideratur in Brooke-McLean)

2 Cr	7, 6	*leg*	+ ἀγαθὸν ὅτι [= bc₂e₂ Bo(vid)]		(Non est nova lectio sed desideratur in Brooke-McLean)
»	8, 11	»	τοῦ κυρίου (= bte₂)	*non*	κυρίου
»	9, 29	»	κατὰ (= be₂)	»	περὶ
»	10, 15	»	ἵνα ἀναστήσῃ (= be₂)	»	ἵνα στήσῃ (Thdt tantum)
»	15, 4	»	ἐκάθισεν (= bye₂)	»	ἐκάθισαν
»	15, 5	»	τὰς γαίας (= e₂)	»	γαίας (Thdt tantum)
»	16, 9	»	μετὰ πάσης καρδίας (= be₂)	»	ἐν πάσῃ καρδίᾳ
»	19, 4	»	βηρσαβεαὶ (= *b*)	»	βερσαβεὲ (Thdt tantum)
»	20, 12	»	αὐτοῖς ἡμεῖς (= b)	»	ἡμεῖς (Thdt tantum)
»	20, 17	»	αὐτῶν (= bne₂)	»	αὐτῷ (Thdt tantum)
»	20, 20	»	ἡμῶν (= bgmnpe₂Arm)	»	ὑμῶν
»	20, 36	»	πρὸς αὐτὸν καὶ ἐκοινώνησε μετ' αὐτοῦ ποιῆσαι πλοῖα καὶ πορευθῆναι (= be₂)	»	om Thdt
»	20, 36	»	νῆας (= be₂)	»	ναῦς (Thdt tantum)
»	20, 36	»	Γεσιὼν [= e₂ (Γαισιὼν b)]	»	Γασιὼν
»	24, 7	»	καί γε (= bye₂)	»	καί
»	25, 9	»	πλείω (= be₂)	»	πλείον
»	25, 16	»	ἵνα μὴ πατάξωσι σε (= be₂)	»	ἵνα μὴ πατάξω σε (Thdt tantum)
»	28, 19	»	ἀποστασίᾳ (= bc₂)	»	ἀποστάσει
»	29, 34	»	ἡγιάσθησαν (= be₂)bis		
»	30, 18	»	ἡγιάσθησαν (= be₂)		

b) Desaparición de lecturas exclusivas de Thdt. (además de las ya señaladas bajo Thdt tantum)

1 Cr	3, 5	*leg*	οἱ	*non*	υἱοὶ
»	9, 22	»	Δαβὶδ καὶ Σαμουὴλ	»	Σαμουὴλ καὶ Δαβὶδ
»	10, 13	»	ἐν κυρίῳ	»	ἐν (om Thdt 1/2) κυρίῳ
»	21, 26	»	ἐπήκουσεν	»	ἤκουσεν
»	21, 30	»	αὐτοῦ	»	αὐτῆς
»	21, 30	»	κυρίου	»	τοῦ κυρίου (Non est nova lectio sed sic mendose apud Brooke-McLean)
»	22, 8	»	οὐκ	»	σὺ οὐκ
»	25, 3	»	υἱοὶ	»	οἱ υἱοὶ
»	26, 28	»	τῶν ἁγίων	»	ἁγίων
»	28, 10	»	σε	»	σε ἐμοῦ
»	29, 15	»	ἡμῶν	»	ἡμῶν ἔσμεν
2 Cr	14, 15	»	γε	»	γε τὰς
»	15, 2	»	εὑρεθήσεται	»	καὶ εὑρεθήσεται
»	19, 11	»	οἱ γραμματεῖς	»	γραμματεῖς
»	20, 12	»	ἀντιστῆναι	»	ἀντιστῆσαι
»	20, 17	»	σύνετε	»	συνίετε
»	20, 17	»	κύριος	»	ὁ κύριος
»	20, 20	»	Ἰούδα	»	υἱοὶ Ἰούδα

2 Cr	20, 20	*leg*	ἐμπιστεύσατε	*non*	πιστεύσατε
»	21, 13	»	υἱοὺς	»	καὶ τοὺς υἱοὺς
»	21, 14	»	ἀποσκευῇ	»	οἰκίᾳ
»	24, 19	»	πρὸς αὐτοὺς	»	εἰς αὐτοὺς
»	26, 17	»	ἱερεὺς	»	ἀρχιερεὺς
»	28, 11	»	ἀπὸ τῶν ἀδελφῶν	»	ἀπὸ τῶν ὀφθαλμῶν
»	28, 15	»	Ἰεριχὼ	»	τὴν Ἰεριχὼ
»	28, 19	»	βασιλέα	»	τὸν βασιλέα
»	28, 19	»	Ἰούδα	»	Ἰούδα ἀσέβειαν
»	29, 25	»	πρόσταγμα	»	πρόσταγμα ἣν Thdt 1/2
»	32, 7	»	βασιλέως	»	τοῦ βασιλέως
»	32, 8	»	ἡμῶν δὲ	»	ἡμῶν
»	33, 16	»	τὸ θυσιαστήριον	»	θυσιαστήριον

c) Otros cambios en el aparato de Brooke-McLean

1 Cr	6, 49	*leg*	Μωσῆς be₂ sine Thdt

1 Cr	6, 49	*leg*	Μωσῆς be_2 sine Thdt
»	12, 32	»	τὰς ἀρχὰς αὐτοῦ non εἰς τὰς ἀρχὰς αὐτοῦ
»	15, 15	»	Μωσῆς S$b$ee₂ sine Thdt
»	22, 1	»	om κυρίου Αeiyc₂ sine Thdt
»	24, 4	»	κατ'οἴκους πατριῶν αὐτῶν ἑκκαίδεκα καὶ τοῖς υἱοῖς Ἰθαμὰρ non om εἰς 2°—Ἰθαμὰρ 2° Thdt
»	26, 27	»	τῶν πολέμων A* sine Thdt qui legit πολέμων
»	28, 9	»	ἐκζητεῖ djmpqtze₂ + Thdt, non ἐξετάζει
»	29, 2	»	pr λίθους dfjpqtz sine Thdt
»	29, 19	»	τοῦ ποιεῖν be₂ sine Thdt qui legit ποιεῖν
2 Cr	2, 6	»	τῷ θεῷ οἶκον non οἶκον τῷ θεῷ
»	2, 6	»	pr ὁ $b$deᵃʔmpqtze₂ sed non Thdt
»	2, 12	»	Δαβὶδ τῷ βασιλεῖ non τῷ βασιλεῖ Δαβὶδ
»	5, 3	»	om ὁ cc₂ sine Thdt
»	5, 7	»	om τῶν πτερύγων Bo sine Thdt
»	13, 18	»	om οἱ 2° ce + Thdt
»	14, 15	»	pr καὶ dp—zArm sine Thdt
»	14, 15	»	ἐπέστρεψαν non ὑπέστρεψαν
»	16, 7	»	om σε 2° A sine Thdt
»	20, 7	»	λαοῦ σοῦ non τοῦ λαοῦ σοῦ
»	20, 20	»	om ἐν 3° Abg sine Thdt
»	20, 20	»	om ἐμπιστευθήσεσθε p sine Thdt
»	20, 34	»	υἱοῦ Ἀνανὶ non Ἀνανὶ
»	21, 6	»	βασιλέως non βασιλέων
»	21, 13	»	pr ὁ ANace-j sine Thdt
»	21, 19	»	καὶ κλαῦσιν κατὰ τὴν κλαῦσιν = e₂ non καὶ καῦσιν κατὰ τὴν καῦσιν = b
»	24, 25	»	τῷ Ἰωὰς be₂ sine Thdt qui habet Ἰωὰς
»	28, 19	»	Ἰούδα gh sine Thdt qui habet Ἰούδαν
»	28, 22	»	om τοῦ fjz sine Thdt
»	28, 23	»	κατισχύσουσιν non κατισχύουσιν

2 Cr	32, 25	*leg*	Ἰούδαν non Ἰούδα
»	33, 13	»	φωνῆς h sine Thdt qui habet βωῆς
»	33, 13	»	pr ὁ ANb'rell sine Thdt
»	35, 3	»	pr ὁ g sine Thdt

E) *Teodoreto y el texto luciánico de Reyes-Crónicas*

Como resultado de nuestro estudio del texto bíblico de Teodoreto restaurado, hemos recogido una serie de nuevas lecturas en las citas que le aproximan notablemente al texto de los mss. bo(r)c₂e₂ de Brooke - McLean y hacen de él un testigo privilegiado de esta recensión. En los libros de Reyes y Crónicas hemos señalado un centenar de nuevas lecturas de Teodoreto que siguen el texto de los mss. luciánicos. De ellas 32 aparecen recogidas en el aparato de Brooke-McLean como lecturas exclusivas de Teodoreto. Hay además otras 97 lecturas «exclusivas» de Teodoreto que deberán desaparecer de dicho aparato según nuestra edición.

Algunas de estas correcciones habían sido ya propuestas por Rahlfs en su estudio del texto bíblico de Teodoreto en 3-4 Reyes y 2 Crónicas [1]. Mas, como ya advertimos antes, esas correcciones al texto de la edición de Schulze lamentablemente no fueron incorporadas en la edición de Reyes-Crónicas de Brooke-McLean [2].

Aunque no han desaparecido del todo las desviaciones de Teodoreto del texto luciánico ni tampoco sus lecturas exclusivas, nos ha parecido que estas variantes, por su irrelevancia, no merecen un tratamiento más detenido. Su fidelidad al texto de los mss. bo(r)c₂e₂ no se ve alterada por el hecho de que esporádicamente elija Teodoreto la lectura de otros mss. de LXX a los que tiene acceso y que menciona con frecuencia, lo mismo que ocurre con los tres traductores judíos más recientes, Josefo y el «libro de los nombres hebreos» [3].

---

[1] A. Rahlfs, *Septuaginta-Studien 1*, 16-46.

[2] A. E. Brooke - N. McLean - H. St. J. Thackeray, *The Old Testament in Greek. II/II, I and II Kings,* Cambridge 1930; *II/III, I and II Chronicles,* Cambridge 1932.

[3] Cf. Ἐνία δὲ τῶν ἀντιγράφων ἔχει καὶ ὁ ἄγων ἦγε τὸν Ἰηού, τουτέστιν ὁ Θεός (cf. 215, 15-17), que es la lectura de Septuaginta en 4 Reyes 9, 20 frente a la lectura luciánica que acaba de mencionar. En 121, 15 demuestra Teodoreto que conoce tanto la lectura luciánica como la septuagintal al aducir el doble nombre de Ὀρνίας/Ἀδωνίας. En cuanto al «libro de los nombres hebreos» frecuentemente citado (44, 19; 46, 5; 52, 16; 167, 1; 230, 23; 248, 11, etc.), conviene señalar que aparece atribuido a Orígenes en la obra «Quaestiones et responsiones ad ortodoxos», transmitida por un manuscrito como de Justino y por otro como de Teodoreto pero modernamente atribuida a

La consulta de otras lecturas de LXX además de las luciánicas puede ser la razón de la variante πορεύου en 2 Reyes 7, 5 atestiguada por todos los mss. de Teodoreto [1] frente al πορεύθητι de los mss. boc$_2$e$_2$, o del εὐλογητός de 3 Reyes 1, 48 que es la lectura de LXX frente al εὐλογημένος de los mss. boc$_2$e$_2$, atestiguado también por todos los mss. de Teodoreto [2].

Por otro lado, ya explicó Rahlfs [3] algún ejemplo de lectura exclusiva de Teodoreto, como οὐχ εὑρέθη de 3 Re 12, 24m, que se mantiene en nuestra edición [4], y que se debe a una mala comprensión del texto bíblico, o la eliminación de σὺ τύπτεις de 4 Reyes 6, 22, también mantenido en nuestra edición [5], y que Rahlfs explicó como consecuencia de una intervención de tipo estilístico ya que dicha expresión resulta tautológica en la construcción griega del versículo.

Todavía nos gustaría llamar la atención sobre otra lectura curiosa de Teodoreto en 2 Reyes 5, 24 [6] no apoyada por ningún manuscrito bíblico ni por las versiones antiguas: ὅταν γὰρ ἴδῃς αὐτομάτως ἀνέμου δίχα τὰ ἄλση κινούμενα. ¿Está transformando una frase oracular casi ininteligible en un griego más legible a la vez que exalta el carácter milagroso del fenómeno? Probablemente es así puesto que tanto δίχα como αὐτομάτως no aparecen más que una vez en LXX y en contextos diferentes.

Pero que estos ejemplos aislados no vayan a desfigurar la imagen del texto bíblico de Teodoreto. Su texto *coincide prácticamente* con el

---

un autor antioqueno del s. V (cf. CPG III, 6285 inter dubia Theodoreti): Εἴρηται δὲ τῷ Ὠριγένει τούτων τῶν ὀνομάτων ἡ ἑρμηνεία ἐν τῇ ἑρμηνείᾳ τῶν ἑβραϊκῶν ὀνομάτων. Y Εἴρηται τῷ Ὠριγένει, ἀνδρὶ ἐπισταμένῳ τὴν τῶν Ἑβραίων διάλεκτον, πάντων τῶν ἐν ταῖς θείαις γραφαῖς ἐμφερομένων ἑβραϊκῶν ὀνομάτων ἢ μέτρων ἡ ἑρμηνεία (cf. A Papadopulos Kerameus, Θεοδωρήτου ἐπισκόπου πόλεως Κύρρου πρὸς τὰς ἐπενεχθείσας αὐτῷ ἐπερωτήσεις παρά τινος τῶν ἐξ Αἰγύπτου ἐπισκόπων ἀποκρίσεις, Ἐν Πετρουπόλει 1895; reimpresión fotomecánica con prólogo de G. Ch. Hansen, en Leipzig, Zentralantiquariat 1975, 88, 8-9 y 91, 10-12). Sobre los problemas que presenta esta obra, cf. O. Bardenhewer, *Geschichte der altkirchlichen Literatur*, Erster Band, Freiburg im Breisgau 1913 = Darmstadt 1962, 240-45.

Sin embargo este «libro de los nombres hebreos», hoy perdido, probablemente haya que atribuirlo a un discípulo de Orígenes que recogería materiales de diversa procedencia, algunos de los cuales podrían incluso remontarse a antiguos *onomastica* de la escuela de Filón de Alejandría (cf. O. Bardenhewer, *Geschichte der altkirchlichen Literatur*, Zweiter Band, Freiburg im Breisgau 1914 = Darmstadt 1962, 180-84).

[1] Cf. 79, 1.
[2] Cf. 124, 9.
[3] A Rahlfs, *Septuaginta-Studien 1*, 40-41.
[4] Cf. 158, 7.
[5] Cf. 210, 5.
[6] Cf. 75, 13-14.

de los mss. luciánicos bo(r)c$_2$e$_2$. El elevado porcentaje de coincidencias entre el texto bíblico de Teodoreto y la lectura de estos mss. es el resultado más consistente que hemos extraído de nuestro estudio y junto con ello, el de la reducción de las lecturas exclusivas de nuestro autor que hasta ahora sólo se mantenían a causa de que su texto no había sido críticamente fijado.

Una última anotación. Teodoreto sigue el texto luciánico en lo que podríamos llamar correcciones literarias o editoriales que afectan a la distribución y organización del texto bíblico en Reyes. Entre ellas, el comienzo del libro tercero de Reyes en 3 Reyes 2, 12 del texto septuagintal, la omisión de 3 Reyes 22, 41-51 y la transposición de 4 Reyes 13, 23 y 13, 7[1].

---

[1] Puesto que Teodoreto trata en la cuestión 41 del verso 23 y en la cuestión 42 de los versos 14 y siguientes.

BIBLIOGRAFIA REDUCIDA

G. BARDY, La littérature patristique des «Quaestiones et responsiones» sur l'Ecriture Sainte. RB 42 (1933) 211-229.

R. DEVREESSE, Chaînes exégétiques grecques. DBS 1 (1928) 1084-1164.

— Les anciens commentateurs grecs de l'Octateuque et des Rois (Fragments tirés des chaînes), ST 201, Ciudad del Vaticano 1959.

N. FERNÁNDEZ MARCOS - A. SÁENZ-BADILLOS, Theodoreti Cyrensis Quaestiones in Octateuchum. Editio Critica, Madrid 1979.

N. FERNÁNDEZ MARCOS, Theodoret's Biblical Text in the Octateuch. Bulletin of the IOSCS 11 (1978) 27-44.

— The Lucianic Text in the Books of Kingdoms. From Lagarde to the Textual Pluralism. J. W. Wevers' Festschrift (en prensa).

— La edición de las «Quaestiones in Reges et Paralipomena» de Teodoreto. Sef 40 (1980) 235-253.

E. KLOSTERMANN, Eusebius. Das Onomastikon der biblischen Ortsnamen, GCS 11, 1 [Eusebius III, 1], Leipzig 1904 = Hildesheim 1966 (reproducción fotomecánica)

F. PETIT, La tradition de Théodoret de Cyr dans les chaînes sur la Genèse. Vues nouvelles dans le classement de ces chaînes. Le Muséon 92 (1979) 281-286.

— Les Questions sur l'Octateuque de Théodoret de Cyr. Quelques recherches sur la tradition manuscrite et les premières éditions. En ΑΝΤΙΔΩΡΟΝ. Hommage à Maurice Geerard pour célébrer l'achèvement de la CLAVIS PATRUM GRAECORUM. Vol. II, Turnhout/Leuven (en prensa. Las páginas se refieren a la copia mecanografiada).

A. RAHLFS, Septuaginta-Studien 1. Studien zu den Königsbüchern, Göttingen 1904.

— Septuaginta-Studien 3. Lucians Rezension der Königsbüchern, Göttingen 1911.

CH. C. TORREY, The Lives of the Prophets. Greek Text and Translation. JBL Monograph Series, 1, Philadelphia 1946.

SIGLAS

MANUSCRITOS

$$A = 5, 6, 10, 54$$
$$C = c + c_1$$
$$c = 3, 8 \ (u \ a \ Q \ 29 \ 1 \ Re), \ 15$$
$$c_1 = 55, 56$$
$$D = 8 \ (a \ Q \ 30 \ 1 \ Re), \ 12, 35$$

OTRAS SIGLAS

ante		
ap	=	apparatus
bis scr	=	bis scriptum
cf	=	confer
des	=	desinit
ditt	=	dittographice
ed	=	lectio editionis Schulze-Migne
fin	=	finis
hmt	=	homoioteleuton
inc	=	incipit
l	=	linea
lac	=	lacuna
laes	=	umore vel igne laesum
mg	=	margo
ms(s)	=	manuscriptus(-ti)
p	=	pagina
par	=	loca parallela

post		
pr	=	praemittit
Q	=	Quaestio
R	=	Responsio tantum
ras	=	rasura
tot Q	=	tota Quaestio
tr	=	transponit
u a	=	usque ad
vid	=	videtur
*	=	prima manu
^{c}	=	correctum
+	=	addit
>	=	omittit
$\ulcorner$	=	incipit ms
$\lrcorner$	=	desinit ms
C^{-8}	=	omnes mss eiusdem familiae praeter 8

Numeri in interiore margine paginas editionis Migne indicant.

QUAESTIONES IN REGES ET PARALIPOMENA

ΘΕΟΔΩΡΗΤΟΥ ΕΙΣ ΤΑ ΖΗΤΟΥΜΕΝΑ ΤΩΝ ΒΑΣΙΛΕΙΩΝ

528 Ἐπειδὴ τῆς θείας χάριτος ἀπολαύσαντες, Μωϋσέως τοῦ νομοθέτου τὰς βίβλους καὶ Ἰησοῦ τοῦ προφήτου καὶ τῶν Κριτῶν καὶ τῆς Ῥοὺθ ἡρμηνεύσαμεν, φέρε πάλιν τοῦδε τοῦ φωτὸς τὴν αἴγλην λαβεῖν ἱκετεύσαντες, τὰς τῶν Βασιλειῶν ἀναπτύξωμεν 5 ἱστορίας· τὰ μὲν σαφῆ παριόντες, τὰ δὲ σαφηνείας δεόμενα δῆλα τοῖς ἐντυγχάνουσιν ἀποφαίνοντες· ἵνα σου τὴν αἴτησιν, 529 ἐρασμιώτατε παίδων Ὑπάτιε, μὴ καταλείπωμεν ἀτελῆ. Αἴτιον δέ γε τῆς ἀσαφείας, καὶ τὸ σπουδάσαι τοὺς ἑρμηνεύσαντας περὶ πόδα τὴν ἑρμηνείαν ποιήσασθαι· ταὐτὸ δὲ τοῦτο πάσχουσι καὶ οἱ 10 τὴν Ἰταλῶν φωνὴν εἰς τὴν Ἑλλάδα μεταφέροντες γλῶτταν. Πολλῆς γὰρ ἀσαφείας κἀκεῖνα μεστά.

Πρῶτον δὲ τῆς ἱστορίας ἐρῶ τὴν ὑπόθεσιν. Πλεῖστοι προφῆται γεγένηνται, ὧν τὰς μὲν βίβλους οὐχ εὕρομεν, τὰς δὲ προσηγορίας ἐκ τῆς Παραλειπομένων μεμαθήκαμεν ἱστορίας. Τούτων ἕκαστος 15 εἰώθει συγγράφειν ὅσα συνέβαινε γίνεσθαι κατὰ τὸν οἰκεῖον

1, 3, 5, 6, 8, 9, 10, 12, 15, 35, 37, 54, 55

1 Θεοδωρήτου pr τοῦ μακαρίου ed: + ἐπισκόπου Κύρου πρὸς Ὑπάτιον 9 35 ζητούμενα + ἄπορα D 9 βασιλειῶν + καὶ τῶν Παραλειπομένων ed 2 Ἐπειδὴ pr πρόλογος ἤτοι πρόοιμον D 9 ἀπολαύσαντες] ἀποστήσαντες 55 Μωϋσέως] Μωϋσοῦ 12 35 54 55: Μωϋσῆ 5 10 3 τὰς βίβλους] βίβλον 37 προφήτου] κριτοῦ A⁻¹⁰ τῶν Κριτῶν pr αὐτῶν A⁻¹⁰ τῶν Κριτῶν — αἴγλην] lac in 55 4 ἡρμηνεύσαμεν] διηνύσαμεν 35 5 >λαβεῖν 1 8 καταλείπωμεν + ἐξ ὀκνηρίας 6 ἀτελῆ + καὶ ἀνοφελής 6 Αἴτιον — ἀσαφείας] pr Τίς ἡ αἰτία τῆς ἐν τῇ γραφῇ ἀσαφείας; A⁻¹⁰ (αἰτία + ζητῶ 6): Τὴν δὲ ἀσάφειαν πεποίηκεν ἡ ἐξ ἑτέρας γλώττης εἰς ἑτέραν μεταβολή A (τῆς δὲ ἀσαφείας 10: >δὲ 5 6: >Τὴν δὲ ἀσάφειαν πεποίηκεν 54) D 9 9 ἑρμηνεύσαντες] ἑρμηνευτὰς 54 55 περὶ] παρὰ D 9 10 δὲ + καὶ 6 15 12 Πολλῆς ... ἀσαφείας tr 5 κἀκεῖνα] καὶ ἐκεῖνα 5: ἐκεῖνα 8 37 Post μεστά incipit quaestio A c 13 Πρῶτον pr Τίς ἡ τῶν Βασιλειῶν ἱστορίας ὑπόθεσις; A⁻¹⁰ (ἡ ante ὑπόθεσις 5) δὲ] μὲν A⁻¹⁰ 14 εὕρομεν] εὕραμεν 12 35 15 μεμαθ. ἱστορίας tr c 16 συνέβαινε] ὑπέβαινε 12 >γίνεσθαι 54

καιρόν. Αὐτίκα γοῦν καὶ ἡ πρώτη τῶν Βασιλειῶν, καὶ παρ' ἑβραίοις καὶ παρὰ σύροις, προφητεία Σαμουὴλ ὀνομάζεται. Ἀλλὰ τοῦτο γνῶναι ῥᾴδιον τῷ βουλομένῳ τὸ προειρημένον ἀναγνῶναι βιβλίον. Οἱ τοίνυν τῶν Βασιλειῶν τὴν βίβλον συγγεγραφότες, ἐξ
5 ἐκείνων τῶν βιβλίων τὰς ἀφορμὰς εἰληφότες, μετὰ πλεῖστον συνέγραψαν χρόνον. Πῶς γὰρ οἷόν τε ἦν τὸν τῷ Σαοὺλ ἢ τῷ Δαβὶδ συνηκμακότα τὰ ἐπὶ Ἐζεκίου καὶ Ἰωσίου γεγονότα συγγράψαι, καὶ τὴν τοῦ Ναβουχοδονόσορ στρατιάν, καὶ τῆς Ἱερουσαλὴμ τὴν πολιορκίαν, καὶ τοῦ λαοῦ τὸν ἀνδραποδισμόν,
10 καὶ τὴν εἰς Βαβυλῶνα μετάστασιν, καὶ τοῦ Ναβουχοδονόσορ τὴν τελευτήν; Δῆλον τοίνυν, ὡς τῶν προφητῶν ἕκαστος συνέγραψε τὰ ἐν τοῖς οἰκείοις γεγενημένα καιροῖς. Ἄλλοι δέ τινες ἐκεῖνα συναγαγόντες, τὴν τῶν Βασιλειῶν συντεθείκασι βίβλον. Καὶ αὖ πάλιν τῶν ὑπὸ τούτων παραλειφθέντων ἕτεροί τινες ἱστοριογράφοι
15 γεγένηνται· καὶ τὴν παρὰ σφῶν συγγραφεῖσαν Παραλειπομένων προσηγόρευσαν βίβλον, ὡς τὰ παρὰ τῶν προτέρων παραλειφθέντα διδάσκουσαν.

Α΄

Σαμουὴλ ἱερεὺς ἦν ἢ λευίτης;

Τριῶν ὁ Λευὶ γεγένηται παίδων πατήρ· τοῦ Γηρσών, τοῦ Καὰθ

19 cf Ex 6, 16

1, 3, 5, 6, 8, 9, 10, 12, 15, 35, 37, 54, 55

1 >καὶ 1° 55   >ἢ 10   2 >Ἀλλὰ 55   3 βουλομένῳ + τῷ 37   ἀναγνῶναι] ἀναγνόντι 5   4 τῶν Βασιλειῶν τὴν βίβλον] τὰς βασιλείας 5   συγγεγραφότες] συγγράψαντες 5: συγγράφοντες D 9 10: γεγραφότες 55   5 >ἐξ ἐκείνων — εἰληφότες c   ἐξ ἐκείνων τῶν βιβλίων] ἐκεῖθεν 5   ἐκείνων + λαβόντες 54   >εἰληφότες 54   6 τὸν pr Σαμουὴλ 5: > ed   >τῷ 1.° 12 35   Σαοὺλ] Σαμουὴλ c   >ἢ 5 12 54   τῷ 2.°] καὶ 5 54   7 συνηκμακότα] -κότι 37   >γεγονότα Α⁻¹⁰   8 >τοῦ c   στρατιὰν] στρατείαν 1 3 6 9 54   >καὶ τῆς — τοῦ λαοῦ 54   9 τῆς Ἱερουσαλὴμ/τὴν tr 1   11 συνέγραψε] ἔγραψε 54   12 γεγενημένα καιροῖς tr Α⁻¹⁰   γεγενημένα] πεπραγμένα 37   13 Καὶ αὖ πάλιν τῶν lac in 5   14 παραλειφθέντων] ὑπολ. 54   15 σφῶν pr τῶν 5   18 Σαμουὴλ] pr ὁ Α: pr εἰς τὴν Πρώτην τῶν Βασιλειῶν ed   19 Γηρσών] Γεδεών D c 1 9 55: Γηρσάμ 37: + καὶ 10 12 35

καὶ τοῦ Μεραρί. Τοῦ δὲ Καὰθ ἐγένοντο παῖδες Ἀμβρὰμ καὶ Ἰσα-
532 ὰρ καὶ Χεβρὼν καὶ Ὀζιήλ· τοῦ δὲ Ἀμβρὰμ Ἀαρὼν καὶ Μωϋσῆς
καὶ Μαριάμ. Τοῦ δὲ Ἰσαὰρ ἔκγονος μὲν ὁ Κορέ, ἀπόγονος δὲ
Ἐλκανὰ τοῦ Σαμουὴλ ὁ πατήρ. Ὁ τοίνυν Σαμουὴλ πέμπτος καὶ
δέκατος μὲν ἀπὸ Λευί· τῆς δὲ Καὰθ ἦν πατριᾶς, ἣ τῶν ἄλλων 5
προεκέκριτο, τῷ τοὺς ἀρχιερέας ἐξ αὐτῆς ἠνθηκέναι· διὸ δὴ καὶ
φέρειν αὐτοῖς ἀπενεμήθη τὰ σκεύη τὰ ἅγια.

B´

Διὰ τί ὁ Ἐλκανὰ δύο εἶχε γυναῖκας;

Οὔτε ἐπέτρεψεν ὁ νόμος δυσὶν ἢ πλείοσι γυναιξὶν ἐννόμως συν-
αφθῆναι οὔτε μὴν ἐκώλυσε· συγχωρῶν τὸ ἔλαττον, ἵνα κωλύσῃ τὸ 10
μεῖζον. Τῇ δυνάμει γὰρ τῶν δεχομένων ἐμέτρει τοὺς νόμους.
Τοῦτό φησι καὶ ὁ θεῖος Ἀπόστολος· «Οὐδὲν γὰρ ἐτελείωσεν ὁ
νόμος».

Γ´

Τί ἐστιν, «Ἀπέκλεισε Κύριος τὰ περὶ τὴν μήτραν αὐτῆς»;

Διδάσκει τοὺς ἐντυγχάνοντας οὗτος ὁ λόγος, μὴ τῷ γάμῳ 15
θαρρεῖν, ἀλλὰ τὸν ποιητὴν εἰς ἐπικουρίαν καλεῖν. Ὥσπερ γὰρ

8 cf 1 Re 1, 2   12 s Heb 7, 19   14 1 Re 1, 5

1, 3, 5, 6, 8, 9, 10, 12, 15, 35, 37, 54, 55

1 >καὶ 1° 5 6   Τοῦ] τῷ D 1 5 6 9 55   Ἀμβρὰμ] Ἀβρὰμ D 1 3 9 55: Ἀβραὰμ 5
8 15: Ἀμρὰμ 10   >καὶ 2° c   2 Ὀζιήλ] Ἐζιήλ 9 35   Ἀμβρὰμ] Ἀβρὰμ D c 1 6 9
55: Ἀβραὰμ 5: Ἀμρὰμ 10: + καὶ 5   >καὶ 3° 6 9 37   Μωϋσῆς] Μωσῆς 5   3 Μα-
ριάμ] Μαριά c 1 55   ἔκγονος] ἔγγονος 3 9 12 15 37   6 προεκέκριτο] προύκ. 10   7
αὐτοῖς] αὐτοῦ 5   >τὰ σκεύη 5 6   8 Διὰ τί] ὅτι 5 6   ὁ] > 10: δὲ 54   εἶχε] ἔσχε 12
54   9 Οὔτε] καὶ 55   ἐπέτρεψεν] ἐκώλυσεν 54   γυναιξὶν] ὁμιλεῖν 54   ἐννόμως] ὁμοῦ
5   10 συναφθῆναι] > 54: + ἢ παλλακὴν ἔχειν 5   ἐκώλυσε] προσέταξεν 54   11
ἐμέτρει] μετρεῖ 6 55: μετρεῖται 54   >τοὺς 54   14 >Τί ἐστιν — μήτραν αὐτῆς
55   ἐστιν + τὸ 5   >τὰ περὶ 5 6   16 ἀλλὰ] ἀλλ' ἢ 10

ἴδιον τοῦ γεωργοῦ μὲν τὸ καταβάλλειν τὰ σπέρματα, τοῦ δὲ Θεοῦ
τὸ τελεσιουργεῖν τὰ σπειρόμενα· οὕτως ἴδιον τοῦ γάμου μὲν ἡ
κοινωνία, τοῦ δὲ Θεοῦ τὸ νεῦσαι τῇ φύσει καὶ διαπλάσαι τὸ ζῷον.
Τοῦτο ἡ Ἄννα σαφῶς ἐπισταμένη —πολὺν γὰρ τῷ ἀνδρὶ
5 συνοικήσασα χρόνον καρπὸν οὐκ ἐβλάστησε— πρὸς αὐτὸν
ἔδραμε τὸν Δημιουργόν, καὶ τῇ σπουδαίᾳ προσευχῇ καὶ τοῖς
δάκρυσι τὴν πεπηρωμένην ἐθεράπευσε μήτραν, καὶ κεκλεισμένην
ἀνέῳξεν. Ἄξιον δὲ αὐτῆς θαυμάσαι καὶ τὴν τῶν ἠθῶν μετριότη-
τα. Παροινουμένη γὰρ ὡς μεθύουσα πράως ἤνεγκε, καὶ τὴν
10 ὑποψίαν ἀποσκευασαμένη τὴν ἐψευσμένην, τὸ πάθος ἐδίδαξε καὶ
τῆς ἀρχιερατικῆς εὐλογίας τετύχηκεν. Ἤκουσε γάρ, «Πορεύου
ἐν εἰρήνη, Κύριος ὁ Θεὸς Ἰσραὴλ δῴη σοι αἴτημά σου ὃ ἠτήσω
παρ' αὐτοῦ». Οὕτω δὲ πιστῶς τῆς εὐλογίας ἐπήκουσεν, ὡς
πᾶσαν ἀπορρίψαι τὴν ἀχθηδόνα, καὶ μετὰ θάρσους ἐπανελθεῖν
15 πρὸς τὸν ἄνδρα, καὶ παραυτίκα συνελθεῖν καὶ κυῆσαι. Καὶ
τεκοῦσα δὲ πεπλήρωκε τὴν ὑπόσχεσιν. Ἐφύλαξε γὰρ αὐτοῦ τὴν
κόμην, καὶ τὴν ὑδροποσίαν ἐδίδαξεν. Οὗτος γὰρ τῶν Ναζιραίων ὁ
νόμος. Εὐθὺς δὲ μετὰ τὴν θηλὴν αὐτὸν προσενήνοχε τῷ Θεῷ, καὶ
σὺν αὐτῷ μόσχον ὁμόχρονον, τὴν ὑπὲρ αὐτοῦ σφαγὴν καὶ 533
20 ἱερουργίαν δεξάμενον. Ἀντέλαβε δὲ παρὰ τοῦ Θεοῦ παῖδας
ἑτέρους· τρεῖς μὲν υἱούς, θυγατέρας δὲ δύο. Φιλότιμος γὰρ ὁ
μεγαλόδωρος Κύριος περὶ τοὺς μεμνημένους τῶν προτέρων

11 s 1 Re 1, 17

1, 3, 5, 6, 8, 9, 10, 12, 15, 35, 37, 54, 55

1 μὲν ante τοῦ γεωργοῦ 6 37 55   τὸ] > 54: μὲν 6: τοῦ 12   τά σπέρματα] τὸν πό-
ρον 3   δὲ Θεοῦ tr 3 6   2 >τὰ σπειρόμενα 54   σπειρόμενα] προειρημένα 5 6   3 δὲ
Θεοῦ tr 3 6 9 35 54   7 δάκρυσι + καὶ 12   >καὶ κεκλεισμένην ἀνέῳξεν 54   9
μεθύουσα] μεθύει A   10 ὑποψίαν pr ψευδῆ 54   >τὴν ἐψευσμένην 54   11 ἀρχιερ.]
ἱεραρχικῆς 54   εὐλογίας post τετύχηκεν 5 6 37   τετύχηκεν] ἔτυχεν 5   12 ὅ] οὐ
6   14 >τὴν A⁻¹⁰   ἐπανελθεῖν] ἐλθεῖν 5   15 κυῆσαι] συνοικῆσαι 1 8 15   17 Οὗτος]
οὕτω A⁻¹⁰: οὕτως 3 15   18 Εὐθὺς] εὐθέως 1   >τὴν D 9   αὐτὸν προσενήν. tr 1   19
ὑπὲρ] ὑπ' D 1 9 10   αὐτοῦ] αὐτῷ 35   20 δεξάμενον] δεόμενον 12 35   21 >ἑτέρους
54   ἑτέρους τρεῖς tr D 9   >μὲν υἱούς A D 9   θυγατέρας pr καὶ 54   >δὲ
54   >Φιλότιμος — χαρίτων (p 7 l 1) 54   γὰρ + καὶ 5 6 8   ὁ post μεγαλόδωρος 5
6   22 >περὶ τοὺς — χαρίτων 5

χαρίτων. Ἀξιάγαστος δὲ αὐτῆς καὶ ἡ ὑμνῳδία. Οὐ γὰρ μόνον
ἐφ᾽ οἷς ἔλαβεν ἀνύμνησε τὸν δοτῆρα, ἀλλὰ καὶ προφητείᾳ τὸν
ὕμνον ἐκέρασε, καὶ τῆς τοῦ παιδὸς μετέλαχε χάριτος. Κυήσασα
γὰρ προφήτην, προφητεύει μετὰ τὸν τόκον. Τὸ γάρ, «Κύριος
ἀσθενῆ ποιήσει τὸν ἀντίδικον αὐτοῦ», προδηλοῖ τὴν τοῦ διαβόλου 5
κατάλυσιν· καὶ τὸ «Κύριος ἀνέβη εἰς οὐρανούς, καὶ ἐβρόντησε»,
τὴν τοῦ Σωτῆρος ἡμῶν ἀνάληψιν προθεσπίζει, καὶ τὴν τοῦ
παναγίου Πνεύματος ἐπιφοίτησιν, καὶ τῶν ἀποστολικῶν
κηρυγμάτων τὸ μεγαλόφωνον. Καὶ μέντοι καὶ τὴν δευτέραν ἐπιφά-
νειαν τοῦ Δεσπότου προαγορεύει Χριστοῦ· «Αὐτὸς» γάρ φησι, 10
«κρινεῖ ἄκρα γῆς δίκαιος ὤν». Προλέγει δὲ αὐτοῦ καὶ τοὺς κατὰ
σάρκα γεγενημένους προγόνους, οἳ ἀπὸ Δαβὶδ μέχρι τῆς αἰχ-
μαλωσίας διήρκεσαν, «Δώσει» γάρ φησιν, «ἰσχὺν τοῖς βασιλεῦσιν
ἡμῶν». Καὶ διδάσκουσα τὴν αἰτίαν, δι᾽ ἣν ἐκεῖνοι τῆς θείας
ἀπήλαυσαν προμηθείας, ἐπήγαγε· «Καὶ ὑψώσει κέρας χριστοῦ 15
αὐτοῦ». Πρὸς δὲ τούτοις, ἐδίδαξε μὴ πλούτῳ θαρρεῖν, μὴ σοφίᾳ,
μὴ δυναστείᾳ ἀλλὰ μόνῳ τῷ δυναμένῳ καὶ ζωὴν χορηγεῖν, καὶ
θάνατον ἐπάγειν, καὶ τὴν εὐπραξίαν μεταβάλλειν εἰς δυσπραγίαν,
καὶ τὴν δυσκληρίαν εἰς εὐκληρίαν. Καὶ μέντοι καὶ τὸ «Στεῖρα
ἔτεκεν ἑπτά», τὴν τῆς Ἐκκλησίας προκηρύττει πολυγονίαν. Ὁ 20
γὰρ ἑπτὰ ἀριθμὸς τοῦ πλήθους δηλωτικός. Ἐν ἑπτὰ γὰρ ἡμέραις
ὁ πᾶς χρόνος ἀνακυκλεῖται, καὶ τῆς Ἐκκλησίας οἱ παῖδες τὴν
οἰκουμένην ἐπλήρωσαν. «Ἡ δὲ πολλὴ ἐν τέκνοις ἠσθένησε»·
πολύπαις γὰρ οὖσα ἡ Ἰουδαία, καὶ πολλοὺς προφήτας καὶ
δικαίους γεγεννηκυῖα, νῦν ἀκαρπίαν νοσεῖ. 25

4 s 1 Re 2, 10   6 1 Re 2, 10c   10 s 1 Re 2, 10c   13 s 1 Re 2, 10c   15 s 1 Re
2, 10 c   19 s 1 Re 2, 5   23 1 Re 2, 5

1, 3, 5, 6, 8, 9, 10, 12, 15, 35, 37, 54, 55

1 αὐτῆς] αὐτοῦ 15   2 οἷς] ἧς 12 35   ἀνύμνησε] ἀνέμν. 54   3 μετέλαχε] μετέλαβε
3 8 9 35   4 >τὸν 8   >Κύριος 5   7 >ἡμῶν 12   9 δευτέραν + Χριστοῦ 54   10
>τοῦ Δεσπότου — Χριστοῦ 54   >τοῦ Δεσπότου 5 12   προαγορεύει Χριστοῦ tr
5   11 >δὲ 12   αὐτοῦ] αὐτοὺς 12   12 γεγενημένους] γενησομένους 54   Δαβίδ]
Ἀδὰμ D 9: pr τοῦ 6   13 Δώσει] δίδωσι 6   >φησιν 12   14 >Καὶ διδάσκουσα —
ἐπήγαγε 5 12   >τῆς θείας 10   15 ἀπήλαυσαν προμηθείας] ἔτυχον χάριτος
A   >ἐπήγαγε· Καὶ ὑψώσει 10   17 μόνῳ] μόνον 8   18 >θάνατον ἐπάγειν καὶ 12
35   ἐπάγειν] ἐπαγαγεῖν 10   δυσπραγίαν] δυσπραξίαν D 9: εὐκληρίαν 10   19 >καὶ
τὴν — εὐκληρίαν 10   δυσκληρίαν ... εὐκληρίαν tr ed   >εἰς εὐκληρίαν 54   22 ὁ πᾶς]
ἅπας 5 6   χρόνος pr ὁ 10 54   23 >Ἡ δὲ 35   24 Ἰουδαία] ἐκκλησία 35   25 νοσεῖ
+ καὶ ἀτεχνίαν καὶ στείρωσιν 6

Δ´

Ἠλὶ ὁ ἀρχιερεὺς ἐκ ποίας ἦν πατριᾶς;

Ἐκ τῆς τοῦ Ἰθάμαρ· ἀλλὰ διὰ τὴν τῶν παίδων πονηρίαν, ἅπαν αὐτοῦ τὸ γένος τῆς ἀρχιερατικῆς ἐστερήθη τιμῆς. Ἡλίκας γὰρ ἐτόλμων παρανομίας ἡ ἱστορία διδάσκει.

Ε´

5 **Τί ἐστι τὸ ἐφούδ;**

Ὁ Ἀκύλας «ἐπένδυμα ἐξαίρετον» τοῦτο κέκληκεν. Εἰρήκαμεν δὲ ἤδη, καὶ τὴν Ἔξοδον ἑρμηνεύοντες καὶ μέντοι καὶ τοὺς Κριτάς, ὡς διὰ τούτου πλεῖστα προεδήλου τῶν ἀγνοουμένων ὁ Δεσπότης Θεός.

S´　　　　　　　　536

10 **Τί δήποτε λευίτης ὢν ὁ Σαμουὴλ τῷ ἐφοὺδ ἐκέχρητο; Μόνῳ γὰρ ἀφώριστο τῷ ἀρχιερεῖ.**

Εἰκὸς τὸν Ἠλί, τὴν θείαν αὐτῷ χάριν ἐπανθοῦσαν ἑωρακότα,

---

5 cf 1 Re 2, 18　　10 cf 1 Re 2, 18

1, 3, 5, 6, 8, 9, 10, 12, 15, 35, 37, 54, 55

1 Ἠλὶ ὁ tr 54　　2 Ἰθάμαρ] Ἰούδα 55　　παίδων + αὐτοῦ 1　　πονηρίαν] παρανομίαν 54　　3 > Ἡλίκας — διδάσκει 54　　4 ἱστορία + τοῖς ἐγτυγχάνουσιν 6　　διδάσκει + σαφέστερον 6　　5 Q Ε´ post Q S´ 55　　>Τί ἐστι τὸ ἐφούδ; 55　　>τὸ 37　　ἐφούδ + ὁ ἐνεδέδυτο ὁ ἀρχιερεύς 6　　6 Ὁ Ἀκύλας pr Θεοδωρήτου καὶ τὸ ἐφούδ 55: + εἰπών 12 35　　ἐπένδυμα] ἔνδυμα c 1 9 12 37 55　　Εἰρήκαμεν] εἴρηται 6　　7 ἑρμηνεύοντες] ἑρμηνεύσαντες 5 6　　8 ὡς + ὅτι 6　　9 Θεός] Χριστός 55　　11 ἀρχιερεῖ] ἱερεῖ 5 6　　12 τὸν] τῷ 12　　αὐτῷ χάριν tr 12 54　　ἐπανθοῦσαν] ἐπανελθοῦσαν 10

καὶ παραδόξως τεχθέντα, καὶ πρὸ ὠδίνων ἐπαγγελθέντα, καὶ
ἔνδον τρεφόμενον ἐν τῇ θείᾳ σκηνῇ ὡς ἁγίῳ καὶ Ναζιραίῳ καὶ θε-
αιτήτῳ —τοῦτο γὰρ ἑρμηνεύει τὸ Σαμουὴλ ὄνομα— καὶ κομιδῇ
νέῳ μεταδοῦναι ταύτης τῆς τιμῆς.

Z΄

Τίνος χάριν ὁ Ἠλὶ δίκας ὑπὲρ τῶν παίδων ἔτισε, καὶ ταῦτα 5
παραινέσας αὐτοῖς τὰ προσήκοντα;

Οὐκ ἠπίων ἐδεῖτο φαρμάκων ἡ τῶν παίδων παρανομία, ἀλλ᾽
αὐστηροτάτων καὶ δριμυτάτων. Ἔδει τοίνυν μετὰ τὴν πρώτην καὶ
δευτέραν παραίνεσιν τῇ πονηρίᾳ προσμείναντας ἐξελάσαι τῶν
ἱερῶν περιβόλων. Οὐ γὰρ μόνον αὐτοὶ παρηνόμουν, ἀλλὰ καὶ τοῖς 10
ἄλλοις ἐγίνοντο παρανομίας ἀρχέτυπον. Ἐπειδὴ δὲ προτετίμηκε
τοῦ πεποιηκότος τὴν φύσιν, τῆς θεοσδότου χάριτος ἐγυμνώθη.
Τοῦτο γὰρ αὐτῷ καὶ διὰ τοῦ προφήτου δεδήλωκεν ὁ Θεός· «Ἵνα
τί ἐπέβλεψας ἐπὶ τὸ θυμίαμά μου, καὶ ἐπὶ τὴν θυσίαν μου ἀναιδεῖ
ὀφθαλμῷ, καὶ ἐδόξασας τοὺς υἱούς σου ὑπὲρ ἐμὲ ἐν εὐλογεῖσθαι 15
ἀπαρχὴν πάσης θυσίας Ἰσραὴλ ἔμπροσθέν μου; Διὰ τοῦτο τάδε
λέγει Κύριος ὁ Θεὸς Ἰσραήλ· Εἶπον· Ὁ οἶκός σου καὶ ὁ οἶκος τοῦ
πατρός σου διελεύσονται ἐνώπιόν μου ἕως αἰῶνος. Καὶ νῦν οὐχ
οὕτως, φησὶ Κύριος, μηδαμῶς ἐμοὶ ἀλλ᾽ ἢ τοὺς δοξάζοντάς με

5 cf 1 Re 2, 31 s   13 s 1 Re 2, 29-30

1, 3, 5, 6, 8, 9, 10, 12, 15, 35, 37, 54, 55

1 >καὶ πρὸ ὠδίνων ἐπαγγ. A⁻¹⁰   2 θείᾳ] > 54: ἁγίᾳ 1   >καὶ 2° 55   3
ἑρμηνεύεται 54   τὸ] τοῦ A⁻⁵⁴ 12 55   Σαμουὴλ ὄνομα tr 54   ὄνομα pr τὸ A⁻⁵⁴ 1 12 35
55   4 ταύτης τῆς] τῆς τοιαύτης 55   post τιμῆς paragraphum habent Diodoro tribu-
tum c 54 55 ed, et 5 sine indicatione auctoris (cf. Devreesse, *Les anciens commentateurs*
p 161)   6 αὐτοῖς] αὐτοὺς ed   7 >ἀλλ᾽ — δριμυτάτων 54   9 >τῇ πονηρίᾳ
προσμείναντας 54   ἐξελάσαι + λοιπὸν τούτους 54   10 μόνον αὐτοὶ tr 54   11
ἐγίνοντο] ἐγένοντο c: ἐγίνετο 54   >δὲ 35 54   προετίμησεν 5 54   13 γὰρ + καὶ 3
15   δεδήλωκεν] ἐδήλωσε 5: ἐπεκάλεσε 54   Ἵνα τί + γάρ φησιν A⁻¹⁰ 8 55 (φησιν post
ἐπέβλεψας 8)   14 θυμίαμα] θῦμα 54   τὴν θυσίαν] τὸ θυμίαμα 54   15 τοὺς υἱούς] τοῖς
υἱοῖς 6 54   >ἐν 54   16 μου] σου 5   >Διὰ τοῦτο A   18 αἰῶνος pr τοῦ 54   19 οὕ-
τως] οὕτω 5 54

δοξάσω, καὶ οἱ ἐξουθενοῦντές με ἐξουθενωθήσονται». Καὶ δοκεῖ
μὲν ἡ πρόρρησις τὸ τούτου γένος τῆς ἀρχιερωσύνης γυμνοῦν·
αἰνίττεται δὲ πάσης τῆς ἰουδαϊκῆς ἱερωσύνης τὴν παῦλαν.
«Εἶπον» γάρ φησιν, «Ὁ οἶκός σου καὶ ὁ οἶκος τοῦ πατρός σου 537
5 διελεύσονται ἐνώπιόν μου ἕως αἰῶνος». Τοῦτο δὲ οὐ τῷ Ἰθάμαρ
ὑπέσχετο, ἀλλὰ τῷ Ἀαρών. Οὐκοῦν κατὰ πάσης αὐτῶν ἀπεφή-
νατο τῆς φυλῆς. Καὶ μαρτυρεῖ τὰ ὁρώμενα. Ἐξ οὗ γὰρ ὁ
Δεσπότης ἐσταυρώθη Χριστός, καθηρέθη μὲν αὐτῶν ὁ νεώς,
ἔρημα δὲ γεγένηνται τῶν ἁγίων τὰ Ἅγια, ἀρχιεροσύνης καὶ
10 προφητείας ἐστέρηνται. Τοῦτο δηλοῖ καὶ τὰ ἐπαγόμενα· Ἰδοὺ
ἡμέραι ἔρχονται, καὶ ἐξολοθρεύσω τὸ σπέρμα σου καὶ τὸ σπέρμα
τοῦ οἴκου τοῦ πατρός σου, καὶ ἐπιβλέψει κραταίωμα ὂν ἐν πᾶσιν
οἷς ἀγαθύνει τὸν Ἰσραήλ. Καὶ οὐκ ἔσται πρεσβύτης ἐν τῷ οἴκῳ
σου πάσας τὰς ἡμέρας». «Κραταίωμα δὲ ὂν» τοῦ ὄντος λέγει
15 Θεοῦ. «Ἐγὼ γὰρ εἰμί» φησιν, «ὁ ὤν». Καὶ ὁ Ἰερεμίας, «Ὁ ὤν,
Δέσποτα Κύριε». Τούτου κραταίωμα κέκληκε τὴν ἱερωσύνην τὴν
κατὰ τὴν τάξιν Μελχισεδέκ. Τοῦτο δὲ σαφέστερον μετ' ὀλίγα
δεδήλωκεν· «Ἀναστήσω» γὰρ ἔφη, «ἐμαυτῷ ἱερέα πιστόν, ὃς πάν-
τα τὰ ἐν τῇ καρδίᾳ μου καὶ τὰ ἐν τῇ ψυχῇ μου ποιήσει, καὶ

---

4 s 1 Re 2, 30   10 s 1 Re 2, 31-32   14 1 Re 2, 32   15 Ex 3, 14   15 s Je 4, 10
18 s 1 Re 2, 35

1, 3, 5, 6, 8, 9, 10, 12, 15, 35, 37, 54, 55

2 τὸ τούτου tr 54   τὸ] τοῦ 8   γένος] γένους 8 15*   5 μοῦ] ἐμοῦ τε καί σου c   7
>τῆς A⁻¹⁰   φυλῆς] φυλακῆς 35   8 Δεσπότης + Θεὸς 54   ἐσταυρώθη Χριστὸς tr 5
6   >Χριστός — αὐτῶν 54   ὁ] οὔτε 54   νεώς] ναός C 1 5 9 37   9 >ἔρημα δὲ γε-
γένηνται 54   γεγένηνται] -νηται 8 15 35   τῶν ἁγίων — ἐστέρηνται] οὔτε Ἅγια ἁγίων
παρ' αὐτοῖς, οὐκ ἀρχιεροσύνη, οὐ προφητεία ἀλλὰ τούτων ἔρημοι 54   ἀρχιερωσύνης pr
καὶ 5 12   10 Τοῦτο + δὲ 1 54   ἐπαγόμενα] ἐπόμενα A⁻¹⁰   Ἰδού] > 10: + γὰρ
5   12 πατρός σου + καὶ οὐκ ἔσται σου πρεσβύτης ἐν οἴκῳ μου c 1 9 37   καὶ
ἐπιβλέψει — πρεσβύτης bis scr 37   ὂν] ὃν 37   13 ἔσται + σοι c: + σου
37   πρεσβύτης + ἐν οἴκῳ 37: + καὶ οὐκ ἔσται σοι πρεσβύτης ἐν τῷ οἴκῳ μου 35   ἐν
τῷ οἴκῳ σου post ἡμέρας A⁻¹⁰   14 σου] μου A⁻¹⁰ 8   ὂν] ὃν 37   ὄντος] ὄντως c   15
φησιν post ὁ ὤν 10   >Καὶ ὁ Ἰερεμίας — Κύριε 54   >ὁ 2° 1 5 6   Ἰερεμίας + δὲ 5
6   16 >κέκληκε 54   ἱερωσύνην + εἴρηκε 54   >τὴν 2° 37   17 >τὴν
6   Μελχισεδέκ] -δέχ 54: + καὶ 6   19 >τὰ 2° 1 12   >ποιήσει 54

οἰκοδομήσω αὐτῷ οἶκον πιστόν, καὶ διελεύσεται ἐνώπιον τῶν χριστῶν μου πάσας τὰς ἡμέρας». Ταῦτα δὲ ἁρμόττει ἀνθρώπων μὲν οὐδενί, μόνῳ δὲ τῷ Κυρίῳ ἡμῶν Ἰησοῦ Χριστῷ, ὃς ἀρχιερεὺς ἡμῶν κατὰ τὸ ἀνθρώπινον ὠνομάσθη. «*Ἔχοντες*» γάρ φησιν, «*ἀρ-* *χιερέα μέγαν διεληλυθότα τοὺς οὐρανούς, Ἰησοῦν τὸν Κύριον* 5 *ἡμῶν».* Καὶ πάλιν· «*Οὐ γὰρ ἔχομεν ἀρχιερέα μὴ δυνάμενον* *συμπαθῆσαι ταῖς ἀσθενείαις ἡμῶν· πεπειραμένον δὲ κατὰ πάντα* *καθ' ὁμοιότητα χωρὶς ἁμαρτίας».* Καὶ τὸ «*πάσας τὰς ἡμέρας*» οὐ προσῆκεν ἀνθρώποις θνητοῖς ὀλίγον βιοτεύουσι χρόνον. Χριστοὺς δὲ αὐτοὺς κέκληκε τοὺς ἱεροὺς ἀποστόλους, καὶ τοὺς τὴν ἐκείνων 10 διαδεξαμένους διδασκαλίαν. Οὐκοῦν ἡ πρόρρησις κυρίως μὲν ἁρμόττει τῷ Σωτῆρι Χριστῷ· κατὰ δὲ τὴν ἱστορίαν τῷ Σαδούκ, ὃς ἐκ τοῦ Ἐλεάζαρ κατάγων τὸ γένος τὴν ἀρχιερωσύνην διὰ τοῦ Σολομῶντος ἐδέξατο.

Η΄

Πῶς νοητέον τὸ «*Ὁ λύχνος τοῦ Θεοῦ πρὶν ἢ κατασκευασθῆναι*»; 15

Αἰνίττεται ὁ λόγος, ὡς εὐθὺς μετὰ τὴν ἑσπέραν, ἀρξαμένων τῶν ἀνθρώπων καθεύδειν, ἐπεφάνη τῷ Σαμουὴλ ὁ Δεσπότης

---

4 s Heb 4, 14   6 s Heb 4, 15   8 1 Re 2, 35   15 1 Re 3, 3

1, 3, 5, 6, 8, 9, 10, 12, 15, 35, 37, 54, 55

1 διελεύσεται] -σονται c   >τῶν 6   2 δὲ] μὲν 6   ἁρμόττει] αἰνίττεται 12   3 μὲν οὐδενί tr 12   ἡμῶν] μου 3 15   4 ἀνθρώπινον] ἀνθρώπειον 8 9 15 35   5 Ἰησοῦν + Χριστὸν D   Ἰησοῦν τὸν Κύριον ἡμῶν ante ἀρχιερέα 8   >Ἰησοῦν — βιοτεύουσι χρόνον (l 9) 54   7 συμπαθῆσαι] -θῆναι 8   πεπειραμένον] -ρασμένον 8   8 >καθ' ὁμοιότητα 10   >Καὶ 5 6   πάσας pr κατὰ 5 6: + δὲ 5 6   10 αὐτοὺς] αὐτοῦ 8 9 15   12 >τὴν c 1 37   Σαδδοὺκ 1 10 35   13 Ἐλεαζάρου A⁻¹⁰   τῆς ἀρχιερωσύνης 10   14 ἐδέξατο + καὶ συγκόψω τὸν βραχίονά σου καὶ τὸν βραχίονα οἴκου πατρός σου μὴ εἶναι πρεσβύτην ἐν τῷ οἴκῳ σου, καὶ ὄψῃ θλίψιν κατοικήσεως ἐν παντὶ ᾧ εὐεργετηθήσεται Ἰσραήλ· οὐκ ἔσται γέρων ἐν τῷ οἴκῳ σου πάσας τὰς ἡμέρας c (cf 1 Reg 2, 31-32 α'σ' apud Field)   15 >τὸ 6 37   >ἢ 55   κατασκευασθῆναι] ἐπισκ. A   16 >ὡς 8   17 τῶν] > 10: αὐτῶν 5 54   >ἀνθρώπων A⁻⁶   ἐφάνη 54

Θεός. Ἐν ἑσπέρᾳ γὰρ τὸν ἱερὸν λύχνον ἅπτειν εἰώθασι· περὶ 540
μέσας δὲ νύκτας ἐπέβαλλον ἔλαιον. Τὸν καιρὸν τοίνυν ὁ συγγρα-
φεὺς δηλῶσαι θελήσας ἔφη μηδέπω κατασκευασθῆναι τὸν λύχνον.

Θ΄

Τί δήποτε κομιδῇ νέῳ ὄντι τῷ Σαμουὴλ ὁ τῶν ὅλων ὤφθη Θεός;

5   Εἰς ἔλεγχον τοῦ γεγηρακότος ἀρχιερέως τὸ μειρακύλλιον
ἠξιώθη τῆς θείας ἐπιφανείας. Οὕτω γὰρ ἦν ἄγαν νέος, ὡς τὴν περὶ
Θεοῦ διδασκαλίαν μηδέπω δύνασθαι δέξασθαι. Αὐτίκα γοῦν ὁ
Ἠλὶ μετὰ τὴν τρίτην κλῆσιν συνεὶς ὡς ὁ Θεός ἐστιν ὁ καλῶν
—περιττὸν μὲν εἰπεῖν ὑπέλαβεν ὡς ὁ Θεός ἐστιν ὁ καλῶν— ἔφη
10 δέ· «Ἐὰν καλέσῃ σε ὁ καλῶν, ἐρεῖς· Λάλει, Κύριέ μου, ὅτι ἀκούει
ὁ δοῦλός σου». Ἀλλ' ὅμως καὶ τὴν τοιαύτην ἡλικίαν τῆς πολιᾶς
προτετίμηκεν ὁ Θεός· καὶ τὸν ὀκτὼ καὶ ἐνενήκοντα ἔτη
βεβιωκότα, καὶ τεσσαράκοντα ἔτη ἀρχῆς ἀξιωθέντα διπλῆς —καὶ
κριτὴς γὰρ ἦν καὶ ἀρχιερεὺς— καταλιπών, τῷ σμικροτάτῳ
15 διελέχθη παιδίῳ· διδάσκων ὅσῳ πολιᾶς ἀμείνων νεότης ἀρετῇ
κοσμουμένη. Ὁ μέντοι Ἠλὶ δῆλός ἐστιν οἰκείοις μὲν κοσμούμε-
νος κατορθώμασι, διὰ δὲ τὴν τῶν παίδων πονηρίαν τῆς
πανωλεθρίας τὴν ψῆφον δεξάμενος. Δηλοῖ δὲ αὐτοῦ τὴν εὐσέβειαν

4 cf 1 Re 3, 8   **10** s 1 Re 3, 9   **15** cf Sab 4, 9.16

1, 3, 5, 6, 8, 9, 10, 12, 15, 35, 37, 54, 55

1 >Θεός 15   εἰώθασι] εἰώθεισαν 1 10: εἰώθεσαν 12 35   **2** μέσας δὲ tr
37   νύκτας pr τὰς 5 8   ἔλαιον — συγγραφεὺς lac in 10   **3** ἐπισκευασθῆναι Α   λύχ-
νον + μήποτε δὲ καὶ καλῶς λέγουσί τινες ἀφορῶντες εἰς τὴν Ἀκύλου καὶ Συμμάχου ἔκδο-
σιν εἰρηκότων σβεσθῆναι 1   **4** ὤφθη] ἔφη et post Σαμουὴλ 5 10   Θεός + καθώς φησιν
6   **5** Εἰς ἔλεγχον pr προτιμᾶται νεότης γέρως ὑπὸ Θεοῦ· διδάσκει γὰρ ἡμᾶς ὅσα πολιᾶς
ἄμεινον νεότης ἀρετῇ κοσμουμένη 55 cf Sab 4, 9.16   μειρακύλλιον] μειράκιον ed   6
>ἦν 3 15 37   >περὶ Α·10   **7** Θεοῦ pr τοῦ Α·10   >δέξασθαι 35   **8** ὡς] ὅτι 8   9
>περιττὸν — καλῶν 5 10   εἰπεῖν] > 35: + καὶ 37   >ὡς 54   **10** >μου Α·10   ὅτι
ante Κύριε 8   **11** >τῆς 10   πολιᾶς] παλαιᾶς Α·10: προτείνῃ 10   **12** προτετίμηκεν]
προετίμησεν 5: Κύριε 10   >ἔτη 10   **13** διπλῆς + τιμῆς Α·10   **14** >ἦν
55   καταλιπών] παριδών Α·10: pr καὶ 35   **16** οἰκείοις post κοσμούμενος 54   **18** δεξά-
μενος] ἐδέξατο 54

καὶ τὰ ῥήματα. Πρῶτον μὲν γὰρ οὐκ ἠσχύνθη παρακαλέσαι τὸν
νέον μηνῦσαι τὰ θεόθεν ἀπαγγελθέντα· ἀλλὰ καὶ ὅρκοις αὐτὸν
κατέδησε καὶ ἀραῖς, ὥστε μηδὲν ἀποκρύψαι τῶν δηλωθέντων.
Εἶτα τὴν ἐξενεχθεῖσαν ψῆφον μαθών, τὴν ἀξιέπαινον ἀφῆκε
φωνήν· «Κύριος τὸ ἀρεστὸν ἐνώπιον αὐτοῦ ποιήσει». Καὶ μέντοι   5
καὶ τῶν υἱέων τὴν σφαγὴν ἐγνωκώς, οὐκ ἀγεννῶς ἤνεγκεν ὡς
πατὴρ καὶ πρεσβύτης· τὴν δέ γε κιβωτὸν δορυάλωτον γεγενῆσθαι
μαθών, κατέπεσε μὲν ἀπὸ τοῦ δίφρου, τῇ δὲ τῆς ἀθυμίας
ὑπερβολῇ τοῦ βίου τὸ τέλος ἐδέξατο.

Ι´

Τί δήποτε συνεχώρησεν ὁ Θεὸς δορυάλωτον γενέσθαι τὴν κιβω- 10
τόν;

Διπλῆν τὸ γεγονὸς ὠφέλειαν ἐβλάστησε. Τοὺς μὲν γὰρ
541 ἑβραίους ἐδίδαξεν, ἐννόμως μὲν βιοῦντας τῇ τοῦ Θεοῦ προμηθείᾳ
θαρρεῖν, παρανομοῦντας δὲ μήτε αὐτῷ μήτε τῇ ἀψαύστῳ κιβωτῷ
πεποιθέναι· τί δήποτε γὰρ εἰς ἐπικουρίαν ἔλαβον παρανομοῦντες   15
τὴν τὸν νόμον ἔνδοθεν ἔχουσαν ἀποκειμένον; Οὗτοι μὲν οὖν
ταύτην ἐντεῦθεν τὴν ὠφέλειαν ἐδέχοντο, οἱ δέ γε ἀλλόφυλοι,
δείσαντες μὲν ἡνίκα φανείσης τῆς κιβωτοῦ ἠλάλαξαν οἱ ἑβραῖοι,
καταφρονήσαντες δὲ μετὰ τὴν νίκην, καὶ οἱονεὶ ἀκροθίνιον

5 1 Re 3, 18   **10 s** cf 1 Re 4, 11.19.22

1, 3, 5, 6, 8, 9, 10, 12, 15, 35, 37, 54, 55

2 μηνῦσαι] > 35: + αὐτῷ 15: + οἳ ἀντ᾽ αὐτοῦ αὐτῷ D: + οἳ 9 10   ἀπαγγελθέντα +
ἀντ᾽ αὐτοῦ ποιεῖται πρόρρησιν 9: + ποιεῖται πρόρρησιν 35: + αὐτῷ 10   >ἀλλὰ — δη-
λωθέντων 54   **4** μαθών] ἀκούσας 54   **5** Κύριος + ἐστί ed   **6** υἱέων] υἱῶν A⁻¹⁰
3   ὡς] ὁ A   **7** >γε A⁻¹⁰   **10** συνεχώρησεν post ὁ Θεός 8   κιβωτόν + τῆς διαθήκης
6   **12** ἀνεβλάστησε 54   >γάρ 54   **13** >μὲν 10 54   **14** μήτε 1°] μήτ᾽
5   >ἀψαύστῳ 54   **15** τί δήποτε — ἀποκειμένον nova quaestio in 10   >ἔλαβον A⁻¹⁰
παρανομοῦντες] εἴλχον 5 54: + εἴχον 6: post γὰρ 55   **16** νόμον] κιβωτόν 54   ἔνδοθεν]
ἔνδον 5 54: + τὸν νόμον 54   ἔνδοθεν ἔχουσαν tr 9 35 55   ἔχουσαν ἀποκειμένον tr
54   Οὗτοι οὕτως 37   >οὖν 54   **17** ἐντεῦθεν] > 55: post ὠφέλειαν 3   ἀνεδέχοντο
54   >γε A⁻¹⁰   **19** οἱονεὶ] οἶον A⁻¹⁰

ταύτην τοῖς οἰκείοις ἀνατεθεικότες εἰδώλοις, ἐμάνθανον τῇ πείρᾳ τοῦ Θεοῦ τὴν ἰσχύν. Πρῶτον γὰρ εἶδον πρὸ τῆς κιβωτοῦ πεπτωκότα τὸν οἰκεῖον θεόν, καὶ τῆς προσκυνήσεως ἐπιδεικνύντα τὸ σχῆμα. Εἶτα τοῦτον ἀναστήσαντες εὗρον τῇ ὑστεραίᾳ συν-
5 τετριμμένον, καὶ τῶν ἄκρων πάντων ἐστερημένον. Ἔπειτα τὸ διάφορον γνῶναι μὴ βουληθέντες, καὶ τῇ κιβωτῷ τὸ προσῆκον οὐκ ἀπονείμαντες σέβας, ποικίλοις παθήμασι περιέπεσον. Ὡς μὲν γὰρ οἱ Ἑβδομήκοντα ἡρμήνευσαν, «Εἰς τὰς ἔδρας ἐπλήγησαν», ὡς δὲ ὁ Ἀκύλας, «Τὸ τῆς φαγεδαίνης ἐσχήκασιν ἕλκος», ὁ δέ γε
10 Ἰώσηπος τὸ τῆς «δυσεντερίας» αὐτοῖς ἐγγενέσθαι πάθος ἐδίδαξεν. Ἀλλὰ μηδεὶς διαφωνίαν νομιζέτω τὰς διαφόρους ἐκδόσεις. Τὴν γὰρ δυσεντερίαν τὸ τῆς ἔδρας διεδέξατο πάθος· τὸ γὰρ συχνὸν τῆς ἐκκρίσεως τὸ τῆς ἐκκρίσεως κατέκαυσε μόριον, εἰς φαγέδαιναν δὲ τῷ χρόνῳ τὸ ἕλκος μετέπεσε. Τὸ δὲ τῆς ἔδρας
15 ὑπέμειναν πάθος, ὡς δυσσεβῶς τὴν κιβωτὸν τὴν θείαν ἑδράσαντες παρὰ τὸν θεὸν τὸν ψευδώνυμον. Ταύτην οἱ ἀζώτιοι πρῶτοι τὴν τιμωρίαν ἐδέξαντο. Τοπάσαντες δὲ οἱ γεθθαῖοι μὴ θεήλατον εἶναι πληγήν, ἀλλὰ νόσον ἐκ λοιμικῆς τινος καταστάσεως γενομένην μετέθεσαν εἰς τὴν Γὲθ τὴν τοῦ Θεοῦ κιβωτόν· ἀλλὰ παραυτίκα
20 ταῖς αὐταῖς ὑπεβλήθησαν συμφοραῖς. Τὸ δέ, «Ἐποίησαν ἑαυτοῖς

8 1 Re 5, 12   10 Josefo, Ant 6, 3   20 s 1 Re 5, 9

1, 3, 5, 6, 8, 9, 10, 12, 15, 35, 37, 54, 55

1 οἰκείοις + αὐτῶν 54   ἀνατεθεικότες] ἀναθέντες 5   εἰδώλοις] θεοῖς 54   ἐμάνθανον] ἔμαθον A D 9   2 Πρῶτον + μὲν 5 54: πίπτει 54   εἶδον] αὐτῶν ὁ θεὸς αὐτίκα 54   3 >πεπτωκότα — θεόν, καὶ 54   πεπτωκότα post θεόν c 37: post οἰκεῖον 1   ἐπιδεικνὺς 54   4 >τοῦτον 1 54   ἀναστήσαντες — συντετρ.] ἀνιστῶσι μὲν ἐκεῖνοι, ἐκεῖνος δὲ τῇ ὑστεραίᾳ καὶ πίπτει καὶ συντρίβεται 54   5 >καὶ τῶν ἄκρων πάντων ἐστερημένον c 1 37   ἐστερημένον — σέβας (l 7)] περιθραυσθέντων πάντων. Εἶτα οὐδ' οὕτω συνόντες 54   6 >μὴ 1   7 οὐκ] μὴ A   παθήμασι] νοσήμασι 37   παθήμασι περιέπεσον tr 10   περιέπεσαν D   8 ἡρμήνευσαν] >54: ἑρμήνευσαν c   9 >ὁ 1° 12 54   10 Ἰώσηπος 3 6 15   >αὐτοῖς 37   γενέσθαι A⁻⁵⁴ 37   11 μηδεὶς + ταῦτα 54   διαφωνεῖν 9   νομιζέτω] νομίζει 54   >τὰς διαφόρους ἐκδόσεις 54   13 >τὸ τῆς ἐκκρίσεως A   μόριον pr τὸ A   εἰς] καὶ A⁻¹⁰: > 10   14 >φαγέδαιναν — μετέπεσε A   >τῷ χρόνῳ 8   >δὲ 2° A⁻¹⁰   15 ὑπέμεινε 6   κιβωτὸν τὴν θείαν] θείαν κιβωτὸν 37   16 >τὸν 1° 54   θεὸν post ψευδώνυμον 54   ταύτης 8   15 πρῶτοι] πρώτην A⁻⁵⁴: πρώτην 54: post ἐδέξαντο 55   17 δὲ] > 55: γὰρ 37   γεθθαῖοι] γεθαῖοι 6 12 37   θεήλατον εἶναι tr D   18 πληγήν] > 6: pr τὴν A⁻⁶   12   19 Γὲθ] γὴν D   >τὴν τοῦ Θεοῦ κιβωτὸν 54   20 ὑπερβλήθησαν 10   >δέ 55

οἱ γεθθαῖοι ἕδρας χρυσᾶς», οἱ λοιποὶ οὕτως ἡρμήνευσαν· «Καὶ περιελύθησαν αὐτῶν αἱ ἕδραι». Τῶν δὲ γεθθαίων εἰς Ἀσκάλωνα μεταθεῖναι τὴν κιβωτὸν πειραθέντων, ἀντεῖπον ἐκεῖνοι δείσαντες τὰς θεηλάτους πληγάς. Εἶτα μηδεμιᾶς πόλεως δέξασθαι τολμώσης τὴν κιβωτόν, ἐν ὑπαίθρῳ ταύτην ἔξω κατέλιπον τόπῳ. Τοῦτο γὰρ 5 ὁ ἱστοριογράφος ἐδίδαξεν. «Ἐγένετο» γάρ φησιν, «ἡ κιβωτὸς τοῦ
544 Θεοῦ ἐν τῷ πεδίῳ τῶν ἀλλοφύλων μῆνας ἑπτά». Ἐπειδὴ δὲ ᾠήθησαν ἔξω μενούσης τῆς κιβωτοῦ τῶν θεηλάτων ἀπηλλάχθαι πληγῶν, ἐπήγαγεν ὁ Δεσπότης Θεὸς καὶ τοῖς ἀψύχοις τὰς τιμωρίας. Μυῶν γάρ τι πλῆθος καὶ ταῖς ἀμπέλοις καὶ τοῖς ληΐοις 10 ἐπέπεμψεν, οἱ πάντας αὐτῶν ἐλυμήναντο τοὺς καρπούς. Ἐδίδαξε δὲ διὰ τούτων, ὡς αὐτὸς καὶ τοῖς αἰγυπτίοις τὰς διαφόρους ἐπενήνοχε πληγάς. Ὅτι γὰρ ἔναυλον εἶχον ἐκείνων τὴν μνήμην μαρτυρεῖ τὰ παρ᾽ αὐτῶν εἰρημένα. Καὶ γὰρ ἐν τῷ πολέμῳ τὴν κιβωτὸν θεασάμενοι, δέους ἐπλήσθησαν καὶ θρηνοῦντες ἐβόων· 15 «Οὐαὶ ἡμῖν, τίς ἐξέληται ἡμᾶς ἐκ χειρὸς τοῦ Θεοῦ τοῦ στερεοῦ τούτου; Οὗτος ὁ Θεὸς ὁ πατάξας τὴν Αἴγυπτον ἐν πάσῃ πληγῇ». Καὶ μετὰ τὴν πεῖραν δὲ τῶν κακῶν, οἱ ἱερεῖς αὐτῶν καὶ οἱ χρησμῳδοὶ πρὸς αὐτοὺς ἔλεγον μετὰ δώρων ἐκπέμψαι τὴν κιβωτόν, «Ὅπως κουφίσῃ», φησί, «Κύριος ὁ Θεὸς Ἰσραὴλ τὴν 20 χεῖρα αὐτοῦ ἀφ᾽ ὑμῶν, καὶ ἀπὸ τῶν θεῶν ὑμῶν καὶ ἀπὸ τῆς γῆς

6 s 1 Re 6, 1   16 s 1 Re 4, 8   20 s 1 Re 6, 5-6

1, 3, 5, 6, 8, 9, 10, 12, 15, 35, 37, 54, 55

1 γεθθαῖοι] γετθαῖοι 6 12 37   οὕτω 54   2 περιεληλύθησαν 6   >δὲ 3
15 γεθθαίων] γετθαίων 5 6 12 37   εἰς Ἀσκάλωνα post κιβωτὸν 37   4 δέξασθαι
τολμώσης tr 54 55   5 ταύτην — ἐδίδαξεν] διέμεινε τόπῳ 54   6 >ἡ κιβωτὸς τοῦ Θεοῦ
54   7 Ἐπειδὴ] ἐπεὶ 5   >δὲ 54   8 τῆς κιβωτοῦ — ἀπηλλάχθαι] αὐτῆς ἀπηλλάχθαι
τῶν θεηλάτων 54   9 Δεσπότης ante καὶ τοῖς 37: > 5 54   Θεὸς + καὶ 8 37   10
Μυῶν — καρπούς] καὶ τοῖς ληΐοις γὰρ καὶ ταῖς ἀμπέλοις μυῶν πλῆθος ἐπὶ λύμη κατέπεμ-
ψε δι᾽ ὧν 54   τοῖς] ταῖς 3 15   11 ἔπεμψεν 3 6 8 10 12   12 >δὲ διὰ τούτων
54   >δὲ 37   αὐτὸς καὶ] ὁ αὐτός ἐστι ὁ καὶ 54   τὰς διαφόρους] διαφόροις 54   13
ἐπενήνοχε πληγάς] ὑποβαλὼν τιμωρίας 54   14 μαρτυρεῖ — εἰρημένα. Καὶ] αὐτοὶ δι᾽ ὧν
λέγουσι μαρτυροῦσι θεασάμενοι 54   15 >θεασάμενοι, δέους ἐπλήσθησαν 54   19 χρη-
σμῳδοὶ] χρησμοὶ D c 1 9 37   πρὸς αὐτούς] οὕτως 54   ἐπιπέμψαι 12   20 >φησί 12
37 54 55: post Κύριος 9 35   >Κύριος 6 54   >ὁ Θεὸς 5   >Ἰσραὴλ Α   21 ὑμῶν
1°] ἡμῶν 9 35 54   καὶ 1°] φησὶ 54

ὑμῶν· καὶ ἵνα τί βαρύνετε τὰς καρδίας ὑμῶν, ὡς ἐβάρυνεν Αἴγυπτος καὶ Φαραὼ τὰς καρδίας αὐτῶν; Οὐχὶ ὅτε ἐνέπαιξεν αὐτοῖς, ἐξαπέστειλε τὸν λαὸν αὐτοῦ καὶ ἀπῆλθον»; ᾽Αλλὰ ταῦτα συμβεβουλευκότες οἱ ἀσεβεῖς, καὶ δείξαντες τῶν οἰκείων θεῶν τὴν
5 ἀσθένειαν —πρῶτον γὰρ αὐτοὺς συνέτριψεν ὁ Θεός, εἶτα τοὺς προσκυνοῦντας ἐπαίδευσε· καὶ τότε τοὺς μῦς κατὰ τῶν τῆς γῆς βλαστημάτων ἐξέπεμψε—, πείρᾳ μαθεῖν ἠβουλήθησαν, εἴτε θεήλατος ἡ πληγὴ εἴτε κατά τι συμβεβηκὸς γενομένη. Καὶ καινὴν κατασκευάσαντες ἅμαξαν, καὶ βοῦς ἀρτιτόκους ὑποζεύξαντες τῶν
10 μόσχων κεχωρισμένας, ἐπέθεσαν τὴν κιβωτὸν καὶ τῶν πέντε πόλεων ἰσαρίθμους μῦς τε καὶ ἕδρας ἐκ χρυσοῦ κατεσκευασμένας, δῶρα τῷ πεπαιδευκότι Θεῷ. ᾽Ενέθεσαν δὲ ταῦτα σκεύει τινί, ὃ οἱ μὲν ῾Εβδομήκοντα προσηγόρευσαν «βοεργαζ», ᾽Ιώσηπος δὲ «γλωσσόκομον». ᾽Εν τριόδῳ δὲ ἡνιόχου δίχα τὰς βοῦς ἀπολύσαν-
15 τες, ἀνέμενον ἰδεῖν, εἴτε πρὸς τὸν τῶν μόσχων μυκηθμὸν ἀποστρέφονται, εἴτε εἰς ἄλλην ὁδὸν ἀποκλίνουσι, τὴν πρὸς ἑβραίους φέρουσαν καταλιποῦσαι· ἵνα εἰ μὲν τούτων δυοῖν θάτερον γένοιτο, ὡς ἀσθενοῦς καταγνῶσι τῆς κιβωτοῦ, εἰ δὲ τὰς ἄλλας ὁδοὺς καταλιποῦσαι αἱ βόες, καὶ τῶν οἰκείων 545
20 καταφρονήσασαι μόσχων, πρὸς τὴν ἰσραηλῖτιν ἀπίωσι γῆν, γνῶσιν ἀληθῶς θεηλάτους εἶναι τὰς γεγενημένας πληγάς. Οὗ δὴ χάριν καὶ πόρρωθεν εἵποντο, καὶ οὐ πρότερον ἀπέστησαν, ἕως τῶν ἑβραίων οἱ ἀγχιτέρμονες τὸ ξένον πόρρωθεν θεασάμενοι

14 Josefo, *Ant* 6, 11

1, 3, 5, 6, 8, 9, 10, 12, 15, 35, 37, 54, 55

1 τὰς καρδίας] τὴν καρδίαν D 5 9   >τὰς καρδίας — πείρᾳ μαθεῖν (l 7) 54   3 αὐτοῖς + καὶ 6   >τὸν λαὸν 12   ἀπῆλθεν 8 15   4 ἀσεβεῖς] δυσσεβεῖς A D   5 >τοὺς 8   7 θεήλατος — γενομένη] θεήλατοι αἱ πληγαὶ εἴτε καὶ μὴ 54   8 >Καὶ A 1 12   καινὴν + γὰρ A 8   11 μῦς τε] μύστας 8: μύσται 37   κατεσκευασμένα 1 5 9: κατασκ. 6 8 10 ḷ5   12 Θεῷ + ἀπέστελλον A-10   13 βοεργαζ + ᾽Ακύλας δὲ λαρνάκιον καὶ Σύμμαχος ἀγγεῖον 1   ᾽Ιώσηππος 3 6 15   14 ἡνιόχου δίχα tr 9 35   16 εἰς] πρὸς A-10 1   ἀποκλίνουσι] ἐκκλίνουσι 1: ἀποκλίναντες 15   17 τούτων — γένοιτο] οὐχ πρὸς τὴν ἄγουσαν εἰς ἑβραίους 54   19 τὰς ἄλλας — γεγενημένας πληγάς (l 21)] πρὸς ἐκείνην μόνην γνῶσιν ἀληθῶς θεηλάτους τὰς πληγάς 54   καταλιποῦσαι / αἱ βόες tr 5   20 καταφρονήσωσι c (-σουσι 8)   21 εἶναι + καὶ ed   γεγενημένας] γενομένας 37   23 ἀγχίτερμον 54   >πόρρωθεν A

πρᾶγμα, ἅμαξαν ὑπ' οὐδενὸς ἀνθρώπων ἰθυνομένην, φορτίον δὲ καὶ ἡνίοχον τὴν κιβωτὸν ἔχουσαν, προσέδραμον ἅσμενοι, καὶ τοῦ Θεοῦ τὴν νίκην ἐθαύμασαν.

ΙΑ΄

Διὰ τί τὸν λαὸν ἐπάταξεν ὁ Θεὸς ἐπανελθούσης τῆς κιβωτοῦ;

Σαφῶς ἐδίδαξεν ἡ ἱστορία· «Οὐκ ἠσμένισαν» γάρ φησιν, «υἱοὶ 5
Ἰεχονίου ἐν τοῖς ἀνδράσι Βεθσάμοις, ὅτι εἶδον τὴν κιβωτὸν τοῦ
Κυρίου· Καὶ ἐπάταξεν ἐν αὐτοῖς ἑβδομήκοντα ἄνδρας, καὶ
πεντήκοντα χιλιάδας ἀνδρῶν ἐκ τοῦ λαοῦ». Ἀλλ' οἱ μὲν τοῦ
Ἰεχονίου παῖδες, ὡς δυσσεβεῖς καὶ τοῖς εἰδώλοις λατρεύοντες,
ἐδυσφόρησαν ἰδόντες τὴν κιβωτὸν καὶ μάλα εἰκότως τὴν τιμωρίαν 10
ἐδέξαντο. Ὁ δὲ λαὸς ἐπαιδεύθη, ὡς τῆς κιβωτοῦ προκινδυνεῦσαι
μὴ βουληθείς, καὶ ἑπτὰ μῆνας αὐτὴν παρὰ τοῖς ἀλλοφύλοις κατα-
λιπών, καὶ τὸν ὑπὲρ αὐτῆς οὐκ ἀναδεξάμενος πόλεμον. Δείξας
τοίνυν ὁ Δεσπότης Θεός, ὡς τῆς παρ' αὐτῶν συμμαχίας οὐ δεῖται,
καὶ διδάξας ὅσον ἔσχε σέβας παρὰ τῶν δυσσεβῶν ἀλλοφύλων, 15
ἐκόλασεν ὡς τῶν ἀλλοφύλων δυσσεβεστέρους. Ἐπειδὴ δὲ οἱ ἐν
Βεθσάμοις δείσαντες τὴν κιβωτὸν ἀπεπέμψαντο εἰρηκότες· «Τίς
δυνήσεται παραστῆναι ἐνώπιον Κυρίου τοῦ ἁγίου τούτου;» προθύ-
μως δὲ ταύτην ὁ Ἀμιναδὰβ ὑπεδέξατο· πάσης αὐτοῦ τὴν οἰκίαν

---

5 s 1 Re 6, 19   17 s 1 Re 6, 20

1, 3, 5, 6, 8, 9, 10, 12, 15, 35, 37, 54, 55

1 πρᾶγμα] θαῦμα 54   2 >ἔχουσαν 54   4 Διὰ τί] τί δήποτε 1   >ὁ Θεὸς 10   5
>φησιν 12 54   υἱοὶ pr οἱ 9 12 15 54 55   6 Βεθσάμυς D 55   >Βεθσάμοις — κιβωτὸν
τοῦ 6   7 >Καὶ ἐπάταξεν — τοῦ λαοῦ 55   >ἐν 8 15   αὐτοῖς] αὐτοὺς 8   8 >τοῦ 2°
A   9 >καὶ τοῖς D   10 καὶ μάλα εἰκότως] διὸ καὶ 54   11 προκινδ. — βουληθείς, καὶ]
μὴ θελήσας προκινδυνεῦσαι 54   12 αὐτὴν] > D: post ἀλλοφύλοις c   παρὰ] ἐν 12
54   13 >καὶ τὸν — πόλεμον 54   οὐκ ἀναδεξ.] οὐ καταδεξάμενος 35   14
>Δεσπότης 5 54   >παρ' ed   15 διδάξας] δείξας A·10 37   ἔσχε] εἶχε 10   >ἀλλο-
φύλων 10   16 ἐκόλασεν] > A: + αὐτοὺς ed   ὡς τῶν ἀλλοφύλων] > A·10: καὶ ἀπέφηνε
τούτους καὶ ἀλλοφύλους 10   δυσσεβεστέρους] + τούτους ἐπέδειξεν 5 6: + τούτους
ἀπήλεγξεν 54   17 ἀπεπέμψαντο] ἀπέπεμψαν 37   >εἰρηκότες — δὲ ταύτην 54   18
ἁγίου pr Θεοῦ c   19 Ἀμιναδὰβ c (-ὰν 8)   ὑπεδέξατο] ἀπεδέξ. ed: pr προθύμως
54   αὐτοῦ τὴν οἰκίαν] ἔσχε τὸν οἶκον 54

εὐλογίας ἐνέπλησεν. Ὅτι δὲ ἀσεβῶς ὁ λαὸς τῆς κιβωτοῦ κατεφρόνησε, τὰ ἑξῆς μαρτυρεῖ. Ὁ γὰρ θειότατος Σαμουὴλ παρήνεσεν αὐτοῖς ἐπιστρέψαι πρὸς Κύριον ἐν ὅλῃ καρδίᾳ, καὶ ἐξᾶραι τοὺς θεοὺς τοὺς ἀλλοτρίους ἐκ μέσου αὐτῶν, καὶ τὰ ἄλση. 5 Τὰ δὲ ἄλση «Ἀσταρὼθ» ὁ Ἀκύλας ἡρμήνευσε, τουτέστι τὰ τῆς Ἀστάρτης ἀγάλματα. Ἀστάρτην δὲ καλοῦσι τὴν Ἀφροδίτην, ἐκ τοῦ ἄστρου τὴν ἐπωνυμίαν πεποιηκότες. Αὐτῆς γὰρ εἶναι τὸν Ἑωσφόρον μυθολογοῦσι.

IB′

Τί δήποτε τοῦ Θεοῦ κελεύσαντος διὰ τοῦ νόμου ἐν ἑνὶ τόπῳ λα-
10　**τρεύειν, θυσιαστήριον ὁ Σαμουὴλ ᾠκοδόμησεν;**

Οὐδέπω ὁ θεῖος ναὸς ᾠκοδόμητο, καὶ ἐν διαφόροις τόποις 548
|1 ἐλάτρευον τῷ Θεῷ. Πλὴν καὶ ἐντεῦθεν μανθάνομεν, ὡς τοῦ λαοῦ τὸ πρόχειρον εἰς ἀσέβειαν ἐπιστάμενος, ἑνὶ τὴν θείαν λατρείαν περιώρισε τόπῳ. Τοῖς γὰρ εὐσεβέσι καὶ τὸν τοῦ νόμου σκοπὸν ἐπι-
15 σταμένοις, ἅπας εἰς τὴν τοῦ Θεοῦ λατρείαν καθιέρωτο τόπος. Καὶ γὰρ Ἠλίας ὁ πάνυ, τοῦ θείου νεὼ πρὸς ἑαυτὸν ἅπαντας κατὰ τὸν νόμον καλοῦντος, ἐν τῷ Καρμήλῳ θυσιαστήριον ᾠκοδόμησε, καὶ θυσίαν προσήνεγκε.

9 s cf 1 Re 7, 17

1, 3, 5, 6, 8, 9, 10, 12, 15, 35, 37, 54, 55

1 εὐλογίας ante τὴν οἰκίαν (p 17 l 19) A⁻¹⁰ 12   ἐνέπλησεν] ἐπλήρωσεν 6: πληρούμε-
νον 54   ἀσεβῶν A⁻¹⁰ D 9   2 >θειότατος 54   3 αὐτοῖς] αὐτοὺς 54   >ἐπιστρέψαι
— ἐξᾶραι τοὺς 54   καρδίᾳ pr τῇ ed   5 >ὁ 6   6 Ἀστάρτης] ἁμαρτίας c   7 εἶναι +
περὶ 37   8 μυθολογοῦσι + Καὶ ἐπάταξεν ἐν ἀνδράσι Βεθσάμυς, ὅτι εἶδον ἐν γλωσσο-
κόμῳ Κυρίου, καὶ ἔπληξεν ἐν τῷ λαῷ ἑβδομήκοντα ἄνδρας καὶ πεντήκοντα χιλιάδας
ἀνδρῶν. Ἐπάταξε δὲ τῶν ἀνθρώπων τῆς Βεθσάμυς, ὅτι κατώπτευσαν τὴν κιβωτὸν Κυρίου·
ἔπληξεν δὲ τοῦ λαοῦ ἑβδομήκοντα ἄνδρας καὶ πεντήκοντα χιλιάδας ἀνδρῶν c [>δὲ τῶν
— χιλιάδας ἀνδρῶν 8: ante Ἐπάταξε pr σ′ 15: Βεθσάμυς 2°] Βεθσάμου 15 (cf 1 Re 6, 19
α′ σ′ apud Field)]   10 θυσιαστηρίῳ 15   ᾠκοδόμησεν] κατεσκεύασεν 12   11 >ὁ
5   >θεῖος 5 6   ναὸς] νεὼς D 6 9 10   13 ἐπιστάμενος + ὁ Θεός A⁻¹⁰   >ἑνὶ 5
6   16 νεὼ] ναοῦ 5   ἅπαντας + ἕλκοντος 12   >τὸν 5 6   17 >καλοῦντος
12   >ᾠκοδόμησε, καὶ θυσίαν c 9 35   18 >προσήνεγκε 6 12

ΙΓ΄

Τίνος χάριν ὁ Σαμουὴλ διὰ τὰς τῶν παίδων ἀδικίας οὐκ ἔτισε δίκας;

᾽Αδικήματα ἦν, οὐκ ἀσεβήματα, τὰ παρ᾽ ἐκείνων γινόμενα. Οὔτε γὰρ γάμους διώρυξαν καὶ ταῖς τοιαύταις λαγνείαις καθύβρι-σαν τὴν θείαν σκηνήν, οὔτε τῇ γαστρὶ τὰ πρωτεῖα τῶν ἱερείων   5
ἀπένειμαν, τὴν τῶν θυσιῶν ἀναστρέψαντες τάξιν. Δωροδοκίαν δὲ μόνον αὐτῶν ἡ ἱστορία κατηγορεῖ. Καὶ οὐδὲ ταύτην ὁ προφήτης ἠπίστατο, πόρρωθεν γὰρ αὐτῶν διῆγεν. Αὐτὸς μὲν γὰρ ᾤκει τὴν ᾽Αρμαθέμ, ἐκεῖνοι δὲ τὴν Βερσαβεέ.

ΙΔ΄

Τίνος ἕνεκα ἤλγησεν αἰτήσαντος τοῦ λαοῦ βασιλέα;   10

᾽Επειδὴ παρὰ τὸν θεῖον νόμον ἡ αἴτησις ἦν. Ὁ γὰρ Δεσπότης Θεὸς καὶ Θεοῦ καὶ βασιλέως ἐπλήρου τὴν χρείαν· ὁ δὲ προφήτης ὑπουργὸς ἦν, οἷόν τις ὕπαρχος ἢ δημαγωγός. Καὶ τοῦτο δεδήλω-κεν ὁ Θεὸς εἰρηκὼς πρὼς αὐτόν· «῎Ακουε τῆς φωνῆς τοῦ λαοῦ· διότι οὐ σὲ ἐξουθενήκασιν, ἀλλ᾽ ἐμὲ ἐξουδένωσαν τοῦ μὴ   15

---

1 s cf 1 Re 8, 3   8 cf 1 Re 8, 4   10 cf 1 Re 8, 6   14 s 1 Re 8, 7-8

3, 5, 6, 8, 9, 10, 12, 15, 35, 37, 54, 55

1 >ὁ ed   ἀδικίας] παρανομίας 37   2 δίκας] δίκην 6   3 >τὰ 5 12   παρ᾽ ἐκείνων] παρὰ τούτων 5 6   γενόμενα 6 9 10 12   4 διώρυξαν] διέπραξαν 12: διέρρηξαν 37   5 ἱερείων] ἱερέων D 9: ἱερῶν 6   6 ἀπένειμαν c: ἀπένεμον 37   7 μόνον] μόνην 5   αὐτῶν post ἱστορία 5 6   κατηγορεῖ] καλεῖ c   9 ᾽Αρμαθαίμ 5 9 35 55   Βηρσαβεέ 5 37 55   Βιρσαβεαι c (Βερ- 3: Βηρ- 8 15) 12   10 ἕνεκα] ἕνεκεν Α⁻¹⁰ 37 55   αἰτήσαντος post λαοῦ D 9 55   11 παρὰ] περὶ 55·   ἡ αἴτησις] ἤτησεν 6   ἦν] >6: + τὸ δοθῆναι αὐτοῖς βασιλέα 54   >γὰρ 5   >Δεσπότης 54   12 >Θεοῦ καὶ 54   >τὴν 5 54   χρείαν] χάριν 6: + αὐτοῖς 54   13 >ὕπαρχος ἢ 54   14 >εἰρηκὼς — διότι 54   εἰρηκὼς] εἰπὼν 5   15 σὲ + γάρ φησι 54   ἐξουθενήκασιν] ἐξουδένωσαν 5   ἐξουδένωσαν] >Α⁻¹⁰: ἐξουθένησαν 37: ἐξουθένωσαν c 12: ἐξουθένηκαν 10   ἐξουδένωσαν - fin Q] καὶ τὰ ἑξῆς 55

βασιλεύειν ἐπ᾽ αὐτῶν, κατὰ πάντα τὰ ἔργα αὐτῶν, ἃ ἐποίησάν μοι, ἐφ᾽ ἧς ἡμέρας ἀνήγαγον αὐτοὺς ἐξ Αἰγύπτου καὶ ἕως τῆς ἡμέρας ταύτης», καὶ τὰ ἑξῆς.

ΙΕ΄

Ἀγαθὸν πῶς ὠνόμασε τὸν Σαούλ;

5   Οὐ ψυχῆς ἀρετὴν αὐτῷ μεμαρτύρηκεν, ἀλλ᾽ εἶδος καὶ μέγεθος. Τοῦτο γὰρ λέγει· «Οὐκ ἦν ἀνὴρ ἀγαθὸς οὐθεὶς ἐν υἱοῖς Ἰσραὴλ ὑπὲρ αὐτόν· ὑπερωμίαν καὶ ἐπάνω ὑψηλὸς ὑπὲρ πᾶσαν τὴν γῆν».

ΙΣ΄   549

Τινές φασι τὸν Σαμουὴλ ἐπὶ χρήμασι προφητεῦσαι, τῷ εἰπεῖν τὸν Σαούλ· «Ἰδοὺ πορευσόμεθα καὶ τί ἀποίσομεν τῷ ἀνθρώπῳ τοῦ
10 **Θεοῦ, ὅτι οἱ ἄρτοι ἐκ τῶν ἀγγείων ἡμῶν ἐκλελοίπασι».**

Τοῦτο τῆς τοῦ Σαοὺλ ὑποψίας, οὐ τῆς τοῦ προφήτου δωροδοκίας τεκμήριον. Ἐτόπασε γὰρ χρῆναί τι αὐτῷ προσενεχθῆναι, ὡς ἄρχοντι καὶ προφήτῃ, ἀλλ᾽ οὐδὲν προσενήνοχεν· ἀλλὰ τοὐναντίον φιλο-

---

4 cf 1 Re 9, 2   6 s 1 Re 9, 2   9 s 1 Re 9, 7

3, 5, 6, 8, 9, 10, 12, 15, 35, 37, 54, 55

1 αὐτῶν 1°] αὐτούς A   >κατὰ πάντα — ἡμέρας ταύτης 54   >αὐτῶν 2° 9 37   2 ἀνήγαγον] ἐξήγαγον 5 8   3 >καὶ τὰ ἑξῆς 5 6   5 ἀρετὴν αὐτῷ tr A⁻¹⁰   >μεμαρτύρηκεν 54   μέγεθος + μαρτυρεῖ 54   6 >ἀνὴρ A⁻¹⁰   οὐθεὶς] οὐδεὶς ed   7 >ὑπὲρ αὐτόν 12   ὑπερωμίας 6   ὑπὲρ 2°] ἐπὶ 12 37   9 πορευσόμεθα] πορεύσομαι A⁻¹⁰   ἀποίσομεν] ποιήσομεν 5: ποιήσω 6   >τοῦ Θεοῦ 54   10 >οἱ D   ἄρτοι + ἡμῶν A⁻¹⁰   >ἐκ τῶν ἀγγείων ἡμῶν A 8   11 >τοῦ 1° 15   Σαοὺλ] Ἰσραὴλ 12   >τοῦ 2° 55   12 >χρῆναι 5   αὐτῷ προσενεχθῆναι tr 5 54

φροσύνης παμπόλλης ἀπήλαυσε. Τοῦ δὲ προφήτου τὸ ἀδωροδόκη-
τον διδάσκουσιν αὐτοῦ οἱ λόγοι οἱ ἐπὶ τοῦ λαοῦ παντὸς εἰρημένοι·
«Μόσχον» γάρ φησι, «τίνος ὑμῶν εἴληφα, ἢ τίνα ὑμῶν καταδεδυ-
νάστευκα, ἢ τίνα ἐξεπίεσα ὑμῶν, ἢ ἐκ χειρὸς τίνος ὑμῶν εἴληφα
ἐξίλασμα ἢ ὑπόδημα, καὶ ἀπέκρυψα τοὺς ὀφθαλμούς μου ἐν αὐτῷ;   5
Εἴπατε κατ᾽ ἐμοῦ καὶ ἀποδώσω ὑμῖν». Καὶ ἐβεβαίωσε τοῦ προφήτου
τοὺς λόγους ἡ τοῦ λαοῦ μαρτυρία.

IZ΄

Διὰ τί βλέποντα τὸν προφήτην ἐκάλουν;

Ὡς τὰ μέλλοντα προορῶντα. Οὐ γὰρ τῶν τοῦ σώματος
ὀφθαλμῶν τοῦτο τὸ ὄνομα, ἀλλὰ τῆς πνευματικῆς θεωρίας. Τὴν   10
μέντοι «βαμά», «ὑψηλὴν» ὁ Ἀκύλας ἡρμήνευσε· «γαβαὰ» δέ,
«τὸν βουνόν»· «ξένους» δέ, «τοὺς κεκλημένους»· τὴν δὲ «κωλέαν»
«κνήμην». Ταύτην δὲ αὐτῷ παρατέθεικεν, ὡς μέλλοντι βασιλεύειν
καὶ τοῦ λαοῦ προκινδυνεύειν. Τοῦτο γὰρ ἐπήγαγεν· «Ἰδοὺ
μαρτύριον, παράθες αὐτὸ ἐνώπιόν σου καὶ φάγε, ὅτι εἰς μαρτύριον   15
τέθειταί σοι παρὰ τοῦ λαοῦ».

3 s 1 Re 12, 3   8 cf 1 Re 9, 9 s   14 s 1 Re 9, 24

3, 5, 6, 8, 9, 10, 12, 15, 35, 37, 54, 55

1 ἀδωροδόκητον] ἀδωρότατον c 35 55   2 αὐτοῦ] αὐτοὶ 5 6   λόγοι post παντὸς
54   >οἱ 2° A⁻¹⁰ 8 37   >εἰρημένοι 54   3 φησι] >54: post ὑμῶν 9 35   εἴληφα pr
οὐκ D: +ἢ ὄνον τίνος ὑμῶν εἴληφα 9 12   >ἢ τίνα — εἴληφα A⁻¹⁰   >ἢ τίνα —
ἀποδώσω ὑμῖν (1 6) 55   καταδεδυνάστευκα] κατεδυνάστευσα D   4 ἐξεπίασα D 10
55   6 κατ᾽ ἐμοῦ] κἀμοὶ 37   8 βλέποντα post προφήτην 54   ἐκάλουν] ἐκάλεσεν
12   9 >Οὐ γὰρ — θεωρίας 54   10 >τὸ 6 10   Τὴν] τὸν 54   11 ὑψηλὴν] ὑψηλὸν
54   13 κνήμην] pr τὴν 54: μνήμην 5: κλίνην 12: +κνήμη ὅ ἐστιν ἀγκύλη
55   παρατέθεικεν] παρέθηκεν A⁻¹⁰   14 >καὶ τοῦ λαοῦ προκινδυνεύειν 54   ἐπήγαγεν
post μαρτύριον 54   >Ἰδοὺ 54   15 >παράθες — μαρτύριον A D 9   16 τέθειται]
τέθεχα 54

ΙΗ´

Τίνος χάριν χρίσας αὐτὸν κατεφίλησε;

Τῆς ἐνούσης αὐτῷ χάριτος μεταδέδωκε. Καὶ γὰρ ὁ Κύριος
ἐμφυσήσας τοῖς ἀποστόλοις εἶπε· *«Λάβετε Πνεῦμα ἅγιον».* *«Ἐκ*
γὰρ τοῦ πληρώματος αὐτοῦ ἡμεῖς πάντες ἐλάβομεν». Οὕτως ὁ
5 προφήτης τὸν χειροτονηθέντα κατεφίλησε βασιλέα, ἵνα τῆς
ἐνοικούσης αὐτῷ χάριτος μεταδῷ.

ΙΘ´

Τί δήποτε πολλὰ δέδωκεν αὐτῷ σημεῖα;

Εἶδεν αὐτὸν ἀμφιβάλλοντα καὶ τὴν οἰκείαν ὁμολογοῦντα
πενίαν· *«Οὐχ υἱὸς»* γάρ φησιν, *«ἀνδρὸς Ἰεμιναίου ἐγώ εἰμι, τοῦ* 552
10 *σμικροτέρου σκήπτρου ἐκ τῶν φυλῶν τοῦ Ἰσραήλ, καὶ ἡ πατριά*
μου ὀλιγοστὴ παρὰ πάσας τὰς πατριὰς τοῦ Βενιαμίν;» Τούτου
χάριν βεβαιοῖ τὴν τῆς βασιλείας ἐπαγγελίαν ταῖς περὶ τῶν ἁπάν-
των προρρήσεσι. Καὶ πρῶτον τοὺς τὰ περὶ τῶν ὄνων αὐτῷ
κομίζοντας εὐαγγέλια. Εἶτα τοὺς εἰς τὴν τοῦ Θεοῦ προσκύνησιν
15 εἰς Βαιθὴλ ἀπιόντας, καὶ ἐκ τῶν τῷ Θεῷ κομιζομένων ἀπαρχὰς
αὐτῷ προσκομίζοντας. *«Ἐρωτήσουσι γάρ σε»,* φησί, *«τὰ εἰς εἰρήνην,*

---

1 cf 1 Re 10, 1   **3** Jn 20, 22   **4** Jn 1, 16   **7** cf 1 Re 10, 7   **9** s 1 Re 9, 21
16 s 1 Re 10, 4

3, 5, 6, 8, 9, 10, 12, 15, 35, 37, 54, 55

2 Τῆς ἐνούσης pr φιλήσας αὐτὸν 55   μετέδωκε 55   Καὶ γὰρ + καὶ 5   **3** ἐμφυ-
σήσας post ἀποστόλοις c   ἀποστόλοις pr μαθηταῖς καὶ D 9   εἶπε] ἔφη 37   Ἐκ γὰρ]
καὶ γὰρ ἐκ Α⁻¹⁰   **6** ἐνοικούσης] ἐνούσης 10 54   αὐτῷ pr ἐν c   **7** ἔδωκεν Α⁻¹⁰   **8**
Εἶδεν] οἶδεν 8   **9** Οὐχ] οὐχὶ D 9   ἀνδρὸς Ἰεμιναίου tr 5   > ἀνδρὸς 55   Ἰεμμιναίου
c   **10** μικροτέρου Α⁻¹⁰ 55   > ἐκ 54   φυλῶν] υἱῶν 54   > τοῦ Α 12   πατριά] πατρίς
37   **11** παρά] περὶ 55   **12** ἁπάντων + τῶν 3 9 10: + τούτων 6 54   **13** τὰ περὶ tr
54   αὐτῷ] > 12: post κομίζοντας 54   **15** Βεθὴλ c 6 10 12 55   **16** προσκομίζοντας]
προσφέροντας 54   ἐρωτήσωσι 6 10   > σε 35 54

καὶ δώσουσί σοι ἀπαρχὰς ἄρτων, καὶ λήψῃ ἐκ τῆς χειρὸς αὐτῶν».
Ἔπειτα τῶν προφητῶν τὸν χορόν, καὶ τῶν σὺν αὐτοῖς χορευόν-
των τὸν θίασον, αὐλοῖς καὶ κινύρᾳ κεχρημένων καὶ ναύλαις καὶ
τυμπάνοις καὶ τὴν ἐκεῖθεν ἐκπηδῶσαν τοῦ Πνεύματος χάριν, καὶ
αὐτὸν προφητεῦσαι παρασκευάζουσαν.   5

Κ΄

Τί ἐστι «Μετέστρεψεν αὐτὸν ὁ Θεὸς εἰς καρδίαν ἑτέραν»;

Ἐπειδὴ ἄγροικος ἦν, γεωργεῖν ἐπιστάμενος μόνον, χει-
ροτονήσας αὐτὸν βασιλέα, βασιλικὸν αὐτῷ φρόνημα δέδωκε.

ΚΑ΄

Τί ἐστι «Συνετέλεσε προφητεύων»;

Οὐκ ἔσχε διηνεκὲς τῆς προφητείας τὸ χάρισμα. Εἰς ἔμφασιν δὲ   10
καὶ δήλωσιν τῆς πνευματικῆς δωρεᾶς κατ᾿ ἐκεῖνον προεφήτευσε
τὸν καιρόν. Οὕτω καὶ οἱ ἑβδομήκοντα πρεσβύτεροι, οὓς ὁ μέγας
ἐξελέξατο Μωϋσῆς, εὐθὺς μὲν ἐκλεγέντες προφητικῆς ἠξιώθησαν
ἐνεργείας. Μετὰ δὲ ταῦτα προεφήτευον μὲν ἥκιστα, ὑπὸ δὲ τῆς
θείας σοφιζόμενοι δωρεᾶς τοῦ λαοῦ τὰς ἀμφισβητήσεις διέλυον.   15

6 1 Re 10, 9   **9** 1 Re 10, 13

3, 5, 6, 8, 9, 10, 12, 15, 35, 37, 54, 55

1 >σοι 54   >τῆς 6   **2** τὸν χορόν post Ἔπειτα 8   **3** κεχρημένοις 6 54   νάβλαις
15   **5** >καὶ αὐτὸν — παρασκευάζουσαν 54   **6** >Τί ἐστι — ἑτέραν; 54   αὐτὸν] αὐτῷ
A   >εἰς A 55   **7** Ἐπειδὴ + γὰρ 3   **8** >αὐτὸν 5 6   αὐτῷ + ὁ θεὸς 6   φρόνημα
δέδωκε tr 6   **9** >Τί ἐστι — προφητεύων; 54   **10** τῆς προφητείας post χάρισμα
54   ἔμφασιν — δήλωσιν] δήλωσιν δὲ 54   **12** οὕτως 37 54   οὓς — τῆς θείας (l 15)]
εὐθὺς μὲν ἐκλεγέντες ὑπὸ Μωσέως προφητεύειν ἠξίωνται· οὐ μὴν ἔτι καὶ μετὰ ταῦτα
54   ὁ μέγας post ἐξελέξατο 55   **13** ἐξελέξατο Μωϋσῆς tr 5   Μωσῆς 55   **15**
δωρεᾶς] δὲ παρὰ Θεοῦ 54   ἀμφισβητήσεις] ὑποθέσεις 6   διέλυον + τὸ δὲ οἰκεῖος
αὐτοῦ Ἀκύλας φησὶν ὁ πατράδελφος 54 (cf 1 Re 10, 14)

ΚΒ΄

Τί δήποτε χρίσας ὁ Σαμουὴλ τὸν Σαούλ, καὶ παρὰ τοῦ Θεοῦ τῶν ὅλων ἀκούσας ὡς αὐτὸν προσήκει βασιλέα χειροτονῆσαι, κλήρους βαλεῖν ἐκέλευσε τὰς φυλάς;

Οὐδὲ τοῖς θείοις προφήταις ἐπίστευον οἱ πονηρίᾳ συζῶντες.
5 Ἵνα τοίνυν μὴ τοπάσωσι χάριτος ἀνθρωπίνης εἶναι τὴν ψῆφον κλήρους βληθῆναι προσέταξεν. Εἶτα τῆς Βενιαμίτιδος κατακληρωθείσης φυλῆς, καὶ πάλιν εἰς πατριάς, καὶ οἴκους, καὶ ἄνδρας διαιρεθείσης, τῷ Σαοὺλ ἡ ψῆφος ἀπεκληρώθη. Πειραθεὶς δὲ λαθεῖν, —ἑώρα γὰρ τὴν ἐξουσίαν ὑπερβαίνουσαν αὐτοῦ τὴν
10 ἀξίαν—, ὑπὸ τοῦ Θεοῦ τῷ προφήτῃ κατεμηνύθη, καὶ τὴν ἐπὶ παντὸς τοῦ λαοῦ χειροτονίαν ἐδέξατο.

ΚΓ΄
553

Τίνος χάριν Ναὰς ὁ Ἀμμανίτης τῶν ἰσραηλιτῶν τοὺς δεξιοὺς ἐξέκοπτεν ὀφθαλμούς;

Ἀχρήστους αὐτοὺς εἰς πόλεμον ἀποφῆναι βουλόμενος. Ὁ γὰρ
15 τὴν ἀσπίδα τῇ εὐωνύμῳ χειρὶ προβαλλόμενος συγκαλύπτει ταύτῃ

---

1 s cf 1 Re 10, 20 s   12 s cf 1 Re 11, 2

3, 5, 6, 8, 9, 10, 12, 15, 35, 37, 54, 55

1 >Τί δήποτε — τὰς φυλάς; 54   2 χειροτονεῖσθαι c 37 55: χειροτονεῖν ed   3 βαλεῖν ἐκέλευσε tr 5 6   5 Ἵνα τοίνυν] Ὡς ἂν οὖν 54   6 κλήρους — ἐδέξατο (l 11)] κλήρῳ τὴν κρίσιν ἐπέτρεψε τὸ δοκοῦν ἐμφαίνοντι τῷ Θεῷ. Κληρωθεὶς δὲ Σαοὺλ ἐπειράσθη λαθεῖν, ὑπὲρ τὴν ἀξίαν αὐτοῦ τὴν ἐξουσίαν ὁρῶν, ὑπὸ Θεοῦ δὲ τῷ προφήτῃ δειχθείς, τὴν ἐπὶ παντὸς τοῦ λαοῦ χειροτονίαν ἐδέξατο 54   βληθῆναι] βαλεῖν 10   7 >φυλῆς — διαιρεθείσης 6   8 >ἡ A   >δὲ 15   10 καὶ + τότε D 9   τὴν post λαοῦ D 9   ἐπὶ] ὑπὲρ 6   11 χειροτονίαν + πεισθεὶς 6   ἐδέξατο] > c: κατεδέξατο 6   12 >Τίνος χάριν — ὀφθαλμούς; 54   Ναὰς] Ναασσὼν 6   >τοὺς δεξιοὺς 35   13 ἐξέκοπτεν ὀφθαλμούς tr 10   15 τὴν ἀσπίδα — δεξιῷ δὲ (p 25 l 1)] εὐώνυμος ὀφθαλμὸς τῇ ἀσπίδι καλύπτεται, ὁ δὲ δεξιὸς 54   >ταύτῃ 37

τὸν εὐώνυμον ὀφθαλμόν, τῷ δεξιῷ δὲ τοὺς πολεμίους ὁρᾷ. Ὁ
τοίνυν τὸν δεξιὸν ἀφῃρημένος εὐάλωτος ἐγίνετο πολεμῶν.

ΚΔ΄

Διὰ τί τὸν Σαοὺλ πρῶτον αὐτοῖς ἔδωκε βασιλέα;

Ἐπειδὴ τῆς ἐν πολέμοις ἀνδραγαθίας ἕνεκα χειροτονηθῆναι
αὐτοῖς ᾔτησαν βασιλέα, καὶ οὐκ εὐσεβείας χάριν, ὥστε καὶ παρ᾽   5
αὐτοῦ τὰ θεῖα παιδεύεσθαι τὸν πάντων μέγιστον ἐξελέξατο,
ἐπειδήπερ οὐ ψυχῆς ἀρετήν, ἀλλὰ σώματος ἐθαύμαζον μέγεθος.

ΚΕ΄

**Τίνος ἕνεκα συναθροίσας τὸν λαὸν ὁ προφήτης, τῆς οἰκείας αὐ-
τοὺς πολιτείας ἀνέμνησεν;**

Κριτὴς ὢν ἐξίστατο τῆς ἐξουσίας, καὶ ταύτην παρεδίδου τῷ   10
βασιλεῖ. Μάλα τοίνυν εἰκότως τὰ καθ᾽ ἑαυτὸν διηγήσατο, καὶ τῆς
ἀξιεπαίνου πολιτείας σύμψηφον ἐποιήσατο τὸν λαόν, τὴν ἔννομον
ἐκεῖνον ἐξουσίαν διδάσκων.

8 s cf 1 Re 12, 2 s

3, 5, 6, 8, 9, 10, 12, 15, 35, 37, 54, 55

1 πολέμους 35   **2** Ὁ τοίνυν — πολεμῶν] οὖ τις ἐστερημένος, εὐάλωτος. Οὕτω καὶ
δυνάμεις αἱ πονηραὶ τὰ δεξιὰ τῶν νοημάτων περικόπτειν ἐπείγονται 54   ἐγίνετο] ἐγένετο
D: γίνεται 10   πολεμῶν + καὶ εὐκόλως ἐβάλλετο 6   **3** >Διὰ τί — βασιλέα;
54   δέδωκε D 6 9 37   ἔδωκε βασιλέα tr 8   **4** τῆς] τοῖς 35   εἴνεκα 3 9 12 15 37
55   **5** ᾐτήσαντο 54   **6** τὰς θείας 12   παιδεύεσθαι] πιστεύεσθαι 54   τὸν πάντων pr
τούτου χάριν 5 6: pr διὰ τοῦτο 54   **7** ἐπειδήπερ οὐ] οὐ γὰρ 54   ἀρετήν pr ἀνδρείαν καὶ
6   ἐθαύμαζον] θαυμάζομεν D c 9 37 55: post ψυχῆς 6   **8** >Τίνος ἕνεκα — ἀνέμνησεν;
54   εἴνεκα 10 55   προφήτης] Σαμουήλ 55   αὐτοὺς] αὐτοῦ 10 37 55   **9** πολιτείας
+ καὶ διαγωγῆς 6   **10** ἐδίδου 55   **11** Μάλα τοίνυν — διδάσκων] Καὶ τὰ καθ᾽ ἑαυτὸν
εἰπών, καὶ σύμψηφον λαβὼν τὸν λαόν, τὴν ἔννομον ἐκεῖνον ἐξουσίαν ἐδίδαξε 54   **12** πο-
λιτείας] προφητείας 6   **13** ἐκείνων D 9   ἐξουσίαν διδάσκων tr 8

KS΄

Πῶς νοητέον τὸ «Υἱὸς ἐνιαυτοῦ Σαοὺλ ἐν τῷ βασιλεύειν αὐτόν»;

Ὁ Σύμμαχος οὕτως ἐξέδωκεν· «Υἱὸς ὢν ἐνιαυσιαῖος Σαοὺλ ἐν τῷ βασιλεύειν αὐτόν». Δηλοῖ δὲ τοῦτο τὴν ἁπλότητα τῆς ψυχῆς ἣν εἶχεν ὁ Σαούλ, ἡνίκα τῆς βασιλείας τὴν χειροτονίαν ἐδέξατο.
5 Ταύτῃ δὲ οὐκ ἐπὶ πλεῖστον ἐχρήσατο. Ὅθεν ὁ ἱστοριογράφος ἐπήγαγε· «Καὶ δύο ἔτη ἐβασίλευσεν ἐπὶ Ἰσραήλ», ἀντὶ τοῦ, «Μετὰ τῆς ἁπλότητος ταύτης δύο ἔτη ἐβασίλευσεν»· εἶτα εἰς πονηρίαν ἀποκλίνας τῆς θείας χάριτος ἐγυμνώθη. Ὅθεν ὁ λοιπὸς χρόνος, ὃν βασιλεύων διετέλεσε, τῇ τοῦ Σαμουὴλ δημαγωγίᾳ λελόγισται.

KZ΄

10 **Πῶς νοητέον τὸ «Ἐπάταξεν Ἰωνάθαν τὸ ὑπόστημα τῶν ἀλλοφύλων, τὸ ἐν τῷ βουνῷ»;**

Οἱ ἀλλόφυλοι τοὺς ἑβραίους νενικηκότες ἐν τοῖς ὀχυρωτέροις χωρίοις φρουρὰς ἐγκατέστησαν· ὑπόστημα τοίνυν ἐκάλεσε τὴν 556 φρουράν. Ταύτην ἄρδην ὁ Ἰωνάθαν κατηκόντισε. Τὸ μέντοι,
15 «Ἠθετήκασιν οἱ δοῦλοι», ὁ Ἀκύλας, «Ἀκουσάτωσαν οἱ ἑβραῖοι» ἡρμήνευσεν.

---

1 1 Re 13, 1   6 1 Re 13, 1   10 s 1 Re 13, 3

3, 5, 6, 8, 9, 10, 12, 15, 35, 37, 54, 55

1 >tot Q 55   >Πῶς νοητέον — αὐτόν; A   >τὸ 37   2 Ὁ + δὲ A   ὢν] > 10: ὡς D 5 6   4 τῆς βασιλείας] > 9: post χειροτονίαν 37   6 ἐβασίλευσεν / ἐπὶ Ἰσραὴλ tr C 37   ἐβασίλευσεν] βασιλεύει A   9 τῇ] τῆς 5 6   δημαγωγίας 5 6   10 >τὸ c 37 55   11 >ἐν 8   τῷ post ἀλλοφύλων 10   12 Οἱ + δὲ 54   >ἐν 54   13 ἐνεκατέστησαν 5   14 Ταύτην + ἣν 5 54   15 >ὁ Ἀκύλας 8 10   16 ἡρμήνευσεν] ἐδήλωσεν A⁻¹⁰

ΚΗ΄

Τί ἐστι, «Καὶ διέλιπεν ἑπτὰ ἡμέρας τῷ μαρτυρίῳ, ὡς εἶπε Σαμουήλ»;

Παρηγγύησεν ὁ Σαμουὴλ τῷ Σαοὺλ ἑπτὰ αὐτὸν προσμεῖναι ἡμέρας, εἶθ᾿ οὕτω καλλιερησάμενον παρατάξασθαι. Ὁ τοίνυν Σαοὺλ τοὺς ἀλλοφύλους ἀθροισθέντας ἰδών, οὐκ ἀνέμεινε κατὰ 5 τὰς ἐντολὰς τὸν προφήτην. Ὅθεν αὐτὸν θύοντα καταλαβὼν ὁ προφήτης, σφόδρα χαλεπῶς ἐπετίμησε, καὶ τῆς βασιλείας αὐτῷ τὴν στέρησιν προεμήνυσε. «Ζητήσει» γάρ φησιν, «Κύριος ἑαυτῷ ἄνθρωπον κατὰ τὴν καρδίαν αὐτοῦ, καὶ ἐντελεῖται αὐτῷ Κύριος εἰς ἄρχοντα ἐπὶ τὸν λαὸν αὐτοῦ, ὅτι οὐκ ἐφύλαξας ὅσα ἐνετείλατό σοι 10 Κύριος». Ἐντεῦθεν ὁ καλλίνικος Στέφανος τέθεικε τὸ «Εὗρον Δαβὶδ τὸν τοῦ Ἰεσσαί, ἄνδρα κατὰ τὴν καρδίαν μου, ὃς ποιήσει πάντα τὰ θελήματά μου». Προφητικῶς γὰρ ταῦτα προείρηκεν ὁ θειότατος Σαμουήλ. «Γαβαὰ» δὲ τὴν ἐκ Σαβαῖν γαῖαν, «τὴν ἐν τῇ κοιλάδι τῶν δορκάδων» ὁ Ἀκύλας ἡρμήνευσεν. 15

ΚΘ΄

Διὰ ποίαν αἰτίαν σίδηρον οὐκ εἶχεν ὁ Ἰσραήλ;

Νενικηκότες αὐτοὺς οἱ ἀλλόφυλοι πάντα τὸν σίδηρον ἔλαβον, καὶ κτήσασθαι ἕτερον διεκώλυσαν· ὅθεν παρ᾿ αὐτοῖς τὰ γεωργικὰ

1 s 1 Re 13, 8   **8** s 1 Re 13, 14   **11** s Hech 13, 22   **14** s 1 Re 13, 18   **16** cf 1 Re 13, 19

3, 5, 6, 8, 9, 10, 12, 15, 35, 37, 54, 55

1 ὡς] ᾧ D 9   **3** αὐτὸν] αὐτῷ 6   **4** οὕτω] οὕτως 3 12 15 37 55   >Ὁ 3 15   **6** τὸν προφήτην] τοῦ προφήτου 54   θύοντα] θύον 54   **7** ἐπετίμησε + αὐτὸν 8   >καὶ τῆς — προεμήνυσε c   **8** Κύριος ἑαυτῷ tr C 5 37   Κύριος post γάρ c: > 37   **9** ἐντελεῖται αὐτῷ] ἐντελεῖ αὐτὸν 37   αὐτῷ Κύριος tr c 12   **10** ἐνετείλατό σοι tr 54   **11** Στέφανος τέθεικε tr 5. Haec verba sunt Pauli non Stephani   > τὸ 6   **12** Δαβὶδ pr τὸν 10   **13** προείρηκεν] προειρήκει 9 10 54: + μὲν D   **14** Γαβαὰ] Γαβεὲ c   Σαβαῖν] Σαβαὶ c   γαῖαν] γῆν 5 54: γενεάν D   >τὴν 2º D   τῇ] τῷ 37   **15** ἡρμήνευσεν + ἐξηγούμενος 6   **18** >ὅθεν — ὄργανα 54 κατεσκεύαζον ὄργανα. «Ὀδόντα» δὲ ὁ μὲν Σύμμαχος «τὴν ὕνιν», ὁ δὲ Ἀκύλας «τὸ ἄροτρον» ἡρμήνευσε· τὸν δὲ σίκλον, «στατῆρα» ἐκάλεσαν. Ἐπὶ δὲ σταθμοῦ ὁ σίκλος λαμβανόμενος ἡμιούγκιον ₁₅ εἷλκεν· ἐπὶ δὲ ἀργυρίου, εἴκοσιν ὀβολούς⌋.

Λ΄

5 **Τί δήποτε ὁ Ἰωνάθαν προσβαλεῖν τοῖς πολεμίοις βουλόμενος, σημεῖά τινα δέδωκε τῷ ὁπλοφόρῳ;**

Οὐ συμβολικῶς δέδωκεν, ἀλλ᾽ ὡς πιστὸς γνῶναι ἠθέλησε τὸ βούλημα τοῦ Θεοῦ καὶ σημεῖα ἑαυτῷ δέδωκε τοῦ θείου θελήματος· ἵνα εἰ μὲν κληθεῖεν ὑπ᾽ αὐτῶν προσβάλωσιν, ὡς τοῦ 557
10 Θεοῦ προφανῶς συνεργοῦντος. Τοῦτο γὰρ ἔφη· «Καὶ ἀναβησόμεθα ὅτι παρέδωκεν αὐτοὺς Κύριος εἰς τὰς χεῖρας ἡμῶν· τοῦτο ἡμῖν τὸ σημεῖον». «Ἐὰν δέ» φησιν, «εἴπωσιν ἡμῖν, Ἀπόστητε ἐκεῖ, οὐκ ἀναβησόμεθα ἐπ᾽ αὐτούς». Ὅτι δὲ τῷ Θεῷ θαρρήσας εἰς πρόῦπτον ἑαυτὸν ἐξέδωκε κίνδυνον, μαρτυροῦσιν οἱ λόγοι, «Δεῦρο»
15 γάρ φησι, «διαβῶμεν εἰς τὴν ὑπόστασιν τῶν ἀπεριτμήτων τούτων, εἴπως ποιήσει τι Κύριος ἡμῖν, ὅτι οὐκ ἔστι τῷ Κυρίῳ συνεχόμενον σῴζειν ἐν πολλοῖς ἢ ἐν ὀλίγοις». Ταῦτα δὲ τὰ ῥήματα ψυχῆς ἐστι τῷ Θεῷ πεποιθυίας. Οὕτω δὲ θαρρήσας οὐκ ἐψεύσθη τῆς ἐλπίδος. Ἐὐθὺς γὰρ προσβαλὼν καὶ βέλος ἀφείς, καὶ λίθους ἀκοντίσας,

5 s cf 1 Re 14, 10   10 s 1 Re 14, 10.9   14 s 1 Re 14, 6

3, 5, 6, 8, 9, 10, 12, 15, 35, 37, 54, 55

1 >τὴν 8 37   ὕννιν 9 10   >τὴν ὕνιν — Ἀκύλας A   2 ἡρμήνευσαν 6 8 9 15 37   3 ἐκάλεσαν] > 54: ἐκάλεσεν A·⁵⁴   σίκλος + ὡς 5 54   ἡμιόγκιον 8   4 ἀργυρίου] ὀβολοῦ   ὀβολούς] des 15   5 >ὁ 6 55   6 ἔδωκεν 35   8 βούλημα] θέλημα 54   9 θελήματος] βουλήματος 54   >ὡς 54   11 >αὐτοὺς 54   Κύριος] > 35: pr ὁ 8 9 12   >τὰς A·¹⁰   >τοῦτο — σημεῖον 6   14 >ἑαυτὸν 5   οἱ λόγοι] οὓς ἐκεῖ ἔφη λόγους 6   >Δεῦρο — πεποιθυίας (l 18) 6   18 Οὕτω pr καὶ 6   >δὲ 6   19 ἀφείς] ἀφιείς 5 8

συνέχεε τὴν τῶν πολεμίων παρεμβολήν. Ἀγνοοῦντες γὰρ
ἀλλήλους ἀνήρουν ἐκεῖνοι, ἐκ διαφόρων γὰρ ἦσαν συνειλεγμένοι
πόλεων, καὶ ἀλλήλοις ὡς πολεμίοις ἐκέχρηντο. Τοῦτο πόρρωθεν
ὁ Σαοὺλ θεασάμενος, καὶ διὰ τῆς ἱερατικῆς στολῆς τὴν νίκην με-
μαθηκώς, ὥρμησε καὶ αὐτὸς κατὰ τῶν ἀλλοφύλων· εἶτα τραπέν- 5
τας ἐκείνους ἰδών, ἀνοήτως καὶ ἄγαν ἠλιθίως ἀνεθεμάτισε τὸν
τροφῆς ἢ ποτοῦ πρὸ τῆς ἑσπέρας μεταλαμβάνοντα.

ΛΑ΄

**Εἰ ἀνοήτως ἀνεθεμάτισε, τί δήποτε ὁ Θεὸς τὸν ἀναθεματισμὸν ἐβε-
βαίωσεν; Ἐρομένῳ γὰρ εἰ πολεμητέον, οὐκ ἀπεκρίνατο.**

Πρῶτον αὐτὸν διελέγχει παραλόγως ἐπαρασάμενον. Ἔπειτα 10
διδάσκει μηδὲ τῶν τοιούτων ἀναθεμάτων καταφρονεῖν. Ἐνταῦθα
δὲ ὁ μὲν σκοπὸς εὐσεβὴς ἦν· εἰς Θεοῦ γὰρ ὡρίσθη τιμήν. Ἀλλ᾽
ἔδει σκοπῆσαι τῶν πολεμούντων τὸν πόνον, καὶ ὡς εἰκὸς ἦν τινας
τῷ πόνῳ τρυχομένους πιεσθῆναι δίψει, καὶ βιασθῆναι παραβῆναι
τὸν ὅρον. Τοῦτο γὰρ πέπονθε καὶ Ἰωνάθαν ὁ θαυμάσιος· ἀλλ᾽ 15
ἀγνοῶν παρέβη τὸν τοῦ ἀναθέματος ὅρον. Μετὰ γὰρ δὴ τὴν
τοῦ μέλιτος γεῦσιν, ἤκουσε τοῦ πατρὸς τὴν ἀράν, ἑτέρων
ἀπαγγειλάντων. Ἀλλ᾽ ὅμως καὶ τὴν τῆς ἀγνοίας ἔχων ἀπολογίαν,
ἄχρις αὐτῆς ἐκινδύνευσε τῆς ζωῆς. Ἀπηλλάγη δὲ τῆς σφαγῆς διὰ
τὴν τοῦ λαοῦ δικαίαν συνηγορίαν καὶ ἱκετείαν σπουδαίαν. 20

9 cf 1 Re 14, 37

3, 5, 6, 8, 9, 10, 12, 35, 37, 54, 55

1 Ἀγνοοῦντες — ἐκέχρηντο (l 3)] καὶ ἀλλήλους ἀνεῖλον ἐκεῖνοι 6   2 ἀνήρουν] > D
c 6 9 37: ἀνεῖλον 10 54   >γὰρ ἦσαν 5   3 πόλεων + ὄντες 5   >καὶ ἀλλήλοις —
ἐκέχρηντο 54   >καὶ D 3 6 9 55   5 ἀλλοφύλων] πολεμίων 54   >εἶτα
Α   >τραπέντας — ἰδών 6   ἐντραπέντας 10   6 ἀνοήτως + δὲ Α   >καὶ 54   8
ἀνεθεμάτισαν 54   δήποτε] πότε 10   9 >Ἐρομένῳ — ἀπεκρίνατο 6   10 παραλόγως]
παρανόμως 6 12   11 >τῶν 6   12 ὡρίσθη] ὡργίσθη 3 8 9 10 35 55   13 καὶ + ὅτι
Α⁻¹⁰   15 Τοῦτο γὰρ — ὅρον] > 5 6: ἢ μηδὲ τὴν ἀρὰν ἀκούσαντας εἰς βρῶσίν τινος ἢ πό-
σιν ἐλθεῖν 54   16 ἀναθέματος] ἀναθεματισμός 12   Μετὰ γὰρ δὴ] καὶ γὰρ ὁ παῖς μετὰ
54   18 ἀπαγγειλάντων] ἀγγειλάντων D 9: ἀναγγειλάντων 37   ἀγνοίας] ἀγνωσίας
12   19 >Ἀπηλλάγη — σφαγῆς 12

ΛΒ΄

Γ56 ⌈**Πῶς νοητέον τὸ «Μεταμεμέλημαι ὅτι ἔχρισα τὸν Σαοὺλ εἰς βασιλέα»;**

Πολλάκις εἰρήκαμεν, ὅτι μεταμέλεια Θεοῦ ἡ τῆς οἰκονομίας 560 μεταβολή. Οἷον χειροτονηθῆναι προσέταξε τὸν Σαοὺλ διὰ τὸ τοῦ
5 σώματος ἀξιοθέατον· οὐκ ἐπειδὴ μεγίστοις αὐτὸς ἐπιτέρπεται σώμασιν —αὐτὸς γάρ ἐστι καὶ τῶν μικρῶν καὶ τῶν μεγάλων δημιουργός— ἀλλὰ τῷ λαῷ χαριζόμενος, τοῖς αἰσθητοῖς μόνοις ὀφθαλμοῖς κεχρημένῳ. Ὅτι γὰρ προτιμᾷ πολλάκις καὶ σμικρὰ σώματα μεγάλων, καὶ νέους γεγηρακότων, μάρτυς ὁ Ζακχαῖος
10 σμικρὸς ὤν, καὶ τὸν Δεσπότην ὑποδεξάμενος, μάρτυς ὁ Σαμουὴλ νέος ὤν, καὶ τῆς θείας ἐπιφανείας ἀξιωθείς, μάρτυς ὁ Δαβὶδ τῶν μειζόνων καὶ πρεσβυτέρων προτιμηθεὶς ἀδελφῶν. Τοῦτον ἐθελήσας βασιλέα χειροτονῆσαι, καὶ τῷ σπέρματι αὐτοῦ φυλάξαι τὴν βασιλείαν, διὰ τὸν ἐξ αὐτοῦ τεχθησόμενον κατὰ σάρκα
15 βασιλέα τῆς κτίσεως, ἀνθρωπίνοις ἐχρήσατο ῥήμασιν ἀνθρώποις διαλεγόμενος, καὶ εἶπε· *«Μεταμεμέλημαι ὅτι ἔχρισα τὸν Σαοὺλ εἰς βασιλέα»*, ἀντὶ τοῦ, *«Ἑτέρῳ βούλομαι δοῦναι τῆς βασιλείας τὴν ἐξουσίαν, τοῦτον δὲ παῦσαι τῆς δυναστείας»*.

---

1 s 1 Re 15, 11   16 s 1 Re 15, 11

3, 5, 6, 8, 9, 10, 12, 35, 37, 54, 55, 56

1 ἔχρισα] κέχρικα 12: ἐβασίλευσα 10   >εἰς 6 12   6 μικρῶν ... μεγάλων tr 37   7 χαρισάμενος 10   αἰσθητοῖς + καὶ Α⁻¹⁰   8 >Ὅτι γὰρ — μάρτυς (l 11) 54   μικρὰ 5 6 37   9 >ὁ Ζακχαῖος — μάρτυς (l 10) 10   10 μικρός 3 5 6 37   >ὁ 37   11 ὁ] τὸν τοίνυν 54   12 πρεσβυτέρων + ὁ θεὸς 54   προτιμηθεὶς] προκρίνας 54   προτιμηθεὶς ἀδελφῶν tr 5 6 37   13 θελήσας Α⁻¹⁰   >καὶ τῷ — fin Q c₁   14 >κατὰ σάρκα — κτίσεως 5   15 βασιλέα post τεχθησόμενον 3 6   16 εἶπε + ὅτι 5 54   ἔχρισα] ἐβασίλευσα 10   17 τῆς βασιλείας τὴν ἐξουσίαν] τὴν βασιλείαν 6   18 τὴν ἐξουσίαν post δοῦναι 5   >τῆς δυναστείας 6   δυναστείας] ἐξουσίας 5: + διὰ πολλὴν φιλανθρωπίαν Α⁻⁶

ΛΓ΄

Καὶ τί δήποτε διὰ φιλανθρωπίαν αὐτὸν τῆς βασιλείας ἐγύμνωσεν;

Προῄδει μὲν αὐτοῦ καὶ τὰς ἐσομένας παρανομίας, τὰς κατὰ τῶν εὐεργετούντων ἐπιβουλάς, τὰς τῶν ἱερέων σφαγάς, τῶν ὅρκων τὰς παραβάσεις, τὸν πρὸς τὴν ἐγγαστρίμυθον δρόμον. Ἀπόχρη δὲ καὶ μόνη τῆς περὶ τοῦ Ἀμαλὴκ ἐντολῆς ἡ παράβασις 5 ἐσχάτην αὐτῷ τιμωρίαν ἐπενεγκεῖν. Ἔδει γὰρ συνιδεῖν τὸν ἠλίθιον, ὡς μία σταγὼν τῆς θείας φιλανθρωπίας πᾶσαν τὴν ἀγαθότητα τῶν ἀνθρώπων νικᾷ. Ἀλλ’ ὁ δείλαιος τοῦ Θεοῦ κολάσαι κελεύσαντος ᾤκτιρε, καὶ τοῦ Θεοῦ καταψηφισαμένου θάνατον, αὐτὸς ἀπένειμεν, ὡς ἐνόμιζε, τὴν ζωήν· καὶ κελεύσαντος 10 μηδὲν ἐκ τῆς λείας κερδᾶναι, τὰ πίονα τῶν ποιμνίων καὶ βουκολίων, καὶ τῶν ἄλλων ἁπάντων τὰ κάλλιστα κομισάμενος ἐπανῆλθε. Καὶ αὐτὸς μὲν ἀναθεματίσας μηδένα τροφῆς μεταλαβεῖν, ἢ ποτοῦ, τὸν ἐξ ἀγνοίας παραβάντα τὸν ὅρον ἀνελεῖν ἠβουλήθη· τοῦ δὲ Θεοῦ τῶν ὅλων τὸν Ἀμαλὴκ ἀναθεματίσαντος, 15 οὐ διὰ τὴν εἰς αὐτὸν ἀσέβειαν, ἀλλὰ διὰ τὴν περὶ τὸν λαὸν δυσμένειαν, οὐ σμικρά τινα, ἀλλὰ τὰ πλεῖστα τοῦ ἀναθήματος ἔλαβε. Καὶ οὐδὲ τοῦ Ἄχαρ αὐτὸν ἐσωφρόνισε τὸ ὑπόδειγμα. Οὐ τοίνυν σμικρόν, ἀλλὰ μέγιστον τὸ ἁμάρτημα. Ἀνέμνησε δὲ αὐτὸν ὁ προφήτης τῶν πρὸ τῆς βασιλείας λόγων, οὕτως εἰπών· «Οὐχὶ 20

1 cf 1 Re 15, 26   18 cf Jos 7, 25   20 s 1 Re 15, 17

3, 5, 6, 8, 9, 10, 12, 35, 37, 54, 55, 56

1 >Καὶ D 9 54   >τί δήποτε — ἐγύμνωσεν 54   φιλανθρωπίαν + τὴν πρὸς Ἀμαλὴκ D (>τὸν 8: >πρὸς 12) 9   3 >τὰς 10   4 τὴν] τὸν 8 9 10 35   5 περὶ τοῦ Ἀμαλὴκ] παρὰ τοῦ Σαμοὴλ A⁻¹⁰: +παρὰ τοῦ Σαμουὴλ 10   παράβασις + ἢ 3 37 55   6 ἐπενεγκεῖν] ἐπήνεγκεν c_1 3 37   7 >τὸν ἠλίθιον 6   >τὴν 6   8 νικᾷ] ὑπερνικᾷ 54   9 καταψηφισαμένου — ζωήν· καὶ 6 54   10 ἐνόμισε 3 5   κελεύσαντος pr τοῦ Θεοῦ 5   11 λείας] βασιλείας 12   τὰ πίονα pr αὐτὸς 56   12 >τῶν ἄλλων 6   13 ἐπανῆλθε] ἐπανῆκε 37   14 μεταλαβεῖν] λαβεῖν A: μεταβαλεῖν 3   ἢ ποτοῦ ante μεταλαβεῖν 6 10   ἐξ ἀγνοίας παραβάντα] ἐξ αὐτοῦ φύντα καίτοι κατ’ ἄγνοιαν παραβεβηκότα 54   15 >δὲ 10   Θεοῦ] > 37: ante δὲ A⁻⁵   ὅλων + Θεοῦ 5 6   16 οὐ διὰ] οὐδὲν 54   >διὰ D 9   >τὴν 2° 8   17 μικρά 5 6 37 43   18 αὐτὸν] τοῦτον c_1 19 ἀλλὰ + καὶ A   δὲ] οὖν A⁻¹⁰

σμικρὸς σὺ ἐνώπιον σεαυτοῦ εἰς ἡγούμενον ἐκ σκήπτρου Βενιαμίν, 561
τῆς ἐλαχιστοτέρας φυλῆς τοῦ Ἰσραήλ;» Οὐ ταῦτά φησιν, ἔλεγες
ὅτι «Ἀνὴρ Ἰεμιναῖος ἐγώ εἰμι, τῆς σμικροτέρας φυλῆς παρὰ πάσας
τὰς φυλὰς τοῦ Ἰσραήλ»; Ἀλλ᾽ ὅμως ἔχρισέ σε Κύριος εἰς βασιλέα
5 ἐπὶ πάντα Ἰσραήλ· καὶ ἀπέστειλέ σε ἐν ὁδῷ Κύριος. Εἶτα λέγει,
ὅσας μὲν αὐτῷ δέδωκεν ἐντολάς, ὅπως δὲ ταύτας παρέβη
ὁρμήσας ἐπὶ τὰ σκῦλα. Οὐ τοσοῦτον γὰρ αὐτὸν ὁ παράνομος
κατέκρινεν ἔλεος, ὅσον ἡ ἀπληστία, καὶ πλεονεξία, καὶ τῆς φι-
λοχρηματίας τὸ πάθος, ᾧ δουλεύσας παρέβη τὴν ἐντολήν. Ἀλλ᾽
10 ὁ Σαοὺλ τοῖς τοῦ Ἀδὰμ ἐχρήσατο ῥήμασιν. Ἔφη γάρ· «Διὰ τὸ
ἀκοῦσαί με τῆς φωνῆς τοῦ λαοῦ». Οὕτω γὰρ κἀκεῖνος εἴρηκεν·
«Ἡ γυνὴ ἣν ἔδωκας μετ᾽ ἐμοῦ, αὕτη μοι ἔδωκεν ἀπὸ τοῦ ξύλου,
καὶ ἔφαγον». Καὶ ἐπειδὴ εἶπεν εἰς θυσίαν ἐνηνοχέναι τὰ βουκόλια
καὶ τὰ ποίμνια, ἤκουσε παρὰ τοῦ προφήτου· «Ἰδοὺ οὐ θέλει
15 Κύριος ὁλοκαυτώσεις καὶ θυσίας, ὡς τὸ ἀκοῦσαι τῆς φωνῆς
αὐτοῦ. Ἰδοὺ γὰρ ἀκοὴ ἀγαθὴ ὑπὲρ θυσίαν, καὶ ἀκρόασις ὑπὲρ
στέαρ κριῶν· ὅτι οἰώνισμα ἁμαρτία ἐστί, παραπικρασμὸς ἀδικία·
καὶ θεραφὶμ ὀδύνην καὶ πόνους ἐπάγουσιν. Ἀνθ᾽ ὧν ἐξουδένωσας
τὸ ῥῆμα Κυρίου, ἐξουδενώσει σε Κύριος τοῦ μὴ βασιλεύειν ἐπὶ
20 Ἰσραήλ». Τὸ δὲ «θεραφὶμ» ὁ Ἀκύλας «θεραπεία» καὶ «ἀνθυφαίρε-
σις» ἡρμήνευσεν. Τὸ δὲ «οἰώνισμα» αἰνίττεται, οἶμαι, τὴν ἐνίων
ἄνοιαν. Εἰκὸς γάρ τινας οἰωνὸν ὑποπτεῦσαι κακόν, τὸ νενικηκό-
τας μὴ κερδᾶναι τὴν λείαν. Καὶ τὸ θεραφὶμ δὲ ἀντὶ τῆς

---

3 s 1 Re 9, 21   10 s 1 Re 15, 20   12 s Gé 3, 12   14 s 1 Re 15, 22—23

3, 5, 6, 8, 9, 10, 12, 35, 37, 54, 55, 56

1 μικρὸς A c₁ 3 12 35   σεαυτοῦ] αὐτοῦ 37 55   εἰς ἡγούμενον — τοῦ Ἰσραήλ] καὶ
τὰ ἑξῆς 54   2 >τῆς A   Οὐ ταῦτα — ἐν ὁδῷ (l 5)] καὶ τὰ ἑξῆς 6   3 > ὅτι Ἀνὴρ —
Ἰσραήλ; 54   Ἰεμηναῖος 12 35: Ησμηναῖος 5   μικροτέρας 5 8 35 56   5 ἐν ὁδῷ /
Κύριος tr 37   >ἐν ὁδῷ 5 54   6 ὅσας] οἵας A   αὐτῷ δέδωκεν tr 8   ὅπως] ὅσας
37   8 ἀπληστία — ἐντολήν] τῆς φιλοχρηματίας ἀπληστία 54   πλεονεξία pr ἡ A
35   11 >τῆς 6   εἴρηκεν] εἶπεν 5   12 δέδωκας 6 54   >μετ᾽ ἐμοῦ] μοι 6 54   αὕτη
μοι — ἔφαγον] καὶ τὰ ἑξῆς 54   >ἀπὸ τοῦ ξύλου 5 6   14 παρὰ + τοῦ Κυρίου διὰ
12   16 Ἰδοὺ γὰρ — ῥῆμα Κυρίου] ἕως τοῦ 6   >γὰρ 10   17 ἁμαρτίας D   >παρα-
πικρασμὸς A   >ἀδικία A⁻⁵: θεραπεία 5ᵛⁱᵈ   18 θεραφὶν c₁ 9 10 35 37   Ἀνθ᾽ ὧν
— Ἰσραήλ (l 20)] καὶ ἑξῆς 54   19 ἐξουδένωσε 3 35   >σε 35   20 θεραφὶν c₁ 9 10 37
54   θεραπείαν ed   ἀνθυφαίρεσιν ed   21 >ἡρμήνευσεν — fin Q 56   αἰνίττεται]
αἰνίττεσθαι 3 8 9 12 55   οἶμαι] εἶναι 54: pr ὡς 3 37   22 οἰωνῶν 6 37   νενικηκότας]
νενικηκότα 5 6: + τὴν λείαν 5 6: + τὰ λάφυρα 54: pr τὸν 54   23 >τὴν λείαν
A⁻¹⁰   θεραφὶν 5 9 10 35 37 55

ἐπιτηρήσεως τέθεικεν. Ὥσπερ γὰρ τὸ ἐφοὺδ ἀνέκειτο τῷ Θεῷ,
καὶ δι' αὐτοῦ τοῖς ἐρωτῶσιν ἐσημαίνετο τὸ πρακτέον, οὕτω διὰ
τοῦ θεραφὶμ αἱ τῶν εἰδώλων ἐδηλοῦντο προρρήσεις. Καὶ τοῦτο
σαφέστερον ἐν τῇ τῶν Κριτῶν ἐδηλώσαμεν βίβλῳ. Κατὰ δὲ τὴν
τοῦ Ἀκύλα ἔκδοσιν, ἔστι καὶ ἑτέρως νοῆσαι. Θεραπεύει γάρ   5
φησι, τὸν Θεὸν τὸ τὰ προστεταγμένα πληροῦν, οὐ τὸ δῶρα
προσφέρειν. Ἄδεκτος γὰρ ἡ παρὰ τὴν αὐτοῦ βουλὴν γιγνομένη
θεραπεία, καὶ πρόξενος συμφορῶν. Διδάσκων δὲ ἄλυτον τοῦ
Θεοῦ τὴν ἀπόφασιν ὁ προφήτης ἐπήγαγεν· «Οὐκ ἐπιστρέψει, οὐδὲ
μετανοήσει ὁ Ἅγιος τοῦ Ἰσραήλ, ὅτι οὐχ ὡς ἄνθρωπός ἐστι τοῦ 10
564 μετανοῆσαι». Ἐντεῦθεν καὶ τὸ «μεταμεμέλημαι» νοητέον.

ΛΔ´

Διὰ τί τὸν Ἀγὰγ ἔσφαξεν ὁ προφήτης;

Ὡς ὁ Φινεὲς τὸν Ζαμβρί. Πᾶν γὰρ τὸ παρὰ Θεοῦ κελευόμενον
εὐσεβές.

ΛΕ´

Διὰ τί ἔδεισεν ὁ προφήτης χρῖσαι κελευσθεὶς τὸν Δαβίδ;   15

Ἐπειδὴ οὐ μόνον προφήτης, ἀλλὰ καὶ ἄνθρωπος ἦν. Εἰ γὰρ ὁ
τοῦ προφήτου Δεσπότης, ὁ Κύριος ἡμῶν Ἰησοῦς Χριστός, τὸ

9 s 1 Re 15, 29   **11** 1 Re 15, 35   **12** cf 1 Re 15, 29   **15** cf 1 Re 16, 2

3, 5, 6, 8, 9, 10, 12, 35, 37, 54, 55, 56

1 τέθεικεν] ἔθηκεν 5   διανέκειτο 6   **2** ἐσήμαινε 8   τὰ πρακτέα 55   **3** θεραφιν 5
9 10 35 37 55   αἱ ante προρρήσεις 54   προρρήσεις + κατὰ γὰρ μίμησιν ἐκείνου
τοῦτο τούτοις ἀνέκειτο 5   >Καὶ τοῦτο — βίβλῳ 54   **4** ἐδήλωσε 6   **5** Ἀκύλου 8 35
55   διανοῆσαι 10   **6** >φησι 5   >τὸ 1° 10   **7** γιγνομένη] γενομένη Α⁻¹⁰ 55   **8**
ἄλυτον] αὐτὸν Α: αὐτῷ 37   **9** ἀπόφασιν] ἀποστροφὴν 54   >ὁ προφήτης 54   ἐπή-
γαγεν] ἐπάγει 54   >Οὐκ — νοητέον (l 11) 5   **11** μεμέλημαι 10   **13** >ὁ Α⁻¹⁰   Ζαμ-
βρί] Ζαμβρή c₁ 8 37: fin Q in 55   >Πᾶν Α   γὰρ τὸ tr Α⁻¹⁰   Θεοῦ pr τοῦ 37   **14**
εὐσεβές + οἷον ἂν ᾖ 6   **15** προφήτης + Σαμουὴλ 6   κελευσθεὶς post Δαβίδ c₁ 3 9
37   Δαβίδ + εἰς βασιλέα 6: pr προφήτην 54   **17** Χριστός pr ὁ 3 9 12 56

σωτήριον καταδεξάμενος πάθος, τῇ δειλίᾳ τὴν ἀνθρωπείαν ἔδειξε
φύσιν, τίς οὕτω παθῶν ἐλεύθερος, ὡς τῷ προφήτῃ δείσαντι
νεμεσῆσαι;

ΛϚ'

Τολμῶσί τινες ἐπιμέμφεσθαι τῷ Θεῷ, ὡς ψεῦδος τὸν προφήτην
5   διδάξαντι· «Λάβε» γάρ φησιν, «εἰς τὴν χεῖρά σου δάμαλιν
βοῶν, καὶ ἐρεῖς, Θῦσαι τῷ Κυρίῳ ἥκω».

Ἀλλὰ τοῦτο οὐ ψεῦδος. Ἀληθῶς γὰρ ἐπετέλεσε τὴν θυσίαν.
Ἐρρέθη τοίνυν αὐτῷ κρύψαι μὲν τὸ ἔργον, εἰπεῖν δὲ τὸ πάρεργον.

ΛΖ'

Τίνος χάριν τὸν ψηφισθέντα ὁ προφήτης ἠγνόησεν;

10   Ὅτι οὐ Θεὸς ἦν, ἀλλ' ἄνθρωπος. Θεοῦ γὰρ τὸ πάντα εἰδέναι·
προφήτου δέ, τὸ τὰ παρὰ τοῦ Θεοῦ δεικνύμενα. Ἄλλως τε καὶ
τοῦ προφήτου ἡ ἄγνοια τὴν θείαν ἀπεκάλυπτε ψῆφον. Εἰ γὰρ
εὐθὺς ὥρμησεν ἐπὶ τὸν Δαβίδ, ὑπωπτεύθη ἂν ἐκ προλήψεώς τινος
τοῦτο πεποιηκέναι. Ἐπειδὴ δὲ ἐπὶ τὸν πρῶτον ἦλθε, καὶ τὸν
15   δεύτερον, καὶ τὸν τρίτον, καὶ τοὺς ἑπτά, ἔγνωσαν ὡς ὁ Θεὸς ἦν ὁ
τούτους μὲν ἀποκρίνων, ἐκεῖνον δὲ ψηφιζόμενος. Εἰ γὰρ καὶ τῆς

5 s 1 Re 16, 2

3, 5, 6, 8, 9, 10, 12, 35, 37, 54, 55, 56

1 τὸ σωτήριον — δειλίᾳ] ἐν τῷ πάθει τὴν δειλίαν 54   τῇ δειλίᾳ — νεμεσῆσαι (l 3)]
ἀνθρωπικῶς ἐδειλία, τίς ὁ τῷ προφήτῃ ἐπιμεμφόμενος; 6   ἀνθρωπείαν] ἀνθρωπίνην c₁ 5
54   3 νεμεσῆσαι] ἐπιμέμψασθαι 5 54   4 τινες + λέγοντες 55   ψεῦδος post προφή-
την 5   5 διδάξαντα D   9 ὁ προφήτης] προφήτην 37   10 Θεοῦ] οὐ A⁻¹⁰ 12   11 >δέ
τὸ — τοῦ Θεοῦ A⁻¹⁰   >τοῦ 8 12   >δεικνύμενα — προφήτου A   12 ἄγνοια + δὲ
A⁻¹⁰   ἀπεκάλυπτε] ἀπεκάλυψε 8 9: ἐπεκάλυψεν 35   13 ὑπωπτεύθη D 6 54 56   14
Ἐπειδὴ] ἐπεὶ 5 6   >δὲ 54   16 διακρίνων 12

χειροτονίας οὕτω γεγενημένης ἐγύμνωσαν οἱ ἀδελφοὶ τὸν φθόνον, ἐν τῇ παρατάξει τὸν Δαβὶδ θεασάμενοι, τί οὐκ ἂν ἔπαθον, εἰ μὴ τοῦτον ἐγεγόνει τὸν τρόπον;

ΛΗ΄

Πῶς νοητέον τὸ «Πνεῦμα πονηρὸν παρὰ Κυρίου ἔπνιγε τὸν Σαούλ»;

Τοῦ θείου Πνεύματος ἀποστάντος, χώραν ἔλαβε τὸ ₅ παμπόνηρον πνεῦμα. Διδασκόμεθα δὲ ἐντεῦθεν μετὰ τοῦ Δαβὶδ βοᾶν· «Τὸ Πνεῦμα σου τὸ ἅγιον μὴ ἀντανέλῃς ἀπ’ ἐμοῦ». Οὕτω τῆς ἀποστολικῆς χάριτος τὸν Ἰούδαν καταλιπούσης, εἰσελήλυθεν εἰς αὐτὸν ὁ διάβολος.

565

ΛΘ΄

Πῶς τοῦ Δαβὶδ ψάλλοντος τὸ πονηρὸν ἡσύχαζε πνεῦμα;   10

Τοῦ θείου Πνεύματος ὁ Δαβὶδ τὴν χάριν ἐδέδεκτο. Τούτου τοίνυν διὰ τοῦ Δαβὶδ ἐνεργοῦντος, τὸ παμπόνηρον ἡσύχαζε πνεῦμα.

---

4 1 Re 16, 14   7 Sal 50, 13   8 s cf Jn 13, 27   10 cf 1 Re 16, 23

3, 5, 6, 8, 9, 10, 12, 35, 37, 54, 55, 56

1 ἐγύμνωσαν] ἔγνωσαν 54   3 τοῦτον ἐγεγόνει] οὕτως γέγονε 6   >τὸν τρόπον 6   6 >Διδασκόμεθα — ἀπ’ ἐμοῦ 54   7 Οὕτω + καὶ 54   8 καταλιπούσης post χάριτος 54   εἰσελήλυθεν εἰς αὐτὸν] ἀντεισήχθη αὐτῷ 54   10 Q ΛΘ΄ post Μ΄ 5 6: Didymo tributa 56: Eusebio vero 55   Πῶς] ὅπως c₁: + δὲ 54: pr καὶ 55   11 Πνεύματος] χαρί-σματος Α⁻¹⁰   τὴν χάριν post Πνεύματος 6 9 54   δέδεκτο 5 6   Τούτου] τοῦτο 8 35   12 παμπόνηρον] πονηρὸν 10 37 35

M´

Τί ἐστι τὸ «Ἐρσουβὰ αὐτῶν λήψῃ»;

Ὁ Σύμμαχος ἡρμήνευσεν. «Ὅσα χρήζουσι γνώσῃ».

MA´

Διὰ τί ὁ Σαούλ, πάντων τὴν πρὸς τὸν Γολιὰθ μονομαχίαν παραιτουμένων, ἀποτρέπει τὸν Δαβὶδ τοῦτο προθυμούμενον δρᾶσαι;

5   Μειράκιον ἦν πεντεκαίδεκα ἐτῶν ἢ ἑκκαίδεκα. Ἑβδομηκοντούτης μὲν γὰρ ἐτελεύτησε, τεσσαράκοντα δὲ ἐβασίλευσεν ἔτη. Τοιγάρτοι τριακοντούτης ἦν ἡνίκα Σαοὺλ ἀνῃρέθη. Προείρηται δέ, ὡς δύο ἔτη Σαοὺλ βασιλεύσας ἐννόμως, τῆς θείας χάριτος ἐγυμνώθη. Τὸν ἄλλον τοίνυν ἅπαντα χρόνον πολεμῶν τῷ Δαβὶδ
10 διετέλεσε· πείθει δ᾽ ὅμως ὁ Δαβὶδ τὸν Σαοὺλ θαρρῆσαι τῇ νίκῃ. Ἠναγκάσθη γὰρ ἐξειπεῖν, ὅπως ποιμαίνων καὶ λέοντα καὶ ἄρκτον ἐπιοῦσαν ἀπέπνιξεν· «Καὶ ἔσται» φησίν, «ὁ ἀλλόφυλος ὁ ἀπερίτμητος οὗτος ὡς ἓν τούτων· οὐχὶ πορεύσομαι καὶ πατάξω αὐτόν, καὶ ἀφελῶ σήμερον ὄνειδος ἀπὸ Ἰσραήλ; Ὅτι τίς ἐστιν ὁ ἀπερίτμη-
15 τος οὗτος, ὅτι ὠνείδισε παράταξιν Θεοῦ ζῶντος;» Οὐδέν φησιν, θηρίου διενήνοχεν ὁ δυσσεβείᾳ συζῶν, καὶ τῆς θείας ἐπικουρίας

---

1 1 Re 17, 18   3 s cf 1 Re 17, 33   12 s 1 Re 17, 36

3, 5, 6, 8, 9, 10, 12, 35, 37, 54, 55, 56

1 >tot Q 56   >Τί ἐστι 55   τὸ] > 54: pr καὶ 55   Ἐρσουβὰ] Ἐρσοὺβ 5: Ἐσοὺβ 54: Ἐσουβά 55   **2** >Ὁ Σύμμαχος — γνώσῃ 54 55   ἡρμήνευσεν + οὕτως 6   Ὅσα + δηλαδὴ 6   γνώσῃ] γνῶσιν 6: + τὸν σκοπὸν αὐτῶν μάθῃς 5   **3** ἁπάντων 8 35   >τὸν 10   παραιτουμένων] παραιτησάντων ed   **4** >τοῦτο 6 54   προθυμούμενον] προμηθούμενον 55: + τοῦτο 54   **6** >μὲν γὰρ — τριακοντούτης 56   >ἔτη 54 55   **7** Τοιγάρτοι] τότε γάρ τοι 8 35: τότε γὰρ 12   Σαοὺλ pr ὁ A 12   **8** βασιλεύσας] ἐβασίλευσεν 54   **9** τῷ] τὸν A·10   **10** ἐτέλεσεν 54   τὸν] τῷ c₁   τῇ νίκῃ] τὴν νίκην 6 37   **11** Ἠναγκάσθη] ἀναγκασθεὶς 54   >γὰρ 54   ὅπως] τὰ κατὰ τὰς ποίμας ἔργα αὐτοῦ 54   ποιμαίνων] ὅτι 54   >καὶ 1° A·10   >λέοντα D 9   ἄρκτον] ἄρκον 3 6 12 35   **12** ἐπιοῦσαν] ἐπιόντας A·10: καὶ λέοντα D 9: + ἐπιόντα 12   ἀπέπνιξεν] ἀπέπνιγεν 10: + ἐπιόντα 8 9 35   **13** οὗτος post ἀλλόφυλος 5 37   >αὐτόν 54   **14** >σήμερον 54   Ἰσραήλ — Θεοῦ ζῶντος] υἱῶν Ἰσραήλ, καὶ ἑξῆς 54   **16** θηρίων ed

γεγυμνωμένος. Ἐγὼ δὲ ἐκείνῃ πέποιθα τῇ ῥοπῇ. Τοῦτο γὰρ
ἐπήγαγε· «Κύριος, ὃς ἐξείλετό με ἐκ στόματος τοῦ λέοντος, καὶ ἐκ
χειρὸς τῆς ἄρκτου, αὐτὸς ἐξελεῖταί με ἐκ χειρὸς τοῦ ἀλλοφύλου
τοῦ ἀπεριτμήτου τούτου»· Μετὰ ταύτης ὁρμήσας τῆς πίστεως, οὐ
διήμαρτε τῆς ἐλπίδος, ἀλλὰ γυμνὸς ὢν τὸν καθωπλισμένον 5
568 ἐνίκησε· καὶ πρόβατα νέμων τὸν ἐν πολέμοις καὶ τροπαίοις
γεγυμνασμένον· καὶ σμικρὸς ὢν καὶ νέος, τὸν ἐπὶ τοσούτῳ
γαυριῶντα μεγέθει. «Εἶδε γὰρ αὐτόν» φησι, «Γολιάθ, καὶ
ἐξουδένωσεν αὐτόν, ὅτι ἦν παιδάριον· καὶ αὐτὸς πυρράκης μετὰ
κάλλους ὀφθαλμῶν». Ἐμιμοῦντο γὰρ τοὺς τῆς ψυχῆς οἱ τοῦ 10
σώματος. Ὀξὺ γὰρ ἑώρων ἐκεῖνοι, καὶ τὸν ἀόρατον ἐθεώρουν·
ὅθεν ἔλεγεν· «Ἐγὼ ἔρχομαι πρὸς σὲ ἐν ὀνόματι Κυρίου Σαβαώθ,
Θεοῦ παρατάξεως Ἰσραήλ, ὃν ὠνείδισας σήμερον· καὶ συγκλείσει
σε Κύριος σήμερον εἰς τὰς χεῖράς μου, καὶ ἀποκτενῶ σε, καὶ
ἀφελῶ τὴν κεφαλήν σου ἀπὸ σοῦ· καὶ δώσω τὰ κῶλά σου, καὶ τὰ 15
κῶλα τῆς παρεμβολῆς τῶν ἀλλοφύλων, ἐν τῇ ἡμέρᾳ ταύτῃ τοῖς πε-
τεινοῖς τοῦ οὐρανοῦ, καὶ τοῖς θηρίοις τῆς γῆς· καὶ γνώσεται πᾶσα ἡ
γῆ ὅτι ἔστι Θεὸς Ἰσραὴλ καὶ γνώσεται πᾶσα ἡ ἐκκλησία αὕτη, ὅτι
οὐκ ἐν δόρατι, οὐδὲ ἐν μαχαίρᾳ σῴζει Κύριος· ὅτι τοῦ Κυρίου ὁ
πόλεμος, καὶ παραδώσει ὑμᾶς εἰς χεῖρας ἡμῶν». Προφητεύει πα- 20

2 s 1 Re 17, 37   8 s 1 Re 17, 42   12 s 1 Re 17, 45-47

3, 5, 6, 8, 9, 10, 12, 35, 37, 54, 55, 56

2 ἐξείλατο 3 10: ἐξήλατο 12 54   >τοῦ Α⁻¹⁰ 12 55   3 >τῆς ἄρκτου — χειρὸς
12   ἄρκτου] ἄρκου c₁ 3 6 9 10 35   αὐτὸς + γὰρ 10   ἐκ pr καὶ 35   4 τούτου +
ἐξελεῖταί με 12   Μετὰ + δὲ 54   πίστεως — γαυριῶντα μεγέθει (l 8)] ἐλπίδος παρὰ δό-
ρον ἔσχε τὸ κράτος, ἀνελὼν τὸν ὑπεναντίον τὸν ὑπεραιρόμενον 54   5 >οὐ διήμαρτε —
ἀλλὰ 6   6 πρόβατα pr ὁ 5 6 8   7 σμικρὸς pr ὁ 5 6: μικρὸς 10   8 >Εἶδε — u a Q
ΜΔ′ c₁   αὐτόν φησι tr 6 8   Γολιάδ 8 35   10 ψυχῆς + ὀφθαλμοὺς 5 54   13 Θεοῦ
παρατάξεως — χεῖρας ἡμῶν (l 20)] καὶ τὰ ἑξῆς 54   14 Κύριος σήμερον] > 10: tr
D   16 >τῶν 10   τῶν ἀλλοφύλων] σου 12   18 >ἡ γῆ — γνώσεται πᾶσα D c 5 6 9
hmt   20 χεῖρας pr τὰς Α   Προφητεύει + δὲ Α⁻¹⁰

ραταττόμενος, καὶ προαγορεύει τὴν τῆς οἰκουμένης θεογνωσίαν· «Γνώσεται» γάρ φησι, «πᾶσα ἡ γῆ, ὅτι ἔστι Θεὸς ἐν Ἰσραήλ». Καὶ τὸ μὲν στόμα χρησμολογεῖ, ἡ δὲ χεὶρ ἀριστεύει, καὶ λίθῳ τὸν ἀλλόφυλον ἀναιρεῖ. Ἐπειδὴ τὸν ἐξ αὐτοῦ κατὰ σάρκα τμηθέντα
5 λίθον ὑμνεῖ. «Λίθον» γάρ φησιν, «ὃν ἀπεδοκίμασαν οἱ οἰκοδομοῦντες, οὗτος ἐγενήθη εἰς κεφαλὴν γωνίας». Καὶ τῇ ῥομφαίᾳ δὲ τοῦ ἀλλοφύλου χρησάμενος, ἀπέτεμεν αὐτοῦ τὴν κεφαλήν, τοῦ ἐξ αὐτοῦ κατὰ σάρκα βεβλαστηκότος προδιαγράφων τὴν νίκην. Σταυρῷ γὰρ ὁ διάβολος τὸν ἡμέτερον προσηλώσας Δεσπότην,
10 διὰ τοῦ σταυροῦ τῆς τυραννίδος ἐξέπεσε. Καὶ ὥσπερ τοῦ Δαβὶδ νενικηκότος ἡ στρατιὰ τοῦ Ἰσραὴλ τὸ τῶν ἀλλοφύλων κατηκόντισε στίφος, οὕτω τοῦ ἡμετέρου Θεοῦ καὶ Σωτῆρος τὸν διάβολον καταλύσαντος, οἱ πεπιστευκότες εἰς αὐτὸν τὴν τῶν δαιμόνων ἐτρέψαντο φάλαγγα.

ΜΒ´

15 **Μηδέπω τὴν Ἰερουσαλὴμ οἰκήσας, πῶς εἰσεκόμισεν εἰς αὐτὴν τοῦ ἀλλοφύλου τὴν κεφαλήν;**

Οἱ ἰεβουσαῖοι μὲν ἔτι κατῴκουν αὐτήν. Δεδίξασθαι δὲ αὐτοὺς ἐθελήσας, ἐπέδειξεν αὐτοῖς τοῦ περιβλέπτου ἀριστέως τὴν κεφαλήν.

2 1 Re 17, 46   5 s Sal 117, 22   15 s cf 1 Re 17, 54

3, 5, 6, 8, 9, 10, 12, 35, 37, 54, 55, 56

1 παρατασσόμενος 5 9 35   2 >φησι 6   ἔστι] ἔσται 54   4 ἀναιρεῖ] ἀπαιρεῖ 6: διαιρεῖ 54   5 >Λίθον — γωνίας (l 6) 54   6 >οὗτος — γωνίας 6   >δὲ ed   7 τὸν ἀλλόφυλον 54   8 βεβλαστηκότος] βλαστήσαντος 5   9 >προδιαγράφων τὴν νίκην 10   10 >τοῦ 1° 37   11 ἡ στρατιὰ τοῦ Ἰσραὴλ] αὐτοῦ τούτου στρατιὰ 54   τοῦ Ἰσραὴλ] > 6: τούτου στρατιὰ 5: τῶν ἰσραηλιτῶν 37   στρατιὰ post Ἰσραὴλ 10   12 >στίφος 54   ἡμέτερου] > 54: +καὶ 3 6 9 12 37   Θεοῦ pr Δεσπότου καὶ 8   Σωτῆρος + ἡμῶν 54   14 συνετρέψαντο 12   15 ἐκόμισεν 54   16 τὴν ante τοῦ ἀλλοφύλου ed   17 >Οἱ 37   Δεδίξασθαι] Δεδίττεσθαι ed   Δεδίξασθαι — αὐτοῖς] αὐτοῖς δὲ ἐνδείξασθαι αὐτὴν θέλων εἰσήγαγε 5 6: δεδίξασθαι αὐτοὺς θέλων εἰσήγαγε 10   18 περιβλέπτου] μεγάλου 5 37: μεγίστου 3 9 54: +καὶ ἰσχυροῦ 6

ΜΓ΄

Πῶς ἠγνόησεν ὁ Σαοὺλ τὸν Δαβίδ;

569   Δυοῖν θάτερον νοητέον· ἢ ὅτι κορυβαντιῶν οὐκ ᾐσθάνετο τῇ κινύρᾳ χρωμένου, ἢ ὅτι ὁ φθόνος αὐτὸν παρεκίνησεν ἀκριβῶς μανθάνειν ὅθεν ἐστίν.

ΜΔ΄

Τί ἐστι «μανδύας»;

5

Εἶδός ἐστιν ἐφεστρίδος. Οἶμαι δὲ ἢ ἀρκαδίκιν εἶναι, ἢ τὸ παρὰ τῶν πολλῶν μαντίον ὀνομαζόμενον. Καὶ γὰρ τῶν Ἑβδομήκοντα εἰρηκότων περὶ τοῦ μεμηνυκότος τῷ Ἠλὶ τὴν τῶν υἱέων ἀναίρεσιν, ὅτι «διερρηγμένα τὰ ἱμάτια» εἶχεν, ὁ Ἀκύλας ἔφη· «μανδύαν διερρηγμένον». Καὶ τῶν ἀμμανιτῶν ὁ βασιλεὺς τῶν πρὸς αὐτὸν 10 ἀποσταλέντων παρὰ τοῦ μακαρίου Δαβὶδ τοὺς πώγονας ἐξύρισε, καὶ τῶν μανδυῶν ἀφεῖλε τὸ ἥμισυ, ἕως τῆς ἀναβολῆς τῶν ἰσχίων αὐτῶν.

ΜΕ΄

Τί ἐστιν, «Ἠγάπησεν αὐτὸν ψυχὴν ἀγαπῶντος αὐτόν»;

---

1 cf 1 Re 17, 55   5 cf 1 Re 18, 4   9 1 Re 4, 12   14 1 Re 18, 1; 20, 17

3, 5, 6, 8, 9, 10, 12, 35, 37, 54, 55, 56

2 >Δυοῖν θάτερον νοητέον 54   3 κιννύρα A^{-54} 9 12: κιθάρα 54   χρώμενος D: χρωμένῳ 37   παρεκίνησεν + μὴ A^{-54} 4 μανθάνειν] μαθεῖν 10 54   5 μανδύας] ὃν φάσκει μανδύαν 6   6 ἀρκαδίκιον 56   7 >τῶν 1° 5 6 37   8 υἱέων] υἱῶν A 3 8   τὴν post υἱέων 5 6   9 μανδύαν] μανδίον 37   12 >τῶν 2° 55   13 αὐτῶν] αὐτοῦ c_1 14 Q ΜΕ΄ post Q Ν΄ c_1

Ὁ Ἀκύλας ἔφη· «Κατὰ τὴν ψυχὴν αὐτοῦ». Τοῦτο καὶ ὁ θεῖος νόμος παρεγγυᾷ· «Ἀγαπήσεις τὸν πλησίον σου, ὡς σεαυτόν».

MS´

Πῶς νοητέον τὸ «Πνεῦμα πονηρὸν ἔπαισε τὸν Σαούλ, καὶ προεφήτευσεν ἐν μέσῳ τοῦ οἴκου αὐτοῦ»;

5 Οἱ ψευδοπροφῆται ὑπὸ τοῦ πονηροῦ πνεύματος ἐνεργούμενοι τοῖς κορυβαντιῶσιν ἐοίκασι. Τοῦτο καὶ ὁ Σαοὺλ ὑπέμεινεν ὑπὸ τοῦ δαίμονος ἐνοχλούμενος. Τὸ δὲ «προεφήτευσεν» ὁμωνύμως τέθεικεν. Καὶ γὰρ τοὺς ψευδοπροφήτας προφήτας ὠνόμαζον, καὶ θεοὺς τοὺς ψευδωνύμους θεούς. Ἀλλ᾽ ἐκεῖνος μὲν τῆς θείας χάρι-
10 τος ἐγυμνώθη, ὁ δὲ Δαβὶδ ταύτης φιλοτίμως ἀπήλαυε· καὶ ψάλ-λων τὴν μὲν τοῦ δαίμονος ἐκείνου μανίαν ἐπραῦνε, τὸν δὲ τοῦ Σαοὺλ οὐ κατέπαυε φθόνον. Ὅσῳ γὰρ πλέον εὐεργετεῖτο τοσούτῳ πλέον κατασφάττειν ἠπείγετο. Καὶ τὴν αἰχμὴν ἀφεὶς κατ᾽ αὐτοῦ καὶ διαμαρτών, ἔγνω μὲν ὅτι Κύριος μετ᾽ αὐτοῦ,
15 διετέλει δὲ πολεμῶν. Περὶ δὲ τοῦ Δαβὶδ ἡ θεία φησὶ γραφή, ὅτι «Ἦν συνιὼν ἐν πάσαις ταῖς ὁδοῖς αὐτοῦ, καὶ Κύριος παντοκράτωρ μετ᾽ αὐτοῦ». Οὕτω δὲ τὸ πανάγιον ὠνόμασε Πνεῦμα. Ταύτης γὰρ ἦν ἠξιωμένος τῆς χάριτος.

---

2 Mt 22, 39; Le 19, 18   **3** s 1 Re 18, 10   **16** s 1 Re 18, 14

3, 5, 6, 8, 9, 10, 12, 35, 37, 54, 55, 56

1 >ἔφη 54   >τὴν 37   Τοῦτο + δὲ c_1 54   **2** σεαυτόν] ἑαυτόν 3 9 12 35 37 56   **4** ἐπροφήτευσεν 5   **5** ψευδοπροφῆται] προφῆται 10   ὑπὸ] ἀπὸ A^{-10} πονηροῦ] θείου 10   **6** >τοῖς A^{-10} ἐοίκασι] ἐῴκεσαν A^{-54} **7** προεφήτευεν 9 10 12 56   **8** προφήτας] > 6: pr τοὺς 10   **9** >τοὺς ψευδωνύμους θεούς 6   >θεούς 2° 54   **10** >ταύτης — ἀπήλαυε· καὶ A   ἀπήλαυσε 9 35   **11** >ἐκείνου A 12   ἐπραῦνε] ἐκείνην ἐκώλυσε 12   **12** οὐ] > D 10: οὐκ 37   κατέπαυσε A^{-10} 12: ἔπαυε ed   >Ὅσῳ — ἠπείγετο 54   Ὅσῳ] ὅσον A   γὰρ] δὲ c_1 3   εὐηργέτητο 37   **13** τοσοῦτον 6 10: τοσοῦτο 5   Καὶ > 10: pr ἀλλὰ 54   **14** Κύριος post αὐτοῦ 37: + ἦν A^{-10} **15** φησὶ] > 8 10: λέγει 5: post γραφή 6 37

ΜΖ΄

Τί δήποτε καὶ φθονῶν τῷ Δαβίδ, καὶ λίαν αὐτῷ ἐχθραίνων, τὴν θυγατέρα αὐτῷ κατηγγύησεν;

Ἐδίδαξεν ἡ ἱστορία τὸν ἐκείνου σκοπόν. «*Εἶπε*» γάρ φησι, «*Σαούλ· Μὴ ἔστω ἡ χείρ μου ἐπ᾽ αὐτόν, ἀλλ᾽ ἔστω ἐν αὐτῷ ἡ χεὶρ τῶν ἀλλοφύλων*». Καὶ πάλιν· «*Δώσω αὐτὴν αὐτῷ, καὶ ἔσται αὐτῷ*   5 *εἰς σκάνδαλον, καὶ ἔσται ἐπ᾽ αὐτὸν ἡ χεὶρ τῶν ἀλλοφύλων*». Τοιγαροῦν ἐπιβουλῆς ἦν οὐκ εὐεργεσίας ὁ γάμος.

ΜΗ΄

Τίνος χάριν οὐ κεφαλάς, ἀλλ᾽ ἀκροβυστίας ᾔτησεν;

Πονηροῖς χρησάμενος λογισμοῖς ἐτόπασεν ὅτι τῶν ὁμοφύλων τινὰς ἀνελών, οἴσει τούτων τὰς κεφαλάς· τούτου χάριν   10 ἀκροβυστίας κομισθῆναι προσέταξεν. Ἡ γὰρ ἀκροβυστία δηλοῖ τὸ ἀλλόφυλον. Πάντα δὲ πόρον ἐκίνει, τὴν τοῦ εὐεργέτου καττύων σφαγήν· καὶ οὔτε τὰς εὐεργεσίας ἠδεῖτο, οὔτε τοὺς ὅρκους ηὐλαβεῖτο. Καὶ γὰρ τῷ Ἰωνάθαν ὁμωμόκει, ὅτι δὴ αὐτὸν οὐκ ἀποκτενεῖ. «*Ὤμοσε*» γάρ φησι, «*Σαοὺλ λέγων· Ζῇ Κύριος, εἰ*   15 *ἀποθανεῖται*».

---

3 s 1 Re 17, 17   **5** s 1 Re 18, 21   **8** s cf 1 Re 18, 25   **15** s 1 Re 19, 6

3, 5, 6, 8, 9, 10, 12, 35, 37, 54, 55, 56

1 Q ΜΖ΄ post Q ΜΗ΄ c_1 >Τί δήποτε — κατηγγύησεν 54   >αὐτῷ 37   **2** αὐτῷ] αὐτοῦ 5 55   **3** ἐκείνου σκοπόν] τοῦ Σαοὺλ σκοπόν. Πῶς καίτοι φθονῶν καὶ ἐχθραίνων, τὴν θυγατέρα κατηγγύησε; 54   **4** ἀλλ᾽ ἔστω — ὁ γάμος (l 7)] ἐπιβουλῆς ἕνεκα οὖν ἦν, οὐκ εὐεργεσίας ὁ γάμος. Ὁ δὲ Δαβὶδ κατὰ τὴν αὐτοῦ πραότητα διεκρούετο τὸν γάμον, οὐ διὰ τὸν τῶν πολεμίων φόβον ἢ τὸν κίνδυνον, ἀλλὰ διὰ τὸ νομίζειν ἀνάξιον αὐτὸν τῆς πρὸς ἐκείνην συγγενείας. Καίτοι ὀφειλὴ τὸ πρᾶγμα ἦν καὶ μισθὸς τῶν πωλῶν. 54   ἀλλ᾽ — αὐτῷ] ἀλλ᾽ ἔσται ἐπὶ αὐτὸν 5 6   **6** αὐτὸν] αὐτῷ 12 55   **11** ἀκροβυστίας — ἀκροβυστία] τὰς ἀκροβυστίας ἐζήτησεν. Αὐτὴ γὰρ 6   **12** ἐκίνει] ἐζήτει 6   **14** δὴ] δι᾽ 12 35 37   **15** >Ὤμοσε — ἀποθανεῖται 6

ΜΘ΄

Πῶς νοητέον τὰ «κενοτάφια», καὶ τὸ «ἧπαρ τῶν αἰγῶν»;

Ὁ Ἀκύλας τὰ κενοτάφια «μορφώματα» ἡρμήνευσε, καὶ τὸ ἧπαρ τῶν αἰγῶν «τὸ πᾶν πλῆθος καὶ στρογγύλωμα τριχῶν». Ἐπειδὴ γὰρ ὀμωμοκὼς ὁ Σαοὺλ παρέβη τὸν ὅρκον, καὶ τὴν αἰχ-
5 μὴν τῷ Δαβὶδ ἐπαφῆκεν· ἐκκλίνας δὲ ἐκεῖνος τὴν τοῦ δόρατος ῥύμην εἰς τὴν οἰκίαν ἀνεχώρησεν· γνοῦσα τοῦ Σαοὺλ τοῦ πατρὸς ἡ Μελχὸλ τὰς ἐπιβουλάς, τούτῳ μὲν συνεβούλευσεν ἀποδρᾶσαι· καὶ δὴ καὶ καθῆκεν αὐτὸν διὰ τῆς φωταγωγοῦ· αὕτη δὲ τὴν κλίνην εἰς ἀρρωστοῦντος ἐσχημάτισε τύπον, ἱματίων μὲν πλῆθος
10 ἐπιβαλοῦσα, στρογγύλωμα δὲ τριχῶν ὑποθεῖσα τοῖς ἱματίοις, ὥστε μιμεῖσθαι τὴν κεφαλήν. Τινὲς δὲ μορφώματα τοῦ Δαβὶδ νενοήκασι τὴν εἰκόνα· καὶ ταύτην ἔφασαν τοῖς ἱματίοις συγκαλυφθῆναι, πλὴν ἐνίων τοῦ προσώπου μορίων· τὸ δὲ τῶν αἰγῶν ἧπαρ ὑποτεθῆναι, ἵνα κινούμενον τὸ σχῆμα πιθανὸν ἀπεργάσηται. Καὶ
15 γὰρ φασί τινες τῶν αἰγῶν τὸ ἧπαρ κινεῖσθαι μέχρι πολλοῦ. Οὕτω μέντοι διετέλει φονῶν, ὅτι καὶ ἀρρωστοῦντα μεμαθηκὼς ἀχθῆναι 573 προσέταξεν, ὥστε δέξασθαι τὴν σφαγήν. Ἐπειδὴ δὲ ἔγνω τὴν φυγήν, κατὰ τοὺς θηρευτὰς κύνας ἰχνηλατῶν αὐτὸν διετέλει.

1 cf 1 Re 19, 13.16

3, 5, 6, 8, 9, 10, 12, 35, 37, 54, 55, 56

1 καινοτάφια D 6 10 37   **2** >τὰ 12 35   καινοτάφια D 6 10 37   **3** αἰγῶν + ἱματίων 5 6   τὸ πᾶν πλῆθος] πλῆθος 5 6   **5** >τὴν τοῦ δόρατος ῥύμην 54   **6** >τὴν 9   ἐχώρησεν 6 54   γνοῦσα + δὲ A⁻⁵⁴   >τοῦ Σαοὺλ A   >τοῦ πατρὸς 54   **7** Μελχὸλ 5 6: Μελχὼ 9   ἐπιβουλάς pr κατὰ τοῦ ἀνδρὸς 54   τούτῳ] τοῦτον 37   συνεβούλευσεν] συνεχώρησεν 37   ἀποδρᾶσαι — φωταγωγοῦ] τὴν φυγήν 54   **8** >δὴ καὶ c₁   >καὶ 2° 5 6 12   αὕτη] αὐτοῦ ed   **10** >ὥστε D   **12** συγκαλυφθῆναι] συγκαμφθῆναι 56   **14** ὑποτεθῆναι] ἐπιτεθῆναι c₁   πιθανὸν ἀπεργάσηται tr A   **15** φα-σί] φησί 3 6 10 35 54   >τινες A⁻⁶   τῶν αἰγῶν post ἧπαρ 54   **16** ὅτι] ὥστε A⁻¹⁰   **17** προσέταξεν + αὐτὸν A⁻¹⁰ 56   ὥστε] ἐπεὶ 54   >δέξασθαι τὴν 54   Ἐπειδὴ] ἐπεὶ 5 54   >Ἐπειδὴ — φυγήν c₁ 3 9   **18** φυγήν] σφαγήν D: + καὶ c₁ 3 9   >κύνας 54   >αὐτὸν A⁻¹⁰   διατελεῖ 56

N´

Τί δήποτε οἱ παρ' αὐτοῦ πεμφθέντες πρὸς τὸν Δαβὶδ καὶ τὸν Σαμουὴλ προεφήτευσαν, ὕστερον δὲ καὶ αὐτός;

Διάφορα τοῦ Δεσπότου τὰ θήρατρα. Τοὺς μὲν γὰρ δι' ἀνθρώπων ἀγρεύει, τοὺς δὲ ἀορασίᾳ θηρεύει. Τοῦτο γὰρ ἐπὶ τοῦ Ἐλισσαίου γεγένηται. Τούτους δὲ διὰ προφητικῆς ἐζώγρησε 5 χάριτος· καὶ τὸν Δαβὶδ ἀποκτεῖναι κεκώλυκεν. Ἀλλ' οὐδὲ τοῦτο τὴν φονικὴν αὐτοῦ κατεπράϋνε γνώμην. Ἀπέστειλε γὰρ καὶ δὶς ἐπ' αὐτόν· καὶ πάλιν μεμαθηκὼς τὰ θεῖα δεσμὰ προσέθετο φησίν ἀποστεῖλαι καὶ ἄλλους· καὶ τούτων δὲ ὡσαύτως ἐπισχεθέντων ὑπὸ τῆς χάριτος, ὕστερον αὐτὸς ἀπελήλυθε, καὶ τετύχηκε καὶ 10 αὐτὸς τῶν τῆς φιλανθρωπίας δεσμῶν. Ἀλλὰ προεφήτευσε μὲν οὐχ ὁμοίως δὲ τοῖς ἄλλοις· ἀνάξιος γὰρ τῆς χάριτος ἦν. Οὗ δὴ χάριν γυμνωθεὶς τῆς ἐσθῆτος πανημέριον ἔκειτο· ἐδήλου δὲ τὸ σχῆμα τὴν τῆς βασιλείας ἀφαίρεσιν.

NA´

Τί δήποτε μηνῦσαι βουλόμενος τῷ Δαβὶδ ὁ Ἰωνάθαν τὰς τοῦ πα- 15 τρὸς ἐπιβουλάς, διὰ τῶν βελῶν ἤγουν τῶν ἀκοντίων ἐμήνυσεν;

Τινές φασι διὰ τὸν συνόντα οἰκέτην, ἵνα μὴ τὰ μηνυόμενα γνῷ.

1 s cf 1 Re 19, 20 s   15 s cf 1 Re 19, 20 s

3, 5, 6, 8, 9, 10, 12, 35, 37, 54, 55, 56

1 >Τί δήποτε — καὶ αὐτός 54   παρ' αὐτοῦ] παρὰ τοῦ Σαοὺλ c_1 >τὸν 1° 55   3 Διάφορα + τοίνυν 54   4 θηρεύει] παιδεύει 5 6   Τοῦτο γὰρ] ὅπερ 54   >τοῦ 54   5 ἐζώγρησε] > 54: ἠξίωσε 6   6 καὶ τὸν Δαβὶδ — τετύχηκε καὶ αὐτός (l 10)] τὸν Δαβὶδ ἀποκτεῖναι κεκώλυκεν. Καὶ Σαοὺλ δὲ μετὰ πάντας ἐλθών 54   8 προσέθετο] προσεδεῖτο 10   10 >ὑπὸ 10   11 φιλανθρωπίας + τυγχάνει 54   Ἀλλὰ προεφήτευσε μὲν] προφητεύει μὲν γὰρ ἀλλ' 54   12 > δὲ 54   γὰρ + ὢν 54   >ἦν 10 54   >Οὗ δὴ χάριν 54   15 >βουλόμενος — ὁ 54   >ὁ 5 6   16 βελῶν... ἀκοντίων tr 6   ἤγουν + διὰ 5   17 >φασι 6   >τὰ μηνυόμενα — γὰρ μὴ (p 44 l 2) 37

Ἀλλ' εὐπετὲς ἦν αὐτῷ καὶ μόνῳ παραγενέσθαι. Οὐκοῦν ἕτερον ἔχει τὸ γεγενημένον σκοπόν. Ἵνα γὰρ μὴ δῆλος γένηται τοῦ πατρὸς τὴν μιαιφόνον γνώμην καταμηνύων τῷ φίλῳ, τὴν τῆς τοξείας ὑποκρίνεται γυμνασίαν. Καὶ τοῖς μὲν πρὸς τὸν οἰκέτην
5 λόγοις αἰνιγματωδῶς τῷ Δαβὶδ παραδηλοῖ τὴν φυγήν. Τὸν ὁπλοφόρον δὲ μετὰ τῶν ὅπλων εἰς τὴν πόλιν προπέμψας, καὶ τὰ εἰρημένα δεδήλωκε, καὶ φυγεῖν συνεβούλευσε, καὶ τὸ τῆς βασιλείας αὐτῷ προηγόρευσε κράτος, καὶ τὰς τῆς φιλίας συνθήκας ἐκράτυνεν ὅρκοις. Τὸ δὲ «τρισσεύσεις» ἀντὶ τοῦ, «τρεῖς
10 ἡμέρας ἀναμενεῖς»· τῇ γὰρ νουμηνίᾳ τοπάσας ὁ Σαούλ, ὡς μὴ κεκαθαρμένον, μηδὲ ἡγνισμένον τὸν Δαβὶδ παραιτήσασθαι τὸ συμπόσιον, ἐσίγησεν· «Οὐκ ἐλάλησε» γάρ φησι, «Σαοὺλ οὐδὲν ἐν τῇ ἡμέρᾳ ἐκείνῃ· ὅτι εἶπε· Σύμπτωμά τι φαίνεται, μὴ καθαρὸς εἶναι, διότι οὐ κεκάθαρται». Τῇ δὲ δευτέρᾳ ἤρετο· «Τί ὅτι οὐ παρεγένετο
15 ὁ υἱὸς Ἰεσσαὶ καὶ χθὲς καὶ σήμερον ἐπὶ τὴν τράπεζαν;» Τῇ δὲ τρίτῃ πρὸ τοῦ ἄστεος Ἰωνάθαν τὰ εἰρημένα μεμήνυκεν. Τὸ δὲ «τρισσεύσω» ἀντὶ τοῦ, «τρεῖς ἀφήσω σχίζας». Τὰς δὲ σχίζας «βέλη» ὁ Ἀκύλας ἡρμήνευσεν. Τὴν δὲ «ἀματτάραν» ἐν τῇ τῶν 576 ἑβραϊκῶν ὀνομάτων ἑρμηνείᾳ οὕτως εὗρον κειμένην, παρὰ μὲν
20 ἕλλησι τάφρον, παρὰ δὲ ῥωμαίοις φοσσάτον, παρὰ δὲ τῷ σύρῳ σκοπόν, εἰς ὃν οἱ γυμναζόμενοι τὰ βέλη πέμπειν εἰώθασι. Τὸ δὲ «ἀργὸβ» ὁ Ἀκύλας, «ἐχόμενα τοῦ νοτίου», ἡρμήνευσεν. Ἐγὼ δὲ οἶμαι κοῖλόν τινα οὕτω κεκλῆσθαι τόπον· ἔφη γὰρ ἡ ἱστορία, «Καὶ Δαβὶδ ἀνέστη ἀπὸ τοῦ ἀργὸβ καὶ ἔπεσεν ἐπὶ πρόσωπον αὐτοῦ ἐπὶ
25 τὴν γῆν».

9 1 Re 20, 19   12 s 1 Re 20, 26   14 s 1 Re 20, 27   17 cf 1 Re 20, 20   18 1 Re 20, 20   23 s 1 Re 20, 41

3, 5, 6, 8, 9, 10, 12, 35, 37, 54, 55, 56

1 εὐπετὲς + μὲν A^{-10} ἕτερον] ὕστερον 12   3 τὴν $1°$ ante τοῦ πατρὸς 5   μιαιφόνον γνώμην] μιαιφονίαν 54   4 τοξίας c_1 3 12 35 54   5 τῷ + δὲ A^{-10} παραδηλοῖ] παρεδήλου 5 6: παρεδίδου 54   φυγήν] σφαγήν 12 37 56   6 δὲ] μέντοι A^{-10} καὶ] κατὰ A^{-10} 8 >αὐτῷ — φιλίας 6   προσηγόρευσε 35: διηγόρευσε 54   φιλίας] βασιλέας 5 54   9 ἐκράτυνεν] κρατύνας 6 10: ἐκράτυναν 3 56   ἐκράτυνεν ὅρκοις tr 54   τρισσεύεις 8   11 >κεκαθαρμένον, μηδὲ 54   12 >Οὐκ ἐλάλησε — οὐ κεκάθαρται 54   13 ὅτι εἶπε — τὴν τράπεζαν; (l 15)] καὶ τὰ ἑξῆς 6   14 >δὲ 10 12   15 >ὁ c_1 12   ἐχθὲς D 3 56   16 >πρὸ τοῦ ἄστεος 54   Ἰωνάθαν pr ὁ A^{-54} 17 τρισσεύω 10   ἀφήσω] ἀφῆκε c_1 3 37   18 βέλη / ὁ Ἀκύλας tr 3 9 12 35   ἀματάραν 3 9 37   20 ἕλλησι pr τοῖς ed   τῷ σύρῳ] σύροις A^{-10} 21 πέμπειν εἰώθασι] πέμπουσι 54   22 ἀργὸβ] ἀργώβ 9 10 35: ἀργοῦν 3 12 37   23 οὕτως c_1 3 54   24 ἀργὸβ] ἀργὼβ 9 10 35: ἀργοῦν 3 12 37

NB´

Πῶς ἠνέσχετο τῶν ἀφιερωμένων ἄρτων μεταλαβεῖν ὁ Δαβίδ;

Οὔτε τότε μέμψιν ὑπέμεινεν· καὶ ὁ Κύριος ἐν τοῖς ἱεροῖς Εὐαγγελίοις ἔδειξεν αὐτὸν κατηγορίας ἐλεύθερον· εἰς γὰρ τὴν ὑπὲρ τῶν μαθητῶν ἀπολογίαν τοῦτο εἴρηκε τὸ διήγημα. Προδηλοῖ μέντοι, τῶν μόνοις τοῖς ἱερεῦσιν ἀπονενεμημένων μεταλαβών, τὴν πᾶσι 5 προτεθησομένην τοῖς εὐσεβέσι τράπεζαν μυστικήν. Οὐ γὰρ οἱ ἱερωμένοι μόνοι μεταλαμβάνουσι τοῦ δεσποτικοῦ σώματός τε καὶ αἵματος, ἀλλὰ πάντες οἱ τετυχηκότες τοῦ παναγίου βαπτίσματος.

ΝΓ´

Τί ἐστι, «Εἰ βέβηλος ἡ ὁδὸς αὕτη, σήμερον ἁγιασθήσεται διὰ τὰ σκεύη μου»;
10

Ἐρομένου τοῦ ἱερέως, εἰ κατ᾽ ἐκείνην τὴν ἡμέραν ἡγνεύκει, τρεῖς ἔφη ἡγνευκέναι ἡμέρας· καὶ προστέθεικεν, ὅτι διὰ τὴν προκειμένην ὁδὸν ἀναγκαίως τῆς ἱερᾶς τροφῆς μεταλήψεται, ἵν᾽ ὑπ᾽ αὐτῆς κρατυνθεὶς τὰ προκείμενα κατορθώσῃ. Τὸ δὲ βέβηλον οὐκ ἐπὶ τοῦ ἀκαθάρτου τέθεικεν, ἀλλ᾽ ἐπὶ τοῦ μὴ ἱεροῦ. Ἀβέβηλον 15 γὰρ καὶ ἅγιον, τὸ τοῖς ἱερεῦσιν ἀφωρισμένον, βέβηλον δὲ τὸ τοῖς ἄλλοις ἅπασιν ἀπονενεμημένον. Ὅθεν καὶ ὁ Ἀκύλας οὐ βέβηλον εἶπεν, ἀλλὰ «λαϊκήν»· τουτέστιν, «Εἰ καὶ ἱερεὺς οὐκ εἰμί, ἀλλὰ προφητικῆς τετύχηκα χάριτος». Οἶμαι γὰρ τοῦτο παραδηλοῦν τὸ

2 s Lc 6, 3 s   9 s 1 Re 21, 5

3, 5, 6, 8, 9, 10, 12, 35, 37, 54, 55, 56

1 Q NB´ post Q ΝΓ´ c₁   μεταλαβεῖν] μετάσχειν 54: + φεύγειν 6   2 Οὔτε] ὥστε 8
35: + εἰς 35   ὑπέμεινεν] ἀπένειμεν 35: + ἀλλὰ A⁻¹⁰   3 >τὴν ὑπὲρ A⁻¹⁰   4 >τὸ
διήγημα A   5 >μεταλαβών, τὴν 54   6 προτεθεισομένην 10 37 54   τοῖς εὐσεβέσι
post μυστικήν 5 9   τὴν μυστικὴν τράπεζαν 54   7 μόνοι] μόνον 5 6 8   σώματος... αἵ-
ματος tr 54   8 πάντες — βαπτίσματος] καὶ τῶν πιστῶν καὶ εὐσεβούντων ἕκαστος
54   τοῦ παναγίου ante τετυχηκότες A 8 35   παναγίου] ἁγίου 37   11 εἰ + γε 5:
+ καὶ 6   ἡγνεύκει] ἀγνεύει A⁻¹⁰   12 ἡγνευκέναι ἡμέρας tr 5 6   13 μεταλήψεται] με-
ταλήψομαι D   14 >βέβηλον — ἀπονενεμημένον (l 17) c₁   18 λαϊκήν] λαϊκόν A
55   19 παραδηλοῦν] δηλοῦν c₁: προδηλοῦν 5

« Ἁγιασθήσεται διὰ τὰ σκεύη μου». Σκεύη γὰρ αὐτοῦ καὶ πανοπλία, ἡ πνευματικὴ δωρεά.

ΝΔ´

Τί ἐστι, «Συνεχόμενος νεσσὰρ ἐνώπιον Κυρίου»;

Τοῦτο τὸ ὄνομα «πειρασμὸν ἀπαλὸν συνοχῆς» ἑρμηνευόμενον
5 εὗρον ἐν τῷ βιβλίῳ τῶν ἑβραϊκῶν ὀνομάτων. Δῆλος τοίνυν ἐστὶν 577
ὁ Δωὴκ ἢ ὑπό τινος δαίμονος ἐνοχλούμενος, ἢ νόσῳ κατεχόμενος, καὶ τούτου χάριν τῇ θείᾳ προσεδρεύσας σκηνῇ. Ἀλλ᾽ ὁ
παμπόνηρος οὐ μόνον κατεμήνυσε τῷ Σαοὺλ τὰ παρὰ τοῦ
Ἀχιμέλεχ εἰρημένα καὶ δεδομένα, ἀλλὰ καὶ πάντας τοὺς ἱερέας
10 κατέκτεινεν. Αὕτη τοῦ Σαοὺλ ἡ μιαιφονία πασῶν τῶν ἄλλων
ἁμαρτάδων δυσσεβεστέρα. Τοῦ μὲν γὰρ Θεοῦ προστεταχότος
ἄρδην διολέσαι τὸν Ἀμαλὴκ οὐ μόνον τὸν Ἀγὰγ διέσωσεν, ἀλλὰ
καὶ ποίμνια καὶ βουκόλια καὶ τοὺς ἀμπελῶνας, καὶ τὰ ἄλλα ὅσα
ἦν ἀξιόκτητα. Τοῦ θυμοῦ δὲ μόνου κεκινηκότος, οὐ μόνον τοὺς
15 ἱερέας κατέκτεινεν, ἀλλὰ καὶ τὴν πόλιν αὐτῶν διώλεσεν
αὐτανδρον· οὐ μειράκιον, οὐ βρέφος, οὐ γύναιον διασωθῆναι
κελεύσας. Ἀξιέπαινοι δὲ οἱ τοῦ Σαοὺλ δορυφόροι· οὐδὲ γὰρ τοῦ
βασιλέως προστεταχότος ἠνέσχοντο τῇ κατὰ τῶν ἱερέων
μιαιφονίᾳ μιᾶναι τὰς χεῖρας· ὁ δὲ Δωὴκ τὸν δυσσεβῆ τοῦτον
20 τετόλμηκε φόνον, καὶ τοὺς πεντήκοντα καὶ τριακοσίους ἱερέας

---

1 1 Re 21, 5   3 1 Re 21, 7

3, 5, 6, 8, 9, 10, 12, 35, 37, 54, 55, 56

3 νεσσὰρ] νεεσάρε 6: νεσὰρ 37: νεσσαρὰν 54: νεασὰρ ed   4 ὄνομα] ῥῆμα
54   πειρασμὸν — συνοχῆς] πειράσεως καὶ ἀπειλῆς συνοχὴ A⁻¹⁰   6 >ἢ 1° A
37   >δαίμονος A⁻⁵   δαίμονος ἐνοχλούμενος tr 5 35   7 προσήδρευε 54   9
Ἀχιμέλεχ] Ἀβιμέλεχ 5 9 12 37 55   >καὶ δεδομένα 54   ἱερέας] ἱερεῖς A⁻¹⁰   10
>Αὕτη τοῦ Σαοὺλ — fin Q c₁   11 ἁμαρτάδων] ἁμαρτιῶν A   12 Ἀμαλὴκ + ἐφείσατο
6   >οὐ μόνον — ἀξιόκτητα 6   13 >ποίμνια — τὰ ἄλλα 5 54   14 μόνου] > 6: μό-
νον 54   15 ἱερέας] ἱερεῖς A⁻¹⁰   >διώλεσεν A⁻¹⁰   16 >οὐ μειράκιον — κελεύσας 6
54   17 >οἱ A⁻¹⁰   >Σαοὺλ — γὰρ τοῦ 6   δορυφόροι pr οἱ 5 35 54   18 >τῇ κατὰ
— μιαιφονίᾳ 6   19 χεῖρας + τῇ μιαιφονίᾳ τῶν ἱερέων 6   >τοῦτον — φόνον 10   20
τετόλμηκε] ἐτόλμησε 5: τετολμηκὸς 6   >καὶ 1° 5 10   ἱερέας] ἱερεῖς A⁻¹⁰   ἱερέας κα-
τέσφαξεν tr 37

κατέσφαξεν. Πρόσκειται δὲ τὸ «Πάντας αἴροντας ἐφοὺδ» εἰς
κατηγορίαν πλείονα τοῦ τολμήματος. Οὐ γὰρ λευῖται ἦσαν, ἀλλ᾽
ἐξ ἀρχιερατικῆς ῥίζης κατῆγον τὸ γένος.

NE´

Τί δήποτε τὴν ἐπιληψίαν ὁ Δαβὶδ ὑπεκρίνατο;

Τὸν Σαοὺλ ἀποδιδράσκων κατέφυγεν εἰς τὴν Γέθ. Οὐ γὰρ 5
ὑπέλαβε δῆλος ἔσεσθαι. Ἐπειδὴ δὲ εἶδεν ἐγνωκότας ἐκείνους, ὡς
αὐτὸς αὐτῶν ἀνῃρήκει τὸν πρόμαχον, μανίαν ὑποκρινάμενος
διέφυγε τοῦ θανάτου τὸν κίνδυνον. Δηλοῖ δὲ αὐτοῦ τὴν εὐσέβειαν
ἡ θεία γραφή· ἀεὶ γὰρ τοῦ Θεοῦ πυνθανόμενος, καὶ παρετάττετο,
καὶ ἡσύχαζεν. Αὐτίκα γοῦν μαθών, ὡς ἔπεισι ὁ Σαούλ, ἐν τῇ 10
Κεϊλὰ διάγειν αὐτὸν ἐγνωκώς, ἤρετο εἰ ἐκδώσουσιν αὐτὸν οἱ δι᾽
αὐτοῦ τῆς σωτηρίας τετυχηκότες· καὶ μαθὼν ὡς ἐκδώσουσιν, εἰς
ἕτερον μετέστη χωρίον. Τὸ δὲ «Ἐπορεύοντο οὗ ἐὰν ἐπορεύοντο»,
τὸν πλάνον δηλοῖ· ποτὲ μὲν γὰρ ἐν τῇ Ἰουδαίᾳ, ποτὲ δὲ ἐν τῇ
ἐρήμῳ διῆγον. Τὸ δὲ «Ἐκάθισε Δαβὶδ ἐν τῇ ἐρήμῳ ἐν Μεσεράμ», 15
οἱ λοιποὶ ἑρμηνευταὶ «Ἐν τοῖς σπηλαίοις τοῖς ὀχυροῖς» ἐκδεδώκα-
σιν. Ὁ μέντοι Ἰωνάθαν δῆλος ἦν θερμότερον περὶ τὸν Δαβὶδ
διακείμενος. Καὶ γὰρ τοῦ πατρὸς κατ᾽ αὐτοῦ φονῶντος, καὶ
θηρεῦσαι ποθοῦντος, οὐκ ἤνεγκε τοῦ πόθου τὰ κέντρα· ἀλλ᾽ ἔνθα

---

1 1 Re 22, 18   4 cf 1 Re 21, 13 s   13 1 Re 23, 13   15 1 Re 23, 14

3, 5, 6, 8, 9, 10, 12, 35, 37, 54, 55, 56

2 τολμήματος] τετολμηκότος A⁻¹⁰   4 ἐπιληψίαν] ἐπίληψιν 55   ὑπεκρίνατο]
ὑπεκρίνετο 5 54   5 Τὸν] τοῦ 3 6 37   6 Ἐπειδὴ] ἐπεὶ 5 54   εἶδεν] > 6: ἤσθη δ᾽ 5: ἤ-
σθετο ed   >ἐκείνους 54   7 αὐτῶν ἀνῃρήκει τὸν] εἴη ὁ τὸν ἐκείνων ἀνελὼν 54   ὑπο-
κρινόμενος 9 37   8 διέφυγε / τοῦ θανάτου tr 54   10 >γοῦν 54   >ὁ 5 6 55   11
Κεϊλὰ] Κεηλὰ 5 10 12   >διάγειν αὐτὸν ἐγνωκώς 54   12 τῆς σωτηρίας τετυχηκότες]
σωθέντες 54   13 >μετέστη 54   >οὗ ἐὰν ἐπορεύοντο A D hmt   ἐὰν] ἂν 3 9
10   15 >διῆγον — ἐρήμῳ 6   Μεσεράμ] Μεσαρέμ c₁ 3 37: Μεσράμ 10   16 >τοῖς
6   ἐκδεδώκασιν] ἡρμηνεύκασιν 12   18 αὐτοῦ] αὐτῶν 5   φονῶντος] φονοῦντος
6   19 >καὶ θηρεῦσαι ποθοῦντος 6   πόθου] πάθους D

διῆγεν ἀφίκετο, καὶ παραθαρρύνας τῇ τῆς βασιλείας προρρήσει, αὖθις τὰς γεγενημένας συνθήκας ἐκράτυνε. Τὴν δὲ «καινήν», ₅₈₀ «δρυμὸν» ὁ Ἀκύλας ἡρμήνευσεν· τὴν «Γαβαὰ» δέ, «βουνόν»· τὸ δέ, «ἐν τῇ ἐρήμῳ τῇ ἐπηκόῳ», «ἐν τοῖς ὁμαλέσιν». Ἔδειξε δὲ καὶ 5 ὁ Δεσπότης Θεὸς τὴν οἰκείαν κηδεμονίαν. Μέλλοντος γὰρ θηρεύεσθαι τοῦ Δαβὶδ τῇ τῶν ἀλλοφύλων ἐφόδῳ τὸν κατὰ τοῦ Δαβὶδ ἐπέδησε δρόμον. Τοῦτο γὰρ ἐγνωκὼς ἀνέστρεψεν ὁ Σαούλ.

NS′

Πῶς νοητέον τὸ «Εἰσῆλθε Σαοὺλ παρασκευάσασθαι εἰς τὸ σπήλαιον»;

10   Σεμνῶς ἡρμηνεύθη παρὰ τῶν Ἑβδομήκοντα. Ὁ δὲ Ἀκύλας αὐτὸ σαφέστερον εἴρηκεν· «Εἰσῆλθε» γάρ φησιν, «ἀποκενῶσαι». Ὁ δὲ Ἰώσηπος, «τὰς φυσικὰς ἐκκρίσεις ποιήσασθαι». Μέγιστον μέντοι τὸ σπήλαιον ἦν. Εἶχε γὰρ ἔνδον καὶ τὸν Δαβὶδ καὶ τοὺς σὺν αὐτῷ κεκρυμμένους. Ἐγύμνωσε δὲ κἀνταῦθα τὴν οἰκείαν φι-
15 λοσοφίαν ὁ θεῖος Δαβίδ. Τῶν γὰρ σὺν αὐτῷ εἰς καιρὸν ἀνελεῖν τὸν Σαοὺλ πειραθέντων, τὴν μὲν σφαγὴν διεκώλυσεν εἰρηκώς· «Μηδαμῶς ἐμοὶ παρὰ Κυρίου, εἰ ποιήσω τὸ ῥῆμα τοῦτο τῷ κυρίῳ μου τῷ χριστῷ Κυρίου· ἐπενεγκεῖν τὴν χεῖρά μου ἐπ᾽ αὐτόν, ὅτι χριστὸς Κυρίου ἐστίν». Τῆς διπλοΐδος δὲ τὸ πτερύγιον ἔτεμεν· εἰς

---

2 s 1 Re 23, 16 s.19.24   8 s 1 Re 24, 4   12 Josefo, *Ant* 6, 13   17 s 1 Re 24, 7

3, 5, 6, 8, 9, 10, 12, 35, 37, 54, 55, 56

2 αὖθις post συνθήκας 5 8   >γεγενημένας 54   3 ἡρμήνευσεν] ἐκάλεσεν A⁻¹⁰   Γαβαὰ] Γαβαὰδ 8 12: Βαὰδ 5 6: Γαὰδ 35: σαββὰν 10   4 ὁμαλέσιν] ὁμαλοῖς 37   >δὲ καὶ 37   5 Δεσπότης Θεὸς] Θεὸς 6 54: Κύριος 5   6 τοῦ Δαβὶδ] τούτου 5   7 ἐπέδησε δρόμον tr 5   ἀνέστρεψεν] ἐπέστρεψεν 5: ὑπέστρεψεν 54   >ὁ A⁻⁵⁴   Σαοὺλ + διώκων τὸν Δαβὶδ 6   8 παρασκευάσασθαι] ἀποσκ. 5: ἀνασκ. ed   11 εἴρηκεν] τέθεικεν 37   12 ἐκκρίσεις] κρίσεις 35   13 >Εἶχε — κεκρυμμένους 54   >καὶ τοὺς — Δαβίδ (l 15) 12   14 >κεκρυμμένους 6   κἀνταῦθα] καὶ ἐνταῦθα 9 35: ἐνταῦθα 8   15 >θεῖος 6 54   >εἰς καιρὸν 5   16 Σαοὺλ] Δαβὶδ 35   τὴν μὲν σφαγὴν — χριστῷ Κυρίου] αὐτὸς κωλύων φησίν· Μηδαμῶς μοι παρὰ Κυρίου 54   >εἰρηκώς — Κυρίου ἐστίν (l 19) 6   17 >εἰ ποιήσω — χριστῷ Κυρίου 5   18 τῷ χριστῷ] τοῦ χριστοῦ 10   >μου ἐπ᾽ αὐτὸν 54   19 Τῆς + δὲ A⁻¹⁰   >δὲ 5 54   περιέτεμεν 37

ἔλεγχον μὲν τῆς ἐκείνου πονηρίας, ἀπόδειξιν δὲ τῆς οἰκείας φιλο-
σοφίας. Ἐδίδαξε δὲ ἡμᾶς ἡ ἱστορία τοῦ σώφρονος λογισμοῦ τὴν
ἰσχύν. «Ἐπάταξε» γάρ φησι, «τὸν Δαβὶδ ἡ καρδία αὐτοῦ, ὅτι
ἀφεῖλε τὸ πτερύγιον τῆς διπλοΐδος», ἀντὶ τοῦ· «Μέχρι τούτου τὴν
ἐπιχείρησιν συνεχώρησε, περαιτέρω δὲ προβῆναι κεκώλυκεν». 5
Ἐπειράθη δὲ τοῖς ἠπίοις λόγοις τὸν φθόνον ἰάσασθαι, καὶ τὸν
θυμὸν κατασβέσαι· «Ἵνα τί» γάρ φησιν, «ἀκούεις τῶν λόγων τοῦ
λαοῦ λεγόντων, Ἰδοὺ Δαβὶδ ζητεῖ τὴν ψυχήν σου; Καί γε ἐν τῇ
ἡμέρᾳ ταύτῃ ἑωράκασιν οἱ ὀφθαλμοί σου, ὡς παρέδωκέ σε Κύριος
σήμερον εἰς τὰς χεῖράς μου· καὶ οὐκ ἠβουλήθην ἀποκτεῖναί σε, καὶ 10
ἐφεισάμην σου, καὶ εἶπον, Οὐκ ἐποίσω τὴν χεῖρά μου ἐπὶ τὸν
κύριόν μου, ὅτι χριστὸς Κυρίου οὗτός ἐστιν, καὶ πατήρ μου». Τίς
οὐκ ἂν ἀγασθείη τοῦ προφήτου τὴν ἀρετήν; Πατέρα κέκληκε τὸν
ἐπίβουλον καὶ κύριον ὁ τῆς βασιλείας τὴν χειροτονίαν δεξάμενος·
καὶ χριστὸν Κυρίου τὸν ἐστερημένον τῆς χάριτος· ᾐσχύνετο γὰρ 15
581 καὶ λυθεῖσαν τὴν τοῦ Θεοῦ χειροτονίαν. Εἰς βεβαίωσιν δὲ τῶν
λόγων ἐπέδειξε τὸ πτερύγιον· ἵνα γνοὺς τὴν φιλοσοφίαν αἰδεσθῇ
τὴν εὐεργεσίαν. Τοῦτο γὰρ εἶπε· «Καὶ γνῶθι καὶ ἴδε σήμερον, ὅτι
οὐκ ἔστιν ἐν τῇ χειρί μου κακία, οὐδὲ ἀθέτησις οὐδὲ ἀσέβεια· καὶ
οὐχ ἥμαρτον εἰς σέ». 20

NZ´

**Πῶς νοητέον τὴν παραβολήν· «Ἐξ ἀνόμων ἐξελεύσεται πλημμέ-
λεια, καὶ ἡ χείρ μου οὐκ ἔσται ἐπὶ σέ»;**

3 s 1 Re 24, 6   7 s 1 Re 24, 10-11   18 s 1 Re 24, 12   21 s 1 Re 24, 14

3, 5, 6, 8, 9, 10, 12, 35, 37, 54, 55, 56

1 πονηρίας] τιμωρίας Α·10   ὑπόδειξιν 5   5 >δὲ 35   προβῆναι] παραβῆναι ed   7
τὸν λόγον 3 35   8 Δαβὶδ pr ὁ 37   Καί γε] εἰς κακὰ Α   9 ἐν τῇ ἡμέρᾳ — καὶ πατήρ
μου (l 12)] καὶ ἑξῆς 54   ἑωράκασιν — καὶ εἶπον (l 11)] καὶ ἑξῆς ἕως τοῦ 6   παραδέ-
δωκε 9   Κύριος + ὁ Θεὸς 5   10 >σήμερον] > D 9: post χεῖράς μου 5   12 οὗτος
ἐστίν tr 3 5 6 37   >Τίς οὐκ — fin Q c₁   13 κέκληκε] > 54: ἐκάλεσεν 6   14 καὶ
κύριον post Πατέρα 6   15 >καὶ χριστὸν — χειροτονίαν Α   ᾐσχύνετο] ἠνέσχετο 8
35   16 >Εἰς βεβαίωσιν — λόγων 6   17 ἐπέδειξε] ὑπέδειξε 3: ἔδειξεν 35: + δὲ καὶ
6   πτερύγιον + τῆς διπλοΐδος 8   18 Τοῦτο γὰρ — εἰς σέ] καθὰ καὶ τὰ ἑξῆς δηλοῖ
6   εἶπε· Καὶ tr 37   >Καὶ 1° Α·54 3   καὶ ἴδε ante Τοῦτο γὰρ 5   21 >τὴν παρα-
βολήν c₁ 3 37   22 >καὶ ἡ χείρ — ἐπὶ σέ 54

Τὰ καθ᾽ ἑαυτὸν τῆς θείας ἐξήρτησε κρίσεως. Εἶπε γάρ, «Κρίναι Κύριος ἀνὰ μέσον ἐμοῦ καὶ σοῦ· ἡ δὲ χείρ μου οὐκ ἔσται ἐπὶ σέ». Εἶτα προστέθεικε τὴν παραβολήν. Δηλοῖ δὲ αὕτη, ὡς τῶν παρανόμων τὸ ἁμαρτάνειν, τῶν φιλοσοφεῖν δὲ πεπαιδευμένων τὸ
5 φέρειν τὰ πλημμελούμενα. Ἀμέτρῳ δὲ κεχρημένος μετριότητι, «τεθνηκότα κύνα καὶ ψύλλον» ἑαυτὸν ὀνομάζει· ὅπως ἡ τῆς ταπεινότητος ὑπερβολὴ τὴν ἀτεράμονα καταμαλάξῃ καρδίαν. Αὐτίκα γοῦν πληγεὶς ἐκεῖνος ὡμολόγησε. «Εἶπε» γάρ φησιν, «πρὸς Δαβίδ, Δίκαιος σὺ ὑπὲρ ἐμέ· ὅτι σὺ μὲν ἀνταπέδωκας
10 ἀγαθά, ἐγὼ δὲ ἀνταπέδωκά σοι κακά». Καὶ τὰ ἑξῆς δὲ τοὺς ἐπαίνους ἔχει, καὶ μετὰ τοὺς ἐπαίνους, τῆς βασιλείας αὐτῷ προσημαίνει τὸ κράτος. «Γινώσκω» γὰρ ἔφη, «ὅτι βασιλεύων βασιλεύσεις, καὶ στήσεται ἡ βασιλεία Ἰσραὴλ ἐν χειρί σου». Ἠξίωσε δὲ ἧς ἀπήλαυσε κηδεμονίας καὶ τὸ γένος τυχεῖν. «Ὄμοσον γάρ
15 μοι», φησί, «κατὰ τοῦ Κυρίου, ἵνα μὲ ἐξολοθρεύσῃς τὸ σπέρμα μου ὀπίσω μου· καὶ μὴ ἀφανίσῃς τὸ ὄνομά μου ἐκ τοῦ οἴκου τοῦ πατρός μου. Καὶ ὤμοσε Δαβὶδ τῷ Σαούλ». Τοσαύτη τῆς ἀρετῆς ἡ ἰσχύς, τοσαύτη ἡ τῆς κακίας ἀσθένεια. Ὁ τοσούτων μυριάδων ἡγούμενος τὸν φυγάδα παρεκάλει, καὶ ὁ μετὰ πλήθους στρατεύων
20 τὸν ἀποδιδράσκοντα μεταδοῦναι φιλανθρωπίας ἱκέτευε.

---

1 s 1 Re 24, 13   6 cf 1 Re 24, 15   8 s 1 Re. 24, 18   12 s 1 Re 24, 21   14 s 1 Re 24, 22-23

3, 5, 6, 8, 9, 10, 12, 35, 37, 54, 55, 56

2 Κύριος] ὁ Θεὸς 54   3 προστέθεικε] προσέθηκε D 5 9   4 φιλοσοφεῖν δὲ tr 5 56   φιλοσοφεῖν] φιλοσοφίαν A⁻⁵⁴: φιλοσόφων 54   δὲ] > 6 54: ante φιλοσοφεῖν ed   6 >τεθνηκότα 6 54   κύνα + ὀδωδότα 54: καὶ ὀδωδότα 5 6   κύνα... ψύλλον tr 10   >καὶ ψύλλον A⁻¹⁰   ψύλλαν 37   ἢ] τῇ A⁻¹⁰   7 ταπεινότητος] ἠπιότητος A⁻¹⁰   8 ὡμολόγησε + τὴν εὐεργεσίαν A   >φησιν A   9 >πρὸς 54   >Δίκαιος 54   ἀνταπέδωκας + μοι A   10 >ἀνταπέδωκά σοι 6   τοῦ ἐπαίνου A⁻⁵   11 ἔχει] ἔχεται 5   >μετὰ τοὺς ἐπαίνους 6   τοὺς ἐπαίνους] τὸν ἔπαινον 54   αὐτῷ] αὐτοῦ D 9   12 προσημαίνει] ὑποσημαίνων 5 6: προσημαίνων 54   γιγνώσκω 6 9 12: γινώσκων 5   >γὰρ A⁻¹⁰   βασιλεύων pr σὺ 6   14 >δὲ 35   >καὶ τὸ γένος 6 54   16 >ὀπίσω μου A   καὶ μὴ — πατρός μου] εἶτα μετ᾽ ὀλίγον 54   μὴ pr οὐ c₁ 3: οὐκ 37   ἀφανίσῃς] ἀφανιεῖς 10 37 55   17 >Τοσαύτη τῆς ἀρετῆς ἡ ἰσχύς A   18 Ὁ τοσούτων — ἱκέτευε (l 20)] ὅτι ὁ βασιλεὺς ὁ μετὰ πλήθους στρατιωτῶν τὸν φυγάδα παρεκάλει 6   19 τὸν] καὶ ed   >ὁ μετὰ — ἀποδιδράσκοντα 54   στρατεύων] στρατιωτῶν 5 10   20 μεταδοῦναι + οἱ c₁ 37

ΝΗ΄

Ὁ τοσαύτην ἐν τοῖς κατὰ τὸν Σαοὺλ ἐπιδείξας μακροθυμίαν, τί δήποτε τὸν Νάβαλ ἀνελεῖν ἐπειράθη;

Πολλῆς καὶ οὗτος εὐεργεσίας ἀπήλαυσε. Συνδιατρίβων γὰρ τοῖς τούτου ποιμέσιν ἐν τῇ ἐρήμῳ, οὐ μόνον τοὺς οἰκείους ἀφελεῖν τι τῶν ἐκείνοις προσηκόντων ἐκώλυσεν, ἀλλὰ καὶ τὰς ἑτέρωθεν 5 ἐπιγινομένας διεσκέδασε βλάβας. Τοῦτο γὰρ οἱ ποιμένες τὴν
584 Ἀβιγαίαν ἐδίδαξαν, ὅτι «Ἀγαθοὶ ἡμῖν οἱ ἄνδρες σφόδρα, καὶ οὐκ ἀπεκώλυσεν ἡμᾶς, οὐδὲ ἐπιτετάχασιν ἡμῖν πάσας τὰς ἡμέρας, ἃς ἦμεν παρ᾽ αὐτοῖς· καὶ ἐν τῷ εἶναι ἡμᾶς ἐν ἀγρῷ, ὡσεὶ τεῖχος ἦσαν περὶ ἡμᾶς, καὶ τὴν ἡμέραν καὶ τὴν νύκτα, πάσας τὰς ἡμέρας ὄντων 10 ἡμῶν μετ᾽ αὐτῶν, καὶ ποιμαινόντων τὰ ποίμνια ἡμῶν». Ἡ μὲν οὖν εὐεργεσία τοσαύτη, ἡ δὲ αἴτησις μετρία, καὶ τὴν σπάνιν τῶν ἀναγκαίων μηνύουσα· «Εὑρέτω» γάρ φησι, «τὰ παιδάρια χάριν ἐν ὀφθαλμοῖς σου, ὅτι ἐφ᾽ ἡμέραν ἀγαθὴν ἡμεῖς ἥκομεν. Δὸς δὴ ὃ ἐὰν εὕρῃ ἡ χείρ σου τοῖς παισὶ τοῦ υἱοῦ σου Δαβίδ». Τί διαφέρει ταυτὶ 15 τὰ ῥήματα τῶν παρὰ τῶν προσαιτούντων προσφερομένων λόγων; Ἀλλ᾽ ὁ θηριώδης ἀνὴρ οὐ μόνον οὐκ ἔδωκεν, ἀλλὰ καὶ προσεπαροίνησε. «Τίς» γάρ φησι, «Δαβίδ, καὶ τίς υἱὸς Ἰεσσαί; Σήμερον πεπληθυμένοι εἰσὶν οἱ δοῦλοι, οἱ ἀποδιδράσκοντες ἕκαστος ἀπὸ

---

7 s 1 Re 25, 15-16   13 s 1 Re 25, 8   18 s 1 Re 25, 10

3, 5, 6, 8, 9, 10, 12, 35, 37, 54, 55, 56

1 >Ὁ τοσαύτην — Σαοὺλ 6   >ἐν τοῖς 54   κατὰ τὸν Σαοὺλ] ἐπὶ Σαοὺλ 54   ἐπιδείξας] ἐπιδειξάμενος 3 37 54: ἐνδειξάμενος c_1 μακροθυμίαν + καὶ 6   2 Νάβαλ] Ἄβαλ 35   ἀνελεῖν] ἀναιρεῖν 6   4 >ἐν τῇ ἐρήμῳ 54   5 ἐκείνοις] ἐκείνῳ 5 6: ἐκείνου 54   προσηκόντων ἐκώλυσεν] διεκώλυσεν 54   ἑτέρωθεν] ἑτέρας 54   6 >ἐπιγινομένας διεσκέδασε 54   βλάβας + ἀνέκοπτε 54   7 >ὅτι Ἀγαθοὶ — ἡμέρας ὄντων (l 10) 54   καὶ οὐκ — ἡμέρας ὄντων (l 10)] καὶ τὰ ἑξῆς 6   8 ἀπεκώλυσεν 8 12   9 ὡσεὶ] ὡς c_1 3 37   10 ὄντων] ὄντες 5   11 >ἡμῶν — ποίμνια ἡμῶν Α   >Ἡ μὲν — τοσαύτη 6   12 αἴτησις] ἀπαίτησις c_1 μετρία] μικρά 54   >καὶ τὴν σπάνιν — μηνύουσα 54   13 χάριν post γάρ Α^{-10} 14 >σου 10   δὴ] δὲ 3 6 12 35   ἐὰν] ἂν Α^{-10} 56   15 σου 1°] του 9 12   ταυτὶ] ταῦτα Α 56   16 >παρὰ τῶν 8 54   >λόγων 6 9 54   17 ἀνήρ] > 54: pr οὗτος c_1 παροίνησεν 8 35   19 πεπληθυμμένοι 8 35 54: πεπληθυσμένοι 9 37   πεπληθυμένοι — κυρίου αὐτοῦ (p 52 l 1)] καὶ τὰ ἑξῆς 6   >ἕκαστος Α

προσώπου τοῦ κυρίου αὐτοῦ». Τῶν εὐεργεσιῶν τοίνυν ἐκείνων ὁ
Δαβὶδ μεμνημένος, καὶ τῆς παροινίας ἀκούσας ὥρμησεν ὁπλισά-
μενος. Ἐλογίσατο γάρ, ὡς ὁ μὲν Σαοὺλ εἶχεν ἀφορμὴν τῆς
ἀδικίας τὴν δυναστείαν, καὶ τὸν φθόνον τῆς βασιλείας· οὗτος δὲ
5 οὐδεμίαν πρόφασιν ἔχων ἀλαζονείας, ταῖς ἐσχάταις κατ' αὐτοῦ
λοιδορίαις ἐχρήσατο.

ΝΘ΄

**Τί δήποτε ὀμωμοκὼς καὶ αὐτὸν καὶ τοὺς σὺν αὐτῷ κτείνειν παρέβη
τὸν ὅρκον;**

Ὁ μὲν ὅρκος τοῦ δικαίου θυμοῦ, ἡ δὲ φειδὼ τοῦ σώφρονος λο-
10 γισμοῦ. Δεξάμενος δὲ τῆς Ἀβιγαίας τὴν ἱκετείαν, ἔσβεσε τὸν
θυμόν. Ἄμεινον γὰρ ἦν παραβῆναι τῆς ἀπειλῆς τὸν ὅρκον ἢ
τοσοῦτον ἐργάσασθαι φόνον. Τὸ δὲ οἰφί, «σάτα» ὁ Ἀκύλας
ἡρμήνευσε· τὸ δὲ γόμορ ἰσόμετρον εἶναι τῷ οἰφὶ μεμαθήκαμεν ἐκ
τῆς τοῦ θεσπεσίου Ἰεζηκιὴλ προφητείας. Τὸ δὲ Νάβαλ ὄνομα εἰς
15 τὴν Ἑλλάδα φωνὴν μεταβαλλόμενον, τὴν ἀφροσύνην σημαίνει.
Τοῦτο γὰρ καὶ ἡ Ἀβιγαία δεδήλωκε, καὶ τῆς τῶν ἑβραϊκῶν
ὀνομάτων ἑρμηνείας ἡ βίβλος. Ὁ δὲ Ἀκύλας οὕτως ἔφη, «Νάβαλ
ὄνομα αὐτῷ, καὶ ἀπόρρευσις μετ' αὐτοῦ». Τὴν αὐτὴν δὲ ἔχει
διάνοιαν, ὑπορρέοντος γὰρ τοῦ λογικοῦ καὶ σβεννυμένου, τὸ τῆς

---

12 1 Re 25, 18   **13** s cf Ez 45, 11   **14** s cf 1 Re 25, 25

3, 5, 6, 8, 9, 10, 12, 35, 37, 54, 55, 56

1 τοῦ] > c₁: τῶν 5 54   κυρίου αὐτοῦ] κυρίων αὐτῶν 5 54   Τῶν εὐεργεσιῶν pr τῆς
παροινίας 6   >ἐκείνων 6 54   3 >Ἐλογίσατο — τῆς βασιλείας 6   4 οὗτος pr ὅτι
6   >δὲ 6   5 οὐδεμίαν] μηδεμίαν 6 55: μίαν 54   6 λοιδορίαις post ἐσχάταις 6
54   8 τοὺς ὅρκους 6   9 μὲν + γὰρ ed   10 δὲ] γὰρ Α   11 >τῆς ἀπειλῆς τὸν ὅρκον
54   12 οἰφί] ὑφί Α⁻⁵⁴ D 3 9: ὑφεί 37 56: + καὶ Α⁻¹⁰   σάτα] σάτον Α⁻¹⁰   13 >τὸ δὲ
Α⁻⁵   >ἰσόμετρον 6   οἰφὶ] ὑφὶ Α⁻⁵⁴ D 3 9: ὑφεί 37 56   μεμαθήκαμεν + δὲ τοῦτο καὶ
Α⁻⁵: δὲ καὶ τοῦτο 5   14 >θεσπεσίου 5 54   Ἐζεκιὴλ 5 6   >ὄνομα 54   16 ἐδήλωσε
37   τῆς] ἡ βίβλος Α⁻¹⁰   17 >ἑρμηνείας ἡ βίβλος Α⁻¹⁰   18 ἀπόρρευσις] ἀπάρευσις D:
ἀπαγόρευσις 10: ἀποσώρευσις 37: ὑπόρρευσις 55   19 ἀπορρέοντος 5 56

ἀφροσύνης ἐπιγίνεται πάθος. Τὸ δὲ «Καθὼς ἐκώλυσέ σε Κύριος
585 τοῦ μὴ εἰσελθεῖν εἰς αἷμα ἀθῶον, καὶ σῴζειν τὴν χεῖρά σού σοι» ὁ
'Ακύλας «Τοῦ μὴ μυσάζειν» εἴρηκεν, ἀντὶ τοῦ· «Ἵνα μὴ μύσους ἐκ
τῆς μιαιφονίας ἀναπλησθῇς». Καὶ τὸ «Οὐκ ἔσται σοι βδελυγμὸς
καὶ σκάνδαλον καρδίας τῷ κυρίῳ μου», ἀντὶ τοῦ «βδελυγμός»,   5
«λυγμὸν» ὁ 'Ακύλας εἴρηκεν· αἰνίττεται δὲ τὰς τοῦ συνειδότος
ἀκίδας. Τὸ δὲ Βαρούχ, «Κύριος εὐλογητός». Τὸ δὲ ὑπὸ τοῦ Δαβὶδ
εἰρημένον· «Εὐλογημένη σύ, ἡ ἀποκωλύσασά με σήμερον ἐν ταύτῃ
τοῦ μὴ ἐλθεῖν με εἰς αἵματα, καὶ σῶσαι τὴν χεῖρά μου ἐμοί»,
ἁμάρτημα γραφικὸν ὑπολαμβάνω. Οἱ γὰρ ἄλλοι ἑρμηνευταί, «μὴ   10
μυσῶσαι» εἰρήκασιν, ἀντὶ τοῦ, «μὴ μύσους μεταλαχεῖν». Τὸν μέν-
τοι Κάρμηλον Εὐσέβιος ὁ Καισαρεὺς ἐνταῦθα οὐ τὸ ὄρος εἴρηκεν,
ἀλλὰ κώμην τινὰ μέχρι τοῦ νῦν οὕτως ὠνομασμένην, νοτόθεν τῆς
Ἱερουσαλὴμ κειμένην· ἐν ταύτῃ φασὶν ᾠκηκέναι τὸν Νάβαλ.

Ξ´

Πῶς νοητέον τὸ «Σαοὺλ ἐκάθευδεν ἐν λαμπήνῃ»;   15

Λαμπήνη μέν ἐστιν εἶδος ἁρμαμάξης, ὥσπερ αὖ καὶ ἀπήνη. Ὁ
δὲ 'Ακύλας οὐκ εἶπε λαμπήνη ἀλλὰ «τῇ στρογγυλώσει»· Δηλοῖ

1 s 1 Re 25, 26   4 s 1 Re 25, 31   7 cf 1 Re 25, 32   8 s 1 Re 25, 33   12 s
Eusebio, *Onomastikon* 118   15 1 Re 26, 5

3, 5, 6, 8, 9, 10, 12, 35, 37, 54, 55, 56

1 Τὸ δὲ] ἀντὶ τοῦ D   2 εἰσελθεῖν] ἐλθεῖν A⁻¹⁰: + σὲ 3 5 6 12 37 56   τὰς χεῖρας 6
37   >σοι 10 54   4 τὸ] τοῦτο 3 10   ἔσται] ἐστί A⁻¹⁰   βδελυγμὸς] λυγμός c₁   6 λυ-
γμὸν] νυγμὸς 5 6 9 (-ὸν): νυσταγμὸς 54: λοιμὸς 37   εἴρηκεν] ἡρμήνευσεν 54   7 Βα-
ρούχ] Βαράχ 5   εὐλογητός + Κύριος A   Δαβὶδ] Θεοῦ 54   8 ἢ] εἰ 5 37: pr εἰ 6
54   ταύτῃ] αὐτῇ c₁ 3: + τῇ ἡμέρᾳ A⁻¹⁰   9 ἐλθεῖν] εἰσελθεῖν 9 37 54   >με A⁻¹⁰   καὶ
σῶσαι] κακῶσαι 6   10 γραφικὸν + εἶναι 5 6   11 μεταλαχεῖν] μεταλαβεῖν 55   12
ἐνταῦθα post Κάρμηλον 37   13 τινὰ + καὶ 6 54   ὠνομασμένην] ὀνομαζομένην 5
6   >νοτόθεν — κειμένην A 9   14 ἐν] ἐνταῦθα δὲ 54   ταύτῃ] ἢ 5   >ταύτῃ φασίν
54   φασίν] φησίν 35 55   15 ἐκάθευδεν] ἐκάθητο A⁻⁶   λαμπήνῃ] λαμπίνη 5 6 8 9 37:
pr τῇ 5 8 54: τί οὖν τοῦτο δηλοῖ; 6   16 Λαμπήνῃ] λαμπίνη 5 6 8 9 37   ἁρμαμάξης]
ἁμάξης c₁ D 5 9   αὖ] οὖν c₁   17 >Ὁ δὲ — λαμπήνῃ A   λαμπήνῃ] λαμπίνη 8 9
37   >ἀλλὰ τῇ στρογγυλώσει 54

δὲ ὁ λόγος, τὸ ἐν μέσῳ τοῦ στρατοῦ κατακεκλίσθαι τὸν βασιλέα, καὶ πανταχόθεν ὑπό τῶν ὁπλοφόρων τειχίζεσθαι· καὶ τοῦτο μᾶλλον ἀληθέστερον εἶναι νομίζω· «Εἶπε» γάρ φησι, «Δαβὶδ πρὸς Ἀχιμέλεχ τὸν Χετταῖον, καὶ πρὸς Ἀβεσσὰ υἱὸν Σαρουία ἀδελφὸν
5 Ἰωὰβ λέγων· Τίς εἰσελεύσεται μετ᾽ ἐμοῦ εἰς τὴν παρεμβολὴν πρὸς Σαούλ;» Τοιγάρτοι δεδήλωκεν ὁ λόγος, ὡς μεταξὺ τῆς στρατιᾶς ἐκάθευδεν ὁ βασιλεύς. Ἀλλ᾽ εἰσῆλθε μὲν θαρραλέως, ἐφείσατο δὲ σωφρόνως, καὶ πεπεδημένον ὕπνῳ λαβὼν οὐκ ἀπέκτεινεν, ἀλλὰ καὶ τὸν Ἀβεσσὰ τοῦτο δρᾶσαι βουληθέντα κεκώλυκεν, «Εἶπε»
10 γάρ φησιν, «πρὸς αὐτόν· Μὴ διαφθείρῃς αὐτόν, ὅτι τίς ἐποίσει χεῖρα αὐτοῦ ἐπὶ χριστὸν Κυρίου, καὶ ἀθῳωθήσεται;».

ΞΑ΄

588

Πῶς νοητέον· «Ἐὰν μὴ Κύριος παίσῃ αὐτόν, ἢ ἡ ἡμέρα αὐτοῦ ἔλθῃ καὶ ἀποθάνῃ», καὶ τὰ ἐξῆς;

Τὸ «Κύριος παίσῃ αὐτόν», τὴν θεήλατον σημαίνει πληγήν, ἣν
15 καὶ τὰ πρωτότοκα τῶν αἰγυπτίων ὑπέμεινε, καὶ ὁ λαὸς ἐν τῇ ἐρήμῳ πολλάκις, καὶ Νάβαλ ὁ Καρμήλιος. Τὸ δὲ «ἡ ἡμέρα αὐτοῦ ἔλθῃ», τὸν κατὰ φύσιν ἐπαγόμενον θάνατον, ὃς γίνεσθαι πέφυκεν, ἢ ἐκ πλησμονῆς, ἢ ἐξ ἐνδείας, ἤ τινος τῶν ἐν ἡμῖν χυμῶν πλεονάσαντος. Ὁ δὲ ἐν πολέμῳ γινόμενος βίαιος μᾶλλόν ἐστιν·
20 ἐρρωμένοι γὰρ τὰ σώματα κατακτείνονται. Τὸ μέντοι δόρυ, καὶ τοῦ ὕδατος τὸν φακὸν εἴληφε Δαβὶδ ὁ θαυμάσιος, ἵνα τὴν γεγε-

---

3 s 1 Re 26, 6   9 s 1 Re 26, 9   12 s 1 Re 26, 10   14 1 Re 26, 10   16 s 1 Re 26, 10

3, 5, 6, 8, 9, 10, 12, 35, 37, 54, 55, 56

1 στρατοῦ] λαοῦ 37   κατακεκλεῖσθαι 6 8 12 56: κατακεῖσθαι 54   2 >καὶ παντα-
χόθεν — τειχίζεσθαι 54   4 Ἀχιμέλεχ] Ἀβιμέλεχ 5 6 55   Ἀβεσὰ 5 37   6 δεδήλωκεν]
δέδωκεν 35   7 >θαρραλέως 6   ἐφείσατο] ἀφείλατο Α⁻¹⁰: ἐφήλατο 5(vid)   8 >δὲ σω-
φρόνως 6   ὕπνῳ] > 54: εὑρών 6: ὑπολαβὼν 5(vid)   9 Ἀβεσὰ 5 37: Ἀβισσέα
10   >Εἶπε — πρὸς αὐτὸν 6   10 διαφθείρῃς + γάρ φησιν 6   ὅτι τίς — ἀθῳωθήσεται]
καὶ τὰ ἐξῆς 6   12 >ἢ Α⁻¹⁰ D c₁   13 >καὶ τὰ ἐξῆς 54   14 >ἣν καὶ — Καρμήλιος (1
16) 54   17 >ἐπαγόμενον Α   >ὃς γίνεσθαι — πλεονάσαντος (1 19) 6 54   γίνεσθαι]
γινώσκεσθαι 5   19 γινόμενος] > 6: γενόμενος 54   >μᾶλλον 37   20 >ἐρρωμένοι —
κατακτείνονται 6   μέντοι] μὲν 5 54   21 Δαβὶδ pr ὁ 35 37 54   >ὁ Α⁻¹⁰   θαυμασίως
6 54

νημένην πάλιν εὐεργεσίαν ἐπιδείξῃ. Πανταχῇ δὲ ὁ συγγραφεὺς τὴν θείαν κηρύττει προμήθειαν. Εἰρηκὼς γὰρ ὅτι πάντες ἐκάθευδον, ἐπήγαγεν, ὅτι «Θάμβος Κυρίου ἐπέπεσεν ἐπ᾽ αὐτούς». Ἀξιάγαστα δὲ καὶ αὐτὰ τοῦ προφήτου τὰ ῥήματα. Δηλοῖ γὰρ ἣν πεποίηται τοῦ δυσμενοῦς βασιλέως κηδεμονίαν· «Ζῇ γὰρ Κύριος» φησίν,   5
«υἱοὶ θανάτου ὑμεῖς, οἱ μὴ φυλάσσοντες τὸν κύριον ὑμῶν τὸν βα-σιλέα τὸν χριστὸν Κυρίου». Καὶ πρὸς τούτοις εἰπών, ὡς «εἰσῆλθέ τις τοῦ λαοῦ ἀποκτεῖναι τὸν κύριόν μου τὸν βασιλέα», ἐπέδειξε τὸ δόρυ καὶ τὸν φακόν. Ἐπειδὴ δὲ Σαοὺλ ὁ παλίμβουλος καὶ παμπόνηρος, τὴν φωνὴν ἐπιγνοὺς εἴρηκεν, «Ἡ φωνή σου αὕτη,   10
τέκνον Δαβίδ; ὑπολαβὼν ὁ θεῖος εἶπεν ἀνήρ, Φωνή μου, Κύριέ μου· δοῦλος σός, Κύριέ μου βασιλεῦ». Καὶ τῆς βασιλικῆς χειροτονίας γεγενημένης, καὶ τῆς πνευματικῆς χάριτος μετα-στάσης, δοῦλον ἑαυτὸν ὠνόμαζε τοῦ γεγυμνωμένου τῆς χάριτος, καὶ τοῦ διψῶντος τοῦ αἵματος. Εἶτα πράως τῷ τῆς σφαγῆς   15
ἐπιμέμφεται πόθῳ· «Ἵνα τί τοῦτο καταδιώκει ὁ κύριός μου ὁ βασι-λεὺς ὀπίσω τοῦ δούλου αὐτοῦ; Τί ἥμαρτον, ἢ τίς ἐν ἐμοὶ κακία εὑρέθη; Καὶ νῦν ἀκουσάτω δὴ ὁ κύριός μου ὁ βασιλεὺς τὰ ῥήματα τοῦ δούλου αὐτοῦ. Εἰ ὁ Θεὸς ἐπισείει σε ἐπ᾽ ἐμέ, ὀσφρανθείη ἡ θυσία σου. Εἰ δὲ υἱοὶ ἀνθρώπων, ἐπικατάρατοι οὗτοι ἐνώπιον   20
Κυρίου». Ἔφη δὲ καὶ τὴν αἰτίαν, δι᾽ ἣν αὐτοῖς ἐπηράσατο «ὅτι Ἐξέβαλόν με σήμερον, μὴ ἐστηρίχθαι ἐν κληρονομίᾳ Κυρίου λέγον-τες, Πορεύου καὶ δούλευε θεοῖς ἑτέροις». Τοῦτο δὲ οὐ διὰ
589 ῥημάτων ἔλεγον, ἀλλὰ διὰ πραγμάτων ἠνάγκαζον δρᾶν. Πάν-

---

3 s 1 Re 26, 6   **9** s 1 Re 26, 9   **12** s 1 Re 26, 10   **14** 1 Re 26, 10   **16** s 1 Re 26, 10

3, 5, 6, 8, 9, 10, 12, 35, 37, 54, 55, 56

1 στρατοῦ] λαοῦ 37   κατακεκλεῖσθαι 6 8 12 56: κατακεῖσθαι 54   **2** >καὶ παντα-χόθεν — τειχίζεσθαι 54   **4** Ἀχιμέλεχ] Ἀβιμέλεχ 5 6 55   Ἀβεσὰ 5 37   **6** δεδήλωκεν] δέδωκεν 35   **7** >θαρραλέως 6   ἐφείσατο] ἀφείλατο Α⁻¹⁰: ἐφήλατο 5ᵛⁱᵈ   **8** >δὲ σω-φρόνως 6   ὕπνῳ] > 54: εὑρών 6: ὑπολαβὼν 5ᵛⁱᵈ   **9** Ἀβεσὰ 5 37: Ἀβισσέα 10   >Εἶπε — πρὸς αὐτὸν 6   **10** διαφθείρῃς + γὰρ φησιν 6   ὅτι τίς — ἀθωωθήσεται] καὶ τὰ ἑξῆς 6   **12** >ἢ Α⁻¹⁰ D c₁   **13** >καὶ τὰ ἑξῆς 54   **14** >ἦν καὶ — Καρμήλιος (l 16) 54   **17** >ἐπαγόμενον Α   >ὃς γίνεσθαι — πλεονάσαντος (l 19) 6 54   γίνεσθαι] γινώσκεσθαι 5   **19** γινόμενος] > 6: γενόμενος 54   >μᾶλλον 37   **20** >ἐρρωμένοι — κατακτείνονται 6   μέντοι] μὲν 5 54   **21** Δαβὶδ pr ὁ 35 37 54   >ὁ Α⁻¹⁰   θαυμασίως 6 54

τοθεν γὰρ αὐτὸν ἐξελαύνοντες, ἀνάγκην ἐπῆγον εἰς τὰς τῶν ἀλλοφύλων πόλεις ὡς ὀχυρὰς καταφεύγειν. Ἀπέδωκε δὲ καὶ τὸ δόρυ, καὶ τὸν φακόν, καὶ τῷ δικαιοτάτῳ κριτῇ τὴν οἰκείαν κρίσιν ἀνέθηκεν.

ΞΒ΄

5 **Τί δήποτε τὰ περὶ τῆς τελευτῆς τοῦ Σαμουὴλ συγγράψας, πάλιν αὐτῆς ἐμνήσθη;**

Μέλλων τὰ κατὰ τὴν ἐγγαστρίμυθον διηγεῖσθαι, ἠναγκάσθη μνησθῆναι τῆς τοῦ Σαμουὴλ τελευτῆς.

ΞΓ΄

Πῶς τὰ κατὰ τὴν ἐγγαστρίμυθον νοητέον;

10 Τινές φασιν, ἀληθῶς ἀνενηνοχέναι τὸν Σαμουήλ. Τινὲς δὲ τοῦτον μὲν τὸν λόγον ἀνέτρεψαν, δαίμονα δέ τινα λαοπλάνον ἔφασαν δεῖξαι τὸ σχῆμα τοῦ Σαμουήλ, καὶ εἰπεῖν ἃ πολλάκις ἀκήκοε τοῦ Σαμουὴλ εἰρηκότος, ἀγνοῆσαι δὲ τὸν χρόνον τῆς τοῦ Σαοὺλ

5 s cf 1 Re 28, 3.11 s

3, 5, 6, 8, 9, 10, 12, 35, 37, 54, 55, 56

1 Πάντοθεν — ἐπῆγον] διωχόμενος γὰρ 6   ἐπῆγον] ἐπήγαγον 12: ἠνάγκαζον 54   2 ὡς] > 6: τὰς 5 54   ὀχυρὰς] > 6: ἰσχυρὰς 10   καταφεύγειν] καταφυγεῖν D: κατέφευγεν 6   Ἀπέδωκε] ἀποδέδωκε c₁: δέδωκε D   3 >τῷ 5 54   δικαιοτάτῳ] δικαίῳ A⁻¹⁰   5 >Τί δήποτε — ἐμνήσθη; 54   >τὰ περὶ 6   >τὰ 5   συγγράψας + ἔμπροσθεν 5   8 >τῆς 55   >τοῦ 54 55   >Σαμουὴλ τελευτῆς 6   Σαμουὴλ] Σαοὺλ 10 56   τελευτῆς + καὶ Σαοὺλ περιεῖλε τοὺς ἐγγαστριμύθους 54   10 ἀληθῶς + αὐτὴν A⁻¹⁰   11 >τοῦτον — ἀνέτρεψαν 54   ἔφασαν] ἔφησαν 6 10: ἐν σχήματι 54   12 >τὸ σχῆμα 54   καὶ εἰπεῖν — ἀγνοῆσαι δὲ] διὸ καὶ ἀγνοεῖν αὐτὸν 54   13 Σαοὺλ] Σαμουὴλ D⁻⁸ 54 55

τελευτῆς. Ἐγὼ δὲ τὸ μὲν πρῶτον ἀνόσιον ἡγοῦμαι καὶ δυσσεβής· οὐ πείθομαι γὰρ τὰς νέκυιας, οὐδὲ τὴν τυχοῦσαν ἀνάγειν ψυχήν, ἤ πού γε προφήτου καὶ τοσούτου προφήτου. Δῆλον γάρ, ὡς ἐν ἄλλῳ τινὶ χωρίῳ διάγουσιν αἱ ψυχαί, προσμένουσαι τὴν τῶν σωμάτων ἀνάστασιν. Τοιγάρτοι κομιδῇ δυσσεβὲς τὸ πιστεύειν τοσαύτην 5 ἔχειν τὰς ἐγγαστριμύθους ἰσχύν. Τὸ δέ γε δεύτερον ἀγνοίας μᾶλλον ἢ δυσσεβείας ἐστί. Τὸν ἀνόσιον γὰρ ἐκεῖνον ἀναστρέψαι πειραθέντες λόγον, ψευδῆ τὴν γεγενημένην ὑπέλαβον πρόρρησιν, καὶ τούτου χάριν αὐτὴν τοῖς τοῦ ψεύδους διδασκάλοις ἀνέθεσαν δαίμοσιν· ἐγὼ δὲ ἀναγνοὺς τῶν Παραλειπομένων τὴν βίβλον, 10 εὗρον οὕτως εἰρηκότα τὸν τὴν ἱστορίαν συγγεγραφότα·. «Καὶ ἀπέθανε Σαοὺλ ἐν ταῖς ἀνομίαις αὐτοῦ, αἷς ἠνόμησεν ἐν Κυρίῳ κατὰ τὸν λόγον Κυρίου· διότι οὐκ ἐφύλαξεν αὐτόν, καὶ ὅτι ἐπηρώτησε Σαοὺλ ἐν τῷ ἐγγαστριμύθῳ τοῦ ἐκζητῆσαι· καὶ ἀπεκρίνατο αὐτῷ Σαμουὴλ ὁ προφήτης. Καὶ οὐκ ἐξεζήτησεν ἐν 15 Κυρίῳ, καὶ ἀπέκτεινεν αὐτόν». Δῆλον τοίνυν ἐντεῦθεν, ὡς αὐτὸς ὁ Δεσπότης Θεός, σχηματίσας ὡς ἠβουλήθη τὸ εἶδος τοῦ Σαμουὴλ ἐξενήνοχε τὴν ἀπόφασιν, οὐ τῆς ἐγγαστριμύθου τοῦτο δρᾶσαι δυνηθείσης, ἀλλὰ τοῦ Θεοῦ καὶ διὰ τῶν ἐναντίων ἐξενεγκόντος τὴν ψῆφον. Ἀκούομεν γὰρ αὐτοῦ λέγοντος· «Κἂν 20 ἀπέλθῃ πρὸς τὸν ψευδοπροφήτην, ἐγὼ Κύριος ἀποκριθήσομαι 592 αὐτῷ». Οὕτω διὰ τοῦ Βαλαὰμ ηὐλόγησε τὸν λαόν, καὶ διὰ δυσσεβοῦς μάντεως προηγόρευσε τὰ ἐσόμενα, καὶ τὴν τῆς οἰκουμένης

---

11 s 1 Cr 10, 13-14   20 s cf Ez 14, 4.7

3, 5, 6, 8, 9, 10, 12, 35, 37, 54, 55, 56

1 ἀνόσιον] ἀγνοητὸν D   2 οὐ πείθομαι — ἀνάγειν] οὐδὲ γὰρ οὐδὲ τὴν τοῦ τυχόντος 54   νέκυιας] νέκυας 3 37: νεκρομάντιδας 5   οὐδὲ] οὐχὶ D   3 ἢ πού γε] μήτοιγε Α   >καὶ τοσούτου προφήτου 6   προφήτου 1° — ἰσχύν (l 6)] τηλικούτου ἀνενεγκεῖν 54   5 >τὸ Α   6 ἀγνοίας] ἀνοίας 37 54   7 ἀνόσιον] ὅσιον c_1 ἀναστρέψαι] ἀνατρέψαι c_1 5 9: ἀναστρατεῦσαι 6   10 ἀναγνοὺς — βίβλον] ἐν τοῖς Παραλιπομένοις 54   11 τὴν — συγγεγραφότα] συγγραφέα 54   συγγεγραφότα] συγγραψάμενον 5: εἰρηκότα 12   13 >κατὰ τὸν λόγον — ἐφύλαξεν 54   14 τῷ] τῇ 5 6   15 ἐζήτησεν 12 55   17 Δεσπότης] τῶν ὅλων Α   18 ἐξενήνοχε] ἐξήνεγκε 5   τοῦτο δρᾶσαι tr 5 35   20 ἐξενεγκόντος] ἐξενέγκαντος c_1 21 ψευδοπροφήτην] προφήτην 37   22 Οὕτω + καὶ Α^{-10} δυσσεβοῦς pr τοῦ ed   23 >προηγόρευσε τὰ ἐσόμενα, καὶ 54   >καὶ τὴν — σωτηρίαν (p 58 l 1) 6

προεθέσπισε σωτηρίαν, οὐ τοῦ μιαροῦ πνεύματος φθεγξαμένου, ἀλλὰ τοῦ θείου καὶ παναγίου Πνεύματος ἐνεργήσαντος. Ἐπειδὴ δέ τινες ψευδῆ τὴν πρόρρησιν ὑπειλήφασι, προύργου νομίζω καὶ περὶ τούτου βραχέα διεξελθεῖν. Προεῖπεν ὁ συγγραφεύς, ὅτι «Ἐν
5 ταῖς ἡμέραις ἐκείναις συναθροίζουσιν οἱ ἀλλόφυλοι τὰς παρεμβολὰς αὐτῶν, τοῦ ἐξελθεῖν εἰς πόλεμον ἐπὶ Ἰσραήλ· καὶ ἐξέρχονται, καὶ παρεμβάλλουσι εἰς Σωνάμ. Καὶ συναθροίζει Σαοὺλ πάντα ἄνδρα Ἰσραὴλ καὶ παρεμβάλλουσιν εἰς Γελβουέ. Καὶ εἶδε Σαοὺλ τὴν παρεμβολὴν τῶν ἀλλοφύλων, καὶ ἐφοβήθη καὶ ἐξέστη ἡ καρδία
10 αὐτοῦ σφόδρα, καὶ ἐπηρώτησε Σαοὺλ διὰ τοῦ Κυρίου, καὶ οὐκ ἀπεκρίθη αὐτῷ Κύριος, καὶ ἐν τοῖς ὕπνοις καὶ ἐν τοῖς δήλοις καὶ ἐν τοῖς προφήταις». Δήλους δὲ ἐκάλεσε τὰ διὰ τοῦ ἐφοὺδ σημαινόμενα· «καὶ εἶπε Σαοὺλ τοῖς παισὶν αὐτοῦ, Ζητήσατέ μοι γυναῖκα ἐγγαστρίμυθον». Δῆλον τοίνυν, ὡς τῶν ἑβραίων καὶ τῶν
15 ἀλλοφύλων ἐστρατοπεδευκότων, ἐπεζήτησε τὴν ἐγγαστρίμυθον ὁ Σαούλ· «Εἶδε γὰρ τὴν παρεμβολὴν τῶν ἀλλοφύλων, καὶ ἐφοβήθη καὶ ἐξέστη ἡ καρδία αὐτοῦ σφόδρα». Ἀπελθὼν δὲ πρὸς τὴν ἐγγαστρίμυθον, καὶ θεόθεν δεξάμενος τὴν ἀπόφασιν, ἔπεσε παραυτίκα, οὔτε νύκτωρ φαγών, ἡνίκα λάθρα καταλιπὼν τὸ στρατόπεδον τῆς
20 ἐγγαστριμύθου πευσόμενος παρεγένετο, οὔτε διὰ πάσης τῆς ἡμέρας ἐκείνης. Δεξάμενος δὲ τῆς γυναικὸς τὴν παράκλησιν ἐδείπνησε, καὶ διανυκτερεύσας κατέλαβε τὴν παράταξιν. Τοῦτο

---

4 s 1 Re 28, 1.4-6   13 s 1 Re 28, 7   16 s 1 Re 28, 5

3, 5, 6, 8, 9, 10, 12, 35, 37, 54, 55, 56

1 πνεύματος] στόματος c_1 2 ἀλλὰ τοῦ — διεξελθεῖν (l 4)] ἀλλ᾽ ἐνεργήσαντος τοῦ θείου. Ἡ δὲ πρόρρησις ἡ περὶ τοῦ Σαοὺλ ὡς οὐ ψευδὴς ὧδε δῆλον 54   >θείου καὶ 5   >καὶ παναγίου — ἐνεργήσαντος 6   3 ψευδῆ post ὑπειλήφασι 10   πρόρρησιν] πρόφασιν 10   4 Προεῖπεν + γὰρ 10   5 συναθροίζουσιν] συναθροίζονται D   >τὰς παρεμβολὰς — Ἰσραὴλ D   6 >τοῦ ἐξελθεῖν εἰς πόλεμον A^{-10} 7 Σωνάμ] Σονάν 5: Σωμάν D^{-12} 9 10: Σημάν 54   Καὶ συναθροίζει — τοῦ Κυρίου (l 10)] Καὶ ἑξῆς ἕως τοῦ 6   8 εἰς] ἐν 5 54   9 >καὶ ἐφοβήθη 54   11 αὐτῷ] τῷ Σαοὺλ 6   ὕπνοις] ὕμνοις 8   >ἐν 2° 6 54   13 >καὶ εἶπε — τοίνυν 54   >γυναῖκα 5 6   14 Δῆλον] δηλοῖ D   >Δῆλον — ἀλλοφύλων καὶ (l 16) 5   καὶ] κατὰ 3 6 9 37 54   15 ἀλλοφύλων + ὡς δῆλον 54   >ἐπεζήτησε — σφόδρα (l 17) 54   16 γὰρ + φησι D 9   >καὶ ἐφοβήθη 6   ἐφοβήθη + γάρ φησιν 5   17 Ἀπελθὼν δὲ] ἀπήει Σαοὺλ 54   19 νύκτωρ] νύκτα 54   >ἡνίκα λάθρα 54   20 τῆς ἐγγαστρ. πευσόμενος] ἧκε πρὸς τὴν ἐγγαστρίμυθον 54   21 δὲ τῆς γυναικὸς τὴν] δ᾽ ὅμως τὴν τοῦ γυναίου 54   22 Τοῦτο γὰρ — νύκτα ἐκείνην (p 59 l 3)] ταῦτα γὰρ σαφῶς ἡ ἱστορία διδάσκει 54

γὰρ ἐδίδαξεν ἡ ἱστορία· «Καὶ προσήνεγκεν ἐνώπιον Σαοὺλ καὶ
ἐνώπιον τῶν παίδων αὐτοῦ, καὶ ἔφαγον, καὶ ἀναστάντες ἀπῆλθον
τὴν νύκτα ἐκείνην». Εἶτα τοῦ φωτὸς ἀνασχόντος γέγονεν ἡ
παράταξις. Ἀληθὴς τοίνυν ἡ πρόρρησις, ὅτι «Αὔριον σὺ καὶ
Ἰωνάθαν ὁ υἱός σου μετ᾽ ἐμοῦ· καὶ τὴν παρεμβολὴν Ἰσραὴλ καὶ σὲ   5
δώσει Κύριος εἰς χεῖρας ἀλλοφύλων». Τούτων δὲ οὐδὲν ἔτι περιὼν
ὁ θεῖος Σαμουὴλ προειρήκει, ἀλλὰ μόνην τῆς βασιλείας τὴν
στέρησιν· τοῦ δέ γε Ἰωνάθαν οὐδεμίαν ἐποιήσατο μνήμην.
Ἐνταῦθα δὲ καὶ τοῦ Ἰωνάθαν καὶ αὐτοῦ προεῖπε τὸν ὄλεθρον, καὶ
τοῦ λαοῦ τὴν ἧτταν, καὶ τῶν ἀλλοφύλων τὴν νίκην. Ἀλλ᾽   10
ὑποπτεύουσι πλείους ἐν τῷ μεταξὺ διεληλυθέναι ἡμέρας τῷ τὸν
593 συγγραφέα, κατὰ τὸ ἰδίωμα τῆς γραφῆς, ἀναλαβεῖν τὴν περὶ τοῦ
πολέμου διήγησιν· Καὶ συνιδεῖν οὐκ ἐθέλουσιν, ὅτι καὶ τοῦ Σα-
μουὴλ τὴν τελευτὴν προειπών, πάλιν μετὰ πολλὰ ἔφη διηγήματα·
«Καὶ Σαμουὴλ ἀπέθανε, καὶ ἐκόψαντο αὐτὸν πᾶς Ἰσραήλ, καὶ θά-   15
πτουσιν αὐτὸν ἐν Ἀρμαθὲμ ἐν τῇ πόλει αὐτοῦ». Ἀνέλαβε δὲ τουτὶ
τὸ διήγημα, ἵν᾽ ὡς ἔφην, τὰ κατὰ τὴν ἐγγαστρίμυθον διηγήσηται.
Οὕτω καὶ τὰ κατὰ τὸν πόλεμον ἀνέλαβεν, ἵνα διδάξῃ ὅπως μὲν οἱ
σατράπαι τῶν ἀλλοφύλων συμπαρατάξασθαι σφίσι τὸν Δαβὶδ
διεκώλυσαν· ὅπως δὲ τὴν Κεϊλὰ καταλαβὼν ἀνάστατον εὗρε γε-   20
γενημένην, καὶ ὅτι διώξας τοὺς ἀμαληκίτας κατὰ κράτος ἐνίκη-
σε, καὶ πλὴν ὀλίγων κατηκόντισεν ἅπαντας, καὶ τὴν λείαν ἅπα-

1 s 1 Re 28, 25   4 s 1 Re 28, 19   15 s 1 Re 28, 3

3, 5, 6, 8, 9, 10, 12, 35, 37, 54, 55, 56

3 τῇ νυκτὶ ἐκείνῃ 37   Εἶτα] καὶ c₁ 3 37   ἀνασχόντος] ἀνίσχοντος 10   4 σὺ +
ἀποθανῇ A   5 >ὁ 5   μετ᾽ ἐμοῦ] μετὰ σοῦ A 37   >καὶ σὲ A⁻¹⁰   6 ἀλλοφύλων pr
τῶν D 9   >ἔτι A⁻¹⁰   7 προείρηκεν c₁   μόνην] μόνης A⁻⁵⁴ D 9   8 τοῦ δέ — τήν
νίκην (l 10)] τῷ δὲ καὶ τὸν τοῦ Σαοὺλ ὄλεθρον αὐτῷ λέγων, καὶ τοῦ παιδὸς καὶ τοῦ στρα-
τεύματος τὴν ἧτταν 54   9 >τοῦ 10   καὶ αὐτοῦ post Ἐνταῦθα δὲ D 9   11
ὑποπτεύουσι + τινες 54   διεληλυθ.] διελθεῖν 5   τῷ 2°] τὸ 12 35: καὶ 8 37   >τῷ τὸν
— ἰδίωμα A   12 ἀναλαβεῖν] ἀναλαβούσης A⁻¹⁰   >περὶ 37   13 >Καὶ συνιδεῖν —
διηγήσηται (l 17) 54   14 προειπών + ὁ ἱστοριογράφος A⁻⁵⁴   15 ἐκόψατο 37   πᾶς +
ὁ λαὸς 37   16 Ἀρμαθαὶμ c₁ 3 5 9   >ἐν 2° 5 6   τουτὶ] τοῦτο 5 6 54   18 Οὕτω
καὶ] ἀναλαμβάνει δὲ 54   >καὶ c₁ 3 37   >ἀνέλαβεν 54   >μὲν A⁻¹⁰   19 σφίσι] > 5:
φησί D   20 ἐκώλυσαν A⁻¹⁰   Κεϊλὰ] Κεϊλὰν A⁻⁵⁴ 35 37   >καταλαβὼν 54   21
>γεγενημένην 54   22 πλὴν ὀλίγων — ἀνῃρέθησαν (p 60 l 4)] τὰ τοιαῦτα. Πεπληρωκὼς
δὲ τὰ διηγήματα ταῦτα, αὐτίκα ἐπὶ τὸν πόλεμον ἀνέρχεται. Καὶ ἐδίδαξεν· Σαοὺλ καὶ
Ἰωνάθαν ἀνῃρέθησαν 54   πλὴν ὀλίγων] πάλιν 10   ἅπασαν] πᾶσαν 5 6

σαν ἐπανήγαγε, τήν τε οἰκείαν καὶ τὴν ἐκείνων. Αὐτίκα γοῦν
τοῦτο πεπληρωκὼς τὸ διήγημα, ἀνέλαβε τὸν περὶ τοῦ πολέμου
τῶν ἀλλοφύλων λόγον, καὶ ἐδίδαξεν ὅπως Ἰωνάθαν καὶ Σαοὺλ
ἀνῃρέθησαν. Μαρτυρεῖ δὲ τῷ χρόνῳ καὶ ἡ τῆς δευτέρας ἱστορίας
5 ἀρχή· «Ἐγένετο» γάρ φησι, «μετὰ τὸ ἀποθανεῖν Σαούλ, καὶ Δαβὶδ
ἀνέστρεψε τύπτων τὸν Ἀμαλήκ, καὶ ἐκάθισε Δαβὶδ ἐν Σεκελὰ
ἡμέρας δύο. Καὶ ἐγένετο ἐν τῇ ἡμέρᾳ τῇ τρίτῃ, καὶ ἰδοὺ ἀνὴρ ἦλθεν
ἐκ τῆς παρεμβολῆς τοῦ λαοῦ τοῦ μετὰ Σαούλ, καὶ τὰ ἱμάτια αὐτοῦ
διερρωγότα, καὶ γῆ ἐπὶ τῆς κεφαλῆς αὐτοῦ». Ἀλλὰ γὰρ ἀναγκαῖον
10 οἶμαι πάλιν ἐν κεφαλαίῳ φᾶναι τὰ εἰρημένα. Τῆς στρατιᾶς τῶν
ἀλλοφύλων ἀθροιζομένης, εἶδον οἱ σατράπαι σὺν τῷ Ἀγχοῦς τὸν
Δαβίδ, καὶ δυσχεράναντες ἔπεισαν ὡς πολέμιον ἀπολῦσαι. Ὁ δὲ
Δαβὶδ ἀναστρέψας εὗρε πορθηθεῖσαν τὴν Κεϊλά. Εὐθὺς ὁρμήσας
καὶ τοὺς ἀμαληκίτας εὑρὼν τοῖς σκύλοις ἐντρυφῶντας, κατὰ
15 κράτος ἐνίκησε, καὶ σὺν τοῖς οἰκείοις τὸν ἐκείνων ἐκομίσατο
πλοῦτον. Τούτων γινομένων, καταλιπὼν ὁ Σαοὺλ τὸ στρατόπε-
δον, πρὸς τὴν ἐγγαστρίμυθον ἧκε. Δεξάμενος δὲ τὴν ἀπόφασιν,

5 s 2 Re 1, 1-2

3, 5, 6, 8, 9, 10, 12, 35, 37, 54, 55, 56

4 ἱστορίας] > A⁻¹⁰: ἱστορία ed: + τῶν βασιλείων A⁻¹⁰   5 >φησι 54   6 ἔστρεψε 6
54   Σεκελὰ] Σεχελὰτ A⁻⁵⁴: Κεϊλὰ 54: Σεχελὰγ 37 56: Σιχαλὰγ 55   7 ἡμέρᾳ post τρίτῃ
A 9   8 >λαοῦ τοῦ μετὰ 6   9 Ἀλλὰ γὰρ — ἐσφάγη (p 61 l 3)] Καὶ δῆλον, ὡς μετὰ τὴν
κατὰ τῶν ἀμαληκιτῶν νίκην τοῦ Δαβίδ, ὁ Σαοὺλ λιπὼν τὸ στρατόπεδον, ἐπὶ τὴν
ἐγγαστρίμυθον τρέχει· εἶτα τῇ ἐπαύριον καταλαμβάνει, καὶ παρατάσσεται καὶ σφάζεται.
Ἡ οὖν περὶ τὸν Δαβὶδ μεταξὺ λογηθεῖσα ἱστορία πλάνην ἐμποιεῖ τοῖς ἀπειροτέροις τῶν
ἰδιωμάτων τῆς γραφῆς, ὡς μετὰ τὸ ἀπὸ τῆς ἐγγαστριμύθου ἐπαναστρέψαι τὸν Σαοὺλ
ἐκεῖνα συνέπεσε. Διὸ καὶ πλείονα διελθεῖν νομίζουσιν χρόνον μεταξὺ τῆς προρρήσεως καὶ
τῆς σφαγῆς· τὸ δὲ οὐκ ἔστιν ἔχον οὕτω, ἀνάπαλιν δέ· μετὰ γὰρ τὸ πάντα τὰ κατὰ τὸν Δα-
βὶδ τελεσθῆναι, τότε Σαοὺλ καὶ ἐπὶ τὴν ἐγγαστρίμυθον τρέχει, καὶ ἐκεῖθεν τῇ ἐπαύριον τὸ
στρατόπεδον καταλαβὼν τελευτᾷ 54   10 φᾶναι] θεῖναι 37   εἰρημένα] εὑρημένα 6:
ῥήματα 37   11 εἶδον] ἰδόντες D 9   Ἀγχοῦς] Ἀχχοῦς D   12 >καὶ D   Ὁ] τὸν
A⁻⁵⁴   δὲ] > c₁ 3 8 10 37 55: post ἀναστρέψας 5 6   13 Κεϊλά] Κεϊλάν A⁻⁵⁴ 35   Εὐθὺς
+ οὖν 5 6   15 >σὺν 6 54

καὶ μετ᾽ ὀδύνης δεδειπνηκώς, διὰ πάσης μὲν τῆς νυκτὸς ἐποιήσατο τὴν πορείαν, ἔωθεν δὲ κατέλαβε τὸ στρατόπεδον. Εἶτα τῆς συμπλοκῆς γενομένης ἐσφάγη. Ἀληθὴς τοιγαροῦν ἡ πρόρρησις —θεία γὰρ ἦν— οὐ διὰ τοῦ Σαμουήλ, ὡς οἶμαι, γεγενημένη. Ἐκείνη μὲν γὰρ εἴρηκεν ὃ ἐθεάσατο σχῆμα· ὁ δὲ Σαοὺλ ἐκ τοῦ 5
595 σχήματος ἐτόπασεν εἶναι τὸν Σαμουήλ· ἡ δὲ ἱστορία τὸ ὀφθὲν Σαμουὴλ ὀνομάζει, διὰ τὸ οὕτως ἐκεῖνον πεπιστευκέναι. Οὕτω τοὺς ὀφθέντας τῷ Ἀβραὰμ ἀγγέλους, καὶ τὸν ἐκείνων δεσπότην ἄνδρας ὠνόμασεν· ἐπειδὴ τοῦτο νενομικὼς αὐτοὺς ὁ πατριάρχης παρατέθεικε τράπεζαν. Οὕτω τοὺς οὐκ ὄντας θεοὺς ὀνομάζει θε- 10
οὺς καὶ ὁ Κύριος ἡμῶν παρὰ πάντας τοὺς θεούς· οὕτω κἀνταῦθα τὸν ὀφθέντα ἐν σχήματι τοῦ Σαμουήλ, εἴτε ἄγγελον εἴτε φάσμα τοῦ Σαμουὴλ τὸ σχῆμα δεικνύον, ὠνόμασε Σαμουήλ, ἵνα πιστῶς δεξάμενος τὴν ἀπόφασιν στένων ἐξέλθῃ τὸν βίον.

596   ΞΔ΄

Καὶ πόθεν ἡ ἐγγαστρίμυθος τὸν Σαοὺλ ἐπέγνω;   15

Εὐπετὲς ἦν τῷ λαοπλάνῳ δαίμονι διδάξαι τίς ὁ διαλεγόμενος. Τὸ μέντοι τὸν Δαβὶδ μὴ συμπαρατάξασθαι τοῖς ἀλλοφύλοις, θείας

---

15 cf 1 Re 28, 12   17 s cf 1 Re 29, 11

3, 5, 6, 8, 9, 10, 12, 35, 37, 54, 55, 56

3 τοιγαροῦν] τοίνυν 5: γὰρ 6 54   4 >ὡς 54   5 Ἐκείνη μὲν γὰρ] Οὔτε μὴν διά τινος δαιμονίου φίλου, ἀλλ᾽ ὅπερ ἔφην Θεοῦ τοῦ ταύτην χρήσαντος, οἷς αὐτὸς ἐπίσταται τρόποις. Τὸ δὲ γύναιον 54   6 Σαμουήλ] Σαούλ 8   >ἡ δὲ — Σαμουὴλ 10   ἡ δὲ — ὀνομάζει] καὶ ἡ ἱστορία δὲ τὸν ὀφθέντα Σαμουὴλ ὀνομάζῃ 54   7 οὕτως] οὕτω c₁ 54   πεπιστευκέναι] νομίσαι 54   Οὕτω — τῷ] ἐπειδὴ καὶ τοὺς ὀφθέντας αὐτῷ 54   9 ὠνόμασεν — Σαμουὴλ (l 13)] κατὰ τὴν ὑπόληψιν τοῦ Ἀβραάμ. Καὶ γὰρ δὲ τράπεζαν αὐτοῖς ὁ πατριάρχης ἀνθρώποις παρέθηκεν. Οὕτω καὶ τοὺς οὐκ ὄντας θεοὺς ὀνομάζει· οὕτω καὶ νῦν τὸν ὀφθέντα ἐν τῷ τοῦ προφήτου σχήματι Σαμουὴλ ὀνομάζει. Ἐφάνη δ᾽ αὐτῷ ἐν τοιούτῳ σχήματι 54   νενομικὼς] νομίσας 5: νενοηκὼς 8 12   >αὐτοὺς 5 37   10 >ὀνομάζει θεοὺς 6   11 Κύριος + γὰρ 8 35   12 >εἴτε ἄγγελον — ὠνόμασε 5 6   φάσμα] > 10: φάντασμα 9   14 ἐξέλθῃ] ἐξέλθοι 54 55   15 > tot Q 56

εἶναι οἰκονομίας ὑπείληφα. Οὐ γὰρ ἂν περιεῖδε τὸν λαὸν διολλύμενον, ἀλλὰ πᾶσαν καὶ τοῦ λαοῦ καὶ τοῦ Σαοὺλ ἐποιήσατο πρόνοιαν.

ΞΕ΄

Τί δήποτε συνεχώρησεν ὁ Θεὸς καὶ τὰς γυναῖκας αὐτῶν ἐξανδρα-
5   **ποδισθῆναι καὶ τὰ παιδία;**

῞Ινα ἀλγοῦντες τοῖς ἀμαληκίταις ἐπιστρατεύσωσι, καὶ τὴν πανωλεθρίαν αὐτοῖς κατὰ τὴν θείαν ἐπενέγκωσι πρόρρησιν· πρὸς δὲ τούτοις, καὶ ἵνα λείαν πλείστην λαβὼν πέμψῃ τοῖς ὁμοφύλοις καὶ εἰς εὔνοιαν αὐτοὺς ἐφελκύσηται πλείονα. Τὸ δὲ «σύστρεμμα»
10 «γαδδοὺρ» ὁ ῾Εβραῖος καλεῖ, ὃ ἑτέρωθι ἡρμήνευται «πειρατήριον». Καλεῖται δὲ οὕτω τὸ ληστρικὸν σύστημα. Τοὺς δὲ διακοσίους ἄνδρας, «ἀτονήσαντας» ἐκ τοῦ δρόμου, μεμενηκέναι φησὶν ὁ ᾿Ακύλας· οἷς πονηροί τινες οὐκ ἠβουλήθησαν ἀπονεῖμαι τὴν προσήκουσαν μοῖραν. ᾿Αλλ᾽ ὁ δικαιότατος βασιλεὺς οὐ μόνον
15 τότε δέδωκεν, ἀλλὰ καὶ νόμον τέθεικεν, ὥστε τοὺς σκευοφόρους τῶν ἴσων τοῖς παραταττομένοις μεταλαγχάνειν. ᾿Ιστέον μέντοι, ὡς ὁ ᾿Ακύλας τῷ ἑβραίῳ ἑπόμενος οὐ διεῖλεν τὴν πρώτην ἀπὸ τῆς
J3 δευτέρας ἱστορίαν, ἀλλὰ μίαν τὰς δύο πεποίηκεν.⌋

---

4 s cf 1 Re 30, 2   9 1 Re 30, 15   13 s cf 1 Re 30, 22

3, 5, 6, 8, 9, 10, 12, 35, 37, 54, 55, 56

1 εἶναι οἰκονομίας tr A 12   2 ἀλλὰ πᾶσαν] ἐξ οὗ 54   >τοῦ λαοῦ καὶ A^{-10} ἀνεποιήσατο 5 54   6 ῞Ινα] ἵν᾽ 3 10 12 35   ἀλγοῦντες] ἀλύοντες A^{-10} 7 κατὰ] καὶ 8 35   8 ἵνα λείαν] ἱμάτιαν (sic) 8 35   λείαν] φιλίαν 5 6   λαβὼν] > A: +ὁ Δαβὶδ c$_1$ ὁμοφύλοις] ἀλλοφύλοις 37   9 >καὶ εἰς — πλείονα 54   εὔνοιαν] ἔννοιαν D 9   ἐφελκύσηται 56   10 γαδδοὺρ] γεδοὺρ 5: γεδδοὺρ 54: ὁ ἐδοὺρ 10   ἑρμηνεύεται A 37   12 μεμενυκέναι c$_1$ 13 ἀπονεῖμαι] ἀπονενεμηκέναι 10   16 τὸν ἴσον 3   τοὺς πα-ραταττομένους 35   17 ἑβραίῳ] ἑβραϊκῷ 8 12   τὴν πρώτην] ἀπὸ τῆς πρώτης 37   τὴν πρώτην — πεποίηκεν lac in 12   ἀπὸ τῆς δευτέρας] τὴν δευτέραν τῶν Βασιλειῶν 37

ΕΙΣ ΤΗΝ ΔΕΥΤΕΡΑΝ ΤΩΝ ΒΑΣΙΛΕΙΩΝ

Α´

Τινὲς ἐπιμέμφονται τῷ Δαβίδ, ὡς πεφονευκότι τὸν μεμηνυκότα τὸν θάνατον τοῦ Σαούλ.

Θαυμάζειν, ἀλλ᾽ οὐ ψέγειν, καὶ διὰ τοῦτο προσήκει τὸν προφήτην καὶ βασιλέα. Δυσμενοῦς γὰρ ἀνδρὸς ἀκούσας σφαγὴν 5
τεθρήνηκε, καὶ οὐ μόνον τεθρήνηκεν, ἀλλὰ καὶ πικρῶς ὠλοφύρατο· ὁ δὲ μεμηνυκὼς οὐδὲν ἠδικημένος ἐπετώθαζε τῷ θανάτῳ·
καὶ ταῦτα οὐ μόνον τοῦ Σαοὺλ πεπτωκότος, ἀλλὰ καὶ τοῦ
Ἰωνάθαν, ὃς ἀξιέπαινος ἦν, καὶ πλείστου στρατοῦ σὺν ἐκείνοις.
Ἔπειτα καὶ ψεῦδος τοῖς λόγοις προστέθεικεν, ἑαυτὸν σφαγέα τοῦ 10
Σαοὺλ ὀνομάσας. Πρὸς δὲ τούτοις, καὶ ἀμαληκίτης ἦν, καθ᾽ οὗ
τῶν ὅλων ὁ Κύριος πάλαι τοῦ θανάτου τὴν ψῆφον ἐξενηνόχει.
Ἀξιάγαστα δὲ καὶ αὐτὰ τοῦ προφήτου τὰ ῥήματα· *«Πῶς»* γὰρ
φησιν, *«οὐκ ἐφοβήθης ἐπενεγκεῖν τὴν χεῖρά σου διαφθεῖραι τὸν*

---

2 s cf 2 Re 1, 15   **13** s 2 Re 1, 14.16

5, 6, 8, 9, 10, 12, 35, 37, 54, 55, 56

1 Εἰς τὴν pr τοῦ αὐτοῦ μακαρίου Θεοδωρήτου D (>αὐτοῦ 35) 9: pr τοῦ αὐτοῦ
6 Εἰς τὴν δευτέραν] τῆς δευτέρας 5   >Εἰς—Βασιλειῶν 54 55   **2** Q Α´ post Q Β´
c_1 τῷ ... πεφονευκότι] τὸν ... πεφονευκότα c_1 **4** Θαυμάζειν] θαυμάζον 5: + οὖν
ed   **6** τεθρήνηκε] ἐθρήνησεν 5: τεθάρρηκεν 12   >τεθρήνηκε — ἀλλὰ καὶ
54   τεθρήνηκεν] ἐθρήνησεν 5   ὠλοφύρετο Α·⁵⁴   **7** μεμηνυκὼς — ἀξιέπαινος lac in
12   οὐδὲν] μηδὲν 54   ἠδικημένος] ἠλγηκὼς 9   **8** πεπτωκότος] > 54: πεπτωκότα
56   **9** Ἰωνάθαν + πεπτωκότος 54   πλείστου] τὸ πλεῖστον τοῦ c_1 **10** >τοῖς λόγοις
6   προστέθεικεν] προσέθηκεν 5   **11** τούτοις—ἦν] καὶ ἀμαληκίτην 54   **12** ὁ ante τῶν
ὅλων 5 54   ἐξενήνοχεν 12 54   **13** >Ἀξιάγαστα — ῥήματα 6   **14** φησιν + ὁ προφήτης 6

χριστὸν Κυρίου; Τὸ αἷμά σου ἐπὶ τὴν κεφαλήν σου· ὅτι τὸ στόμα σου ἀπεκρίθη κατὰ σοῦ λέγον, Ἐγὼ τεθανάτωκα τὸν χριστὸν Κυρίου».

Β´

Τί ἐστιν χλιδών;

5 Κόσμος ἐστὶ χρυσοῦς, ἢ τοῖς βραχίοσι περιτιθέμενος, ἢ τοῖς καρποῖς τῶν χειρῶν. Τοῦτο κἀνταῦθα δεδήλωκε, «Καὶ τὸν χλιδόνα τὸν ἐπὶ τοῦ βραχίονος αὐτοῦ». Ὅθεν ὁ Ἀκύλας «βραχιάριον» αὐτὸ κέκληκεν.

Γ´

Τίνος χάριν ὁ προφήτης ἐπένθησεν;

10 Πολλὰ τὸν θρῆνον εἰργάσατο. Τοῦ Ἰωνάθαν ὁ πόθος, ἡ περὶ τὸν λαὸν φιλοστοργία, τῶν δυσσεβῶν ἀλλοφύλων ἡ νίκη, καὶ πρὸς τούτοις, τοῦ Σαοὺλ ἡ σφαγή. Ὃν γὰρ ᾐδεῖτο ζῶντα, πολλῷ μᾶλλον ἠλέει τεθνηκότα. Τοῦτο δὲ καὶ ἡ ἱστορία διδάσκει· «Καὶ ἐκόψαντο, καὶ ἔκλαυσαν, καὶ ἐνήστευσαν ἕως δείλης, ἐπὶ Σαοὺλ 15 καὶ ἐπὶ Ἰωνάθαν τὸν υἱὸν αὐτοῦ, καὶ ἐπὶ τὸν λαὸν Ἰούδα καὶ ἐπὶ 600 τὸν οἶκον Ἰσραήλ, ὅτι ἐπλήγησαν ἐν ῥομφαίᾳ».

6 s 2 Re 1, 10   13 s 2 Re 1, 12

5, 6, 8, 9, 10, 12, 35, 37, 54, 55, 56

1 Τὸ αἷμα — Κυρίου] καὶ ἐξῆς 54   2 >σοῦ 2° 10   λέγον] λόγον D·12   3 Κυρίου pr τοῦ c₁   5 Κόσμος — κέκληκεν] lac in 12   περιτιθέμενος] ἐπιτιθέμενος 54   ἢ τοῖς 1° — κἀνταῦθα] ὁ βραχιόνιος γὰρ 6   ἢ 1°] ὁ A   8 βραχιάριον] βραχιάλιον A·10: βραχιόλιον 10: βραγχιάριον 8 9   αὐτὸ] αὐτὸν D 9   9 ὁ προφήτης ἐπένθησεν] ἐθρήνησεν ὁ προφ. c₁   10 εἰργάσαντο c₁   11 καὶ — Σαοὺλ ἡ] ἔτι καὶ ἡ τοῦ Σαοὺλ 54   12 Σαοὺλ] λαοῦ 6   14 >καὶ ἔκλαυσαν 9   ἕως δείλης — ῥομφαίᾳ] καὶ ἐξῆς 54   15 αὐτοῦ] >37: + καὶ ἐπὶ Ἰωνάθαν τὸν υἱὸν αὐτοῦ 9   >καὶ ἐπὶ 2° — ῥομφαίᾳ 6   16 οἶκον] λαὸν D 9

Δ΄

Ποῖόν ἐστι τὸ βιβλίον τὸ εὐθές;

Δῆλόν ἐστι κἀντεῦθεν, ὡς ἐκ πολλῶν προφητικῶν βιβλίων ἡ τῶν Βασιλειῶν ἱστορία συνεγράφη. Εἰπὼν γὰρ ὁ συγγραφεὺς τὰ περὶ τοῦ θρήνου προστέθεικε· «Ἰδοὺ γέγραπται ἐπὶ βιβλίου τοῦ εὐθοῦς». 5

Ε΄

Πῶς νοητέον, «Ἀκρίβασαι, Ἰσραήλ, περὶ τῶν τεθνηκότων σου τραυματιῶν»;

Μὴ σμικράν τινα, φησί, καὶ τὴν τυχοῦσαν ὑπολάβῃς εἶναι τὴν γεγενημένην πληγήν, ἀλλὰ λόγισαι τίνες οἱ πεπτωκότες, ὅτι βασιλεύς, καὶ βασιλέως υἱός, καὶ τῶν ὁμοφύλων οἱ ἄριστοι. Ὅτι δὲ 10 σφόδρα αὐτὸν ἠνία τῶν ἀλλοφύλων τὸ κράτος, τὰ ἑξῆς μαρτυρεῖ· «Μὴ ἀπέλθητε» γάρ φησιν, «εἰς Γὲθ μηδὲ εὐαγγελίσησθε ἐν ταῖς ὁδοῖς Ἀσκάλωνος ὅπως μὴ εὐφρανθῶσι θυγατέρες ἀλλοφύλων μηδὲ γαυριάσωσι θυγατέρες ἀπεριτμήτων».⌋ ⌋16

4 s 2 Re 1, 18   6 s 2 Re 1, 19   12 s 2 Re 1, 20

5, 6, 8, 9, 10, 12, 35, 37, 54, 55, 56

2 κἀντεῦθεν] ἐντεῦθεν 54: ἐνταῦθα 55: pr ὅτι 12   3 συγγραφεὺς] βασιλεὺς 9   4 προστέθεικε] προσέθηκεν 5   >Ἰδοὺ D   βιβλίου pr τοῦ 37   5 >τοῦ εὐθοῦς D   8 >φησί 54   9 >ἀλλὰ — ὅτι 54   βασιλεὺς + γὰρ αὐτὸς 54   10 ἄριστοι + ἔπεσον 54   11 >τῶν ἀλλοφύλων A   κράτος] πάθος A   μαρτυρεῖ ante τὰ ἑξῆς A·54   12 ἀπέλθητε 5 8 10   εὐαγγελίσασθε D   13 ὅπως μὴ — ἀπεριτμήτων] καὶ τὰ ἑξῆς 6   ἀλλοφύλων pr τῶν c₁: + καὶ τὰ ἑξῆς 54   14 >μηδὲ — ἀπεριτμήτων c₁ 37 54

S´

Τί δήποτε τοῖς ὄρεσιν ἐπηράσατο τοῖς Γελβουέ;

Δηλοῖ καὶ τοῦτο τὴν τῆς ὀδύνης ὑπερβολήν. Καθάπερ γὰρ οἱ μόριόν τι τοῦ σώματος κακῶς διακείμενοι, ἢ τοῖς τοίχοις ἢ τῇ κλίνῃ προσαράσσουσι τὰς χεῖρας διὰ τὰς τῆς ἀλγηδόνος ἀκίδας,
5 οὕτως ὁ θεῖος ἐκεῖνος ἀνήρ, ὑπὸ τῆς πολλῆς ἀθυμίας φλεγόμενος τοῖς ἀψύχοις ὄρεσιν ἐπηράσατο.

Z´

Τινὲς κωμῳδοῦσι τὸ περὶ τοῦ Ἰωνάθαν εἰρημένον, «Ἐπέπεσεν ἡ ἀγάπησίς σου ἐπ᾽ ἐμέ, ὡς ἡ ἀγάπησις τῶν γυναικῶν».

Ὡς ἠλίθιοι τοῦτο πάσχουσιν. Ἔδει γὰρ αὐτοὺς συνιδεῖν, ὡς
10 δεῖξαι βουληθεὶς τῆς φιλοστοργίας τὸ θερμόν τε καὶ γνήσιον, τὴν εἰκόνα παρήγαγε. Τοσαύτη γάρ ἐστι ἡ τοῦ ἀνδρὸς περὶ τὴν γυναῖκα διάθεσις, ὡς τὸν περὶ τοῦ γάμου νόμον εἰπεῖν· «Ἀντὶ τούτου καταλείψει ἄνθρωπος τὸν πατέρα αὐτοῦ καὶ τὴν μητέρα αὐτοῦ, καὶ προσκολληθήσεται πρὸς τὴν γυναῖκα αὐτοῦ, καὶ ἔσονται
15 οἱ δύο εἰς σάρκα μίαν». Τοῦτο καὶ ὁ Ἐλκανὰ δεδήλωκε τὴν Ἄνναν ψυχαγωγῶν· «Οὐκ ἀγαθός σοι γὰρ ἐγώ», ἔφη, «ὑπὲρ

---

1 cf 2 Re 1, 21   7 s 2 Re 1, 26   **12** s Gé 2, 24   **16** s 1 Re 1, 8

5, 8, 9, 10, 12, 35, 37, 54, 55, 56

1 Γελβουέ] Ἐλβουέ 54   4 ἀκίδας] ὀδύνας 12   5 >ἐκεῖνος Α   6 ἐπηράσατο] ἐπαρᾶτο 5 10: ἐπηρᾶτο 54   7 διακωμῳδοῦσι c₁   ἔπεσεν 12   ἀγάπησις] ἀγάπη Α 37   8 ἀγάπησις] ἀγάπη ed   9 Ὡς ἠλίθιοι — ἀνελθεῖν (p 67 l 5) bis scr 35   11 ἡ post ἀνδρὸς 5 10   12 >τὸν περὶ — ἄνθρωπος 54   13 τὸν] καὶ 54   >αὐτοῦ 54   τὴν μητέρα — δέκα τέκνα (p 67 l 1)] μητέρα δευτέρους ποιεῖν εἰς ἀγάπησιν αὐτοῦ 54

601 *δέκα τέκνα;»* "Ωσπερ τοίνυν τοὺς νόμῳ γάμου συνεληλυθότας ἡ συνάφεια σάρκα μίαν ἀποτελεῖ, οὕτω τῶν εἰλικρινῶς ἀγαπώντων ἑνοῖ τὰς ψυχὰς ἡ διάθεσις.

Η΄

Τίνος χάριν ὁ Δεσπότης Θεὸς πρῶτον εἰς τὴν Χεβρὼν αὐτὸν ἐκέλευσεν ἀνελθεῖν;

Τὸ μὲν ἀληθὲς αὐτὸς ὁ κελεύσας ἐπίσταται· ἐγὼ δὲ οἶμαι διὰ τὸ τοὺς πατριάρχας παρ᾽ ἐκείνην τὴν πόλιν καὶ ζῶντας οἰκῆσαι, καὶ τελευτήσαντας ἀξιωθῆναι ταφῆς. Πρὸς δὲ τούτῳ καὶ δι᾽ ἕτερον, ἐκ τῆς Ἰούδα φυλῆς ἦν ὁ θεῖος Δαβίδ· ταύτης δὲ τῆς φυλῆς κατ᾽ ἐκεῖνον τὸν καίρον μητρόπολις ἦν ἡ Χεβρών, ἔτι γὰρ τὴν 10 Ἰερουσαλὴμ οἱ Ἰεβουσαῖοι κατεῖχον. Ἡ δὲ τοῦ Ἰούδα φυλὴ τὸν Δαβίδ, ὡς φυλέτην, πλέον τῶν ἄλλων ἠγάπα. "Οτι δὲ τῶν ἄλλων ἐπρώτευεν ἡ Χεβρών, ἡ ἱστορία διδάσκει· «Ἀνῆλθον» γάρ φησι, «καὶ κατῴκησαν ἐν ταῖς πόλεσι Χεβρών». "Οτι δὲ καὶ τὸ ἕτερον ἀληθές, δηλοῖ τὰ ἑξῆς· «Καὶ ἔρχονται οἱ ἄνδρες Ἰούδα, καὶ χρίου- 15 σιν τὸν Δαβὶδ ἐκεῖ τοῦ βασιλεύειν ἐπὶ τὸν οἶκον Ἰούδα». Τὸ δὲ «χρίουσιν» ἀντὶ τοῦ «χειροτονοῦσι» τέθεικεν. Ἐκεχρίκει γὰρ αὐτὸν τῷ θείῳ ἐλαίῳ Σαμουὴλ ὁ προφήτης. Ὁ δὲ Ἀβεννὴρ ἀντεχειροτό-

4 s cf 2 Re 2, 1   13 s 2 Re 2, 2.3   15 s 2 Re 2, 4

5, 8, 9, 10, 12, 35, 37, 54, 55, 56

1 τοίνυν] γὰρ 37   συνεληλυθότας] συνέλθοντας 5   συνεληλυθότας — διάθεσις] τοὺς συναφθέντας σάρκα μίαν ποιεῖ, οὕτως ἡ εἰλικρινὴς διάθεσις τῶν ἀγαπησάντων ἐν ποιεῖ τὰς ψυχὰς 54   4 >Δεσπότης 5 54   Θεὸς + τὸν Δαβὶδ Α   >αὐτὸν ἐκέλευσεν 5. 54   >ἐκέλευσεν 10   5 ἀνελθεῖν] ἀπελθεῖν 54: + προσέταξεν Α   6 >τὸ Α   7 παρ᾽] κατ᾽ 5 8   8 ἀξιωθῆναι] ταφῆναι 54   τούτῳ] > 54: τούτοις 5 10   9 >ἦν ed   θεῖος] > Α: θειότατος 37   10 >ἔτι Α   γὰρ τὴν tr Α   11 >οἱ 10 12   12 >ὡς φυλέτην 54   ἄλλων + φυλῶν 54   13 ἐπρώτευσεν 5 8 10 37   Χεβρών + καὶ D⁻¹² 9   15 οἱ ἄνδρες Ἰούδα] ἰουδαῖοι 12   16 ἐκεῖ post χρίουσιν Α 12   τοῦ βασιλεύειν] εἰς βασιλέα 12   17 >τέθεικεν 54   18 ὁ προφήτης 54

νησε τὸν Μεμφιβοσθέ, τοῦ Σαοὺλ τὸν υἱόν, ὃν οἱ ἄλλοι ἑρμηνευταὶ
Ἰεσβαὰλ ὀνομάζουσι· καὶ καταλιπὼν τὴν Ῥαμὰ καὶ τὴν Γαβαώ,
τὰ τοῦ Σαοὺλ οἰκητήρια, διέβη τὸν Ἰορδάνην, καὶ τὰς καλουμέ-
νας παρεμβολὰς βασιλικὴν ἀπέφηνε πόλιν.

Θ′

5 **Πῶς νοητέον τὸ ὑπὸ τοῦ Ἀβεννὴρ εἰρημένον, «Ἀναστήτω δὴ τὰ
παιδάρια ἐνώπιον ἡμῶν, καὶ παιξάτωσαν»;**

Ἀγῶνα πολεμικὸν τοῖς τῶν νέων ἀρίστοις προτέθεικε. Παί-
γνιον δὲ καὶ παιδιὰν τὴν τούτων προσηγόρευσε συμπλοκήν, τῇ
κοινῇ καὶ μεγίστῃ παρατάξει παρεξετάζων τὴν μερικήν. Ἰσάριθ-
10 μοι δὲ τῶν φυλῶν ἐξ ἑκατέρας συνελέγησαν φάλαγγος. Ἡ σφαγὴ
δὲ τούτων οὐκ ἔπαυσε τὴν συμπλοκήν, ἀλλ’ ἠρέθισε. Τῆς δὲ
τροπῆς γενομένης, καὶ τῆς μὲν τοῦ Ἀβεννὴρ στρατιᾶς κατὰ τάχος
φευγούσης, τοῦ δὲ Ἰωὰβ κατὰ κράτος διώκοντος, ὁ Ἀσαὴλ ὁ
νεώτατος τοῦ Ἰωὰβ ἀδελφός, ὠκύτατος ὤν, καὶ τοῖς ὀξυτάτοις
15 ἁμιλλώμενος ζῴοις, οὐδένα μὲν τῶν ἄλλων ἐδίωκεν, ἐγλίχετο δὲ
μόνον κατακοντίσαι τὸν Ἀβεννήρ. Ὁ δὲ καὶ διωκόμενος πράως
ἄγαν καὶ φιλικῶς παρῄνεσε τὸν θυμὸν εἰς ἄλλον τινὰ κενῶσαι 604
τῶν φευγόντων στρατιωτῶν, καὶ οὐδὲ τοῦτον ἀνελεῖν, ἀλλὰ μόνον
λαβεῖν τὴν σκευὴν παρηγγύησεν, ἵν’ ἔχῃ τινὰ τοῦ πόνου καρπόν.
20 Ἀπειθοῦντα δὲ ἰδών, ἡμέρως ἠπείλησεν, «Ἀπόστηθι ἀπ’ ἐμοῦ, ἵνα

5 s 2 Re 2, 14

5, 8, 9, 10, 12, 35, 37, 54, 55, 56

1 τοῦ Σαοὺλ post υἱόν 5   >ὃν οἱ — ὀνομάζουσι 8   2 Εἰσβαὰλ 10 54: Ἰσβαὰλ
5   Γαβαών c₁ 5 37   4 παρεμβολὰς + καὶ 10 54   5 Ἀβεννὴρ 5 10: Δαβὶδ
54   ἀναστήτωσαν 10 54   >δὴ Α   >τὰ ed   6 παιδάρια + ἡμῶν c₁   ἐνώπιον
ἡμῶν post παιξάτωσαν D 9   7 προτέθεικε] προὔθηκε 54   Παίγνιαν D⁻⁸ 37   10 συνε-
ξελέγησαν 37   11 >ἀλλ’ ἠρέθισε Α   ἠρέτισε ed   12 Ἀβεννὴρ 10   στρατιᾶς]
στρατηγίας D   13 τοῦ δὲ — διώκοντος] τῆς δὲ τοῦ Ἰωὰβ κατὰ κράτος διωκούσης 54
Ἀσαὴλ] Σαὴλ D⁻⁸   14 ἀδελφός post νεώτατος Α   ὠκύτατος — ὀξυτάτοις] τοῖς
ὀξυτάτοις ἐν τοῖς ποσὶν 54   16 Ἀβεννὴρ 10   17 κατακενῶσαι 37   18 >τῶν φευγόν-
των στρατιωτῶν 54   οὐδὲ] μηδὲ 54   μόνον — τινὰ] τὴν σκευὴν λαβεῖν ἔχοι 54   19
τοῦ] τὸ D   20 ἠπείλησεν + εἰπών 54   Ἀπόστηθι bis scr 54

μὴ πατάξω σε εἰς τὴν γῆν· καὶ πῶς ἀρῶ τὸ πρόσωπόν μου πρὸς
Ἰωὰβ τὸν ἀδελφόν σου;» Ἐπειδὴ δὲ εἶδε τῆς αὐτοῦ σφαγῆς
ὀρεγόμενον, τῷ σαυρωτῆρι πλήξας, καὶ τὸν δρόμον ἔπαυσε, καὶ
τὴν ζωὴν προσαφείλετο.

Ι΄

Πῶς νοητέον, «Μὴ εἰς νῖκος καταφάγεται ἡ ῥομφαία»;   5

Οἱ τοῦ Ἀβεννὴρ στρατιῶται φεύγοντες εἴς τινα λόφον κατέφυ-
γον. Ὁ δὲ Ἰωὰβ σὺν τοῖς ὑπηκόοις προσβαλεῖν ἐπεχείρει. Πάλιν
τοίνυν καὶ συνετῶς καὶ πράως ὁ Ἀβεννὴρ ἀνέμνησε τὸν
ἀντιστράτηγον τῶν τοῦ πολεμοῦ μεταβολῶν. Τοῦτο γὰρ ὁ λόγος
δηλοῖ, «Μὴ εἰς νῖκος καταφάγεται ἡ ῥομφαία; οὐκ οἶδας ὅτι πικρὰ   10
τὰ ἔσχατα, καὶ ἕως πότε οὐ μὴ εἴπῃς τῷ λαῷ ἀποστρέφειν ἀπὸ
ὄπισθεν τῶν ἀδελφῶν αὐτῶν;» Καὶ τῆς συγγενείας ἀνέμνησεν, ἵνα
τὴν δυσμένειαν παύσῃ, καὶ τῶν πολέμων ἐδήλωσε τὰς μεταβολάς·
πολλάκις γὰρ οἱ νικῶντες ἡττῶνται, καὶ οἱ διώκοντες φεύγουσιν.
Ἄλλως τε οὐδὲ δίκαιον, φησί, τοὺς νικῶντας θεασαμένους τροπὴν   15
πανωλεθρίαν ἐπαγαγεῖν· τοῦτο γὰρ δηλοῖ τὸ «Μὴ εἰς νῖκος
καταφάγεται ἡ ῥομφαία;». Τούτοις εἶξε τοῖς λόγοις ὁ Ἰωάβ, καὶ τῇ
σάλπιγγι σημάνας τὴν δίωξιν ἔπαυσεν.

1 s 2 Re 2, 22   5 2 Re 2, 26   10 s 2 Re 2, 26   16 s 2 Re 2, 26

5, 8, 9, 10, 12, 35, 37, 54, 55, 56

1 >τὴν 37 54   3 ὀρεγόμενον] ὀριγνώμενον D⁻³⁵   σαυρωτῆρι] σφαιρωτῆρι D⁻¹² 9:
σαβρωτῆρι 10   4 προσαφείλατο 37: προσαφεῖλε 5 54   6 Ἀβεννὴρ 10   7 βαλεῖν
A   ἐπιχείρει D⁻¹²   8 >καὶ 1° c₁ 9 37   9 ἀντιστράτηγον] ἀρχιστρ. ed   >ὁ λόγος
ed   13 δυσμένειαν] συγγένειαν 5   >ἐδήλωσε 5   ἐδήλωσε — φεύγουσιν] ἀνελπίστους
μεταβολάς 54   >τὰς ed   15 τε] δὲ c₁   οὐδὲ] οὐ A: οὔτε δὲ 12   >θεασαμένους
τροπὴν 5   16 ἐπαγαγεῖν] ἐπάγειν 5 54: + τοῖς ἡττημένοις ζητεῖν 5   >Μὴ D⁻¹² 9   17
>ὁ Ἰωάβ A   18 τὴν σάλπιγγα 37

IA´

Τοῦ νόμου διαγορεύοντος τὴν ἀφισταμένην τοῦ ἀνδρὸς γυναῖκα, καὶ ἑτέρῳ συναπτομένην μὴ ἐπανιέναι πρὸς τὸν πρότερον ἄνδρα, πῶς ὁ μακάριος Δαβὶδ ἠνέσχετο τὴν Μελχὸλ λαβεῖν γημαμένην ἑτέρῳ;

5   Ὁ νόμος ἐκέλευσε τὴν παρὰ τοῦ ἀνδρὸς ἀπολυθεῖσαν καὶ συναφθεῖσαν ἑτέρῳ μὴ ἀναστρέφειν πρὸς τὸν πρότερον ἄνδρα. Τοῦτο γὰρ καὶ διὰ Ἱερεμίου τοῦ προφήτου δεδήλωκεν ὁ Θεός. Ἔφη δὲ οὕτως· «Ἐὰν ἀπολύσῃ ἀνὴρ τὴν γυναῖκα αὐτοῦ, καὶ πορευθῇ, καὶ γένηται ἀνδρὶ ἑτέρῳ, μὴ ἀνακάμπτουσα ἀνακάμψει πρὸς αὐτὸν
10   ἔτι; Οὐ μιαινομένη μιανθήσεται ἡ γυνὴ ἐκείνη; Σὺ δὲ ἐξεπόρνευες εἰς ποιμένας πολλούς, καὶ ἀνέκαμπτες πρὸς μέ, λέγει Κύριος». Ἀλλ' ὁ βασιλεὺς Δαβὶδ οὐκ ἀπολελύκει τὴν Μελχόλ· ὁ δὲ ἐκείνης πατὴρ παρανόμως αὐτὴν τοῦ ὁμοζύγου ἀποστήσας   605 ἐκδεδώκει ἑτέρῳ. Βίᾳ τοίνυν, οὐ γάμος ἦν ἡ πρὸς ἐκεῖνον
15   συνάφεια. Τοῦτο γὰρ καὶ ὁ θεῖος Ἀπόστολος ἔφη· «Ἄρα οὖν ζῶντος τοῦ ἀνδρὸς μοιχαλὶς χρηματίζει, ἐὰν γένηται ἀνδρὶ ἑτέρῳ».

3 s cf 2 Re 3, 14   8 s Je 3, 1   15 s Ro 7, 3

5, 8, 9, 10, 12, 35, 37, 54, 55, 56

1 >τοῦ ἀνδρὸς — συναπτομένην 12   2 >πρότερον 54   3 >μακάριος 54 Μελχὸλ + πάλιν Α   ἀναλαβεῖν 54   5 ἀπολυθεῖσαν] ἀπολυομένην 54   συναφθεῖσαν] συναπτομένην 54   6 ἀναστρέφειν — ἐκεῖνον συνάφεια (l 15)] ἐπὶ τὸν πρότερον ἀναστρέφειν ἐθέσπισε. Τὴν δὲ Μελχὸλ οὐχ ὁ ἀνήρ, ἀλλ' ὁ πατὴρ παρανόμως διαστήσας τοῦ ἀνδρὸς ἑτέρῳ βίᾳ ἐκδεδώκει· οὐ γάμος τοίνυν ἡ παρανομία αὕτη ἦν 54   8 ἀνὴρ pr ὁ 37 55   10 ἐξεπόρνευσας 5 12 56   13 ὁμόζυγος 8 9 10 37   14 ἐδεδώκει 5 12   15 ἔφη· Ἄρα οὖν ζῶντος lac in 10   16 ἐὰν] > 12: + δὲ 37   γένηται] γενομένη 12

Ἄκουσα δὲ αὕτη συνήφθη ἑτέρῳ. Οὐ τοίνυν ὁ Δαβὶδ παρέβη τὸν νόμον, ἀλλ᾽ ὁ ταύτην ἑτέρῳ συνάψας. Οὐδὲ γὰρ γάμος ὁ παρανόμως γεγενημένος· τῇ δὲ τοῦ πατρὸς βίᾳ συγγνοὺς ὁ Δαβὶδ ἀνέλαβε τὴν γυναῖκα.

IB΄

Τίνος ἕνεκα τὸν Ἀβεννὴρ ἀνεῖλεν ὁ Ἰωάβ;   5

Πρόφασιν μὲν ἔσχε τοῦ Ἀσαὴλ τὴν σφαγήν· ἀληθῆ δὲ αἰτίαν, τὸν φθόνον. Ἤδει γὰρ ὡς τῆς στρατηγίας ἐκεῖνος ἀξιωθήσεται, πάντα τῷ βασιλεῖ προσάγων τὸν Ἰσραήλ. Ἡ φιλαρχία τοίνυν αὐτὸν εἰς τὴν μιαιφονίαν καθώπλισεν· ὁ δὲ πάντα ἄριστος βασιλεύς, καὶ τὸν ἀδίκως ἀνηρημένον ἐθρήνησε, καὶ τὸν ἀδίκως ἀνηρηκότα 10 πολλαῖς καὶ παντοδαπαῖς ὑπέβαλε ἀραῖς, «Ἀθῷος» γάρ φησιν, «ἐγὼ καὶ ἡ βασιλεία μου ἀπὸ Κυρίου, ἀπὸ τοῦ νῦν καὶ ἕως τοῦ αἰῶνος· αἷμα Ἀβεννὴρ υἱοῦ Νὴρ ἐπὶ κεφαλὴν Ἰωάβ, καὶ ἐπὶ πάντα τὸν οἶκον αὐτοῦ· καὶ μὴ ἐκλείποι ἐκ τοῦ οἴκου Ἰωάβ γονορρυὴς καὶ λεπρὸς καὶ κρατῶν σκυτάλην καὶ πίπτων ἐν ῥομφαίᾳ καὶ ἐλατ- 15 τούμενος ἄρτων». Γονορρυὴς δὲ καὶ λεπρὸς κατὰ τὸν νόμον ἀκάθαρτοι, καὶ τῆς κοινῆς πολιτείας κεχωρισμένοι. Σκυτάλη δὲ

5 cf 2 Re 3, 27   11 s 2 Re 3, 28-29

5, 8, 9, 10, 12, 35 37, 54, 55, 56

1 >Ἄκουσα — ἑτέρῳ D⁻¹² 9 10   Ἄκουσα — γυναῖκα (1 4)] συγγώμης δὲ τὴν γυναῖκα ἀξίαν ἔκρινεν ὁ Δαβίδ, ὡς τοῦ πατρὸς ἀνάγκῃ καὶ βίᾳ ὑπαχθεῖσαν 54   >ὁ 5 10   3 γεγενημένος + ἦν D 9   5 ἕνεκεν c_1 Ἀβενὴρ 10   >ὁ 35   6 >τοῦ Ἀσαὴλ 5   σφαγήν + τοῦ Σαούλ 5   7 στρατηγίας — ἀξιωθήσεται] στρατηγικῆς ἄξιος νομισθή-σεται τιμῆς 54   ἐκεῖνος] ἐκείνης 37   8 αὐτὸν post μιαιφονίαν 54   9 μιαιφονίαν + αὐτοῦ 5 10   ἐξώπλισεν 54   πάντα pr τὰ 5   πάντα — βασιλεύς] βασιλεὺς ἄριστος ὢν 54   11 >καὶ παντοδαπαῖς 5 54   ὑπέβαλε post πολλαῖς 10 37 56   ἀραῖς pr ταῖς 5   13 Ἀβενὴρ 10   14 ἐκλείποι] ἐκλίπῃ 5 10 37   17 ἀκάθαρτος 5 10 37   κεχωρισμένοι] κεχωρισμένος 5 10 37: ἐστερημένοι D⁻¹² 9

χρῶνται οἱ τὸ σῶμα πεπηρωμένοι. Ὅθεν ὁ Ἀκύλας «τυφλὸν» τὸν τοιοῦτον ὠνόμασεν. Ἐπηράσατο τοίνυν τῷ γένει τῷ ἐκείνου, παντοδαπὴν ἀσθένειαν σώματος, πενίαν ἐσχάτην, τὴν διὰ ξίφους σφαγήν· καὶ μέντοι καὶ τελευτῶν αὐτὸν ἀναιρεθῆναι προσέταξεν.

ΙΓ´

5 Τί ἐστιν· «Εἰ κατὰ θάνατον Νάβαλ ἀποθανεῖται Ἀβεννήρ»;

Ἐκεῖνος, φησίν, ὡς ἀπηνὴς καὶ ἄδικος καὶ ἀχάριστος καὶ μάλα δικαίως ὑπεβλήθη θεηλάτῳ πληγῇ. Ὁ δὲ Ἀβεννὴρ καὶ ἐν συμβου-λαῖς ἴσος, καὶ ἐν πολέμοις ἀνδρεῖος. Τοῦτο γὰρ ἐπήγαγεν· «Αἱ χεῖρές σου οὐκ ἐδέθησαν, οὐδὲ οἱ πόδες σου ἐν πέδαις· ἐνώπιον
10 υἱοῦ ἀδικίας ἔπεσας». Οὐ παραταττόμενος, φησίν, ἡττήθης, καὶ ὡς δορυάλωτος ἐπεδήθης· ἀλλ᾽ ὑπόκρισίς σοι φιλίας ἐπήνεγκε τὴν πληγήν. Ὁ μὲν οὖν βασιλεὺς ἀλγήσας ἐθρήνησεν· ὁ δὲ θρῆνος 608 τοῦ λαοῦ τὴν εὔνοιαν ηὔξησεν.

ΙΔ´

Τί δήποτε μετὰ τὴν ἄδικον σφαγὴν οὐκ ἀνεῖλε τὸν Ἰωάβ;

15 Αὐτὸς ἐν τοῖς λόγοις δεδήλωκεν· «Οὗτοι» γάρ φησιν, «οἱ ἄνδρες οἱ υἱοὶ Σαρουία σκληρότεροί μου εἰσίν». Ὅθεν αὐτοὺς τῷ Θεῷ παραδέδωκεν· «Ἀνταποδῷ Κύριος τῷ ποιοῦντι τὰ πονηρὰ

5 2 Re 3, 33   8 s 2 Re 3, 34   15 s 2 Re 3, 39   17 s 2 Re 3, 39

5, 8, 9, 10, 12, 35, 37, 54, 55, 56

1 >τὸ ed   >Ὅθεν 8   Ἀκύλας + δὲ 8   2 τῷ + ἐκείνου 5 54   >τῷ ἐκείνου 5
54   3 παντοδαπὴν — προσέταξεν] ταῦτα καὶ πενίαν ἐσχάτην, καὶ διὰ ξίφους σφαγήν·
ὕστερον δὲ καὶ τοῦτον ἀναιρεθῆναι προσέταξεν 54   >τὴν 5 10   5 Ἀβενήρ 10   6
>καὶ 3° A   7 πληγῇ] ὀργῇ 9 37   Ἀβενήρ 10   8 ἴσος] > D: συνετὸς 9   9 >σου
2° A   10 ἔπεσες c₁ 10   11 σοι] σου D⁻⁸   φιλίας] φιλανθρωπίας D⁻¹²   15 ἐν τοῖς]
αὐτοῖς 10   >οἱ c₁ 10 35 54   16 Ἀρουία 37   17 παρέδωκεν 10 54   >τὰ 5 9 10

κατὰ τὴν κακίαν αὐτοῦ». Ἔνθα γὰρ αὐτῷ ῥάδιον χρήσασθαι τῷ δικαίῳ θυμῷ, οὐδεμίαν ποιεῖται φειδώ. Αὐτίκα γοῦν τοὺς τὸν Μεμφιβοσθὲ πεφονευκότας, καὶ τὴν ἐκείνου κομίσαντας κεφαλήν, ἀκροτηριάσας ἐσταύρωσε, καίτοι νενομικότας πᾶσαν αὐτῷ προσάγειν τοῦ Ἰσραὴλ τὴν βασιλείαν τῇ τοῦ βασιλεύοντος 5 ἐκείνων σφαγῇ. Ἀλλ’ ἐκείνους μὲν οὕτως ἀνεῖλε· τὴν δὲ τοῦ δυσμενοῦς βασιλέως κεφαλὴν ἐντίμως ταφῇ παρέδωκεν.

IE΄

Τίνος χάριν ὁ Δαβὶδ τρίτον ἐχρίσθη;

Τῆς μὲν βασιλικῆς χάριτος διὰ τοῦ Σαμουὴλ ἠξιώθη· τὰς δὲ τοῦ λαοῦ χειροτονίας χρίσεις ἡ ἱστορία καλεῖ. Προτέρα μὲν γὰρ 10 αὐτὸν ἐχειροτόνησεν ἡ Ἰούδα φυλή. Ἑπτὰ δὲ ἔτεσιν ὕστερον καὶ αἱ ἄλλαι φυλαὶ κατεδέξαντο βασιλέα. Τοῦτο δὲ καὶ ἡ ἱστορία δεδήλωκε· «Καὶ χρίουσι τὸν Δαβὶδ εἰς βασιλέα ἐπὶ πάντα Ἰσραήλ». Εἶτα ἐπήγαγε· «Τριάκοντα ἐτῶν Δαβὶδ ἐν τῷ βασιλεύειν αὐτόν, καὶ τεσσαράκοντα ἔτη ἐβασίλευσεν· ἐν Χεβρὼν ἐπὶ Ἰούδαν 15 ἔτη ἑπτὰ καὶ μῆνας ἕξ· καὶ ἐν Ἱερουσαλὴμ τριάκοντα καὶ δύο ἔτη καὶ μῆνας ἕξ, ἐπὶ πάντα Ἰσραὴλ καὶ Ἰούδαν».

IS΄

Πῶς νοητέον· «Πᾶς τύπτων ἰεβουσαῖον ἁπτέσθω ἐν παραξιφίδι»;

3 s cf 2 Re 4, 12   13 s 2 Re 5, 3   14 s 2 Re 5, 4-5   18 2 Re 5, 8

5, 8, 9, 10, 12, 35, 37, 54, 55, 56

1 αὐτῷ] αὐτὸν D 9   >ῥάδιον D   χρήσασθαι] τίσασθαι 54   3 Μεμφιεβοσθὲ c_1 4 νενομικότας + διὰ τῆς ἀναιρέσεως ἐκείνου 54   5 προσάγειν] προσαγαγεῖν 37   >τῇ τοῦ — σφαγῇ 54   βασιλεύσαντος 8   7 βασιλέως] > D: post κεφαλὴν c_1 ἐντίμῳ 8 54   παραδέδωκε 8 35 37 54 56   9 >μὲν A   χάριτος] > A: χρίσεως ed   10 λαοῦ] Σαοὺλ D   >γὰρ c_1 37   11 >αὐτὸν A   Ἰούδα pr τοῦ c_1 9 37   12 >αἱ D 54   κατεδέξαντο] κατέδειξαν τὸν 54   13 πάντα + τὸν ed   14 >ἐτῶν 37   15 Χεβρὼν + καὶ c_1 35 37   16 καὶ 1°] > c_1 37: ante ἑπτὰ 5   >ἐν Ἱερουσαλὴμ A   >καὶ δύο A   17 >καὶ μῆνας ἕξ A^{-10} ἕξ + ἐβασίλευσεν 5 10   Ἰούδαν + ἐν Ἱερουσαλήμ A   18 νοητέον + τὸ 5 8   Πᾶς + ὁ 37

Οἱ ἰεβουσαῖοι μέχρις ἐκείνου τοῦ καιροῦ κατεῖχον τὴν Ἱερουσαλήμ. Παραυτίκα δὲ τοῦ ἐμφυλίου παυσαμένου πολέμου, κατὰ τούτων ἐστράτευσε πρῶτον ὁ βασιλεύς. Ἐκεῖνοι δὲ καταφρονοῦντες τῆς στρατιᾶς, τοὺς τὸ σῶμα πεπηρωμένους ἐπὶ τὸ τεῖχος ἀνα- 609
5 βιβάσαντες ἐπιτωθάζειν ἐκέλευον, καὶ λέγειν, ὡς οὐκ εἰσελεύσεται Δαβὶδ εἰς τὴν πόλιν. Ἑλὼν τοιγαροῦν τὴν ἀκρόπολιν, —ταύτην γὰρ λέγει περιοχήν—, ἤλαυνε κατὰ κράτος τοὺς πολεμίους, εἰς ἀνδρείαν παραθήγων τοὺς στρατιώτας, καὶ πάντας ἄρδην κατακοντίζεν κελεύων, κατὰ τὴν ἀρχῆθεν τοῦ Θεοῦ γεγενημένην ἀπό-
10 φασιν. Νενικηκὼς δέ, καὶ τῶν ἀλλογενῶν ἐλευθερώσας τὴν πόλιν, Δαβὶδ αὐτὴν προσηγόρευσε πόλιν. Οὕτως δὲ τὴν Σιὼν ὀνομάζει, τουτέστι, τὴν ἄνω πόλιν. Τοῦτο γὰρ καὶ ἡ ἱστορία φησί· «Καὶ ἐκάθισε Δαβὶδ ἐν τῇ περιοχῇ, καὶ ἐκλήθη αὕτη ἡ πόλις Δαβίδ. Καὶ ᾠκοδόμησε τὴν πόλιν κύκλῳ ἀπὸ τῆς ἄκρας, καὶ τὸν οἶκον
15 αὐτοῦ». Εἶτα διδάσκει τὴν τοῦ Θεοῦ συμμαχίαν· «Καὶ ἐπορεύετο Δαβὶδ πορευόμενος καὶ μεγαλυνόμενος, καὶ Κύριος παντοκράτωρ μετ᾽ αὐτοῦ». Οὑτοσὶ δὲ ὁ λόγος τῶν τὸ πανάγιον Πνεῦμα σμικρύνειν πειρωμένων ἐλέγχει τὴν βλασφημίαν. Κύριος γὰρ παντοκράτωρ ὠνομάσθη πολλάκις.

12 s 2 Re 5, 9   15 s 2 Re 5, 10

5, 8, 9, 10, 12, 35, 37, 54, 55, 56

1 Οἱ ἰεβουσαῖοι pr Ἑβραῖός τις εἶπε τὸ «Πᾶς τύπτων ἰεβουσαῖον ἁπτέσθω ἐν παραξιφίδι» ἐκδεδωκέναι τὸν Ἀκύλαν, «Ἁπτόμενος ἐν τῷ κρουνῷ·» τοῦτο λέγων, ὅτι φειδόμενος ὁ Δαβὶδ τοῦ τείχους τῆς πόλεως, διὰ τοῦ ὀλκοῦ τοῦ ὕδατος ἐπέττατε τοῖς ὁπλίταις εἴσω παρελθεῖν τῆς πόλεως 5 ed   Οἱ + γὰρ 5   >τοῦ καιροῦ 54   2 Παραυτίκα — στρατιᾶς (l 4)] μετὰ γοῦν τὸν ἐμφύλιον πόλεμον αὐτίκα στρατεύει κατ᾽ αὐτῶν ὁ βασιλεύς· ἐκεῖνοι δὲ 54   δὲ] γοῦν 5   παυσαμένου πολέμου tr 5 10   >πολέμου D   6 Ἑλὼν] ἔχων A   τοιγαροῦν] τοίνυν 54: + εἰς D 9   7 περιοχήν pr τὴν A   11 αὐτὴν προσηγ. tr 5 10   Οὕτω 5 54 55   >Οὕτως — πόλιν 9   12 >Καὶ 5 54   13 >ἡ 5 54   15 διδάσκει + καὶ 5   17 Οὑτοσὶ] οὗτος A   18 >γὰρ 10

IZ´

Κοιλάδα τιτάνων τίνα λέγει;

Τοὺς γίγαντας καὶ τιτᾶνας ὠνόμαζον· ὁ δὲ ἑβραῖος Ῥαφαεὶμ αὐτοὺς κέκληκεν. Ἔσχε δὲ τοιούτους ἄνδρας καὶ ἡ Χεβρὼν καὶ ἡ Γέθ. Ἐκ τούτων ἦν καὶ ὁ Γολιὰθ καὶ ἄλλοι τινές, ὧν ὁ συγγρα- 5
φεὺς ἐμνήσθη τῶν ἀριστέων, τοῦ Δαβὶδ τὰς ἀνδραγαθίας συγγρά-
φων. Εἰκὸς τοίνυν ἐν τῷδε τῷ χωρίῳ πάλαι τινὰ τούτων γενέσθαι
παράταξιν, καὶ λαβεῖν ἐκ τούτων τὴν ἐπωνυμίαν τὸν τόπον.

IH´

**Τί δήποτε ποτὲ μὲν κελεύει τῷ Δαβὶδ συμπλακῆναι τοῖς ἀλλοφύ-
λοις, ποτὲ δὲ κωλύει;**

Ὡς πάνσοφος αὐτὸν παιδοτρίβης γυμνάζει πρὸς ἀρετήν, καὶ 10
πείθει μὴ τῇ οἰκείᾳ δυνάμει θαρρεῖν, ἀλλὰ τὴν αὐτοῦ προσμένειν
ἐπικουρίαν. Ὅθεν αὐτῷ καὶ σημεῖα δίδωσι τῆς οἰκείας
ἐπιφανείας· «Ὅταν γὰρ ἴδῃς», φησίν, «αὐτομάτως ἀνέμου δίχα
τὰ ἄλση κινούμενα, τότε κατάβηθι εἰς τὸν πόλεμον· ὅτι τότε
ἐξελεύσεται Κύριος ἔμπροσθέν σου τύπτειν ἐν τῷ πολέμῳ τῶν 15
ἀλλοφύλων».

---

1 cf 2 Re 5, 18.22   **13** s 2 Re 5, 24

5, 8, 9, 10, 12, 35, 37, 54, 55, 56

1 Κοιλάδα] κοιλὰς 8 9 35ᶜ   τίνα λέγει] διὰ τί ὠνομάσθη D 9   **2** Ῥαφαὶν 8 9
10   **3** δὲ + καὶ c₁ 8 35   >καὶ 1° c₁ 54   **4** Γέθ + καὶ ed   >ὁ 1° A   Γολιὰδ 8 35
5 >τῶν ἀριστέων, τοῦ Δαβὶδ 54   συγγράφων + Δαβὶδ 54   **6** γενέσθαι] γεγενῆσθαι D
9   **7** >τὸν τόπον 10   **8** >ποτὲ c₁ 9 54   Δαβὶδ + ὁ Θεὸς A   **10** αὐτὸν παιδοτρίβης
tr A   **13** ἴδῃς φησίν tr 12 54   **14** >ὅτι A   **15** τῶν ἀλλοφύλων] τοὺς ἀλλοφύλους A

ΙΘ΄

Τίνος ἕνεκεν ὁ Ὀζᾶν θεηλάτῳ πληγῇ τετελεύτηκεν;

Τινὲς μέν φασι προπετείας αὐτὸν δοῦναι δίκας, ὡς ἐπαμῦναι ₆₁₂ πειραθέντα τῇ κιβωτῷ, ἣ παντὸς τοῦ λαοῦ προστατεύουσα, τῆς ἑτέρων ἐπικουρίας οὐκ ἔχρῃζεν. Ἰώσηπος δέ φησιν, ἐπειδὴ 5 λευΐτης οὐκ ὢν ἐτόλμησεν ἅψασθαι τῆς κιβωτοῦ, τὴν τιμωρίαν ἐδέξατο· τοῦτο δὲ ψευδὲς ἄντικρυς· τοῦ γὰρ Ἀμιναδὰβ ἦν υἱός, ᾧ παρέδοσαν τὴν κιβωτὸν οἱ ἐν Βεθσάμοις, ἀφεθεῖσαν ὑπὸ τῶν ἀλλοφύλων· τῆς λευϊτικῆς δὲ ἦν οὗτος φυλῆς, καὶ τοῦτο ἡ ἱστορία διδάσκει· «Ἡγίασε» γάρ φησι, «τὸν υἱὸν αὐτοῦ Ἐλεάζαρ, φυλάσ-10 σειν τὴν κιβωτὸν διαθήκης Κυρίου». Ὅτι δὲ καὶ οὗτος τοῦ Ἀμι-ναδὰβ ἦν υἱός, ἡ ἱστορία διδάσκει· «Καὶ ἐπεβίβασαν τὴν κιβωτὸν τοῦ Θεοῦ ἐπὶ ἅμαξαν καινήν, καὶ ἦραν αὐτὴν ἐξ οἴκου Ἀμιναδὰβ τοῦ ἐν τῷ βουνῷ· καὶ Ὀζᾶν καὶ οἱ ἀδελφοὶ αὐτοῦ, υἱοὶ Ἀμιναδάβ, ἦγον τὴν ἅμαξαν σὺν τῇ κιβωτῷ τοῦ Θεοῦ· καὶ Ὀζᾶν καὶ οἱ ἀδελ-15 φοὶ αὐτοῦ ἐπορεύοντο ἔμπροσθεν καὶ ἐκ πλαγίων τῆς κιβωτοῦ». Οὐκ ἐξ ἄλλης τοιγαροῦν ἦν φυλῆς, ὡς ὁ Ἰώσηπος ἔφη, ἀλλὰ λευΐτης ἦν. Οὔτε μὴν διὰ προπέτειαν τὴν τιμωρίαν ἐδέξατο. Κλιθείσης γὰρ τῆς ἁμάξης, ἐχρῆν προσερεῖσαι τὴν χεῖρα· ἀλλ᾽ ἑτέρας παρανομίας ἔτισε δίκας. Τοῦ γὰρ Θεοῦ προστεταχότος

---

1 cf 2 Re 6, 7   4 s Josefo, *Ant* 7, 81   9 s 1 Re 7, 1ap   11 s 2 Re 6, 3-4

5, 8, 9, 10, 12, 35, 37, 54, 55, 56

1 >ὁ 9 10 35 54   Ὀζᾶ 12 55   ἐτελεύτησεν 5 54   2 φασι] > Α: post τινὲς c₁ δίκας + εἶπον Α   3 ἣ] ἥτις Α   παντὸς + γὰρ D 9   7 Βαιθσάμοις c₁: Βεθ-σάμυς 35   8 λευϊτικῆς δὲ tr 5   9 διδάσκει + καὶ 5   Ἐλεάζαρ pr τὸν D   10 διαθήκης pr τῆς 37 54   12 ἐξ οἴκου] ἐκ τοῦ οἴκου ed   13 >τοῦ ἐν — ἀδελφοὶ αὐτοῦ 12   Ὀζᾶ 9 35 54 55   υἱοὶ pr οἱ 35 56   >υἱοὶ — ἀδελφοὶ αὐτοῦ Α 55   >υἱοὶ Ἀμιναδάβ 12 35   14 Ὀζᾶ 9 12 35   15 >ἔμπροσθεν καὶ Α   16 >ὁ 5 9   ἀλλὰ + καὶ 5 10   17 >ἦν 9 12 35 37 55   18 >ἐχρῆν Α   προσερεῖσαι] ἐρεῖσαι D 9: προσήρεισε Α

τοὺς ἱερέας ἀπ᾽ ὤμων φέρειν τὴν κιβωτὸν παρὰ τὸν νόμον αὐτὴν ἐφ᾽ ἁμάξης ἐκόμισαν. Ἐξηπάτησε δὲ αὐτοὺς τὸ παρὰ τῶν ἀλλοφύλων οὕτως ἐκπεμφθεῖσαν μηδένα λυμήνασθαι. Ἀλλ᾽ ἐχρῆν συνιδεῖν, ὡς οὔτε τὸν νόμον ᾔδεισαν οἱ ἀλλόφυλοι, καὶ ἱερεῖς οὐ παρῆσαν, ἵνα κατὰ τὸν νόμον αὐτὴν μετενέγκωσιν. Ὅτι δὲ τοῦτο 5 ἀληθές, τὰ ἑξῆς διδάσκει. Τοῦ γὰρ Ὀζᾶν πεπτωκότος, δείσας ὁ βασιλεὺς οὐκ εἰς τὰ βασίλεια τὴν κιβωτὸν εἰσενήνοχεν, ἔνθα καὶ τὴν θείαν κατεσκευάκει σκηνήν, ἀλλ᾽ εἰς τὸν οἶκον Ἀβεδδαρά. Ἐπειδὴ δὲ εἶδε παντοδαπῆς εὐλογίας ἐν τρισὶ μησὶ τὴν οἰκίαν πλησθεῖσαν ἐκείνην, εὐθὺς αὐτὴν εἰς τὰ βασίλεια μετεκόμισεν, 10 οὐχ ἁμάξῃ χρησάμενος, ἀλλὰ τοῖς ἱερεῦσι κατὰ τὸν νόμον. «Ἦσαν» γάρ φησι, «μετ᾽ αὐτῶν οἱ αἴροντες τὴν κιβωτὸν Κυρίου ἑπτὰ χοροί, καὶ θύμα μόσχου καὶ ἀρνός. Καὶ Δαβὶδ ἀνεκρούετο ἐν ὀργάνοις ἡρμοσμένοις ἐνώπιον Κυρίου καὶ αὐτὸς ἐνδεδυμένος στολὴν ἔξαλλον·» οὕτω δὲ τὴν ποικίλην ὠνόμασε. Σαφέστερον δὲ 15 τοῦτο ἐδίδαξεν βίβλος ἡ τῶν Παραλειπομένων· «Ἦραν» γάρ φησι, «τὴν κιβωτόν, ὡς ἐνετείλατο Μωϋσῆς ἐν λόγῳ Κυρίου Θεοῦ Ἰσραήλ, ἐπ᾽ ἀναφορεῦσι, κατὰ τὴν γραφήν, ἐν ὤμοις αὐτῶν».

613

Κ΄

Διὰ τί κατεγέλασεν ἡ Μελχὸλ τοῦ Δαβίδ;

Ὠήθη βασιλέως ἀλλότριον τὸ δημοσίᾳ χορεύειν· οὐ γὰρ ᾔδει 20 τοῦ θείου πόθου τὰ κέντρα. Ὅθεν ὁ βασιλεὺς αὐτῇ σφοδρότερον

---

8 cf 2 Re 6, 11-12   **12** s 2 Re 6, 13-14   **16** s 1 Cr 15, 15   **19** cf 2 Re 6, 20

5, 8, 9, 10, 12, 35, 37, 54, 55, 56

1 ἱερέας] ἱερεῖς A   >αὐτὴν A   **4** ἱερεῖς pr οἱ 10 54   **5** μετενέγκωσιν] ἐπήνεγκαν 37   **6** διδάσκει] δηλοῖ 5   Ὀζᾶ D 9 37 55   **7** ἐξενήνοχεν 8 10 55   **8** Ἀβεδδαρά] Ἀββεδάν 12: Ἀβεδδαδάν 8 9 35   **9** Ἐπειδὴ] ἐπεὶ c₁ 37   **12** >μετ᾽ αὐτῶν 35   **13** >ἑπτὰ χοροί 5   >ἐν 8 9 35   **16** ἐδίδαξεν] ἔδειξεν D   βίβλος ἡ tr A   **18** >κατὰ τὴν γραφήν A   **19** Μελχὼλ 9 37   **20** >τὸ c₁ 37   **21** αὐτῇ] > 8: post ἐπετίμησεν A ἐπετίμησεν· «᾿Ενώπιον» γάρ φησι, «Κυρίου ὀρχήσομαι· ζῇ Κύριος, ὃς ἐξελέξατό με ὑπὲρ τὸν πατέρα σου καὶ ὑπὲρ πάντα τὸν οἶκον αὐτοῦ, καταστῆσαί με εἰς ἡγούμενον ἐπὶ πάντα τὸν λαὸν αὐτοῦ τὸν ᾿Ισραήλ». Καὶ τὰ ἑξῆς δὲ τὴν αὐτὴν ἔχει διάνοιαν. Εἶτα ἐδίδαξεν ἡ 5 ἱστορία, ὅτι τῇ Μελχὸλ θυγατρὶ Σαοὺλ οὐκ ἐγένετο παιδίον, ἕως τῆς ἡμέρας τοῦ ἀποθανεῖν αὐτήν· ἀλλ᾿ οὐ μόνον δι᾿ αὐτὴν τὴν αἰτίαν στερίφη μεμένηκεν, ἀλλ᾿ ὥστε μηδένα ἐξ ἐκείνου βασιλεῦσαι τοῦ σπέρματος. Εἰκὸς γὰρ ἦν τὸν λαὸν τὸν ἑκατέρωθεν εὐγενείᾳ λάμποντα προτιμῆσαι τῶν ἄλλων.

ΚΑ΄

10 **Προφήτης ὢν ὁ Νάθαν, πῶς ἠγνόησε τὸ βούλημα τοῦ Θεοῦ καὶ τῷ Δαβὶδ οἰκοδομῆσαι τὸν θεῖον οἶκον προσέταξεν;**

Καὶ ἤδη ἔφην, ὡς οὐχ ἅπαντα προήδεισαν οἱ προφῆται, ἀλλ᾿ ἅπερ ἡ θεία χάρις αὐτοῖς ἀπεκάλυπτεν. Οὕτως ὁ Σαμουὴλ ἠγνόησε τίνα χρῖσαι προσήκει· οὕτως ὁ ᾿Ελισσαῖος τὸ τῆς Σωμανίτιδος 15 πάθος· «῎Αφες γὰρ αὐτήν», ἔφη, «ὅτι κατώδυνος ἡ ψυχὴ αὐτῆς, καὶ Κύριος ἀπέκρυψεν ἀπ᾿ ἐμοῦ». Οὕτω καὶ ὁ Νάθαν τὸν τοῦ βασιλέως ἐπαινέσας σκοπόν, ἐνόμισεν ἀρέσκειν τὸ ἔργον τῷ τῶν ὅλων Θεῷ. ῞Οθεν εἶπε· «Πάντα ὅσα ἐν τῇ καρδίᾳ σου βάδιζε καὶ ποίει, ὅτι ὁ Θεὸς μετὰ σοῦ». ᾿Αλλὰ νύκτωρ ἐπιφανεὶς ὁ Δεσπότης

1 s 2 Re 6, 21   15 s 4 Re 4, 27   18 s 2 Re 7, 3

5, 8, 9, 10, 12, 35, 37, 54, 55, 56

1 ᾿Ενώπιον] ἐναντίον ed   ὀρχήσομαι + καὶ παίξομαι 37   >ζῇ Κύριος 12 37   3 αὐτοῦ + καὶ ὑπὲρ πάντα τὸν λαὸν αὐτοῦ 9: + τοῦ c_1 37   καταστῆσαι — διάνοιαν] καὶ ἑξῆς 54   4 ᾿Ισραήλ + ὀρχήσομαι καὶ παίξομαι c_1 5 Μελχὼλ 9 37   >θυγατρὶ Σαοὺλ 54   ἕως — αὐτήν] ὅλως 54   6 ἀποθανεῖν αὐτήν] θανάτου αὐτῆς 5 10   δι᾿ αὐτήν] διὰ ταύτην A   7 στερίφη] στεῖρα A   11 οἶκον] ναὸν 54   12 ἔφην] φησί 54   οὐχ] οὐκ 5: οὐ 12 54   ἅπαντα προήδεισαν tr 5   ἅπαντα] πάντα 12 54   προήδεισαν] ᾔδεισαν c_1 5   13 ἅπερ] ὥσπερ 5   >αὐτοῖς A   >Οὕτως — μετὰ σοῦ (l 19) 54   ἠγνόησεν] ἠγνόει 5   14 Σουμανίτιδος 10 12 55   17 ἐπαινέσας post Νάθαν 5 10   >τὸ ἔργον 37   >τῶν ὅλων 5   19 ᾿Αλλὰ] διὸ καὶ 54   >Δεσπότης 5 54

Θεὸς ταῦτα ἔφη πρὸς τὸν Νάθαν· «*Πορεύου, καὶ εἶπε τῷ δούλῳ μου Δαβίδ· Τάδε λέγει Κύριος· Οὐ σὺ οἰκοδομήσεις μοι οἶκον τοῦ κατοικῆσαί με, ὅτι οὐ κατῴκηκα ἐν οἴκῳ, ἀφ᾽ ἧς ἡμέρας ἀνήγαγον τοὺς υἱοὺς Ἰσραὴλ ἐξ Αἰγύπτου, καὶ ἕως τῆς ἡμέρας ταύτης*». Καὶ πρῶτον μὲν αὐτὸν ἐψυχαγώγησεν τῇ τῆς δουλείας προσηγορίᾳ· 5
«*Εἰπὲ*» γάρ φησι, «*Δαβὶδ τῷ δούλῳ μου*»· ἄκρα δὲ τιμὴ τὸ δοῦλον ὀνομασθῆναι Θεοῦ. Ἔπειτα τὸ ἀνενδεὲς τῆς οἰκείας ἐδίδαξε φύσεως· «*Οὐ κατῴκηκα*» γάρ φησιν, «*ἐν οἴκῳ*». Τὸ δὲ «*Ἀφ᾽ ἧς ἡμέρας ἀνήγαγον τοὺς υἱοὺς Ἰσραὴλ ἐξ Αἰγύπτου*», ἀντὶ τοῦ, πάν-
616 τα τὸν χρόνον ὃν συνεγενόμην ὑμῖν ἔν τε τῇ ἐρήμῳ, καὶ ἐν ταύτῃ 10
τῇ γῇ. Ὅτι γὰρ οὐδὲ πρὸ τούτου τοῦ χρόνου νεὼν ἔσχεν, αἱ παλαιαὶ διδάσκουσιν ἱστορίαι. Εἶτα τὴν ἄπειρον δεικνὺς φιλανθρωπίαν ἐπήγαγε· «*Καὶ ἤμην ἐμπεριπατῶν ἐν καταλύματι, ἐν σκηνῇ, ἐν πᾶσιν οἷς διῆλθον ἐν παντὶ Ἰσραήλ*». Καὶ προστέθεικεν, ὡς οὐδενὶ τῶν κριτῶν, οἳ ἐκ διαφόρων ἦσαν φυλῶν, ἢ προσέταξεν 15
οἰκοδομῆσαι νεών, ἢ ἐνεκάλεσεν ὡς τοῦτο μὴ δεδρακότι. Τοῦτο γὰρ εἶπεν· «*Εἰ λαλῶν ἐλάλησα πρὸς μίαν φυλὴν τοῦ Ἰσραήλ, ᾧ ἐνετειλάμην ποιμαίνειν τὸν λαόν μου τὸν Ἰσραὴλ λέγων· Τί ὅτι οὐκ ᾠκοδομήσατέ μοι οἶκον κέδρινον;*» Ἔπειτα τῷ τῆς εὐνοίας ὀνόματι χρησάμενος, καὶ δοῦλον αὐτοῦ προσαγορεύσας, ἀνέμνησε μὲν 20
τῆς προβατείας καὶ τῆς ἄλλης πενίας· ἐπέδειξε δὲ τῆς βασιλείας τὸ ὕψος, καὶ τὴν τῆς ἄλλης κηδεμονίας φιλοτιμίαν. «*Ἤμην*» γάρ φησι, «*μετὰ σοῦ ἐν πᾶσιν οἷς ἐπορεύου· καὶ ἐξωλόθρευσα πάντας τοὺς ἐχθρούς σου ἀπὸ προσώπου σου, καὶ ἐποίησά σοι ὄνομα μέγα, κατὰ τὸ ὄνομα τῶν μεγάλων τῶν ἐπὶ τῆς γῆς*». Ταῦτα δὲ εἰς 25

---

1 s 2 Re 7, 5-6   13 s 2 Re 7, 6-7   17 s 2 Re 7, 7   22 s 2 Re 7, 9

5, 8, 9, 10, 12, 35, 37, 54, 55, 56

1 >ταῦτα 54   2 >μοι D⁻⁸ 10   4 >καὶ 1° 5 10 12   >ἕως τῆς ἡμέρας — ἐξ Αἰγύπτου (l 9) 12   5 αὐτὸν ἐψυχαγ. tr A   6 Δαβίδ pr τῷ c₁ 35 37   Δαβὶδ post δούλῳ μου 8 9   7 ἐδίδαξε] ἔδειξε 10   10 >τὸν 5   >ὃν 10 12   11 παλαιαὶ] πάλαι ed   12 ἄπειρον + δύναμιν καὶ 5 56   δεικνὺς φιλανθ. tr 5 56   13 καταλύματι + καὶ c₁ 9 37   14 διῆλθεν D⁻⁸ 9   προστέθεικεν] προσέθηκεν A   15 οἳ] τῶν A   >ἦσαν A   >ἢ c₁ 37   16 νεών] ναόν 5   ἐκάλεσε 35   δεδρακόσι 5   17 ᾧ] οἷς 10 54   18 >ᾧ ἐνετ. — Ἰσραὴλ 5   >Τί A 12   19 οἰκοδομήκατε 12 35   ὀνόματι χρησάμενος tr 37   20 μὲν] > 12 37: + αὐτόν c₁ 54   21 ἔδειξε A   23 >μετὰ σοῦ — ἐχθρούς σου 12

τὴν τῆς εὐσεβείας καὶ εὐνομίας βεβαίωσιν εἴρηκεν, ἵνα τῶν εὐερ-
γεσίων μεμνημένος θεραπεύῃ τὸν εὐεργέτην. Ὑπέσχετο δὲ καὶ τοῦ
λαοῦ προμηθεῖσθαι· «Θήσομαι» γάρ φησι, «τόπον τῷ λαῷ μου
Ἰσραήλ, καὶ καταφυτεύσω αὐτὸν καὶ κατασκηνώσει καθ᾽ ἑαυτόν».
5 Κατὰ τὸν θεῖον γὰρ πολιτευόμενος νόμον, τῶν ἄλλων ἐθνῶν
ἐκεχώριστο. Τὸ δὲ «Οὐ προσθήσει υἱὸς ἀδικίας τοῦ ταπεινῶσαι
αὐτόν», τὰ ἑξῆς ἑρμηνεύει· «Καθὼς ἀπ᾽ ἀρχῆς», φησί, «καὶ ἀπὸ
τῶν ἡμερῶν ὧν ἔταξα κριτὰς ἐπὶ τὸν λαόν μου Ἰσραήλ». Ἐπειδὴ
γὰρ ἐν τῷ καιρῷ τῶν κριτῶν, ποτὲ μὲν ἀμμανίταις καὶ μωαβίταις,
10 ποτὲ δὲ μαδιηναίοις καὶ ἀλλοφύλοις ἐδούλευσαν, ὑπέσχετο αὐτοῖς
ἀκεραίαν σῴζειν τὴν βασιλείαν, καὶ τῶν συχνῶν τούτων ἀπαλλά-
ξειν μεταβολῶν. Εἶτα τὸν λογικὸν καὶ θεῖον καὶ σωτήριον αὐτοῖς
οἰκοδομήσειν νεὼν ἐπηγγείλατο. «Καὶ ἀπαγγελεῖ σοι» γάρ φησι,
«Κύριος, ὅτι οἶκον οἰκοδομήσει ἑαυτῷ». Ὅτι δὲ τὴν ἐκ τῆς ἁγίας
15 Παρθένου σάρκα καὶ αὐτὸς ᾠκοδόμησε, καὶ αὐτὸς ναὸν προση-
γόρευσεν, ὁ εὐαγγελιστὴς ἡμᾶς Ἰωάννης ἐδίδαξε, τὴν ἰουδαίων
ἐρώτησιν καὶ τοῦ Δεσπότου Χριστοῦ τὴν ἀπόκρισιν τῇ συγγραφῇ
τῶν ἱερῶν εὐαγγελίων ἐντεθεικώς. Τῶν γὰρ ἰουδαίων εἰρηκότων·
«Τί σημεῖον δεικνύεις ἡμῖν ὅτι ταῦτα ποιεῖς;» ὑπολαβὼν ὁ Κύριος
20 ἔφη· «Λύσατε τὸν ναὸν τοῦτον, καὶ ἐν τρισὶν ἡμέραις ἐγερῶ   617
αὐτόν». Τοπασάντων δὲ τῶν ἰουδαίων περὶ τοῦ ἀψύχου ταῦτα
εἰρῆσθαι ναοῦ, ὁ εὐαγγελιστὴς ἐπήγαγεν· «Αὐτὸς δὲ ἔλεγε περὶ τοῦ
ναοῦ τοῦ σώματος αὐτοῦ. Καὶ ὅτε ἠγέρθη ἐκ τῶν νεκρῶν, ἔγνωσαν
οἱ μαθηταὶ αὐτοῦ ὅτι τοῦτο εἶπεν ὁ Ἰησοῦς, καὶ ἐπίστευσαν τῇ
25 γραφῇ, καὶ τῷ λόγῳ ᾧ εἶπεν ὁ Ἰησοῦς». Ὁ δὲ θεῖος Ἀπόστολος

---

3 s 2 Re 7, 10-11   13 s 2 Re 7, 11   19 s Jn 2, 18-19   22 s Jn 2, 21-22

5, 8, 9, 10, 12, 35, 37, 54, 55, 56

2 δὲ] γὰρ c_1 >καὶ D 9   3 τῷ λαῷ] τοῦ λαοῦ 8 35   4 καὶ 2°] ἐὰν c_1: ἐν
37   κατασκηνώσῃ c_1 9 >καὶ μωαβίταις 12   10 μαδιηναίοις] μαδιηνίταις
ed   ἐδούλευσαν] ἐδούλευον 54   αὐτοῖς] > 37: αὐτοῦ A: αὐτὸς c_1 13 οἰκοδομήσειν]
> 54: οἰκοδομῆσαι 10   νεὼν] ναὸν 5 54   14 οἶκον post οἰκοδομήσει 5: post ἑαυτῷ 10
54   15 αὐτὸς] αὐτὴν 5: αὐτὸν 54: αὐτοῦ 12: ἑαυτοῦ 10   16 εὐαγγελιστὴς — ἐπήγαγεν
(l 22)] Ἰωάννης ἐδίδαξε ἐν τοῖς εὐαγγελίοις εἰπών 54   17 >Δεσπότου 5   19 >ἡμῖν
10   22 Αὐτὸς] ἐκεῖνος 54   23 >Καὶ ὅτε — ὁ Ἰησοῦς (l 25) 54   >τῶν c_1 8   24
>καὶ ἐπίστευσαν — ὁ Ἰησοῦς 37

καὶ τῶν πιστῶν τὸν σύλλογον οἶκον τοῦ Θεοῦ προσηγόρευσε, «Χριστὸς» γάρ φησιν, «ὡς υἱὸς ἐπὶ τὸν οἶκον αὐτοῦ οὗ οἶκός ἐσμεν ἡμεῖς». Ταῦτα προηγόρευσεν ὁ προφήτης· «Καὶ ἀπαγγελεῖ σοι Κύριος, ὅτι οἶκον οἰκοδομήσει ἑαυτῷ». Περὶ δὲ τοῦ χειροποιήτου νεὼ οὕτως ἔφη· «Καὶ ἔσται ἐὰν πληρωθῶσιν αἱ ἡμέραι σου, καὶ 5 κοιμηθῇς μετὰ τῶν πατέρων σου, καὶ ἀναστήσω τὸ σπέρμα σου μετὰ σέ· ὃς ἔσται ἐκ τῆς κοιλίας σου· καὶ ἑτοιμάσω τὴν βασιλείαν αὐτοῦ. Οὗτος οἰκοδομήσει οἶκον τῷ ὀνόματί μου». Ταῦτα περὶ Σολομῶντος εἰπὼν ἀναμίγνυσι τῇ προρρήσει τὰ περὶ τοῦ Δεσπότου Χριστοῦ· «Ἀνορθώσω» γὰρ ἔφη, «τὸν θρόνον αὐτοῦ ἕως εἰς τὸν 10 αἰῶνα· καὶ ἐγὼ ἔσομαι αὐτῷ εἰς πατέρα, καὶ αὐτὸς ἔσται μοι εἰς υἱόν». Ὅτι δὲ ταῦτα περὶ τοῦ Δεσπότου ἐρρέθη Χριστοῦ, μάρτυς ὁ θεῖος Ἀπόστολος, οὕτως εἰπὼν ἐν τῇ πρὸς Ἑβραίους Ἐπιστολῇ· «Τίνι γάρ ποτε τῶν ἀγγέλων εἶπεν, Υἱός μου εἶ σύ, ἐγὼ σήμερον γεγέννηκά σε; καὶ πάλιν, Ἐγὼ ἔσομαι αὐτῷ εἰς πατέρα, καὶ 15 αὐτὸς ἔσται μοι εἰς υἱόν;» Εἶτα διδάσκει πόσης διὰ τοῦτον τὸν υἱὸν οἱ κατὰ σάρκα αὐτοῦ πρόγονοι, καὶ παρανομοῦντες ἀπολαύουσι προμηθείας· «Ἁμαρτάνοντας» γάρ φησιν, «ἐλέγξω μὲν καὶ παιδεύσω· τὸν δὲ ἔλεόν μου οὐκ ἀποστήσω ἀπ᾽ αὐτῶν, καθὼς ἀπέστησα ἀφ᾽ ὧν ἀπέστησα». Τὸ δὲ «Ἐν ἁφαῖς υἱῶν ἀνθρώπων», 20 ἀντὶ τοῦ, ταῖς δι᾽ ἀνθρώπων παιδείαις, τέθεικεν. Ἐπειδὴ διὰ χειρῶν καὶ ἡ ἁφὴ καὶ ἡ ἀνθρωπίνη σφαγή. Καὶ τὰ ἑξῆς δὲ πάλιν ἥκιστα μὲν τοῖς τοῦ Ἰσραὴλ βασιλεῦσιν ἁρμόττει· ἐπὶ δὲ μόνου

2 s Heb 3, 6   3 s 2 Re 7, 11   5 s 2 Re 7, 12-13   10 s 2 Re 7, 13-14   14 s Heb 1, 5   18 s 2 Re 7, 14-15   20 2 Re 7, 14

5, 8, 9, 10, 12, 35, 37, 54, 55, 56

1 >τοῦ c₁ 10 37   2 >γάρ D   οἶκος pr ὁ 37   5 ἔσται + ὡς A   ἐὰν] ἂν A 37   6 κοιμηθῇς] κοιμηθήσῃ A   7 ὃς ἔσται — βασιλείαν αὐτοῦ] καὶ μετ᾽ ὀλίγον 54   8 Σολομῶντος pr τοῦ A 9   9 >τὰ περὶ 54   11 εἰς υἱόν] υἱός 12   12 Δεσπότου] Χριστοῦ 5   ἐρρέθη] ἑρμηνεύθη D   >Χριστοῦ 5 54   14 γάρ] δέ A   ἀγγέλων + αὐτοῦ D⁻¹²   15 >καὶ πάλιν — εἰς υἱόν 54   17 >αὐτοῦ A⁻⁵⁴ 37   πρόγονοι] προπάτορες 54   ἀπολαύσουσι c₁ 12   18 προμηθείας] προνοίας A   >Ἁμαρτάνοντας γάρ φησιν A   >μὲν A   19 καὶ pr γὰρ 54: + γὰρ 5 10   τὸν pr αὐτούς φησι A: τὸ A⁻¹⁰ 55   ἔλεον] ἔλεος A⁻¹⁰ 55   αὐτῶν] αὐτοῦ 12 35   20 ἀπέστ. — ἀπέστησα] ἀπέστησαν A   21 ταῖς] τῆς 8 35   δι᾽] διὰ τῶν A   παιδείας 8 12   22 >Καὶ 3° A   23 τοῦ Ἰσραὴλ post βασιλεῦσιν 54

τοῦ Δεσπότου Χριστοῦ τὸ ἀληθὲς αὐτῶν δείκνυται. «Πιστωθήσε-
ται» γάρ φησιν, «ὁ οἶκος αὐτοῦ, καὶ ἡ βασιλεία αὐτοῦ ἕως αἰῶνος
ἐνώπιόν μου, καὶ ὁ θρόνος αὐτοῦ ἔσται ἀνωρθωμένος εἰς τὸν
αἰῶνα». Ὁ δὲ Σολομὼν οὐδὲ τὸ μακρόβιον τῶν ἄλλων ἔσχεν
5 ἀνθρώπων, οὐδὲ εἰς τὸ τοῦ πατρὸς ἔφθασε γῆρας· καὶ τοὺς ἐκ
τούτου δὲ ἅπαντας τὸ κοινὸν διεδέξατο τέλος. Δυοῖν τοίνυν θάτε-
ρον ἀνάγκη· ἢ τῷ Δεσπότῃ ταῦτα προσαρμόσαι Χριστῷ, ἢ ψευδῆ 620
φάναι τοῦ Θεοῦ τῶν ὅλων τὴν πρόρρησιν· ἀλλὰ τοῦτο δυσσεβὲς
καὶ ἀνόσιον. Ἀνάγκη τοίνυν, κἂν μὴ θέλωσιν οἱ ἰουδαῖοι, τὸ ἕτε-
10 ρον δέξασθαι. Τούτων ἀκούσας ὁ βασιλεὺς τὸν μεγαλόδωρον
ὕμνησε Κύριον· καὶ πρῶτον ὡμολόγησε τὴν οἰκείαν εὐτέλειαν·
«Τίς εἰμι ἐγώ, Κύριέ μου, Κύριε, καὶ τίς ὁ οἶκος τοῦ πατρός μου,
ὅτι ἠγάπησάς με ἕως τούτου;» Δηλοῖ δὲ ὁ λόγος τῶν δωρεῶν τὸ
μέγεθος. Εἶτα τὸ παντοδύναμον τοῦ Δεσπότου ἐπήγαγε· «Καὶ
15 κατεσμίκρυνται σμικρὰ ταῦτα ἐνώπιόν σου, Κύριέ μου, Κύριε».
Ἐθαύμασα, φησί, τὴν τῶν ἐπηγγελμένων ὑπερβολήν, εἰς ἐμαυτὸν
ἀποβλέψας· σμικρὰ γὰρ ταῦτα τῇ σῇ δυνάμει παραβαλλόμενα.
Ἔπειτα τὸν ὕμνον ἐκτείνας, καὶ βεβαιωθῆναι τὰς ἐπαγγελίας ἀν-
τιβολήσας, ἐπήγαγε· «Καὶ νῦν, Κύριε, τὸ ῥῆμα ὃ ἐλάλησας ὑπὲρ
20 τοῦ δούλου σου, καὶ ὑπὲρ τοῦ οἴκου αὐτοῦ πιστωθήτω ἕως
αἰῶνος». Καὶ ὅτι τὴν ἐπαγγελίαν ἐκείνην ἱκετεύει βεβαιωθῆναι, τὰ
ἐπαγόμενα μαρτυρεῖ· «Ὅτι σύ, Κύριε παντοκράτωρ ὁ Θεὸς
Ἰσραήλ, ἀπεκάλυψας τὸ ὠτίον τοῦ δούλου σου λέγων, Οἶκον
οἰκοδομήσω σοι». Σύ, φησίν, ἀγνοοῦντα ἐδίδαξας, ὅτι τὸν οἶκον
25 ἐκεῖνον οἰκοδομήσεις, δι' οὗ περίβλεπτος ἔσομαι παρὰ πᾶσιν
ἀνθρώποις· ταύτην ἐμπεδωθῆναι τὴν ἐπαγγελίαν παρακαλῶ.

1 s 2 Re 7, 16   12 s 2 Re 7, 18   14 s 2 Re 7, 19   19 s 2 Re 7, 25   22 s 2 Re
7, 27

5, 8, 9, 10, 12, 35, 37, 54, 55, 56

1 >τοῦ c₁   >Δεσπότου Α c₁   2 >φησιν 37 55   >ἕως αἰῶνος ἐνώπιόν μου
Α   4 >τὸ Α   μακρόβιον] μακρότερον βίον Α⁻¹⁰   5 >τὸ Α   7 προσαρμόσαι]
ἁρμόσαι ed   8 >τῶν ὅλων 12 54   ἀλλὰ — ἀνόσιον] οὕτινος ἂν εἴη δυσσεβέστερον ἢ
ἀνοσιώτερον 54   9 >οἱ Α⁻⁵⁴ 9 12 37   10 ἀκούσας + δὲ D 9   12 >Κύριε 2°
Α⁻⁵   13 τούτου] τούτων 37 55   15 σμικρὰ] μικρὰ Α⁻¹⁰: pr τὰ Α   17 γὰρ] > Α: δὲ
37   19 Κύριε + μου Κύριε Α   20 πιστωθήτω] πίστωσον 37   21 ἱκετεύει] ἱκέτευε 5 8
10 37   23 Οἶκον + ἐκεῖνον ed   24 ἀγνοοῦντας D   25 >παρὰ Α⁻¹⁰ 56

ΚΒ΄

Πῶς νοητέον τὸ «Ἐπάταξε Δαβὶδ τὴν Μωάβ, καὶ διεμέτρησεν αὐτοὺς σχοινίῳ κοιμίσας αὐτοὺς ἐπὶ τὴν γῆν»;

Τοσοῦτον ἦν τῆς νίκης τὸ κράτος, καὶ τοσοῦτον τῶν ζωγρηθέντων τὸ πλῆθος, ὡς μὴ ἀνασχέσθαι τούτους ὑποβαλεῖν ἀριθμῷ. Ἐκέλευσε γὰρ αὐτοὺς ἐπὶ τῆς γῆς κατακλιθῆναι πρηνεῖς, τριχῇ 5 διελών· καὶ τὰς μὲν δύο μοίρας κατέκτεινε· τὴν δὲ μίαν ἐζώγρησε, καὶ φόρον φέρειν ἐκέλευσε. Τοὺς μέντοι «χλιδῶνας» τῶν σύρων «τοὺς χρυσοῦς κλοιοὺς» ὁ Ἀκύλας ἡρμήνευσεν· «Ἐμὰθ δὲ τὴν Ἐπιφάνειαν τῆς Συρίας».

ΚΓ΄

Τί δήποτε τὰ ἅρματα τῶν σύρων τὰ πλεῖστα διέλυσεν; 10

621 Ὁ θεῖος παρακελεύεται νόμος, μὴ πολλοῖς ἵπποις κεχρῆσθαι τὸν βασιλέα, ἵνα μὴ αὐτοῖς, ἀλλὰ τῇ θείᾳ δυνάμει θαρρῶσι. Τοῦτον τηρῶν τὸν νόμον, τὰ πλεῖστα τῶν ἁρμάτων διέλυσεν. Ἔστι δὲ αὐτοῦ ἀκοῦσαι καὶ ἐν τοῖς Ψαλμοῖς μελῳδοῦντος καὶ λέγοντος· «Οὐ σῴζεται βασιλεὺς διὰ πολλὴν δύναμιν, καὶ γίγας οὐ 15 σωθήσεται ἐν πλήθει ἰσχύος αὐτοῦ. Ψευδὴς ἵππος εἰς σωτηρίαν, ἐν δὲ πλήθει δυνάμεως αὐτοῦ οὐ σωθήσεται». Πεπλήρωκε δὲ καὶ

---

1 s 2 Re 8, 2   7 2 Re 8, 7   **10** cf 2 Re 8, 4   **15** s Sal 32, 16-17

5, 8, 9, 10, .12, 35, 37, 54, 55, 56

1 >τὸ A 12   **2** σχοινίῳ pr ἐν 9 37   κοιμήσας 8 35 37 56   τῆς γῆς 37   **4** ὑποβαλεῖν ἀριθμῷ tr A   **5** τὴν γῆν 12   κατακλιθῆναι] καταβληθῆναι A   **12** τὸν βασιλέα] τοὺς βασιλέας 37   θαρρῶσι] θαρρῶν 8 35   **13** τηρῶν] πληρῶν A·⁵⁴ D   **15** >καὶ λέγοντος A   γίγας — σωθήσεται (l 17)] ἑξῆς 54

Ἰσαὰκ τοῦ πατριάρχου τὴν εὐλογίαν τὴν τῷ Ἰακὼβ δοθεῖσαν·
«Γίνου» γὰρ ἔφη, κύριος τοῦ ἀδελφοῦ σου». Αὐτὸς δὲ τὴν
Ἰδουμαίαν ἐπάταξε, καὶ ἔθετο «φρουρὰν» ἐν αὐτῇ. Τὸ δὲ «Ἐν
πάσῃ τῇ Ἰδουμαίᾳ ἔθηκεν ἐστηλωμένους», δηλοῖ ὡς ἐν ἑκάστῃ
5 πόλει κατέστησε τοὺς φρουρούς. Οὓς γάρ τινες καλοῦσιν ἐγκα-
θέτους, ἐστηλωμένους ὠνόμασεν. Εἶτα ἐπήγαγε· «Καὶ ἐγένοντο
πάντες οἱ Ἰδουμαῖοι δοῦλοι τῷ Δαβίδ». Ἐπέθηκε τοίνυν τῇ προγο-
νικῇ προρρήσει τὸ τέλος. Ὁ δὲ συγγραφεὺς διηγεῖσθαι μέλλων
τὴν παρανομίαν, ἣ περιπέπτωκεν ὁ θεῖος ἀνήρ, ἀναγκαῖον ᾠήθη
10 πρῶτον ἐπιδεῖξαι τὴν τοῦ ἀνδρὸς ἀρετήν· ἵνα γνῶμεν ὡς οὐ
γνώμης ἦν, ἀλλὰ περιστάσεως τὸ πλημμέλημα. «Ἦν» γάρ φησιν,
«Δαβὶδ ποιῶν κρίμα καὶ δικαιοσύνην εἰς πάντα τὸν λαὸν αὐτοῦ».
Εἶτα λέγει τοὺς ἄρχοντας, ὅτι ὁ δεῖνα μὲν τήνδε τὴν ἀρχήν, ὁ
δεῖνα δὲ τήνδε ἐπιστεύθη. Ἐμνήσθη δὲ καὶ τῶν ἱερέων, τοῦ Σα-
15 δοὺκ καὶ τοῦ Ἀβιάθαρ. Ἐνταῦθα δὲ οἶμαι γραφικὸν εἶναι ἁμάρτη-
μα. Οὐ γὰρ ὁ Ἀχιμέλεχ υἱὸς Ἀβιάθαρ, ἀλλ᾽ ὁ Ἀβιάθαρ υἱὸς
Ἀχιμέλεχ. Τὸν δὲ Φελεθθὶ καὶ τὸν Χερεθθὶ, τοὺς σφενδονίτας
καὶ τοὺς τοξότας καλεῖ. Ὁ δὲ περὶ τοὺς ἐχθροὺς φιλάνθρωπος,
οὐκ ἄρα ἤμελλεν ἀμνημονήσειν τῶν φίλων. Ὅθεν ἤρετο, «Εἰ ἔστι
20 τις ἔτι ὑπολελειμμένος τῷ οἴκῳ Σαούλ, καὶ ποιήσω μετ᾽ αὐτοῦ
ἔλεον ἕνεκεν Ἰωνάθαν;» Διὰ γὰρ τὴν περὶ τοῦτον εὔνοιαν
παρεώρα τὴν ἐκείνου δυσμένειαν. Εἶτα πάσης ἀξιοῖ τὸν Μεμφι-
βάαλ θεραπείας, [πάντων μὲν αὐτὸν ἀποφήνας τῶν τοῦ Σαοὺλ
κτημάτων δεσπότην· συνεῖναι δὲ αὐτῷ κελεύσας, καὶ ὁμοδίαιτον
25 εἶναι διηνεκῶς.

---

2 Gé 27, 29   3 s 2 Re 8, 14   6 s 2 Re 8, 14   11 s 2 Re 8, 15   19 s 2 Re 9, 1

1, 5, 8, 9, 10, 12, 35, 37, 54, 55, 56

2 ἔφη] φησι D   3 >Ἐν 2° 37   4 Ἰδουμαίᾳ] Ἰουδαίᾳ c_1 35   6 ἐγένοντο + φησί
8   7 Ἐπέθηκε — ἀρετήν (l 10)] Μέλλων δ᾽ ὁ συγγραφεὺς τὴν παρανομίαν διηγεῖσθαι,
πρῶτον αὐτοῦ καταλέγει τὰς ἀρετὰς 54   14 >ὁ δεῖνα δὲ τήνδε 54   Σαδούκ] Σαδὼκ 5
37: Σαλδὼκ c_1 16 >ὁ 1° A   Ἀχιμέλεχ] Ἀβιμέλεχ c_1 >ὁ 2° A   17 Ἀχιμέλεχ]
Ἀβιμέλεχ 55   Φελεθθὶ] Φαλεθὶ 37: Φελλεχθὴ 5: Φελεθὶ ed   Χερεθθὶ] Χερρεθθὶ 10:
Χερρηχθὴ 5: Χερεθὶ ed   σφενδονίτας 1 9 54 55: σφενδονίστας D   18 ἐχθροὺς]
ἑτέρους 10   19 ἀμνημονεῖν 54   21 ἔλεον] ἔλεος 5 54   >Διὰ γὰρ — δυσμένειαν
54   22 >πάσης ed   Μελφιβάαλ 5: μὲν Βαὰλ 35   23 ἀποφήνας + εἶναι ed   25
>εἶναι A⁻¹⁰

624   ΚΔ΄

**Πῶς τοῦ Ἀδρααζὰρ τὴν πανωλεθρίαν προειρηκώς, πάλιν αὐτὸν
εἶπεν εἰς συμμαχίαν τῶν ἀμμανιτῶν ἀφικέσθαι;**

Τοῦ Ἀδρααζὰρ ἧτταν εἶπε, σφαγὴν οὐκ εἶπε. Συνάδει δὲ καὶ
τὰ νῦν εἰρημένα τοῖς πρόσθεν. «Ἀπέστειλε» γάρ φησιν, «Ἀδραα-
ζὰρ καὶ ἐξήγαγε τὸν Σύρον, τὸν ἐν τῷ πέραν τοῦ ποταμοῦ 5
Χαλαμά». Εἰ δὲ δύναμιν εἶχεν οἰκείαν, οὐκ ἂν ἑτέρας προσεδεήθη.
Ὅσον μέντοι ὀνίνησι συμφορὰ καὶ θλίψις καὶ μέριμνα, καὶ ἐκ
τῆσδε τῆς ἱστορίας μανθάνομεν. Διωκόμενος γάρ φησιν, ὑπὸ τοῦ
Σαοὺλ ὁ θεῖος Δαβὶδ πᾶσαν κατώρθου φιλοσοφίαν· καὶ παρα-
ταττόμενος δέ, καὶ ταῖς φροντίσι τῶν πολέμων ἐνασχολῶν τὴν 10
διάνοιαν, κατὰ τοὺς θείους ἐπολιτεύετο νόμους. Ἀνακωχῆς δὲ
ὀλίγης τυχών, τὸν ὄλισθον ἐκεῖνον ὑπέμεινεν· «Ἐγένετο» γάρ φη-
σιν, «ἐν τῷ καιρῷ τῆς δείλης, καὶ ἀνέστη Δαβὶδ ἀπὸ τῆς κοίτης
αὐτοῦ καὶ περιεπάτει ἐπὶ τοῦ δώματος τοῦ οἴκου τῶν βασιλείων,
καὶ εἶδεν ἀπὸ τοῦ δώματος γυναῖκα λουομένην, καὶ ἡ γυνὴ καλὴ τῇ 15
ὄψει σφόδρα». Πολὺς ὁ πόλεμος καὶ σφοδρός, ἄνεσις καὶ τρυφὴ
καὶ βασιλεία καὶ ἐξουσία καὶ σώματος ὥρα καὶ μετὰ τροφῆς
κόρον ἡ προσβολή· ὅτε καὶ τοῖς ἀσκοῦσιν ὁ σπινθὴρ ὑποτύφεται,
οἷον ἀρδείαν ἐλαίου δεχόμενος τὴν τροφήν. Δῆλος δέ ἐστι καὶ
σφοδρότερον κατὰ φύσιν ἐσχηκὼς τῆς ἐπιθυμίας τὸ πάθος. Οὐ 20

1 s cf 2 Re 8, 9 s et 10, 16.19   4 s 2 Re 10, 16   12 s 2 Re 11, 2

1, 5, 8, 9, 10, 12, 35, 37, 54, 55, 56

1 Ἀδρααζὰρ] Ἀδραζὰρ Α: Ἀνδρααζὰρ 12   εἰρηκώς D 1   πάλιν] ἥκειν Α   2
>ἀφικέσθαι Α   3 Ἀδρααζὰρ] Ἀδραζὰρ 54 55: Ἀδραζὰν 10   >εἶπε 1° Α   οὐκ an-
te σφαγὴν Α   4 πρόσθεν] ἔμπροσθεν Α   Ἀδρααζὰρ] Ἀδραζὰρ Α 37 55   6 Χαλαμά]
Χαλαάκ 5: Χαμαλάκ 10: Χαμαλαάκ 54: Χαλαμάν 55   προσεδεήθη] ἐδεήθη Α   7
Ὅσον μέντοι — fin Q post Q ΚΕ΄ 55   8 >φησιν Α 1 9   9 >καὶ παραταττόμενος —
Ἀνακωχῆς 54   10 >δέ Α   >καὶ 37   14 περιεπάτησεν Α   >τοῦ οἴκου — δώματος
37   15 τῇ ὄψει] τῷ εἴδει c_1 17 >μετὰ 54   19 ἀρδείαν] ἀνδρείαν 54   >ἐλαίου
Α   20 σφοδρότερον + [ἢ] ed

γὰρ ἂν πλείοσιν ἐχρήσατο γυναιξί, μὴ τῆς φύσεως τοῦτο δρᾶσαι
βιασαμένης. Ἀλλ' ἐκεῖνο μὲν οὐδεὶς ἐκώλυσε νόμος· τοῦτο δέ γε
ἄντικρυς ὁ θεῖος ἀπηγόρευσε νόμος. Διακύψας τοίνυν ἁπλοϊκῶς
οὐ περιέργως, «Εἶδε τὸ γύναιον λουόμενον»· ἀλλ' οὐκ ἔφυγε τὴν
5 θέαν, ὡς ὀλεθρίαν· ἀλλὰ καταθελχθεὶς τῷ τῆς ὥρας δελέατι, τὸ
τῆς ἁμαρτίας κατέπιεν ἄγκιστρον. Καὶ ταύτην μὲν αὐτῷ τὴν
ἁμαρτίαν ἡ ἐπιθυμία προὐξένησεν, τὴν δὲ ἑτέραν αἰδώς. Κύειν γὰρ
τὴν γυναῖκα μεμαθηκώς, ὑπείδετο μὲν τὸν ἔλεγχον, πᾶσαν δὲ
μηχανὴν ἐκίνησεν, ὥστε τῇ δευτέρᾳ μὴ περιπεσεῖν ἀδικίᾳ. Μετε- 625
10 πέμψατο γὰρ τὸν Οὐρίαν, ὑπολαβὼν ὅτι διὰ χρόνου τὴν πόλιν
καταλαβὼν συνελθεῖν ἐπιθυμήσει τῇ γυναικί. Ἐπειδὴ δὲ ἐκεῖνος
τὴν σωφροσύνην, καὶ τὴν ἀνδρείαν καὶ τὴν περὶ αὐτὸν εὔνοιαν
ἔδειξεν —ἐν γὰρ τοῖς προδόμοις τῶν βασιλείων μετὰ τῶν σωμα-
τοφυλάκων τὸν ὕπνον ἐδέξατο—, μετεπέμψατο μὲν αὐτὸν τῇ ὑστε-
15 ραίᾳ, ἐπεμέμψατο δὲ ὅτι τὸ σῶμα τῆς προσηκούσης οὐκ ἠξίωσε
θεραπείας. Ὁ δέ, «Οὐ δίκαιον ὑπολαμβάνω, φησί, τοῦ στρατηγοῦ
καὶ τῆς στρατιᾶς ἁπάσης ἐν πολέμῳ καὶ πολιορκίᾳ ταλαιπωρούν-
των, ἐμέ τινα τῷ σώματι προσενεγκεῖν θεραπείαν·» καὶ τόνδε τὸν
λόγον ἐβεβαίωσεν ὅρκῳ. Ἀλλ' ὁ βασιλεὺς πάλιν αὐτὸν ἐπιμεῖναι
20 προστάξας εἱστίασε, καὶ ταῖς συχναῖς φιλοτησίαις πέρα τοῦ
μέτρου πιεῖν κατηνάγκασεν, ἵνα ἀρδεύσας τὴν ἐπιθυμίαν ὁ οἶνος
ἐρεθίσῃ πρὸς κοινωνίαν. Ἐπειδὴ δὲ ἅπαντα εἶδεν ἀσθενῆ τὰ

---

4 2 Re 11, 2   16 s cf 2 Re 11, 11

1, 5, 8, 9, 10, 12, 35, 37, 54, 55, 56

1 τοῦτο δρᾶσαι tr D   2 ἐκώλυε 1 9   >τοῦτο δέ — νόμος D   >γε 10 54   3
>ἄντικρυς 54   >ἀπηγόρευσε νόμος 54   5 τῆς ὥρας / δελέατι tr A   7 >ἡ ἐπιθυμία
54   >ἡ D   προεξένησεν 1 37   9 τῇ δευτέρᾳ] μὴ δευτέραν 54   ἀδικίαν 54   11
Ἐπειδὴ] ἐπεὶ 5   Ἐπειδὴ — θεραπείας. Ὁ δὲ (l 16)] ὁ δέ καὶ προυτρέψατο πρὸς τὴν
οἰκίαν ἀπελθεῖν· καὶ οὐχ ἅπαξ, ἀλλὰ καὶ δίς· καὶ οὐκ ἔπεισεν, εἶπεν γὰρ 54   12 >τὴν 1°
37   13 προδρόμοις c₁ 10   15 ἐπεμέμψατο] ἐμέμψατο A   16 θεραπείας] παραμυθίας
A   17 ταλαιπωρούντων] καὶ ταλαιπωρίᾳ ὄντων 54   18 καὶ τόνδε — τὰ σοφίσματα (p
87 l 1)] ἐπεὶ δὲ οὐκ ἔπειθε 54   19 ἐβεβαίωσεν] ἐβεβαίωβ. 8: ἐπεβίβασεν 35   αὐτὸν
ἐπιμεῖναι tr A   20 εἱστίασε] ἑστίασε 5   >ταῖς A   φιλοτησίαις] φιλοτιμίαις A
12   πέρα] πέραν A 12   21 ἠνάγκασεν 12   ἀρδεύσας post ἐπιθυμίαν 5   22 οἶνος +
αὐτὸν 37   22 Ἐπειδὴ] ἐπεὶ 5

σοφίσματα —πάλιν γὰρ ἐκεῖνος ἐν τῷ προδόμῳ τῶν βασιλείων
σὺν τοῖς βασιλικοῖς ἐκαθεύδησε δορυφόροις—, ὑπὸ τῆς αἰσχύνης
κεντούμενός τε καὶ βιαζόμενος, τὰ πρὸς τὸν στρατηγὸν ὑπηγό-
ρευσε γράμματα. Ὁ δὲ τῶν γεγραμμένων οὐδὲν ἐπιστάμενος
ἀπῄει, τὸ ξίφος φέρων τῆς οἰκείας σφαγῆς. Εἶτα μετὰ τὴν ἐκείνου 5
τελευτὴν καὶ τὸ πένθος τῆς γυναικός, ὁ γάμος ἐγένετο. Ἀλλ᾽ οὐκ
εἴασε τὸ πάθος ἀνίατον ὁ τῶν ψυχῶν ἰατρός, οὐδὲ περιεῖδεν τὴν
ἄδικον τελευτήν, οὐδὲ διὰ τὴν ἄλλην τοῦ Δαβὶδ ἀρετὴν τὸν
ἠδικημένον εἴασεν ἀνεκδίκητον. «Ἐφάνη» γάρ φησι, «πονηρὸν τὸ
πρᾶγμα ἐνώπιον Κυρίου». Ἐπέμφθη τοίνυν Νάθαν ὁ προφήτης τῇ 10
κατηγορίᾳ περιθεὶς εὐπρεπὲς προσωπεῖον. Ἑτέρως γὰρ ἐν ἄλλοις
θεωροῦμεν τὴν ἁμαρτίαν, καὶ ἄλλως βλέπομεν τὰ οἰκεῖα κακά.
Ὅθεν οὐχ ὁμοίως ἡμῖν αὐτοῖς καὶ τοῖς ἄλλοις δικάζομεν. Ἐπὶ
μὲν γὰρ ἄλλων δικαίαν τὴν ψῆφον ἐκφέρομεν, πολλάκις δὲ καὶ
ὠμοτέραν τὴν πληγὴν ἐπιφέρομεν. Αὐτοὶ δὲ πλημμελοῦντες, ἢ 15
παντάπασι τὴν αἴσθησιν τῆς διανοίας ἐκβάλλομεν, ἢ ὁρῶντες τὴν
ἁμαρτίαν, συγγνώμην ὀρέγομεν. Τούτου χάριν, τὸ τοῦ πλουσίου
καὶ τοῦ πένητος ὁ προφήτης συντέθεικε δρᾶμα, καὶ τοῦ μὲν τὸν
πλοῦτον διέγραψε, τοῦ δὲ τὴν ἐσχάτην πενίαν ἐλεεινῶς ἐτραγῴδη-
σεν· «Οὐκ ἦν γὰρ αὐτῷ», φησίν, «ἄλλο οὐδέν, ἀλλ᾽ ἢ μία ἀμνὰς 20
σμικρά, ἣν ἐκτήσατο, καὶ περιεποιήσατο, καὶ ἐξέθρεψεν αὐτήν· Καὶ
συνανεστράφη μετ᾽ αὐτοῦ καὶ μετὰ τῶν τέκνων αὐτοῦ ἐπὶ τὸ αὐτό.
Ἐκ τοῦ ἄρτου αὐτοῦ ἤσθιε, καὶ ἐκ τοῦ ποτηρίου αὐτοῦ ἔπινε, καὶ ἐν
τῷ κόλπῳ αὐτοῦ ἐκάθευδε, καὶ ἦν αὐτῷ ὡς θυγάτηρ αὐτοῦ».

9 s 2 Re 11, 27   20 s 2 Re 12, 3

1, 5, 8, 9, 10, 12, 35, 37, 54, 55, 56

1 προδόμῳ] προδρόμῳ c₁ 10   2 ἐκαθεύδησε δορυφόροις tr D   7 περιεῖδεν post τε-
λευτήν 5   8 >τὴν ἄδικον — οὐδὲ 54   9 ἠδικημένον] ἠδικηκότα A   ἀνεκδίκητον]
ἀτιμώρητον A   πονηρὸν / τὸ πρᾶγμα tr D 9 54   10 πρᾶγμα + ὃ ἐποίησε Δαβὶδ
c₁   Κυρίου + ὃ ἐποίησε Δαβὶδ ἐνώπιον Κυρίου 1 37   >τῇ A⁻⁵⁴ 8   12 ἄλλως] καλῶς
54   βλέπομεν] θεωροῦμεν 5 10   βλέπομεν — παρανομίας ὑπερβολήν (p 88 l 2)] τὸ
δρᾶμα συνθείς, καὶ τὰ τοῦ δράματος ἐπὶ λεπτῷ διεξελθώς· ἵνα δείξῃ τὴν ὑπερβολὴν τῆς
παρανομίας 54   16 διανοίας] ἀνοίας 10   18 προφήτης post χάριν 8 37   20 ἀλλ᾽ ἢ] εἰ
μὴ 37   21 >αὐτήν 37   22 ἐπὶ] κατὰ A D   23 >αὐτοῦ 1° 12

Ταῦτα δὲ πάντα διέξεισι, δεῖξαι βουλόμενος τὴν τῆς παρανομίας 628
ὑπερβολήν. Ἐν δέ γε τοῖς ἑξῆς ἀπολογίαν τινὰ συνυφαίνει τοῖς
λόγοις. Ὁδοιπόρον γὰρ τὴν κακὴν ἐπιθυμίαν ὠνόμασεν, ὡς νῦν
μὲν παρὰ τοῦτον, νῦν δὲ παρ' ἐκεῖνον φοιτῶσαν. Ξένον δὲ πάλιν
5 αὐτὴν προσηγόρευσεν, ὡς ἀήθη τοῦ Δαβίδ, καὶ γνώριμον οὐδὲ
πώποτε γεγενημένην. Τοῦτο γὰρ αὐτὸν τῆς συγγνώμης μεταλαχεῖν
παρεσκεύασεν. Οὐ γὰρ πονηροῖς ἐπιτηδεύμασιν ἐνετράφη, οὐδὲ ἐκ
γνώμης, ἀλλ' ἐκ περιστάσεως ἐδέξατο τὴν πληγήν· καὶ ῥαθυμίας
ἦν, οὐ κακοηθείας, ἡ ἁμαρτία. Ἀλλ' ἐν τοῖς ἑξῆς τὴν κατηγορίαν
10 ηὔξησεν· ἔδει γὰρ ἐκ τῶν οἰκείων θῦσαι, μὴ τὴν ἀλλοτρίαν καὶ
μόνην ἀμνάδα. Οὕτω τῆς γραφῆς ἐν ἀλλοτρίῳ γεγενημένης
προσώπῳ, ὁ δικαστὴς δικαίαν τὴν ψῆφον ἐξήνεγκε· «Ζῇ» γὰρ
ἔφη, «Κύριος, ὅτι ἄξιος ὁ ἀνὴρ ὁ ποιήσας τοῦτο θανάτου· καὶ τὴν
ἀμνάδα ἀποτίσει τετραπλασίονα, ἀνθ' ὧν ἐποίησε τὸ πρᾶγμα τοῦτο,
15 καὶ ὑπὲρ οὗ οὐκ ἐφείσατο». Ἐπειδὴ ὁ κατηγορούμενος καθ'
ἑαυτοῦ τὴν ἀπόφασιν ἐξενήνοχε, τότε λοιπὸν ῥίψας ὁ προφήτης
τὸ προσωπεῖον, γυμνὸν ἔδειξε τοῦ κατηγορουμένου τὸ πρόσωπον.
Ἔφη γάρ, «Τάδε λέγει Κύριος ὁ Θεὸς Ἰσραήλ· Ἐγὼ ἔχρισά σε εἰς
βασιλέα ἐπὶ Ἰσραήλ, καὶ ἐγὼ ἐξειλόμην σε ἐκ χειρὸς Σαούλ, καὶ
20 ἔδωκά σοι τὰ πάντα τοῦ κυρίου σου, καὶ τὰς γυναῖκας αὐτοῦ εἰς
τὸν κόλπον σου, καὶ ἔδωκά σοι τὸν οἶκον Ἰσραὴλ καὶ Ἰούδα».
Εἶτα ἐδήλωσε τῆς φιλοτιμίας τὸ ἄμετρον· «Καὶ εἰ ὀλίγα σοί ἐστι,
προσθήσω σοι καθὼς ταῦτα». Πρὸ τῆς τομῆς ἡ θεραπεία, πρὸ τῆς
τιμωρίας ἡ ψυχαγωγία· «Καὶ εἰ ὀλίγα σοί ἐστι, προσθήσω καθὼς
25 ταῦτα». Ἔπειτα τῆς κατηγορίας ὁ ἔλεγχος· «Καὶ ὅτι ἐξουδένωσας

12 s 2 Re 12, 5-6   18 s 2 Re 12, 7-8   25 s 1 Re 12, 9

1, 5, 8, 9, 10, 12, 35, 37, 54, 55, 56

1 τὴν ante ὑπερβολήν 8 12   2 >δέ γε 54   4 τοῦτον] τούτῳ D   παρ' ἐκεῖνον] πα-
ρὰ τοῦτον 54   ἐκείνῳ D   5 καὶ γνώριμον — γεγενημένην] οὖσαν 54   γνωρίμην 8
35   6 πώποτε] οὐδέποτε A 8 56   γεγενημένην] γενομένην D 10   7 Οὐ + δὲ
c₁   ἐτράφη 10: ἀνετράφη 5   9 κατηγορίαν] ἁμαρτίαν D   10 θῦσαι + καὶ c₁ 1 9
37   12 προσώπῳ] προσωπείῳ D   13 >ὁ ἀνὴρ 5   θανάτου ante ὁ ποιήσας A: ante ὁ
ἀνὴρ ed   14 τετραπλασίονα] τετραπλασίον D⁻⁸ c₁ 9 37   15 >καὶ ὑπὲρ — ἐφείσατο
54   Ἐπειδὴ + δὲ A⁻⁵ 1 9   16 τὴν ante καθ' ἑαυτοῦ 37   ἀπόφασιν] ψῆφον 5: +
ἐδέξατο 12   ἐξενήνοχε] ἐξένεγκας 12   19 ἐξειλάμην c₁ 5 12 35   22 >Εἶτα ἐδήλωσε
— ψυχαγωγία (l 24) 54   ἄμετρον] ἀμέτρητον D   23 >σοι 5 37   25 Καὶ + τι A⁻⁵ c₁

τὸν Κύριον τοῦ ποιῆσαι τὸ πονηρὸν ἐνώπιον αὐτοῦ». Κατεφρό-
νησάς μου τῶν νόμων, οὐκ ᾠήθης ἐφορᾶν με τῶν ἀνθρώπων τὰς
πράξεις· ὑπερμαζήσας μου τοῖς ἀγαθοῖς, κατ' ἐμοῦ τοῦ δεδω-
κότος ἐσκίρτησας. «Τὸν Οὐρίαν τὸν Χετταῖον ἐπάταξας ἐν
ῥομφαίᾳ, καὶ τὴν γυναῖκα αὐτοῦ ἔλαβες ἑαυτῷ γυναῖκα, καὶ αὐτὸν 5
ἀπέκτεινας ἐν ῥομφαίᾳ υἰῶν Ἀμμών». Τὸν οὕτως εὔνουν περὶ σὲ
γεγενημένον τοῖς πολεμίοις ἐξέδωκας, καὶ δι' ἡδονὴν ὀλίγην δύο
πεπάτηκας νόμους. Εἶτα ἡ τιμωρία· «Καὶ νῦν οὐκ ἐξαρθήσεται
ῥομφαία ἐκ τοῦ οἴκου σου τὸν αἰῶνα. Ἕνεκεν τούτου ὅτι
ἐξουδένωσάς με, καὶ ἔλαβες τὴν γυναῖκα Οὐρίου τοῦ Χετταίου 10
629 ἑαυτῷ γυναῖκα». Αἰνίττεται δὲ ὁ λόγος, ὅτι πλέον ὁ Δεσπότης
Θεὸς ἐχαλέπηνεν ἐπὶ τῷ γάμῳ ἢ τῇ πρὸ τούτου γεγενημένῃ
μοιχείᾳ. Ἐκεῖνο μὲν γὰρ ἐπιθυμίας ἦν σφοδροτάτης κάρον ἐργα-
σαμένης τῷ λογισμῷ· τοῦτο δὲ καὶ αὐτοῦ τοῦ λογισμοῦ τὴν συγ-
κατάθεσιν ἔχει, ὃν ἐχρῆν μετὰ τὸν ἄδικον φόνον θρηνεῖν καὶ 15
στένειν, οὐ γάμῳ συναινεῖν παρανόμῳ. Εἶτα τὰς χαλεπὰς ἀπειλεῖ
τιμωρίας, αἳ λαμπρότερον ἔδειξαν τοῦ θαυμαστοῦ βασιλέως τὸ
κλέος. Αἱ γὰρ θεήλατοι πληγαὶ τὴν νόσον ἐκείνην ἐξήλασαν, καὶ
τὴν προτέραν ὑγίειαν ἀπέδοσαν. Τούτου δὴ χάριν αὐτὰς ἐπενήνο-
χεν ὁ τῶν ψυχῶν ἰατρός. Προσέθεικε δὲ ταῖς ἀπειλαῖς, ὅτι «Σὺ 20
ἐποίησας ἐν κρυπτῷ· ἐγὼ δὲ ποιήσω τὸ ῥῆμα τοῦτο ἐνώπιον παν-
τὸς τοῦ λαοῦ καὶ ἐνώπιον τοῦ ἡλίου τούτου». Λαθεῖν φησίν, ἐθέλη-
σας, τὸν φόνον ἐκάττυσας· ἀλλ' ἐγώ σου τὴν ἁμαρτίαν ἅπασι
ποιήσω κατάδηλον. Τούτων ὁ Δαβὶδ τῶν λόγων ἀκούσας, οὐκ

4 s 2 Re 12, 9   8 s 2 Re 12, 10   20 s 2 Re 12, 12

1, 5, 8, 9, 10, 12, 35, 37, 54, 55, 56

1 ποιῆσαι τὸ] ποιεῖν ed   3 ὑπερμαζήσας] ὑπερετρύφησας D 9   >ὑπερμαζήσας —
ἐσκίρτησας 54   4 Χετθαῖον 1   5 ἑαυτῷ] σεαυτῷ 5 54   >καὶ αὐτὸν — Ἀμμών
54   6 υἱῶν pr τῶν ed   8 πεπάτηκας νόμους tr 54   ἀρθήσεται 54   9 τὸν αἰῶνα pr
εἰς A⁻¹⁰ 12   τούτου] αὐτοῦ c₁   ὅτι] οὗ A⁻¹⁰ 8   10 Χετθαίου 1 35   11 ἑαυτῷ] σαυτῷ
A⁻⁵⁴ 35: σεαυτῷ 54   γυναῖκα pr εἰς 5   12 γεγενημένῃ] γενομένῃ 5 12   13 κάρον] κό-
ρον 12: καθαρόν 10   15 >ὃν ἐχρῆν — παρανόμῳ 54   19 >καὶ τὴν — ἀπέδοσαν
54   ὑγίειαν] ὑγίαν A 12 37   Τούτου + γὰρ A   >ἐπενήνοχεν 54   20 ἰατρός +
προσεπενήνοχεν 54   Προσέθεικε] προσέθηκε 5   Σὺ + μὲν 8   22 >καὶ ἐνώπιον τοῦ
ἡλίου A   23 ἐκάττυσας — κατάδηλον] ἐγὼ δὲ πᾶσι κατάδηλον τὴν ἁμαρτίαν σου
ποιήσω 54   24 τῶν λόγων / ἀκούσας tr A

ἐδυσφόρησεν ὡς ὑπ᾽ ἀνδρὸς πένητος ἐλεγχόμενος. Εἶδε γὰρ τὸν διὰ τούτου φθεγγόμενον, καὶ ἐβόησεν· «Ἡμάρτηκα τῷ Κυρίῳ». Ἀλλ᾽ εὐθὺς ὁ προφήτης, τὴν τῆς ἁμαρτίας ὁμολογίαν δεξάμενος, καὶ τῇ τοῦ Δεσπότου φιλανθρωπίᾳ θαρρήσας ἐπήγαγε· «Καὶ
5 Κύριος ἀφεῖλε τὸ ἁμάρτημά σου, οὐ μὴ ἀποθάνῃς». Διπλοῦν ὤφειλε θάνατον· καὶ γὰρ ὁ μοιχὸς καὶ ὁ ἀνδρογόνος ἀνηρεῖτο κατὰ τὸν νόμον· ἀλλ᾽ ἔλυσε τοῦ θανάτου τὴν ψῆφον ἡ τῆς ἁμαρτίας ὁμολογία. Παντοδαπαῖς δὲ αὐτόν, οἷα δὴ πάνσοφος ἰατρός, παιδείαις ὑπέβαλε· τοῦτο γὰρ καὶ ἡ ἱστορία διδάσκει,
10 εἰρηκὼς γὰρ ὁ προφήτης· «Οὐ μὴ ἀποθάνῃς», ἐπήγαγε· «Πλὴν ὅτι παροργίζων παρώργισας ἐν τοῖς ὑπεναντίοις τὸν Κύριον ἐν τῷ λόγῳ τούτῳ». Τοῦτο δὲ σαφέστερον ὁ Ἀκύλας ἡρμήνευσε· «Παροξύνων παρώξυνας τοὺς ἐχθροὺς Κυρίου». Γυμνωθεὶς γὰρ τῆς θείας κηδεμονίας, παρεσκεύασε τοὺς ἀλλοφύλους νικᾶν, καὶ μέγα
15 φρονεῖν κατὰ τοῦ τῶν ὅλων Θεοῦ. Πρῶτον μέντοι τὸ μοιχίδιον παιδίον ἐπάταξεν ὁ Θεός. Ὁ δὲ Οὐρίας ἔοικεν ἐκ μὲν τῶν ἀλλοφύλων ὁρμᾶσθαι, προσήλυτος δὲ γεγενῆσθαι· Χετταῖον γὰρ αὐτὸν ὁ τῶν ὅλων Θεὸς προσηγόρευσε, καὶ ἔδειξεν ὡς ἀδικούμενον οὐδένα περιορᾷ, ἀλλὰ κἂν ἀλλόφυλος ὁ ἀδικούμενος ᾖ, ὁ
20 ἀδικῶν δὲ ἑβραῖος, ἐκείνῳ μὲν ἐπαμύνει, τὸν δὲ ἀδικοῦντα κολάζει.

---

2 s 2 Re 12, 13   4 s 2 Re 12, 13   10 s 2 Re 12, 14

1, 5, 8, 9, 10, 12, 35, 37, 54, 55, 56

1 Εἶδε] ᾔδει 5   2 διὰ τούτου] δι᾽ αὐτοῦ 54   4 Δεσπότου] Θεοῦ 5   6 γὰρ ὁ μοιχὸς — νόμον] ὡς ἀνδροφόνος καὶ ὡς μοιχὸς 54   ἀνηρεῖτο] ἀνηροῦντο 5   8 ὁμολογία] ἀπολογία 1   10 >ὅτι Α   11 τὸν Κύριον post παρώργισας D 9   >τῷ 10 54   12 >ἐν τῷ λόγῳ τούτῳ 5   >τούτῳ 10 54   14 κηδεμονίας] ἐπικουρίας 9   17 ὁρμᾶσθαι] ὡρμῆσθαι 37: ὁρμώμενος 54   Χετθαῖον 1   18 >ὁ τῶν ὅλων Θεὸς 54   προσηγόρευσε] προσαγορεύει 54: ἡρμήνευσε 37*   ἔδειξεν] ἐδίδαξεν 10   19 ἀλλὰ — ἀδικούμενος ᾖ] ὁ Θεός, καὶ γὰρ ἀλλόφυλος ἦν 54   >ὁ ἀδικούμενος Α   20 ἀδικῶνδὲ tr A9046

KE´

Τί δήποτε τὸ ἀρτιγενὲς παιδίον θανάτῳ παρέδωκεν ὁ Θεός;

632 ῎Ημελλεν εἶναι ζῶν τῆς παρανομίας ἔλεγχος, καὶ τοῦ εὐσεβοῦς βασιλέως ὄνειδος. Τοῦ προφήτου τοίνυν κηδόμενος ζῆν αὐτὸ οὐκ εἴασεν ὁ Δεσπότης.

KS´

Τί ἑρμηνεύει τὸ «Ἰεδδιδεί»; 5

῾Ο ᾿Ακύλας, «*ἕνεκεν Κυρίου*» ἡρμήνευσεν· ὁ δὲ Σύμμαχος «*εἰς βασιλέα ἀφωρισμένον*».

KZ´

Τινὲς ὡς ἀπηνεῖ τῷ Δαβὶδ ἐπιμέμφονται τοιαύταις τιμωρίαις τοὺς ἀμμανίτας κολάσαντι.

᾿Αναμνησθῆναι δεῖ ὧν κατὰ τοῦ ᾿Ισραὴλ τετολμήκασι. Τοὺς 10 δεξιοὺς γὰρ αὐτῶν ὀφθαλμοὺς ἐξώρυττον, καὶ τὰς ἄλλας δὲ αὐτῶν ὠμότητας οἱ προφῆται διδάσκουσι. Τὴν ἴσην τοίνυν ὧν ἐτόλμησαν ἔτισαν ποινήν.

---

1 cf 2 Re 12, 18   5 2 Re 12, 25   8 s cf 2 Re 12, 31

1, 5, 8, 9, 10, 12, 35, 37, 54, 55, 56

1 > u a Q KZ´ 56   >τὸ 1 37   2 ἔλεγχος pr ὁ 37   3 ζῆν — Δεσπότης] ὁ Θεὸς κηδόμενος τοῦ ζῆν αὐτὸ ὁ Δεσπότης ἐξήγαγεν 54   αὐτὸ] αὐτὸν 8 55   4 οὐκ εἴασεν post Δεσπότης 5 10   5 >tot Q 54 55   ἑρμηνεύει] ἑρμηνεύεται ed   Ἰεδδιδί 1 9 37: Ἐδδηδί 5: Ἰεδδειδία 10   6 ἕνεκεν Κυρίου] ἐν Κυρίῳ A   8 ἀπηνεῖ] ἀπηνῆ 37: ἀπήνειαν 54   τῷ] τὸν 37: τοῦ 54   ἐπιμέμφονται — κολάσαντι] ἐν ταῖς τῶν ἀμμανιτῶν τιμωρίαις κατηγοροῦσιν 54   9 κολάσαντι] κολάσαντα 37   10 ᾿Αναμνησθῆναι] ἀναμεμνῆσθαι A   11 >αὐτῶν 5 10   ἐξώρυττον] ἐπώρυττον 8 35   12 >τοίνυν 10   13 ἔτισαν] ἐτέλεσαν 10

ΚΗ΄

Τὸν Ἰωνάθαν τοῦ Σαμαὰ τὸν υἱόν, τί δήποτε φρόνιμον ὠνόμασε τοιαύταις χρησάμενον συμβουλαῖς;

Καὶ τὸν ὄφιν ὁ Μωϋσῆς «φρονιμώτατον» εἶπεν «πάντων τῶν θηρίων τῶν ἐπὶ τῆς γῆς». Τοιγάρτοι ἰστέον, ὡς οὐ πανταχῆ τὸ
5 φρόνιμον ἐπὶ ἐπαίνου τάττειν εἴωθεν ἡ θεία γραφή. «Σοφοὶ γάρ εἰσι, τοῦ κακοποιῆσαι». «Καὶ ἐξελέξατο ὁ Θεὸς τὰ μωρὰ τοῦ κό-σμου, ἵνα καταισχύνῃ τοὺς σοφούς». Καὶ «ὁ Σολομὼν ἐσοφίσατο ὑπὲρ πάντας σοφοὺς Αἰγύπτου»· δυσσεβεῖς δὲ ἦσαν οἱ Αἰγύπτου σοφοί. Ἐνταῦθα δὲ οὐ τὴν συμβουλὴν τοῦ Ἰωνάθαν ἐπήνεσεν ἡ
10 θεῖα γραφή, ἀλλὰ τὰς ἐκείνου φρένας, ὡς ἐπιτηδείως ἐσχηκυίας πρὸς τὸ συνορᾶν τὸ πρακτέον. Ἀλλ᾽ οὐκ ἐχρήσατο εἰς δέον τῇ φύσει, ἀλλὰ τῇ τοῦ Ἀμνὼν ἀκολασίᾳ συνέπραξε, καὶ τῆς τολμηθείσης παρανομίας μετέλαχεν· «Εἰ ἐθεώρεις» γάρ φησι, «κλέπτην, συνέτρεχες αὐτῷ καὶ μετὰ μοιχοῦ τὴν μερίδα σου
15 ἐτίθεις». Τὸν δὲ «χιτῶνα τὸν ἀστραγαλωτόν», ὁ μὲν Ἀκύλας «καρπωτὸν» ὠνόμασεν, ἀντὶ τοῦ «καρποὺς ἐνυφασμένους

1 s cf 2 Re 13, 3   3 s Gé 3, 1   5 s Je 4, 22   6 s 1 Cor 1, 27   7 s 3 Re 4,
26.27?   13 s Sal 49, 18   15 2 Re 13, 18

1, 5, 8, 9, 10, 12, 35, 37, 54, 55, 56

1 Ἰωνάθαν] Ἰωναδὰβ c₁ 1 5 37   2 συμβουλαῖς] συμβουλίαις 37 54: συμφοραῖς
10   3 ὄφιν + οὕτως 37   φρονιμώτατον — ἡ θεία γραφή (l 5)] τῶν θηρίων φρονιμώτα-
τον ἔφησε πάντων· ὥστε οὐκ ἀεὶ τὸ φρόνιμον παρὰ τῇ θείᾳ γραφῇ ἔπαινον συνάγει
54   εἶπεν] > 1: + εἶναι D⁻⁸ 5: pr εἶναι 8 10   5 φρόνιμον + ὡς Α   6 εἰσι + φησι 1
8 35 37   >ἐξελέξατο ὁ Θεὸς 54   ἐξελέξατο + φησίν Α   κόσμου + ἐξελέξατο ὁ
Θεὸς 54   7 ὁ Σολομὼν — σοφοί (l 9)] πολλὰ τοιαῦτα 54   8 Αἰγύπτου] αἰγύπτιοι
Α   9 Ἐνταῦθα] νῦν δὲ γραφὴ 54   >δὲ Α   >τοῦ Α⁻¹⁰   Ἰωνάθαν] Ἰωναδὰβ c₁ 1 9
37   10 ἡ θεῖα — πρὸς τὸ] ἀλλὰ τὰς φρένας ὡς εὖ ἐχούσας 54   ἐπιτηδείους 1 10   11
Ἀλλ᾽ — ἀλλὰ τῇ] εἰ καὶ μὴ αὐτὸς πρὸς τὸ δέον τῇ φύσει ἐχρήσατο ἀλλὰ τὸ 54   12
>τοῦ 37   συνέπραξε] συνέταξεν 35   13 μετέλαχεν] συνέλαχεν 5: ὡς σύμβουλος
ἐκοινώνησε 54   >Εἰ ἐθεώρεις — ἐτίθεις (l 15) 54   15 ἐτίθης D 5 10   16 ὠνόμασεν]
ἡρμήνευσεν 37

633 ἔχοντα»· οἱ νῦν δὲ αὐτὸν καλοῦσι πλουμαρικόν. Ὁ δὲ Ἰώσηπος «τὸν μέχρις ἀστραγάλων διήκοντα». Ἡ μέντοι κατὰ τὴν Θάμαρ ὑπόθεσις ἀρχὴ τίς ἐστι καὶ ῥίζα τῶν τῆς βασιλικῆς οἰκίας συμφορῶν. Ἤλγησε μὲν γὰρ ὁ βασιλεὺς τὴν παρανομίαν μαθών, φιλοστόργως δὲ ὡς περὶ πρωτότοκον υἱὸν τὸν Ἀμνὼν διακεί-   5 μενος, τῆς πονηρᾶς πράξεως οὐκ εἰσέπραξε δίκας. Ὁ δὲ ὁμογάστριος αὐτῆς ἀδελφός, καὶ ἄλλως αὐθάδης ὢν καὶ θρασύς, παραυτίκα μὲν ἔκρυψε τὴν ὀργήν, δύο δὲ διεληλυθότων ἐτῶν, εἰς τὴν τῶν προβάτων κουρὰν τοὺς ἀδελφοὺς συγκαλέσας, κατ-έκτεινε τὸν Ἀμνών. Εἶτα πρὸς τὸν πάππον ἀπέδρα τὸν πρὸς   10 μητρός. Μααχὰ γὰρ ἡ μήτηρ αὐτοῦ θυγάτηρ ἦν τοῦ Θολμεί, ὃς τῆς Γεσσεὶρ ἐβασίλευσεν. Ὁ δὲ βασιλεὺς ἐπὶ πλεῖστον ἐθρήνησεν ἀμφοτέρους, καὶ τὸν ἀνηρηκότα καὶ τὸν ἀναιρεθέντα. Τριῶν δὲ διεληλυθότων ἐτῶν, καὶ τῆς ὀργῆς τῷ χρόνῳ σβεσθείσης, μηχανᾶταί τι τοιοῦτον ὁ στρατηγός. Ὑπέθετο γυναικί τινι συνετῇ   15 δρᾶμα διαπλάσαι εἰς οἶκτον ἑλκῦσαι τὸν βασιλέα δυνάμενον. Αὕτη τῷ βασιλεῖ προσελθοῦσα, κατὰ τὰς ὑποθήκας τοῦ

2 Josefo, *Ant* 3, 158   11 s cf 2 Re 13, 37

1, 5, 8, 9, 10, 12, 35, 37, 54, 55, 56

1 νῦν δὲ tr A^{-10} 2 μέχρι D 1   ἀστραγαλωτοῦ 1   4 γὰρ + φησιν c$_1$ >τὴν παρανομίαν μαθών A   5 ὡς περὶ] ὥσπερ εἰς A   7 >ἀδελφός A   ὢν καὶ — κατ-έκτεινε (l 9)] καὶ θρασὺς ὤν, αὐτίκα μὲν ἔκρυψε τὴν ὀργήν, μετὰ δὲ δύο ἡμέρας κτείνει 54   θρασύς] πραΰς 35   10 ἀπέδρα] ἀπέδραμε A^{-54} 11 Μααχὰ A^{-10} 1: Ναχαὰ 10   Θολμεί] Θοχμή 37: Θολομεί 1: Θολμῷ A^{-54}: Θολῷ 54   12 Γεσσεὶρ] Γεσσὶρ 1 12: Γεσσὴρ A 35* 37   πλεῖστον] πλείον 8 35   13 >καὶ τὸν 1° — ἀναιρεθέντα 54   14 ὀργῆς pr κατὰ τοῦ ἀνηρηκότος 54   σβεσθείσης pr οὐ D 9   15 τι] > 8 10: post τοιοῦτον 5   16 διαπλάσαι] διαπλάσας 37: διαπλάσειν 9   17 Αὕτη] ἡ δὲ A   προσελ-θοῦσα — σφίσιν ἀπαιτοῦσι (p 94 l 6)] καὶ χήρα μὲν εἶναί φησι, δύο δὲ παίδων γενέσθαι μήτηρ. Οἱ εἰς ἔριν ἐμπεσόντες, ἐκεῖθεν δὲ εἰς χαλεπὴν μάχην, οὐκ ἔχοντες τὸν αὐτοὺς διαλύοντα, εἰς ἄκρον διῆκον κακοῦ, καὶ ὁ μὲν ἔπληξεν, ὁ δὲ πίπτει νεκρός. Ἀλλ᾽ οἱ τὴν ἔριν αὐτῶν οὐκ ἐθελήσαντες, νῦν ἐκδοθῆναι θανάτῳ βιάζονται καὶ 54

στρατηγοῦ, χήρα μὲν ἔφησεν εἶναι, δύο δὲ μόνους παῖδας γε-
γεννηκέναι· τούτους δὲ εἰς ἄνδρας τελέσαντας εἰς ἔριν χαλεπὴν
ἐμπεσεῖν, ἐκ δὲ τῆς ἔριδος τεχθῆναι διαμάχην· διαλῦσαι δὲ ταύτην
οὐδενὸς ἐθελήσαντος, θάτερον ὑπὸ θατέρου πληγέντα τοῦ βίου
5 τὸ τέλος καταλαβεῖν. Ἀλλ᾽ οἱ τὴν ἔριν ἐκείνην διαλῦσαι μὴ
βουληθέντες, νῦν ἀθροισθέντες ἐκδοθῆναι σφίσιν ἀπαιτοῦσι τὸν
ἕτερον. Εἰ δὲ τοῦτο γένοιτο, ἐγὼ μὲν πρὸς τῇ χηρείᾳ, καὶ τὴν
ἀπαιδίαν ὀλοφυρομένη διατελέσω· σβεσθήσεται δὲ παντάπασιν ὁ
τοῦ γένους σπινθήρ, καὶ τοῦ ἀνδρός μου ἡ μνήμη παραδοθήσεται
10 λήθῃ· τὸν βασιλέα δὲ διὰ τούτου ᾐνίττετο, μήτε τὸν Ἀμνὼν
κολάσαντα, μήτε τοῦ Ἀβεσσαλὼμ τὴν ἀθυμίαν ἀποσκεδάσαντα·
ἀνηκέστου δὲ τοῦ πράγματος γεγονότος, διακενῆς ὀργιζόμενον.
Τούτοις δὲ ὅμως καταθελχθέντος τοῖς λόγοις τοῦ βασιλέως, καὶ
προστάξειν ὑπισχνουμένου τῷ στρατηγῷ παύσειν τῶν φυλετῶν
15 τὴν ὁρμήν, πάλιν ἡ γυνὴ θεραπευτικοῖς ἐχρήσατο λόγοις τούτοις,
κατακηλοῦσα τοῦ βασιλέως τὴν ἀκοήν. Ἐπειδὴ δὲ ὤμοσεν ὁ βα-
σιλεύς· «Ζῇ γὰρ Κύριος», ἔφη, «εἰ πεσεῖται ἀπὸ τῶν τριχῶν τοῦ
υἱοῦ σου ἐπὶ τὴν γῆν», εὐθὺς ἐπήγαγεν ἡ γυνή, ὡς οὐχ οἷόν τε
διαφυγεῖν τὸν υἱὸν αὐτῆς τὴν σφαγήν, μὴ πρότερον τοῦ υἱοῦ τοῦ
20 βασιλέως ἐκ τῆς φυγῆς κατελθόντος. Ἐκεῖνο γάρ φησιν, ἔσται
τούτου παράδειγμα. Εἰ δὲ ἐκεῖνο μὴ γένοιτο, ἀντιλέξουσιν οἱ 636

17 s 2 Re 14, 11

1, 5, 8, 9, 10, 12, 35, 37, 54, 55, 56

2 >δὲ A   4 >ὑπὸ θατέρου 10   6 >νῦν ἀθροισθέντες D   7 τὴν χηρίαν 56   8
>ὀλοφυρομένη 1 5   διατελέσω] θρηνήσω 1   9 >καὶ τοῦ — λήθη 54   10 τούτου]
τούτων A 1   >μήτε 5 10   11 κολάσαντα pr μὴ 5 10   Ἀβεσαλὼμ 35 37
54   ἀποσκεδάσαντα] διασκεδάσαντα 37: ἀποσκευάσαντα 12   12 >ἀνηκέστου δὲ
D   ἀνηκέστου] εἰς ἀνήκεστον A⁻¹⁰   >δὲ τοῦ πράγματος γεγονότος A⁻¹⁰   >διακενῆς
— δὲ ὅμως A   13 καταθελχθέντος] > 10: τὸ πάθος ἐλθεῖν συγχωρησθέντος 5 54
(-ρήσαντες)   >τοῖς λόγοις A   τοῦ βασιλέως — ὑπισχνουμένου] ἐπεὶ δὲ πρόσταξιν
ὑπέσχετο ὁ βασιλεὺς 54   14 προστάξειν] προστάξει 8 35: πρόσταξιν c₁   παύσειν]
παῦσαι 1 9   >τῶν φυλετῶν 54   15 ὁρμήν + τῶν ἐπιζητούντων καὶ τὸν ἕτερον υἱὸν
54   >θεραπευτικοῖς ἐχρήσατο λόγοις 54   >τούτοις A⁻⁵ 37   16 βασιλέως pr τοιού-
του A⁻⁵ 37   >Ἐπειδὴ δὲ 54   17 >γὰρ A⁻¹⁰   Κύριος ἔφη tr 37   >τριχῶν 54   18
>εὐθὺς 54   >ἡ γυνή 54   20 κατελθόντος] ἐπανελθόντος A

φυλέται, εὔλογον αἰτίαν ἔχοντες τὴν τοῦ υἱοῦ τοῦ βασιλέως φυγήν. Τοῦτο γὰρ λέγει· «Καὶ εἶπεν ἡ γυνή· Ἵνα τί ἐλογίσθη οὕτως ἐπὶ λαὸν Κυρίου, καὶ ἐκ τοῦ παρελθεῖν τὸν βασιλέα τὸν λόγον τοῦτον, τοῦ ἐγκρατεύσασθαι τοῦ μὴ ἀποστρέψαι τὸν βασιλέα τὸν ἀπωσμένον ἀπ᾽ αὐτοῦ;» Πῶς δύνασαι, φησί, τὸν υἱόν μου τῆς σφαγῆς 5 ἀπαλλάξαι μὴ ἐπανάγων σου τὸν υἱόν; Εἶτα περὶ τοῦ τεθνηκότος ψυχαγωγεῖ, ὅτι «Τέθνηκεν ὁ υἱός σου, καὶ ὥσπερ τὸ ὕδωρ τὸ ἐκχεόμενον ἐπὶ τὴν γῆν οὐ συναχθήσεται, καὶ οὐκ ἐλπιεῖ ἐπ᾽ αὐτῷ ψυχή». Ἀναστῆσαι, φησίν, ἐκεῖνον οὐ δύνασαι, τί δήποτε καὶ τοῦτον ἀναιρεῖς, ἵν᾽ ἐστερημένος τῶν δύο βιοτεύσῃς; Οὕτω τὸν 10 περὶ τοῦ Ἀβεσσαλὼμ παρεμβαλοῦσα λόγον, πάλιν περὶ τοῦ οἰκείου δοκεῖ διαλέγεσθαι πάθους· ἵνα μὴ δόξῃ ταῦτα ἐξεπίτηδες εἰρηκέναι· «Καὶ νῦν ὑπὲρ ὧν ἥκω λαλῆσαι πρὸς τὸν βασιλέα τὸν λόγον τοῦτον, καὶ ὄψεταί με ὁ λαός, καὶ ἐρεῖ ἡ δούλη σου· Λαλησάτω δὴ ἡ δούλη σου πρὸς τὸν κύριόν μου τὸν βασιλέα, 15 ὅπως ποιήσῃ ὁ βασιλεὺς τὸ ῥῆμα τῆς παιδίσκης αὐτοῦ· ὅτι ἀκούσεται ὁ βασιλεύς, καὶ ἐξελεῖταί με ἐκ χειρὸς τοῦ ἀνδρὸς τοῦ ζητοῦντος ἐξολοθρεῦσαί με, καὶ τὸν υἱόν μου κατὰ τὸ αὐτό, ἐκ τῆς κληρονομίας Κυρίου. Καὶ ἐρεῖ ἡ δούλη σου· Γενηθήτω δὴ ὁ λόγος τοῦ κυρίου μου τοῦ βασιλέως εἰς θυσίαν· ὅτι καθὼς ἄγγελος 20 Κυρίου, οὕτως ὁ κύριός μου ὁ βασιλεύς, τοῦ εἰσακούειν τὸ καλὸν καὶ τὸ πονηρόν· καὶ Κύριος ὁ Θεός σου μετὰ σοῦ ἔσται». Τούτων παρὰ τῆς γυναικὸς εἰρημένων, συνῆκεν ὁ βασιλεὺς τοῦ δράματος τὴν ὑπόθεσιν, καὶ ἤρετο τὴν γυναῖκα, εἰ γνώμῃ τοῦ Ἰωὰβ τοῖσδε τοῖς λόγοις ἐχρήσατο. Ἡ δὲ συνωμολόγησε τούτων ἕκαστον τὸν 25 Ἰωὰβ ὑποθέσθαι· «Ὅπως» φησί, «κυκλώσῃ, τὸ πρόσωπον τοῦ

---

2 s 2 Re 14, 13   7 s 2 Re 14, 14ap   13 s 2 Re 14, 15-17   26 s 2 Re 14, 20

1, 5, 8, 9, 10, 12, 35, 37, 54, 55, 56

2 οὕτως] οὗτος 1 9   5 ἀπ᾽ αὐτοῦ + ὅτι τέθνηκεν ὁ υἱός σου 1 9 37   8 τῆς γῆς 12   10 ἀναιρεῖς] σπεύδεις ἀναιρήσειν A   ἵν᾽] ἵνα A   11 Ἀβεσσαλὼμ 12 37   12 δοκεῖ διαλέγεσθαι] διαλέγεται 9   13 λαλῆσαι] λαλήσω A⁻⁵   15 >δὴ A   16 ὅπως] εἴ πως ed   ποιήσει 12 35 54   >τὸ ῥῆμα — βασιλεύς A   17 >τοῦ ἀνδρὸς A   18 ἐκζητοῦντος 5   τὸ αὐτό] ταὐτό 1   21 οὕτως + καὶ 5   καλὸν] ἀγαθὸν 1 9 37   24 γνώμῃ — ὑποθέσθαι (l 26)] ὁ Ἰωὰβ ὑπέθετο ταῦτα· ἡ δὲ ὁμολογήσασα 5 54 (>ὁ) >τοῖσδε — Ἰωὰβ 10

λόγου τούτου, ὃ ἐποίησεν ὁ δοῦλός σου Ἰωὰβ τὸν λόγον τοῦτον». Ἐξ εὐθείας, φησίν, οὐκ ἦν ἱκετεῦσαί σε· ὅθεν ὑπέθετο χρήσασθαί με τῷ κύκλῳ τῶν λόγων τούτων, ἵν᾽ ἐν πεπλασμένῳ πάθει τὸ οἰκεῖον ἰδών, ἣν ἔμελλες ἐπιτιθέναι θεραπείαν ἐμοί, ταύτην ἐπιθῆς
5 σαυτῷ· καὶ ἧς μεταδώσειν ἐπικουρίας ὑπέσχου τῷ ἐμῷ παιδί, 637 ταύτης τῷ σῷ μεταδῷς. Τούτοις εἴξας τοῖς λόγοις ὁ βασιλεύς, ἐπανελθεῖν μὲν τὸν Ἀβεσσαλὼμ παρηγγύησεν, ἰδεῖν δὲ αὐτὸν διεκώλυσεν· ὕστερον δὲ καὶ τοῦτο δέδρακε, τοῦ Ἰωὰβ δεξάμενος τὴν παράκλησιν. Ἀλλὰ τεσσάρων διεληλυθότων ἐτῶν, τῇ
10 χρηστότητι τῶν λόγων προκατασκευάσας τὴν τυραννίδα, τῇ σκήψει μὲν τῆς θυσίας εἰς τὴν Χεβρὼν ἀπελήλυθεν· ἐκεῖ δὲ τὴν πατρικὴν ἥρπασε βασιλείαν· ἐμελέτησε δὲ καὶ τοῦ πατρὸς τὴν σφαγήν. Τοῦτο μαθὼν ὁ βασιλεύς, κατέλιπε τὴν μετρόπολιν, ἀρίστην ἡγούμενος στρατηγίαν καὶ τὴν εἰς καιρὸν γιγνομένην
15 φυγήν. Ἠκολούθησε δὲ αὐτῷ καὶ τῶν ἀσπιδηφόρων καὶ δορυφόρων τὸ πλῆθος. Ἠκολούθησε δὲ καὶ Ἠθὶ ὁ Γεθθαῖος σὺν ἑξακοσίοις λογάσιν, ἄρτι μὲν τὴν οἰκείαν πατρίδα καταλιπών, προσήλυτος δὲ μετὰ τῶν ὑπηκόων γενόμενος. Τοῦτον ὁ βασιλεὺς πεῖσαι μὲν ἐπεχείρησεν ἀναστρέψαι, ἵνα μὴ εὐθὺς αὐτοῖς
20 συνοικήσας πάλιν γένηται μετανάστης· «Τί» γάρ φησι, «πορεύῃ σὺ μεθ᾽ ἡμῶν; Ἀνάστρεφε καὶ κάθισον μετὰ τοῦ βασιλέως, ὅτι ἀλλότριος σύ, καὶ ὅτι μετῴκησας σὺ ἐκ τοῦ οἴκου σου· εἰ ἐχθὲς

20 s 2 Re 15, 19-20

1, 5, 8, 9, 10, 12, 35, 37, 54, 55, 56

1 Ἰωὰβ post ἐποίησεν 1 9 37   2 χρήσασθαί με tr 10 37   4 ἐπιτιθέναι] ἐπιθεῖναι
5   5 >καὶ ἧς — μεταδῷς A-10   ὑπέσχου τῷ ἐμῷ παιδί] ὑπείληφας ἐμοί 10   6 >τῷ
σῷ 10   >τοῖς λόγοις A   7 Ἀβεσαλὼμ 5 37   8 >ὕστερον — δέδραχε 8   14
στρατηγίαν] σωτηρίαν c₁   γιγνομένην] γενομένη c₁ 5 37   15 >καὶ 1°
c₁   ἀσπιδηφόρων] ἀσπιδοφόρων A-5 1 35 37   16 >τὸ 35 54 56   >δὲ 1 37
56   Ἠθὶ] Ἰθὶ 1: Ἠθεῖ D-8 9: Ἠθεῖος 8: Ἠεθὶ 37: Ἰεθθὶ 54   >ὁ 8   Γεταῖος 1 10 12
37   17 >μὲν τὴν — καταλιπών 54   πατρίδα] πατριάν D 9   18 γενόμενος + καὶ τὴν
οἰκείαν πατρίδα λιπών 54   19 πεῖσαι — ἀναστρέψαι] ἀναστρέφειν ἐπεχείρει 54   εὐθὺς
— φησι] πρὶν καλῶς οἰκῆσαι, πάλιν γένηται μετανάστης· ἀλλ᾽ οὐκ ἔπειθεν. Ὁ μὲν γὰρ βασιλεύς φησι 54   20 πορεύῃ] οὐ πορεύσῃ A   22 μετῴκησας] μετῴκηκας 8 9   >σὺ 2°
5 54

παραγέγονας σὺ καὶ σήμερον κινήσω σε τοῦ πορεύεσθαι μεθ᾽
ἡμῶν· ἐγὼ δὲ πορεύομαι οὗ ἐὰν πορεύωμαι». Ἐμέ, φησί, ἀνάγκη
μεταναστεύειν, σὲ δὲ οὐ δίκαιον ἀρτίως ἀφιγμένον σὺν ἡμῖν
ὑπομένειν τὸν πλάνον. Ἄξιον δὲ θαυμάσαι τοῦ Δαβὶδ τὴν
πραότητα. Καὶ διωκόμενος γάρ, καὶ πολεμούμενος ὑπὸ τοῦ   5
παμμιάρου παιδός, οὐ πατραλοίαν, οὐκ ἀδελφοκτόνον, ἀλλὰ βα-
σιλέα ὠνόμαζε· καὶ πολλῆς δεόμενος βοηθείας, τῆς τοῦ
προσηλύτου θεραπείας ἐφρόντιζεν· «Ἀνάστρεφε» γάρ φησι, «καὶ
ἀπόστρεψον τοὺς ἀδελφούς σου μετὰ σοῦ, καὶ Κύριος ποιήσει μετὰ
σοῦ ἔλεον καὶ ἀλήθειαν». Ἀλλ᾽ ὅσῳ τὴν περὶ αὐτὸν ὁ βασιλεὺς 10
ἐδείκνυ κηδεμονίαν, τοσούτῳ ἐκεῖνος μείζονα τὴν εὔνοιαν
ἐπεδείκνυτο. «Ζῇ» γάρ φησι, «Κύριος, καὶ ζῇ ἡ ψυχή σου, κύριέ
μου βασιλεῦ, ὅτι εἰς τὸν τόπον οὗ ἐὰν ᾖ ὁ κύριός μου ὁ βασιλεύς,
ἐάν τε εἰς θάνατον, καὶ ἐὰν εἰς ζωήν, ἐκεῖ ἔσται ὁ δοῦλός σου».
Τούτων ἕκαστον εἰς ἡμετέραν προεγράφη διδασκαλίαν, ἵνα μάθω-   15
μεν, ὡς οὐ χρὴ εὖ μὲν πράττουσι συνεῖναι τοῖς φίλοις, δυσπραγίᾳ
δὲ περιπεσόντας ἐᾶν.

KΘ´

Τί δήποτε τοὺς ἱερέας καὶ τὴν κιβωτὸν ἀκολουθῆσαι κεκώλυκεν;

Καὶ εὐσεβὴς ὢν καὶ προφήτης, ᾔδει τί πέπονθεν ἡ κιβωτὸς εἰς

8 s 2 Re 15, 20   **12** s 2 Re 15, 21

1, 5, 8, 9, 10, 12, 35, 37, 54, 55, 56

2 πορεύομαι] πορεύσομαι 5   πορεύωμαι] πορεύσομαι 54   **4** πλάνον] πόνον 5 54:
hic inserit 54 paragraphum ὁ δέ, ζῇ Κύριος, φησί — δοῦλός σου vid infra (l 12-14)   **5**
>Καὶ διωκόμενος γὰρ 54   **6** πατρολοίαν 8 12   **8** θεραπείας] σωτηρίας
37   Ἀνάστρεφε — ἐπεδείκνυτο (l 12)] Καὶ ὑποστρέφειν αὐτὸν συνεβούλευσεν, εἰ καὶ τὸ
εὔνουν ἐκείνου ἐπὶ πλέον ἐξεκαλύπτετο· καὶ γὰρ συνείπετο 54   **9** >καὶ 1 35 37
56   >Κύριος — μετὰ σοῦ 35   ποιήσει] ποιῆσαι c_1 1 8 9   **10** ἔλεον] ἔλεος Α 1
55   >ὁ βασιλεὺς 12   **11** τοσούτῳ] τοσοῦτον c_1 5   **12** ἀπεδείκνυτο ed   Ζῇ —
Κύριος] ὁ δέ, ζῇ Κύριος, φησί 54   Ζῇ ... φησι tr 5 10   **14** καὶ ἐὰν] ἐάν τε Α   **15**
Τοῦτο D 9   >ἕκαστον D 9   **16** συνεῖναι post φίλοις 5   δυσπραγία — ἐᾶν] ἐᾶν δὲ
δυσπραγοῦσιν 54   **18** ἀκολουθεῖν 37

ἐπικουρίαν τῶν παρανόμων ληφθεῖσα. Ἐκεῖνοι μὲν γὰρ ἀνηρέθη- 640
σαν, αὕτη δὲ δοριάλωτος παρεδόθη τοῖς ἀλλοφύλοις. Ταῦτα δεδι-
δαγμένος, πρὸς Σαδοὺκ ἔφη τὸν ἱερέα· «Ἀπόστρεψον τὴν κιβω-
τὸν τοῦ Θεοῦ εἰς τὴν πόλιν, καὶ καθισάτω εἰς τὸν τόπον αὐτῆς.
5 Ἐὰν εὕρω χάριν ἐνώπιον Κυρίου, καὶ ἐπιστρέψῃ με, καὶ ὄψομαι
αὐτὴν καὶ τὴν εὐπρέπειαν αὐτῆς· καὶ ἐὰν εἴπῃ μοι· Οὐ τεθέληκά σε,
ἰδοὺ ἐγώ, ποιείτω μοι τὸ ἀρεστὸν ἐνώπιον αὐτοῦ». Οὐ δύναμαι,
φησί, μετ' ἐμαυτοῦ τὸν κατήγορον περιφέρειν. Ἔνδοθεν ἀκούω
φθεγγομένου τοῦ νόμου· «Οὐ μοιχεύσεις, οὐ φονεύσεις» ἐγὼ δὲ
10 τοὺς δύο πεπάτηκα νόμους. Ὅταν ὁ νομοθέτης καθαρῇ μου τὸν
τῆς ψυχῆς ὀφθαλμόν, τότε ἰδεῖν δυνήσομαι τὴν εὐπρέπειαν αὐτῆς·
ἐὰν δέ με παντάπασι τῆς οἰκείας κηδεμονίας γυμνώσῃ, Δεσπότης
ἐστίν, ἐγὼ δὲ οἰκέτης ἐμαυτὸν ὑποτιθεὶς ταῖς παιδείαις. Ταῦτα
δακρύων ἔλεγεν ὁ θεῖος ἀνήρ, τὸ πένθιμον περικείμενος σχῆμα·
15 ἐκεκάλυπτο μὲν γὰρ τὴν κεφαλήν, γυμνοῖς δὲ τοῖς ποσὶ
κεχρημένος ἐβάδιζεν· ἐκοινώνει δὲ τοῦ πένθους ἡ στρατιά. Οὕτω
φεύγων ἔγνω τοῦ Ἀχιτόφελ τὴν προδοσίαν· ἀλλ' εὐθὺς πρὸς τὸν
οἰκεῖον Δεσπότην κατέφυγεν, οὐ κεραυνοῖς αὐτὸν βληθῆναι παρα-
καλέσας, ἀλλὰ ματαίαν ἀποφανθῆναι τὴν συμβουλήν. «Κύριε»
20 γάρ φησιν, «ὁ Θεός μου, ματαίωσον δὴ τὴν βουλὴν Ἀχιτόφελ».
Τὸ δὲ «ματαίωσον», ὁ Ἀκύλας, «ἀφρόνησον», εἴρηκεν ἀντὶ τοῦ,
δεῖξον ἄφρονα καὶ ἀσύνετον. Τὸ δὲ «ῥῶς», τὴν «ἄκραν» λέγει.
«Ἀνελθὼν» γάρ φησιν, «εἰς ῥῶς», τουτέστιν εἰς τὴν ἄκραν
—λέγει δὲ τὸν «ἐλαιῶνα», ἀφ' οὗ ὁ Δεσπότης ἀνελήφθη
25 Χριστός—, «προσεκύνησεν ἐκεῖ τῷ Κυρίῳ», εἰς τὴν σκηνήν, ὡς
εἰκός, ἀποβλέψας, καὶ τὴν κιβωτὸν τὴν ἐν αὐτῇ κειμένην.

3 s 2 Re 15, 25-26   9 Ex 20, 13.15   19 s 2 Re 15, 31   22 s 2 Re 15, 32   25
2 Re 15, 32

1, 5, 8, 9, 10, 12, 35, 37, 54, 55, 56

2 δορυάλωτος A 1   ἐδόθη 5   3 Σαδοὺκ] Σαδὼκ c_1 1 54: Ἀδὼκ 37   ἔφη] εἶπε
A^{-54}: φησί 54   8 >φησί A   μετ' ἐμαυτοῦ] μεθ' ἑαυτοῦ A^{-10} c_1 9 >οὐ φονεύσεις
54   10 καθαρῇ] καθαριεῖ 5: καθαρίσῃ 54   12 ἐὰν δέ — γυμνώσῃ] εἰ δὲ μὴ 54   13
Ταῦτα + δὲ A^{-54} 14 ὁ θεῖος ἀνήρ] καὶ 54   19 ματαίαν + αὐτοῦ ed   συμβουλήν +
αὐτοῦ A   Κύριε] καὶ 8   20 >δὴ A D   23 >Ἀνελθὼν — ῥῶς 5   ῥῶς pr τὴν 12
54   >τουτέστιν — ἄκραν A   24 >ὁ Δεσπότης 54   25 προσεκύνησεν + δὲ
A   Κυρίῳ] Θεῷ D 1 55   >ὡς εἰκός 5   26 >καὶ — κειμένην 54   αὐτῇ] ταύτῃ 1 56

Λ΄

Τινὲς οὐκ ἐπαινοῦσι τοῦ Χουσὶ τὸ ψεῦδος.

Καὶ τῶν ἀγαθῶν καὶ τῶν ἐναντίων τὸν σκοπὸν ἐξετάζειν προσήκει. Οὕτω γὰρ κρίνοντες εὑρήσομεν καὶ κατηγορουμένην ἀλήθειαν. «Ὁ γὰρ Ἡρώδης διὰ τοὺς ὅρκους», φησί, «καὶ τοὺς συνανακειμένους, ἀπέκτεινε τὸν Ἰωάννην». Ἀλλ᾽ οὐδεὶς οὕτως 5 ἠλίθιος, ὡς ἐπαινέσαι τὴν ἐπὶ σφαγῇ γεγενημένην ἀλήθειαν. Ἄμεινον μὲν γὰρ ἦν μὴ ὀμόσαι· ἐπειδὴ δὲ ὤμοσε, τὸ ψεῦδος 641 αἱρετώτερον τῆς σφαγῆς. Καὶ ἐνταῦθα τοίνυν ἡ ὑπόκρισις, οὐκ ἐπὶ κέρδει χρημάτων, οὐδὲ ἐπὶ λύμῃ ἑτέρων, ἀλλ᾽ ἐπὶ ζωῇ προφήτου καὶ βασιλέως εὐσεβοῦντος ἐγένετο. 10

ΛΑ΄

Μέμφονται τῷ Δαβὶδ τινες, ὡς τοῦ Σιβᾶ δεξαμένῳ τοὺς λόγους.

Πολλάκις εἶπον ὡς οὐχ ἅπαντα ἐγίνωσκον οἱ προφῆται· οὗτος δὲ καὶ πιθανοῖς ἐχρήσατο λόγοις. Αὐτὸς μὲν γὰρ ἀφίκετο πρὸς τὸν θεῖον Δαβίδ, ἐκεῖνον δὲ ἔφη τὴν βασιλείαν φαντάζεσθαι. Πρὸς δὲ τούτοις, καὶ δῶρα προσήνεγκε, τὴν οἰκείαν ἐπιδεικνὺς 15 εὔνοιαν. Ὕστερον δὲ καὶ τοῦ Μεμφιβαὰλ τοὺς λόγους δεξάμενος,

---

4 s Mt 14, 9   11 cf 2 Re 16, 1 s   16 s cf 2 Re 19, 29

1, 5, 8, 9, 10, 12, 35, 37, 54, 55, 56

1 tot Q Λ΄ et ΛΑ΄ tr c₁ 54   τοῦ] τὸν A   τὸ ψεῦδος] ψευδόμενον A   2 >καὶ 2° 1 5 35   4 ἀλήθειαν — ἀλήθειαν (l 6)] τὴν ἀλήθειαν ὡς τὴν νομιζομένην ἐνορκίαν τοῦ Ἡρώδου 54   7 >μὲν 5   ἐπειδὴ] ἐπεὶ 5: ὀμόσαντες 54   ὤμοσε — τοίνυν] πολλῷ μᾶλλον ψεύσασθαι ἢ τηλικοῦτον φονέα γενέσθαι. Καὶ νῦν δὲ 54   9 οὐδὲ] οὐκ 5   λύμῃ] λοιμῇ 1 56   ζωῇ] ζήλῳ 5 37   10 εὐσεβοῦντος + καὶ ἀδικούμενον 54   11 τινες post Μέμφονται 12 37 54   δεξαμένου 12 35   12 >ὡς 1 35   14 θεῖον Δαβίδ] βασιλέα 54   15 ἐπιδεικνύμενος 54

ἀμφοτέροις μὲν τὴν κτῆσιν διένειμεν, ἐκεῖνον δὲ πάλιν τῆς αὐτῆς
κηδεμονίας ἠξίωσε· καὶ τοῦ λιμοῦ γενομένου, καὶ τῶν
γαβαωνιτῶν ἑπτὰ τῶν τοῦ Σαοὺλ συγγενῶν αἰτησάντων, οὐκ
ἐξέδωκε τὸν Μεμφιβαάλ, ἀλλὰ τὰς πρὸς τὸν Ἰωνάθαν γεγενημέ-
5 νας συνθήκας ἐπλήρωσεν. Ἀξιάγαστα δὲ τοῦ Δαβὶδ καὶ τὰ περὶ
τοῦ Σεμεεὶ πρὸς τὸν Ἀβεσσὰ εἰρημένα. Ἐκείνου γὰρ αὐτὸν λίθοις
βάλλοντος, καὶ τὸν χοῦν αὐτοῦ καταχέοντος, καὶ λόγοις καὶ
ἔργοις προπηλακίζοντος, καὶ ἄνδρα αἱμάτων καὶ παράνομον ἀπο-
καλοῦντος, ὁ μὲν Ἀβεσσὰ ὑποστράτηγος ὢν τὴν παροινίαν οὐκ
10 ἤνεγκεν, ἀλλ᾽ ἔφη, «Ἵνα τί καταρᾶται ὁ κύων ὁ ἐπικατάρατος οὗ-
τος τὸν κύριόν μου τὸν βασιλέα; Διελεύσομαι δή, καὶ ἀφελῶ τὴν
κεφαλὴν αὐτοῦ». Ἀλλ᾽ ὁ πάντων ἀνθρώπων πραότατος ὑπολαβὼν
ἔφη, «Τί ἐμοὶ καὶ σοί, υἱὲ Σαρουία; Ἄφετε αὐτόν, διότι καταρᾶταί
με, ὅτι Κύριος εἶπεν αὐτῷ κακολογεῖν τὸν Δαβίδ, καὶ τίς ἐρεῖ
15 αὐτῷ, Τί ὅτι πεποίηκας οὕτως;» Ἱμάς ἐστιν, φησί, οὗτος τοῦ
Θεοῦ καὶ ῥάβδος. Οὐχ ὁρῶ τὸν ἱμάντα, ἀλλὰ τὸν μαστιγοῦντα·
ταῖς ἐμαυτοῦ παρανομίαις ἐπιγράφω τὰς συμφοράς· οὐχ ἅπτομαι
τῆς ῥάβδου, ἵνα μὴ παροξύνω τὸν παίοντα. Συμφωνεῖ δὲ τούτοις
καὶ τὰ ἑξῆς· «Εἶπε» γάρ φησι, «Δαβὶδ πρὸς Ἰωὰβ καὶ πρὸς πάν-
20 τας τοὺς παῖδας αὐτοῦ, Ἰδοὺ ὁ υἱός μου, ὁ ἐξελθὼν ἐκ τῆς κοιλίας
μου, ζητεῖ τὴν ψυχήν μου. Εἰ δὲ καὶ νῦν οὗτος ὁ υἱὸς τοῦ
Ἰεμιναίου, ἄφετε αὐτόν, καταράσθω, ὅτι Κύριος εἴρηκεν αὐτῷ, εἴ
πως ἴδοι τὴν ταπείνωσίν μου καὶ ἀνταποδώσει μοι Κύριος ἀγαθὰ
ἀντὶ τῆς κατάρας αὐτοῦ τῆς ἐν τῇ ἡμέρᾳ ταύτῃ». Οὗτος, φησίν, ἐκ

---

4 s cf 2 Re 21, 7   10 s 2 Re 16, 9   13 s 2 Re 16, 10   19 s 2 Re 16, 11-12

1, 5, 8, 9, 10, 12, 35, 37, 54, 55, 56

6 >τοῦ Α   Σεμεὶ c_1 5   Ἐκείνου γὰρ — καταρᾶται (l 10)] ὁ μὲν γὰρ Ἀβεσσὰ τὴν
παροινίαν ἐκείνου τὴν κατὰ τοῦ βασιλέως μὴ φέρων, ἵνα τί καταρᾶται, ἔφη 54   7 λόγοις
+ ἑτέροις ed   8 >καὶ ἔργοις 37   12 >ἀνθρώπων 5   >ὑπολαβὼν Α   13 υἱὲ] σὺ 10
12 35   Σαρουά 5   Ἄφετε + ἄφετε D 9   14 Κύριος pr ὁ 37   >αὐτῷ Α   15 >ὅτι
Α   φησί, οὗτος tr 37   >φησί Α 12   18 >τούτοις Α   19 Ἰωὰβ] Ἀβεσσὰ ed   21
Εἰ δὲ] ἴδε Α^{-10} c_1 12 35   >οὗτος c_1 22 Ἰεμιναίου] Ἰεμενίου 1: Ἰεμιννίου 5: Ἰεμ-
μιναίου 8 9 12   αὐτόν + καὶ Α^{-5} εἴ πως] ὅπως 37   24 >τῆς 2° 8   >τῆς ἐν —
ταύτῃ 54

644 τῆς τοῦ Σαοὺλ συγγενείας ἐστί, παλαιὰν ἔχων περὶ ἐμὲ τὴν δυσμένειαν· καὶ εἰκός τινας εἰπεῖν, ὅτι καιρὸν εὑρὼν ἐγύμνωσε τὴν ἀπέχθειαν. Τὸν υἱόν μου, τὸν ὑπ᾽ ἐμοῦ καὶ σπαρέντα, καὶ τραφέντα, καὶ εἰς τοῦτο ἡλικίας ἐλάσαντα καὶ τιμῆς, τίς ἐκπεπολέμωκέ μοι; Δῆλον τοίνυν ὡς ἡ ψῆφος ἄνωθεν ἐξενή- 5 νεκται· καὶ οἷς προεῖπεν ἐπιφέρει τὸ πέρας. Ἐγὼ δὲ φέρω καὶ τοὺς παροινοῦντας, καὶ τοὺς φονῶντας, ἵνα ταύτῃ πραΰνω τὴν θείαν ὀργήν. Ταῦτα μὲν οὖν ὁ θεῖος οὗτος εἶπεν ἀνήρ. Εἰδέναι δὲ χρή, ὡς οὐ τῆς θείας ἐστὶν ἐνεργείας, οὔτε τοῦ Ἀμνὼν ἡ παράνο- μος συνουσία, οὔτε τοῦ Ἀβεσσαλὼμ ἡ ἀδελφοκτονία καὶ ἡ κατὰ 10 τοῦ πατρὸς γεγενημένη μανία· ἀλλὰ τῆς θείας Προνοίας ἡ οἰκία γυμνωθεῖσα σκάφος ἀκυβέρνητον ἐμιμεῖτο, καὶ τῶν πονηρῶν δαιμόνων τὰς τρικυμίας ἐδέχετο.

ΛΒ´

Πῶς ἐχρῆτο συμβούλῳ τῷ Ἀχιτόφελ ὁ θεῖος Δαβὶδ πονηρὰ συμ- βουλεύοντι; 15

Οἱ παμπόνηροι ἄνδρες κρύπτουσι τὴν πονηρίαν συνόντες τοῖς ἀγαθοῖς· εὑρόντες δέ τινα τοῖς αὐτῶν ἐπιτηδεύμασι χαίροντα, γυ- μνοῦσι ταύτην, καὶ τὰ πρόσφορα τοῖς ἀκούουσι φθέγγονται. Τοιοῦτος ἦν καὶ οὗτος. Καὶ γὰρ τῷ θείῳ Δαβὶδ πρὸς τὸν ἄριστον

14 s cf 2 Re 16, 20 s

1, 5, 8, 9, 10, 12, 35, 37, 54, 55, 56

1 συγγενείας ἐστὶ tr A⁻⁵⁴ 55   περὶ ἐμὲ] πρὸς μὲ 54   3 ὑπ᾽ ἐμοῦ — καὶ τιμῆς] ἐκ τῶν σπλάγχνων μου 54   4 >καὶ τραφέντα 8   >τραφέντα 5   5 ἡ ψῆφος — Ἐγὼ] ψῆφος ἄνωθεν ἐπενήνεκται· εἶτα ἐγὼ 54   ἐξενή.] ἐπενήνεκται A   6 προεῖπεν] προεῖπον 12 35   8 ὀργήν] ἐνέργειαν D   Ταῦτα μὲν — ἀνήρ] ἀλλ᾽ ὁ μὲν Δαβὶδ οὕτως εἶπεν 54   >οὖν D   οὕτως 9 12   ἀνήρ post θεῖος D⁻¹² 9   9 Ἀμνὼν 5   10 Ἀβισαλὼμ 5   12 ἐμιμεῖτο] ἐμιμήσατο A   13 ἐδέχετο] ἐδέξατο A   14 >τῷ D⁻¹²   17 εὑρόντες] θηρεύοντες D   τινα τοῖς — φθέγγονται] χαίροντας τοῖς τοιούτοις, ἀπογυμνοῦσιν ἑαυτούς 54   19 οὗτος] ὁ Ἀχιτόφελ 54   τῷ θείῳ] τὸν θεῖον 12   ἄριστον + αὐτοῦ A

σκοπὸν τὰς εἰσηγήσεις προσέφερε, καὶ τῷ Ἀβεσσαλὼμ τὰ τῷ τρόπῳ κατάλληλα συνεβούλευσε. Δεδιὼς γὰρ μὴ συναγάγῃ πάλιν αὐτοὺς ἡ φύσις, εἶτα τῶν καταλλαγῶν γενομένων δίκας ἀπαιτηθῇ προδοσίας, τὴν ἐσχάτην ἐκείνην παρανομίαν ὑπέθετο, ὥστε μη-
5 δεμίαν παρείσδυσιν γενέσθαι καταλλαγῶν. Ἔτισε δὲ παραυτίκα ποινὴν τῆς ἀνοσίας ἐκείνης καὶ πονηρᾶς εἰσηγήσεως· καὶ ἐπειδὴ κατὰ τοῦ πατρὸς ὥπλισε τὸν υἱόν, αὐτὸς πάλιν καθ᾽ ἑαυτοῦ τὰς χεῖρας καθώπλισε· καὶ ταύταις ἐμβαλὼν τῷ τραχήλῳ τὸν βρόχον, τρισάθλιον ὑπέμεινε τέλος. Ἱκανὸς γὰρ ὢν προϊδεῖν τῶν
10 πραττομένων τὸ τέλος, μὴ δεχθείσης τῆς εἰσηγήσεως, ἔγνω τοῦ Δαβὶδ ἐσομένην τὴν νίκην· καὶ δείσας τὴν προδοσίαν, αὐτοχειρίᾳ τὴν τιμωρίαν ἐδέξατο. Ἐδίδαξε δὲ ἡ θεία γραφή, ὡς ὁ Δεσπότης Θεὸς συνέπραξε τῷ Χουσί· «Κύριος» γάρ φησιν, «ἐνετείλατο τοῦ διασκεδάσαι τὴν βουλὴν Ἀχιτόφελ τὴν ἀγαθήν», ἀντὶ τοῦ, τὴν τῇ
15 τυραννίδι συμφέρουσαν. Τούτου χάριν ψάλλων ὁ μακάριος ἔλεγε Δαβίδ· «Ἰδοὺ ὠδίνησεν ἀδικίαν, συνέλαβε πόνον, καὶ ἔτεκεν ἀνομίαν. Λάκκον ὤρυξε, καὶ ἀνέσκαψεν αὐτόν, καὶ ἐμπεσεῖται εἰς βόθρον ὃν εἰργάσατο».

ΛΓ´ 645

Τί ἐστι, «Καὶ νῦν ἀφαιρεθήσεται ἐξ ἡμῶν ἡ γῆ δέκα χιλιάσι»;

20 Κοινωνῆσαι τῆς συμπλοκῆς βουληθέντα τὸν βασιλέα διεκώλυ-
σεν ὁ στρατηγός, καὶ δεδιὼς μή τι πάθῃ —εἰκὸς γὰρ ἦν κατ᾽

---

13 s 2 Re 17, 14   **16** s Sal 7, 15-16   **19** 2 Re 18, 3

1, 5, 8, 9, 10, 12, 35, 37, 54, 55, 56

1 Ἀβεσαλὼμ 5 37   >τῷ 2° D 54   **2** τρόπῳ] > 54: πρώτῳ c_1 συνεβούλευε Α⁻¹⁰
1 37   **3** γινομένων Α⁻¹⁰ 37   **4** >τὴν ἐσχάτην — ὑπέθετο 54   **6** >ἐκείνης καὶ πονηρᾶς
54   **8** καθώπλισε] ἐξώπλισε 54   >καὶ ταύταις — τέλος 54   **10** ἔγνω τοῦ] ἐν τῷ
Α   **11** νίκην — δείσας] νίκην συνεῖδε δείσας οὖν 54   νίκην + ἐπίστασεν 5: +
ἐπίστευσεν 10   αὐτόχειρα D 10: αὐτόχειρ 5   **12** ἐδέξατο + βρόχῳ τοῦ ζῆν
ἀπορραγείς 54   Ἐδίδαξε] ἔδειξεν D   >Δεσπότης 5 54   **14** >τῇ D⁻⁸ c_1 9 54   **15**
τυραννίδα 35 54   ψάλλων] ἔψαλλεν 54   ὁ μακάριος / ἔλεγε tr Α 1   >μακάριος ἔλε-
γε 54   **16** ἔτεκεν — εἰργάσατο] τὰ ἑξῆς 54   **18** εἰργάσατο + καὶ τὰ ἑξῆς 1   **19** ἡ γῆ
post ἀφαιρεθήσεται c_1 54   χιλιάδας 5 10

αὐτοῦ μόνου χωρῆσαι τοὺς δυσμενεῖς— καὶ ἀγωνιῶν μὴ νικήσας
οἰκτίρῃ τὸν τύραννον. Ἔφασαν τοίνυν, ὅτι «Ἐὰν ἡττηθέντες
ἀποδράσωμεν, τὴν σὴν ζωὴν ἔχομεν ἀποχρῶσαν παραψυχήν· ἐὰν
δέ τι σὺ πάθῃς, χωρήσει κατὰ πάντων ἡ συμφορά. Σὺ γὰρ μόνος
μυρίαις μυριάσιν ὑπερέχεις πάντων ἡμῶν». Ταύτην γὰρ τὴν   5
ἔννοιαν ὁ Σύμμαχος τέθεικεν· «Καὶ σὺ ὡς ἡμεῖς δέκα χιλιάσιν».
Ὁ δὲ δίκαιος Κριτὴς τῷ μὲν Δαβὶδ ταύτας ἐπενεχθῆναι τὰς συμ-
φορὰς συνεχώρησε, τὴν γεγενημένην παρανομίαν ἰώμενος· ἐκεῖ-
νον δὲ τὸν ἀλιτήριον δίκας ἀξίας εἰσέπραξεν. Ἐλαύνοντα γὰρ ἐν
τῷ δρυμῷ παρεσκεύασεν ὑπὸ φυτὸν εἰσελθεῖν, ὃ δύο κλάδους   10
εἶχεν ἐπικλινεῖς ἐγκαρσίως βεβλαστηκότας, οὐ πολὺ διεστῶτας
ἀλλήλων. Ἐκεῖθεν παριούσης τῆς ἡμιόνου, ἐνεπάρη μὲν μεταξὺ
τῶν κλάδων ἡ κεφαλή, ἐξηρτήθη δὲ ἅπας, διήλασε δὲ τὴν
ἡμίονον τῶν δένδρων ὁ κτύπος· μεμένηκε δὲ ἐκεῖνος ἐξηρτη-
μένος, ἥδιστον θέαμα τοῖς εὐσεβέσι γενόμενος, καὶ τῆς πάντα   15
πρυτανευούσης Προνοίας τὴν ψῆφον ἐπιδεικνύς· τοῦτό τις τῶν
ἄλλων στρατιωτῶν θεασάμενος, οὐκ ἐτόλμησεν ἐπενεγκεῖν αὐτῷ
τὴν πληγήν· ᾔδει γὰρ τοῦ βασιλέως τὸν νόμον. Ὁ δὲ στρατηγός,
τὸν πατέρα τῇ εὐσπλαγχνίᾳ κεχρῆσθαι καταλιπών, ἐν τῇ μυ-
σαρωτάτῃ καρδίᾳ τὰ βέλη κατέπηξεν. Εἶτα καθελών, καὶ εἰς τὴν 20
παρακειμένην φάραγγα ῥίψας, τὸν λαὸν ἅπαντα καταλεῦσαι
προσέταξεν, ὥστε γενέσθαι αὐτῷ τάφον τὴν τιμωρίαν.

2 s cf 2 Re 18, 3   20 cf 2 Re 18, 14

1, 5, 8, 9, 10, 12, 35, 37, 54, 55, 56

3 >σὴν c_1 1 37   4 τι σὺ tr A   5 μυριάσιν] μοίραις c_1 (56^{mg}) 1 9   6 >σὺ ὡς —
Κριτὴς 12   7 δικαιοκρίτης 35   9 ἐλαύνοντι 37   Ἐλαύνοντα — δὲ ἐκεῖνος (l 14)]
ξύλῳ ἀναρτήσας 54   11 ἐγκαρσίως] ἐγκαρδίως D   14 δένδρων] φύλλων 5   τῶν
δένδρων / ὁ tr A   >ἐξηρτημένος c_1 15 γενάμενος D^{-8} καὶ τῆς — πληγήν (l 18)]
τοῦτό τις τῶν στρατιωτῶν θεώμενος οὐκ ἐτόλμα πληγὴν τῷ διὰ τῆς κόμης πεδηθέντι
ἐπενεγκεῖν 54   18 ᾔδει] ἐδεδίει 5   19 κεχρῆσθαι post πατέρα 5 37   εὐσπλαγχνίᾳ +
γινώσκων A^{-5} 20 καθελών] κατελθών A^{-5}: κατενεγκών 5   >καὶ A^{-5} 22 αὐτῷ τάφον
tr c_1

ΛΔ΄

Τί δήποτε ἄνω μὲν ὁ συγγραφεὺς εἴρηκεν ὅτι τρεῖς ἔσχεν υἱούς, μίαν δὲ θυγατέρα· νῦν δὲ τοὐναντίον δεδήλωκεν, ὅτι στήλην ᾠκοδόμησεν, ὡς υἱὸν οὐκ ἔχων, τὴν δι᾽ αὐτῆς αὐτῷ μηχανώμενος μνήμην;

5   Ἑκάτερον ἀληθές· εἰκὸς γὰρ αὐτὸν καὶ παιδοποιῆσαι, καὶ τετελευτηκέναι τοὺς παῖδας. Ἰώσηπος δὲ ἔφη τοῦτο αὐτὸν δεδρακέναι, ὡς τῶν παίδων μὲν ἐπὶ πολὺ διαρκεῖν οὐ δυναμένων, τῆς δὲ οἰκοδομίας μᾶλλον φυλαττούσης τὴν μνήμην.

ΛΕ΄   648

Τίνος ἕνεκεν τοσοῦτον ἐθρήνησεν ὁ Δαβὶδ τὸν μιαρώτατον παῖδα;

10   Καὶ φιλόπαις ἦν καὶ φιλάνθρωπος. Τεκμήριον δὲ τούτου καὶ τὸ ἐπὶ τοῦ Σαοὺλ γενόμενον πένθος. Ἐνταῦθα δὲ καὶ ἡ φύσις μείζους ὀδύνας εἰργάσατο. Πρὸς δὲ τούτοις, ἐθρήνησεν ὡς εὐσεβὴς τὸν διὰ μεταμελείας ἰαθῆναι μηκέτι δυνάμενον. Μετὰ γὰρ δὲ τὴν τελευτὴν ἀνίατος ἡ τῆς ἁμαρτίας πληγή.

ΛS΄

15 **Τί δήποτε τῷ Ἀβεσσὰ τὴν στρατηγίαν ἐπηγγείλατο, τοῦ Ἰωὰβ ὑπὲρ αὐτοῦ πολλοὺς ὑπομείναντος πόνους τε καὶ κινδύνους;**

---

1 s 2 Re 14, 27   2 s 2 Re 18, 18   6 s Josefo, *Ant* 7, 243   9 cf 2 Re 19, 1 s
15 s cf 2 Re 19, 13

1, 5, 8, 9, 10, 12, 35, 37, 54, 55, 56

1 τρεῖς + μὲν c₁: + ὁ Ἀβεσσαλὼμ D   υἱούς + ὁ Ἀβεσσαλώμ 9 54   2 >μίαν δὲ
θυγατέρα 12   3 δι᾽ αὐτῆς] διὰ ταύτης A⁻⁵   6 τετελευτηκέναι] ἀποβαλεῖν 54   9 τὸν
μιαρώτατον παῖδα] τὰ μιαρώτατα παιδία 54   10 >Τεκμήριον — εἰργάσατο (l 12)
54   12 ὀδύνας pr τὰς A⁻⁵⁴   13 δὲ] > 12: δὴ 1 9 35 37 54   14 ἡ ante πληγῇ c₁   15
Ἀβεσὰ 5: Ἀμεσσὰ c₁ 35   16 >πόνους τε καὶ 54   >τε A⁻¹⁰ 1 8 37

Τὸ θρασὺ τοῦ Ἰωὰβ ἀεὶ μισῶν διετέλεσεν. Ἠνέσχετο δὲ
αὐτοῦ, διά τε τὴν εὔνοιαν ἣν εἶχε, καὶ ὑφορώμενος μή τι νεώτερον
βουλεύσηται κατ' αὐτοῦ. Θεασάμενος δὲ τὸν Ἀβεσσά, —ἀδελφι-
δοῦς δὲ αὐτοῦ καὶ οὗτος ἐτύγχανεν—, ὃν στρατηγὸν ὑπὸ τοῦ
τυράννου πάσης χειροτονηθέντα τῆς στρατιᾶς, ἐπέστειλεν, 5
ὑποσχόμενος αὐτῷ παραδώσειν τὴν στρατηγίαν. Τοῦτο μαθὼν ὁ
Ἰωὰβ καὶ τοῦ φθόνου τὴν ἀκίδα δεξάμενος, ἐπήνεγκεν αὐτῷ τὴν
σφαγήν, εὔνοιαν καὶ φιλίαν ὑποκρινάμενος.

ΛΖ΄

Πῶς νοητέον τὸ «Δέκα μοι χεῖρες ἐν τῷ βασιλεῖ»;

Ἔριδος γενομένης καὶ διαμάχης, καὶ τὴν Ἰούδα φυλὴν τῶν 10
ἄλλων αἰτιασαμένων, ὅτι δὴ προλαβοῦσα ὑπήντησε τῷ βασιλεῖ,
ὑπολαβόντες ἔφασαν οὗτοι, φυλέτην αὐτῶν εἶναι τὸν βασιλέα, καὶ
μᾶλλον αὐτοῖς προσήκειν διὰ τὴν πλησιαιτέραν συγγένειαν.
Τούτου χάριν εἰρήκασιν οἱ τῶν ἄλλων φυλῶν, δέκα χεῖρας ἔχειν
ἐν τῷ βασιλεῖ. Ἡ γὰρ Βενιαμῖτις τῇ Ἰούδα συνῆπτο. Προσέθηκε 15

---

6 s cf 2 Re 20, 10   9 2 Re 19, 43

1, 5, 8, 9, 10, 12, 35, 37, 54, 55, 56

2 εἶχε] ἔσχε A   3 Ἀβεσά 5: Ἀμεσσά c_1 4 ὃν] > A^{-10}: ὧν 9 10: ὡς c_1 5
ἐπέστειλεν] ἀπέστειλεν 8 9: ἐμήνυσεν αὐτῷ προσελθεῖν 5: ἀπέστειλεν τὸν αὐτὸν Ἀμεσσὰν
10   6 παραδώσειν τὴν] ἐπικυρώσειν προσιόντι ὑπέσχετο 54   τὴν] + τοῦ Ἰωὰβ 5: +
τοιαύτην αὐτοῦ 10   στρατηγίαν — Ἰωὰβ καὶ] ὁ δὲ Ἰωὰβ ἐπὶ τούτοις 54   μαθὼν] με-
μαθηκὼς 10   7 δεξάμενος] + καὶ πληττόμενος ἐπὶ τοῖς μεμηνυμένοις A^{-54} 8
ὑποκρινόμενος D 9   9 >Πῶς νοητέον τὸ 54   10 Ἰούδα φυλὴν] φυλὴν τοῦ Ἰούδα
A^{-54} 11 αἰτιασαμένων] αἰτιασαμένου 5: αἰτησαμένων 8 55   12 οὗτοι] > 54: αὐτοί 1 5
12: αὐτῷ 10: ὅτι c_1 14 ἄλλων φυλῶν] ἀλλοφύλων 35   15 Προσέθηκαν 1 5 9 37

δὲ ὅτι καὶ τῶν πρωτοτοκίων ἔχουσι τὰ πρεσβεῖα, διά τε τὸν
Ῥουβήν, ὡς φύσει πρωτότοκον, καὶ διὰ τὸν Ἰωσήφ, διὰ τὴν
ἀρετὴν τοῦδε τοῦ κλήρου τετυχηκότα. Διπλῆν γὰρ μοῖραν οἱ πρω-
τότοκοι τῆς πατρῴας κληρονομίας ἐλάμβανον. Διὸ καὶ ὁ
5 πατριάρχης πρὸς τὸν Ἰωσὴφ ἔφη· «Ἐφραῒμ καὶ Μανασσῆ ὡς
Ῥουβὴν καὶ Συμεὼν ἔσονταί μοι». Αὐτίκα γοῦν καὶ Μωϋσῆς ὁ
μέγας, καὶ Ἰησοῦς ὁ τούτου διάδοχος, διπλοῦν αὐτοῖς ἀπένειμαν
κλῆρον.

ΛΗ′ 649

Τίνος χάριν καθεῖρξε τὰς παλλακὰς παρὰ γνώμην τῷ δυσσεβεῖ
10 τυράννῳ συγγενομένας;

Ἀνόσιον ὑπέλαβε συνελθεῖν αὐταῖς μετὰ τὴν μυσαρὰν τοῦ παι-
δὸς συνουσίαν. Τοῦτο γὰρ καὶ ὁ νόμος ἄντικρυς ἀπηγόρευσεν. Ἑτέ-
ρῳ δὲ οὐ συνῆψεν, ἵνα μὴ καὶ τοῦτο γένηται πρόφασις τυραννίδος·
ἄλλως τε οὐδὲ γάμος ἦν ὁ τοιοῦτος. «Ζῶντος» γὰρ «τοῦ ἀνδρὸς
15 μοιχαλὶς χρηματίζει, ἐὰν γένηται ἀνδρὶ ἑτέρῳ», ᾗ φησιν ὁ θεῖος
Ἀπόστολος. Εἰ δὲ καὶ ὁ νόμος ἐπέτρεπε τὸν ἀπεχθανόμενον τῇ
γυναικὶ διδόναι βιβλίον ἀποστασίου, ἀλλ' ἐνταῦθα οὐ μῖσος
ἐχώριζεν, ἀλλ' ἡ τοῦ παιδὸς παράνομος συνουσία. Τούτου χάριν
αὐτὰς εἰς ἑτέραν μετέστησεν οἰκίαν πάσης ἀξιῶν θεραπείας.

5 s Gé 48, 5   9 s cf 2 Re 20, 3   14 s Ro 7, 3

1, 5, 8, 9, 10, 12, 35, 37, 54, 55, 56

2 Ῥουβήν] Ῥουβείμ A⁻⁵⁴ 37: Ῥουβήμ 8 56: Ῥουβίμ 9 12 54   διὰ τὸν — ἀπένειμαν
κλῆρον (l 8)] Ἰωσήφ διὰ ἀρετὴν τούτου τυχόντα 54   Ἰωσήφ + ὡς D 9   5 Μανασσῆς
9: Μανασὶ 10   6 Ῥουβήν] Ῥουβείμ A⁻⁵⁴: Ῥουβὶν 1 55: Ῥουβήμ 8 56   7 Ἰησοῦς + ὁ
τοῦ Ναυῆ A   διπλοῦν] διπλῆ 1 37   8 κλῆρον] κληρονομίαν 1 37   9 χάριν + Δαβὶδ
A   13 γένηται πρόφασις tr 5   14 τε + δὲ 5 12   >γὰρ τοῦ — ἀνδρὶ 54   16 τὸν
ἀπεχθανόμενον] μισοῦντα 54   17 διδόναι post ἀποστασίου 5   19 αὐτὰς / εἰς ἑτέραν
tr 5

ΛΘ΄

Πῶς νοητέον, «Εἰ ἐξέλιπεν ἃ διέθεντο οἱ πιστοὶ τοῦ Ἰσραήλ»;

Ὁ Σαβεὲ τυραννήσας, εἶτα φυγὼν εἰς τὴν Ἀβὲλ κατέφυγε πόλιν· ἔστι δὲ αὕτη πόλις τῆς Παλαιστίνης, Ἀβιλᾶ νῦν ὠνομασμένη. Τοῦ στρατηγοῦ τοίνυν εἰς πολιορκίαν τὴν στρατιὰν περιστήσαντος, τῶν θείων αὐτὸν ἀνέμνησε νόμων ἡ σοφωτάτη 5 γυνή. Ὁ γὰρ θεῖος ἐκέλευσε νόμος πρεσβείᾳ κεχρῆσθαι πρότερον, εἶθ᾽ οὕτως τοῖς ἀντιλέγουσι παρατάττεσθαι. Τοῦτο ἔφη καὶ αὕτη· «*Εἰ ἐξέλιπεν ἃ διέθεντο οἱ πιστοί τῷ Ἰσραήλ*» τουτέστι, εἰ παραβῆναι χρὴ τὰ διηγορευμένα τοῖς νόμοις. Εἶτα ἐπήγαγεν· «*Ἐγὼ εἰμι εἰρηνικὰ τῶν στηριγμάτων Ἰσραήλ· σὺ δὲ ζητεῖς* 10 *θανατῶσαι πόλιν καὶ μητρόπολιν ἐν Ἰσραήλ· τί καταποντίζεις κληρονομίαν Κυρίου;*» Ἐπειδὴ σύ, φησί, κατὰ τὸν θεῖον νόμον οὐκ ἐχρήσω τῇ πρεσβείᾳ, ἐγὼ δέ σε διδάσκω, ὡς πολεμικὸν ἡ πόλις οὐκ ἔχει σκοπόν, ἀλλ᾽ εἰρήνης ὀρέγεται. Μὴ τοίνυν ἀνάστατον ἀποφήνῃς πόλιν, οὐκ ἀλλόφυλον, ἀλλ᾽ ὁμόφυλον, καὶ ὑπὸ τὸν 15 αὐτὸν τελοῦσαν Θεὸν καὶ Δεσπότην. Τούτων ἀκούσας τῶν λόγων ὁ στρατηγὸς ἔφη, μήτε πολέμου μήτε πολιορκίας ἐρᾶν· μόνον δὲ ἐθέλειν χειρώσασθαι τὸν κατὰ τοῦ βασιλέως τῇ τυραννίδι

1 2 Re 20, 18   **8** 2 Re 20, 18   **10** s 2 Re 20, 19

1, 5, 8, 9, 10, 12, 35, 37, 54, 55, 56

1 ἐξέλιπον A   **2** Σαβεσὲ 37   **3** Ἀβελᾶ 5   **4** ὠνομασμένη] ὀνομαζομένη A 9   εἰς πολιορκίαν — παρατάττεσθαι (l 7)] πολιορκεῖν ἐπιχειροῦντος, ἀνέμνησεν αὐτὸν ἡ σοφωτάτη τῶν θείων νόμων γυνή, οἳ πρεσβείᾳ κεχρῆσθαι πρότερον κελεύουσι, καὶ μὴ πειθομένων τότε πόλεμον συνάπτειν 54   **5** παραστήσαντος 5: ἀναστήσαντος 10   **7** οὕτως] οὕτω 1 5 37   **8** ἔθεντο D 1 9   τῷ] τοῦ c₁ 10 37   εἰ 2°] μὴ 5   **10** Ἐγὼ + δὲ 5   εἰρηνικὴ A 37   **11** ἐν] > 1 12: ἐπὶ A   τί pr καὶ ἵνα c₁ 9 37   καταποντίζεις pr ὅτι 1 5 9 37   **12** σύ, φησί, — πρεσβείᾳ] φησί, σὺ οὐκ ἐχρήσω τῷ θείῳ νόμῳ διαπρεσβευσάμενος 54   **13** >δέ A⁻¹⁰ D   **15** ἀλλοφύλων D⁻¹² 9   ὁμοφύλων D⁻¹² 9   **17** μήτε 1°] μήποτε D⁻³⁵ 1 9   μήτε 2°] μηδὲ D 9   **18** τὸν κατὰ — ἔπεισε (p 108 l 2)] τύραννον. Ἡ δὲ τοὺς τῆς πόλεως ἡγουμένους συμπείσασα 54   >τῇ 1 5 9

χρησάμενον. Μαθοῦσα τοίνυν τὴν αἰτίαν τῆς πολιορκίας ἡ σοφωτάτη γυνή, τοὺς ἡγουμένους τῆς πόλεως ἔπεισε μὴ περιθεῖναι τῇ πόλει τοῦ πολέμου τὸν κίνδυνον, ἀλλ᾽ ἀναμνησθῆναι τῆς τοῦ βασιλέως εὐσεβείας τε καὶ εὐνομίας, καὶ τῆς ἐν πολέμοις ἀνδρα- 652
5 γαθίας, καὶ ὡς διὰ τοὺς ἐκείνου πόνους εἰρήνης σταθερᾶς ἀπολαύουσι. Τούτοις χρησαμένη τοῖς λόγοις, τοῦ τυράννου τὴν κεφαλὴν εἰς τὸ στρατόπεδον ἔρριψε καὶ τὴν πολιορκίαν διέλυσεν.

Μ΄

Τί ἐστιν, «Ἐπὶ τοῦ πλινθίου καὶ ἐπὶ τοὺς δυνατούς»;

Πλινθίον οἶμαι καλεῖσθαι, ὃ παρὰ τοῖς ἔξω συγγραφεῦσι πλαί-
10 σιον ὀνομάζεται. Εἶδος δὲ τοῦτο στρατιωτικῆς παρατάξεως τετράγωνον ἐχούσης τὸ σχῆμα. Ὥσπερ τοίνυν ὁ νῦν παρὰ Ῥωμαίοις μάγιστρος ὀνομαζόμενος τῶν περὶ βασιλέα πεζεταίρων, ἀσπιδηφόρων φημὶ καὶ δορυφόρων, τὴν ἡγεμονίαν πεπίστευται· οὕτως ὁ Βανέας τῶν βασιλικῶν σωματοφυλάκων ἡγεῖτο, τῆς
15 ἄλλης στρατιᾶς τελούσης ὑπὸ τὸν στρατηγὸν Ἰωάβ.

ΜΑ΄

Πῶς νοητέον τὸ «Σαδοὺκ καὶ Ἀβιάθαρ ἱερεῖς, καὶ Ἰωδαὲ ὁ Ἰεθὲρ ἦν ἱερεὺς τῷ Δαβίδ»;

8 2 Re 20, 23   16 s 2 Re 20, 25-26

1, 5, 8, 9, 10, 12, 35, 37, 54, 55, 56

3 >ἀλλ᾽ — τοῖς λόγοις (l 6) 54   4 >τε 5 55   5 σταθερᾶς] στερρᾶς ed   6
>χρησαμένη τοῖς λόγοις D 9   9 ἔξω] ἔξωθεν 5   πλαίσιον] σίον D   10 > δὲ 1   12
βασιλέα pr τὸν A 37   πεζαιτέρων A D 1 9 56   13 πεπίστευται] πιστεύεται D⁻¹²
9   14 >βασιλικῶν A   16 τὸ] τὸν D   Σαδοὺκ] Σαδὼκ D⁻¹² 1 9 37 55: Σαδδὼκ 12
56   >ὁ Ἰεθὲρ A   17 >ἦν 35 54

Ὁ Σαδοὺκ καὶ ὁ Ἀβιάθαρ τὴν ἀρχιερατικὴν εἶχον ἀξίαν· οὗ-
τος δὲ ἱερεὺς ὢν ἔνδον ἐν τοῖς βασιλείοις διῆγε, τῇ θείᾳ κιβωτῷ
προσεδρεύων, καὶ τὰς βασιλικὰς ἱερεύων θυσίας.

ΜΒ΄

**Τί δήποτε τοῦ Σαοὺλ τοὺς γαβαωνίτας ἀνῃρηκότος, μετὰ τὴν ἐκεί-
νου τελευτὴν ὁ λαὸς ἐπαιδεύθη;**   5

Ἅπας ὁ λαὸς ἐπεποιήκει τὰς πρὸς τοὺς γαβαωνίτας συνθή-
κας· ἐκοινώνησε δὲ τῶν ὅρκων καὶ Ἐλεάζαρ ὁ ἱερεὺς καὶ Ἰησοῦς
ὁ προφήτης. Ἔδει τοίνυν τῶν ὀμωμοκότων τοὺς ἀπογόνους τὰς
γεγενημένας μὴ παραβῆναι σπονδάς, πεῖσαι δὲ καὶ τὸν παρανο-
μοῦντα βασιλέα φυλάξαι τὸν ὅρκον. Τούτου χάριν καὶ μετὰ τὴν   10
ἐκείνου τελευτήν, τοῦ λιμοῦ τὴν παιδείαν ὑπέμειναν. Διδάσκει δὲ
διὰ τούτων ἡμᾶς ὁ σοφῶς ἅπαντα πρυτανεύων, ὅτι κἂν παραυ-
τίκα μακροθυμήσας μὴ ἐπενέγκῃ τὴν ὑπὲρ τῶν παραβεβασμένων
νόμων ποινήν, ἀλλ᾽ οὖν εἰς ὕστερον δίκας ἀξίας εἰσπράξεται· ὥσ-
περ ἀμέλει καὶ τότε τεσσαράκοντα ἤδη διεληλυθότων ἐτῶν,   15
ἐπέδησε μὲν τῶν νεφῶν τὰς ὠδῖνας· τῷ δὲ τῆς ἀκαρπίας πάθει
τὴν γῆν περιέβαλεν· ἐκόλασε δὲ λιμῷ τοὺς ταύτης οἰκήτορας.
Ἀγνοῶν δὲ τὴν αἰτίαν ὁ βασιλεὺς τῆς θεηλάτου πληγῆς, τὸν
653 δίκαιον ἤρετο δικαστήν. Γνοὺς τοίνυν, ὡς τῆς ἀδίκου τῶν γαβαω-
νιτῶν ἀναιρέσεως εὐθύνας εἰσπράττονται, αὐτοῖς ἐχρήσατο   20
τοῖς ἠδικημένοις κριταῖς. «Εἶπε» γάρ φησι, «Δαβὶδ πρὸς τοὺς

---

4 s cf 2 Re 21, 10   **21** s 2 Re 21, 10

1, 5, 8, 9, 10, 12, 35, 37, 54, 55, 56

1 Ὁ 1° pr ὅτι δύο ἀρχιερεῖς ἦσαν c₁   Σαδοὺκ] Σαδὼκ D⁻¹² 1 9 37 55: Σαδδοὺκ 12
56   >ὁ 2° 35 55   **3** ἱερεύων] ἱερουργῶν A   **5** ὁ λαὸς ἐπαιδεύθη] οἱ τούτου υἱοὶ
ἀναιροῦνται D 9   **11** >τὴν 37 54   παιδείαν] παιδεύονται 54   **13** ὑπενέγκῃ
D   >ὑπὲρ — νόμων 54   παραβεβασμένων] παραβαθέντων 5: παραβεβιβασμένων
55   **14** >εἰς 5 54   εἰσπράττεται 5 54: εἰσπράξαι 8   **15** τεσσαράκοντα — οἰκήτορας
(l 17)] μετὰ τεσσαράκοντα ἔτη λιμῷ τοὺς παρανενομηκότας ἐτιμωρήσατο 54   **19** τοίνυν]
δι᾽ 54   >ὡς — εἰσπράττονται 54   ἀδίκου post γαβαωνιτῶν A   **20** εἰσπράττεται 12
37   αὐτοῖς ἐχρήσατο] αὐτὸς ᾐτήσατο 12   **21** Δαβὶδ pr ὁ 5: > 54

γαβαωνίτας, Τί ποιήσω ὑμῖν, καὶ τίνι ἐξιλάσομαι, καὶ εὐλογήσετε
τὴν κληρονομίαν Κυρίου;» Ἀλλὰ τούτων οὐχ ὑπακούουσι ἰουδαῖοι
τῶν λόγων, ὅτι τῆς χαναναίων εὐλογίας τὸ σπέρμα τοῦ Ἀβραὰμ
ἐδεήθη· Ἀλλ' ἐπὶ τοῖς προγόνοις μέγα φρονοῦσι, καὶ συνιδεῖν οὐκ
5 ἐθέλουσιν, ὡς ἀρετὴ πολλῷ περιφανεστέρα προγονικῆς εὐγενείας·
καὶ κρινεῖ, κατὰ τὸν θεῖον Ἀπόστολον, «ἡ ἐκ πίστεως ἀκρο-
βυστία, τὸν νόμον πληροῦσα, τὸν διὰ γράμματος καὶ περιτομῆς
παραβάτην νόμου». Ὥσπερ τοίνυν τηνικάδε ἡμαρτηκότες οἱ
ἰσραηλῖται τῆς χαναναίων ἐδεήθησαν εὐλογίας, οὕτως νῦν τὸν
10 Δεσπότην ἐσταυρωκότες τῆς προγονικῆς ἐξέπεσον εὐγενείας, καὶ
τῆς τῶν πεπιστευκότων ἐθνῶν διδασκαλίας προσδέονται. Κἀκεῖνο
δὲ πρὸς τούτοις ἐπισημήνασθαι δεῖ, ὡς ὁ Σαοὺλ ζήλῳ χρησάμενος
μετὰ τῶν ἄλλων χαναναίων τοὺς γαβαωνίτας κατέκτεινε. Τοῦτο
γὰρ ἡ θεία διδάσκει γραφή· «Οὐκ ἦσαν», φησίν, «οἱ γαβαωνῖται ἐκ
15 τῶν υἱῶν Ἰσραήλ, ὅτι ἀπὸ τῶν καταλοίπων τῶν ἀμορραίων ἦσαν·
καὶ οἱ υἱοὶ Ἰσραὴλ ὤμοσαν αὐτοῖς μὴ ἀπολέσαι αὐτοὺς ἐν τῷ ζήλῳ
τοῦ Ἰσραὴλ καὶ τοῦ Ἰούδα». Διδάσκει τοίνυν ἡμᾶς ὁ λόγος, μὴ
παραβαίνειν τὰς ἐπὶ τοῦ Θεοῦ μεθ' ὅρκων γινομένας συνθήκας,
κἂν εἰς ἄλλων ὠφέλειαν ἡ παράβασις γίγνηται. Οἱ μέντοι
20 γαβαωνῖται ἑπτὰ ᾔτησαν ἄνδρας τῆς Σαοὺλ συγγενείας, ἰσαρίθ-
μους ταῖς ἡμέραις ἐν αἷς ὁ χρόνος ἀνακυκλεῖται· «Οὐκ ἔστι γὰρ

6 s Ro 2, 27   14 s 2 Re 21, 2   21 s 2 Re 21, 4-6

1, 5, 8, 9, 10, 12, 35, 37, 54, 55, 56

1 τίνι pr ἐν A   2 οὐχ ὑπακούουσι] οὐκ ἐπακούουσιν A (-σωσιν 54)   4 >καὶ
συνιδεῖν — νόμου (l 8) 54   6 >κατὰ τὸν θεῖον Ἀπόστολον A   πίστεως] φύσεως D
9   7 πληροῦσα] τελοῦσα A: + σε A c₁   >καὶ D⁻¹²   8 τοίνυν] δὲ 54   οἱ ante τηνι-
κάδε 5   9 οὕτως] οὕτω A⁻⁵⁴ 1   νῦν] > 10: καὶ οἱ A⁻¹⁰: τοίνυν 37   10 ἐξέπεσαν D⁻¹²
εὐγενείας] εὐλογίας 12 37   12 >ὁ D   14 ἦσαν + γὰρ A   15 >τῶν 2° 37   16 >οἱ
D 9   >μὴ ἀπολέσαι αὐτοὺς 1 37   αὐτοὺς + καὶ ἐζήτησε Σαοὺλ τοῦ πατάξαι αὐτοὺς 1
9 37 (>τοῦ 1): + καὶ ἔστησεν Σαοὺλ τοῦ ἀπολέσαι αὐτοὺς 8 12   ζήλῳ] ζηλῶσαι 1 9
37: + αὐτοὺς τοὺς υἱοὺς 1 9 37   17 >τοῦ 1° 1 9 37 54   >τοῦ 2° 1 9 37   καὶ τοῦ
Ἰούδα] > A: μὴ ἀπολέσαι αὐτοὺς ζήλῳ τοῦ Ἰσραὴλ καὶ τοῦ Ἰούδα 1 9 37   18 >τοῦ
37 54

ἡμῖν», ἔφασαν, «ἀργύριον οὐδὲ χρυσίον μετὰ Σαούλ, καὶ μετὰ τοῦ
οἴκου αὐτοῦ· καὶ οὐκ ἔστιν ἡμῖν θανατῶσαι ἄνδρα ἐκ παντὸς
Ἰσραήλ. Ὁ ἀνὴρ ὁ συντελέσας ἡμᾶς, καὶ διώξας ἡμᾶς, καὶ ὃς
παρελογίσατο ἐξολοθρεῦσαι ἡμᾶς, ἀφανίσομεν αὐτὸν τοῦ μὴ
ἀντικαθίστασθαι ἐν παντὶ ὁρίῳ Ἰσραήλ. Καὶ δοθήτωσαν ἡμῖν ἑπτὰ   5
ἄνδρες ἐκ τῶν υἱῶν αὐτοῦ, καὶ ἐξιλασόμεθα ἐν αὐτοῖς τῷ Κυρίῳ ἐν
τῷ βουνῷ τοῦ Σαούλ, ἐκλεκτοὺς τῷ Κυρίῳ». Ἡ τῶν γαβαωνιτῶν
μητρόπολις Γαβαὼν ἐκαλεῖτο· μεταβαλλόμενον δὲ τὸ ὄνομα
τοῦτο εἰς τὴν ἑλλάδα γλῶσσαν βουνὸς ὀνομάζεται. Ἐν ἐκείνῳ
τοίνυν τῷ χωρίῳ τοὺς ἐκδοθέντας αὐτοῖς ἀνεσκολόπισαν ἄνδρας   10
656 ἐν ᾧ τὰς παρανόμους ἐτόλμησεν ἐκεῖνος σφαγάς. Τὸ γὰρ
«ἐξηλίασαν» ὁ Ἀκύλας «ἀνέπηξαν» εἶπεν. Οὗτοι δὲ ἦσαν τοῦ Σα-
οὺλ δύο μὲν υἱοὶ νόθοι, πέντε δὲ υἱωνοί. Ὕστερον δὲ ταφῆς καὶ
τούτους ἠξίωσεν ὁ εὐσεβὴς βασιλεύς. Τῆσδε τῆς τιμωρίας
γεγενημένης, ἵλεως ὁ Δεσπότης ἐγένετο, καὶ τῶν νεφῶν ἔλυσε τὰς   15
ὠδῖνας, καὶ τῇ γῇ συνήθως δοῦναι προσέταξε τοὺς καρπούς.
Ἡμεῖς δὲ διὰ τούτων μανθάνομεν, ὡς γένους ὁ Δεσπότης οὐκ
οἶδε διαφοράν, ἀλλὰ τοῖς ἠδικημένοις, κἂν ἀλλογενεῖς ὦσιν,
ἐπαμύνει δικαίως.

ΜΓ΄

Πόθεν ὁ Δαβὶδ παραταττόμενος ἐξελύθη;   20

12 2 Re 21, 9   **20** cf 2 Re 21, 16 s

1, 5, 8, 9, 10, 12, 35, 37, 54, 55, 56

1 >ἔφασαν D-12   καὶ μετὰ — Ἰσραήλ. Καὶ (l 5)] καὶ ἐξῆς ἕως καὶ τοῦ 54   **3** ὁ 2°]
> 1: ὃς D 9   συντελέσας] συνετέλεσεν D 9   >καὶ διώξας — ἡμᾶς (l 4) 12   διώξας]
ἐδίωξεν D-12 9   **5** καθίστασθαι 1 8 37: + αὐτὸν 5   **7** Ἡ + οὖν Α   **9** τοῦτο post δὲ
Α   **11** ἐτόλμησεν ἐκεῖνος tr Α-10   ἐκεῖνος] ἐκείνας 8 35   **12** ἐξιλέωσαν c₁ 1:
ἐξειλίωσαν D   **13** δύο μὲν υἱοὶ ante τοῦ Σαοὺλ 5   υἱωνοί] υἱοὶ D c₁ 1 9 10 37: υἱῶν
54: + αὐτοῦ Α   **14** >τῆς Α 8   **15** ἵλεως] ἡδέως D   >καὶ τῶν — ὁ Δεσπότης (l 17)
D   νεφῶν] νεφελῶν 10 37   **16** καὶ τῇ γῇ — Δεσπότης] τῇ γῇ τοὺς συνήθεις καρποὺς
ἀναδοθῆναι προσέταξε· διὰ δὲ τούτων μανθάνομεν, ὡς ὁ Θεὸς γένους 54   **17** τούτων]
τοῦτο 10 56   **18** οἶδε + γὰρ D   κἂν — δικαίως] κἂν ἀλλόφυλοι εἶεν, δικαίως ἐπαμύ-
νει 54

Πρεσβύτης ἦν· ἐνίκα δὲ τῇ προθυμίᾳ τοῦ σώματος τὴν ἀσθέ-
νειαν. Πολὺν δὲ πόνον ὑπομείνας ἐν τῇ συμπλοκῇ, πρόμαχος γὰρ
τῆς φάλαγγος ἦν, διελύθη τὸν πόνον οὐκ ἐνεγκών. Ἀναιρεθῆναι
δὲ κινδυνεύσας ὑπὸ τοῦ προμάχου τῶν ἀλλοφύλων, παρὰ δόξαν
5 ἐσώθη, τοῦ Ἀβεσσὰ προασπίσαντος, καὶ τὸν μέγιστον ἐκεῖνον
πολέμιον κτείναντος. Καὶ ἐντεῦθεν τοίνυν ἔστι μαθεῖν, ὡς γίγαν-
τας ὠνόμαζον τοὺς μείζονα σώματα ἔχοντας. Καὶ γὰρ οὗτος
ἀπόγονος ἦν γιγάντων, ὡς ὁ ἱστοριογράφος ἐδίδαξε. Τοῦ δὲ
βασιλέως τὸν κίνδυνον μεμαθηκὼς ὁ στρατός, ὤμοσε μηκέτι συγ-
10 χωρήσειν αὐτῷ συμπλοκῆς κοινωνήσειν. Καὶ δίκαιον γὰρ καὶ
συμφέρον εἶξαι τῷ γήρᾳ, καὶ ἔνδον καθήμενον διατάττειν τὴν
στρατιάν. Ὁ δὲ ἱστοριογράφος καὶ ἄλλων ἐμνήσθη γιγάντων, οὓς
διὰ ῥώμην καὶ μέγεθος σώματος οὕτως οἱ τότε ὠνόμαζον, καὶ
οὔτε ὡς δυσσεβεῖς, καθά τινες ἔφασαν, οὔτε ὡς πολὺν βιώσαντας
15 χρόνον. Μετὰ τούσδε τοὺς πολέμους ἐπινίκιον τῷ Θεῷ συντέθει-
κεν ὕμνον ὁ θεῖος Δαβίδ. Ἔστι δὲ σύμφωνος τῷ ἑπτακαιδεκάτῳ
ψαλμῷ· μᾶλλον δὲ ὁ αὐτός ἐστιν, ὀλίγας ἔχων ὀνομάτων
ἐναλλαγάς. Ἐγὼ δὲ μετὰ τῶν ἄλλων ψαλμῶν καὶ τοῦτον ἑρμη-
νεύσας, περιττὸν ὑπέλαβον δευτέραν ἑρμηνείαν ποιήσασθαι. Ἔχει
20 δὲ καὶ πρόρρησιν περὶ τοῦ Δεσπότου Χριστοῦ· «Ἐξείλω με» γάρ
φησιν, «ἐκ λαοῦ, ἔθου με εἰς φῶς ἐθνῶν. Λαὸς ὃν οὐκ ἔγνων
ἐδούλευσέ μοι· εἰς ἀκοὴν ὠτίου ὑπήκουσέ μου». Εἰς φῶς δὲ ἐθνῶν
γέγονεν οὐχ ὁ Δαβίδ, ἀλλ᾽ ὁ ἐκ Δαβὶδ κατὰ σάρκα, ὁ τοῦ Δαβὶδ
καὶ Κύριος καὶ υἱός. Εἰ δὲ καὶ ὁ Δαβὶδ γέγονεν εἰς φῶς ἐθνῶν,

---

20 s 2 Re 22, 44-45

1, 5, 8, 9, 10, 12, 35, 37, 54, 55, 56

1 τοῦ σώματος] τὸ σῶμα A   >τὴν ἀσθένειαν A   **4** παρὰ δόξαν] παραδόξως A
12   **5** Ἀβεσὰ 5 37   **6** Καὶ ἐντεῦθεν] κἀντεῦθεν 5: ἐντεῦθεν c₁ 1 37   **7** σώματα ἔχον-
τας tr 1 54   **9** στρατός] στρατηγός A   **10** συγχωρήσειν — στρατιάν (l 12)] συγχωρεῖν
αὐτῷ συμπλοκῇ κοινωνήσειν 54   συμπλοκῇ 5 12   **11** διατάττειν] διαλλάττειν D-12
13 οὕτως — ὠνόμαζον] γίγαντας ὠνόμαζον τότε 54   **14** βιώσαντες 1 8   **15** τούσδε]
τούτους δὲ A: δὲ 1   **17** >ὁ D c₁ 1 9 37   **18** παραλλαγάς 54   >Ἐγὼ — ποιήσασθαι
54   **20** Δεσπότου] σωτῆρος 5   ἐξείλου 8 9   **21** ἔγνω 12 54   **22** μου] μοι D-12 3 10
37   **23** σάρκα + τούτου D   ὁ τοῦ Δαβὶδ — υἱός] Χριστὸς καὶ Κύριος D c₁ 1 9 37

δηλονότι τῇ μελῳδίᾳ καταυγάζων τοὺς τῷ Δεσπότῃ πεπιστευκό-
τας Χριστῷ. Ἐν ἁπάσαις γὰρ ταῖς κατὰ τὴν οἰκουμένην ἐκκλη-
σίαις ἡ πνευματικὴ τοῦ Δαβὶδ ὑμνῳδία τὰς τῶν εὐσεβῶν φωτίζει
ψυχάς. Ἐπειδὴ δὲ ἰουδαῖοι προφήτην αὐτὸν ὀνομάζειν οὐ βούλον-
657 ται, ὡς ἐναργῶς ἄγαν τὰ περὶ τοῦ Σωτῆρος ἡμῶν καὶ τῆς τῶν   5
ἐθνῶν προθεσπίσαντα πίστεως, ἀκουσάτωσαν αὐτοῦ λέγοντος,
«Πιστὸς Δαβὶδ ὁ υἱὸς Ἰεσσαί, πιστὸς ἀνήρ, ὃν ἀνέστησεν ὁ Θεὸς
χριστόν, ὁ Θεὸς Ἰακώβ. Καὶ ὡραῖος ὁ ψαλμὸς τοῦ Ἰσραήλ·
Πνεῦμα Κυρίου ἐλάλησεν ἐν ἐμοί, καὶ λόγος αὐτοῦ ἐπὶ γλώσσης
μου. Εἶπεν ὁ Θεὸς Ἰακὼβ ἐν ἐμοὶ λαλῆσαι». Εἰ δὲ καὶ Πνεῦμα   10
Κυρίου ἐλάλησεν ἐν αὐτῷ καὶ ὁ Θεὸς Ἰακὼβ εὐδόκησεν ἐν αὐτῷ
λαλῆσαι, προφήτης ἄρα ἐστί, καὶ προφήτης μέγιστος· Ἐπειδὴ «τὰ
ἄδηλα καὶ τὰ κρύφια τῆς σοφίας αὐτοῦ» ἐδήλωσεν αὐτῷ ὁ Θεός.
Ὅσον μέντοι ὤνησεν αὐτὸν ἡ παιδεία, ἡ ἱστορία διδάσκει. Τῇ
πείρᾳ γὰρ μαθών, ὅσων ἡ ἐπιθυμία πρόξενος συμφορῶν, ὠρέχθη   15
μὲν ὕδατος ψυχροῦ, ἀνεμνήσθη δὲ τοῦ ἐν Βηθλεέμ. Τρεῖς δὲ τῶν
ἀριστεύειν εἰωθότων ἐν μάχαις τῶν ἀλλοφύλων, περὶ τὴν Βηθλεὲμ
ἐστρατοπεδευκότων, ἐσπούδασαν, καὶ μὴ προστεταχότος τοῦ βα-
σιλέως κομίσαι τὸ ὕδωρ. Καὶ μέσην διελθόντες τῶν πολεμίων τὴν
στρατιάν, καὶ τὸ ὕδωρ ἀνιμήσαντο, καὶ κατὰ τάχος ἀνέστρεψαν,   20
οὐδενὸς τῶν ἀλλοφύλων προσβαλεῖν ἐγχειρήσαντος. Ἔδεισαν
γὰρ αὐτῶν τὴν τῆς εὐτολμίας ὑπερβολήν. Ἀλλ' ὁ πάντα ἄριστος
βασιλεὺς οὐκ ἠνέσχετο τοῦ ὕδατος ἐκείνου τοῦ ποθουμένου μετα-

7 s 2 Re 23, 1-3   12 s Sal 50, 8   16 cf 2 Re 23, 15 s

1, 5, 8, 9, 10, 12, 35, 37, 54, 55, 56

2 >Ἐν A   >ἁπάσαις — ψυχάς (l 4) 54   4 ἰουδαῖοι pr οἱ c_1 5 ἄγαν] ἄγοντα
D   ἄγαν τὰ] ἅπαντα A   7 >Πιστὸς 1° A   >ὁ 1° A   >ὁ Θεὸς χριστόν A   9
λόγος pr ὁ A   10 Εἰ δὲ — αὐτῷ ὁ Θεὸς (l 13)] ἐξ ὧν δηλονότι προφήτης ἐστί 54   11
>Κυρίου $D^{·12}$ >Ἰακὼβ c_1 ηὐδόκησεν D   14 >αὐτὸν $A^{·54}$ 17 ἀριστεύειν —
ποθουμένου μεταλαχεῖν (l 23)] ἐν μάχαις ἀριστέων ἐσπούδασαν, ἀγνοοῦντος τοῦ βασι-
λέως, τὴν αὐτοῦ πληρῶσαι ἐπιθυμίαν· ὡς δὲ τὸ ὕδωρ τοὺς πολεμίους διακόψαντες
ἐκόμισαν, ἐθαύμασε μέν, καὶ ἀπεδέξατο τῆς τε περὶ αὐτὸν σπουδῆς καὶ εὐτολμίας τοὺς
ἄνδρας, οὐκ ἠνέσχετο δὲ μετασχεῖν 54   >ἐν μάχαις τῶν c_1 1 37   19 >Καὶ μέσην —
τὸ ὕδωρ 5   20 >καὶ 2° 5 10   21 ἐπιχειρήσαντος $A^{·54}$ 23 μεταλαχεῖν] μεταλαβεῖν
10 12 37

λαχεῖν· ἀλλ᾽ εὐσεβεῖ λογισμῷ τῆς ἐπιθυμίας ἐκράτησεν· αἷμα γὰρ
αὐτὸ τῶν κεκομικότων ὠνόμασεν· ἐπειδὴ τοῦ βασιλέως τὴν θερα-
πείαν τῆς οἰκείας προτιμήσαντες σωτηρίας ῥιψοκινδύνως διέκο-
ψαν τῶν πολεμίων τὴν φάλαγγα, καὶ παραδόξως ἐσώθησαν.
5 Ὅθεν αὐτὸ σπονδὴν προσεκόμισε τῷ σεσωκότι Θεῷ· εἰς
τοσαύτην αὐτὸν ἡ παιδεία φιλοσοφίαν ἀνήγαγην.

MΔ´

**Πῶς νοητέον, «Οὗτος ἦν ὀνομαστὸς ἐν τοῖς τρισίν, ὑπὲρ τοὺς δύο
ἔνδοξος, καὶ ἦν αὐτοῖς εἰς ἄρχοντα, καὶ ἕως τῶν τριῶν οὐκ
ἤρχετο»;**

10   Τῶν τριῶν καὶ τὴν ῥώμην καὶ τὴν ἀνδρείαν ἐπήνεσε. Τὸν δὲ
Ἀβεσσὰ τῶν δύο μὲν εἴρηκε κρείττονα, τοῦ πρώτου δὲ ἥττονα.
Ἐκεῖνος γὰρ ἐννακοσίους ἀνήρει παραταττόμενος, «ἑξακοσίους»
δὲ οὗτος. Πρῶτος δὲ τῶν τριῶν, οὐ κατὰ τὸ ἔργον, ἀλλὰ κατὰ
τὴν ἀρχήν. Ἰστέον δὲ καὶ τοῦτο, ὡς Βανέας υἱὸς Ἰωάδ
15 ἀδελφιδοῦς ἦν τοῦ βασιλέως· ἔκγονον γὰρ αὐτὸν ἐκάλεσε τοῦ 660
Ἰεσσαί, υἱὸν δὲ τοῦ Ἰωάδ τοῦ υἱοῦ Ἰεσσαί. Καὶ τούτου δὲ τὴν
ἀνδραγαθίαν πολλάκις εἰπών, προστέθεικεν, ὅτι «Ὑπὲρ τοὺς τρεῖς

---

7 s 2 Re 23, 18-19   **12** 2 Re 23, 18   **17** s 2 Re 23, 23

1, 5, 8, 9, 10, 12, 35, 37, 54, 55, 56

1 ἐκράτησεν — προσεκόμισε (l 5)] κρατήσας, καὶ αἷμα αὐτὸ τῶν κεκμηκότων
ὀνομάσας, διὰ τὸ ῥιψοκινδύνως ἐπὶ θεραπείᾳ αὐτοῦ προσενεγκεῖν αὐτοὺς διὰ μέσον τῶν
πολεμίων, σπονδὴν αὐτὸ προσήγαγεν ὑπὲρ αὐτῶν 54   **2** κεκομικότων] κεκμηκότων 10
37: κομισάντων 5   **4** παραδόξως] παράδοξαν 1 37 56   **5** Ὅθεν] ἄνωθεν A   >αὐτὸ
A   τῷ σεσωκότι pr ἐν D   **6** ἀνήγαγεν] ἤγαγεν A 35 37   **8** ἔνδοξος post τρισίν 37
55   **13** Πρῶτος + γὰρ ἦν D   >δὲ τῶν — ἔργον D   τῶν τριῶν / οὐ tr A   **14** Βανέ-
ας] Βαναίας c₁ 1 54: Βαρνέας 5   Ἰωάδ] scripsi: Ἰωὰς D 1 9 37: Ἰοδαὲ 5 12: Ἰωδαὲ A⁻⁵
c₁   **15** ἔκγονον] ἔγγονον D 10 37   **16** >υἱὸν δὲ — Ἰεσσαί 5   >τοῦ 1° A   Ἰωάδ]
> 5: Ἰωὰβ c₁: Ἰωδαὲ A⁻⁵: Ἰωὰς 37: Ἰοδαὲ ed   >τοῦ 2° 1 8 37

ἔνδοξος ἦν, καὶ πρὸς τοὺς τρεῖς οὐκ ἤρχετο». Τῆς γὰρ τῶν τριῶν λειπόμενος ῥώμης, ἔνδοξος ἦν, ὡς τὴν φυλακὴν τοῦ βασιλέως πεπιστευμένος· «Κατέστησε γὰρ αὐτόν», φησί, «Δαβὶδ ἐπὶ τὴν φυλακὴν αὐτοῦ».

ΜΕ΄

Τί δήποτε τοῦ Δαβὶδ ἀριθμήσαντος, ὁ λαὸς τὴν τιμωρίαν ἐδέξατο; 5

Οἰκείας παρανομίας δίκας ἔτισεν ὁ λαός. Καταλιπὼν γὰρ τὸν εὐσεβῆ βασιλέα, τυράννῳ δυσσεβεῖ καὶ πατραλοίᾳ παιδὶ συνεστράτευσε, φονῶντι κατὰ πατρὸς εὐσεβοῦς καὶ προφήτου, καὶ παρὰ τοῦ Θεοῦ τῶν ὅλων τὴν τῆς βασιλείας δεξαμένου χειροτονίαν. Αὔξει δὲ αὐτῶν τὴν κατηγορίαν, τὸ τὸν μὲν Σαοὺλ κα- 10 ταψηφισθέντα, καὶ τῆς θείας χάριτος γυμνωθέντα, μὴ καταλιπεῖν ἕως τοῦ βίου τὸ τέρμα κατέλαβε, καὶ ταῦτα τοῦ Δαβὶδ ὑπὸ τοῦ προφήτου χρισθέντος· τὸν δὲ μυρίων αὐτοῖς ἀγαθῶν γενόμενον πρόξενον, καὶ τὸ τῶν ἀλλοφύλων καταλύσαντα θράσος, καὶ τὸν μὲν Ἀμαλὴκ παραδόντα πανωλεθρίᾳ, ἰδουμαίους δέ, καὶ 15 μωαβίτας, καὶ ἀμμανίτας, καὶ σύρους ἑκατέρους καὶ χειρωσάμενον καὶ δουλωσάμενον, καὶ φέρειν ἀναγκάσαντα φόρους, καὶ προφητικῆς χάριτος ἀπολαύσαντα, μὴ μόνον καταλιπεῖν, ἀλλὰ καὶ ἀντιπαρατάξασθαι, καὶ δρᾶσαι ⌐τὰ πολεμίων, καὶ συμπρᾶξαι ⌐6 μιαιφόνῳ καὶ δυσσεβεῖ καὶ παρανόμῳ παιδί. Τούτων οὖν αὐτοὺς ὁ 20 δίκαιος Κριτὴς εἰσεπράξατο δίκας, καὶ διὰ τοῦ Δαβὶδ εἰσεπράξα-

3 s 2 Re 23, 23   5 cf 2 Re 24, 1 s

1, 5, 6, 8, 9, 10, 12, 35, 37, 54, 55, 56

1 >καὶ πρὸς — ἔνδοξος ἦν (l 2) 12   3 >φησί A c_1 4 >αὐτοῦ ed   5 ἀνεδέξατο 9 56   6 >ὁ λαὸς 35   7 δυσσεβεῖ > 54: βασιλεῖ D^{-12} 8 πατρὸς pr τοῦ A^{-5} >εὐσεβοῦς — χειροτονίαν (l 10) 54   9 Θεοῦ / τῶν ὅλων tr 5   τὴν ante χειροτονίαν A   10 αὐτῶν] αὐτοῦ D^{-12} 9   11 καὶ τῆς — χρισθέντος (l 13)] ὑπὸ Θεοῦ μὴ καταλιπεῖν ἕως βίου 54   12 >τοῦ 3° 5   15 >Ἀμαλὴκ παραδόντα 54   ἰδουμαίας D^{-8} >δέ, καὶ — δουλωσάμενον (l 17) 54   >δέ D   16 >καὶ 3° c_1 12   18 χάριτος ἀπολαύσαντα tr A^{-10} 12   19 >καὶ δρᾶσαι τὰ πολεμίων 54   20 >καὶ δυσσεβεῖ καὶ παρανόμῳ 6 54   Τούτων] τοῦτον D^{-35}: τοῦτο 35   οὖν] νῦν c_1 1 9 12   21 δίκαιος Κριτὴς] δικαιοκρίτης D

το, ἐπειδήπερ αὐτὸν ἠδίκησαν. Τοῦτο δὲ καὶ ἡ ἱστορία διδάσκει· «Καὶ προσέθετο ὀργὴ Θεοῦ, τοῦ θυμωθῆναι ἐν Ἰσραήλ». Οὐκ εἶπεν, «Ἐν Δαβὶδ» ἀλλ᾽, «Ἐν Ἰσραήλ». Τοιγάρτοι πρόφασις ἦν τῆς τιμωρίας ὁ γενόμενος ἀριθμός· «Ἐπέσεισε» γάρ φησι, «τὸν
5 Δαβὶδ εἰς αὐτούς, λέγων, Πορεύθητι, ἀρίθμησον τὸν Ἰσραὴλ καὶ τὸν Ἰούδαν». Ἀλλ᾽ οὐ διὰ λόγων ἐκελεύσθη, ἢ γὰρ ἂν εὐθύνας τῆς ἀριθμήσεως εἰσπραττόμενος εἶπεν, ὡς «Αὐτὸς ἐκέλευσεν 661 ἀριθμῆσαι». Ἀλλὰ τοῦτο μὲν οὐκ ἔφη, πεπλημμεληκέναι δὲ ὡμολόγησεν. Οὐ τοίνυν λόγῳ προσέταξε τὸν Ἰσραὴλ ἀριθμῆσαι,
10 ἀλλ᾽ ἐνδέδωκε τούτῳ χρήσασθαι τῷ λογισμῷ τὸν Δαβίδ. Ἵλεως γὰρ ὢν ὁ Δεσπότης Θεός, ἐμποδὼν γίνεται τοῖς συνοίσειν οὐ μέλλουσι λογισμοῖς. Καὶ γὰρ βουλευσαμένῳ τὸν θεῖον οἰκοδομῆσαι νεὼν διὰ τοῦ προφήτου Ναθὰν δεδήλωκε μηδὲν τοιοῦτον βουλεύσασθαι, ἀλλὰ τῷ παιδὶ τὴν τῆς οἰκοδομῆς
15 φυλάξαι φροντίδα. Ὅτι δὲ οὐκ ἐξ ἐνεργείας θείας, ἀλλ᾽ ἐκ συγχωρήσεως ὁ τοιοῦτος αὐτῷ γέγονε λογισμός, σαφέστερον ἡ τῶν Παραλειπομένων ἐδίδαξε βίβλος. Λέγει δὲ οὕτως· «Καὶ ἀνέστη Σατᾶν ἐπὶ Ἰσραήλ, καὶ ἐπέσεισε τὸν Δαβὶδ τοῦ ἀριθμῆσαι τὸν Ἰσραήλ». Καὶ οὐκ εἶπεν, «Ἀνέστη Σατᾶν ἐπὶ Δαβίδ», ἀλλ᾽ «ἐπὶ
20 τὸν Ἰσραήλ». Σατᾶν δὲ τὸν ἀντικείμενον, ἢ ἀποστάτην, ἢ

2 2 Re 24, 1   4 s 2 Re 24, 1   17 s 1 Cr 21, 1

1, 5, 6, 8, 9, 10, 12, 35, 37, 54, 55, 56

1 ἠδικήκεισαν D^{-12} c_1 9   2 >Οὐκ εἶπεν — Ἰσραήλ A D^{-8} 4 Ἐπέσεισε] ἔπεισε A   6 >τὸν A^{-54} 7 τῆς ἀριθμήσεως / εἰσπραττόμενος tr 1 37   ἐκέλευσεν] ἐκέλευσας A 37   8 ἀριθμῆσαι] ἀριθμηθῆναι c_1 1 37 54   Ἀλλὰ] ἀλλ᾽ ἐνδέδωκε A 12   τοῦτο μὲν — ἐνδέδωκε (l 10)] > 12: πεπλημμεληκέναι ὡμολόγησεν. οὐ τοίνυν λόγῳ προσέταξε· τὸ δὲ συγχωρῆσαι 54   μὲν] γὰρ A^{-54} 10 τὸν Δαβίδ] ἐρρέθη τὴν ἀπαρίθμησιν προστάξαι 54   Ἵλεως] ὡς A   11 >ὁ A   Δεσπότης + καὶ A   >ἐμποδὼν γίνεται 5   συνοίσειν] συνοῦσιν D^{-12}: συνήσειν 9 12 54: post οὐ 5 6   >οὐ 10 54   12 βουλευσαμένῳ] βουλόμενον A^{-54}: βουληθέντα 54   13 νεών] ναὸν 5 54 55   δεδήλωκε — φροντίδα (l 15)] κωλύει, καὶ τὸν παῖδα προαγορεύει ἀνοικοδομῆσαι 54   14 οἰκοδομῆς] οἰκοδομίας 1 6 12 56: οἰκονομίας 37   15 φυλάξαι] ποιῆσαι D^{-12} >θείας A   18 >καὶ ἐπέσεισε τὸν Δαβὶδ 54   >τοῦ ἀριθμῆσαι — Δαβίδ, ἀλλ᾽ A   19 >ἐπὶ 2° 5 54   20 >τὸν 1° A^{-10} 1   >Ἰσραήλ 5 54

ἑβραίων γλῶττα καλεῖ. Ἐπειδὴ τοίνυν ἐναντίος ταῖς θείαις ἐπαγ-
γελίαις ὁ τοιοῦτος ἦν λογισμός —τῷ γὰρ Ἀβραὰμ ὁ τῶν ὅλων
ἔφη Θεός, «Ποιήσω τὸ σπέρμα σου ὡς τὴν ἄμμον τὴν παρὰ τὸ
χεῖλος τῆς θαλάσσης, ἥτις οὐκ ἀριθμηθήσεται ἀπὸ τοῦ πλή-
θους»—, τούτου χάριν Σατᾶν τὸν τοιοῦτον ὠνόμασε λογισμόν, ὡς 5
ἐναντίον τῇ ὑποσχέσει τῇ θείᾳ· ἀλλὰ διὰ τὴν τοῦ Ἰσραὴλ
τιμωρίαν ὁ τοιοῦτος ἐγένετο λογισμός· «Ἀνέστη» γάρ φησι,
«Σατᾶν ἐπὶ Ἰσραήλ, καὶ ἐπέσεισε τὸν Δαβὶδ τοῦ ἀριθμῆσαι τὸν
Ἰσραήλ». Οὕτω κἀνταῦθα, «Προσέθετο ὀργὴ τοῦ Θεοῦ τοῦ
θυμωθῆναι ἐπὶ Ἰσραήλ· καὶ ἐπέσεισε τὸν Δαβὶδ εἰς αὐτούς, λέγων, 10
Πορεύθητι, ἀρίθμησον τὸν Ἰσραὴλ καὶ τὸν Ἰούδαν». Εἰ δὲ αὐτὸς
προσέταξε, τί δήποτε χαλεπαίνει; Οὐκοῦν τὴν θείαν συγχώρησιν
διὰ τούτων δεδήλωκεν. Εἰ δὲ ὁ Δεσπότης Θεὸς τοῦτο προστετά-
χει γενέσθαι, τί δήποτε μεταμελεῖται ὁ Δαβὶδ τὴν θείαν πεπληρω-
κὼς ἐντολήν; «Ἐπάταξε» γάρ φησιν, «ἡ καρδία Δαβὶδ αὐτὸν μετὰ 15
ταῦτα, ὅτι ἠρίθμησε τὸν λαόν· καὶ εἶπε Δαβίδ, Ἡμάρτηκα τῷ
Κυρίῳ τοῦ ποιῆσαι τὸ ῥῆμα τοῦτο. Καὶ νῦν, Κύριε, περίελε τὴν

---

3 s Gé 22, 17   7 s 2 Re 24, 1   9 s 2 Re 24, 1   15 s 2 Re 24, 10

1, 5, 6, 8, 9, 10, 12, 35, 37, 54, 55, 56

1 γλῶσσα 6 54   Ἐπειδὴ — ἐγένετο λογισμός (l 7)] καὶ γὰρ ἐναντίος ἦν καὶ
ἀντικείμενος ὁ τῆς ἀριθμήσεως λογισμὸς ταῖς πρὸς Ἀβραὰμ ἐπαγγελίαις τοῦ Θεοῦ, αἵ με-
τὰ τῶν ἄλλων καὶ ἀριθμοῦ κρεῖττον γενέσθαι τὸ σπέρμα αὐτοῦ διηγόρευον· διὰ μέντοι τὴν
τοῦ Δαβὶδ τιμωρίαν εἰς τοιοῦτον ἦλθε λογισμόν 54   ἐναντίος post ἐπαγγελίαις D⁻¹²
9   3 >ἔφη A⁻⁵⁴   Θεός + εἰπὼν γὰρ A⁻⁵⁴   σου] σὸν ed   6 >τῇ θείᾳ A 1   7 ὁ
τοιοῦτος / ἐγένετο tr A⁻⁵⁴   8 ἐπέσεισε — καὶ ἐπέσεισε (l 10)] ἔπεισεν εἰς αὐτοὺς A   9
Ἰσραήλ + καὶ τὸν Ἰούδα 37   10 >εἰς αὐτούς A⁻⁵   11 Ἰουδάν] Ἰούδα 10 12 35
37   >Εἰ δὲ — δεδήλωκεν (l 13) A   13 Εἰ δὲ — ἐντολήν (l 15)] διὸ ἀριθμήσας ὕστερον
καὶ μεταμελεῖται 54   προστετάχει] προσετετάχει 1 9 35: προσέταξε 5   14 >γενέσθαι
6 12   15 >ἡ A⁻⁵   καρδία — ἐντολήν (p 118 l 2)] Δαβὶδ τὴν καρδίαν αὐτοῦ, καὶ εἶπεν
Ἡμάρτηκα τῷ Κυρίῳ· καὶ νῦν, Κύριε, περίελε τὴν ἀδικίαν τοῦ δούλου σου, ὅτι ἐματαιώθην
σφόδρα· ἐξ ὧν μάλιστα καταφανές, ὡς οὐ προστάξεως ἦν Δαβὶδ Θεοῦ, οὐδὲ θείας
ἐνεργείας, ἀλλὰ μόνης συγχωρήσεως τὸ ἀριθμῆσαι Δαβὶδ τὸν λαόν, ὑπὸ τῶν ἐναντίων
λογισμῶν νικηθέντα· τὴν οὖν θείαν συγχώρησιν, ἐντολὴν ἐκάλεσεν 54

ἀδικίαν τοῦ δούλου σου, ὅτι ἐματαιώθην σφόδρα». Δῆλον τοίνυν, ὡς τὴν συγχώρησιν ἐκάλεσεν ἐντολήν· ἐπειδὴ κωλῦσαι δυνάμενος οὐκ ἐκώλυσε, παιδεῦσαι διὰ τούτου τοὺς παρανόμους βουλόμενος. Καὶ πρῶτον μὲν αὐτοὺς ἠθέλησε τῆς πρὸς τοὺς πατέρας γε-
5 γενημένης ἐπαγγελίας ἀναμνῆσαι, καὶ δεῖξαι ταύτης τὸ ἀληθές· ἔπειτα διδάξαι, ὡς ἐξ ἑνὸς τοῦ Ἰακὼβ τοσαῦται μυριάδες ἐγένον- 664 το, καὶ ὅτι τοσαύτης τετυχηκότες εὐεργεσίας ἀεὶ πονηρὰν ἐπεδείξαντο γνώμην. Τούτου χάριν ἀριθμηθῆναι συνεχώρησε πρῶτον· εἶθ᾽ οὕτως ἐκόλασεν, Γὰδ δὲ τὸν προφήτην πρὸς τὸν
10 ἀριθμήσαντα πέπομφε τρεῖς αἱρέσεις προτεῖναι· ἢ λιμὸν τρισὶ συμμετρούμενον ἔτεσιν, ἢ πολεμίων ἔφοδον ἐπὶ μησὶ τρισὶ κατὰ κράτος νικώντων καὶ διωκόντων, ἢ τὸν ἐκ λοιμοῦ θάνατον ἐν τρισὶν ἡμέραις γινόμενον· ταῦτα εἰπὼν ὁ προφήτης τῷ προφήτῃ καὶ βασιλεῖ, ἤπειξε λαβεῖν τὴν ἀπόκρισιν· «Καὶ νῦν» γάρ φησι,
15 «γνῶθι καὶ ἴδε τί ἀποκριθῶ ῥῆμα τῷ ἀποστείλαντί με». Ὁ δὲ σοφώτατος καὶ δικαιότατος βασιλεύς, λογισάμενος ὡς τὸν λιμὸν αὐτὸς διαφυγεῖν δυνήσεται, πολὺν ὡς βασιλεὺς ἔχων ἀποκείμενον σῖτον· κατὰ μόνων δὲ τῶν πενήτων ἡ τιμωρία χωρήσει· κἂν τῷ

10 s cf 2 Re 24, 13   14 s 2 Re 24, 13

1, 5, 6, 8, 9, 10, 12, 35, 37, 54, 55, 56

1 ἐματαιώθη 10   3 οὐκ ἐκώλυσε] οὐ κεχώλυκεν c_1 35   4 >αὐτοὺς ἠθέλησε 54   5 >γεγενημένης 54   ἀναμνῆσαι] ἀνέμνησε 54   >καὶ δεῖξαι — διδάξαι 54   6 >ἐξ c_1 7 καὶ ὅτι — ἐκόλασεν (l 9)] ὅσης τε εὐεργεσίας ἀπήλαυσαν, καὶ ὅτι ἀεὶ πονηρὰν ἀντεπεδείξαντο γνώμην· διὸ καὶ αὐτὸς καὶ τὴν ἐξαρίθμησιν συγχωρεῖ, καὶ τὴν τιμωρίαν τοῖς ἐπὶ πολλοῖς αὐτὴν παρανόμοις ἔργοις ὀφείλουσιν ἐπάγει 54   9 Γὰδ] Γαὰδ 1: Γαδδ 9   10 προτεῖναι] προτείνας Α: προθεῖναι D^{-12}: προστῆναι 37   12 λοιμοῦ pr τοῦ Α   13 γιγνόμενον D^{-12} 9 37 56   ταῦτα + δὲ Α   >τῷ προφήτῃ καὶ βασιλεῖ 54   15 >καὶ ἴδε A^{-10} 16 σοφώτατος καὶ δικαιότατος 6   >ὡς τὸν — περιφραττόμενον (p 119 l 3) 6   17 >πολὺν Α   18 κατὰ μόνων — περιφραττόμενον (p 119 l 3)]οἱ πένητες δὲ μᾶλλον ἁλώσονται· καὶ ἐν τῷ πολέμῳ πάλιν δυνατὸν αὐτὸν εἶναι διαφυγεῖν, καὶ πολλῶν ὑπὲρ αὐτοῦ πολεμούντων, καὶ τοῖς ὀχυρωτέροις ἀναφυγόντα 54   κἂν] καὶ ἐν A^{-6}

πολέμῳ δὲ δυνατὸν αὐτὸν διαφυγεῖν τῶν πολεμίων τὰς χεῖρας, πρῶτον τοῖς ὀχυρωτάτοις καὶ δυσαλωτάτοις φρουρίοις χρησάμε-νον, ἔπειτα δὲ καὶ τοῖς ἀριστεῦσιν ἐκείνοις περιφραττόμενον· οὐκ ᾤήθη δίκαιον τῆς οἰκείας σωτηρίας φροντίσαι, ἀλλὰ συμμε-τασχεῖν τῶν ἐπιφερομένων κολάσεων τῷ λαῷ· τοιοῦτος δὲ ὁ 5 λοιμός, πλουσίου καὶ πένητος διαφορὰν οὐκ εἰδώς, οὐδὲ δειλοῦ καὶ ἀνδρείου, οὐδὲ δεσπότου καὶ δούλου, οὐδέ γε ἰδιώτου καὶ βα-σιλέως, ἀλλὰ κατὰ πάντων ὁμοίως χωρῶν. Τούτου χάριν ταύτην τῶν ἄλλων τὴν τιμωρίαν προείλετο, ἧς αὐτός ἐστιν ὁ κολάζων διανομεύς· «Εἶπε» γάρ φησι, «Δαβὶδ πρὸς Γάδ· Στενά μοι σφόδρα 10 ἐστὶ καὶ τὰ τρία. Πλὴν ἐμπεσοῦμαι εἰς χεῖρας Κυρίου· ὅτι πολλοὶ οἱ οἰκτιρμοὶ αὐτοῦ σφόδρα· καὶ εἰς χεῖρας ἀνθρώπων οὐ μὴ ἐμπέσω· καὶ ἐξελέξατο ἑαυτῷ Δαβὶδ τὸν θάνατον». Καὶ τῆς ἐλπίδος οὐκ ἐψεύσθη. Τριῶν γὰρ ἡμερῶν ὁ Δεσπότης θάνατον ἀπειλήσας, ἐν ἓξ ὥραις μόναις τὴν τιμωρίαν ἐπήνεγκε. Συναριθμουμένων δὲ τῶν 15 νυκτῶν ταῖς ἡμέραις, τὸ δωδεκατημόριον εὑρίσκεται τῆς ἀπειλῆς ἐπενεχθὲν τῷ λαῷ. Οὕτως ὁ φιλάνθρωπος Κύριος μείζοσι μὲν κέχρηται ταῖς ἀπειλαῖς τοὺς ἁμαρτάνοντας δεδιττόμενος· πολλῷ

10 s 2 Re 24, 14-15

1, 5, 6, 8, 9, 10, 12, 35, 37, 54, 55, 56

1 αὐτὸν + εἶναι 5 10   διαφυγεῖν post πολεμίων 5 10   **2** πρῶτον + μὲν 5 10   δυσαλωτάτοις] δυσαλώτοις c₁ 10 37   **3** ἀριστεῦσιν] ἀριστεύουσιν 5 10 37   **6** λοιμός] θάνατος A + ὁμοίως A⁻⁵⁴   πλουσίου — χωρῶν (l 8)] καὶ μάλιστα ὁ ἐκ λοιμοῦ ἐπὶ πάντας ὁμοῦ ἕρπων 54   διαφορὰν post λοιμός 37   >οὐδὲ δειλοῦ — χωρῶν (l 8) 6   **7** οὐδὲ 1°] οὐ 9 35   >οὐδὲ 1° — βασιλέως 12   δεσπότου ... δούλου tr 5 6 12   >γε 5   **8** ταύτην] μᾶλλον 35: + μᾶλλον 8 9   **9** τῶν ἄλλων / τὴν τιμωρίαν tr A   προείλατο 12 35   >ἧς A   >αὐτός ἐστιν — διανομεύς 6 54   αὐτός] οὗτος 5 10   **10** Γάδ] Γάγ 10: Γαδδέ 8 35: Γάδδ 9   **12** >καὶ A 1   εἰς + δὲ A⁻⁵⁴   **13** >ἑαυτῷ 1 5   **14** Τριῶν γὰρ ἡμερῶν] ἀντὶ γὰρ τριῶν ἡμερῶν 6   Τριῶν — ἐπήνεγκε (l 15)] τὸν γὰρ ἐν ἡμέραις τρισὶν ἀπειληθέντα θάνατον, ἐξ συνεπέραναν ὧραι 54   >ὁ Δε-σπότης c₁ 6 12   Δεσπότης] Θεὸς 5   θάνατον + ὁ Δεσπότης c₁   **15** ὥραις μόναις tr 5   μόναις] μόνον 1 5 6   τὴν τιμωρίαν] τὸν θάνατον A   ἀριθμουμένων 54   Συναριθμουμένων — ἀδυναμίας ὁ χρόνος (p 120 l 11)] καὶ ἀνηρέθησαν ἐν αὐταῖς ἑβδομήκοντα χιλιάδες ἀπὸ τοῦ τοσούτου πλήθους τοῦ λαοῦ 6

δὲ τῶν ἀπειλῶν ἐλάττους ἐπιφέρει τὰς τιμωρίας. Καὶ γὰρ «ἐννα-
κοσίων χιλιάδων» τοῦ Ἰσραὴλ εὑρεθεισῶν, καὶ τοῦ Ἰούδα «τετρα- 665
κοσίων», δηλονότι τῶν τὴν στρατεύσιμον ἡλικίαν ἀγόντων, καὶ
τῶν προώρων καὶ τῶν ἐξώρων, καὶ μέντοι καὶ γυναίων ἐξηρημέ-
5 νων, προσέτι δὲ καὶ τῶν λευιτῶν καὶ τῆς βενιαμίτιδος φυλῆς· με-
ταμεληθέντος γὰρ τοῦ βασιλέως οὐκ ἠριθμήθη· ἑβδομήκοντα
χιλιάδες ἀνῃρέθησαν μόναι· καὶ ταῦτα πάντων ἐν ἀκαρεῖ
διαφθαρῆναι δυναμένων. Οὐ γὰρ ἐδεῖτο χρόνου ὁ τιμωρὸς ἄγγε-
λος. Ἐν ἀκαρεῖ γὰρ ἀνεῖλε καὶ τὰ τῶν αἰγυπτίων πρωτότοκα, καὶ
10 τὰς ἑκατὸν ὀγδοήκοντα πέντε χιλιάδας τῶν ἀσσυρίων. Τῆς φιλαν-
θρωπίας τοίνυν, ἀλλ᾽ οὐ τῆς ἀδυναμίας ὁ χρόνος. Αὐτίκα γοῦν
τῆς Ἰερουσαλὴμ ἐπιβὰς ὤφθη τῷ Δαβὶδ τὴν ρομφαίαν ἔχων
γυμνήν, ἵνα τὴν συγγνώμην αἰτήσῃ. Ἀξιάγαστα δὲ καὶ αὐτὰ τοῦ
βασιλέως τὰ ρήματα· «Ἰδοὺ» γάρ φησιν, «ἐγὼ ἥμαρτον, καὶ ἐγὼ ὁ
15 ποιμὴν ἐκακοποίησα, καὶ οὗτοι τὸ ποίμνιον τί ἐποίησαν; Γενέσθω
ἡ χείρ σου ἐν ἐμοί, καὶ ἐν τῷ οἴκῳ τοῦ πατρός μου». Ἀγνοῶν τὴν
αἰτίαν, οἰκείαν ἁμαρτίαν τὸ γεγενημένον ἐκάλεσε· καὶ αὐτῷ καὶ
τῷ γένει τὴν δικαίαν ἐπενεχθῆναι ψῆφον ἱκέτευσε, λόγοις
χρησάμενος ποιμένος ἀληθινοῦ, καὶ τὸν υἱὸν αὐτοῦ καὶ Κύριον
20 μιμησάμενος, ὃς τὴν ψυχὴν αὐτοῦ τέθεικεν ὑπὲρ τῶν προβάτων.
Δεξάμενος δὲ τὴν ἱκετείαν ὁ ἀγαθὸς Κύριος, ἐν ἐκείνῳ τῷ χωρίῳ
θυσιαστήριον οἰκοδομηθῆναι προσέταξεν, ἐν ᾧ τὴν τιμωρίαν ὁ
θεῖος ἐκώλυσεν ἔλεος. Τὸ δέ, «Μετεμελήθη Κύριος», περιττὸν
ἑρμηνεύειν. Πολλάκις γὰρ αὐτοῦ εἰρήκαμεν τὴν διάνοιαν, καὶ ὅτι

---

1 s 2 Re 24, 9   14 s 2 Re 24, 17   19 s cf. Jn 10, 11 s   23 s 2 Re 24, 16

1, 5, 6, 8, 9, 10, 12, 35, 37, 54, 55, 56

1 >τὰς A⁻⁵⁴ 37   2 >τοῦ Ἰσραὴλ — τετρακοσίων 5   τετρακοσίων + χιλιάδων 10
54   4 >καὶ μέντοι καὶ c₁ 54   γυναίων] γυναικῶν 5 10 12: γυναίων μέντοι c₁   6
ἠριθμήθησαν 5 10 37   7 χιλιάδες + ὑπὸ τοῦ ἀγγέλου 10   ἀκαρεῖ] ἀκαριαίῳ 8 35:
ἀκαριαίᾳ 12   8 φθαρῆναι D   Οὐ + δὲ 10 54   >ὁ ed   9 >Ἐν ἀκαρεῖ — χρόνος (l
11) 54   10 ὀγδοήκοντα + καὶ D 9   12 ὤφθη pr ὁ ἄγγελος 6 54: + ὁ ἄγγελος
ed   13 >ἵνα — αἰτήσῃ 6   >καὶ αὐτὰ 37   16 ἐν ἐμοὶ — οἴκῳ] ἐπ᾽ ἐμὲ καὶ τὸν οἶκον
A   17 >καὶ αὐτῷ — ἀληθινοῦ (l 19) 6   >καὶ 2° 5 12   18 >τὴν 1   >καὶ τὸν —
προβάτων (l 20) 6 54   20 τέθεικεν] ἔθηκεν 5   21 χωρίῳ] τόπῳ A   22 >ὁ θεῖος
6   23 ἔλεος] ὁ φιλάνθρωπος 6: ἄγγελος 10   περιττὸν — διάνοιαν, καὶ] πολλάκις εἴρη-
ται 54   24 γὰρ αὐτοῦ — Θεὸν ἱλεώσατο (p 121 l 11)] αὐτοῦ εἰρητέα ἡ διάνοια
6   αὐτοῦ εἰρήκαμεν tr D 9 37

τὴν τῆς οἰκονομίας σημαίνει μεταβολήν. Παραυτίκα τοίνυν ὁ βα-
σιλεὺς δραμὼν ᾔτησεν Ὀρνὰν τὸν Ἰεβουσαῖον ἀποδόσθαι τὴν
ἅλω. Ἐκείνου δὲ προῖκα δώσειν ὑποσχομένου καὶ τὴν ἅλω, καὶ
τοὺς βούς, καὶ τῶν ἀρότρων τὰ ξύλα, ἵνα ἐν ἐκείνῃ μὲν δομήση-
ται τὸν βωμόν, τούτους δὲ ἱερεύσῃ, τοῖς δὲ ξύλοις προσενέγκῃ τὸ   5
πῦρ, δίκαιον εἶπεν ὁ βασιλεύς, μὴ ἐξ ἀλλοτρίων τῷ Θεῷ δῶρα
προσφέρειν, ἀλλ᾽ ἐξ οἰκείων. Ταῦτα παρ᾽ αὐτοῦ μεμαθηκὼς ὁ υἱὸς
αὐτοῦ Σολομών, παραινεῖ λέγων, «Τίμα τὸν Κύριον ἀπὸ σῶν
δικαίων πόνων, καὶ ἀπάρχου αὐτῷ ἀπὸ σῶν καρπῶν δικαιοσύ-
νης». Ταῦτα πληρῶν ὁ βασιλεύς, πριάμενος τὸν βωμὸν ᾠκοδόμη-   10
σε, καὶ τὴν θυσίαν προσήνεγκε, καὶ τὸν Θεὸν ἱλεώσατο. Ἰστέον
δὲ ὡς ἐν ἐκείνῳ τῷ χωρίῳ τὸν νεὼν ᾠκοδόμησεν ὁ σοφὸς
Σολομών. Τοῦτο γὰρ καὶ ἡ ἱστορία διδάσκει· «Προσέθηκε» γὰρ
φησι, «Σολομὼν ἐπὶ τὸ θυσιαστήριον ἐπ᾽ ἐσχάτων, ὅτι μικρὸν ἦν
667 ἐν πρώτοις». Μετὰ ταῦτα τὰ κατὰ τὸν Ὀρνίαν ἢ Ἀδωνίαν   15
—διώνυμος γὰρ ἦν— ὁ ἱστοριογράφος συνέγραψεν· ὅπως μὲν
ἐμελέτησε τυραννίδα, ὅπως δὲ συμπόσιον λαμπρὸν ἐπετέλεσε,
πρωτοκλίτας ἔχων τοῦ συμποσίου τὸν στρατηγὸν Ἰωὰβ καὶ
Ἀβιάθαρ τὸν ἱερέα. Ἐπετέλεσε δὲ τὸ συσσίτιον παρά τινα πηγὴν
πρὸ τοῦ ἄστεως ἀναβλύζουσαν, παρ᾽ ἣν βασιλικὸς ἐτεθήλει   20
παράδεισος. Οὕτω γὰρ ὁ Ἰώσηπος ἔφη, καὶ ὁ Σύμμαχος δὲ τὴν
ἀῖν, «πηγὴν» ἡρμήνευσεν. «Ἀϊνὰ» δὲ αὐτὴν καὶ ὁ Σύρος καλεῖ.

---

8 s Pr 3, 9   **13** s 2 Re 24, 25   **21** Josefo, *Ant* 7 370 s

1, 5, 6, 8, 9, 10, 12, 35, 37, 54, 55, 56

2 Ὀρνὰν] Ὀρνίαν 10   >τὸν Ἰεβουσαῖον 37   **3** ὑπισχνουμένου A   **4** τοὺς] τὰς 5
10   >ἐν c_1 1   **5** τούτους] τοὺς βοῦς D^{-12} 9: τοὺς 12   **7** προσφέρειν] προσενέγκαι
A   **9** >δικαίων — ἀπὸ σῶν 1   ἀπάρχου — δικαιοσύνης] ἑξῆς 54   **10** Ταῦτα —
προσήνεγκε, καὶ] ἃ πληρῶν ὁ βασιλεὺς Δαβὶδ 54   **12** τὸν νεὼν — Σύρος καλεῖ (l 22) ἐν
ᾧ τὸ θυσιαστήριον ᾠκοδόμησεν· τὸν νεὼν ὁ σοφὸς Σολομὼν ᾠκοδόμησεν· τὴν δὲ ναῦν ὁ
Σύμμαχος πηγὴν ἡρμήνευσεν, ὁ δὲ Σύρος, ἀῖν 6   νεὼν] ναὸν 5 54   **13** Σολομὼν pr ὁ 5
12 37   **15** >Μετὰ ταῦτα — Σύρος καλεῖ (l 22) 5   >τὰ κατὰ τὸν 10 54   Ὀρνίαν]
Ὀρνὰν 54: Οἰνίαν 12   **18** πρωτοκλίτους 10 12 37 54   >ἔχων c_1 37   **19** ἔτελεσε c_1 1
37   **21** >δὲ c_1 **22** ἀῖν] ἀϊνὰ D 9   Ἀϊνὰ] ἀῖν 54: ναῖν 10

MS′ 668

Τινὲς ὑπολαμβάνουσι ἀλγῆσαι τὸν Νάθαν, ὡς μὴ κληθέντα εἰς τὸ συσσίτιον· καὶ τούτου χάριν παρασκευάσαι τὴν Βηρσαβεὲ τὰ γεγενημένα μηνῦσαι τῷ βασιλεῖ.

Ἀνοήτως ἄγαν τήνδε τὴν ὑποψίαν ἐσχήκασιν. Ὁ γὰρ
5 προφήτης τοῦ Θεοῦ τὴν ψῆφον εἰδώς, δι᾽ αὐτοῦ γὰρ ἐδήλωσε τῷ βασιλεῖ· «Οὐ σὺ οἰκοδομήσεις μοι οἶκον τοῦ κατοικῆσαί με ἐν αὐτῷ· ἀλλ᾽ ἰδοὺ υἱὸς τίκτεταί σοι, οὗτος ἔσται ἀνὴρ ἀναπαύσεως, καὶ ἀναπαύσω αὐτὸν ἀπὸ πάντων τῶν ἐχθρῶν αὐτοῦ κυκλόθεν. Σολομὼν ὄνομα αὐτῷ· καὶ εἰρήνην καὶ ἡσυχίαν δώσω ἐπὶ Ἰσραὴλ
10 ἐν ταῖς ἡμέραις αὐτοῦ. Οὗτος οἰκοδομήσει οἶκον τῷ ὀνοματί μου». Ταῦτα εἰδὼς ὁ προφήτης, καὶ θεασάμενος τὸν Ὀρνίαν παρὰ τὴν θείαν βουλὴν τὴν βασιλείαν ἁρπάζοντα, ἀνέμνησε διὰ τῆς Βηρσαβεὲ τὸν βασιλέα τῆς θείας προρρήσεως· εἶτα εἰσελθὼν τοὺς ἐκείνης ἐβεβαίωσε λόγους.

MZ′

15 «Τὸν Γηὼν» τίνα καλεῖ;

6 s 2 Re 7, 5 + 1 Cr 22, 9-10   15 3 Re 1, 38

1, 5, 6, 8, 9, 10, 12, 35, 37, 54, 55, 56

1 Τινὲς pr τῆς τρίτης βίβλου τῶν βασιλειῶν 5: τὴν τρίτην τῶν βασιλειῶν 10   2 τούτου χάριν] διὰ τούτου 54   Βερσαβεὲ 1 10: Βιρσαβεὲ 6 12   3 μηνῦσαι] δηλῶσαι 6   4 τήνδε — ἐσχήκασιν] τοῦτο νομίζουσιν 54   6 βασιλεῖ — ὁ προφήτης (l 11)] Δαβίδ· ὁ Θεός, ὡς ὁ τικτόμενος αὐτῷ υἱός, οὗτος οἰκοδομήσει τὸν ναὸν καὶ ὅτι Σολομὼν ὄνομα αὐτῷ, ταῦτα εἰδὼς 54   >μοι 37   7 οὗτος ἔσται — ἡμέραις αὐτοῦ (l 10)] καὶ τὰ ἑξῆς ἕως τοῦ 6   10 τῷ ὀνόματι pr ἐν 1 37   11 θεασάμενος + Ἀδωνίαν 5   Ὀρνὰν 6 54   12 ἁρπάζοντα] ἁρπάσαντα A   13 Βιρσαβεὲ 6 35: Βηρσαβεαὶ 1 5: Βερσαβεὲ ed   15 Γηὼν] Γειὼν 9 12: Γιὼν 35: + ποταμὸν 6   τίνα] ποῖον ἡ γραφὴ 6

669 Γηὼν μὲν ὁ Νεῖλος ὠνόμασται· εἷς γὰρ τῶν ποταμῶν ἐστι τῶν τεττάρων. Καὶ τοῦτο σαφῶς αὐτὸς ὁ Θεὸς διὰ τοῦ προφήτου Ἰερεμίου ἐδίδαξεν εἰπών· «Καὶ νῦν τί σοὶ καὶ τῇ ὁδῷ Αἰγύπτου, τοῦ πιεῖν ὕδωρ Γηών;» Ἐπωνόμασαν δὲ καὶ τὸν Σιλωὰμ Γηών· ἢ ὡς ἄγαν σμικρὸν εἰρωνικῶς οὕτω αὐτὸν καλέσαντες, ἢ ἐπειδὴ καὶ 5 αὐτὸς ἐξ ἀφανῶν ἔξεισιν ὑπονόμων, ὥσπερ ὁ Νεῖλος. Χρῖσαι δὲ τὸν Σολομῶντα προσετάχθησαν Σαδοὺκ ὁ ἀρχιερεύς, καὶ Νάθαν ὁ προφήτης. Προτέτακται δὲ τοῦ προφήτου μὲν ὁ ἀρχιερεύς, τοῦ στρατηγοῦ δὲ ὁ προφήτης. Συναπεστάλησαν δὲ καὶ οἱ σφενδονῖται καὶ οἱ τοξόται· τούτους γὰρ καλεῖ Χερρὶ καὶ Φελθί. 10

MH′

Τί δήποτε οἱ ἄρχοντες τὸν βασιλέα τὸν νέον ἐπὶ τοῦ πατρὸς εὐλογοῦντες εὐκλεέστερον γενέσθαι τοῦ πατρὸς καὶ περιφανέστερον ηὔξαντο; «Ἀγαθύναι» γὰρ ἔφασαν, «Κύριος τὸ ὄνομα τοῦ υἱοῦ

---

1 cf Gé 2, 13   3 s Je 2, 18   13 s 3 Re 1, 47

1, 5, 6, 8, 9, 10, 12, 35, 37, 54, 55, 56

1 >τῶν 1° 1   ποταμῶν post τεττάρων 1   ἐστι post γὰρ 54 55   2 τεσσάρων 1 5
8   Καὶ τοῦτο — Σιλωὰμ (l 4)] ἐπωνόμασε δὲ νῦν καὶ τὸν Σηλὼμ 54   >τοῦ προφήτου
5   3 ἐδίδαξεν] ἑρμήνευσεν 37: δεδήλωκεν 55   ὁδῷ] γῇ D 9   4 ἐπωνόμασε Α⁻¹⁰
37   Σιλοὰμ 1 10 37 56   Γειὼν 9 12   5 μικρὸν 5: + εἶναι D⁻¹² 9   εἰρωνικῶς +
αὐτὸν c₁ 35   εἰρωνικῶς — προσετάχθησαν(l 7)] κατ' εἰρωνείαν, ἢ διότι καὶ αὐτὸς
ὥσπερ ὁ Νεῖλος ἐξ ἀφανῶν πρόεισιν ὑπονόμων. Χρῆσαι δὲ νῦν καὶ τὸν Σηλὼμ Γηών (sic)
54   >αὐτὸν 1 37   καλέσαντες] καλέσας Α⁻⁵⁴   ἐπειδὴ] ἐπεὶ 9 35   7 Σαδδοὺκ 12:
Σαδὼκ c₁ 1 9 10 37 54   8 >Προτέτακται — ὁ προφήτης 12   >δὲ 37   10 Χερρὶ]
Χερρὲ Α⁻⁵⁴: Χεθθὶ 54: καὶ Χερρὶ D: Χερεθὶ ed   Φελθί] Φελλεθὶ Α⁻⁵⁴: Φελεθθὶ 54: Φελεθὶ
ed   11 δήποτε + καὶ Α⁻⁶   >οἱ ἄρχοντες 6   >τὸν βασιλέα 5 6   >τὸν νέον 6
54   12 εὐλογοῦντες εὐκλεέστερον] τὸν υἱὸν εὐλογοῦντες οἱ ἄρχοντες εὐκλεέστερον ηὔχοντο 6   γενέσθαι — Κύριος] αὐτοῦ γενέσθαι 54   >τοῦ πατρὸς — ηὔξαντο 6   13 ἔφασαν] φησι Α   τοῦ υἱοῦ σοῦ Σολομῶντος] αὐτοῦ 54

σου Σολομῶντος ὑπὲρ τὸ ὄνομά σου, καὶ μεγαλύναι τὸν θρόνον
αὐτοῦ ὑπὲρ τὸν θρόνον σου».

Ἤδεσαν ὡς οὐδεὶς πατρικὴν ἔχων φιλοστοργίαν ἐζηλοτύπησε
παῖδα, καὶ ὡς ἴδιον πατέρων τὸ βούλεσθαι τοὺς παῖδας καὶ
5 ἑαυτῶν λαμπροτέρους ὁρᾶν. Ἄρειος γὰρ καὶ οἱ τούτου παῖδες
ταύτην μόνοι νοσοῦσι τὴν ἄνοιαν. Ὁ δέ γε Δαβὶδ οὕτω τοῖς παρὰ
τῶν ἀρχόντων εἰρημένοις ἐφήσθη· ὅτι καὶ τοῦ γήρως αὐτὸν
ἀναστῆναι κωλύοντος, κατακεκλιμένος προσεκύνησε τὸν Θεὸν
ταῖς ὑποσχέσεσι δεδωκότα τὸ πέρας· «Εὐλογητὸς» γάρ φησι,
10 «Κύριος ὁ Θεὸς Ἰσραὴλ ὃς ἔδωκε σήμερον ἐκ τοῦ σπέρματός μου
καθήμενον ἐπὶ τοῦ θρόνου μου, καὶ οἱ ὀφθαλμοί μου βλέπουσι». Τῷ
μὲν οὖν Θεῷ τοῦτον τὸν ὕμνον προσήνεγκε, τῷ δὲ διαδόχῳ τῆς
βασιλείας παιδὶ φυλάττειν ἀκήρατον τὴν εὐσέβειαν παρεγγύησε.
Πρῶτον δὲ τὸ κοινὸν ἐπέδειξε τέλος· «Ἐγὼ» γὰρ ἔφη, «πορεύσο-
15 μαι ἐν ὁδῷ πάσης τῆς γῆς, καὶ κραταιωθήσῃ, καὶ ἔσῃ εἰς ἄνδρα
δυνάμεως, καὶ φυλάξεις τὴν φυλακὴν τοῦ Θεοῦ Ἰσραήλ, τοῦ
πορεύεσθαι ἐνώπιον αὐτοῦ φυλάσσειν τὴν ὁδὸν αὐτοῦ· καὶ τὰ
προστάγματα αὐτοῦ, ἀκριβάσματα αὐτοῦ, καὶ τὰ κρίματα αὐτοῦ ἐν-
τολὰς αὐτοῦ, καὶ τὰ μαρτύρια αὐτοῦ, καθὼς γέγραπται ἐν τῷ νόμῳ
20 Μωϋσῆ». Μηδὲ τὸ τυχὸν τῶν γεγραμμένων παραβῆναι τολμήσῃς.

9 s 3 Re 1, 48   14 s 3 Re 2, 2-3

1, 5, 6, 8, 9, 10, 12, 35, 37, 54, 55, 56

1 >σου 1° 5 8 9   >ὑπὲρ τὸ ὄνομα 10   >σου 2° A⁻⁵   3 ἤδεισαν A⁻¹⁰ D 9: ἔδη-
σαν 10   πατρικὴν ἔχων tr A   4 παῖδα] παῖδας 5 10: παιδίον 37   >βούλεσθαι τοὺς
παῖδας καὶ 6   5 ἑαυτῶν] αὐτῶν c₁   6 οὕτω] οὕτως 6 8 10 35 56   8 τὸν Θεὸν] τῷ
Θεῷ 5 12 37: + τὸν 10 56   9 δεδωκότι 5 12   >γάρ φησι 37   10 Ἰσραὴλ — βλέ-
πουσι] καὶ ἑξῆς 54   11 Τῷ μὲν — Πρῶτον δὲ (l 14)] παρεγγύησε δὲ τῷ παιδὶ τὴν
εὐσέβειαν καὶ 6   12 τοῦτον / τὸν ὕμνον tr D   προσήνεγκε] προσέφερε 5 12   13
παρηγγύησε 12 37 54 55   14 πορεύομαι A⁻⁵   16 φυλάξεις — προστάγματα αὐτοῦ (l
18)] ἑξῆς· τὸ δὲ καὶ τὰ 54   18 τὰ κρίματα — καὶ (l 19)] ἑξῆς. δηλοῖ ὅτι τῶν γεγραμ-
μένων Μωσῆ, μηδὲ τὸ τυχὸν παραβῆναι τολμήσας, μήτε τὰ ἀκριβάσματα αὐτοῦ, μήτε τὰ
μαρτύρια, μήτε τὰ κρίματα, μήτε τὰς ἐντολὰς, μήτε τὰ 54   20 Μωϋσῆ] Μωσέως 9 10:
Μωσῆ c₁ 1 6   >Μηδὲ — ἐπιβλέψῃς ἐκεῖ (p 125 l 4) 6

Τοῦτο γὰρ δηλοῖ τὰ ἀκριβάσματα καὶ κρίματα καὶ μαρτύρια καὶ
672 ἐντολὰς καὶ προστάγματα. Ἔδειξε δὲ καὶ τὸ ἐντεῦθεν φυόμενον
κέρδος· «Ὅπως εὐδωθῇ πάντα ἃ ποιήσεις, καὶ πανταχῇ οὗ ἐὰν
ἐπιβλέψῃς ἐκεῖ». Τούτων γάρ φησι, παρὰ σοῦ γινομένων,
ἐμπεδώσει ὁ ἀγαθὸς ἡμῶν Κύριος τὴν παρ' αὐτοῦ πρὸς ἐμὲ γε- 5
γενημένην ὑπόσχεσιν,」 ὅτι «Οὐκ ἐξαρθήσεταί σοι ἀνὴρ ἀπὸ τοῦ 」10
θρόνου Ἰσραήλ».

ΜΘ΄

**Τίνος χάριν αὐτὸς οὐ κολάσας τὸν Ἰωάβ, τῷ παιδὶ τοῦτο δρᾶσαι
προσέταξε;**

Πρῶτον μὲν ᾐδέσθη αὐτόν, ὡς τῶν πόνων καὶ τῶν κινδύνων 10
γενόμενον κοινωνόν, ἔπειτα δὲ αὐτοῦ καὶ τὸ θράσος ὑφωρᾶτο.
Τοῦτο γὰρ δεδήλωκε δι' ὧν εἴρηκεν, ὅτι «Υἱοὶ Σαρουία σκληρότε-
ροί μού εἰσι». Πρὸς δὲ τούτοις, μαθὼν συγκατασκευάζοντα αὐτὸν
τῷ Ὀρνίᾳ τὴν τυραννίδα, ἔδεισε μὴ τῇ συνήθει κακοηθείᾳ
χρησάμενος καταφρονήσῃ τῆς τοῦ Σολομῶντος νεότητος, καὶ 15
δυοῖν θάτερον δράσῃ· ἢ εὐνοίας προσώπῳ χρησάμενος ἀνέλῃ
λαθών, ὥσπερ δὴ τὸν Ἀβεννὴρ καὶ τὸν Ἀβεσσὰ κατέκτεινεν· ἢ
προφανῶς ἀντιπαρατάξηται, καὶ διέλῃ τὸν Ἰσραήλ. Ἐδίδαξε δὲ
αὐτὸν καὶ τοῦ Βερζελλὶ τὴν εὔνοιαν, καὶ τοὺς ἐκείνου παῖδας
πάσης ἀξιωθῆναι κηδεμονίας ἐκέλευσεν, ὀφείλειν αὐτῷ τοῦτο τὸ 20
χρέος ὁμολογῶν.

3 s 2 Re 2, 3   6 s 3 Re 2, 4   12 s 2 Re 3, 39

1, 5, 6, 8, 9, 10, 12, 35, 37, 54, 55, 56

1 τὰ] τὸ c₁ 9 35   κρίματα pr τὰ A 1 37   μαρτύρια pr τὰ A   2 ἐντολαὶ c₁ 1 37:
αἱ ἐντολαὶ 10   Ἔδειξε] ἐδίδαξε 8 35 56   >Ἔδειξε — πάντα ἃ 12   4 >φησι A·¹⁰
γιγνομένων D   5 ἐμπεδώσει] ἐκπληρώσει A   >ἀγαθὸς ἡμῶν 6   6 γεγενημένην] γενο-
μένην A·⁵⁴   ·>ὅτι — Ἰσραήλ 6 10   Οὐκ] μὴ 9: Οὐ μὴ ed   8 οὐ] μὴ c₁ 1 37   τοῦτο
δρᾶσαι tr c₁   10 ὡς] > 54: + ἅτε A   >τῶν 2° A   11 θράσος] θρασὺ A   12
δεδήλωκε] ἐδήλωσε 5   Σαρουιᾶς D·¹²   13 μου] μοι 5 6   16 δράσῃ] δράσοι 5: δράσει
37 54   προσωπείῳ A   ἀνέλοι 5   18 ἀντιπαρατάξεται D 6 54   διέλει 6 12   19
Βερζελλὶ] Βερσελλὶ 6 54: Βερζελὶ 1 37: Βερσελῆ ed   20 >τὸ 54

N´

Διὰ τί τῷ Σεμεεὶ δεδωκὼς τὴν συγγνώμην, τῷ Σολομῶντι κολάσαι τοῦτον προσέταξε;

Τυραννικὸν ᾔδει τὸν ἄνδρα καὶ ἄγαν θρασύν· καὶ τῆς τοῦ παιδὸς προμηθούμενος σωτηρίας, ἐδίδαξεν αὐτὸν ἃ τετόλμηκεν,
5 ἵνα τὴν τοῦ ἀνδρὸς φυλάττηται πονηρίαν. Ἤδει δὲ καί, ὡς προφήτης, ὅτι τοῦ Σολομῶντος παραβαίνων τὰς ἐντολὰς διαφθαρήσεται. Μιαρὸς γὰρ ἦν ὁ ἀνὴρ καὶ στάσεων ἀρχηγός.

ΝΑ´

Τί ἐστιν ἡ πόλις Δαβίδ;

Τὴν Σιὼν ἡ θεία γραφὴ πόλιν προσαγορεύει Δαβίδ. Οὕτω δὲ ἡ
10 ἄνω πόλις ἐκέκλητο· πᾶσα δὲ νῦν Ἰερουσαλὴμ ὀνομάζεται. Ἐν ταύτῃ φησὶν ὁ Ἰώσηπος καὶ αὐτὸν ἀξιωθῆναι ταφῆς, καὶ τοὺς μετ᾽ αὐτὸν βασιλέας· τὸ δὲ μνῆμα παρὰ τὸν Σιλωὰμ εἶναι, ἀντροειδὲς ἔχον τὸ σχῆμα, καὶ τὴν βασιλικὴν δηλοῦν πολυτέλειαν. Ἔφη δὲ καὶ πολὺν αὐτῷ συγκατορυγῆναι χρυσὸν παρὰ τοῦ παι-
15 δὸς Σολομῶντος· καὶ τοῦτο γενέσθαι δῆλον ἐκ τῶν ὕστερον γενομένων· Ὑρκανὸν γὰρ τὸν ἀρχιερέα, πολιορκουμένης τῆς πόλεως ὑπὸ Ἀντιόχου τοῦ Δημητρίου παιδός, ἀνοῖξαι τὸ μνῆμα καὶ τάλαντα ἐκεῖθεν ἐκφορῆσαι τρισχίλια. Δαβὶδ μέντοι ὁ βασιλεὺς ἑβδομηκοντούτης γενόμενος ἐδέξατο τοῦ βίου τὸ πέρας. 673
20 Τριακοντούτης μὲν γὰρ ἐβασίλευσε τεσσαράκοντα δὲ βασιλεύων ἐξήνυσεν ἔτη.

---

8 cf 3 Re 2, 10   **11** s Josefo, *Ant* 7, 392 s   **20** s cf 3 Re 2, 11

1, 5, 6, 8, 9, 12, 35, 37, 54, 55, 56

1 Σεμεεὶ] Σεμεὶ c₁ 5 6   **7** >Μιαρὸς — ἀρχηγός A   στάσεων] στάσεως 1 37   **8** >ἡ c₁ 1 9 37   **9** πόλιν προσαγορεύει tr A   δὲ] δὴ D: + καὶ 37   **11** > ὁ A   **12** βασιλέας] βασιλεῖς 5 6   >βασιλέας — παρὰ τὸν 54   τὸν] τὴν 5   Σιλοὰμ 1 6 37 54: Σηλωὰμ 55   **20** >τεσσαράκοντα δὲ βασιλεύων 35

ΕΙΣ ΤΗΝ ΤΡΙΤΗΝ ΤΩΝ ΒΑΣΙΛΕΙΩΝ

Α΄

Νεμεσῶσι τῷ Σολομῶντί τινες, ὡς ἀποκτείναντι τὸν ἀδελφόν.

Διάφοροι τῶν ἀνθρώπων οἱ βίοι. Οἱ μὲν γὰρ τὴν ἄκραν φιλο-
σοφίαν ἀσκοῦσιν, οἱ δὲ τὴν καλουμένην πολιτικὴν ἀρετήν, ἄλλοι
βασιλείαν, ἢ στρατηγίαν ἰθύνουσι. Χρὴ τοίνυν ἕκαστον ἐξετάζειν 5
πρὸς τὴν πολιτείαν ἣν μέτεισι· τοιγάρτοι τὸν Σολομῶντα οὐ
προφητικὴν ἀπαιτητέον, οὐδὲ ἀποστολικὴν τελειότητα, ἀλλὰ τὴν
βασιλεῦσιν ἁρμόττουσαν. Ἤδει δὲ οὗτος τὸν Ὀρνίαν ἐφιέμενον
τυραννίδος· καὶ γὰρ ἐπειράθη τὴν βασιλείαν ἁρπάσαι. Τῷ μὲν οὖν
προτέρῳ συνέγνω τολμήματι, καὶ σωτηρίας ἀξιώσειν ὑπέσχετο 10
σωφρονεῖν ἀνεχόμενον. Ἐπειδὴ δὲ ᾔτησε τὴν σύνευνον τοῦ
πατρός, οὐκ ἔδωκε μὲν τὴν αἴτησιν τυραννίδος οὖσαν ὁδόν· τῇ δὲ
βασιλείᾳ τὸ ἀστασίαστον μηχανώμενος, ἀναιρεθῆναι προσέταξεν.

Β΄

Τί δήποτε τὸν Ἰωὰβ τῷ Θεῷ προσπεφευγότα κατέκτεινεν;

2 cf 3 Re 2, 25   **14** cf 3 Re 2, 31s

1, 5, 6, 8, 9, 12, 35, 37, 54, 55, 56

1 Εἰς pr τοῦ αὐτοῦ μακαρίου Θεοδωρίτου 8: pr τοῦ αὐτοῦ 6 9 12 35   **2** Σαλομῶντι
c_1 >ὡς Α   ἀποκτείναντι] ἀπεχτακότι D^{-12} **3** ἄκραν] κακίαν D^{-12} **8** οὗτος] αὐτὸς
Α 1 8   **9** τυραννίδος pr τῆς D^{-12} **10** >καὶ σωτηρίας — ἀνεχόμενον 54   ἀξιώσειν
ὑπέσχετο] ἠξίωσεν ὑποσχομένου Α   **11** ἀνεχόμενον] τοῦ αὐτοῦ Ὀρνία 6   **12** ἔδωκε]
ἐπέδωκε Α   δὲ βασιλείᾳ tr 37   **13** ἀναιρεθῆναι + τὸν Ὀρνίαν Α   προσέταξεν]
ἐκέλευσεν 5   **14** tot Q Β΄ post Q Γ΄ c_1 54   Ἰωὰβ + διωκόμενον 6   προσπεφευγότα]
προσφεύγοντα 5 54

Ὁ τοῦ Θεοῦ νόμος τοῦτο γενέσθαι διηγόρευσεν· τὸν προσφεύγοντα γὰρ ἀνδροφόνον ἀναιρεῖσθαι προσέταξεν. Ὁ δὲ Σεμεεὶ αὐτὸς ἐφ᾽ ἑαυτὸν εἵλκυσε τοῦ θανάτου τὴν ψῆφον· τὴν γὰρ μητρόπολιν οἰκεῖν ὑποσχόμενος, καὶ ὅρκῳ ὑπόσχεσιν κρατύνας,
5 παρέβη τὸν ὅρκον, καὶ παρὰ τὰς συνθήκας ἐκδημῆσαι τετόλμηκεν.

Γ´

Τίνος χάριν τὸν Ἀβιάθαρ τῆς ἀρχιερωσύνης ἐγύμνωσεν;

Ἐκοινώνησε μὲν τῷ Ὀρνίᾳ τῆς τυραννίδος. Τοῦτο γὰρ δηλοῖ καὶ τοῦ Σολομῶντος τὰ ῥήματα· «Ἀπότρεχε» γάρ φησιν, «εἰς τὸν
10 ἀγρόν σου, καὶ εἰς τὸν οἶκόν σου, ὅτι ἀνὴρ θανάτου σὺ εἶ ἐν τῇ ἡμέρᾳ ταύτῃ· καὶ οὐ θανατώσω σε, ὅτι ἦρας τὴν κιβωτὸν διαθήκης Κυρίου ἐνώπιον Δαβὶδ τοῦ πατρός μου· καὶ ὅτι ἐκακουχήθης ἐν πᾶσιν οἷς ἐκακουχήθη ὁ πατήρ μου». Ὑπέκειτο μὲν οὖν, ὡς ἔφην, καὶ τῇ κατηγορίᾳ τῆς τυραννίδος, ἅτε δὴ συνεργὸς γεγενημένος
15 τῆς τοῦ Ὀρνίου θρασύτητος. Πλὴν ὁ Σολομὼν καὶ τῆς θείας προρρήσεως γέγονεν ὑπουργός. Τῷ γὰρ Ἠλί, καὶ διὰ τοῦ πανευφήμου Σαμουήλ, καὶ μέντοι καὶ δι᾽ ἄλλου προφήτου, προηγόρευσεν ὁ Θεὸς τοῦ γένους τὴν ἀτιμίαν. Τοῦτο δὲ καὶ ἡ ἱστορία δεδήλωκεν, λέγει δὲ οὕτως· «Καὶ ἐξέβαλε Σολομὼν τὸν Ἀβιαθάρ,
20 τοῦ μὴ εἶναι εἰς ἱερέα Κυρίου τοῦ πληρωθῆναι τὸ ῥῆμα Κυρίου, ὃ 676 ἐλάλησεν ἐν Σηλὼμ ἐπὶ τὸν οἶκον Ἠλί».

---

7 cf 3 Re 2, 26   9 s 3 Re 2, 26   19 s 3 Re 2, 27

1, 5, 6, 8, 9, 12, 35, 37, 54, 55, 56

3 Σεμεεὶ] Σεμεὶ c₁ 5   10 σὺ εἶ tr 8 54   11 διαθήκης pr τῆς 5 37   12 ἐκακουχήθης] ἐκακώθης Α   13 ἐκακουχήθη] ἐκακώθη Α   >οὖν, ὡς ἔφην 12   14 >ἅτε δὴ — θρασύτητος 54   15 Ὀρνίου] Ὀρνιᾶ 5 6   17 πανευφήμου] > D: προφήτου 6   18 >τὴν 5 54   19 >λέγει δὲ 5   δὲ] γὰρ 56   οὕτως 5 54: + λέγουσαν 5   20 >τοῦ πληρωθῆναι — Κυρίου Α·⁵ D c₁ 1 9 37   21 ἐλάλησεν + Κύριος c₁ 1 9 37   >ἐν 6 8 54   Σηλὼμ] Σηλὼ 1 9 35 56: Σιλὼ 12: Σιλὼμ 6 54

Δ΄.

Πῶς νοητέον τὸ «Ἐπλήθυνεν ἡ σοφία Σολομῶντος ὑπὲρ τὴν φρόνησιν πάντων υἱῶν ἀρχαίων, καὶ ὑπὲρ πάντας φρονίμους Αἰγύπτου»;

Ἐκ παραλλήλου δεῖξαι αὐτοῦ τὴν σοφίαν ὁ ἱστοριογράφος ἠθέλησεν. Τούτου χάριν καὶ τῶν πάλαι γεγενημένων σοφῶν 5 ἀορίστως ἐμνήσθη· καὶ τοὺς αἰγυπτίους προστέθεικεν, ὡς δοκοῦντας παρὰ πᾶσιν εἶναι σοφούς. Καὶ γὰρ ὡς ἕλληνες ἱστοροῦσι, καὶ Φερεκύδης ὁ Σύρος, καὶ Πυθαγόρας ὁ Σάμιος, καὶ Ἀναξαγόρας ὁ Κλαζομένιος, καὶ Πλάτων ὁ Ἀθηναῖος, πρὸς τούτους ἐξεδήμησαν, καὶ θεολογίαν καὶ φυσιολογίαν ἀκριβεστέραν μαθήσεσθαι 10 παρὰ τούτων ἐλπίσαντες. Καὶ ἡ θεία δὲ γραφὴ τὰ κατὰ τὸν Μωϋσῆν ἱστοροῦσα τὸν νομοθέτην ἔφη, ὅτι «ἐπαιδεύθη ἐν πάσῃ σοφίᾳ αἰγυπτίων». Τούτους, φησίν, ἅπαντας ὁ Σολομὼν ἀπέκρυψεν, ἅτε δὴ θεόθεν τῆς σοφίας τὸ δῶρον δεξάμενος· τῷ δὲ τῆς σοφίας ἐπαίνῳ συνῆψε κατηγορίαν. Τὸν γὰρ περὶ τοῦ γάμου 15 κείμενον ἄντικρυς παρέβη νόμον, ὃς ταῖς ἀλλοφύλοις κωλύει συνάπτεσθαι γυναιξίν. Οὗτος δὲ πρώτην ἔλαβε γυναῖκα τοῦ Φαραὼ τὴν θυγατέρα.

E΄.

Τί ἐστι, «Καὶ Ἀχικὰμ υἱὸς Θαρὰκ ἐπὶ τὰς ἄρσεις»;

1 s 3 Re 2, 35b   12 s Hech 7, 22   15 s cf 3 Re 3, 1ap   19 3 Re 2, 46h

1, 5, 6, 8, 9, 12, 35, 37, 54, 55, 56

1 Ἐπλήθυνεν] ἐπληθύνθη 56   2 υἱῶν pr τῶν 8 54   φρονίμους pr τοὺς A   6 προστέθεικεν] προσέθηκεν D 9   7 πᾶσιν] πάντας 5   8 Σύρος] Σύριος c_1 1   9 τούτους] τούτοις A·54   10 >καὶ θεολογίαν 6   12 τὸν νομοθέτην — ἐπαιδεύθη] ἐπαιδεύθη φησί 54   16 >ἄντικρυς A   παρέβη νόμον tr A 8   κωλύει] ἐκώλυε 5   17 Οὗτος δὲ πρώτην] αὐτὸς γὰρ πρῶτος A (>γὰρ 6)   ἔλαβε] λαβὼν 6   19 >Καὶ A   Ἀρχικὰμ 54   Θαρὰκ] Θαρὰ A

Ἄρχων ἦν τῶν μετακομιζόντων τοὺς λίθους καὶ τὰ ξύλα. Τού-
τους δὲ τῶν Παραλειπομένων ἡ βίβλος «νωτοφόρους» ἐκάλεσεν,
ὠμοφόρους δὲ αὐτοὺς οἱ νῦν ὀνομάζουσιν. Ἡ μέντοι ἱστορία δι-
δάσκει, ὡς πέρας ἔλαβεν τοῦ Θεοῦ ἡ ὑπόσχεσις. Ἐπηγγείλατο
5 γὰρ δώσειν τῷ Ἰσραὴλ ἀπὸ τοῦ ποταμοῦ Αἰγύπτου ἕως τοῦ ποτα-
μοῦ τοῦ μεγάλου Εὐφράτου. «Ἦν» γάρ φησιν, «ἄρχων Σολομὼν
ἐπὶ πᾶσι τοῖς βασιλεῦσιν ἀπὸ τοῦ ποταμοῦ, καὶ ἕως γῆς ἀλλοφύ-
λων, καὶ ἕως ὁρίων Αἰγύπτου».

S´

Πῶς νοητέον, «Καὶ ὁ λαὸς ἦσαν θυμιῶντες καὶ θύοντες ἐν τοῖς
10 **ὑψηλοτάτοις»;**

Οὐκ εἰδωλολατρείαν αὐτῶν ἐνταῦθα κατηγορεῖ, ἀλλ᾽ ὅτι παρὰ
τὸν νόμον ἐν τοῖς ὑψηλοτάτοις χωρίοις τῷ Θεῷ τὰς θυσίας
προσέφερον. Ὁ γὰρ νόμος ἐν ἑνὶ τόπῳ λατρεύειν προσέταξεν·
συγγνώμης δὲ ὅμως ἀπήλαυον, ἐπειδήπερ οὐδέπω ὁ θεῖος νεὼς
15 ἐδεδόμητο. Τοῦτο γὰρ καὶ ἡ ἱστορία δεδήλωκεν· «Ἦσαν θυμιῶν-
τες καὶ θύοντες ἐν τοῖς ὑψηλοτάτοις, ὅτι οὐκ ᾠκοδομήθη ὁ οἶκος
τῷ ὀνόματι Κυρίου ἕως τοῦ νῦν». Ἐντεῦθεν νοητέον τὰ περὶ τῶν 677
ἄλλων ἱστορούμενα βασιλέων, ὅτι ἐξῆραν τὰ ἄλση, καὶ τὰς

2 2 Cr 2, 18   6 s 3 Re 2, 46k   9 s 3 Re 3, 2ap   15 s 3 Re 3, 2ap   17 s cf 3 Re
16, 28b et 4 Re 1, 18c

1, 5, 6, 8, 9, 12, 35, 37, 54, 55, 56

1 τοὺς λίθους] τὰς ἄρσεις 54   2 >ἐκάλεσεν — αὐτοὺς A   3 οἱ νῦν pr ὡς
A   ὀνομάζει A   4 διδάσκει] δηλοῖ A   τοῦ Θεοῦ / ἡ tr 37   6 >Ἦν γὰρ —
ἀλλοφύλων 54   >ἄρχων D   Σολομὼν] pr ὁ c₁ 5: ante φησιν 37   9 ἦσαν] ἦν 5
12   >καὶ θύοντες A c₁   11 εἰδωλολατρείαν] εἰδωλοθυτίαν A   12 >τὰς A   13 >ἐν
D   14 ἀπήλαυον] ἀπήλαυσαν A   νεὼς] ναὸς 5   15 >Ἦσαν — Κυρίου (l 17)
54   Ἦσαν + γὰρ 5 6   16 θυμιῶντες ... θύοντες tr 5 6   οἰκοδομήθη D   >ὁ D⁻¹² 1
9   17 ἕως] ὥστε A   τοῦ νῦν] οὖν A   >τὰ A   18 ἱστορούμενα pr τὰ
A   ἱστορούμενα βασιλέων tr A⁻⁵

στήλας τοῦ Βαὰλ συνέτριψαν· πλὴν τὰ ὑψηλὰ οὐκ ἐξῆραν. Καὶ
γὰρ Ἀσὰ καὶ Ἰωσαφὰτ καὶ ἄλλοι τινές, τὸ τοῖς δαίμοσι θύειν
ἐκώλυσαν, καὶ τὰ ἐκείνων τεμένη κατέλυσαν· οὐ μὴν ἐπαύσαντο
τοῦ ἐν τοῖς ὑψηλοῖς τῷ Θεῷ τὰς θυσίας προσφέρειν. Τῷ μέντοι
Ἐζεκίᾳ καὶ τῷ Ἰωσίᾳ, ταύτην τὴν τελειότητα μεμαρτύρηκεν ἡ   5
θεία γραφή. Ὅτι δὲ ἐν τοῖς ὑψηλοῖς τῷ θεῷ τῶν ὅλων τὰς θυσίας
προσέφερον, τὰ ἑξῆς μαρτυρεῖ· «Ἠγάπησε γὰρ Σολομὼν τὸν
Κύριον, τοῦ πορεύεσθαι ἐν τοῖς προστάγμασι Δαβὶδ τοῦ πατρὸς
αὐτοῦ· πλὴν ἐν τοῖς ὑψηλοῖς ἔθυε καὶ ἐθυμία»· τουτέστιν οὐ πρὸ
τῆς σκηνῆς, οὐδὲ πρὸ τῆς κιβωτοῦ, κατὰ τὸν θεῖον νόμον. Ὅτι   10
δὲ οὐ τοῖς εἰδώλοις, ἀλλὰ τῷ Θεῷ τότε τὰς ἑκατόμβας καὶ
χιλιόμβας προσέφερε, σαφῶς ἡμᾶς ἡ ἱστορία διδάσκει· «Ἐπορεύ-
θη» γάρ φησι, «Σολομὼν εἰς Γαβαὼν θῦσαι ἐκεῖ, ὅτι αὕτη
ὑψηλοτάτη καὶ μεγάλη, χιλίαν ὁλοκαύτωσιν. Καὶ ἀνήνεγκε Σολο-
μὼν ἐπὶ τὸ θυσιαστήριον τὸ ἐν Γαβαών, καὶ ὤφθη Κύριος τῷ Σο-   15
λομῶντι ἐν ὕπνῳ τὴν νύκτα· καὶ εἶπεν Κύριος τῷ Σολομῶντι,
Αἴτησαι αἴτημα σεαυτῷ». Οὐκ ἂν δὲ εἰ τοῖς εἰδώλοις τὰς θυσίας
προσενηνόχει, ὁ Θεὸς αὐτῷ ἀντέδωκε τὰς παντοδαπὰς δωρεάς.
Τούτου γὰρ πάντων ὁμοῦ τῶν κατὰ τὸν βίον, ἢ δοκούντων
ἀγαθῶν τὴν σοφίαν προελομένου, δέδωκεν ὁ μεγαλόδωρος σοφίας   20
μὲν χάριν, ὅσην ἡ φύσις ἐδέχετο· πλοῦτον δὲ καὶ δυναστείαν, καὶ

7 s 3 Re 3, 3   12 s 3 Re 3, 4-5

1, 5, 6, 8, 9, 12, 35, 37, 54, 55, 56

1 τὰ ὑψηλὰ] τῶν ὑψηλῶν D⁻¹²   2 >τὸ τοῖς — κατέλυσαν 54   3 >καὶ τὰ — κα-
τέλυσαν 6 12   ἐπαύσαντο τοῦ] ἔπαυσαν τότε D   4 >τοῦ A   >τῷ Θεῷ 5   Τῷ μέν-
τοι] τῶν ἐν τῷ D⁻¹²   Τῷ μέντοι — θεία γραφή] μόνος δὲ Ἰωσίας καὶ Ἐζεκίας εἰς τὴν τε-
λειότητα ἧκεν 54   5 Ἰεζεκίᾳ 1 5 12   6 >τῶν ὅλων τὰς 54   7 γὰρ + φησι
A⁻⁶   8 προστάγμασι] πράγμασι D⁻¹²   12 >καὶ χιλιόμβας A   χιλιόμβας pr τὰς
56   13 Σαλομὼν c₁ 54   14 ὁλοκαύτωσιν + δεχομένη A   Σαλομὼν 9 55   16 >ἐν
ὕπνῳ A   >τὴν νύκτα 6   Κύριος τῷ Σολομῶντι] αὐτῷ A 55   17 σεαυτῷ] ἑαυτῷ D
(35ᶜ)   >Οὐκ ἂν 54   τὰς θυσίας] > 5 6: ante τοῖς εἰδώλοις 1 37   τὰς θυσίας — μὲν
χάριν (l 21)] ἔθυεν, οὐκ ἂν ὤφθη Κύριος, οὐκ ἂν ἀνταπέδωκε αὐτῷ παντοδαπὰς δωρεάς·
σοφίαν τε γὰρ 54   18 Θεὸς + ἂν D 37   ἀντέδωκε] ἀντέδωσεν D⁻⁸: ἀνταπέδωκε
A   δωρεάς + καθὼς ἡ ἱστορία διαλαμβάνει 6   19 Τούτου γὰρ — u a fin Q
6   Τούτου] τούτων 5 12   πάντων] ἁπάντων 5   20 σοφίας] σοφίαν A

τὴν ἐν εἰρήνῃ βασιλείαν, ὑπὲρ ἅπαντας τοὺς τηνικάδε βασιλέας·
ὥστε τούτου τὸ κλέος εἰς ἅπασαν τὴν οἰκουμένην διαδραμεῖν.
᾿Αξιάγαστα δὲ αὐτοῦ καὶ τῆς προσευχῆς τὰ ῥήματα. ᾿Αναμνήσας
γὰρ τῶν ὑπαρξάντων ἀγαθῶν τῷ πατρί, καὶ τὸν τούτων χορηγὸν
5 ἀνυμνήσας, τὴν ὑπὲρ ἑαυτοῦ ἱκετείαν προσήνεγκε· «Καὶ νῦν,
Κύριέ μου, Κύριε, σὺ ἔδωκας τὸν δοῦλόν σου ἀντὶ Δαβὶδ τοῦ
πατρός μου· καὶ ἐγώ εἰμι παιδάριον μικρόν, καὶ οὐκ οἶδα τὴν
εἴσοδόν μου καὶ τὴν ἔξοδόν μου. Καὶ ὁ δοῦλός σου ἐν μέσῳ τοῦ
λαοῦ σου, ὃν ἐξελέξω λαὸν πολύν, ὡς ἡ ἄμμος τῆς θαλάσσης, ἣ
10 οὐκ ἀριθμηθήσεται ἀπὸ τοῦ πλήθους, καὶ οὐ διηγηθήσεται· καὶ
δώσεις τῷ δούλῳ σου καρδίαν φρονίμην, τοῦ ἀκούειν καὶ
Γ10 διακρίνειν [τὸν λαόν σου ἐν δικαιοσύνῃ, καὶ τοῦ συνιέναι ἀναμέσον
ἀγαθοῦ καὶ κακοῦ». Διὰ δὲ τούτων καὶ τῆς φύσεως ἔδειξε τὴν
ἀσθένειαν, καὶ τῆς ἡλικίας τὸ ἀτελές, καὶ τῆς δοθείσης ἐξουσίας
15 τὸ μέγεθος, καὶ τὸ τῆς κρίσεως ἐπικίνδυνον, καὶ τὸ τῆς 680
φρονήσεως ἀναγκαῖον, καὶ τὸ συνετὸν τῆς αἰτήσεως. ῞Οθεν ὁ
Δεσπότης Θεὸς ἐπαινέσας τὴν αἴτησιν, καὶ ταύτην δέδωκε, καὶ
τὰ ἄλλα προστέθεικε. Τοῦτο κἂν τοῖς ἱεροῖς εὐαγγελίοις ὁ
Δεσπότης νενομοθέτηκεν· «Αἰτεῖτε» γάρ φησι, «τὴν βασιλείαν
20 τοῦ Θεοῦ, καὶ τὴν δικαιοσύνην αὐτοῦ, καὶ τὰ λοιπὰ πάντα
προστεθήσεται ὑμῖν». Ταύτας μέντοι τῷ Σολομῶντι τὰς δωρεὰς
δεδωκὼς ὁ Θεός, πάσης αὐτὸν ἀξιώσειν προμηθείας ὑπέσχετο·
«᾿Εὰν πορευθῇς», φησίν, «ἐν τῇ ὁδῷ μου, τοῦ φυλάσσειν τὰς

5 s 3 Re 3, 7-9   19 s Mt 6, 33   23 s 3 Re 3, 14

1, 5, 8, 9, 10, 12, 35, 37, 54, 55, 56

1 >καὶ τὴν ἐν 5   >τὴν ἐν 54   εἰρήνῃ] εἰρήνην καὶ A   ἅπαντας] πάντας A   2
ὥστε — διαδραμεῖν] ἐχαρίσατο 54   τούτου] τούτῳ D⁻¹²   >εἰς ed   ἅπασαν] πᾶσαν 5
9   5 ἑαυτοῦ] αὐτοῦ 35 37 54   6 Δαβὶδ pr τοῦ 5   10 ἣ οὐκ — καὶ κακοῦ (l 13)] καὶ
ἑξῆς 54   οὐ διαριθμηθήσεται ed   ἐξαριθμηθήσεται 8 9   >ἀπὸ τοῦ — διηγηθήσεται D
9   15 >ἐπικίνδυνον — φρονήσεως A   τὸ 3° ante ἀναγκαῖον ed   17 δέδωκε] ἔδωκε
5   18 τὰ ἄλλα] τἆλλα c₁ 1 5 37: τῶν ἄλλων 54   προστέθεικε] προὐτέθεικε 8: προσ-
έθηκε 5   κἂν] καὶ ἐν A   19 >ὁ Δεσπότης 5   ἐνομοθέτησεν A   20 >τὴν δικαιοσύ-
νην — καὶ τὰ 12   λοιπὰ] ταῦτα 12 54   22 δεδωκὼς] δέδωκεν 54   πάσης + δὲ
ed   23 πορευθῇς + γὰρ A

ἐντολάς μου, καὶ τὰ προστάγματά μου ἐν οἷς ἐπορεύθη Δαβὶδ ὁ
πατήρ σου, καὶ μακρυνῶ τὰς ἡμέρας σου».

Ζ΄

Πῶς νοητέον τὸ «Ἐξυπνίσθη Σολομών, καὶ ἰδοὺ ἐνύπνιον»;

Διαναστάς, φησί, τοῦ ὀνείρατος ἀνεμνήσθη· καὶ συνεὶς θείαν
οὖσαν τὴν ἀποκάλυψιν, ἐπανῆλθε μὲν εἰς τὴν μητρόπολιν, πρὸ   5
τῆς θείας δὲ κιβωτοῦ χαριστήριον θυσίαν προσήνεγκεν.

Η΄

Τὸ κατὰ τὰς δύο ἑταίρας διήγημα, τίνος χάριν τέθεικεν ὁ τὴν ἱστο-
ρίαν συγγράψας;

Ἐπιδεῖξαι τὴν τοῦ βασιλέως ἐβουλήθη σοφίαν. Σοφωτάτης γὰρ
τῷ ὄντι διανοίας, τὸ τὰ λανθάνοντα δεῖξαι, καὶ τὰ κεκρυμμένα   10
δηλῶσαι, καὶ προσενεγκεῖν τῇ φύσει τὴν βάσανον, καὶ αὐτῇ τῆς
δίκης ἐπιτρέψαι τὴν ψῆφον. Αὐτίκα γοῦν ἡ μὲν μήτηρ ἐδείχθη, ἡ
δὲ οὐ μήτηρ ἠλέγχθη.

3 3 Re 3, 15   7 s cf 3 Re 3, 16

1, 5, 6, 8, 9, 10, 12, 35, 37, 54, 55, 56

2 >ὁ πατήρ σου Α   μακρυνῶ] μακρυνεῖς 10   3 τὸ] καὶ Α: ὅτι 12   4 ἐμνήσθη 6
10   συνεὶς] συνιεὶς 1 37 54   6 τῆς θείας / δὲ tr Α   7 τὰς δύο / ἑταίρας tr c_1 1
37   ἑταίρας] ἑταιρίδας Α   τέθεικεν — συγγράψας] ὁ ἱστοριογράφος τέθεικεν 6   8
συγγράψας] γράψας 5 54: συγγραψάμενος 37: γραψάμενος ed   9 ἐβουλήθη] βουληθεὶς
Α   10 τὰ 2° pr τὸ c_1 1 9   >καὶ τὰ κεκρυμμένα δηλῶσαι 54   12 δίκης] διαθήκης
8   13 ἠλέχθη 6 35

Θ΄

Παύσας τὸν Ἀβιάθαρ, πῶς αὐτὸν πάλιν συνέταξε τῷ Σαδούκ;

Τὴν ἀρχὴν ἀφείλετο, οὐ τῆς ἱερωσύνης ἐγύμνωσεν. Τὴν γὰρ τῆς ἱερωσύνης ἀξίαν οὐκ ἐκ χειροτονίας, ἀλλ᾽ ἐκ γονικῆς εἶχε διαδοχῆς.

Ι΄

5 **Τὰ χορηγούμενα τῇ τραπέζῃ τοῦ βασιλέως τίνες ἀνήλισκον;**

Οὐχ οἱ θεράποντες μόνοι, ἀλλὰ καὶ τῶν σωματοφυλάκων τὸ πλῆθος· ἀσπιδηφόροι καὶ δορυφόροι καὶ οἱ συνεστιώμενοι ἄρχοντες.

ΙΑ΄

Τίνες οἱ περὶ τὸν Αἰθὰμ καὶ Αἰμάν, οὓς ἀπέκρυψεν ὁ Σολομὼν τῇ
10   **σοφίᾳ;**

Κατ᾽ ἐκεῖνο τοῦ καιροῦ ἦσάν τινες ἐπὶ σοφίᾳ ἐπίσημοι· ὅθεν 681 αὐτῶν καὶ ὀνομαστὶ ἐμνήσθη. Ὁ δὲ Αἰθὰμ καὶ Αἰμὰν τῶν ψαλτῳδῶν ἦσαν, ἐν κινύραις, καὶ ναύλαις, καὶ κυμβάλοις τὸν Θεὸν ἀνυμνοῦντες.

---

1 cf 3 Re 4, 4   5 cf 3 Re 4, 22   9 s cf 3 Re 4, 27

1, 5, 6, 8, 9, 10, 12, 35, 37, 54, 55, 56

1 αὐτὸν] > 6: post συνέταξε 12 35   Σαδούκ] Σαδώκ D 1 9 37 54 55: Σαδδούκ 56   2 ἀφείλατο c_1 6 10   τῆς ἱερωσύνης pr τὴν D   ἐγύμνωσεν] ἀξίαν D   >ἐγύμνωσεν — ἱερωσύνης 9   3 εἶχον c_1 1 5 10 37   5 τραπέζῃ / τοῦ βασιλέως tr c_1 6 μόνοι] μόνον 6 10   7 συνεστιώμενοι] συνεστιόμενοι 1 6 12: συνεσθιόμενοι 37   9 >ὁ A^{-6} τῇ σοφίᾳ] σοφίαν 37   11 ἐκεῖνο] ἐκεῖνον A: ἐκείνου D   τοῦ καιροῦ] τὸν καιρὸν A   ἐπὶ] ἐν ed   12 ὀνομαστὶ] ὀνόματι D   ἐμνήσθη] ἐπεμνήσθη D c_1 9: οὕτως γὰρ τῶν τοιούτων ἐπεμνήσθη 8   13 ψαλτῳδῶν] ψαλμῳδῶν A^{-10} κινύραις 6 9 56   >καὶ κυμβάλοις 1   14 ἀνυμνοῦντες] ἀνυμνοῦν D^{-12}: + καὶ μεγαλύνοντες 6

IB´

Πῶς νοητέον τὸ «Ἐλάλησε περὶ τῶν ξύλων, ἀπὸ τῆς κέδρου τῆς ἐν τῷ Λιβάνῳ, καὶ ἕως τῆς ὑσσώπου τῆς ἐκπορευομένης ἐκ τοῦ τοίχου», καὶ τὰ ἑξῆς;

Καὶ τὰς φύσεις καὶ τὰς δυνάμεις, καὶ τῶν βοτανῶν καὶ τῶν δένδρων, καὶ μέντοι καὶ τῶν ἀλόγων ζῴων πεφυσιολογηκέναι αὐτὸν εἴρηκεν· ἐντεῦθεν οἶμαι καὶ τοὺς τὰς ἰατρικὰς βίβλους συγγεγραφότας ἐρανίσασθαι πάμπολλα· καὶ τῶν θερμῶν καὶ τῶν ψυχρῶν, καὶ μέντοι καὶ τῶν ξηρῶν καὶ τῶν ὑγρῶν συνθεῖναι τὰς τάξεις, καὶ ἥδε τῆσδε τῆς βοτάνης πόσῳ τινὶ μέτρῳ ψυχροτέρα ἢ θερμοτέρα· καὶ τοῦδε τοῦ ζῴου τόδε τὸ μόριον τίνος πάθους ἀλε- 10 ξιφάρμακον· οἷον ἡ τῆς ὑαίνης χολή, ἢ τὸ λεόντειον στέαρ, ἢ τὸ ταύρειον αἷμα, ἢ τῶν ἐχιδνῶν αἱ σάρκες. Περὶ τούτων γὰρ οἱ σοφοὶ τῶν ἰατρῶν συγγεγράφασιν, ἐκ τῶν Σολομῶντι συγγεγραμμένων, ὡς οἶμαι, τῶν πρώτων εἰληφότες τὰς ἀφορμάς.

ΙΓ´

Τί ἐστι, «Καὶ ἔδωκεν αὐτὰς Φαραὼ ἀποστολὰς τῇ θυγατρὶ αὐτοῦ, 15 γυναικὶ Σολομῶντος»;

Ἃς εἷλε πόλεις προῖκα αὐτῇ δέδωκε, τῷ Σολομῶντι κατεγγυήσας.

1 s 3 Re 4, 29   15 s 3 Re 4, 32

1, 5, 6, 8, 9, 10, 12, 35, 37, 54, 55, 56

1 >τὸ c₁   2 ὑσώπου c₁ 1 5   6 ἐντεῦθεν pr ὡς A   οἶμαι] ὁρμᾶσθαι A   συγγεγραφότας + καὶ A⁻¹⁰   7 θερμῶν + δὲ A⁻⁵⁴   >τῶν 2° 35   9 >καὶ ἥδε — αἱ σάρκες (l 12) 6   >τῆς D   πόσῳ] ὅσῳ 37   ψυχροτέρα ... θερμοτέρα tr A   10 >τοῦ ζῴου τόδε D   11 >οἷον A   λεόντιον 8 12 54   12 ταύριον 10 12 35 54 56   13 Σολομῶντι] τοῦ Σολομῶντος 54   14 >ὡς οἶμαι 6 37   τῶν πρώτων/εἰληφότες tr 5   >τῶν πρώτων 6   εἰληφότων D⁻¹² 9 54   16 Σαλομῶντος c₁

ΙΔ΄

Πῶς νοητέον τὸ «Ἀπέστειλε Χιρὰμ βασιλεὺς Τύρου τοὺς παῖδας αὐτοῦ, χρῖσαι τὸν Σολομῶντα ἀντὶ Δαβὶδ τοῦ πατρὸς αὐτοῦ»;

Χρίσιν τὴν χειροτονίαν ἐκάλεσεν· οὐ γὰρ ὁ ἀλλόφυλος ἔχρισε τοῦ Ἰσραὴλ τὸν βασιλέα, ἀλλ᾽ ὡς πατρῷος φίλος, σύμψηφος 5 ἐγένετο τῆς βασιλείας.

ΙΕ΄

Τὸ «μαχείρ», τί σημαίνει;

Μέτρον ἑρμηνεύεται· «Ἔδωκε» γάρ φησι, «Σολομὼν τῷ Χι-ρὰμ εἴκοσι χιλιάδας κόρων πυροῦ μαχεὶρ τῷ οἴκῳ αὐτοῦ, καὶ εἴκοσι χιλιάδας βὲθ ἐλαίου κεκομμένου». Τὸ δὲ «βὲθ» οἱ ἄλλοι 10 «βάτον» ἡρμήνευσαν. Ὁ δὲ βάτος μέτρον ἐστὶ παλαιστίνον, 684 ἑβδομήκοντα καὶ τέσσαρας χόεις χωροῦν, ὡς Ἰώσηπος ἔφησεν.

1 s 3 Re 5, 1   6 3 Re 5, 11   7 s 3 Re 5, 11   11 Josefo, *Ant* 8, 57

1, 5, 6, 8, 9, 10, 12, 35, 37, 54, 55, 56

1 Χειρὰμ c₁ 6 10   >τοὺς παῖδας αὐτοῦ 12   2 >ἀντὶ Δαβὶδ τοῦ πατρὸς αὐτοῦ c₁ 1 37   3 οὐ γὰρ] οὐχ ὅτι 10 37   ἔχρισε] ἔχριε D c₁ 37   4 τοῦ Ἰσραὴλ] τὸν Σολομῶντα 6: τὸν Δαβὶδ 10   >τὸν 6 12   5 ἐγένετο + καὶ αὐτὸς D 9   τῆς βασιλείας] τῇ βασι-λείᾳ 37   6 μαχείρ] μαχίρ D: μαχὲρ τῷ οἴκῳ αὐτοῦ 6   7 Σολομὼν pr ὁ A   Χειρὰμ c₁ 1 6 10 37   8 μαχίρ D: μαχὲρ 6   10 βάτον] βάδον A   βάτος] βάδος A: σάτος c₁   παλαιστίνων 8 37 54: παλαιστήνον 5 9 10 35 55   11 ἑβδομήκοντα + ξέστας A   χόεις] > 6: χοῖς A⁻⁶   χωρῶν 6 54

IS´

Τί δήποτε οὐκ εὐθὺς βασιλεύσας, ἀλλ᾽ ἐν τῷ τετάρτῳ ἔτει τῆς οἰκοδομίας ἤρξατο;

Τὰς ὕλας ηὐτρέπισε πρότερον· εἶθ᾽ οὕτως κατέπηξε τὰ θεμέλια· τοῦτο δὲ καὶ ὁ ἱστοριογράφος ἐδίδαξε· «Καὶ ἡτοίμασε τοὺς λίθους, καὶ τὰ ξύλα, τρίσιν ἔτεσιν εἰς τὴν οἰκοδομὴν τοῦ 5 οἴκου».

IZ´

Εἰ λίθοις ἀπελεκήτοις τὸν ναὸν ᾠκοδόμησε, ποῦ τοσούτων ἐδεῖτο λατόμων;

Αὐτὸν τὸν νεὼν ἐξ ἀπελεκήτων ᾠκοδόμησε λίθων, τῆς θείας Προνοίας τοιούτους αὐτοφυεῖς εὑρεθῆναι λίθους ἐθελησάσης, 10 ὥστε μηδενὸς εἰς ἁρμονίαν δεηθῆναι σιδήρου, ἀλλ᾽ ὑπὲρ πᾶσαν οἰκοδομικὴν τέχνην ἀλλήλοις συναρμοσθῆναι. Τοῖς δὲ τμητοῖς λίθοις τὸν τοῦ ἱεροῦ περίβολον ἐδομήσατο, καὶ τὰ βασίλεια, καὶ τὸ τῆς μητροπόλεως τεῖχος, καὶ τὰς ἄλλας πόλεις, ἃς ὀχυρωτέρας ἀπέφηνεν. Ἐν κεφαλαίῳ δὲ τοῦ νεὼ τὴν οἰκοδομίαν 15 ἐκφράσω. Τούτου τὸ μῆκος ἑξήκοντα πήχεων ἦν, εἴκοσι δὲ τὸ εὖρος. Ἐτέτραπτο δὲ πρὸς ἔω ἵνα οἱ προσευχόμενοι μὴ τὸν ἥλιον ἀνίσχοντα προσκυνῶσιν, ἀλλὰ τὸν τοῦ ἡλίου Δεσπότην.

---

1 s cf 3 Re 6, 1   4 s 3 Re 5, 17   7 cf 3 Re 6, 2

1, 5, 6, 8, 9, 10, 12, 35, 37, 54, 55, 56

1 >τῷ 6   2 ἤρξατο + τοῦ ναοῦ A⁻⁵⁴   3 Τὰς ὕλας] πάντα 8 35   οὕτως] οὕτω 5 9
10 35   4 >δὲ 10 54   9 νεὼν] ναὸν 5 12 37   11 >ἀλλ᾽ ὑπὲρ — συναρμοσθῆναι
54   12 οἰκοδομικὴν] οἰκοδομῆς 6 10: οἰκοδομίας 37   15 τοῦ νεὼ / τὴν οἰκοδομίαν tr
A   νεὼ] ναοῦ A 55   16 Τούτου + δὲ 1 35   >τὸ 1° A⁻¹⁰   17 δὲ + οὐ ed   ἵνα]
ἵν᾽ c₁ 1 35 37

Θαυμαζέτω δὲ μηδείς, εἰ τῆς θείας γραφῆς τεσσαράκοντα πήχεων εἰρηκυίας τὸ μῆκος, ἑξήκοντα εἶπον ἐγώ. Μετ᾽ ὀλίγα γὰρ καὶ τῶν ἄλλων εἴκοσι ἐπιμέμνηται, τὰ Ἅγια τῶν ἁγίων ἐπιδεικνῦσα. Ταῦτα καὶ Δαβεὶρ ὀνομάζει. Οὐκοῦν τεσσαράκοντα πήχεων ἦν τὰ
5 Ἅγια· ἄλλων δὲ εἴκοσι τῶν ἁγίων τὰ Ἅγια. Συνῳκοδόμηντο δὲ τῷ νεῷ καὶ ἔξωθεν οἰκίσκοι ἕτεροι, ὥστε καὶ τὴν οἰκοδομίαν συνέχειν, καὶ μηδένα τῶν λευιτῶν προσψαύειν τοῖς τοῦ νεὼ τοίχοις. Μόνοις γὰρ τοῖς ἱερεῦσιν εἰσιτητὸν ἦν εἰς τὸν πρῶτον νεών, τὸν καλούμενον Ἅγια· εἰς δὲ τὸ ἄδυτον καὶ ἀνάκτορον,
10 ὅπερ Ἅγια ἁγίων ὠνόμαστο, οὐδὲ τούτους ἐπιβαίνειν ἐξῆν. Μόνος γὰρ ὁ ἀρχιερεὺς τῶν ἀψαύστων κατατολμᾶν ἐπετέτακτο· καὶ οὐδὲ οὗτος ἀεί, ἀλλ᾽ ἐν τῷ ἑβδόμῳ μηνί, τῇ ἡμέρᾳ τοῦ ἱλασμοῦ. Ἐν δέ γε τοῖς οἰκίσκοις ἐκείνοις, τοῖς ἐν κύκλῳ τοῦ νεὼ δεδομημένοις, τὰ τῆς θείας λειτουργίας ἀπετίθετο σκεύη. Τὸ δὲ 685
15 τοῦ νεὼ προπύλαιον, ὅπερ Αἰλὰμ ὠνόμασται τῇ ἑβραίων φωνῇ, ἰσόμετρον μὲν εἶχε τῷ πλάτει τοῦ νεὼ τὸ μῆκος, δέκα δὲ πήχεων τὸ εὖρος. Φωταγωγοὺς δὲ ὁ νεὼς εἶχεν, ἔνδοθεν μὲν εὐρείας, ἔξωθεν δὲ στενὰς ἄγαν, διατρήτοις δὲ λίθοις καλαλυμμένας. Τοῦτο γὰρ δηλοῖ τὸ «Ἐποίησε τῷ οἴκῳ θυρίδας δικτυωτὰς

19 s 3 Re 6, 9

1, 5, 6, 8, 9, 10, 12, 35, 37, 54, 55, 56

1 Θαυμαζέτω — γραφῆς] λέγει δὲ ἡ γραφὴ 54   πήχεων + τὸ μῆκος εἴκοσι δὲ τὸ εὖρος A⁻⁵⁴   πήχεων — τὰ Ἅγια (l 3)] πήχεις ἔχειν τὸ μῆκος τὸν ναόν, ἀλλ᾽ οὐκ ἐναντιοῦται. Χωρὶς γὰρ τῶν λεγομένων μὲν Ἅγια ἁγίων, ἃ καὶ Δαβὴρ ὀνομάζει, ὁ ἄλλος ναὸς τεσσαράκοντα πηχῶν ἦν· αὐτὰ δὲ τὰ Ἅγια ἁγίων ἄλλων εἴκοσι πήχεων ἦν, ὥστε τὸ σύμπαν μῆκος εἰς ἑξήκοντα πήχεις συγκεφαλαιοῦται 54   2 ἑξήκοντα post ἐγώ A⁻⁵⁴   4 τεσσαράκοντα + μὲν 5 10   >ἦν τὰ Ἅγια 5   5 ἄλλων δὲ] ὁ ἄλλος ναὸς ἦν 5   εἴκοσι + δὲ 5 37   τῶν ἁγίων post τὰ Ἅγια 5 8   6 νεῷ] ναῷ 5 12 54 55   οἰκοδομίαν] οἰκοδομὴν 8   7 νεῷ] ναοῦ 5   9 νεῶν] ναὸν 5 54   τὸν καλούμενον pr εἰς A   δὲ τὸ — ἀνάκτορον, ὅπερ] γὰρ A   10 ὅπερ] ὥσπερ 37: ἅπερ ed   Ἅγια pr τὰ A   ἁγίων pr τῶν A 8   ὠνόμαστο] > A: ὠνόμασεν ed   τούτους] τούτοις A 1 8   13 >γε 5 10   νεῷ] ναῷ 5 10   14 λειτουργείας 5 8   ἀπετίθεντο 1 8 54   Τὸ δὲ τοῦ] τοῦ δὲ A⁻⁶: τοῦδε τοῦ 6 8   15 νεῷ] ναοῦ 5   προπύλαιον pr τὸ A⁻⁶   Αἰλὰμ] Ἐλὰμ 1 5 12 37   ὠνόμασται] ὠνομάσθη A   16 νεῷ] ναοῦ 5   17 νεώς] ναὸς 1 5 54   18 στενὰς ἄγαν tr A   >δὲ 2° A   19 δικτυωτὰς + καὶ A

κρυπτάς». «Μέλαθρα» δὲ καλεῖ τοὺς οἰκίσκους ἐκείνους τοὺς ἐν κύκλῳ τοῦ νεὼ δεδομημένους. Θαυμαζέτω δὲ μηδείς, εἰ πενταπήχεις μὲν οἱ ἐπίπεδοι ἦσαν, ἑξαπήχεις δὲ οἱ διώροφοι, ἑπταπήχεις δὲ οἱ τριώροφοι. Οἱ τοῖχοι γὰρ ἦσαν εὐρύτεροι κάτω, ὥστε φέρειν τῆς οἰκοδομίας τὸ βάρος. Ἀφαιρουμένου δὲ κατὰ ⁵ μέρος τοῦ εὔρους, προσετέθη τοῖς μὲν διωρόφοις ὁ πῆχυς, τοῖς δὲ τριωρόφοις οἱ δύο. Τοῦτο δὲ καὶ ὁ ἱστοριογράφος ἐδίδαξεν, ὅτι διάστημα ἔδωκε τῷ τοίχῳ κύκλοθεν τοῦ οἴκου, ὅπως μὴ ἐπιλάβωνται τῶν τοίχων τοῦ οἴκου. Ἰώσηπος μέντοι φησί, καὶ αὐτὸν τὸν νεὼν διώροφον γεγενῆσθαι, καὶ πᾶν τὸ ὕψος ἑκατὸν ¹⁰ εἴκοσι πήχεις εἶναι. Τοῦτο δὲ καὶ τῶν Παραλειπομένων ἡ βίβλος δεδήλωκεν.

ΙΗ΄

Πῶς νοητέον τὸ «Σφύρα καὶ πέλυξ, καὶ πᾶν σκεῦος σιδηροῦν οὐκ ἠκούσθη ἐν τῷ οἰκοδομεῖσθαι αὐτόν»;

Καὶ ἤδη ἔφην, ὅτι τὸν νεὼν ἐξ αὐτοφυῶν ᾠκοδόμησε λίθων· ¹⁵ τοὺς δέ γε τμητοὺς λίθους, δι’ ὧν τοῦ ναοῦ τὸν περίβολον κατεσκεύασεν, ἐν τῷ ὄρει ξεσθῆναι, καὶ ἀλλήλοις συναρμοσθῆναι προσέταξεν, ἵνα μηδεμίας λοιπὸν ἐργασίας προσδεηθῶσι. Καὶ ἐνταῦθα δὲ ὁ συγγραφεὺς ᾐνίξατο, ὡς ὑπερῷα εἶχεν ὁ νεώς. «Εἱλικτὴ γὰρ ἦν», φησίν, «ἡ ἀνάβασις εἰς τὴν μέσην, καὶ ἐκ τῆς μέσης ἐπὶ ²⁰ τὰ τριώροφα». Εὐρύτατος γὰρ ὁ τοῖχος ὢν κοχλιοειδῆ τὴν ἀνάβασιν εἶχε· τοῦτο γὰρ εἶπεν εἱλικτήν. Σανίσι δὲ αὐτὸν κεδρίναις συν-

1 3 Re 6, 10   9 s Josefo, *Ant* 8, 64 s   11 cf 2 Cr 3, 1 s   13 s 3 Re 6, 12   19 s 3 Re 6, 13

1, 5, 6, 8, 9, 10, 12, 35, 37, 54, 55, 56

1 οἰκίσκους post δεδομημένους 5   >ἐκείνους τοὺς A⁻¹⁰   2 νεὼ] ναοῦ A⁻¹⁰   3 >οἱ διώροφοι A⁻⁵   4 >ἑπταπήχεις δὲ A⁻⁵ D   >οἱ τριώροφοι D   5 οἰκοδομίας] οἰκοδομῆς 1 9 35   7 >Τοῦτο δὲ — ἱστοριογράφος A   ἐδίδαξεν + δὲ καὶ A⁻⁵⁴: + δὲ 54   8 >ὅπως — τοῦ οἴκου 10 54   10 νεῶν] ναὸν 5   12 δεδήλωκεν] διδάσκει ed: ἐδήλωσε 5   13 >καὶ 2° A   15 νεῶν] ναὸν 5   ᾠκοδόμει 5 10   16 >γε A 12   συναρμοθῆναι 1 5 10 12   19 ὁ συγγραφεὺς / ᾐνίξατο A   νεώς] ναός A⁻¹⁰   20 ἦν, φησίν tr A⁻⁵⁴   >φησίν 37 54   >καὶ ἐκ τῆς μέσης 1 37   21 >ὁ 6 10   κοχλιοειδῆ 1 6: κοχλιώδη 37   22 ἑλικτὴν A⁻⁵⁴ c₁ 12 37

εκάλυψεν ἅπαντα· καὶ πάλιν χρυσῷ τὰς σανίδας κατέκρυψεν. «Ἐνδέσμους» δὲ τὰς ἱμαντίας ἐκάλεσεν. Ἔφη δὲ ταύτας ἐκ κέδρου κατεσκευάσθαι, καὶ κατὰ πέντε λίθων πήχεις, ταύταις 688 ἅπασαν τὴν οἰκοδομίαν δεθῆναι. Ὅτι δὲ ἑξήκοντα πήχεων ἦν ὁ 5 νεώς, ἐντεῦθεν καταμαθεῖν εὐπετές. Εἰρηκὼς γὰρ ἤδη, ὅτι τεσσαράκοντα πήχεων ἦν τὸ μῆκος, μετὰ ταῦτα πάλιν ἐπήγαγε· «Καὶ ᾠκοδόμησε τοὺς εἴκοσι πήχεις ἀπ᾽ ἄκρου τοῦ τοίχου τὸ πλευρὸν τὸ ἕν, ἀπὸ ἐδάφους ἕως τῶν δοκῶν, καὶ ἐποίησεν ἕως τοῦ Δαβεὶρ τὸν τοῖχον εἰς τὰ Ἅγια τῶν ἁγίων. Καὶ τεσσαράκοντα 10 πήχεων ἦν αὐτὸς ὁ ναὸς ὁ κατὰ πρόσωπον τοῦ Δαβείρ· ἐν μέσῳ τοῦ οἴκου ἔσωθεν, τοῦ δοῦναι ἐκεῖ τὴν κιβωτὸν διαθήκης Κυρίου. Εἴκοσι πήχεων τὸ μῆκος, καὶ εἴκοσι πήχεων τὸ πλάτος, καὶ εἴκοσι πήχεων τὸ ὕψος αὐτοῦ, καὶ περιέσχεν αὐτὸν χρυσίῳ συγκεκλεισμέ-νῳ». Οὐκοῦν τεσσαράκοντα μὲν πήχεων ἦν τὰ καλούμενα Ἅγια· 15 εἴκοσι δὲ τὰ Ἅγια τῶν ἁγίων. Ταῦτα δὲ καὶ Δαβεὶρ ὠνόμαστο. Τοῦτο καὶ ἐν τοῖς ἑξῆς σαφέστερον ἴδοι τις ἄν. «Ἐποίησε» γάρ φησι, «θυσιαστήριον κατὰ πρόσωπον τοῦ Δαβείρ». Τὸ γὰρ θυσιαστήριον τοῦ θυμιάματος πρὸ τοῦ καταπετάσματος ἔκειτο, ἔνθεν μὲν ἔχον τὴν τράπεζαν, ἔνθεν δὲ τὴν λυχνίαν. Εἶτα πάλιν 20 ἐδίδαξεν ἡμᾶς, ὡς Δαβεὶρ τὰ Ἅγια τῶν ἁγίων καλεῖ. «Ἐποίησε» γάρ φησι, «τῷ Δαβεὶρ δύο χερουβίμ». Τούτων δὲ ἔκαστος δεκάπη-χυς ἦν, ὥστε θάτερον μὲν τῶν πτερῶν τοῖς τοίχοις πελάζειν, τὰς δὲ τῶν ἑτέρων ἀρχὰς ἀλλήλοις συνάπτεσθαι καὶ συγκαλύπτειν τὴν κιβωτόν· πάντα μέντοι χρυσὸς συνεκάλυπτεν· καὶ τὸν

---

2 3 Re 6, 15   7 s 3 Re 6, 17-20   **16** s 3 Re 6, 20   **20** s 3 Re 6, 22

1, 5, 6, 8, 9, 10, 12, 35, 37, 54, 55, 56

2 ἱμαντρίας (sic) 6 10: ἱμαντηρίας (sic) 5 54   3 πήχεις]· τιθεὶς ἱμαντρίαν καὶ Α (ἱμαντηρίαν 5)   4 ἦν/ὁ νεώς tr c₁ 1 37   5 νεώς] ναός 5   ἐντεῦθεν + ἐστί Α   >εὐπετές — ταῦτα πάλιν Α   6 ἐπήγαγε] > 54: + γὰρ Α·⁵⁴   9 Δαβεὶρ] Δαβὴρ 10 54: Δαβὶρ 8 35   10 ναὸς] νεώς 10 54   Δαβεὶρ] Δαβήρ 10 54: Δαβίρ D   11 διαθήκης pr τῆς Α 8   12 >τὸ μῆκος — πήχεων Α   13 αὐτὸν] αὐτὸ 5 37: αὐτῷ 10   συγκεχλεισμένον 5 37   14 >πήχεων ἦν Α   καλούμενα] λεγόμενα 37   15 >εἴκοσι δὲ τὰ Ἅγια 54   Δαβεὶρ] Δαβὴρ 10 54: Δαβὶρ D   17 >κατὰ πρόσωπον — θυσιαστήριον 35   Δαβεὶρ] Δαβὴρ 10: Δαβὶρ 8 12   19 >ἔνθεν — τράπεζαν 6   **20** Δαβεὶρ] Δαβὴρ 10 12: Δαβὶρ 8 35   21 Δαβεὶρ] Δαβὴρ 10: Δαβὶρ D   χερουβίμ] χερούβ 35 37   23 ἀλλήλαις c₁ 1 9   24 χρυσὸς] > Α: χρυσῷ 37   συνεκάλυπτεν] συνεκεκά-λυπτο 37: + ὁ χρυσός Α

ὄροφον, καὶ τὸ ἔδαφος, καὶ τὰ χερουβίμ, καὶ τοὺς τοίχους καὶ
τὰς θύρας· ὥστε μηδεμίαν ἑτέραν ὕλην ἔνδον ὁρᾶσθαι. Ὥσπερ δὲ
τὰ ἔνδον διχῆ διῄρητο οὕτω δὴ καὶ τὰ ὕπαιθρα. Τούτων γὰρ τὰ
μὲν ἦν βατὰ παντὶ τῷ λαῷ, τὰ δὲ τοῖς ἱερεῦσι καὶ τοῖς λευίταις.
Διεῖργε δὲ τούτους ἀπ' ἐκείνων τριγχίον οὐχ ὑψηλόν, ὥστε καὶ 5
τοὺς ἀπεσχοινισμένους τῶν ἔνδον, ἔξωθεν θεωρεῖν τὴν τῶν θυσιῶν
ἱερουργίαν. Κατεσκεύασε δὲ καὶ δύο στύλους ἐξ ὕλης χαλκοῦ,
ἀξιοθέατον καὶ εἶδος καὶ μέγεθος ἔχοντας. Τὸ μὲν γὰρ ὕψος, δίχα
τῶν κεφαλίδων ὀκτωκαίδεκα πήχεων ἦν, τεσσαρεσκαίδεκα εἶχεν
ὁ κύκλος. Τούτοις καὶ κεφαλίδας ἐκ τῆς αὐτῆς ὕλης ἐπέθηκε, καὶ 10
κρίνα μέγιστα ταῖς κεφαλίσι, καὶ δικτυοειδῆ τινα κόσμον ῥόας
ἐξηρτημένας ἔχοντα. Ἐκόσμουν δὲ τὸ προπύλαιον οὗτοι μέλα-
θρον φέροντες ἐκ τῆς αὐτῆς ὕλης πεποιημένον. Μέλαθρον δὲ
κέκληκε τὸ νῦν παρά τινων ἐπίστυλον προσαγορευόμενον. Τοῦτο
δὲ καὶ ἡ ἱστορία δεδήλωκεν· «Ἐπίθεμα τὸ μέλαθρον, ἐπ' 15
689 ἀμφοτέρων τῶν στύλων τῷ πάχει». Ἐποίησε δὲ καὶ λουτῆρα χαλ-
κοῦν, ὃν διὰ τὸ μέγεθος ὠνόμασε θάλασσαν. Εἶχε μὲν γὰρ εἶδος
ἡμισφαιρίου δέκα πήχεων τὴν διάμετρον. Τρεῖς δὲ καὶ τριάκοντα
πήχεις εἶχεν ὁ κύκλος· ἐπειδὴ σπιθαμῆς εἶχε μέτρον τὸ πάχος.
Τῶν γὰρ δύο σπιθαμῶν, τῆς ἐντεῦθέν φημι, καὶ τῆς ἐκεῖθεν, τῇ 20
διαμέτρῳ συμμετρουμένων, ἕνδεκα πήχεις εὑρίσκονται. Τριπλα-
σιαζόμενοι δὲ οὗτοι ποιοῦσι τρεῖς καὶ τριάκοντα. Ταύτην ἔφερον
δυοκαίδεκα μόσχοι, ἀνὰ τρεῖς πρὸς ἕκαστον ἄνεμον ἀποβλέπον-
τες. Τοῦ δὲ λουτῆρος τὸ χεῖλος ἐπικλινὲς εἰς τὸ ἔξω ἦν, τοῦ
κρίνου τὰ φύλλα μιμούμενον. Τὰς δὲ «μεχωνὼθ» τῶν Παρα- 25
λειπομένων ἡ βίβλος «λουτῆρας» ὠνόμασεν. Ὁ δὲ Ἰώσηπος τὰς

15 s 3 Re 7, 19   25 3 Re 7, 14   26 2 Cr 4, 6

1, 5, 6, 8, 9, 10, 12, 35, 37, 54, 55, 56

1 τὸν ὄροφον] ὁ ὄροφος 37   χερουβείμ 37 56   τοὺς τοίχους] οἱ τοῖχοι 37   2 τὰς
θύρας] αἱ θύραι 37   >ἑτέραν 1 37 54   ὕλην ἔνδον tr 5 6   3 Τούτων + μὲν A⁻⁵   5
τριγχίον] θριγχίον 37: τειχίον 8 35   9 ἦν] καὶ A   τεσσαρασκαίδεκα D 9: + δὲ c₁ 1
37   10 Τούτοις] τούτων A   12 ἐξηρτημένους A: ἠρτημένας 8 9 35   οὗτοι μέλαθρον
tr D 9   >μέλαθρον — τὸ νῦν (l 14) 54   15 >δὲ 1 37   δεδήλωκεν + εἴπουσα
A   16 >τῶν D   >τῷ πάχει 5 54   17 ὠνόμασε] ἐκάλεσε A   25 μεχονὼθ 6 9
10   26 τὰς] τὰ 5 54

«μεχωνὼθ» «βάσεις» εἶπε, τοὺς δὲ «χυτρογαύλους», «λουτῆρας
ἐπικειμένους ταῖς βάσεσιν». Ἐν δὲ τούτοις ἔπλυνον τὰ ἱερεῖα, καὶ
τὰ τούτων ἐντός, καὶ τοὺς πόδας. Τοῦτο γὰρ σαφῶς ἡ τῶν Παρα-
λειπομένων βίβλος ἐδίδαξε· «Τοῦ πλύνειν» γάρ φησιν, «ἐν αὐτοῖς
5 τὰ ἔργα τῶν ὁλοκαυτωμάτων, καὶ ἐπικλύζειν ἐν αὐτοῖς. Καὶ ἡ
θάλασσα εἰς τὸ νίπτεσθαι τοὺς ἱερεῖς ἐν αὐτῇ». Τὰς δὲ τῶν λουτή-
ρων βάσεις, ἃς «μεχωνὼθ» προσηγόρευσε, τετραγώνους ἔφη κα-
τεσκευάσθαι, τροχοὺς ἐχούσας ὑποκειμένους ἁρματιαίοις ἐοικό-
τας τροχοῖς. Εἶχον δὲ αὗται ἄνω χειρῶν ἐκτυπώματα, στεφα-
10 νοειδῆ φέροντα κυκλόθεν, ᾧ ὁ λουτὴρ ἐπετίθετο. «Θερμάστρεις»
δὲ κέκληκε τοὺς θερμαντῆρας, ἐν οἷς τὸ ὕδωρ θερμαίνειν
εἰώθαμεν. Κατεσκεύασε δὲ καὶ δέκα λυχνίας χρυσᾶς, ἃς ἐν τῷ
ναῷ τέθεικε κατὰ πρόσωπον τοῦ Δαβείρ, τουτέστι τοῦ Ἁγίου τῶν
ἁγίων.

ΙΘ´

15 **Πῶς νοητέον τὸ «Εἰσήνεγκε Σολομὼν τὰ ἅγια Δαβὶδ τοῦ πατρὸς
αὐτοῦ, καὶ πάντα τὰ ἅγια Σολομῶντος»;**

Ἅγια κέκληκε τὰ τῷ Θεῷ ἀνατεθέντα, καὶ τὰ ἐκ τῶν
πολέμων ἀκροθίνια προσενεχθέντα· οἷον ἀνεθεμάτισεν Ἰησοῦς ὁ
τοῦ Ναυῆ τὴν Ἱεριχώ, πάντα τὸν χρυσὸν καὶ τὸν ἄργυρον ἀνέθη-
20 κε τῷ Θεῷ. Ἅγια τοίνυν κέκληκε τὰ ἀφορισθέντα τῷ τῶν ὅλων
Θεῷ.

1 Josefo, *Ant* 8, 81   4 s 2 Cr 4, 6   10 3 Re 7, 26.31   15 s 3 Re 7, 37

1, 5, 6, 8, 9, 10, 12, 35, 37, 54, 55, 56

1 μεχωνὼθ 9 10   χυτροκαύλους 9 35   2 ἐπικειμένας 6 54   4 βίβλος ἐδίδαξε tr D
6 10   >Τοῦ πλύνειν — ἐν αὐτοῖς 6 54   >φησιν 8 35   5 ἔργα] ἱερεῖα 5 10   6 αὐτῇ]
αὐτοῖς καὶ τοῦ πλύνειν τὰ ἱερεῖα 6   7 μεχωνὼθ 9 10   ἔφη] εἶπε Α   8
κατεσκευασθῆναι Α (κατασκ. 54)   ἐοικότας τροχοῖς tr Α   9 >ἄνω Α   10 κυκλόθεν]
κύκλον Α   ᾧ] οὗ Α   Θερμάστρεις] θερμάστρας Α: θέρμας δὲ τρεῖς c_1 12   12 >δὲ 1
37 55   13 Δαβήρ 10 12: Δαβίρ 8   15 Σαλομὼν c_1 17 κέκληκε] καλεῖ Α   19 τὴν]
τὸν 8   20 κέκληκε] τέθεικα 6

Κ΄

Τίνα καλεῖ «οἶκον δρυμοῦ τοῦ Λιβάνου»;

692 Μέγιστον ἐν τοῖς βασιλείοις ᾠκοδόμησεν οἶκον, τοῦ δικαστη-
ρίου πρόδομον. Τούτου ἑκατὸν πήχεων ἦν τὸ μῆκος, πεντήκοντα
δὲ τὸ εὖρος. Εἶχε δὲ στύλους κεδρίνους πέντε καὶ τριάκοντα καὶ
ἑκατόν. Οἶμαι τοίνυν αὐτὸν κληθῆναι οἶκον δρυμοῦ τοῦ Λιβάνου, 5
ἐπειδὴ πλῆθος εἶχε κιόνων κεδρίνων, μιμουμένων τοῦ Λιβάνου τὸ
ἄλσος. Αἰλὰμ δὲ πάλιν τὸ προπύλαιον ὠνόμασεν· οὗ τὸ μῆκος
ἰσόμετρον ἦν τῷ πλάτει τοῦ οἴκου· πεντήκοντα γὰρ πήχεων τὸ
μῆκος, τριάκοντα δὲ τὸ εὖρος. Ὅτι δὲ τῷ δικαστηρίῳ συνήρμο-
στο οὗτος ὁ οἶκος, ἡ ἱστορία διδάσκει. «*Καὶ τὸ Αἰλὰμ τῶν θρόνων,* 10
οὗ κρινεῖ ἐκεῖ. Αἰλὰμ τοῦ κριτηρίου, καὶ ὁ οἶκος αὐτῶν, ἐν ᾧ
καθήσεται ἐκεῖ», καὶ τὰ ἑξῆς. Ὅτι δὲ εἰς τάσδε τὰς οἰκοδομίας
τοῖς τμητοῖς ἐχρήσατο λίθοις, τὰ ἑξῆς διδάσκει. «*Πάντα γὰρ*
ταῦτα», φησίν, «*ἐκ λίθων τιμίων κεκολαμμένων, ἐκ διαστήματος*
ἔσωθεν, καὶ ἐκ τῶν θεμελίων ἕως τῶν γεισῶν». Ὅτι δὲ Δαβεὶρ τὰ 15
Ἅγια τῶν ἁγίων καλεῖ, σαφέστερον ἐκ τῆς ἱστορίας μανθάνομεν.
Εἰπὼν γὰρ ὁ συγγραφεύς, ὅτι τῆς οἰκοδομῆς τέλος λαβούσης
συνήγαγε τὸν λαόν, ὥστε τῶν ἐγκαινίων ἐπιτελέσαι τὴν ἑορτήν,
ἐπήγαγε· «*Καὶ εἰσφέρουσιν οἱ ἱερεῖς τὴν κιβωτὸν διαθήκης Κυρίου*
εἰς τὸν τόπον αὐτῆς, εἰς τὸ Δαβεὶρ τοῦ οἴκου, εἰς τὰ Ἅγια τῶν 20
ἁγίων, ὑπὸ τὰς πτέρυγας τῶν χερουβίμ».

---

1 3 Re 7, 39   **10 s** 3 Re 7, 44.45   **13 s** 3 Re 7, 46   **19 s** 3 Re 8, 6

1, 5, 6, 8, 9, 10, 12, 35, 37, 54, 55, 56

3 πρόδρομον A^{-54} 9 35   πήχεων ἦν tr c$_1$ **5** αὐτὸν + καὶ c$_1$ **7** Αἰλὰμ] Ἐλὰμ D 1
6 9 37 54   **10** >ἡ ed   >Καὶ τὸ — καὶ τὰ ἑξῆς (l 12) 12 54   Αἰλὰμ] Ἐλὰμ D 1 6 9
37   τὸν θρόνον A 37   **11** Αἰλὰμ] Ἐλὰμ D 1 6 9 37   **12** τὰ ἑξῆς] ταῦτα 8
35   >Ὅτι δὲ — u a fin Q 6   >Ὅτι δὲ — Πάντα (l 13) 12   **13** Πάντα ... ταῦτα tr 5
10   **14** κεχολαμμένων] κεχολαμμένα ἦν D (>ἦν 8) 9   >ἐκ διαστήματος — ἐκ τῶν
10   **15** ἔσωθεν + καὶ ἔξωθεν 1   γεισῶν] γεισσῶν 5 9   Δαβεὶρ] Δαβὴρ 10 12: Δαβὶρ
8 35   **16** ἐκ τῆς — συγγραφεύς] μανθάνομεν ἐντεῦθεν, εἰπὼν γὰρ 54   **17** τέλος pr τὸ c$_1$
1   **19** ἐκφέρουσιν A   **20** Δαβεὶρ] Δαβὴρ 10 12: Δαβὶρ 8 35   **21** χερουβείμ 1 5 56

ΚΑ΄

Πῶς νοητέον, «῍Α ἐλάλησας ἐν τῷ στόματί σου, καὶ ἐν ταῖς χερσί σου ἐπλήρωσας ὡς ἡ ἡμέρα αὕτη»;

Διὰ τῆς γλώττης λόγους προφέρομεν· διὰ δὲ τῶν χειρῶν ἐργαζόμεθα. Ἀνθρωπίνως τοίνυν τοῖς λόγοις χρησάμενος εἴρηκεν,
5 ὅτι «Οἷς εἶπας τὸ πέρας ἐπέθηκας». Ἐπαγγειλάμενος γὰρ τῷ ἐμῷ πατρί, σῷ δὲ θεράποντι, καὶ βασιλέα χειροτονήσειν τὸν ἐξ αὐτοῦ, καὶ δι᾽ αὐτοῦ σὸν οἰκοδομήσειν νεών, ἔδειξας τὴν τῶν σῶν λόγων ἀλήθειαν. Φύσιν γὰρ ἀπερίληπτον ἔχων, καὶ μήτε τῷ ὁρωμένῳ, μήτε τῷ ὑπερτέρῳ χωρούμενος οὐρανῷ χειροποίητον νεών σαυτῷ
10 κατεσκεύασας, οὐκ ἐν τούτῳ περιγραφόμενος, ἀλλ᾽ ἐν τούτῳ τὴν οἰκείαν ποιούμενος ἐπιφάνειαν. Τοῦτο γὰρ ἔφη, τοῦ εἶναι ὀφθαλμούς σου ἀνεῳγμένους εἰς τὸν οἶκον τοῦτον ἡμέρας καὶ νυκτός· ὥστε καὶ ἕνα καθ᾽ ἑαυτὸν προσευχόμενον, καὶ κοινῇ τὸν λαόν σου δεόμενον, τῶν αἰτήσεων ἀπολαύειν, καὶ μὴ τοὺς 693
15 ἰθαγενεῖς μόνους, ἀλλὰ καὶ τοὺς ἄλλοθεν ἀφικνουμένους, καὶ τῆς σῆς ἀγαθότητος δεομένους, ταῖς σαῖς ἐπικλύζεσθαι δωρεαῖς. Ἱκετεύω δὲ καὶ τοὺς ἁμαρτάνοντας μὲν μεταμελείᾳ δὲ κεχρημένους, καὶ προσευχομένους ἐπιμελῶς, φειδοῦς ἀξιοῦσθαι, καὶ τοῦ σοῦ ἐλέους τοὺς κρουνοὺς αὐτοῖς χορηγεῖσθαι. Εἰ δὲ καὶ ἡττηθεὶς
20 ἐν πολέμῳ, διὰ τὰς τολμηθείσας παρανομίας δοριάλωτος ὁ λαός

---

1 s 3 Re 8, 24

1, 5, 6, 8, 9, 10, 12, 35, 37, 54, 55, 56

1 ῍Α ἐλάλησας pr τὸ D⁻¹² 1 9   >ἐν 1° A⁻⁵   στόματι] ὀνόματι A   3 γλώσσης 5
54   >λόγους A⁻⁵⁴   6 >ἐξ αὐτοῦ, καὶ D⁻¹²   7 δι᾽ αὐτοῦ] > D: δι᾽ αὐτὸν ed   δι᾽]
διὰ c₁ 1 9 37   αὐτοῦ] τούτου 1 9 56   σὸν] pr τὸν A 12: ἐμὸν 8 35   νεών] ναόν 5 12
54   ἔδειξας] ἐδίδαξας 6 10 54   >τὴν ed   9 χωρούμενος] χειρούμενος ed   νεών]
ναὸν A⁻¹⁰   11 >Τοῦτο γὰρ ἔφη 5   12 ὀφθαλμούς pr τοὺς 5   13 ὥστε καὶ — u a fin
Q] καὶ τὰ ἑξῆς τῆς δεήσεως 6   14 ἀπολαύειν D⁻¹²   15 μόνους] μόνον 5 9
10   ἄλλοθεν] + πόθεν A: ἄνωθεν 56   17 μεταμελείᾳ] μετανοίᾳ c₁   18 >καὶ προσευ-
χομένους D 9   20 διὰ — παρανομίας] δι᾽ ἁμαρτίας καὶ 54   δοριάλωτος c₁ 54

σου γένοιτο, εἶτα δουλεύων εἰς αἴσθησιν ἔλθοι τῶν ἐπταισμένων, καὶ οἴκτου τυχεῖν ἱκετεύσοι εἰς τοῦτον τὸν νεὼν ἀποβλέπων, ἐπίβλεψον οὐρανόθεν ἐξ ἐκείνου τοῦ ἀκηράτου ναοῦ σου, καὶ τὴν προγονικὴν αὐτοῖς ἐλευθερίαν προσευξαμένοις ἀπόδος. Ταῦτα καὶ περὶ πολέμων, καὶ περὶ τῶν ἄλλων θεηλάτων πληγῶν τὸν 5 φιλάνθρωπον Δεσπότην ἱκέτευσεν· ὥστε τοὺς μὲν ἐν πατρίδι διάγοντας, καὶ εἰς τὸν θεῖον νεὼν συνθέοντας, καὶ θερμῶς ἱκετεύοντας, συγγνώμης τυγχάνειν. Τοὺς δὲ πόρρω ὄντας, καὶ εἰς τὴν πρὸς τοῦτον φέρουσαν τρεπομένους ὁδόν, καὶ τὸν Θεὸν ἀντι-βολοῦντας, καὶ τῶν δυσχερῶν ἀπαλλάττεσθαι, καὶ τῶν 10 καταθυμίων τυγχάνειν.

ΚΒ΄

Πῶς νοητέον τὸ «Ἥλιον ἔστησεν ἐν οὐρανῷ Κύριος, καὶ εἶπε τοῦ κατοικεῖν ἐν γνόφῳ»;

Μελῳδῶν ὁ μακάριος ἔφη Δαβίδ, «Νεφέλη καὶ γνόφος κύκλῳ αὐτοῦ». Καὶ ἀλλαχοῦ, «Ἔκλινεν οὐρανούς, καὶ κατέβη, καὶ 15 γνόφος ὑπὸ τοὺς πόδας αὐτοῦ. Καὶ ἐπέβη ἐπὶ χερουβίμ, καὶ ἐπετάσθη· ἐπετάσθη ἐπὶ πτερύγων ἀνέμων, καὶ ἔθετο σκότος ἀποκρυφὴν αὐτοῦ». Τὸ δὲ σκότος καὶ γνόφος τῆς θείας οὐσίας αἰνίττεται τὸ ἀόρατον. Ἔφη τοίνυν ὁ Σολομών, ὅτι τὸν ἥλιον ἐν οὐρανῷ τεθεικώς, ὥστε τοὺς ἀνθρώπους ἀπολαύειν τοῦ φωτός, 20 αὐτὸς εἶπε «τοῦ κατοικεῖν ἐν γνόφῳ». Οἶμαι δὲ ἐνταῦθα τὸν νεὼν

---

12 s 3 Re 8, 53a   **14** s Sal 96, 2   **15** s Sal 17, 10-12   **21** 3 Re 8, 53a

1, 5, 6, 8, 9, 10, 12, 35, 37, 54, 55, 56

1 γένοιτο] γένηται 9 10   ἔλθοι] ἔλθη 5 37   ἐπταισμένων, καὶ + εἰς τόνδε τὸν ναὸν ἀφορῶν 54   **2** >εἰς τοῦτον — ἀποβλέπων 54   νεὼν] ναὸν 5   ἐπιβλέπων 5 10 12   **6** ἱκέτευεν 1 37   πατρίδι pr τῇ A   **7** νεὼν] ναὸν 5   **8** τυγχάνειν] τυχεῖν A   >καὶ εἰς τὴν — ἀντιβολοῦντας (l 10) A   **12** τὸ] τὸν 5 8 35   **15** >Καὶ ἀλλαχοῦ — χερουβίμ 12   ἀλλαχοῦ + καὶ A   **16** >αὐτοῦ. Καὶ — ἐπετάσθη 2°(l 17) 54   **17** ἐπὶ — ἀνέμων] εἶτα καὶ πάλιν 54   **18** >Τὸ δὲ A   σκότος + δὲ 5 54 56   γνόφος pr ὁ 1 9 12 37   οὐσίας αἰνίττεται tr 5   **20** ὥστε] ὅτε 8 35   **21** > τοῦ A   νεὼν] ναὸν 5

αἰνίττεσθαι. Φωταγωγοὺς γὰρ ἄγαν εἶχε σμικροτάτας, ἐπειδὴ καὶ ἑτέρους οἰκίσκους εἶχε κύκλῳ δεδομημένους. Τοῦτο γὰρ ἐπέγαγεν· «Οἰκοδόμησον οἶκόν μοι, οἶκον εὐπρεπῆ σεαυτῷ, τοῦ κατοικεῖν ἐπὶ καινότητος». Οὐδὲ γὰρ αὐτὸς ἐδεῖτο τῆς τοιαύτης οἰκοδο-
5 μίας, ἀλλὰ διὰ τὴν τῶν ἀνθρώπων χρείαν οἰκοδομηθῆναι προσέταξεν. Ἰστέον μέντοι, ὡς τῆς οἰκοδομίας τὸν σκάριφον, καὶ τὰ μέτρα, καὶ τὸν χρυσόν, καὶ τὸν ἄργυρον, καὶ τὸν τῶν ἱερῶν σκευῶν ἀριθμόν, ὁ θεῖος Δαβὶδ ἐδεδώκει τῷ Σολομῶντι. Λέγει γὰρ ταῦτα τῶν Παραλειπομένων ἡ βίβλος· «Καὶ ἔδωκε Δαβὶδ Σο-
10 λομῶντι τῷ υἱῷ αὐτοῦ τὸ παράδειγμα τοῦ ναοῦ, καὶ τῶν οἴκων αὐτοῦ, καὶ τῶν ὑπερῴων, καὶ τῶν ταμιείων αὐτοῦ τῶν ἐσωτέρων,   696
καὶ τοῦ ἱλαστηρίου· καὶ τὸ παράδειγμα πάντων, ὧν ἦν ἐν πνεύματι μετ᾽ αὐτοῦ, καὶ τῶν αὐλῶν οἴκου Κυρίου, καὶ πάντων παστοφορίων τῶν κύκλῳ, τῶν εἰς τὰς ἀποθήκας οἴκου Κυρίου, καὶ τῶν
15 ἀποθηκῶν τῶν ἁγίων· καὶ τὰς διαιρέσεις τῶν ἐφημεριῶν καὶ τῶν ἱερέων καὶ τῶν λευιτῶν, καὶ εἰς πᾶσαν ἐργασίαν λειτουργίας οἴκου Κυρίου, καὶ τῶν ἀποθηκῶν τῶν λειτουργησίμων σκευῶν λατρείας οἴκου Κυρίου· εἰς τὸ χρυσίον, καὶ τὸν σταθμὸν τῆς ὁλκῆς αὐτοῦ πᾶσι τοῖς σκεύεσι». Καὶ ἐφεξῆς καταλέγει καὶ τὰς λυχνίας, καὶ
20 τὰς τραπέζας, καὶ τὰ πυρεῖα, καὶ τὰς κρεάγρας, καὶ τὰς φιάλας· καὶ ὅτι ὑπέδειξεν αὐτῷ καὶ τὸ παράδειγμα τοῦ σχήματος τῶν χερουβὶμ τῶν διαπεπταμένων ἐν ταῖς πτέρυξι, καὶ σκιαζόντων ἐπὶ

3 s 3 Re 8, 53a   9 s 1 Cr 28, 11-14

1, 5, 6, 8, 9, 10, 12, 35, 37, 54, 55, 56

1 ἄγαν εἶχε tr 12 37   σμικροτάτους D c₁ 6 9 37   2 εἶχε κύκλῳ tr A 37
56   κύκλῳ δεδομημένους tr A   3 εὐπρεπῆ] εὐπρεπές 8 35   σεαυτῷ] ἑαυτῷ D   4
καινότητος] κενότητος D 37   6 >Ἰστέον μέντοι — u a fin Q 6   τὸν] τὸ A 37   8
>σκευῶν ed   ἐδεδώκει] δεδώκει D c₁   9 ταῦτα + καὶ ed   Καὶ ἔδωκε — τοῖς
σκεύεσι (l 19)] σαφῶς καταλέγουσα 54   Σολομῶνι 12 35   10 τὸν οἶκον 37 55   11
αὐτοῦ, καὶ + τῶν ἀποθηκῶν αὐτοῦ καὶ D·³⁵ 9   ὑπερῴων — ταμιείων] ἀποθηκῶν
35   ταμείων 9 12 37 54   13 >καὶ πάντων — Κυρίου A   15 >καὶ 2° A   16 >καὶ
1° 5   >λειτουργίας 5 35   18 εἰς] ἧς 37   τὸ] τὸν c₁ 35   τὸν] τὸ 37   19 ἐφεξῆς
καταλέγει] ταῦτα δὲ 54   22 διαπεπταμένων] διαπεπετασμένων A: διαπετομένων 37:
διαπεταμένων 1   >ἐν A

τῆς κιβωτοῦ τῆς διαθήκης Κυρίου. «Πάντα ἐν γραφῇ ἐκ χειρὸς Κυρίου δέδωκε τῷ Σολομῶντι». Δῆλον τοίνυν, ὅτι καθάπερ τῷ μεγάλῳ Μωϋσῇ ἔδειξεν ὁ Θεὸς τῆς σκηνῆς τὸ παράδειγμα, καὶ ἔφη πρὸς αὐτόν, «Ποιήσεις πάντα κατὰ τὸν τύπον τὸν δειχθέντα σοι ἐν τῷ ὄρει», οὕτως τὸν μακάριον Δαβὶδ ἐδίδαξεν ἡ χάρις τοῦ 5 Πνεύματος τῆς οἰκοδομίας τὸ εἶδος· αὐτὸς δὲ τοῦτο ὑπέδειξε τῷ παιδί. Ἐπισημήνασθαι δὲ χρή, ὅτι Κύριον τὸ πανάγιον Πνεῦμα ὠνόμασε. Εἰρηκὼς γὰρ ὁ συγγραφεύς, ὅτι «Ἔδειξεν αὐτῷ τὸ παράδειγμα πάντων ὧν ἦν ἐν πνεύματι μετ᾽ αὐτοῦ», ἐπήγαγε μετ᾽ ὀλίγα, «Πάντα ἐν γραφῇ ἐκ χειρὸς Κυρίου ἔδωκε Δαβὶδ τῷ 10 Σολομῶντι». Ὡς δὲ ἡ τῶν Παραλειπομένων πάλιν ἐδίδαξε βίβλος, καὶ μαρμάροις ὁ νεὼς ἐπεποίκιλτο. «Λίθους γὰρ ὄνυχος καὶ πληρώσεως, λίθους πολυτελεῖς, καὶ πάντα λίθον τίμιον, καὶ λίθους παρίους εἰς πλῆθος».

ΚΓ´

Τί ἐστιν «Οὐκ ἰδοὺ αὕτη γέγραπται ἐπὶ βιβλίου τῆς ᾠδῆς»; 15

Πολλάκις ἔφην, ὅτι πολλὰ ἦν βιβλία προφητικά· καὶ τοῦτο, σὺν Θεῷ φάναι, δηλώσομεν ἀκριβέστερον ἑρμηνεύοντες τῶν Παραλειπομένων τὴν βίβλον.

---

1 s 1 Cr 28, 19   4 s Ex 25, 40; cf Heb 8, 5   8 s 1 Cr 28, 18   10 s 1 Cr 28, 19   12 s 1 Cr 29, 2   15 3 Re 8, 53a

1, 5, 6, 8, 9, 10, 12, 35, 37, 54, 55, 56

1 >τῆς 2º 5 8 35   2 δέδωκε] ἔδωκε A: + Δαβὶδ A 37   4 αὐτόν + ὅτι 5 9 10 12   7 Πνεῦμα ὠνόμασε tr A   8 Ἔδειξεν] ἔδωκεν ed   9 παράδειγμα + ἐπήγαγε A   ἐπήγαγε] καὶ A   10 ἔδωκε] δέδωκε D 9   >τῷ A   11 Σολομῶντι] > A: Σολομῶνι 12 35   >πάλιν c₁ 1 37   12 νεώς] ναός 5   13 πληρώσεως + καὶ D 9   15 >Οὐκ ed   >αὕτη D 9   16 >Πολλάκις ἔφην, ὅτι 54   καὶ τοῦτο — τὴν βίβλον (l 18)] ἃ νῦν εὑρεῖν, ὥσπερ οὐδὲ τοῦτο, οὐκ ἔστιν 54   17 ἑρμηνεύσοντες ed

ΚΔ΄

Πῶς νοητέον, «Εὐφραινόμενος καὶ αἰνῶν ἐνώπιον τοῦ Θεοῦ ἡμῶν ἑπτὰ ἡμέρας, καὶ τεσσαρεσκαίδεκα ἡμέρας, καὶ τῇ ἡμέρᾳ τῇ ὀγδόῃ ἐξαπέστειλε τὸν λαόν»;

Ἐν τῇ τῆς Σκηνοπηγίας ἑορτῇ συνεκάλεσε τὸν λαόν.
5 Ἐπανηγύρισαν οὖν τεσσαρεσκαίδεκα ἡμέρας· ἑπτὰ μὲν τῶν ἐγ-
καινίων, ἑπτὰ δὲ τῆς σκηνοπηγίας. Ὀγδόην τοίνυν καλεῖ, τὴν
μετὰ τὰς ἑπτὰ τὰς τελευταίας ἡμέραν. Μετὰ δὲ τὸ τέλος τῆς
ἑορτῆς, ὑποτίθεται πάλιν ὁ Δεσπότης Θεὸς τῷ Σολομῶντι, τὰ τὴν   697
σωτηρίαν πραγματευόμενα. Ἵνα γὰρ μὴ τῆς φροντίδος ἀπαλλα-
10 γεὶς εἰς ῥαθυμίαν ἀποκλίνῃ, καὶ τῶν νόμων αὐτὸν ἀναγκαίως
ἀνέμνησε, καὶ τὴν πρὸς τὸν πατέρα γεγενημένην ἐπαγγελίαν ἐμ-
πεδώσειν ὑπέσχετο, καὶ ὄλεθρον ἠπείλησε παραβᾶσι τοὺς νόμους,
καὶ τὸν ἁγιασθέντα νεὼν ἔρημον δι᾽ αὐτοὺς καταλείψειν· «Ἐὰν»
γάρ φησιν, «ἀποστραφέντες ἀποστραφῆτε ὑμεῖς, καὶ τὰ τέκνα ὑμῶν
15 ἀπ᾽ ἐμοῦ, καὶ τὰ προστάγματά μου ἃ ἔδωκε Μωϋσῆς ἐνώπιον
ὑμῶν, μὴ φυλάξητε, καὶ πορευθῆτε καὶ δουλεύσητε θεοῖς ἑτέροις,
καὶ προσκυνήσητε αὐτοῖς, καὶ ἐξαρῶ τὸν Ἰσραὴλ ἀπὸ τῆς γῆς ἧς
ἔδωκα αὐτοῖς, καὶ τὸν οἶκον τοῦτον, ὃν ἡγίασα τῷ ὀνόματί μου,
ἀπορρίψω ἐκ προσώπου μου· καὶ ἔσται Ἰερουσαλὴμ εἰς ἀφα-

1 s 3 Re 8, 65.66   **13** s 3 Re 9, 6-8

1, 5, 6, 8, 9, 10, 12, 35, 37, 54, 55, 56

1 >καὶ αἰνῶν 5   >ἡμῶν Α   **2** >καὶ τεσσαρεσκαίδεκα ἡμέρας 54   **4** >ἑορτῇ —
σκηνοπηγίας (l 6) 54   **5** ἐπανηγύρησαν 6   >ἑπτὰ μὲν — τελευταίας ἡμέραν (l 7)
12   **7** >τὰς 2° Α·54   ἡμέρας c₁ 6 9 35   **8** τὰ] ταυτὶ 37   **9** πραγματευόμενος
37   **10** αὐτῶν D   >ἀναγκαίως Α   **11** τὴν] τῆς 10 54   **12** τοὺς νόμους] τοῦ νόμου
12   **13** >καὶ τὸν — καταλείψειν Α·54   καὶ τὸν — πάντας τοὺς λαοὺς (p 149 l 1)] οὐκ
αὐτῶν δὲ μόνων, ἀλλὰ καὶ τὴν πόλιν καὶ αὐτὸν τὸν νεὼν ἀφανισμῷ δοῦναι· καὶ γὰρ ἐπάγει
54   ἔρημον / δι᾽ αὐτοὺς tr c₁   **14** ἀποστρέφητε 5 10   **15** >μου c₁ 1 37   Μωσῆς
5   **17** >καὶ προσκυνήσητε αὐτοῖς Α   **19** Ἰερουσαλὴμ] Ἱεροσόλυμα Α

νισμόν, καὶ εἰς λάλημα εἰς πάντας τοὺς λαούς· καὶ ὁ οἶκος οὗτος ὁ ὑψηλὸς ἔσται, πᾶς πορευόμενος δι᾽ αὐτοῦ ἐκστήσεται καὶ συριεῖ», καὶ τὰ ἑξῆς, ἃ δηλοῖ τὴν αἰτίαν τοῦ συριγμοῦ. «Πυνθανόμενοι» γάρ φησι, «τί δήποτε ταῦτα πέπονθεν ὁ Ἰσραήλ, μαθήσονται ὡς διὰ τὸ καταλιπεῖν αὐτοὺς Κύριον τὸν Θεόν, ὃς τῆς αἰγυπτίων 5 αὐτοὺς ἐλευθερώσας δουλείας, ταύτην αὐτοῖς τὴν γῆν ἐδωρή- σατο».

KE´

Ποία ἐστὶν ἡ «Γασίων Γαβέρ»;

Ὡς Ἰώσηπος ἔφη, ἡ νῦν καλουμένη Βερονίκη· ἔστι δὲ παραλία πόλις αἰθιόπων τῶν πρὸς Αἰγύπτῳ. 10

KS´

«Σοφειρὰ» ποία ἐστίν;

Χώρα τις ἔστι τῆς Ἰνδίας, ἣν οἱ γεωγράφοι χρυσῆν ὀνομάζουσι γῆν.

KZ´

«Σαβᾶ» ποῖόν ἐστιν ἔθνος;

3 s 3 Re 9, 9?   8 3 Re 9, 26   9 Josefo, *Ant* 8, 163   11 3 Re 9, 28   14 3 Re 10, 1

1, 5, 6, 8, 9, 10, 12, 35, 37, 54, 55, 56

2 >ἔσται A   δι᾽ αὐτοῦ] διὰ τοῦτο 12   3 ἑξῆς + καὶ A^{-54} πυνθανόμενος D   4 >γάρ φησι — πέπονθεν D   >ὁ A   >ὡς A   5 Κύριον pr τὸν ed   τῆς] τῶν 6   6 αὐτοὺς ἐλευθερώσας tr A   ἠλευθερώσας A^{-6} δουλείας + καὶ A   ἐδωρήσατο + ὁποία ἐστίν D   8 Γασίων] Γαίσων c$_1$ 1 9 37: Γεσίων 6 54   Γεβέρ] Γαβεί 6: Γαβί 54: οἱ δὲ Γαβέρ 6   9 Ἰώσηπος pr ὁ 10 54   δὲ + αὕτη A^{-54} 10 παραλία] παράλιος 6   Αἴγυπτον A   11 Σοφειρὰ] Σωφειρὰ 5 54: Σοφιρὰ D: Σωφηρὰ c$_1$: Σοφερὰ 37   >ποία ἐστίν 37   12 >τις 37

Αἰθιοπικόν. Ἐντεῦθεν δὲ κεῖσθαι αὐτούς φασι τῆς θαλάττης τῆς Ἰνδικῆς. Ὀνομάζουσι δὲ αὐτοὺς ὁμηρίτας. Κατάντικρυ δέ εἰσι τῶν αὐξωμιτῶν· μέση δὲ τούτων κἀκείνων ἡ θάλασσα. Τούτων ἐβασίλευσεν ἡ θαυμασία ἐκείνη γυνή, ἧς ἐπήνεσε τὴν σπουδὴν
5 ἐν τοῖς ἱεροῖς εὐαγγελίοις ὁ Δεσπότης Χριστός. Ἀκούσασα γὰρ τὰ περὶ τῆς τοῦ Σολομῶντος σοφίας θρυλλούμενα, ὁδὸν παμπόλλων ἐξήνυσεν ἡμερῶν, καὶ κέρδος τὸν πόνον ὑπέλαβε, καὶ τοῦτον τῆς ἐν βασιλείοις τρυφῆς προτετίμηκε, καὶ διὰ τοῦ Σολομῶντος τὸν τῆς σοφίας ἀνύμνησε χορηγόν. *Γένοιτο* γὰρ ἔφη, *Κύριος ὁ*
10 *Θεός σου εὐλογημένος, ὃς ἠθέλησεν ἐν σοὶ δοῦναί σε ἐπὶ θρόνου* 700 *Ἰσραήλ, διὰ τὸ ἀγαπᾶν Κύριον τὸν Θεὸν Ἰσραήλ, τοῦ στῆσαι αὐτὸν εἰς τὸν αἰῶνα· καὶ ἔθετό σε εἰς βασιλέα ἐπ᾽ αὐτούς, τοῦ ποιεῖν κρίμα ἐν δικαιοσύνῃ, καὶ ἐν κρίμασιν αὐτοῦ*. Ἐγὼ δὲ τῆς ἀποστολικῆς ἀνεμνήσθην διδασκαλίας, ἣ τοὺς δίχα νόμου δικαιωθέντας
15 ἐθαύμασεν· *Ὅταν* γάρ φησιν, *ἔθνη τὰ μὴ νόμον ἔχοντα φύσει τὰ τοῦ νόμου ποιῇ, οὗτοι νόμον μὴ ἔχοντες ἑαυτοῖς εἰσι νόμος*. Καὶ αὕτη γὰρ ἀλλόφυλος οὖσα, καὶ μήτε νόμον δεξαμένη θεῖον, μήτε προφητικῆς ἀπολαύσασα γεωργίας, ἠρκέσθη τῷ τῆς φύσεως νόμῳ, καὶ τὴν δικαιοσύνην τεθαύμακε, καὶ τὴν δικαίαν κρίσιν

---

4 s cf Mt 12, 42 et par   **9** s 3 Re 10, 9   **15** s Ro 2, 14

1, 5, 6, 8, 9, 10, 12, 35, 37, 54, 55, 56

1 κεῖσθαι αὐτοὺς tr A·54   θαλάσσης A 9   **2** κατάντικρυς 6 10 12   **3** αὐξουμιτῶν 37 54: ἀξομιτῶν D: αὐξομητῶν 6 10   θάλαττα c_1 1   **5** ὁ Δεσπότης — προτετίμηκε, καὶ (l 8)] ἐπήνεσεν· ἥτις κατ᾽ ἔρωτα τῆς ἐν Σολομῶντι σοφίας τοσαύτην ὁδὸν ἀναμετρήσασα 54   **6** >τῆς D 6 10   σοφίας — παμπόλλων] πολλῶν ἡμερῶν ὁδὸν 6   θρυλούμενα 1 8 9 35 54 56   **7** τὸν] τῶν 6 8 9   πόνον] πόνων D 6 9   ὑπέλαβε] ἀπέλαβεν D 9: ὑπέβαλε 37 56   >καὶ τοῦτον — προτετίμηκε D 6 9   **8** τρυφῆς] τροφῆς ed   **10** >ἐν A·10   σοῦ] σὲ 5 54   σε] > 5 54: σοι 6   θρόνου] θρόνον 12 37   **11** >διὰ τὸ — Ἰσραήλ A   >Θεὸν D   **12** >εἰς 1° 37   **13** >κρίμα — καὶ ἐν 35   Ἐγὼ δὲ — διδασκαλίας, ἣ] ἐνταῦθα δὲ πεπλήρωται τὸ τοῦ ἀποστόλου ῥητόν, ὁ 6   **14** ἣ] ἧς c_1 **15** ἐθαύμασεν] τεθαύμακεν 6   >Ὅταν γάρ — u a fin Q 6   >Ὅταν γὰρ — εἰσι νόμος 54   **19** τεθαύμακε] ἐθαύμασε 5

εὐφήμησε, καὶ διὰ τοῦ δεξαμένου τῆς σοφίας τὸ δῶρον, τὸν με-
γαλόδωρον ὕμνησεν.

ΚΗ΄

Ξύλα «ἀπελέκητα» ποῖα καλεῖ;

Οἶμαι ὅτι τὰ λεῖα, καὶ ὀρθά, καὶ ὅζων ἀπηλλαγμένα. Ὁ δὲ
Ἰώσηπος «πεύκινα» αὐτὰ εἴρηκεν, ἥκιστα τοῖς παρ᾽ ἡμῖν ἐοικότα   5
πευκίνοις. Τοῦ συκίνου γὰρ ξύλου καὶ λευκότερα εἶναι, καὶ
λειότερα, καὶ στρυφνότερα εἴρηκε.

ΚΘ΄

Τίνα διαφορὰν ἡ ναύλα πρὸς τὴν κινύραν ἔχει;

Ἀνὰ δέκα μὲν φθόγγους καὶ αὕτη ἔχει κἀκείνη. Φασὶ δὲ τὴν
μὲν ναύλαν δακτύλοις, τὴν δὲ κινύραν ἀνακρούεσθαι πλήκτρῳ.   10

Λ΄

Ποία πόλις ἐστὶν ἡ «Θαρσείς»;

---

3 3 Re 10, 11   **5** Josefo, *Ant* 8, 176   **8** cf 3 Re 10, 12   **11** 3 Re 10, 22

1, 5, 6, 8, 9, 10, 12, 35, 37, 54, 55, 56

1 εὐφήμησε] εὐφήμισε 5 54   τῆς σοφίας τὸ δῶρον] τὸν τῆς σοφίας δοτῆρα 5
54   >τὸν μεγαλόδωρον A   **2** ἀνύμνησεν 54   **3** tot Q ΚΗ΄ post Q ΚΘ΄ 5 et
ed   >Ξύλα — u a fin Q 6 55   >Ξύλα D   Ξύλα ἀπελέκητα tr 5 9 54   καλεῖ +
καὶ ὀρθά 10 54   **4** >καὶ ὀρθά A   **5** πεύκινα pr τὰ 10 54   **6** >εἶναι, καὶ λειότερα
D   **8** > tot Q 54: Severo tributa 55   Τίνα] ποίαν D: ὁποίαν 6   ναύλα] νάβλα D⁻⁸ 1
56   κινύραν 9 55   **9** ἔχει κἀκείνη tr 5 37 54   **10** ναύλαν] νάβλαν 1 56   κινύραν 5
9 10 55   **11** Θαρσείς] Θαρσῆς D: Θαρσίς c₁ 6 37

Ἐνταῦθα ἰνδικήν τινα χώραν οὕτως ὠνόμασεν. Οἱ δὲ τὸν Ἰεζε-
κιὴλ ἑρμηνεύσαντες, τὴν Καρχηδόνα τὴν τῆς Λιβύης προκαθημέ-
νην οὕτως ἐκάλεσαν. Σολομὼν μέντοι ὁ πολυθρύλητος, ὁ τοσού-
των ἀξιωθεὶς παρὰ τοῦ Θεοῦ δωρεῶν, καὶ τοὺς βασιλεῖς τοὺς
5 πελάζοντας ὑποτελεῖς ἐσχηκώς, καὶ τοῖς ἀπ' Εὐφράτου μέχρι
Νείλου δασμὸν ἐπιθείς, τῶν θείων δωρεῶν ἐπελήσθη. Λαγνίστατος
γὰρ γενόμενος, παμπόλλαις μὲν ὡμίλησε γυναιξίν· Οὐκ ἠρκέσθη
δὲ ταῖς ἐγχωρίοις, ἀλλὰ παρὰ τὸν νόμον καὶ ἀλλοφύλους ἠγάγε-
το. Πρώτην μὲν τοῦ Φαραὼ τὴν θυγατέρα, ἔπειτα δὲ μωαβίτιδας
10 καὶ σύρας καὶ ἰδουμαίας καὶ ἀμορραίας, ἐξ ὧν ἀπηγόρευσεν ὁ
Δεσπότης Θεὸς τὰς ἐπιγαμίας ποιεῖσθαι, ἵνα μὴ ὁ περὶ ταύτας
ἔρως δουλεῦσαι τοῖς τούτων ἀναγκάσῃ θεοῖς. Τοῦτο γὰρ καὶ οὗ-
τος ὑπέμεινε· «Ὠκοδόμησε γὰρ ὑψηλὸν τῷ Χαμὼς εἰδώλῳ Μωὰβ 701
καὶ τῷ Μελχὸλ εἰδώλῳ υἱῶν Ἀμμών, καὶ τῇ Ἀστάρτῃ βδελύγματι
15 σιδωνίων. Καὶ οὕτως ἐποίησε πάσαις ταῖς γυναιξὶν αὐτοῦ ταῖς
ἀλλοτρίαις. Ἐθυμία καὶ ἔθυε τοῖς εἰδώλοις αὐτῶν». Οἱ δὲ ἄλλοι
ἑρμηνευταὶ «Ἐθυμίων», εἶπον, «καὶ ἔθυον». Δηλοῖ δὲ ὁ λόγος, ὅτι
αὐτὸς ᾠκοδόμησεν αὐταῖς τὰ τεμένη, ἐκεῖναι δὲ τοῖς εἰδώλοις
ἐλάτρευον. Ἀλλ' οὐδὲ οὕτως τῆς κατηγορίας ἐλεύθερος. «Ἐποίη-
20 σε» γάρ φησι, «Σολομὼν τὸ πονηρὸν ἐνώπιον Κυρίου, οὐκ

1 s cf Ez 27, 12.25; 38, 13   7 s cf 3 Re 11, 1-2   13 s 3 Re 11, 5-7   20 s 3 Re
11, 8-10

1, 5, 6, 8, 9, 10, 12, 35, 37, 54, 55, 56

1 τινα χώραν tr 6 10   >οὕτως 37   Ἐζεκιὴλ 5 6 9   2 >τὴν 2° ed   τῆς + γῆς
D-35   3 >ὁ πολυθρύλητος, ὁ 6   4 ἀξιωθεὶς post δωρεῶν A-6   >τοῦ 6 54   5 πελά-
ζοντας] πελάσαντας c₁   >ὑποτελεῖς ἐσχηκώς 6   ἀπ'] ἀπὸ A-6   Εὐφράτου pr τοῦ
ed   >Εὐφράτου μέχρι 6   6 ἐπελήσθη] ἐπλήσθη 10 54   8 ταῖς] τοῖς 10   >ταῖς —
τὸν νόμον 6   9 Πρώτην] πρῶτον A   >Πρώτην — ἀμορραίας 6   10 >καὶ ἀμορραίας
12   11 >Δεσπότης A   Θεὸς pr τῶν ὅλων A-5   12 ἀναγκάσαι 54: καταναγκάσῃ
1   οὗτος] αὐτὸς A-5   13 ὑψηλὸν] + τόπον 54   14 Μελχὸλ] Μελχὼλ c₁ 1 6 37: Μο-
λὸχ 8 35: Μολὼχ 9   15 > Καὶ οὕτως — Ἐθυμία 6   16 ἔθυε] ἐν 5 12 54: + καὶ
ἐθυμία 6   17 Ἐθυμίων] καὶ ἔθυον 6 54   εἶπον] > A-6: καὶ ἐθυμίων 6   καὶ]
ἐκδεδώκασι 6 54   ἔθυον] > 6 54: + ἐκδεδώκασι 5 10   Δηλοῖ] δῆλος A   18 αὐτὸς
+ μὲν A 1   19 οὕτως] > 6 10: οὗτος 1 37: οὕτω 5   κατηγορίας + ἦν 1 5 6   20
Σολομὼν pr ὁ 6   Κυρίου + καὶ 5 8 54

ἐπορεύθη ὀπίσω Κυρίου, ὡς Δαβὶδ ὁ πατὴρ αὐτοῦ. Καὶ ὠργίσθη
Κύριος ἐπὶ Σολομῶντι, ὅτι ἐξέκλινε τὴν καρδίαν αὐτοῦ ἀπὸ Κυρίου
τοῦ Θεοῦ Ἰσραὴλ τοῦ ὀφθέντος αὐτῷ δὶς καὶ ἐντειλαμένου αὐτῷ
περὶ τοῦ λόγου τούτου, τὸ παράπαν μὴ πορευθῆναι ὀπίσω θεῶν
ἀλλοτρίων, καὶ φυλάξαι καὶ ποιῆσαι ἃ ἐνετείλατο αὐτῷ Κύριος.   5
Οὐκ ἦν ἡ καρδία αὐτοῦ τελεία μετὰ Κυρίου κατὰ τὴν καρδίαν Δαβὶδ
τοῦ πατρὸς αὐτοῦ». Εἰς ἐπίτασιν δὲ τῆς κατηγορίας τῆς θείας
ἀποκαλύψεως τῆς δὶς γεγενημένης ἐμνήσθη. Οὐδὲ γὰρ δι᾽ ἄλλου,
φησίν, αὐτῷ προφήτου τὸ πρακτέον ὑπέδειξεν, ἀλλ᾽ αὐτὸς αὐτῷ
πρὸ πάντων ἀπηγόρευσε τῶν ψευδωνύμων θεῶν τὴν λατρείαν·   10
εἶτα καὶ τοὺς ἄλλους νόμους φυλάττειν ἐκέλευσεν. Ἐπειδὴ δὲ διὰ
τῆς ἀκολασίας ἀπέκλινε εἰς ἀσέβειαν, καὶ γέγονεν ἡ λαγνεία τῆς
τῶν εἰδώλων πρόξενος θεραπείας, τῆς οἰκείας αὐτὸν κηδεμονίας
ἐγύμνωσεν. «Διαρρήξω» γὰρ ἔφη, «τὴν βασιλείαν ἐκ χειρός σου,
καὶ δώσω αὐτὴν τῷ δούλῳ σου». Εἶτα δείκνυσι τὴν ἀμέτρητον   15
ἀγαθότητα· «Πλὴν ἐν ταῖς ἡμέραις σου οὐ ποιήσω ταῦτα διὰ Δαβὶδ
τὸν πατέρα σου· ἐκ χειρὸς τοῦ υἱοῦ σου λήψομαι αὐτήν». Σὺ μὲν
γὰρ ἔχεις ἐπικουροῦντα πατέρα· ἐκεῖνος δὲ πατρικῆς βοηθείας
γεγύμνωται. «Πλὴν ὅλην τὴν βασιλείαν οὐ μὴ λάβω. Ἓν σκῆπτρον
δώσω τῷ υἱῷ σου, διὰ Δαβὶδ τὸν δοῦλόν μου, καὶ διὰ   20
Ἱερουσαλήμ, τὴν πόλιν ἣν ἐξελεξάμην». Προσθήσω, φησί, τὸν Βε-
νιαμὶν τῇ τοῦ Ἰούδα φυλῇ. Μάλα δὲ εἰκότως συνῆψε τὰς δύο
φυλάς· τὸ μὲν γὰρ βασιλικὸν γένος εἶχεν ἡ τοῦ Ἰούδα, τὸν δὲ

14 s 3 Re 11, 11   **16** s 3 Re 11, 12   **19** s 3 Re 11, 13

1, 5, 6, 8, 9, 10, 12, 35, 37, 54, 55, 56

1 οὐκ ἐπορεύθη — τοῦ πατρὸς αὐτοῦ (l 7)] ἑξῆς 54   >Καὶ ὠργίσθη — τὴν καρδίαν
35   **2** Σολομῶντι] Σαλομῶντι c₁: Σολομῶντα 1 9: Σολομῶν D   >αὐτοῦ A   **3** >τοῦ
1° A 1 12   **7** >Εἰς ἐπίτασιν — ἐκέλευσεν (l 11) 6   >τῆς 1° A   **8** γεγενημένης] γε-
νομένης 5   Οὐδὲ] οὐ 1 37 55   **9** φησίν post προφήτου 5   >αὐτῷ 1° A   πρακτέον
+ αὐτῷ A⁻⁶   **11** >καὶ A   Ἐπειδὴ δὲ διὰ] καὶ ἐπειδὴ 6   **12** ἀπέκλινε post ἀσέβειαν
5   >καὶ γέγονεν — θεραπείας 6   **13** κηδεμονίας post οἰκείας 5   **15** Εἶτα δείκνυσι —
ὑπῆρχε φυλῆς (p 154 l 2)] καὶ τὰ ἑξῆς καθὼς ἱστορεῖ 6   ἀμέτρητον] ἄμετρον A 9   **18**
ἐπικουροῦντα] ἐπικουρίαν 5 54   πατέρα pr τὸν A   **21** Προσθήσω + γὰρ 35 37

θεῖον νεῶν ἢ τοῦ Βενιαμίν. Τῆς γὰρ Ἱερουσαλὴμ ὁ κλῆρος τῆς βε-
νιαμίτιδος ὑπῆρχε φυλῆς. Ἐντεῦθεν λέγει τοὺς ἐπαναστάντας πο-
λεμίους τῷ Σολομῶντι· ἕως μὲν γὰρ τῆς θείας ἀπήλαυε
προμηθείας, ἐν εἰρήνῃ καὶ γαλήνῃ διῆγε, πάντας ἔχων
5 ὑποκειμένους, καὶ δασμὸν κομίζοντας ὅτι μάλιστα πλεῖστον·
ἐπειδὴ δὲ ταύτης ἐγυμνώθη, τοῖς δυσμενέσιν εὐεπιχείρητος γέγο-
νεν.

ΛΑ΄   704

Τίνα λέγει «Σατᾶν»;

Τὸν ἀποστάτην, τὸν ἀνθιστάμενον, τὸν ἐναντιούμενον. Ὅτι δὲ
10 δύο φυλὰς τῇ δαβιτικῇ καταλέλοιπε βασιλείᾳ, τὰ ἑξῆς δηλοῖ.
Ἀχιὰ γὰρ ὁ προφήτης ὁ Σιλωνίτης διελὼν τὴν ἀμπεχόνην εἰς δυο-
καίδεκα μόρια, δέκα λαβεῖν προσέταξε τῷ Ἱεροβοάμ. Εἶτα λύει
τὸ αἴνιγμα· «Ἰδοὺ ἐγὼ ῥήσσω τὴν βασιλείαν ἐκ χειρὸς Σολομῶν-
τος, καὶ δώσω σοι δέκα σκῆπτρα, καὶ δύο σκῆπτρα δώσω αὐτῷ
15 διὰ Δαβὶδ τὸν δοῦλόν μου, καὶ διὰ Ἱερουσαλὴμ τὴν πόλιν, ἣν ἐξ-
ελεξάμην ἐμαυτῷ ἐκ πασῶν φυλῶν Ἰσραήλ, ἀνθ᾽ ὧν ἐγκατέλιπέ
με, καὶ ἐδούλευσε τῇ Ἀστάρτῃ βδελύγματι σιδωνίων, καὶ τῷ Χα-
μὼς εἰδώλῳ Μωάβ, καὶ τῷ Μελχὸλ προσοχθίσματι υἱῶν Ἀμμών».
Ἐκ τούτων δῆλον, ὅτι καὶ αὐτὸς τοῖς εἰδώλοις ἐλάτρευσεν.

8 3 Re 11, 14   13 s 3 Re 11, 31-33

1, 5, 6, 8, 9, 10, 12, 35, 37, 54, 55, 56

1 νεῶν] ναὸν 5   2 Ἐντεῦθεν + δὲ 5 6   3 >τῷ Σολομῶντι 6   ἕως pr ὅτι A
8   μὲν — ἀπήλαυε] ἀπήλαυε θείας καὶ 6   >γὰρ A 8   4 >καὶ γαλήνῃ — πλεῖστον
6   5 δασμὸν] δαμασκὸν 8   6 εὐεπιχείρωτος 5 56   8 λέγει] φησὶν ἡ γραφὴ ἐνταῦθα
6   10 δαβιδικῇ ed   11 Σηλωνίτης c₁ 37   12 >λαβεῖν A⁻⁵   13 ῥήσσω] ῥήξω
56   Σαλομῶντος 54 55   14 δέκα σκῆπτρα pr τὰ A   16 ὧν] οὗ ed   18 Μελχὼλ c₁
37: Μολὸχ 8 9   19 δῆλον + ἐστί A⁻⁵⁴

ΛΒ´

Τί ἐστιν, «῞Οπως ἡ θέλησις Δαβὶδ τοῦ δούλου μου διαμείνη πάσας τὰς ἡμέρας ἐνώπιόν μου ἐν Ἰερουσαλήμ, τῇ πόλει ἣν ἐξελεξάμην ἐμαυτῷ, τοῦ θέσθαι τὸ ὄνομά μου ἐκεῖ»;

῎Ανωθεν, φησί, προϊδὼν τὴν τοῦ Δαβὶδ ἀρετήν, ἐξελεξάμην αὐτόν, καὶ ηὐδόκησα ἐν αὐτῷ· τοῦτο γὰρ λέγει θέλησιν· καὶ 5
ὥρισα καὶ αὐτόν, καὶ τὸ γένος αὐτοῦ, βασιλεύειν τῆς Ἰερουσαλὴμ ἐν ᾗ ἠβουλήθην τὸ ἐμὸν ὄνομα σέβεσθαι. ῾Ο δὲ ἱστοριογράφος τὰ κατὰ τὸν Σολομῶντα πεπληρωκὼς ἐπήγαγε· «Καὶ τὰ λοιπὰ τῶν λόγων Σολομῶντος, καὶ πάντα ὅσα ἐποίησε, καὶ πᾶσα ἡ φρόνησις αὐτοῦ, οὐκ ἰδοὺ ταῦτα γέγραπται ἐν βίβλῳ Λόγων τῶν ἡμερῶν Σο- 10
λομῶντος;» Τοῦτο δὲ ἢ τὴν τῶν Παραλειπομένων βίβλον δηλοῖ, ἢ ἑτέραν ταῦτα σημαίνουσαν. ᾽Εβασίλευσε δὲ κατὰ μὲν τὴν γραφὴν τεσσαράκοντα ἔτη· κατὰ δὲ τὸν Ἰώσηπον, ὀγδοήκοντα· ἐτελεύτη- σε δὲ, ὡς ἐκεῖνος ἔφησε, τεττάρων καὶ ἐνενήκοντα. Τούτου δὲ τε- λευτήσαντος, τὴν βασιλείαν ῾Ροβοὰμ ὁ υἱὸς αὐτοῦ διεδέξατο. 15

ΛΓ´

Τί ἐστιν, «῾Η σμικρότης μου παχυτέρα ἐστὶ τῆς ὀσφύος τοῦ πα- τρός μου»;

---

1 s 3 Re 11, 36   **8** s 3 Re 11, 41   **12** cf 3 Re 11, 42; 2 Cr 9, 30   **13** Josefo, *Ant* 8, 211   **15** cf 3 Re 11, 43   **16** s 3 Re 12, 10

1, 5, 6, 8, 9, 10, 12, 35, 37, 54, 55, 56

1 διαμένη D 9 54   **2** τῇ πόλει] τὴν πόλιν 37   **5** εὐδόκησα c_1 1 5 37   **7** ἐβουλήθην D 9 55   **10** ἐν] ἐπὶ A⁻⁵   βίβλῳ] βιβλίῳ 9 35   >τῶν ἡμερῶν A   **11** Σαλομῶντος 54 55   δὲ + καὶ 5 35 37: + ἐπὶ 8 12   ἢ 1°] > 8 10 12: ἐπὶ 35   τὴν] τῶν A⁻¹⁰ 35 37 55   βίβλον] > 6 10: βίβλος 5 37 54 55   >ἢ 2° A   **12** ἑτέραν + εἶναι βίβλον 5: + βίβλον A⁻⁵   σημαίνουσαν + βίβλον D   >᾽Εβασίλευσε — Ἰώσηπον 5   **14** ἔφησε] ἔφη A   ἐνενήκοντα + ἐτῶν A⁻⁵⁴   **16** >Τί ἐστιν 54   παχυτέρα] ἡβητέρα D 9

Τῶν Παραλειπομένων ἡ βίβλος σαφέστερον τοῦτο δεδήλωκεν· «Ὁ βραχύτατος γάρ μου», φησί, «δάκτυλος παχύτερος τῆς ὀσφύος τοῦ πατρός μού ἐστιν». Οὕτω δὲ καὶ ὁ Σύρος ἡρμήνευσε, καὶ ὁ Ἰώσηπος ὡσαύτως.

ΛΔ΄

⁷⁰⁵

5 **Πῶς νοητέον, «Καὶ οὐκ ἤκουσεν ὁ βασιλεὺς τοῦ λαοῦ, ὅτι παρὰ Κυρίου ἦν ἡ μεταστροφή», καὶ τὰ ἐξῆς;**

Ὡς τὸ «Ἐσκλήρυνε Κύριος τὴν καρδίαν Φαραώ». Ὅταν γὰρ ὁ Θεός τινα καταλίπῃ, ὡς ἀκυβέρνητον φέρεται σκάφος· ἀλλ᾽ ὅμως τοῖς ἀνοήτοις ἐκείνοις χρησάμενος λόγοις, πληρωθῆναι 10 παρεσκεύασε τοῦ Θεοῦ τὴν ἀπόφασιν. Τούτων δὲ οὕτω ῥηθέντων, ἀφίστανται μὲν αἱ δέκα φυλαί, καὶ χειροτονοῦσι τὸν Ἱεροβοὰμ βασιλέα· μόνων δὲ τῶν δύο φυλῶν ὁ Ῥοβοὰμ ἐβασίλευσε, καὶ τῶν λοιπῶν ὅσοι τούτοις συνῴκουν, ἐκ τῶν ἄλλων ὄντες φυλῶν. Εἶτα βουληθέντα στρατεῦσαι κατὰ τῶν δέκα φυλῶν, διὰ Σαμαίου τοῦ 15 προφήτου κεκώλυκεν· «Ἀναστραφήτω» γὰρ ἔφη, «ἕκαστος εἰς τὸν οἶκον αὐτοῦ, ὅτι ἐξ ἐμοῦ γέγονε τὸ ῥῆμα τοῦτο». Δηλοῖ δὲ ὁ ἱστοριογράφος καὶ τῆς μητρὸς τοῦ Ῥοβοὰμ τὸ γένος, εἰς ἔλεγχον τῆς τοῦ γεγεννηκότος παρανομίας· «Ὄνομα» γάρ φησι, «τῇ μητρὶ αὐτοῦ Ναανά, θυγάτηρ Ἀνάν, υἱοῦ Ναὰς βασιλέως υἱῶν Ἀμμών».

---

2 s 2 Cr 10, 10   4 s Josefo, *Ant* 8, 217   5 s 3 Re 12, 15   7 Ex 9, 12   15 s 3 Re 12, 24   18 s 3 Re 12, 24a

1, 5, 6, 8, 9, 10, 12, 35, 37, 54, 55, 56

1 δεδήλωκεν] δηλοῖ Α: ἡρμήνευσεν 37   2 >γάρ Α   γάρ μου tr D 1 9   3 >ὁ 2° D⁻³⁵ 1 10 55   6 >καὶ τὰ ἐξῆς 6   >τὰ 5 54   7 γὰρ + φησιν 5 56   >ὁ c₁ 37   8 Θεός τινα tr 37   10 τὴν ἀπόφασιν] τὸ βούλημα 12   >οὕτω Α   12 >καὶ τῶν — φυλῶν 6   13 τῶν λοιπῶν] τὸ λοιπὸν 37   >ἐκ 1 9 37 56   14 καταστρατεῦσαι Α   >κατὰ τῶν δέκα φυλῶν Α   15 ἀναστρεφέτω c₁ 1 37   >ἔφη 37 56   18 τῇ μητρί] τῆς μητρός 10 54   19 Ἀννάν D⁻¹² 9

Ἱκανὸν δὲ τοῦτο καὶ τὴν ἰουδαίων βδελυρίαν ἐντρέψαι, οἳ ἐπὶ τῇ
εὐγενείᾳ βρενθύονται, καὶ τοὺς ἐξ ἐθνῶν τῷ Σωτῆρι
πεπιστευκότας ἀλλογενεῖς ὀνομάζουσιν. Εὑρίσκεται γὰρ αὐτῶν
καὶ τὸ βασιλικὸν γένος ἀλλόφυλον· ὁ δὲ Ῥοβοὰμ τὴν τοῦ πατρὸς
παρανομίαν ἐζήλωσεν.   5

ΛΕ΄

Τί δήποτε καὶ δὶς τὰ αὐτὰ ὁ ἱστοριογράφος λέγει, καὶ πολλάκις τὰ
ὕστερα πρότερα; Καὶ γὰρ ἐνταῦθα τὴν κατὰ τοῦ παιδίου Ἱερο-
βοὰμ ἀπόφασιν προτέραν τῆς βασιλείας τέθεικεν;

Δὶς μὲν τὰ αὐτὰ πολλάκις ἀναγκάζεται λέγειν· ἐπειδὴ περὶ δύο
βασιλειῶν διῃρημένων συγγράφει· καὶ ἔστιν ὅτε πολλὰ περὶ   10
θατέρας τιθεὶς διηγήματα, εἶτα εἰς τὴν ἑτέραν μεταβαίνων,
ἀναγκάζεται ἀναλαβεῖν τὰ ἤδη προειρημένα, ὥστε τὴν
ἀκολουθίαν φυλάξαι. Ἡ δὲ τοῦ παιδὸς ἀρρωστία, καὶ ἡ κατὰ
τούτου γεγενημένη ἀπόφασις, δηλονότι μετὰ τὴν ἀσέβειαν γέγονε.
Προειπὼν γὰρ τοῦ παιδίου τὴν τελευτὴν ὁ προφήτης, καὶ τὴν   15
κατὰ παντὸς τοῦ γένους ἐξενήνοχε ψῆφον. Ὁ μὲν γὰρ Ἱεροβοὰμ
τὴν γυναῖκα μετὰ τῶν ξενίων πρὸς τὸν προφήτην ἀπέστειλεν.
Ἀμβλυώττων δὲ ὡς πρεσβύτης καὶ ἔνδον καθήμενος ᾔσθετο
708 πόρρωθεν ἀφικνουμένης ἐκείνης, καὶ τὸν ὑπηρέτην ἀποστείλας,
συντόμως αὐτὴν ἐκέλευσεν εἰσελθεῖν, ὡς ἀλγεινὰ πευσομένην. Καὶ   20
πρῶτον ἐπιμέμφεται τοῖς δώροις· «Ἵνα τί ἐνήνοχάς μοι ἄρτους,

21 s 3 Re 12, 24l

1, 5, 6, 8, 9, 10, 12, 35, 37, 54, 55, 56

1 >Ἱκανὸν δὲ — u a fin Q 6   οἳ ἐπὶ] ὅτι ἐπ' A   >τῇ 5 10   4 >τὴν τοῦ A   6
οἱ ἱστοριογράφοι λέγουσιν A   7 ἐνταῦθα pr καὶ 1 9 37 56   παιδίου] παιδὸς 5 6
55   Ἱεροβοὰμ pr τοῦ D⁻¹² 9   Ἱεροβοὰμ] Ῥοβοὰμ 1   9 αὐτὰ + καὶ c₁ 1 9 37   11
μεταβαίνων] διαβαίνων A⁻¹⁰ 37   12 ἀναλαβεῖν] μεταλαβεῖν A⁻⁶   13 κατὰ τούτου] κατ'
αὐτοῦ A   14 δηλονότι] δηλοῖ ὅτι A   15 τοῦ παιδίου/τὴν tr 5 54   παιδίου] παιδὸς
A   >καὶ A   16 ψῆφον] ἀπόφασιν c₁ 1 37   18 ὡς] ὁ 1 10 12 37   >καὶ 37   19
ἀφικομένης 12 56   >ἐκείνης A   20 ἐκέλευσεν εἰσελθεῖν tr A⁻⁵⁴ 12   εἰσελθεῖν] ἐλθεῖν
6 54   21 πρῶτον + μὲν 5

καὶ σταφυλήν, καὶ κολλύρια, καὶ στάμνον μέλιτος;» Τὸ δὲ
δηλῶσαι τὰ κομισθέντα πείθει τοῖς ῥηθησομένοις πιστεῦσαι. Εἶτα
τοῦ ·παιδὸς ἀπαγγείλας τὴν τελευτήν, ἐπήγαγεν ὅτι «Τάδε λέγει
Κύριος· Ἰδοὺ ἐξολοθρεύσω τοῦ Ἱεροβοὰμ οὐροῦντα πρὸς τοῖχον».
5 Καὶ οὐ μόνον σφαγὴν αὐτοῖς προηγόρευσεν, ἀλλὰ καὶ τὸ ἀτάφους
μεῖναι μετὰ σφαγήν, καὶ προτεθῆναι θοίνην καὶ βορρὰν οἰωνοῖς
καὶ θηρίοις. Ἔπειτα τὴν αἰτίαν ἐπάγει, «Ὅτι οὐχ εὑρέθη ἐν αὐτῷ
ῥῆμα καλὸν περὶ τοῦ Κυρίου». Οὐροῦντα δὲ πρὸς τοῖχον λέγει τὸν
ἀσθενῶς διακείμενον, καὶ στῆναι δίχα τοῦ ἐρείδεσθαι τῷ τοίχῳ
10 παντελῶς μὴ δυνάμενον.

ΛΣ΄

**Τί δήποτε ἄνω μὲν τὸν Ἀχιὰ τὸν Σιλωνίτην εἶπε ῥῆξαι τὸ περιβό-
λαιον, καὶ δοῦναι δέκα ῥήγματα τῷ Ἱεροβοὰμ, ἐνταῦθα δὲ Σα-
μαίαν τὸν Ἐλαμίτην;**

Δὶς ταῦτα γεγένηται. Ὁ μὲν γὰρ Ἀχιάς, ζῶντος ἔτι τοῦ
15 Σολομῶντος, τὴν ἀμπεχόνην διέρρηξεν. Ὅθεν μετὰ χρηστῆς
ἐλπίδος Ἱεροβοὰμ εἰς τὴν Αἴγυπτον ἔφυγε. Σαμαίας δὲ ὁ
Ἐλαμίτης μετὰ τὴν τοῦ Σολομῶντος τελευτήν, καὶ τοῦ Ἱεροβοὰμ
τὴν ἐπάνοδον, ταὐτὸ τοῦτο πεποίηκεν, ἀναμιμνήσκων αὐτὸν τῆς
θείας προρρήσεως, ὥστε μαθεῖν θεόσδοτον εἶναι τὴν βασιλείαν,
20 καὶ τοῖς θείοις νόμοις κοσμῆσαι τὴν ἐξουσίαν. Ἀλλ’ ὁ δείλαιος

3 s 3 Re 12, 24m   **7** s 3 Re 12, 24m   **11** s cf 3 Re 12, 24o

1, 5, 6, 8, 9, 10, 12, 35, 37, 54, 55, 56

3 >ὅτι A   **4** Ἰδοὺ + ἐγώ A 12   ἐξολοθρεύω 6 9 10 55   **5** προσηγόρευσεν
D   >τὸ 12   **6** μεῖναι] εἶναι D 9   προσθεθῆναι 6 10 55   >θοίνην καὶ 37
54   >καὶ βορρὰν 6   βορρὰν] βορὰν D⁻¹² c₁ 1 5   **8** >καλὸν A   >περὶ A⁻¹⁰
>τοῦ A   **11** Σηλωνίτην c₁ 35 37 54   **14** ταῦτα] τὰ αὐτὰ c₁   Ἀχιάς] Ἀχιά 5 8 9
37   >ἔτι A 55   **15** Σολομῶντος + καὶ τοῦ Ἱεροβοὰμ δουλεύοντος A   >τὴν 5
54   **17** >τοῦ 1° D c₁ 9   **18** ταὐτὸ] > A: αὐτὸ D⁻¹² 9   ἀναμιμνήσκει οὖν A   **19**
μαθεῖν] μαθόντα A   βασιλείαν] ἐξουσίαν 54   **20** καὶ] > A⁻⁶: εἰ 6   κατακοσμῆσαι
5   ἐξουσίαν] βασιλείαν 54

καὶ τρισάθλιος, θεόθεν τὴν δυναστείαν λαβών, ἀνθρωπίναις αὐτὴν καὶ δυσσεβέσιν ἔχειν ἐπεχείρησε μηχαναῖς. Λογισάμενος γάρ, ὡς ὁ τῶν ἑορτῶν νόμος δραμεῖν ἅπαντας εἰς τὴν μητρόπολιν ἀναγκάσει, ἀνιόντες δὲ συναφθῆναι τοῖς ἄλλοις πεισθήσονται, καὶ ὑπὸ τὴν δαβιτικὴν βασιλείαν γενήσονται, δύο δαμάλεις χρυσᾶς 5 κατεσκεύασε, καὶ τοῖς ὁρίοις τῆς βασιλείας ἐπέστησεν· ἵν' οἱ μὲν πρὸς ταύτην, οἱ δὲ πρὸς ἐκείνην συντρέχοντες, καὶ διὰ τοῦ πελάζειν μὴ δυσχεραίνοντες, ἀσπαστῶς δέξωνται τὸ μὴ τρέχειν εἰς τὴν μητρόπολιν. Ὅριον δὲ τῆς τῶν δέκα φυλῶν βασιλείας ἀπὸ νότου μὲν ἡ Βεθήλ, ἀπὸ βορρᾶ δὲ ἡ Δάν. Ἔδει δὲ συνιδεῖν τὸν 10 ἐμβρόντητον, ὡς ὁ δωρησάμενος τὴν βασιλείαν ἱκανὸς ταύτην κρατῦναι. Ἐξήλασε δὲ καὶ τοὺς ἱερέας καὶ τοὺς λευίτας, τοὺς ἐν ταῖς δέκα φυλαῖς οἰκοῦντας, καὶ τῶν δαμάλεων τοὺς τυχόντας 709 ἱερέας ἐχειροτόνησε. Τοῦτο μόνον κατὰ λόγον πεποιηκώς· οὐ γὰρ ἔδει τοῦ Θεοῦ τοὺς ἱερέας τοῖς οὐκ οὖσι λατρεύειν θεοῖς. 15

ΛΖ΄.

Εἰ τὴν ἑορτὴν τοῦ Ἰούδα ἐποίησεν ὁ Ἱεροβοὰμ ἐν Βεθήλ, πῶς ἔφη ὁ συγγραφεύς, «Ἐν τῇ ἑορτῇ ᾖ ἐπλάσατο ἀπὸ καρδίας αὐτοῦ»;

Τῇ πεντεκαιδεκάτῃ τοῦ ἑβδόμου μηνὸς ἐπιτελεῖν εἰώθασι κατὰ τὸν νόμον τῆς Σκηνοπηγίας τὴν ἑορτήν· οὗτος δὲ τῇ πεν-

---

17 3 Re 12, 33

1, 5, 6, 8, 9, 10, 12, 35, 37, 54, 55, 56

1 >καὶ τρισάθλιος 6 54   >θεόθεν A   δυναστείαν] ἐξουσίαν c₁   >ἀνθρωπίναις· αὐτὴν καὶ 6   **2** >ἔχειν 8 35   **3** ἑορτῶν] θυσιῶν A   **4** ἀναγκάζει A 37   συναφθῆναι] συνάπτονται A   ἄλλοις + καὶ A⁻¹⁰ 12   καὶ] τὸ 6 54   **5** Δαβιδικὴν ed   δαβιτικὴν βασιλείαν] βασιλικὴν δυναστείαν τοῦ Δαβὶδ 12   γενήσονται] γενήσεσθαι A⁻¹⁰ 12   **7** >ταύτην, οἱ δὲ πρὸς 54   συντρέχοντες] ἀποτρέχοντες 5 54: προστρέχοντες 6 10   τοῦ] τὸ A⁻¹⁰   **8** δέξωνται] δέξοιντο 5 54   **10** Βεθήλ] Βαιθήλ c₁ 12 37 54   **12** >καὶ τοὺς λευίτας — τυχόντας A   **14** ἱερέας] οὓς A⁻⁵⁴: ὃς 54   ἐχειροτόνησε + ἑβδομήκοντα A   **15** λατρεύειν θεοῖς tr 37   **16** Εἰ] εἰς 8 54   >τοῦ A   >ὁ A   Βαιθήλ c₁ 37 54   πῶς] ὡς 6   **17** ᾖ] ἦν c₁ 1 6 37   ἐπλάσσατο 56   αὐτοῦ] ἑαυτοῦ 55   **18** ἐπιτελεῖται 54   >εἰώθασι κατὰ τὸν νόμον 54   εἰώθεισαν 1 9 10ᵛⁱᵈ 56: εἰώθεσαν 1 8: εἴωθεν 12   κατὰ + τὰ 55   **19** τῆς pr ᾖ 54   >τὴν 54   ἑορτή 54   τῇ pr ἐν 35

τεκαιδεκάτῃ τοῦ ὀγδόου μηνὸς τῶν δαμάλεων ἐπετέλεσε τὴν πανήγυριν. Ἀλλ' οὐδὲ οὕτω παρεῖδεν αὐτὸν πλανώμενον ὁ φιλάνθρωπος Κύριος. Ἀπέστειλε γὰρ προφήτην ἐντειλάμενος αὐτῷ, μηδὲν μὲν πρὸς ἐκεῖνον εἰπεῖν, τῷ ἀψύχῳ δὲ θυσιαστηρίῳ
5 προσενεγκεῖν τὴν ἀπόφασιν· «Θυσιαστήριον, θυσιαστήριον, τάδε λέγει Κύριος· Ἰδοὺ υἱὸς τίκτεται τῷ οἴκῳ Δαβίδ, Ἰωσίας ὄνομα αὐτῷ, καὶ θύσει ἐπὶ σὲ τοὺς ἱερέας τῶν ὑψηλῶν καὶ τοὺς θύοντας ἐπὶ σέ· καὶ ὀστᾶ ἀνθρώπων κατακαύσει ἐπὶ σέ». Εἶτα δίδωσι τέρας τῇ θαυματουργίᾳ, δεικνὺς τῶν εἰρημένων τὸ ἀψευδές·
10 «Ἰδοὺ» γὰρ ἔφη, «τὸ θυσιαστήριον ῥήγνυται καὶ ἐκχυθήσεται ἡ πιότης ἡ οὖσα ἐπ' αὐτῷ». Ἀλλ' ὁ παμπόνηρος ἐκεῖνος, δέον ἐκπλαγῆναι τοῦ προφήτου τὸ θαῦμα καὶ δεῖσαι τὸν πεπομφότα, ἐκτείνας τὴν χεῖρα συλληφθῆναι τὸν προφήτην προσέταξεν· ἀλλ' ἔμεινε τὸ τῆς ἐκτάσεως ἔχουσα σχῆμα, τῶν μυῶν καὶ τῶν νεύρων
15 διαλυθέντων. Καὶ τὸ μὲν τοῦ βωμοῦ πάθος αὐτὸν οὐ κατέπληξε, τὸ δὲ τῆς χειρὸς ἄγαν ἠνίασε. Λίαν δὲ ἠλίθιος ὤν, τὸν προφήτην ἱκέτευσεν αἰτῆσαι αὐτῷ παρὰ τοῦ πεπομφότος, οὐ τῆς παρανομίας τὴν ἄφεσιν, ἀλλὰ τῆς χειρὸς τῆς ξηρανθείσης τὴν ἴασιν. Ἔδειξε δὲ καὶ ὁ προφήτης τὸ ἥμερον καὶ ὁ Θεὸς τὸ φιλάνθρω-
20 πον. Καὶ οὗτος γὰρ ᾔτησε, καὶ ὁ Θεὸς τὴν αἴτησιν ἔδωκεν. Ὁ δέ γε προφήτης φενακισθεὶς ἀνιαροῖς περιέπεσεν, ὁ μὲν γὰρ βασιλεὺς αὐτὸν κοινωνῆσαι οἱ τραπέζης ἀξιώσας οὐκ ἔπεισεν. Ἔφη γὰρ

5 s 3 Re 13, 2   10 s 3 Re 13, 3

1, 5, 6, 8, 9, 10, 12, 35, 37, 54, 55, 56

2 οὕτως c₁ 1 10 37   παρεῖδεν αὐτὸν tr A⁻⁶   πλανώμενον] > 12: ante παρεῖδεν 54   4 > μηδὲν μὲν πρὸς ἐκεῖνον εἰπεῖν c₁   >μὲν 5 37   5 >θυσιαστήριον 35   τάδε post Κύριος 37   6 >υἱὸς A   7 >τοὺς 1° c₁ 1 37   τοὺς 2°] θύσει 9   8 >καὶ ὀστᾶ — κατακαύσει 54   9 τέρας] πέρας 1   τῆς θαυματουργίας 54   10 Ἰδοὺ pr καὶ 54   ἔφη + ῥαγήσεται A   >ῥήγνυται A   12 >τοῦ προφήτου 54   θαῦμα] ῥῆμα 55   13 >τὸν προφήτην 9   14 ἔχουσα σχῆμα tr A: + ἡ χεὶρ A   15 διαλυθέντων] διαταθέντων A   τὸ] ante πάθος A 12: τοῦ 37   μὲν τοῦ tr A 12   16 >ἄγαν 6   >τὸν 10   18 >τῆς ξηρανθείσης A   20 >γὰρ 37   τὴν] τὸ 37   αἴτησιν] ἴασιν A: φιλάνθρωπον 37   ἔδωκεν] δέδωκεν 8   Ὁ δέ γε προφήτης — περιέπεσε λέοντι. Καὶ (p 163 l 7)] καὶ τὰ ἑξῆς καθὼς ἡ ἱστορία διέξεισιν 6   21 >γε A   ἀνιεροῖς 54   22 >αὐτὸν A   >οἱ A D⁻⁸   τραπέζης + αὐτῷ 5 10

τὸν πεπομφότα προστεταχέναι μὴ τροφῆς, μὴ πότου μεταλαβεῖν
ἐν ἐκείνῃ τῇ γῇ. Ἄλλος δέ τις προφήτης, ὅν τινες ψευδοπροφή-
την νομίζουσι, λόγοις αὐτὸν ἐξαπατήσας μεταλαβεῖν σιτίων
ἀνέπεισεν. Ἐγὼ δὲ τοῦ Θεοῦ μὲν καὶ τὸν ἄλλον προφήτην ὑπείλη-
φα, ψευδέσι δὲ χρήσασθαι λόγοις πρὸς τὸν ἄνθρωπον τοῦ Θεοῦ,   5
οὐχ ἵνα ἐκεῖνον βλάψῃ, ἀλλ᾽ ἵνα αὐτὸς μεταλάβῃ τῆς εὐλογίας.
Τοῦτο γὰρ ἡ ἱστορία διδάσκει. Οὐ γὰρ ἁπλῶς εἶπεν, ὅτι προφήτης
καὶ πρεσβύτης κατῴκει ἐν Βεθήλ, ἀλλὰ «Καὶ προφήτης ἄλλος
πρεσβύτης κατῴκει ἐν Βεθήλ». Δηλοῖ δὲ προφήτην ὄντα, καὶ οὐ
712 ψευδοπροφήτην, τὸ καὶ τὸν Θεὸν δι᾽ αὐτοῦ προειπεῖν τῷ ἀνθρώπῳ 10
τοῦ Θεοῦ τὸ ἐσόμενον πάθος, καὶ πρὸς τούτοις τὸ πιστεῦσαι τοῖς
περὶ τοῦ Ἰωσίου προρρηθεῖσι καὶ τοῖς υἱέσιν ἐντείλασθαι, ὥστε
αὐτοῦ τελευτήσαντος ἐκείνῳ τὸ σῶμα συνθάψαι. Οὗτος τῶν υἱέων
διηγουμένων ἀκούσας τὰ περὶ τὸν τῶν δαμάλεων γεγενημένα
βωμόν, πρῶτον μὲν ἐπέστρεψε τὸ πρόσωπον ἐκπλαγεὶς τὰς θείας 15
θαυματουργίας· εἶτα μεμαθηκὼς διὰ ποίας ὁδοῦ τὴν πορείαν
πεποίηται, ἐπέσαξε μὲν τὴν ὄνον, ἐξήνυσε δὲ τὴν ὁδὸν ὅτι τάχι-
στα. Κατέλαβε δὲ αὐτὸν ὑπὸ δρυὸς σκιὰν καθεζόμενον· καὶ
πυθόμενος ὅστις εἴη καὶ μαθὼν τὸ ποθούμενον, ἱκέτευσεν

8 s 3 Re 13, 11   17 cf 3 Re 13, 23

1, 5, 6, 8, 9, 10, 12, 35, 37, 54, 55, 56

1 προτεταχέναι 5: ἐντείλασθαι 54   μεταλαβεῖν] γεύσασθαι 54   3 νομίζουσι]
ὀνομάζουσι 12   μεταλαβεῖν] μετασχεῖν 5   4 ἔπεισεν A   >μὲν A   5 χρήσασθαι λό-
γοις tr A   6 ἐκεῖνον] αὐτὸν 10 12 35 54: τοῦτον 5 8   αὐτὸς] > A: κἀκεῖνος 1
9   μεταλάβῃ] μεταλάχῃ 12: + αὐτοῦ 54   τῆς + αὐτοῦ 5 10   7 ἡ pr καὶ 1 8 35
37   ὅτι pr ἀλλ᾽ A   προφήτης ... πρεσβύτης tr c₁   8 >καὶ 1° A   >πρεσβύτης
54   Βαιθήλ c₁ 1 37 54   >ἀλλὰ Καὶ προφήτης — ἐν Βεθήλ A 12 37   9 >πρεσβύτης
A c₁ 1 12 37   Βαιθήλ c₁ 1 54   προφήτην] αὐτὸν 54   >ὄντα, καὶ 54   10 τὸ] τὸν
54   τὸν Θεὸν] τῷ Θεῷ 12 54   12 >καὶ 12   ὑέσιν 9   13 αὐτὸν τελευτήσαντα
5   ἐκείνου A: ἐκεῖνο 37   τῷ σώματι A   ὑέων 9   14 διηγουμένων ἀκούσας tr
37   τὰ] τὸν D   >τὸν 8 12   γεγενημένων D   15 βωμόν] ante τῶν δαμάλεων A:
βωμῶν 35 54   >πρῶτον μὲν — τὸ πρόσωπον 54   >μὲν 10   πρόσωπον + αὐτοῦ
5   16 μεμαθηκὼς] μαθὼν 54   17 ποιεῖται 1 12: πεποίηκεν 56   >μὲν A   >ἐξήνυσε
54   δὲ] καὶ 54   ὁδὸν + ἐξανύσας 54   >ὅτι A   18 >δὲ 54   >σκιὰν 54   καθε-
ζόμενον] καθήμενον 54   19 πυθανόμενον (sic) 12

ἀναστρέψαι καὶ σὺν αὐτῷ τροφῆς μεταλαβεῖν· ἐκείνου δὲ πάλιν
τὰ παρὰ τοῦ Θεοῦ κελευσθέντα εἰρηκότος, καὶ ὡς οὐχ οἷόν τε
θεῖον παραβῆναι νόμον —προσετάχθη γὰρ μὴ τροφῆς, μὴ πότου
μεταλαβεῖν ἐν ἐκείνῃ τῇ γῇ— ὑπολαβὼν ἔφη· «Καὶ ἐγὼ προφήτης
5 εἰμὶ ὡς σὺ καὶ ἄγγελος ἐλάλησε πρὸς μὲ ἐν λόγῳ Κυρίου λέγων·
Ἐπίστρεψον αὐτὸν μετὰ σοῦ εἰς τὸν οἶκόν σου καὶ φαγέτω ἄρτον
καὶ πιέτω ὕδωρ». Εἶτα ὁ ἱστοριογράφος ἐπήγαγε, «Καὶ ἐψεύσατο
αὐτῷ». Τοῦτο ἔγωγε ἐν τούτοις ἡμαρτηκέναι τὸν πρεσβύτην
προφήτην φημί, καὶ κατὰ τοῦτο μόνον ψευδοπροφήτην εἶναι, ὡς
10 θείας φωνὰς διαπλάσαντα. Οὐ μὴν κακοηθείᾳ τινὶ χρήσασθαι
ἡγοῦμαι τὸν ἄνθρωπον, ἀλλὰ μᾶλλον τῇ τῆς εὐλογίας ἐπιθυμίᾳ τῷ
ψεύδει καταχρῶσαι τοὺς λόγους. Ἐπειδὴ δὲ ἀνέστρεψε καὶ σιτίων
μετέλαβεν, «Ἐγένετο», φησί, «λόγος Κυρίου πρὸς τὸν προφήτην
τὸν ἐπιστρέψαντα αὐτὸν καὶ εἶπε πρὸς τὸν ἄνθρωπον τοῦ Θεοῦ τὸν
15 ἥκοντα ἐξ Ἰούδα λέγων· Τάδε λέγει Κύριος· Ἀνθ' ὧν παρεπίκρα-
νας τὸ ῥῆμα Κυρίου καὶ οὐκ ἐφύλαξας τὴν ἐντολήν, ἣν ἐνετείλατό
σοι Κύριος ὁ Θεός σου καὶ ἐπέστρεψας, καὶ ἔφαγες ἄρτον καὶ
ἔπιες ὕδωρ ἐν τῷ τόπῳ τούτῳ ἐν ᾧ ἐλάλησα πρὸς σὲ λέγων· Μὴ
φάγῃς ἄρτον καὶ μὴ πίῃς ὕδωρ, οὐ μὴ εἰσέλθῃ τὸ σῶμά σου εἰς τὸν
20 τάφον τῶν πατέρων σου». Τῆς θείας τοίνυν γραφῆς καὶ προφήτην
αὐτὸν καλούσης καὶ διδασκούσης ὡς δι' αὐτοῦ τὴν κατὰ τοῦ

4 s 3 Re 13, 18   13 s 3 Re 13, 20-22

1, 5, 6, 8, 9, 10, 12, 35, 37, 54, 55, 56

1 σὺν] μετ' 35   μεταλαβεῖν] μεταλαχεῖν c_1 1 12 37   ἐκείνου δὲ πάλιν tr A   2
>τοῦ 10   κελευθέντα c_1 1 8 9 54   εἰρηκότος] προβεβληκότος 54   >καὶ ὡς οὐχ οἷόν
— ἐκείνῃ τῇ γῇ (l 4) 54   3 θεῖον pr τὸν 37   νόμον] λόγον 5 10   4 ὑπολαβὼν + δὲ
12   Καὶ ἐγὼ] > A: Κἀγὼ 37   6 >μετὰ σοῦ 37   7 Εἶτα] > 35: + καὶ 1
37   ἱστοριογράφος] συγγραφεὺς 54   8 Τοῦτο ἔγωγε — καταχρῶσαι τοὺς λόγους (l 12)]
κατὰ τοῦτο τὸ διαψεύσασθαι φαίην ἂν κἀγὼ τὸν ἄνθρωπον ψευδοπροφήτην 54   >Τοῦτο
ἔγωγε 5   9 >προφήτην 1 37   10 μὴν + καὶ c_1 13 >φησί 12   15 >λέγων
A   Κύριος + Παντωκράτωρ 5 10   16 >Κυρίου A   17 >σοι A   18 >ἐν τῷ τόπῳ
— πίῃς ὕδωρ 5   ἐν ᾧ ἐλάλησα — τῶν πατέρων σου (l 20)] ᾧ καὶ ἑξῆς 54   19 >μὴ 1°
35 37   20 τῶν πατέρων] τοῦ πατρός 1   21 καλούσης] > A·54: λεγούσης 54   >καὶ
διδασκούσης — ψευδοπροφήτην αὐτὸν (p 163 l 3) A

ἑτέρου ψῆφον ἐξενήνοχεν ὁ Θεός, τολμηρὸν οἶμαι ψευδοπροφήτην ὀνομάζειν αὐτόν. Τί δήποτε γὰρ αὐτὸν ὡς ἐκεῖνον οὐκ ἐκόλασεν ὁ
713 Θεός, εἴπερ ἄρα καὶ ψευδοπροφήτην αὐτὸν ὄντα ᾔδει, καὶ κα-κοηθείᾳ κατὰ τοῦ θείου προφήτου χρησάμενον; Ἴσως γὰρ καὶ τὸν σκοπὸν αὐτοῦ καθορῶν ὁ φιλάνθρωπος, καὶ τῷ ψεύδει συγγνώμην 5 ἀπένειμεν. Ὁ δὲ τοῦ Θεοῦ ἄνθρωπος εὐθὺς ἐκδημήσας περιέπεσε λέοντι. Καὶ ἀνεῖλε μὲν αὐτὸν τὸ θηρίον, μεταλαβεῖν δὲ τοῦ σώμα-τος οὐκ ἐτόλμησεν, ἀλλ᾽ εἱστήκει καὶ τὴν ὄνον καὶ τὸ σῶμα φυλάττων, ὥστε μηδὲ ἄλλο θηρίον ἢ πτηνὸν τολμῆσαι λυμήνασθαι. Τούτου μηνυθέντος ἔδραμε πάλιν ὁ προφήτης. Δηλοῖ δὲ αὐτοῦ τὸ 10 εὐσεβὲς καὶ τὰ ῥήματα. «Εἴπε» γάρ φησιν, «ὁ ἄνθρωπος τοῦ Θεοῦ οὗτος ὃς παρεπίκρανε τὸ ῥῆμα Κυρίου». Εἶτα δραμὼν εὗρε τοῦ μὲν προφήτου τὸ σῶμα νεκρόν, ἀλώβητον δὲ τὴν ὄνον· τὸν λέοντα δὲ οἷόν τινα φύλακα παρεστῶτα, ὃς ἰδὼν αὐτὸν ἀφιγμένον ὑπε-χώρησεν ὡς οὐκέτι φυλακῆς δεομένου τοῦ σώματος. Ἔπειτα 15 μετακομίσας καὶ τῶν νομιζομένων ἀξιώσας, ἐνετείλατο τοῖς υἱέσι μίᾳ θήκῃ ἀμφότερα παραδοῦναι τὰ σώματα, ὡς τῆς θείας

6 s cf 3 Re 13, 24   11 s 3 Re 13, 26   12 s cf 3 Re 13, 28 s

1, 5, 6, 8, 9, 10, 12, 35, 37, 54, 55, 56

1 Θεός pr Δεσπότης 37   2 ἐκόλασεν] ἐκώλυσεν 35   3 εἴπερ] εἴπεν 12   ὄντα ᾔδει] > 54: tr 1   ὄντα] εἶναι 5 10   ᾔδει] ἤδη 12: εἰδυίας 5^{vid}: εἰδούσης 10   4 κακοηθείᾳ pr οὐ A   θείου] > 5 8: ἰδίου 1   Ἴσως] οὕτως 12   5 φιλάνθρωπος] Θεός 5: + Θεός 10 54: + Κύριος 12   6 ἀπένειμεν] ἔνειμε καὶ ἡμεῖς οὕτω φάμεν αὐτόν 54   7 Καὶ ἀνεῖλε — λυμήνασθαι. Τούτου (l 10)] ὑφ᾽ οὗ αὐτίκα μὲν ἀνῃρέθη· ἄψαυστον δὲ τὸ σῶμα τροφῆς ἕνεκα διατηρούμενον ἔσχεν 54   μὲν αὐτὸν — τοῦ σώματος] σῶμα δὲ αὐτοῦ .6   8 >ἀλλ᾽ εἱστήκει — πτηνὸν τολμῆσαι A   τὴν] τὸν 37   9 μηδὲ] μὴ 12: μηδὲν ed   λυμήνασθαι] > 5: + τὸ θηρίον ἐκεῖνος 6: + αὐτό 8   10 Τούτου] > 5 6: + δὲ ed   μηνυθέντος pr οὐ 5   μηνυθέντος ἔδραμε — τῶν νομιζομένων ἀξιώσας (l 16)] καὶ ὅτι ταφῆς ἠξίωσεν ὁ ἀπατήσας προφήτης 6   πάλιν + ὁ πρεσβύτης 10   11 καὶ τὰ ῥήματα] > A^{-10}: καὶ γὰρ ἦν μάλα 10   >φησιν D   ἄνθρωπος / τοῦ Θεοῦ tr 54   12 οὗτος] > c₁: + ἐστίν 10   13 >τοῦ μὲν προφήτου — τὴν ὄνον A   λέοντα δὲ tr 37   14 δὲ οἷόν τινα — ἰδὼν αὐτόν] > A^{-54}: τοῦ σώματος φύλακα 54   ἀφιγμένον] ἀφικομένου δὲ 5 54: ἀφικνουμένου 10   ὑπανεχώρησεν 5 10   15 φυλακῆς δεομένου tr 54   16 ἐνετείλατο τοῖς υἱέσι] καὶ τοῖς υἱέσι ἐνετείλατο 6   υἱέσσιν 12   17 >ἀμφότερα 1   >ὡς τῆς θείας — τὸ πέρας 6

προρρήσεως δεξαμένης τὸ πέρας. Ἐκ δὲ τούτου τοῦ διηγήματος διδασκόμεθα, ὡς δυνατοὶ δυνατῶς ἐτασθήσονται. Οὐ γὰρ ἔδει τὸν θείας ἀκηκοότα φωνῆς ἀνθρωπείᾳ πιστεῦσαι τἀναντία λεγούσῃ ἀλλ᾽ ἀναμεῖναι τὸν προστεταχότα λῦσαι ὅπερ γενέσθαι προσέτα-
5 ξεν. Ἐγὼ δὲ οἶμαι καὶ εἰς βεβαίωσιν τῆς περὶ τοῦ θυσιαστηρίου προρρήσεως τήνδε γενέσθαι τὴν τιμωρίαν. Οὐ γὰρ οἷόν τε ἦν λαθεῖν ἀνδρὸς τοσούτου τοιοῦτον διήγημα τοῖς δὲ ἀκούουσιν ἱκανὸν ἦν τοῦτο δέος ἐνθεῖναι. Εἰ γὰρ τροφῆς μετάληψις παρὰ τὴν θείαν ἐντολὴν γενομένη καὶ οὐκ ἐξ ἡδονῆς ἀλλ᾽ ἐξ ἀπάτης γε-
10 γενημένη, τοιαύτην ἀνδρὶ δικαίῳ τιμωρίαν ἐπήνεγκεν, ὁποίαις πε- ριπεσοῦνται κολάσεσιν οἱ τὸν μὲν πεποιηκότα καταλελοιπότες Θεόν, τὰ δὲ τῶν ἀλόγων προσκυνοῦντες ἰνδάλματα; Τετίμηκε δὲ αὐτὸν καὶ μετὰ τελευτὴν ὁ Θεός. Ἐπέστησε γὰρ αὐτῷ φύλακα τὸν φονέα· ταύτῃ μὲν τιμῶν ὡς προφήτην, ἐκείνῃ δὲ κολάζων ὡς
15 παραβάτην· δεδιττόμενος δὲ καὶ τοὺς τηνικάδε, καὶ τοὺς νῦν, ὥσ- τε μηδὲ τῶν σμικρῶν τοῦ Θεοῦ καταφρονεῖν ἐντολῶν. Μηνύει δὲ τοῦ προφήτου τὸ πάθος τῶν νεκρῶν τὴν ἀνάστασιν. Ὁ γὰρ περιόντα μὲν ἐκδεδωκὼς τῷ θηρίῳ, τελευτήσαντα δὲ ἀξιώσας τιμῆς καὶ τιμήσας οὐ τὴν ψυχὴν ἀλλὰ μόνον τὸ σῶμα, δῆλον ὡς
20 οὐ περιόψεται διαλυθὲν καὶ φθαρὲν ἀλλ᾽ ἀναστήσει καὶ τῇ ψυχῇ τὸ ὄργανον ἀποδώσει, δι᾽ οὗ τὸν ποιητὴν τεθεράπευκεν. Ἄνθρωπος μέντοι Θεοῦ οὐ πᾶς προφήτης ὠνόμασται, ἀλλ᾽ οἱ τε- λείαν τὴν ἀρετὴν κεκτημένοι, ὡς Μωϋσῆς καὶ Ἠλίας, καὶ εἴ τις

1, 5, 6, 8, 9, 10, 12, 35, 37, 54, 55, 56

1 δεξομένης c₁ 1 9 37: δεξομένου 54   τοῦ διηγήματος] > 6: ὡς δυνατοὶ 54   **2** >Οὐ γὰρ ἔδει — δέος ἐνθεῖναι (l 8) 6   Οὐ + δὲ 12   **3** θείας pr τῆς 8   ἀνθρωπίνη 5 54   **4** ἀναμένειν Α   προστέταχεν Α   **5** >καὶ Α   θυσιαστηρίου] θεοῦ 12   **7** ἀνδρὸς] ἄνδρας Α: ἄνδρα 12   τοσούτου τοιοῦτον] τοσούτους τοιούτου 10 54   διηγήματος 10 54   **8** >ἦν 37   **9** γεναμένη 12   >καὶ οὐκ ἐξ — γεγενημένη Α   **10** τοσαύτην 54   **11** >οἱ 54   καταλιπόντες 5: καταλείποντες 12   **12** προσκυνοῦντες ἰνδάλματα tr 5   >Τετίμηκε δὲ — καταφρονεῖν ἐντολῶν (l 16) 6   **13** τελευτὴν pr τὴν 5 10   Ἐπέστησε] ἐπήγαγε 5 54: καὶ ἐπήγαγεν 10: ἐποίησε 55   >γὰρ 10   **14** φονέα] λέοντα 8 35: + λέοντα 9   τιμῶν / ὡς προφήτην tr 5   **15** > δὲ καὶ τοὺς τηνικάδε 10   >καὶ 1° 12   >τηνικάδε, καὶ τοὺς 5 54   **16** ἐντολῶν ante τοῦ Θεοῦ 54   >δὲ 6   **18** ἀξιώσας τιμῆς καὶ τιμήσας] τὸν ἀπατήσαντα προφήτην κελεύσας τιμῆς ἀξιῶσαι 6   **19** ἀλλὰ μόνον] μόνον ἀλλὰ καὶ 12   μόνον / τὸ σῶμα tr 37   **20** >καὶ 1° 6   >φθαρὲν 6   **21** >δι᾽ 'οὗ τὸν ποιητὴν τεθεράπευκεν 6   ἐθεράπευσεν 5   **22** οἱ] ὁ 1   **23** κεκτημένος 1   >ὡς Α   Μωσῆς ed ἐκείνοις προσόμοιος. Δεδήλωκε τοίνυν ἡ προσηγορία, ὡς τοῦ πρεσβύτου προφήτου πολλῷ τιμιώτερος ἦν.

ΛΗ´

Πῶς νοητέον τὸ «Ὁ βουλόμενος ἐπλήρου τὴν χεῖρα αὐτοῦ»;

716   Τὸ ἐπαγόμενον δηλοῖ· «Καὶ ἐγένετο ἱερεὺς τῶν ὑψηλῶν», τουτέστιν, ἱεράτευε καὶ ταῖς χερσὶ τὸ θυμίαμα προσέφερεν.   5

ΛΘ´

Προειδὼς ὁ Θεὸς ὡς ἀσεβήσει ὁ λαός, τί δήποτε γενέσθαι τὴν διαίρεσιν συνεχώρησεν;

Τί γὰρ τὸν Ἰούδαν καὶ τὸν Βενιαμὶν ὤνησε τὸ τὸν θεῖον ἔχειν νεών; Τὴν γὰρ αὐτὴν καὶ οὗτοι παρανομίαν ἐτόλμων. «Ὠκοδόμη- σαν» γάρ φησιν, «ἑαυτοῖς ὑψηλὰ καὶ στήλας καὶ ἄλση ἐπὶ πάντα   10 βουνὸν ὑψηλὸν καὶ ὑποκάτω παντὸς ξύλου συσκίου. Καὶ σύνδε- σμος ἐγένετο ἐν τῇ γῇ». Τὸν δὲ «σύνδεσμον» ἀντὶ τῆς «ἀποστάσεως» τέθεικε. Καὶ γὰρ Ἰεζάβελ τοῦ Ἰωρὰμ μεμαθηκυῖα τὴν τελευτὴν καὶ τὸν Ἰοὺ τῆς βασιλείας τὴν χειροτονίαν δεξάμε-

---

3 s 3 Re 13, 33   9 s 3 Re 14, 23-24

1, 5, 6, 8, 9, 10, 12, 35, 37, 54, 55, 56

1 παρόμοιος 5 37   προσηγορία + ἡ 6 10   ὡς] > 6: post πρεσβύτου A⁻⁶   2 πρεσβύτου προφήτου tr 55   προφήτου] > 6: ὁ προφήτης D 9   πολλῷ] πολὺ A⁻¹⁰ 12   3 τὸ] ὅτι A⁻¹⁰ 12   4 ἐγίνετο c₁ 1 37   5 ἱερατεύειν 6 56   θυμίαμα] θῦμα 1 56: θαῦμα 37   προσέφερον 5: προσέφερετε 37   6 προϊδὼν A⁻¹⁰   γενέσθαι] > 5 54: post διαίρεσιν 8 9 35   8 Ἰούδα 54   ὠνήσατο 10   9 ναόν 5 54   αὐτὴν] αὐτοὶ 10   ἐτόλμησεν 54   10 >φησιν 54   ἑαυτοῖς] αὐτοῖς 37   11 ὑποκάτω] ὑπὸ 54   συσκίου] ἀλσώδους A   13 ὑποστάσεως 54   Ἰεζάβελ pr ἡ A⁻⁵⁴ 1   Ἰωράμ 10: Ῥὰμ 5: Ὠράμ 37: Ῥοβοὰμ 54   14 τὸν] τοῦ A   Ἰοὺ] Ἰούδαν 1 9: υἱοῦ A⁻¹⁰ δεξαμένου A⁻⁵⁴: δεξάμενος 54

νον ἐβόησε «Σύνδεσμος, σύνδεσμος», τουτέστιν, ἀποστασία καὶ
τυραννίς. Τοῦτο δὲ καὶ τὰ ἑξῆς δηλοῖ «Καὶ ἐποίησαν ἀπὸ πάντων
τῶν βδελυγμάτων τῶν ἐθνῶν ὧν ἐξώρισε Κύριος ἀπὸ προσώπου
τῶν υἱῶν Ἰσραήλ». Οὐ τοίνυν διὰ τὴν τῆς βασιλείας διαίρεσιν
5 ἐξώκειλαν εἰς ἀσέβειαν αἱ δέκα φυλαί, ἀλλὰ διὰ τὴν οἰκείαν πα-
ρανομίαν. Αὐτίκα γοῦν μείζους ποιοῦνται τῆς Ἰούδα φυλῆς οἱ
προφῆται κατηγορίας. Καὶ γὰρ Ὠσηὲ πόρνην μὲν προσετάχθη λα-
βεῖν εἰς ἔλεγχον τῆς προφανοῦς ἀσεβείας τῶν δέκα φυλῶν· προ-
φανὴς γὰρ ἡ τῆς πόρνης ἀκολασία, μοιχεύτριαν δὲ εἰς τύπον τῆς
10 Ἰουδαίας, ὅτι τῷ Θεῷ διὰ τοῦ ναοῦ συνῆφθαι δοκοῦσα, λάθρα
τοῖς εἰδώλοις ἐλάτρευεν. Ἱερεμίας δὲ ὁ προφήτης φησίν·
«Ἐδικαίωσεν ἑαυτὴν ἡ ἀποστροφὴ Ἰσραὴλ ἀπὸ τῆς ἀσυνθέτου
Ἰούδα». Ἰεζεκιὴλ δὲ ὁ προφήτης οὐ τὴν Σαμάρειαν μόνον, ἀλλὰ
καὶ τὰ Σόδομα τῆς Ἰερουσαλὴμ ἐκάλεσεν ἀδελφήν. Ἀποστάντες
15 δὲ τῆς εὐσεβείας τῆς θείας ἐγυμνώθησαν προμηθείας. Σουσακεὶμ
γὰρ τῶν αἰγυπτίων ὁ βασιλεὺς πολλὰς μὲν ἰουδαίων εἷλε πόλεις,
ὡς ἡ τῶν Παραλειπομένων ἐδίδαξε βίβλος· ἐπέβη δὲ καὶ τῆς
Ἰερουσαλὴμ καὶ οὐ μόνον τοὺς βασιλικούς, ἀλλὰ καὶ τοὺς θείους
ἐσύλησε θησαυρούς. Ἔλαβη δὲ καὶ τὰ ὅπλα τὰ χρυσᾶ, καὶ ἃ Δα-
20 βὶδ ὁ βασιλεὺς ἀπὸ τῶν σύρων εἰλήφει, καὶ ἃ Σολομὼν ἐπεποιήκει.

Μ´

Τί ἐστιν, «Ἀπηρείδοντο αὐτὰ εἰς τὸ Θεκουὲ τῶν παρατρεχόντων»;

1 cf 4 Re 11, 14   2 s 3 Re 14, 24   12 s Je 3, 11   13 s cf Ez 16, 46 s   15 s cf
2 Cr 12, 2.4.9   21 3 Re 14, 28

1, 5, 6, 8, 9, 10, 12, 35, 37, 54, 55, 56

1 ἀπόστασις A⁻⁵   2 δὲ] γὰρ 54   >τὰ 6   >Καὶ ἐποίησαν — τῶν υἱῶν Ἰσραήλ
(l 4) 54   3 >τῶν 1° 37   ἐξώρισε] ἐξῆρε A   4 >τῶν 1 9*   τὴν + αἴρεσιν
54   >διαίρεσιν 54   7 >μὲν A   9 μοιχεύτρια 55   11 ἐλάτρευεν 12 54   >φησίν·
Ἐδικαίωσεν — ὁ προφήτης (l 13) A   >φησίν 12   12 ἑαυτὴν] αὐτὴν c₁   13 Ἐζεκιὴλ
c₁   μόνον] μόνην 54   14 ἐκάλεσεν + δὲ 12 35   15 δὲ] > 37: γὰρ A   Σουσακὶμ 35
54   >Σουσακεὶμ γὰρ — Σολομὼν ἐπεποιήκει (l 20) 6   16 τῶν αἰγυπτίων / ὁ tr
A   ἰουδαίων pr τῶν A   εἷλε] εἷπεν 35   17 >καὶ D   18 θείους] ὁσίους A   19 >τὰ
χρυσᾶ 54   >καὶ 2° A   Δαβὶδ pr ὁ 54   20 >ὁ βασιλεὺς 12   καὶ ἃ tr
35   Σολομὼν pr ὁ 5 9   πεποιήκει 10   21 τὸ] τὴν 37   Θεκουὲ] Θηκουὲ 8 9* 35: Θεὲ
A⁻¹⁰

Ἐν μὲν τῇ τῶν ἑβραϊκῶν ὀνομάτων ἑρμηνείᾳ τὸ Θεκουὲ «κρουσμὸς» καὶ «σαλπισμὸς» κείμενον εὗρον. Ἡ δὲ τῶν Παραλειπομένων βίβλος οὕτω ταῦτα διδάσκει· «Καὶ ἐποίησε Ῥοβοὰμ ὁ
717 βασιλεὺς ἀντ᾽ αὐτῶν θυρεοὺς χαλκοῦς, καὶ κατέστησεν ἐπὶ χεῖρας ἀρχόντων τῶν παρατρεχόντων, τῶν φυλασσόντων τὰς θύρας τοῦ 5 οἴκου τοῦ βασιλέως. Καὶ ἐγένετο ἀπὸ ἱκανοῦ, ἐν τῷ εἰσπορεύεσθαι τὸν βασιλέα εἰς οἶκον Κυρίου, εἰσεπορεύοντο οἱ φυλάσσοντες καὶ οἱ παρατρέχοντες· καὶ οἱ ἐπιστρέφοντες εἰς ἀπάντησιν τῶν παρατρεχόντων ἐλάμβανον τοὺς θυρεοὺς καὶ ἀποκαθίστων εἰς τὴν τάξιν τῶν παρατρεχόντων». Ἐδόθη, φησί, τοῖς δορυφόροις καὶ ἀσπι- 10 δηφόροις τοῖς τὸν βασιλέα φυλάττουσιν, οἱ παρὰ τὰς θύρας τῶν βασιλείων ἑστῶτες τὰς εἰσόδους ἐφρούρουν. Καὶ τοῦ βασιλέως προϊόντος, οἱ μὲν ἡγοῦντο, οἱ δὲ παρέτρεχον. Ἡνίκα δὲ εἰς τὸν νεὼν παρεγένετο, ἀπήντων οἱ ἐπιστρέφοντες ἀντὶ τοῦ οἱ τοῦ ναοῦ φύλακες, καὶ ἐδέχοντο ταῦτα παρ᾽ αὐτῶν, καὶ αὐτοὶ ταῦτα 15 κατέχοντες πρὸ τῆς πύλης εἱστήκεισαν τοῦ νεῴ, ἵνα τὰ μὲν ὅπλα μείνῃ πρὸ τῶν θυρῶν, οἱ δὲ ταῦτα κομίζοντες σὺν τῷ βασιλεῖ τὸν Θεὸν προσκυνήσωσιν. Εἰκὸς δὲ καὶ οἶκον γεγενῆσθαι πρὸ τῶν θυρῶν, ὥστε τοῦ βασιλέως ἀφικνουμένου, τοὺς ὁπλοφόρους ἐκεῖ τὰ ὅπλα ἀποτίθεσθαι.
20

3 s 2 Cr 12, 10-11

1, 5, 6, 8, 9, 10, 12, 35, 37, 54, 55, 56

1 μὲν / τῇ τῶν tr 55   ἑβραϊκῶν ὀνομάτων] τῶν ὀνομάτων ἑβραϊκῶν 10   ἑρμηνείᾳ + ἀντὶ τοῦ A   >τὸ A   Θεκουὲ pr Θεὲ A⁻¹⁰   2 >κρουσμὸς καὶ σαλπισμὸς A   εὗρον] > 54: εὕρομεν A⁻⁵⁴: + ἑρμηνευόμενον (-μενος 54) κρουσμὸς καὶ σαλπισμός A   3 >ὁ 10 54   5 >τῶν 1° 54   6 >τοῦ οἴκου 37   8 >οἱ 2° 54   9 >ἐλάμβανον — τῶν παρατρεχόντων 5   ἀπεκαθίστων A⁻⁵ 1 35 37 56   10 Ἐδόθη] ἐδίδοτο 5   τοῖς + περὶ A   11 >φυλάττουσιν A   12 βασιλέως 37   τὰς pr εἰς 54   τὰς εἰσόδους / ἐφρούρουν tr 6   Καὶ τοῦ βασιλέως προϊόντος] προϊόντος δὲ A (-ντες 6)   Καὶ] δὲ 55   13 προϊόντος] παριόντος 12: προτρέχοντος 8 35   προηγοῦντο A   14 ναὸν 5 37   παρεγένοντο A⁻⁵ 12: παρεγίνοντο 5   ἀντὶ] ἀπὸ A⁻⁵   τοῦ 1° + οἴκου A   οἱ / τοῦ ναοῦ tr 12   >τοῦ 2° A 12   >ναοῦ A   16 ναοῦ 6 12   17 μένῃ 37   θυρῶν] πυλῶν A   18 προσκυνήσουσιν 54   >Εἰκὸς δὲ καὶ — τὰ ὅπλα ἀποτίθεσθαι 6   γενέσθαι 12 37   19 ὥστε] ἵνα 54   >τοὺς 54   ὁπλοφόροι 54   20 ἀποτίθενται 54: τίθεσθαι 9

ΜΑ΄

Πῶς νοητέον ὅτι, «Διὰ Δαβὶδ ἔδωκεν αὐτῷ Κύριος κατάλειμμα, ἵνα στήσῃ τὰ τέκνα αὐτοῦ μετ᾽ αὐτόν»;

Διηγησάμενος καὶ τοῦ Ῥοβοὰμ καὶ τοῦ Ἀβιᾶ τὴν ἀσέβειαν, τοῖσδε τοῖς λόγοις ἐχρήσατο διδάσκων ὡς διὰ τὸν πρόγονον
5 μέχρι πολλοῦ τῶν ἀπογόνων τὴν βασιλείαν ἐφύλαξεν. Εἶτα ἐπαινέσας τὴν τοῦ Δαβὶδ ἀρετήν, τῆς μίας ἁμαρτίας ἐμνήσθη. «Ἐποίησε» γάρ φησι, «Δαβὶδ τὸ εὐθὲς ἐνώπιον Κυρίου καὶ οὐκ ἐξέκλινεν ἀπὸ πάντων ὧν ἐνετείλατο αὐτῷ πάσας τὰς ἡμέρας τῆς ζωῆς αὐτοῦ, ἐκτὸς ἐν ῥήματι Οὐρίου τοῦ Χετταίου». Τοῦ δὲ Ἀβιᾶ
10 τὰ πρῶτα ἐπήνεσε τῶν Παραλειπομένων ἡ βίβλος, τῶν δέ γε τελευταίων ὁμοίως καὶ αὐτὴ κατηγόρησε. Σαφέστερον δὲ ταῦτα δηλώσομεν ἐκείνην ἑρμηνεύοντες, σὺν Θεῷ φάναι, τὴν βίβλον. Τοῦ δὲ Ἀσὰ τὰ πρῶτα τῆς βασιλείας ἡ τῶν Βασιλειῶν ἐπήνεσε βίβλος. «Ἐποίησε» γάρ φησιν, «Ἀσὰ τὸ εὐθὲς ἐνώπιον Κυρίου ὡς
15 Δαβὶδ ὁ πατὴρ αὐτοῦ, καὶ ἀφεῖλε τὰς στήλας ἀπὸ τῆς γῆς, καὶ ἐξῆρε πάντα τὰ ἐπιτηδεύματα ἃ ἐποίησαν οἱ πατέρες αὐτοῦ. Καὶ τὴν Ἄναν τὴν μητέρα αὐτοῦ μετέστησε τοῦ μὴ εἶναι ἡγουμένην καθότι

1 s 3 Re 15, 4　　7 s 3 Re 15, 5　　**10** s cf 2 Cr 13, 1 s　　**14** s 3 Re 15, 11-14

1, 5, 6, 8, 9, 10, 12, 35, 37, 54, 55, 56

1 νοητέον + τὸ 1　　ὅτι] περὶ A　　Διὰ] τοῦ A: τῷ D　　ἔδωκεν pr τὸ A⁻⁵⁴: δέδωκεν 12　　Κύριος] ὁ Θεὸς A⁻¹⁰: + ὁ Θεὸς 10　　κατάλειμμα + ἐν Ἱερουσαλήμ 10　　**2** ἵνα στήσῃ] ἀναστήσει 10　　**4** τὸν πρόγονον] τῶν προγόνων D 9　　**5** >μέχρι πολλοῦ τῶν ἀπογόνων 35　　πολλοῦ] που 6　　ἀπογόνου 54　　**6** τὴν / τοῦ Δαβὶδ tr 1　　ἁμαρτίας] ἀρετῆς 54　　**7** εὐθὲς] ἀρεστὸν 10　　**8** >καὶ οὐκ ἐξέκλινεν — τῆς ζωῆς αὐτοῦ 6　　αὐτῷ] αὐτὰ 56　　>πάσας 54　　**9** Οὐριᾶ 12　　Χετθαίου ed　　**10** τῶν Παραλειπομένων / ἡ βίβλος tr 10　　>γε A　　**11** Σαφέστερον δὲ ταῦτα — φάναι, τὴν βίβλον 6 54　　**13** Τοῦ] τὰ 35　　Ἀσὰ pr τοῦ 35　　>τῆς βασιλείας A　　>ἡ τῶν Βασιλειῶν 6　　ἡ τῶν Βασιλειῶν / ἐπήνεσε tr A　　**14** >βίβλος 6　　Ἐποίησε γάρ φησιν — τῷ χειμάρρῳ Κεδρῶν (p 169 l 3)] κατὰ πάντα μιμητὴν ἀποκαλοῦσα τοῦ Δαβὶδ 54　　>φησιν 12　　**15** Δαβὶδ pr ὁ 6　　καὶ ἀφεῖλε τὰς στήλας — τῷ χειμάρρῳ Κεδρῶν (p 169 l 3)] ἕως τοῦ 6　　**17** Ἄναν] Ἄνναν 10 37: Ἄνα D 9　　μετέστη 5　　εἶναι + εἰς 12

ἐποίησε σύνοδον τῷ ἄλσει αὐτῆς· καὶ ἔκοψεν αὐτὰ Ἀσὰ καὶ πάσας
720 τὰς καταδύσεις αὐτῆς, καὶ ἐνέπρησεν ἐν πυρὶ ἐν τῷ χειμάρρῳ
Κεδρών· τὰ δὲ ὑψηλὰ οὐκ ἐξῆρε». Πάλιν ἐνταῦθα δεδήλωκεν, ὡς
τὰ μὲν τῶν εἰδώλων τεμένη κατέλυσε καὶ πρόρριζα τὰ ἄλση
ἐξέκοψε· τὰ δὲ τῷ Θεῷ ἐν τοῖς ὑψηλοῖς ἀνακείμενα θυσιαστήρια 5
καταλέλοιπε· Καὶ τοῦτο τῆς θείας χάριτος συνεργούσης, σαφέστε-
ρον ἀποδείξομεν ἑρμηνεύοντες τὸ κατὰ τὸν Ἐζεκίαν διήγημα.
Ἔδειξε μέντοι καὶ τὸν ὑπὲρ τοῦ Θεοῦ ζῆλον καὶ τὴν μητέρα τῆς
ἐξουσίας γυμνώσας διὰ τὴν σύνοδον καὶ τὴν ἑορτὴν ἣν ἐπετέλε-
σεν ἐν τῷ ἄλσει· καὶ αὐτὸ ἐκκόψας καὶ πάντας αὐτῆς τοὺς 10
εἰδωλικοὺς καταλύσας τόπους καὶ πυρὶ παραδούς. Προστέθεικε
δὲ ὅτι καὶ τοὺς κίονας, οὓς καὶ αὐτὸς καὶ ὁ πατὴρ ἐξ ὕλης
ἀργύρου κατεσκεύασε καὶ χρυσοῦ, τῶν βασιλείων ἐξενεγκὼν
ἀνέθηκε τῷ Δεσπότῃ Θεῷ· καὶ ἄλλον πλεῖστον καὶ ἄργυρον καὶ
χρυσόν, ἐπίσημόν τε καὶ ἄσημον, καὶ σκεύη ἱερὰ καὶ πολύτιμα· 15
ἀτελῆ δὲ αὐτὸν ὅμως ὠνόμασεν. Ἔφη γάρ· «Πλὴν ἡ καρδία Ἀσὰ
οὐκ ἦν τελεία μετὰ Κυρίου πάσας τὰς ἡμέρας αὐτοῦ». Καὶ τοῦτο
σαφέστερον ἡ τῶν Παραλειπομένων ἱστορία διδάσκει. Πιστῶς δὲ
προσευξάμενος, τὰς ἑκατὸν τῶν αἰθιόπων κατηγωνίσατο
μυριάδας, καὶ ἄρδην κατηκόντισεν ἅπαντας. Βαασὰ δὲ τοῦ τῶν 20
δέκα φυλῶν βασιλέως ἐπιθεμένου, καὶ τὴν Ῥαμὰ ἐπιτειχίσαι
πειραθέντος, καταλιπὼν τὸν Θεόν, τὴν τῶν σύρων ἠσπάσατο συμ-
μαχίαν.

16 s 3 Re 15, 14   18 s cf 2 Cr 14, 12 s   20 s cf 3 Re 15, 18

1, 5, 6, 8, 9, 10, 12, 35, 37, 54, 55, 56

1 τῷ ἄλσει pr ἐν c₁ 1 37   >καὶ ἔκοψεν — καταδύσεις αὐτῆς 12   ἐξέκοψεν Α
1   αὐτὰ] > 56: αὐτὸ 10   >καὶ 2° 56   2 καταλύσεις 8 35   ἐνέπρησεν + αὐτὰ
Ἄσα 5 10   >ἐν 2° 56   3 Κεδρών pr τῶν Α   τὰ δὲ] πλὴν ὅτι τὰ 54   >Πάλιν
ἐνταῦθα — ἱερὰ καὶ πολύτιμα (l 15) 6   Πάλιν ἐνταῦθα δεδήλωκεν] καὶ δηλοῖ κἀνταῦθα
54   4 πρόριζα 35 37   5 τῷ Θεῷ pr ἐν 5   6 >Καὶ τοῦτο τῆς θείας — Ἐζεκίαν διήγη-
μα 54   7 ἀποδείξωμεν D   8 >τοῦ 54   10 αὐτὸ] αὐτὸς 1 55: αὐτὰς 37   >αὐτῆς
54   αὐτῆς / τοὺς εἰδωλικοὺς tr 5 10   τοὺς εἰδωλικοὺς / καταλύσας tr 12   11 προσ-
έθηκε 5   12 πατὴρ + αὐτοῦ Α 37   13 ἀργυρίου 12 35   χρυσίου Α   14 ἀνέθηκε
+ δὲ 54   >Θεῷ 54   ἄργυρον ... χρυσόν tr D   16 αὐτὸν ὅμως tr 12   > ἡ
1   Ἀσὰ] αὐτοῦ 54   18 ἱστορία] βίβλος 12 54   20 ἅπαντας] πάντας 1   Βασὰ
10   >Βαασὰ δὲ — ἠσπάσατο συμμαχίαν 6   21 >βασιλέως c₁ 1 37   22 τὴν post
ἠσπάσατο 5   ἠσπάσατο] ᾐτήσατο 54

MB´

Πῶς νοητέον· «Πλὴν ἐν τῷ καίρῳ τοῦ γήρως ἐποίησεν Ἀσὰ τὸ πονηρὸν καὶ ἐπόνεσε τοὺς πόδας αὐτοῦ»;

Σαφέστερον καὶ τοῦτο τῶν Παραλειπομένων ἡ βίβλος
ἐδίδαξεν· «Ἐν γὰρ τῇ ἀρρωστία αὐτοῦ», φησίν, «οὐκ ἐζήτησε
5 Κύριον, ἀλλὰ τοὺς ἰατρούς». Ἐγὼ δὲ δυοῖν θάτερον ὑπολαμβάνω·
ἢ τοὺς ἐπῳδαῖς κεχρημένους καὶ μαγγανείαις κληθῆναι ἰατρούς, ἢ
ὅτι μόνοις ἐπίστευσε τοῖς ἰατροῖς, τὴν εἰς τὸν Θεὸν οὐκ ἔχων
ἐλπίδα. Οἱ γὰρ εὐσεβείᾳ κοσμούμενοι κέχρηνται μὲν τοῖς ἰατροῖς,
ὡς ὑπούργοις τοῦ Θεοῦ, εἰδότες ὅτι καὶ τὴν ἰατρικὴν ἐπιστήμην
10 αὐτὸς ἔδωκε τοῖς ἀνθρώποις, ὥσπερ δὴ καὶ τὰς ἄλλας καὶ τὰς
βοτάνας αὐτὸς ἐκ τῆς γῆς βλαστῆσαι προσέταξεν. Ἴσασι δὲ
ὅμως, ὡς οὐδὲν ἰσχύει τῶν ἰατρῶν ἡ τέχνη μὴ βουλομένου Θεοῦ,
ἀλλὰ τοσαῦτα δύναται ὅσα αὐτὸς βούλεται. Τοῦ δὲ Ἱεροβοὰμ ὁ
οἶκος τὴν πανωλεθρίαν ὑπέμεινε κατὰ τὴν πρόρρησιν Ἀχιὰ τοῦ 721
15 Σιλωνίτου. «Ἐπάταξε» γάρ φησι, «Βαασὰ βασιλεὺς Ἰσραὴλ ὅλον
τὸν οἶκον Ἱεροβοάμ, καὶ οὐχ ὑπελείπετο πᾶσα πνοὴ ἐν τῷ
Ἱεροβοὰμ ἕως τοῦ ἐξολοθρεῦσαι αὐτὸν πάντας κατὰ τὸ ῥῆμα
Κυρίου ὃ ἐλάλησεν ἐν χειρὶ τοῦ δούλου αὐτοῦ Ἀχιὰ τοῦ

---

1 s 3 Re 15, 23ap   4 s 2 Cr 16, 12   15 s 3 Re 15, 29

1, 5, 6, 8, 9, 10, 12, 35, 37, 54, 55, 56

1 Πλὴν] > A 1 37: + τὸ 1   γήρους 6 10 35 54 56   2 >αὐτοῦ D   4 >Ἐν γὰρ
A   ἐξεζήτησεν 12 55   5 Κύριον pr τὸν A   δυοῖν] > 1: δυεῖν c_1 θάτερον + τῶν
δύο 1   6 >καὶ μαγγανείαις 6   μαγγανίαις 12 35 56   >κληθῆναι ἰατρούς 12   >ἢ
2° 1   7 μόνον ed   >τὴν εἰς τὸν Θεὸν — τοῖς ἰατροῖς 54   >τὸν 1   οὐκ ἔχων /
ἐλπίδα tr 6   8 >Οἱ γὰρ εὐσεβείᾳ — αὐτὸς βούλεται (l 13) 6   9 >τὴν 54   ἰατρικὸν
54   >ἐπιστήμην A   10 ἔδωκε + καὶ 10   ἄλλας + τέχνας A   11 αὐτὸς post γῆς
12   βλαστῆσαι προσέταξεν tr 8 35   12 >ὡς ed   14 ὑπέμεινε] ἐδέξατο 10   15 Ση-
λωνίτου c_1 54   Ἐπάταξε] ἐπέταξε 35   >φησι 54   >ὅλον τὸν οἶκον — πᾶσα πνοὴ ἐν
54   16 >καὶ οὐχ ὑπελείπετο — τῷ Ἱεροβοὰμ $A^{·54}$ πᾶσαν πνοὴν c_1 1 9   τῷ] τοῦ
54   18 ὃ ἐλάλησεν — τοῦ Σιλωνίτου] καὶ ἑξῆς 54

Σιλωνίτου». Τὰ αὐτὰ δὲ καὶ Βαασὰ πέπονθε. Τὴν γὰρ αὐτὴν καὶ
οὗτος ἀσέβειαν καὶ παρανομίαν ἠσπάσατο. Καὶ Ἠλὰ δὲ ὁ
τούτου παῖς παρὰ Ζαμβρῆ ἐδέξατο τὴν πληγήν. Οὗτος δὲ πάλιν
κατὰ τὴν γεγενημένην πρόρρησιν, πάντα τὸν τοῦ Βαασὰ κατέλυ-
σεν οἶκον. Τοῦ δὲ λαοῦ τὸν Ζαμβρῆ χειροτονήσαντος βασιλέα, 5
πολιορκούμενος ὁ Ζαμβρῆ τὸν οἶκον ἐν ᾧ διῆγεν ἐνέπρησε καὶ
σὺν ἐκείνῳ καυθεὶς τετελεύτηκε. Διδασκόμεθα δὲ διὰ τούτων
ἡμεῖς, ὡς τοὺς πονηρίᾳ συζῶντας δι᾽ ἀλλήλων ὁ Δεσπότης
κολάζει Θεός. Καὶ τῷ πονηροτέρῳ τὸν πονηρὸν παραδίδωσιν οἷόν
τισι δημίοις κεχρημένος αὐτοῖς. Ἐπειδὴ δέ τινες ζητοῦσι πόθεν οἱ 10
σαμαρεῖται τήνδε τὴν προσηγορίαν ἐσχήκασιν, ἐκ τῆς προκειμέ-
νης ἱστορίας τοῦτο καταμαθεῖν εὐπετές. «Ἐκτήσατο» γάρ φησι,
«Ζαμβρῆ τὸ ὄρος τὸ Σομορὼν παρὰ Σεμμὴρ τοῦ Κυρίου αὐτοῦ δύο
ταλάντων ἀργυρίου, καὶ ᾠκοδόμησε τὸ ὄρος καὶ ἐπεκάλεσε τὸ
ὄνομα τοῦ ὄρους οὗ ᾠκοδόμησεν ἐπὶ τῷ ὀνόματι Σεμμὴρ τοῦ 15
Κυρίου τοῦ ὄρους Σομορών». Τοιγαροῦν ἀπὸ τοῦ Σεμμὴρ τὸ ὄρος
ὠνομάσθη Σομορών, ἀπὸ δὲ τοῦ ὄρους ἡ πόλις Σαμάρεια.
Σαμάρεια δέ ἐστιν ἡ νῦν Σεβαστὴ προσαγορευομένη. Ἐν ταύτῃ δὲ
ἦν τῶν δέκα φυλῶν τὰ βασίλεια. Ἐξανδραποδισθεισῶν δὲ τῶν

---

2 s cf 3 Re 16, 10   6 cf 3 Re 16, 18   12 s 3 Re 16, 24

1, 5, 6, 8, 9, 10, 12, 35, 37, 54, 55, 56

1 Σηλωνίτου c_1 37   Τὰ αὐτὰ] ταῦτα c_1 35   >γὰρ 6   γὰρ αὐτὴν tr A^{-6} 2 >καὶ
οὗτος ἀσέβειαν καὶ 6   οὗτος ἀσέβειαν] αὐτὸς δυσσέβειαν Α^{-6} παρανομίαν] πονηρίαν
12   ἠσπάσατο] ἀσπασάμενος 6: εἰργάσατο 5   Καὶ Ἠλὰ] Κεϊλᾶ 37   Ἠλὰ] Ἰλὰ 1 5
6   3 Ζαμβρὶ 35 54 56   πληγήν] σφαγήν Α   Οὗτος] αὐτὸς D   >Οὗτος δὲ πάλιν —
κατέλυσεν οἶκον 6   πάλιν post πρόρρησιν c_1 4 Βαασὰ] Σαὰ 1: βασιλέως 35   5
Ζαμβρὶ 1 12 35 54 56   6 Ζαμβρὶ 1 12 35 54 56: Ζαμβρῆς 8   7 ἐκείνῳ] αὐτῷ
6   Διδασκόμεθα — κεχρημένος αὐτοῖς (l 10) 6   >δὲ 10   8 >ἡμεῖς 12   >ὁ Δε-
σπότης 5   9 πονηρότερον δίδωσιν 37   12 >τοῦτο 6   >γάρ 54   13 Ζαμβρὶ 12 35
54 56: Ἀμρὶ 1   τὸ 2°] τῶν 5 6 8   Σομορών] Σεμερὼν 1 5 6 37 55   Σεμμὴρ]
Σεμηροῦ 5: Σεμεὶρ 6: Σεμμεὶρ 9: Σεμὴρ 10 54   15 ὄνομα + αὐτοῦ D   >οὗ
ᾠκοδόμησεν — Κυρίου τοῦ ὄρους 35   Σεμμὴρ] Σεμὴρ Α: Σεμμεὶρ 9   16 Κυρίου +
αὐτοῦ 9   >τοῦ 1° 9   ὄρος 9   Σομορών] Σεμερὼν c_1 1   >Τοιγαροῦν — ὠνομάσθη
Σομορών c_1 Σεμμὴρ] Σεμὴρ Α^{-6}: Σεμεὶρ 6: Σεμμεὶρ 9   17 Σομορών] Σεμερὼν 1 37:
Σομὼρ 12: pr τὸ 12   τοῦ] τοὺς 56   18 Σεβαστὴ προσαγ. tr A   ταύτῃ] αὐτῇ c_1 1
37   19 δέκα] δώδεκα 12

δέκα φυλῶν, καὶ τῆς γῆς ἐκείνης ἐρήμου γεγενημένης, μετέστησάν τινας ἐκ τῶν ἑῴων μερῶν εἰς ἐκείνας τὰς πόλεις τῶν ἀσσυρίων οἱ βασιλεῖς. Οὗτοι δὲ ἐκ τῆς Σαμαρείας ὠνομάσθησαν σαμαρεῖται. Ταῦτα περὶ τοῦ Ζαμβρὴ εἰρηκώς, ἐπὶ τὸν Ἰούδαν
5 μετέβη, καὶ τεθαύμακε μὲν τὸν Ἰωσαφὰτ ἐν τοῖς ἄλλοις, καὶ ἔφη αὐτὸν «τὸ εὐθὲς ἐνώπιον Κυρίου» πεποιηκέναι, ἐμέμψατο δὲ ὡς τὴν ἐν τοῖς ὑψηλοῖς λατρείαν μὴ παύσαντα, ἀλλὰ καὶ τοῦ Ἀχαὰβ τὴν συγγένειαν ἀσπασάμενον. Ταῦτα δὲ σαφέστερον τῶν Παραλειπομένων ἡ βίβλος ἐδίδαξεν, οὗ δὴ χάριν καὶ ὁ τὴν ἱστορίαν συγ-
10 γεγραφὼς εἰς ἐκείνην ἡμᾶς παρέπεμψεν.

ΜΓ´.

Πῶς νοητέον· «Οὐκ ἰδοὺ ταῦτα γέγραπται ἐπὶ βιβλίου Λόγων τῶν ἡμερῶν τῶν βασιλέων Ἰούδα»;

Καὶ ἐντεῦθεν δῆλον, ὡς ἅπαντα συνεγράφη τὰ τηνικαῦτα γενόμενα· καὶ ἐξ ἐκείνων τῶν βιβλίων, τὰς μὲν οὗτος ὁ
15 συγγραφεύς, τὰς δὲ οἱ τὰς Παραλειπομένας συγγεγραφότες, 724 ἔλαβον τῆς ἱστορίας τὰς ἀφορμάς.

ΜΔ´.

Τίνα λέγει τὸν «Βαάλ»;

6 s cf 3 Re 16, 28b   8 s cf 2 Cr 17, 1 s   11 s 3 Re 16, 28c   17 cf 3 Re 16, 32

1, 5, 6, 8, 9, 10, 12, 35, 37, 54, 55, 56

2 τινας] τινες 12   3 ἀσσυρίων] ἀσυρίων 8 10: βασιλείων 54: + τὰς πόλεις τῶν ἀσσυρίων 9   4 >Ταῦτα — ἡμᾶς παρέπεμψεν (l 10) 6   >τοῦ 1 5 37   Ζαμβρὶ 12 54 56: Ἀμβρὶ 1   5 μὲν] > c₁ 54: δὲ 8   >καὶ ἔφη — πεποιηκέναι 54   καὶ 2°] μὲν D   6 ἐπεμέμψατο A   8 ἀσπασαμένου 54   >δὲ 10   τῶν Παραλειπομένων / ἡ tr 5 37 54   10 γεγραφὼς 54   >εἰς A   11 νοητέον + τὸ 1   γεγραμμένα 54   βίβλου 8   λόγῳ 8 35   12 >τῶν 6 12   14 γινόμενα 54   βίβλων 5 6   τὰς] τὰ A⁻¹⁰ 12 35   15 τὰς] τὰ 1 5 54   τοῖς Παραλειπομένοις 54   16 >τὰς D 1 9   17 Τίνα] + δὲ c₁ 6 8 37: + ἐνταῦθα 6

Ὡς Ἰώσηπος ἔφη, τυρίων ἦν οὗτος θεός, ἡ δὲ Ἀστάρτη σιδωνίων. Τοῦτο γὰρ καὶ ἐν τοῖς πρόσθεν ἐδίδαξε τὰ περὶ τοῦ Σολομῶντος συγγράφων, ὅτι τέμενος ᾠκοδόμησε τῇ Ἀστάρτῃ βασιλίσσῃ σιδωνίων. Ταύτῃ καὶ τὰ ἄλση φυτεύοντες ἀνετίθεσαν· Ἀστάρτη δέ ἐστιν ἡ παρ' ἕλλησιν Ἀφροδίτη προσαγορευομένη. 5

ΜΕ΄

Οὐ δοκεῖ τολμηρὸν εἶναι τὸ παρὰ τοῦ Ἡλιοῦ ῥηθέν· «Εἰ ἔσται τὰ ἔτη ταῦτα δρόσος ἢ ὑετός, ἐὰν μὴ διὰ λόγου στόματός μου»;

Τολμηρόν ἐστι τὸ κατὰ τῶν πνευματικῶν ἀνδρῶν τοιούτους εἰσδέχεσθαι λογισμούς. Προφήτης γὰρ ἦν καὶ προφητῶν κορυφαῖος, καὶ τῷ θείῳ πυρπολούμενος ζήλῳ. Καὶ ταῦτα τοῦ 10 θείου Πνεύματος ἐνεργοῦντος εἴρηκεν. Ὅθεν καὶ τὸ πέρας εἴληφεν.

ΜΣ΄

Πῶς ἅγιος ὤν, καὶ κατὰ νόμον πολιτευόμενος, ἤσθιε τὴν διὰ κοράκων αὐτῷ κομιζομένην τροφήν;

1 s Josefo, *Ant* 8, 318   3 s cf 3 Re 11, 6   6 s 3 Re 17, 1   13 s cf 3 Re 17, 6

1, 5, 6, 8, 9, 10, 12, 35, 37, 54, 55, 56

1 Ἰώσηπος] Ἰώσηππος 6: pr ὁ 54   ἔφη] > 37: ἱστορεῖ 1   θεός pr ὁ 54   2 γὰρ] δὲ A⁻¹⁰   ἔμπροσθεν 6 9 37 54   τὰ] τῷ 54   4 βασιλίσσῃ pr τῇ 55: βδελύγματι A   12 φυτεύσαντες 10   5 Ἀφροδίτη προσαγ. tr 54   >προσαγορευομένη 6   6 Οὐ] εἰ 5   παρὰ] περὶ ed   >τοῦ 5 6   ῥηθέν] εἰρημένον 37: + ζῇ Κύριος c₁   ἔσται] ἐστὶ 5   7 >δρόσος ἢ 5   ὑετός + ἐπὶ τῆς γῆς A   ἐὰν] εἰ 5 37   >λόγου 5 37   8 τοιούτων 6   9 λογισμούς] πειρασμούς 54   12 εἴληφεν] ἔλαβεν 54   13 Πῶς] pr τὴν διὰ κοράκων κομιζομένην αὐτῷ τροφήν A (>κομιζομένην αὐτῷ 6)   ἅγιος pr ὁ ed   >τὴν διὰ κοράκων — τροφήν A   διὰ + τῶν 37

Αὐτὸς ὁ νομοθέτης ταύτην αὐτῷ διὰ τῶν κοράκων προσέφερεν. Αὐτὸς γὰρ αὐτῷ καὶ προσέταξεν ἐν τῷ χειμάρρῳ λαθεῖν τῷ Χόρραν, ὑποσχόμενος πέμψειν αὐτῷ διὰ κοράκων τροφήν, καὶ πεπλήρωκε τὴν ὑπόσχεσιν. Προσέφερον γὰρ οἱ κόρακες ἄρτους
5 μὲν ἕωθεν, δείλης δὲ κρέα. Διδάσκει δὲ διὰ τούτων ἡμᾶς ὁ νομοθέτης, ὡς τῆς ἰουδαίων ἀσθενείας ἕνεκα τοὺς τοιούτους ἐτεθείκει νόμους, οὓς ποτὲ μὲν αὐτὸς παραβῆναι προσέταττεν. Ἐν σαββάτῳ γὰρ ἑπτάκις κυκλῶσαι τὴν Ἱεριχὼ καὶ Ἰησοῦν τὸν προφήτην καὶ Ἐλεάζαρ τὸν ἀρχιερέα καὶ τοὺς σὺν αὐτῷ ἱερεάς
10 καὶ λευίτας ἐκέλευσε, καὶ ἅπαντα τὸν λαόν· καὶ νῦν τὸν μέγαν Ἡλίαν δέχεσθαι τὴν διὰ τῶν κοράκων κομιζομένην τροφήν· ποτὲ δὲ τοῖς τοὺς τοιούτους παραβεβηκόσι νόμους οὐκ ἐπεμέμψατο. Καὶ γὰρ ὁ Σαμψὼν διὰ μὲν τὴν μέθην καὶ τὴν λαγνείαν ἐγυμνώθη τῆς χάριτος, φαγὼν δὲ τὸ κηρίον τοῦ μέλιτος, ὃ ἐν νεκρῷ λέοντι
15 ἐξύφηναν μέλιτται, κατηγορίαν οὐδεμίαν ἐδέξατο.

MZ´ 725

Τίνος χάριν πρὸς χήραν αὐτὸν ἀλλόφυλον ἐκέλευσεν ἀπελθεῖν;

2 s cf 3 Re 17, 3   4 s cf 3 Re 17, 6   8 s cf Jos 6, 15ap   13 s Jue 16, 19 et 14, 8-9   16 cf 3 Re 17, 9

1, 5, 6, 8, 9, 10, 12, 35, 37, 54, 55, 56

2 >Αὐτὸς γὰρ αὐτῷ — τὴν ὑπόσχεσιν (l 4) 54   >καὶ 6   λαθεῖν] διάγειν Α 37   τῷ 2°] τὸν 12   3 Χόρραν] Χωραθά 5 6: Χωράθ 10   πέμψειν αὐτῷ tr 37   4 Προσέφερον + μὲν 12   γὰρ] δ' 54   κόρακες + προΐ μὲν 10   5 >μὲν Α 12   >ἕωθεν 10   ἡμᾶς] > 54: ante διὰ τούτων 1: post νομοθέτης 37   6 ἕνεκα] εἵνεκα 35 37 56: ἕνεκεν 54   7 ἐτεθείκει] τέθεικε D   αὐτὸς] αὐτοὺς 12 37   προσέταξε 6   8 >Ἐν σαββάτῳ γὰρ — ἅπαντα τὸν λαόν (l 10) 6   >καὶ Α   9 >καὶ τοὺς σὺν αὐτῷ ἱερέας καὶ λευίτας 54   ἱερέας] ἀρχιερέας 10   10 ἐκέλευσε] προσέταξε 37 54   ἅπαντα] πάντα Α   >καὶ νῦν — κομιζ. τροφήν 54   >μέγαν 6   11 κομιζομένην] > D 1 6: αὐτῷ 5   κομιζομένην τροφήν tr 10   >ποτὲ 1 37   12 >δὲ 1 8 37   τοῖς] > Α·54 12: οἷς 37   >τοιούτους 54   νόμους] αὐτοὺς 54   ἐμέμψατο c₁ 12 54   13 >μὲν 37   λαγνείαν + τῆς θείας 37   14 >τῆς 37   >δὲ 6   ὃ] ὅπερ 54   15 ἐξύφαναν c₁ 1 9 12 ·   μέλισσαι 5 12   ἐδέξατο pr οὐκ 10   16 αὐτὸν post ἀλλόφυλον 37: post ἐκέλευσεν Α   ἀπελθεῖν pr ὁ Θεὸς 6: ante ἐκέλευσεν 54

Καὶ τοῦτο πάλιν τῶν τοιούτων νόμων τὰς αἰτίας διδάσκει. Εἰ γὰρ ἤδει στερρὸν τῶν ἰουδαίων τὸ φρόνημα καὶ τὴν πίστιν ἑδραίαν, οὐκ ἂν αὐτοῖς φυγεῖν τὴν τῶν ἀλλοφύλων ἐπιμιξίαν προσέταξεν· ἀλλὰ τοὐναντίον ἐκέλευσεν συνδιάγειν καὶ κηρύττειν αὐτοῖς τὴν εὐσέβειαν. Τοῦτο γὰρ διδάσκει καὶ ἡ τοῦ νόμου αἰτία. 5 Εἰρηκὼς γάρ· «Οὐ δώσεις τὰς θυγατέρας σου τοῖς υἱοῖς αὐτῶν, οὐδὲ λήψῃ τὰς θυγατέρας αὐτῶν τοῖς υἱοῖς σου», ἐπήγαγεν, «Ἵνα μὴ ἐκπορνεύσωσιν οἱ υἱοὶ αὐτῶν τὰς θυγατέρας ὑμῶν καὶ αἱ θυγατέρες αὐτῶν τοὺς υἱοὺς ὑμῶν ἀπὸ ὄπισθεν Κυρίου τοῦ Θεοῦ ἡμῶν». Τὸν δέ γε προφήτην, ὡς εὐεργετῆσαι δυνάμενον, οὐ μόνον 10 οὐκ ἐκώλυσεν, ἀλλὰ καὶ προσέταξεν ἀπελθεῖν. Οἶμαι δὲ ὅτι καὶ δεῖξαι βουλόμενος αὐτῷ δαπανωμένην τῷ λιμῷ τῶν ἀνθρώπων τὴν φύσιν, πρῶτον μὲν εἰς τὸν χειμάρρουν ἀπήγαγεν· εἶτα τοῦτον ξηράνας, πρὸς τὴν χήραν μετήγαγε γυναῖκα οὐδὲν ἔχουσαν πλὴν ὀλίγης τροφῆς εἰς μίαν ἀποχρώσης ἡμέραν. «Ζῇ» γὰρ ἔφη, 15 «Κύριος ὁ Θεός σου, εἰ ἔστι μοι ἐγκρυφίας, ἀλλ᾽ ἢ ὅσον δρὰξ ἀλεύρου ἐν τῇ ὑδρίᾳ καὶ ὀλίγον ἔλαιον ἐν τῷ καμψάκῃ· καὶ ἰδοὺ συλλέγω δύο ξυλάρια, καὶ εἰσελεύσομαι καὶ ποιήσω αὐτὸ ἐμαυτῇ καὶ τοῖς τέκνοις μου, καὶ φαγόμεθα καὶ ἀποθανούμεθα». Μόνην,

6 s De 7, 3   7 s Ex 34, 16   15 s 3 Re 17, 12

1, 5, 6, 8, 9, 10, 12, 35, 37, 54, 55, 56

1 Καὶ τοῦτο] κἂν τούτῳ 9   2 τῶν ἰουδαίων / τὸ tr 1   >καὶ τὴν πίστιν ἑδραίαν 6   3 αὐτοῖς] αὐτοὺς A⁻⁵⁴   >τὴν 10   4 προσέταξεν] ἐκέλευσεν 10 54   τοὐναντίον + δὲ 54   ἐκέλευσεν] > 12 54: προσέταξεν 10: + ἂν αὐτοῖς 5: + αὐτοῖς 6 10   συνδιάγειν] συνάγειν D: + αὐτοῖς προσέταξεν ἂν 54   5 αὐτοῖς] > 54: αὐτοὺς 37   Τοῦτο γὰρ — ἐπήγαγεν (l 7)] διὸ καὶ κωλύσας τὴν ἐπιμιξίαν ἐπάγει καὶ τὴν αἰτίαν 54   6 >Εἰρηκὼς 6   Οὐ δώσεις tr 6   αὐτῶν] τῶν ἀλλοφύλων 37   7 >οὐδὲ 37   οὐδὲ λήψῃ — τοῖς υἱοῖς σου] καὶ τὰ ἑξῆς 5   λήψῃ] ἐπήγαγε 37: post αὐτῶν 8   >τὰς θυγατέρας 6   ἐπήγαγεν + τὴν αἰτίαν 5   8 μὴ + φησί 5 54   9 τοὺς υἱοὺς] τοῖς υἱοῖς 8 35 37   >ἀπὸ 5 8 54   10 ἡμῶν] ὑμῶν A⁻¹⁰ 8 9 12   12 τῷ λιμῷ post τὴν φύσιν A   >τῶν 54   ἀνθρώπων / τὴν φύσιν tr 54   13 >τὴν 6 10   ἐπήγαγεν ed   14 >τὴν 1   χήρα 6 12 35 54   μετήγαγε] ἀπήγαγε c₁ 1 10 37   μετήγαγε γυναῖκα tr 5   15 ἀποχρώσης] ἀποχρῶσαν 37: εὐπορούσης 10   >Ζῇ γὰρ ἔφη, — πεῖραν οὐ δεδεγμένη (p 176 l 11) 6   16 ἀλλ᾽ ἢ ὅσον — ἀποθανούμεθα (l 19)] καὶ ἑξῆς 54   18 συλλέξω 1 5   >αὐτὸ 12

φησίν, ἔχω τὴν τελευταίαν τροφὴν μεθ' ἣν τὴν τοῦ λιμοῦ προσμένω πληγήν. Ἐγὼ δὲ ἄγαμαι τῆς γυναικὸς τὸ πρᾶον τῆς ἀποκρίσεως. Οὐ γὰρ ἐδυσχέρανεν, ὡς ἐν τηλικαύταις συμφοραῖς αἰτηθεῖσα τροφήν, ἀλλὰ μόνην ἔδειξε τὴν ἐσχάτην πενίαν. Ἀλλ' ὁ
5 μέγας ἐκεῖνος ἀνὴρ ὑπέσχετο μὲν τὰς τοῦ ἀλεύρου καὶ τοῦ ἐλαίου πηγάς· προσέταξε δὲ αὐτῷ πρώτῳ ποιῆσαι καὶ κομίσαι τὸν ἄρτον. Ἡ δὲ πάλιν οὐκ ἐδυσφόρησεν, ὡς πενίας καὶ χηρείας καὶ παιδοτροφίας τηκομένη φροντίσιν, ἀλλὰ τὴν ἐπαγγελίαν δεξαμένη πιστῶς προσήνεγκε τὴν τροφήν, καὶ ταῦτα οὐκ εἰδυῖα τὸν
10 ἄνθρωπον· ἀλλόφυλος γὰρ ἦν, προφητικῆς δυνάμεως πεῖραν οὐ δεδεγμένη. Οἶμαι δὲ ἐν ταύτῃ προτυπωθῆναι τὴν ἐξ ἐθνῶν ἐκκλησίαν. Τὸν γὰρ ὑπὸ τῶν ἰσραηλιτῶν διωκόμενον πιστῶς ὑπεδέξατο, καθάπερ ἡ ἐκκλησία τοὺς ἀποστόλους ὑπ' αὐτῶν τούτων ἐξελαθέντας.

ΜΗ΄

728

15 **Τίνος χάριν τὸν τῆς χήρας υἱὸν τελευτῆσαι συνεχώρησεν ὁ Θεός;**

Ἀφθόνως ὁ προφήτης ἀπολαύων τροφῆς τῆς τῶν ἄλλων ἀνθρώπων ἐπελάθετο συμφορᾶς. Οὐ δὴ χάριν αὐτῷ τὰς τῆς χήρας ὁ Δεσπότης ἐπεστράτευσεν οἰμωγάς. Ἐπέγνω δὲ καὶ αὐτὸς τὴν αἰτίαν· «Οἴμοι» γάρ φησι, «Κύριε, ὁ μάρτυς τῆς χήρας μεθ' ἧς ἐγὼ

---

15 cf 3 Re 17, 17   **19** 3 Re 17, 20

1, 5, 6, 8, 9, 10, 12, 35, 37, 54, 55, 56

2 μένω 37   **4** ἀπαιτηθεῖσα 55   **5** ἀνὴρ] > A: pr καὶ δίκαιος 8   >τοῦ 2° 5
54   **6** αὐτῷ] > 54: αὐτῇ 5 10   πρῶτον A   ποιῆσαι + αὐτῷ 5 10   >τὸν A   **8**
>φροντίσιν, ἀλλὰ τὴν ἐπαγγελίαν δεξαμένη 35   φροντίδι 5   **10** ἀλλόφυλον 35   **11**
δεδεγμένη 8   ἐν ταύτῃ] ἐνταῦθα 12   **12** ὑπὸ] ἀπὸ 1 37   >διωκόμενον 1   **13**
καθάπερ + καὶ A   >ἡ 54   **14** ἐξελασθέντας 12   **15** υἱὸν τελευτῆσαι tr 1 5
37   τελευτῆσαι post ὁ Θεός c₁ 1 37   **16** ἀπολαύων] ἀπολαβὼν 8 9 35   τῆς] τὰς
A⁻⁵   >ἄλλων D   **17** ἐπελάθετο συμφορᾶς tr 5   δὴ] δὲ 54   αὐτῷ / τὰς τῆς χήρας
tr A   τὰς] καὶ 37   **18** ὁ Δεσπότης] ante τὰς τῆς χήρας 54: ὁ Θεὸς 5   ἐπεστράτευσεν
οἰμωγάς tr 5   **19** Οἴμμοι 12 35* 37   >μεθ' ἧς ἐγὼ οἰκῶ μετ' αὐτῆς 5

οἰκῶ μετ᾽ αὐτῆς, σὺ ἐκάκωσας τοῦ θανατῶσαι τὸν υἱὸν αὐτῆς».
Ἀξιάγαστα δὲ καὶ τῆς χήρας τὰ ῥήματα· «Εἰσῆλθες» γὰρ ἔφη,
«πρὸς μὲ ἀναμνῆσαι τὰς ἁμαρτίας μου καὶ θανατῶσαι τὸν υἱόν
μου». Τῷ σῷ φωτί, φησίν, ἐγυμνώθη τὰ κεκρυμμένα μου
πλημμελήματα· καὶ οὐκ εἶπεν οἷα δὴ ἀλλόφυλος· Οἰωνός μοι 5
γέγονας πονηρός, πρόξενός μοι κακῶν ἡ σὴ γεγένηται παρουσία,
ἀλλὰ μᾶλλον ταῖς οἰκείαις ἁμαρτίαις τὸ συμβὰν ἀνατέθεικε.
Τοσοῦτον ὤνησεν αὐτὴν ἡ τοῦ προφήτου διδασκαλία. Τοιγάρτοι
καὶ δι᾽ αὐτὴν ἡ τοῦ παιδὸς γέγονε τελευτή, ἵνα θεασαμένη τὴν
παρὰ φύσιν γεγενημένην ἀνάστασιν, βεβαίαν δέξηται τὴν εὐσέ- 10
βειαν. Ὁ δὲ προφήτης μετὰ τὴν προσευχὴν τρὶς ἐμφυσήσας τῷ
μειρακίῳ εἰς ζωὴν ἐπανήγαγε. Δηλοῖ δὲ ὁ μὲν ἀριθμὸς τὴν προσ-
κυνουμένην Τριάδα· τὸ δὲ ἐμφύσημα, τὴν ἐν ἀρχῇ τῆς ψυχῆς γε-
γενημένην δημιουργίαν. Ἀλλ᾽ ὁ προφήτης ἐμφυσήσας οὐκ ἄλλην
ψυχὴν ἐδημιούργησεν, ἀλλὰ τὴν χωρισθεῖσαν τοῦ σώματος 15
ἐπανήγαγεν. Ὁ δὲ φιλάνθρωπος καὶ φιλοικτίρμων Θεός, τῶν
ἀνθρώπων τὸ γένος ὁρῶν διολλύμενον καὶ τὸν προφήτην αἰτῆσαι
τὸν ἔλεον μὴ βουλόμενον, καὶ τοὺς μὲν οἰκτίρων καὶ δοῦναι τὸν

2 s 3 Re 17, 18   11 s cf 3 Re 17, 21

1, 5, 6, 8, 9, 10, 12, 35, 37, 54, 55, 56

1 ἐκάκωσας] ἐκακοποίησας A   2 >καὶ 5 54   ἔφη] > c₁: φησί ed   3 ἀναμνῆσαι
pr τοῦ A 12   >καὶ θανατῶσαι τὸν υἱόν μου c₁ 1 37   4 >Τῷ σῷ φωτί — πλημμελήμα-
τα 6   τὰ κεκρυμμένα / μου tr 12   μου] μοι 54   5 ἀλλόφυλος + οὖσα A⁻⁶   μοι] μου
5   6 πονηρός + καὶ τὰ τοιαῦτα 54   >πρόξενός μοι — παρουσία 6 54   μοι κακῶν tr
A   παρουσία] εἴσοδος 9   7 ἀνατέθεικε] ἀνέθηκε 54   8 >Τοσοῦτον ὤνησεν — καὶ δι᾽
αὐτὴν 6   9 ἡ τοῦ παιδὸς / γέγονε tr D 54   γεγένηται 10   11 προφήτης + προσηύξα-
το πρὸς Κύριον περὶ τοῦ τεθνηκότος παιδαρίου 8   μετὰ τὴν προσευχὴν] > 6: + δὲ
8   τρὶς ante μετὰ 55: τρεῖς 6 37   12 τὸ μειράκιον 10   ἐπήγαγεν 1   >Δηλοῖ δὲ
6   μὲν + οὖν 6   ἀριθμὸς + δηλοῖ 6   14 ὁ + μὲν 54   ἐμφυσήσας post ψυχὴν tr
12   15 >ψυχὴν A   >ἀλλὰ 37   χωρισθεῖσαν + δὲ 37   16 Ὁ pr ἀλλ᾽ 12   >δὲ
12   >φιλάνθρωπος 6   >καὶ A⁻¹⁰   φιλοικτίρμων] > 5 54: πανοικτείρμων c₁: φιλοι-
κτείρμων ed   17 ὁρῶν ante τῶν ἀνθρώπων A   διολλύμενον — οὐκ ἀνεχ. ψῆφον (p 178
l 2)] ἐκεῖνον δὲ μὴ καμπτόμενον βλέπων ἐπὶ τὸ αἰτῆσαι τὸν ἔλεον 54   ὀλλύμενον
12   17 >καὶ τὸν προφήτην — μὴ βουλόμενον 5   18 βουλομένῳ 12   >καὶ τοὺς μὲν
οἰκτίρων — οὐκ ἀνεχ. ψῆφον (p 178 l 2) 6

ἔλεον ἐπειγόμενος, τὸν δὲ γεραίρων καὶ παρὰ τὴν αὐτοῦ γνώμην
λῦσαι τὴν ἐξενεχθεῖσαν οὐκ ἀνεχόμενος ψῆφον, αὐτὸς ἔρχεται
πρεσβευτὴς πρὸς τὸν οἰκέτην ὁ δεσπότης, πρὸς τὸν πηλὸν ὁ δη-
μιουργός, καὶ πείθει λῦσαι τῶν νεφῶν τὰς ὠδῖνας τὴν πεδήσασαν
5 γλῶτταν. «Ἐγένετο» γάρ φησι, «μεθ᾽ ἡμέρας πολλάς, καὶ ῥῆμα
Κυρίου ἐγένετο πρὸς Ἠλίαν ἐν τῷ ἐνιαυτῷ τῷ τρίτῳ λέγον
Πορεύου καὶ ὄφθητι τῷ Ἀχαὰβ καὶ δώσω ὑετὸν ἐπὶ προσώπου τῆς
γῆς».

MΘ´

Πῶς νοητέον· «Εἰ ἔστιν ἔθνος ἢ βασιλεία οὗ οὐκ ἀπέσταλκεν ὁ
10 **Κύριός μου ζητεῖν σε καὶ εἶπον, Οὐκ ἔστιν»;**

Ἐπειδὴ ὁ προφήτης εἰρήκει τῷ Ἀχαὰβ· «Ζῇ Κύριος ὁ Θεός
μου, εἰ ἔσται τὰ ἔτη ταῦτα ὑετὸς ἢ δρόσος, εἰ μὴ διὰ λόγου
στόματός μου», λαβὼν τῆς τῶν λόγων ἀληθείας τὴν πεῖραν ὁ
Ἀχαάβ, ἀναγκαίως ἐπεζήτει τὸν τῇ γλώττῃ τὰ νέφη καθείρξαντα,
15 ἵνα δυοῖν θάτερον δράσῃ, ἢ ἀνοῖξαι πείσῃ, ἢ μὴ πειθόμενον
διολέσῃ. Ὁ δὲ Ἀβδιοὺ τῶν ἄγαν ἦν εὐσεβῶν. Καὶ τοῦτο διδάσκει ⁷²⁹
οὐ μόνον αὐτοῦ τὰ ῥήματα, ἀλλὰ καὶ τὰ πράγματα. Πρῶτον μὲν
γὰρ ἀναιρουμένους ὑπὸ τῆς Ἰεζάβελ τοὺς προφήτας ὁρῶν, οὐ

5 s 3 Re 18, 1   **9** s 3 Re 18, 10   **11** s 3 Re 17, 1

1, 5, 6, 8, 9, 10, 12, 35, 37, 54, 55, 56

2 οὐκ ἀνεχ. / ψῆφον tr 5   ἀνεχόμενον 12 35   **3** οἰκέτην] ἴδιον c₁   >πρὸς τὸν
πηλὸν ὁ δημιουργός 6   τὸν] τὴν 5   **4** πείθει] πεῖσαι 12   **5** γλῶσσαν 5 6 9
12   >Ἐγένετο — ἡμέρας πολλάς 1   **6** λέγων 12 56   **7** Πορεύθητι 12 37   >τῷ
37   πρόσωπον 5 54   **9** νοητέον + τὸ 1   ἀπέσταλκεν + με D 9 54   **10** εἶπεν
6   **11** >ὁ 1° 12   **12** μου] ἡμῶν 54   ἔσται] ἐστί 54   ἢ δρόσος] > A: + ἐπὶ τῆς γῆς
8   **13** >τὴν 6 12   πεῖραν ante τῆς 6   **14** ἐζήτει 8 35   τὸν + προφήτην 6   >τῇ
γλώττῃ — θάτερον δράσῃ 6   γλώσσῃ 54   **15** δράσῃ] > 54: πράξῃ 5 10   πείσει 10
37 54 55   >μὴ 55   **16** διολέσει 6 8 37 54 55   διδάσκει pr ἡ ἱστορία 6: pr οὐ
54   **17** >τὰ 1° 35   πράγματα] προστάγματα 54   **18** >γὰρ 12   >ἀναιρουμένους
ὑπὸ τῆς Ἰεζάβελ 6   τοὺς προφήτας ante ὑπὸ 37: pr ὅτι 6: + διέσωσεν 6   >ὁρῶν —
τὴν εὐσέβειαν (p 179 l 4) 6

μόνον κατέκρυψεν ἀλλὰ καὶ διέθρεψε, καὶ οὐ τρεῖς ἢ τέσσαρας, οὐ πεντεκαίδεκα, ἀλλ' ἑκατὸν διχῇ διελών. Καὶ οὐκ ἔδεισε τὴν τῆς κρατούσης μιαιφονίαν, ἀλλὰ πάντων προετίμηκε τὴν εὐσέβειαν. Ἔπειτα δὲ τὸν μέγαν Ἠλίαν ἰδών, ἔπεσεν ἐπὶ πρόσωπον αὐτοῦ καὶ εἶπεν· «Εἰ σὺ εἶ αὐτός, κύριέ μου Ἠλίας;». Καὶ τὰ 5 ἑξῆς δὲ δείκνυσιν αὐτοῦ τὴν εὐσέβειαν. «Ἔσται» γάρ φησιν, «ἐὰν ἀπέλθω ἀπὸ σοῦ καὶ πνεῦμα Κυρίου ἀρεῖ σε εἰς γῆν ἣν οὐκ οἶδα». Ἀνδρὸς γὰρ ταῦτα μελετῶντος τὰ θεῖα καὶ τοῦ θείου Πνεύματος ἐπισταμένου τὴν δύναμιν.

Ν΄

Τί δήποτε τοῦ νόμου διαγορεύοντος ἐν ἑνὶ τόπῳ λατρεύειν, ὁ 10
Ἠλίας ἐν τῷ Καρμήλῳ θυσιαστήριον ᾠκοδόμησεν;

«Δικαίῳ νόμος οὐ κεῖται», κατὰ τὸν θεῖον Ἀπόστολον, «ἀνόμοις δὲ καὶ ἀνυποτάκτοις». Καὶ γὰρ τὸν Ἰσραὴλ διὰ τὴν εὐκολίαν τῆς γνώμης ἐν ἑνὶ χωρίῳ λατρεύειν ἐνομοθέτησεν, ἵνα μὴ λαβόντες ἄδειαν προσκυνήσωσι καὶ τοὺς ψευδωνύμους θεούς. Ὁ 15 δὲ προφήτης δεῖξαι ἠβουλήθη τῶν μὲν λαοπλάνων δαιμόνων τὸ ἀσθενές, τοῦ δὲ Θεοῦ τῶν ὅλων τὸ παντοδύναμον· ἀγαγεῖν δὲ αὐτοὺς εἰς τὸν ἐν Ἱεροσολύμοις νεὼν οὐχ οἷόν τε ἦν διχῇ τῆς βασιλείας διῃρημένης. Ὅθεν αὐτοὺς ἀνήγαγεν εἰς τὸν Κάρμηλον, ἔνθα τὰς πλείους ἐποιεῖτο διατριβάς. 20

---

5 3 Re 18, 7   6 s 3 Re 18, 12   11 cf 3 Re 18, 32   12 s 1 Tim 1, 9

1, 5, 6, 8, 9, 10, 12, 35, 37, 54, 55, 56

1 ἢ] οὐδὲ 5 10   2 οὐ] οὐδὲ 5: ἢ 1 8 9 12 56   >τὴν ed   3 τῆς κρατούσης] τοῦ κράτους 54   προετίμησε 5   4 δὲ] > 6 37: καὶ 55   ἔπεσεν — μελετῶντος τὰ θεῖα (l 8)] τὸν σέβας ἀπένειμε· καὶ ἃ πρὸς τὸν προφήτην ἔφη, ἀνδρὸς ἀγαθοῦ 6   5 κύριε] ὁ κύριος 54   Ἠλιού Α   6 >δὲ 12   ἐὰν] ὅτε 5 10: ὅτι 54   7 ἄρῃ 37   10 tot Q Ν΄ post Q ΝΒ΄ c₁   >ἐν Α   11 Ἠλιού Α   Καρμηλίῳ 55   12 Δικαίῳ] pr ὅτι τῷ 37: δικαίων 12   νόμῳ 54   13 τὸν Ἰσραὴλ post γνώμης 8   >διὰ 54   14 εὐκολίαν] δυσκολίαν Α   >ἐν 54   νενομοθέτηκε 10 54   15 τοῖς ψευδωνύμοις θεοῖς 5 54   >θεούς 6   16 ἐβουλήθη 1 8 9 12 55   >λαοπλάνων 6   17 δὲ Θεοῦ tr 6   >τῶν ὅλων 6   τὸ παντοδύναμον] τὴν δύναμιν 6   ἀπαγαγεῖν Α   18 ναὸν 5 54   >οἷον 54   >τε 10 54   >διχῇ 1

NA´

Πῶς νοητέον· «Ἕως πότε χωλανεῖτε ἐπ᾽ ἀμφοτέραις ταῖς ἰγνύαις ὑμῶν»;

Καὶ τὸν Θεὸν προσεκύνουν καὶ τοῖς εἰδώλοις ἐλάτρευον. Ὅθεν ἐπήγαγεν· «Εἰ ἔστι Κύριος ὁ Θεός, δεῦτε καὶ πορεύεσθε ὀπίσω
5 αὐτοῦ. Εἰ δὲ ὁ Βάαλ ἐστίν, πορεύεσθε ὀπίσω αὐτοῦ». Οὔτε ὁ Θεός, φησί, βούλεται τοὺς ψευδωνύμους τιμᾶσθαι θεούς, οὔτε οὗτοι τὸν ἀληθινὸν προσκυνεῖσθαι Θεόν. Ὑμεῖς δὲ καὶ ταῦτα κἀκεῖνα ποιοῦντες οὐδετέρῳ φυλάττετε βεβαίαν τὴν εὔνοιαν.

NB´

**Τίνος ἕνεκεν τοῖς ἱερεῦσι τοῦ Βάαλ τὸν πίονα «βοῦν» ἐκλέξασθαι,
10 καὶ πρώτοις ἐπιτελέσαι τὴν θυσίαν ἐπέτρεψεν;**

Ὁ ὄντως Θεὸς οὐδενὸς τούτων ἐστὶν ἐνδεής. Ἵνα τοίνυν καταισχυνθέντες οἱ τοῦ ψεύδους ὑπηρέται μὴ φήσειαν χαλεπῆναι τὸν Βάαλ, ὡς μὴ τὸ πρῶτον δεξάμενον γέρας, τῶν πρωτείων αὐτοῖς παρεχώρησεν. Ἐπειδὴ δὲ καὶ τούτων γεγενημένων οὐδὲν 732
15 ἐπέραινον. «Τὰ γὰρ εἴδωλα τῶν ἐθνῶν ἀργύριον καὶ χρυσίον, ἔργα

---

1 s 3 Re 18, 21   4 s 3 Re 18, 21   9 3 Re 18, 25   15 s Sal 113, 12.14

1, 5, 6, 8, 9, 10, 12, 35, 37, 54, 55, 56

1 νοητέον + τὸ 1   2 >ὑμῶν A⁻¹⁰   3 τῷ Θεῷ 37   4 πορευθῶμεν A   5 >ἐστίν
6   6 φησί, βούλεται tr 54   τοὺς ψευδωνύμους / τιμᾶσθαι tr A   >τοὺς ψευδωνύμους
6   οὗτοι] αὐτοὶ A⁻⁶: αὐτὰ 6   7 καὶ ταῦτα κἀκεῖνα ποιοῦντες] > 6: ταῦτα κἀκεῖνα
ποιεῖτε καὶ 37   >καὶ A⁻⁵⁴   8 οὐθετέρῳ 37   φυλάσσετε 54   >βεβαίαν A⁻⁶   9 ἕνε-
κα 5 10   Βάαλ + καὶ 10   10 ἐπέτρεψεν] προσέταξεν 5 37: ἐπέστρεφεν 54   11 ἐστὶν
ἐνδεής tr A   Ἵνα τοίνυν καταισχυνθέντες post ψεύδους 6   12 φήσειαν] εἴπωσι A: φησί
8 12: φασί 35   χαλεπῆναι] χαλεπαίνειν A   13 >αὐτοῖς 54   14 ὑπεχώρησεν
12   Ἐπειδὴ] ἐπεὶ A⁻¹⁰   >δὲ 10   15 >Τὰ γὰρ εἴδωλα — καὶ οὐκ ἀκούσονται 6 54

χειρῶν ἀνθρώπων, ὦτα ἔχουσι καὶ οὐκ ἀκούσονται», ἐπικερτομῶν
αὐτοῖς ἔλεγεν ὁ προφήτης· «Ἐπικαλεῖσθε ἐν φωνῇ μεγάλῃ ἅμα,
μήποτε ἀδολεσχία τις αὐτῷ ἐστι· καὶ μήποτε χρηματίζει αὐτός, ἢ
μήποτε καθεύδει καὶ ἐξαναστήσεται». Εἰκὸς αὐτόν, φησί, καθεύδειν
ἢ ἕτερά τινα πρυτανεύειν, ἢ περὶ ἄλλα σχολάζειν, ὅθεν ἑνὸς οὐκ   5
ἐπαίει καλοῦντος. Προσήκει τοίνυν κοινῇ πάντας βοῆσαι, ἵνα τὸ
μέγεθος τῆς φωνῆς ἐξελάσῃ τὸν ὕπνον. Καὶ ὑπήχθησαν τοῖς
λόγοις οἱ λίαν ἀνόητοι καὶ κοινὴν ἀφῆκαν βοὴν καὶ «κατετέμνον-
το ἐν μαχαίραις καὶ σειρομάσταις ἕως ἐκχύσεως αἵματος».
Μιαιφόνοι γὰρ ὄντες οἱ τῶν ἀνθρώπων ἀλάστορες τοῖς τῶν   10
ἀνθρώπων αἵμασιν ἐπιτέρπονται. Οὗ δὴ χάριν τοῦτον αὐτοὺς τὸν
τρόπον οἱ ἱερεῖς ἐθεράπευον καὶ τοῦτο δεδήλωκεν ὁ συγγραφεὺς
εἰρηκώς· «Κατετέμνοντο κατὰ τὸν ἐθισμὸν αὐτῶν». Τούτων οὕτως
τὴν ἀπάτην γυμνώσας καὶ τῷ τῶν πρωτείων παραχωρῆσαι καὶ τῷ
πᾶσαν αὐτοῖς σχεδὸν τὴν ἡμέραν ἐνδοῦναι περὶ αὐτὰς τὰς τοῦ   15
ἡλίου δυσμάς. Τοῦτο γὰρ ἡ ἱστορία δεδήλωκεν· «Ἐγένετο» γάρ
φησιν, «ὡς ὁ καιρὸς τοῦ ἀναβῆναι τὴν θυσίαν», συνήθροισε μὲν
ἅπαντα τὸν λαόν, ἰσαρίθμους δὲ τῶν φυλῶν αὐτῶν, οὐ τῶν δέκα
ἀλλὰ τῶν δυοκαίδεκα λίθους κομισθῆναι κελεύσας, τὸ κατ-

2 s 3 Re 18, 27   8 s 3 Re 18, 28   13 3 Re 18, 28ap   16 s 3 Re 18, 29   18 s cf
3 Re 18, 31

1, 5, 6, 8, 9, 10, 12, 35, 37, 54, 55, 56

1 ὦτα pr καὶ 5 8 9 10 35   2 αὐτοῖς ἔλεγεν tr 6   αὐτοὺς c₁ 37   ἔλεγεν / ὁ προφή-
της tr 9 54   >ὁ προφήτης c₁ 1 37   3 ἀδολεσχία post αὐτῷ 54   τις ante ἀδολεσχία
55: post αὐτῷ 56   αὐτῷ ante ἀδολεσχία 55   >καὶ A   4 Εἰκὸς αὐτόν — ἔλυσε τὰς
ὠδῖνας (p 182 l 17)] καὶ τὰ ἑξῆς 6   >Εἰκὸς αὐτόν — ἐξελάσῃ τὸν ὕπνον (l 7)
54   καθεύδειν pr καὶ 1   5 τινα πρυτανεύειν tr 12   σχολάζειν + τινα 12   >ἑνὸς 5
10   6 ἐπαίῃ ed   καλοῦντος] καλούμενος 5 10: βοῶντος 1   7 >τὸ μέγεθος τῆς
φωνῆς D   μέγεθος] μέγα ed   φωνῆς] βοῆς A   >Καὶ A   ὑπήχθησαν + δὲ A   8
ἀνόητοι] ἀσύνετοι 54   κατέτεμνον A   9 >ἐν 54   σειρομάσταις + ἑαυτοὺς A   10
>τῶν 2° 10   11 αὐτοῖς 12 37 54   12 τοῦτο] τοῦτον 35   13 εἰρηκώς] εἰρηνικῶς 5:
εἰπών 54   οὕτως] οὕτω 54   14 τῷ 1°] τὸ D   πρωτείων] προτέρων 10 54   τῷ 2°] τὸ
D   15 αὐτοῖς σχεδὸν tr 37   περὶ] παρ' 10   >τοῦ A 8   16 >Τοῦτο γὰρ ἡ ἱστορία
δεδήλωκεν D   17 >φησιν 54   ὡς ante Ἐγένετο 37   συνήθροισε pr καὶ 5 54   18
ἅπαντα] πάντα 54   δέκα] δώδεκα 54   19 δυοκαίδεκα] δώδεκα 10: δέκα 54   κατ-
εσκαμμένον] κατεσκευασμένον 1

εσκαμμένον τοῦ Θεοῦ θυσιαστήριον ᾠκοδόμησε. Καὶ τὰ ξύλα συν-
τεθεικὼς τὸ ἱερεῖον ἐπέθηκεν. Ἐν κύκλῳ δὲ ὀρύξας, δοχεῖον
ἐποίησεν ὕδατος. Τοῦτο ὁ μὲν Ἑβραῖος «θααλὰ» προσηγόρευσεν,
Ἰώσηπος δὲ «δεξαμένην». Προσήνεγκε δὲ οὐ πῦρ ἀλλ᾽ ὕδωρ τοῖς
5 ξύλοις. Ἰσαρίθμους γὰρ πάλιν τῶν φυλῶν ἀμφορέας ἐνεχθῆναι κε-
λεύσας, καὶ τούτους ὕδατος ἐμπλήσας, ἐπέχεεν τῇ θυσίᾳ. Καὶ οὐχ
ἅπαξ μόνον ἢ δὶς ἀλλὰ τρὶς τοῦτο πεποίηκε, τῆς προσκυνουμένης
Τριάδος ἐμφαίνων τὸν ἀριθμόν. Βοῇ δὲ χρησάμενος ἱκέτευσε τὸν
τῶν πατέρων Θεὸν δεῖξαι τὸ διάφορον καὶ τὸν ἐξηπατημένον
10 ἐπιστρέψαι λαὸν καὶ θεοσδότῳ πυρὶ τὴν θυσίαν ὁλοκαυτῶσαι· καὶ
τῆς εὐχῆς μηδέπω δεξαμένης τὸ πέρας, κατηνέχθη τὸ πῦρ καὶ
κατηνάλωσεν οὐ μόνον τὰ ξύλα καὶ τὸ θῦμα ἀλλὰ καὶ τὸν χοῦν
καὶ τὸ ὕδωρ καὶ τοὺς λίθους, ὥστε μὴ καθυβρισθῆναι τὸ θεῖον θυ-
σιαστήριον, τῶν δυσσεβῶν ἐν ἐκείνῳ προσφερόντων θυσίας τοῖς
15 δαίμοσι. Τούτου γενομένου τοῦ θαύματος, προσέταξεν ἀναιρε-
θῆναι τοὺς τοῦ ψεύδους τεχνίτας καὶ τότε τῶν νεφῶν ἔλυσε τὰς
ὠδῖνας.

ΝΓ´

Τίνος ἕνεκεν, τοσαύτην ἔχων δύναμιν, ἐφοβήθη τὴν Ἰεζάβελ;

Ὅτι οὐ μόνον προφήτης ἀλλὰ καὶ ἄνθρωπος ἦν· ἄλλως τε καὶ 733
20 τῆς θείας ἦν οἰκονομίας τὸ δέος. Ἵνα γὰρ μὴ τῆς θαυματουργίας

---

1 cf 3 Re 18, 32   4 Josefo, *Ant* 8, 341   6 s cf 3 Re 18, 34   18 cf 3 Re 19, 3

1, 5, 6, 8, 9, 10, 12, 35, 37, 54, 55, 56

2 ἀπέθηκεν 9   διορύξας D 9   3 ὁ μὲν tr 10   θααλὰ] θαλαὰ 5 8: θαλὰ 10: θάλασ-
σαν 54   4 Ἰώσηπος δὲ] ὁ δὲ Ἰώσηπός 5 54   5 τῶν φυλῶν] αὐτῶν c₁ 1: αὐτῶν φυλῶν
37   6 τῇ θυσίᾳ pr ἐν 10: ἐπὶ τὴν θυσίαν 5   >Καὶ A   οὐχὶ 1   7 ἅπαξ + δὲ 5
35   ἢ] οὐδὲ 5 10: οὐ 54   τρὶς pr καὶ c₁ 1 9 37: + δὲ 5   8 Τριάδος pr πάλιν A: +
πάλιν 8 35   9 ἐξαπατημένον 1 5   12 κατανάλωσεν 1 10 56   θῦμα] θυμίαμα 10   13
>θεῖον 35   14 >ἐν A   ἐκείνων 5 10   θυσίας pr τὰς 1 10: θυσίαν 37   16 τεχνίτας]
προφήταις 5   >καὶ τότε — ὠδῖνας 10   νεφῶν] νεφέλων D 9   18 ἕνεκα 6 54   ἔχων
δύναμιν tr 10   τὴν pr μόνην ed: τῇ 54   Ἰεζάβελ + καὶ ἀπέδρα 6   19 >ἄλλως τε
καὶ τῆς θείας 35   τε + δὲ 54   20 >ἦν 9 35   μὴ + τὸ περὶ τὴν θυσίαν 6

τὸ μέγεθος ἐπάρῃ τὸ φρόνημα ἐνδέδωκεν ἡ χάρις τῇ φύσει τὴν δειλίαν εἰσδέξασθαι, ἵν' ἐπιγνῷ τὴν οἰκείαν ἀσθένειαν. Τούτου χάριν αὐτῷ καὶ μεμήνυκεν ὁ Δεσπότης, ὅτι χιλιάδες ἑπτὰ διέμειναν τῆς ἀσεβείας ἐλεύθεραι. Πρὸς δὲ τούτοις ἐδίδαξεν αὐτόν, ὡς ἡμερότητι καὶ μακροθυμίᾳ πρυτανεύειν ἐδοκίμασε τῶν ⁵ ἀνθρώπων τὸ γένος· καὶ ὅτι ῥᾴδιον ἦν αὐτῷ καὶ κεραυνοὺς καὶ σκηπτοὺς ἐπιπέμψαι τοῖς δυσσεβέσι, καὶ κλονῆσαι τὴν γῆν καὶ τάφον αὐτοῖς αὐτοσχέδιον ἀποφῆναι, καὶ βιαίοις ἀνέμοις ἄρδην ἅπαντας διολέσαι. Τοῦτο γὰρ ἔφη· «Καὶ πνεῦμα μέγα κραταιὸν διαλύον ὄρη καὶ συντρίβον πέτρας ἐνώπιον Κυρίου· οὐκ ἐν τῷ ¹⁰ πνεύματι Κύριος. Καὶ μετὰ τὸ πνεῦμα συσσεισμός· οὐκ ἐν τῷ συσσεισμῷ Κύριος. Καὶ μετὰ τὸν συσσεισμὸν πῦρ· οὐκ ἐν τῷ πυρὶ Κύριος. Καὶ μετὰ τὸ πῦρ φωνὴ αὔρας λεπτῆς». Διὰ δὲ τούτων ἔδειξεν, ὅτι μακροθυμία καὶ φιλανθρωπία μόνη φίλη Θεῷ· ἕκαστον δὲ τῶν ἄλλων ἡ πονηρία τῶν ἀνθρώπων ἐφέλκεται. ¹⁵

ΝΔ´

Τί δήποτε τὸν Ἀζαὴλ καὶ τὸν Ἰηοὺ καὶ τὸν Ἐλισσαῖον χρίσαι προσταχθείς, μόνον ἔχρισε τὸν προφήτην;

Εἰ τὸν προφήτην ἔχρισε καὶ τῆς πνευματικῆς αὐτῷ μετέδωκε

---

9 s 3 Re 19, 11-12   **16** s cf 3 Re 19, 16 s

1, 5, 6, 8, 9, 10, 12, 35, 37, 54, 55, 56

1 >τὸ 1° 6   τῇ] > ed: τὴν 54   φύσει] φύσιν 54   **2** εἰσδέξασθαι] εἰς δὲ πράξασθαι 54   **3** αὐτῷ] > 54: post μεμήνυκεν 6 12   **4** ἐλεύθεραι] ἐλεύθεροι 12: ἀνώτεραι 54   ἐδίδασκεν 54   **6** >τὸ 5   γένος + ἀλλ' οὐχὶ ὀργῇ καὶ κολάση 6   >καὶ ὅτι 6   ῥᾴδιον + γὰρ 6   >καὶ κεραυνοὺς — βιαίοις ἀνέμοις (l 8) 6   **7** ἐπιμέμψαι 35   **8** αὐτοῖς / αὐτοσχέδιον ἀποφῆναι tr 35   ἐπαφῆναι 10 54   >ἄρδην D 9   ἄρδην ἅπαντας] πάντας ἄρδην 6   **9** ἅπαντα 9 12 35 56   διολέσαι] ἀπολέσαι 37 54   **10** διαλύον pr καὶ 1 5   καὶ] τὸ 5   **11** Καὶ μετὰ τὸ πνεῦμα συσσεισμός] > 6: + καὶ 8 9 37   **12** Κύριος. Καὶ μετὰ τὸν συσσεισμὸν πῦρ] > 6: + καὶ 37   **13** >Κύριος. Καὶ μετὰ τὸ πῦρ 6   φωνὴ + δὲ 6   λεπτῆς + καὶ ἐκεῖ Κύριος 6 10(κἀκεῖ) 12   >Διὰ δὲ τούτων 6   **14** ἔδειξεν + γὰρ διὰ τούτων 6   >καὶ φιλανθρωπία 6   **16** Ἰοὺ 1 6: Ἠοὺ 12: Ἰνοὺ 8   **17** ἔχρισε / τὸν προφήτην tr A   >τὸν 54   **18** πνευματικῆς] προφητικῆς 10

χάριτος, ταύτῃ καὶ τοὺς ἄλλους ἔχρισε. Καὶ γὰρ ὁ Ἐλισσαῖος δι' αὐτοῦ τὴν προφητικὴν δεξάμενος χάριν, προσήνεγκεν ἐκείνοις τὸ χάρισμα καὶ τῆς βασιλικῆς αὐτοῖς μετέδωκε χάριτος.

ΝΕ΄

Τί ἐστιν· «Εὐλόγησε Ναβουθὲ Θεὸν καὶ βασιλέα»;

5   Ἡ παμμίαρος Ἰεζάβελ τὴν συκοφαντίαν ἐξύφηνε καὶ πρῶτον μὲν ἐκέλευσεν αὐτὸν τῆς συνήθους ἀξιωθῆναι τιμῆς καὶ προεδρεῦσαι τῶν ἄλλων· εἶτα τοὺς συκοφάντας εἰσενεγκεῖν τὴν τῆς βλασφημίας γραφήν. Εὐφήμως γὰρ τὸ «εὐλόγησε» τέθεικεν ἀντὶ τοῦ «ἐβλασφήμησε». Τὴν δὲ νηστείαν γενέσθαι προσέταξεν,
10 ὥστε ταύτῃ δεῖξαι τοῦ φόνου τὸ δίκαιον.

ΝΣ΄

Πῶς ὁ Ἀχαὰβ ὀρεχθεὶς τοῦ ἀμπελῶνος καὶ δυσχεράνας ὅτι δὴ τοῦτον οὐκ ἔλαβεν, ἤλγησεν ἐπὶ τῇ τοῦ Ναβουθὲ τελευτῇ;

Κοῦφος ἦν ὁ τρισάθλιος καὶ ῥᾳδίως τῇδε κἀκεῖσε μεταφερόμε-νος. Ὅθεν αὐτὸν καὶ τὸ παμπόνηρον γύναιον εἰς τὸ τῆς ἀσεβείας 736
15 ἐμβέβληκε βάραθρον. Τοῦτο γὰρ καὶ ἡ ἱστορία διδάσκει. «Δω-ρεὰν» γάρ φησιν, «ἐπράθη Ἀχαὰβ τοῦ ποιῆσαι τὸ πονηρὸν ἐνώ-

---

4 3 Re 20, 13   11 s cf 3 Re 20, 16   16 s 3 Re 20, 25-26

1, 5, 6, 8, 9, 10, 12, 35, 37, 54, 55, 56

1 >ὁ 54   >δι' αὐτοῦ 1   2 προφητικὴν] πνευματικὴν 9   ἐκείνους 54   3 χάρι-σμα] χρίσμα c₁ 9 12 35   4 Ναβουθαὶ c₁ 1 9 37 54   5 >τὴν 54   ἐξύφανε 6 55: ἐξέφηνε 8   6 ἐκέλευσεν αὐτὸν tr 12   αὐτοὺς 37   7 προεδρεύειν Α   εἶτα] εἰς τὸ 8 35   εἰσενεγκεῖν] εἰσελθεῖν Α⁻⁵: ἐλθεῖν 5: + καὶ Α   8 βλασφημίας] βασιλείας 10   Εὐφήμως pr προθέσθαι Α 55   ηὐλόγησε D 54   11 >ὁ Α⁻⁶   12 ἤλγησεν] ἤλπι-σεν 1   Ναβουθαὶ c₁ 1 9 37 54   13 Κοῦφος + δὲ 35   ἦν] ὢν 37   >τρισάθλιος 6   14 >τὸ 1° 6   παμπόνηρον] παμμίαρον 54   15 μεταβέβληκε 54   >καὶ 10 54 16 ἐπράθη] post Ἀχαὰβ Α: ἐπειράθη 5: ἐπράχθη 37 54   Ἀχαὰβ pr ὁ 5

πιον Κυρίου, ὡς μετέστησεν αὐτὸν Ἰεζάβελ ἡ γυνὴ αὐτοῦ· καὶ ἐβδε-
λύχθη σφόδρα τοῦ πορευθῆναι ὀπίσω τῶν βδελυγμάτων, κατὰ
πάντα ὅσα ἐποίησεν ὁ ἀμορραῖος, ὃν ἐξωλόθρευσε Κύριος ἀπὸ
προσώπου τῶν υἱῶν Ἰσραήλ». Τὸν δὲ ἀμορραῖον ἐνταῦθα οὐ τὸ
ἔθνος λέγει ἀλλὰ πάντας τοὺς χαναναίους. Ἀμορραῖος γὰρ τῇ 5
ἑβραίων φωνῇ καὶ ὁ κατοικῶν ὀνομάζεται. Ἡ δὲ τῆς ἀγαθότητος
ἄβυσσος ὁ Δεσπότης Θεός, διὰ μὲν τὴν μιαιφονίαν τὴν
πανωλεθρίαν ἠπείλησε· διὰ δὲ τὸν ἐπὶ τῷ φόνῳ θρῆνον, τὴν τῆς
τιμωρίας ἀναβολὴν ἐχαρίσατο. Αὐτίκα γοῦν τῶν σύρων πολλὰς
κατ᾽ αὐτοῦ μυριάδας συνειληχότων, καὶ βρενθυομένων καὶ 10
λεγόντων· «Εἰ ἐκποιήσει ὁ χοῦς Σαμαρείας ταῖς δραξὶ παντὶ τῷ
λαῷ τοῖς πεζοῖς μου;» —ταῦτα δὲ ἔλεγον ἀπειλοῦντες τῆς
πολιορκίας τὰ χώματα—, τὸν προφήτην ἀποστείλας ὁ Δεσπότης
Θεός, διέλυσε τοῦ τρισαθλίου βασιλέως τὸ δέος, τοῖσδε τοῖς
λόγοις χρησάμενος· «Ἑώρακας πάντα τὸν ἦχον τὸν μέγαν τοῦτον; 15
Ἰδοὺ ἐγὼ δίδωμι αὐτὸν εἰς τὰς χεῖράς σου καὶ γνώσῃ ὅτι ἐγὼ
Κύριος». Μάλα δὲ ἁρμοδίως ἦχον ὠνόμασε τῶν ἀπειλητικῶν
ῥημάτων τὸν ψόφον· διελύθη γὰρ συντόμως τῇ θείᾳ ῥοπῇ.

NZ΄

Πῶς νοητέον τὸ «Ἐν τοῖς παιδαρίοις τῶν ἀρχόντων τῶν χωρῶν»;

Οὐ χρήζω, φησί, πλήθους ἐγώ. Ἐν ὀλίγοις γὰρ μειρακίοις καὶ 20

---

11 s 3 Re 21, 10   **15** s 3 Re 21, 13   **19** 3 Re 21, 14

1, 5, 6, 8, 9, 10, 12, 35, 37, 54, 55, 56

1 >ὡς μετέστησεν — γυνὴ αὐτοῦ 54   Ἰεζάβελ pr ἡ 5   **2** >σφόδρα τοῦ πορευθῆναι
ed   πορευθῆναι] βδελυχθῆναι 5   >ὀπίσω 54   **3** > ὁ 54   ἀμορραῖον 54   **4** >Τὸν
δὲ ἀμορραῖον — τοὺς χαναναίους 6   τὸ] τε 12: + ἐν 1 9 37   **5** γὰρ] > 35: δὲ 6   **6**
>Ἡ δὲ τῆς ἀγαθ. — τῇ θείᾳ ῥοπῇ (l 18) 6   **9** πολλὰς / κατ᾽ αὐτοῦ tr 5   **10** κατ᾽ αὐτοῦ
μυριάδας] μυριάδας κατ᾽ αὐτῶν 54   **11** >ὁ χοῦς A   Σαμάρεια 54: σαμαρείτας
35   **12** >μοῦ 12   **13** προφήτην + δὲ 56   >ὁ Δεσπότης Θεός D   >Δεσπότης 5
54   **14** τοῖσδε τοῖς] τοιούτοις 12   **15** μέγα 12 37   **16** ἐγὼ / δίδωμι αὐτὸν tr
37   αὐτοὺς 12   >τὰς 56   **17** ἁρμοδίως] οἰκείως 5: ῥαδίως 10 54   **19** >Πῶς νοη-
τέον — τῶν χωρῶν 37   τὸν χῶρον 5 6   **20** Οὐ pr κατὰ τῶν πολλὰς μυριάδας συνειλη-
χότων καθοπλίζων ὁ φιλάγαθος Κύριος ἔλεγεν 6   φησί, πλήθους tr 5 10   >φησί
6   ἐγώ + γὰρ c₁ 6   >γὰρ c₁ 6 9 37

πολέμων ἀπείροις, τὴν παμπόλλην ταύτην στρατιὰν διολέσω.
Ἀριθμήσας γοῦν αὐτοὺς ὁ Ἀχαὰβ τριάκοντα καὶ δύο πρὸς
διακοσίους εὗρε. Διὰ τούτων ὁ παντοδύναμος Κύριος τριάκοντα
καὶ δύο βασιλέων διέλυσε στρατιάν. Τούτῳ δὲ κατὰ κράτος νε-
5 νικηκότι προμηνύει τῶν σύρων τὴν ἔφοδον, τὴν ἐσομένην εἰς νέω-
τα. «Ἐροῦσι γὰρ οἱ σύροι· Θεὸς ὀρέων Θεὸς Ἰσραήλ, καὶ οὐ Θεὸς
κοιλάδος»· τουτέστιν, ἐν τοῖς ὄρεσιν ἔχει τὴν δύναμιν, ἐν δὲ τοῖς
πεδίοις ἡττᾶται. Ἐπειδὴ γὰρ τοιούτους εἶναι τοὺς οἰκείους θεοὺς
ὑπελάμβανον, ᾠήθησαν καὶ τὸν ἀληθινὸν καὶ τῶν ὅλων δη-
10 μιουργὸν μερικὸν εἶναι Θεόν. Ἀλλ' ἔδειξε καὶ τοῖς οἰκείοις καὶ
τοῖς ἀλλοτρίοις τὴν οἰκείαν ἰσχύν. Τῆς γὰρ συμπλοκῆς ἐν πεδίῳ 737
γεγενημένης δυοκαίδεκα τῶν ἀντιπάλων μυριάδας ὁ Ἰσραὴλ
κατηκόντισεν, ἵνα δὲ κἀκεῖνοι καὶ οὗτοι μάθωσιν, ὡς θεήλατος ἡ
πληγή· τῶν διαφυγόντων εἰς τὴν Ἀφηκὰ πόλιν καταπεφευγότων
15 καταπεσὸν τὸ τεῖχος ἑπτὰ καὶ εἴκοσι χιλιάδας κατέχωσεν.

NH΄

**Διὰ τί παραβολαῖς οἱ προφῆται κεχρημένοι τὰς θείας προρρήσεις
προφέρουσιν;**

Ἵνα ἀγνοοῦντες οἱ τῶνδε τῶν λόγων ἀκούοντες, ὡς καθ'

2 s cf 3 Re 21, 15-16   6 s 3 Re 21, 23.28   14 s cf 3 Re 21, 30

1, 5, 6, 8, 9, 10, 12, 35, 37, 54, 55, 56

1 >καὶ πολέμων ἀπείροις 54   2 >αὐτοὺς 9   ὁ] > 5: + αὐτὸς 9   >δύο πρὸς
5   3 διακοσίους pr τοῖς 54: διακοσίοις 1 8 9 56: τριακοσίους 6 12   εὗρε ante πρὸς 8
35 54   τοῦτο D   4 ἔλυσε 35   τούτων 6: τούτους 54   κατὰ κράτος + μέν 8   5
>εἰς 9 37 55   νέωτα] τὸ ἐπιὸν A   6 γὰρ + φησιν A   Θεὸς 2° pr ὁ A   7 κοιλάδων
A   8 >Ἐπειδὴ γὰρ — εἶναι Θεόν 6   >εἶναι τοὺς 35   9 >καὶ 2° 37   10 δημιουρ-
γὸν pr Θεὸν 54   καὶ τοῖς οἰκείοις — ἰσχύν] τὴν παντοδύναμον αὐτοῦ βοηθεὶς 6   11
οἰκείαν] ἰδίαν A   ἐν πεδίῳ γεγεν.] γενομένης 6   12 τῶν ἀντιπάλων / μυριάδας tr A
8   13 κἀκεῖνοι — μάθωσιν] γνῶσιν 6   14 διαπεφευγότων 54   >εἰς τὴν Ἀφηκὰ πόλιν
καταπεφ. 54   Ἐφεκὰ A: Ἀφεκκὰ 55   15 πεσὼν 6   ἑπτὰ ... εἴκοσι tr 6   17 προσ-
φέρουσιν 10   18 ὡς + μὴ 10

ἑαυτῶν τὴν ψῆφον ἐκφέρουσι, δικαίως ψηφίσωνται. Ἄλλως γὰρ
ἐν ἑαυτοῖς καὶ ἑτέρως ἐν ἄλλοις τὴν ἁμαρτίαν ὁρῶμεν. Τοῦτο καὶ
ὁ Νάθαν πεποίηκεν. Οὐ γὰρ εὐθὺς τῷ Δαβὶδ τὸν ἔλεγχον
προσενήνοχεν, ἀλλὰ πρότερον τοῦ πένητος τὴν συμφορὰν
διηγήσατο· εἶτα δικαίαν τὴν ψῆφον ἰδών, τὸ τῆς κατηγορίας ἐγύ- 5
μνωσε πρόσωπον. Τοῦτο καὶ ἐνταῦθα πεποίηκεν ὁ προφήτης. Τε-
λαμῶνι γὰρ τὸ μέτωπον καὶ τὰς ὀφρῦς συγκαλύψας, τῷ Ἀχαὰβ
προσελήλυθεν. Εἶτα ἐδίδαξεν, ὡς ἐν τῷ πολέμῳ δορυάλωτος αὐτῷ
παρεδόθη, φυλάξαι τοῦτον τοῦ παραδεδωκότος κελεύσαντος καὶ
προσαπειλήσαντος, ὡς, εἰ φύγοι, θανάτῳ ζημιωθήσεται. Ἐμοῦ δέ, 10
φησί, τὴν παράταξιν θεωμένου, πέφευγε χώραν λαβών. Τούτων
ἀκούσας ὁ Ἀχαὰβ ἀνδροφόνον αὐτὸν ἀπεκάλεσεν. «Ἰδοὺ» γὰρ
φησι, «δικαστὴς σὺ παρ' ἐμοὶ ἐφόνευσας»· πολέμιον γὰρ ἀπέλυ-
σας, ἵνα πολλοὺς ἐκεῖνος πάλιν ἐργάσηται φόνους. Τότε λοιπὸν ὁ
προφήτης τὸν τελαμῶνα λύσας, ἔδειξεν ὅστις ἦν, καὶ προσήνεγκε 15
τὴν θείαν ἀπόφασιν· «Τάδε λέγει Κύριος· Διότι ἐξαπέστειλας σὺ
ἄνδρα ὀλέθριον ἐκ τῆς χειρός σου, ἰδοὺ ἡ ψυχή σου ἀντὶ τῆς
ψυχῆς αὐτοῦ, καὶ ὁ λαός σου ἀντὶ τοῦ λαοῦ αὐτοῦ».

---

3 s cf 2 Re 12, 1 s   **7** s cf 3 Re 21, 38   **12** s 3 Re 21, 40ap   **16** s 3 Re 21, 42

1, 5, 6, 8, 9, 10, 12, 35, 37, 54, 55, 56

1 τὴν] τὸν 37   ἐκφέροντες 6 10: ἐκφέρονται 5 54   δικαίως pr καὶ 12   **2** ἑαυτοῖς]
αὐτοῖς 54   ἑτέρως] ἄλλως 12 37   Τοῦτο] > 54: ταῦτα A·⁵⁴   καὶ] ὅπερ γὰρ 54   **3**
>ὁ 1   Νάθαν + τῷ Δαβίδ 6   πεποίηκεν] ἐπὶ τοῦ Δαβὶδ ἔπραξεν 54: + ἐκεῖ καθὼς
ἱστορεῖ 6   >Οὐ γὰρ εὐθὺς — ἐγύμνωσε πρόσωπον(l 6) 6 54   **6** πρόσωπον]
προσωπεῖον 10ᵛⁱᵈ 12   Τοῦτο] > 6: + δὲ 12   πεποίηκεν / ὁ προφήτης tr 54   ὁ] οὗ-
τος 6   **7** μέτωπον] πρόσωπον D 1 9 37   **8** >Εἶτα ἐδίδαξεν — ἐργάσηται φόνους (l 14)
6   αὐτῷ] εἰς φυλακὴν 54   **9** φυλάξαι] αὐτῷ 54   >τοῦτον — κελεύσαντος καὶ
54   **10** προσαπειλήσαντος — ζημιωθήσεται] ἀπειλήσαντος τοῦ παραδόντος εἰ διαφύγῃ ὁ
πολέμιος θανάτῳ ζημιώσειν αὐτὸν 54   **11** θεωμένου] θεασαμένου 12   **13** δικαστὴς σὺ
tr A: δικαστῇ σοι D: δικαστῇ συ 9   παρ' ἐμοὶ ante δικαστὴς D 9   **14** >πάλιν A
12 Τότε pr καὶ ὡς ἐν παραβολῇ διηγήσατο καὶ οὕτως τὸν βασιλέα ἑλκύσας δικαίως τὴν
ψῆφον ἐξήνεγκε 6   λοιπὸν] τοίνυν 1   **15** >τὸν 8   ἦν] ἐστίν 37   προήνεγκε 37   **16**
>σὺ c₁ 1 37

ΝΘ´

Διὰ τί φιλανθρωπίας ἀπῃτήθη δίκας;

῞Οτι χρὴ τὴν φιλανθρωπίαν καὶ τὸ δίκαιον ἔχειν. Οὗτος δὲ
ὠμότητι χρησάμενος κατὰ τῶν προφητῶν, καὶ πάντας ἄρδην
βουληθεὶς διαφθεῖραι, καὶ τοὺς ἁλόντας ἀνελὼν ἅπαντας, περὶ
5 τὸν τοῦ Ἰσραὴλ πολέμιον τὸ ἥμερον ἔδειξεν. ῞Οτι δὲ τὰ πλεῖστα
ἐξήμαρτε διὰ τὴν εὐκολίαν τῆς γνώμης, τὰ ἑξῆς μαρτυρεῖ.
«Ἀπῆλθε» γάρ φησιν, «ὁ βασιλεὺς Ἰσραὴλ συνεχόμενος καὶ
κλαίων». Πεῖραν γὰρ ἔχων τῶν θείων προρρήσεων, —δὶς γὰρ
ἐνίκησε κατὰ τοὺς θείους χρησμούς—, τὴν προσενεχθεῖσαν
10 ἔδεισεν ἀπειλήν· ἀλλ᾽ εὐθὺς πάλιν εἰς τὴν οἰκείαν ἐπανῆλθεν
ἀσέβειαν.

Ξ´

Πῶς νοητέον τὸ «Πάταξον δή με ἐν λόγῳ Κυρίου»;

Οὐκ ἐγώ σοι, φησίν, ἐπιτάσσω, ἀλλὰ τὸ ἐν ἐμοὶ πνεῦμα. Διὸ
δὴ τῷ ἀντειπόντι τὸν διὰ τοῦ λέοντος ἐπήνεγκεν ὄλεθρον. Ἄλλος
15 δὲ τοῦτο δρᾶσαι κελευσθεὶς πιστῶς ὑπήκουσε, καὶ πατάξας
συνέτριψε, τουτέστιν, ἐτραυμάτισεν.

740

---

7 s 3 Re 21, 43　　12 3 Re 21, 35.37

1, 5, 6, 8, 9, 10, 12, 35, 37, 54, 55, 56

1 Διὰ pr καὶ D 1 9 37　　ἀπῃτήθησαν 37　　2 χρή] δεῖ 1　　τῇ φιλανθρωπίᾳ A　　καὶ]
συγκιρνᾶν A⁻¹⁰: συγκρῖναι 10　　>ἔχειν A　　>δὲ 35　　3 >ἄρδην βουληθεὶς διαφθεῖραι
5　　4 >καὶ τοὺς ἁλόντας 5　　6 ἀνελὼν ἅπαντας] >6: πάντας ἀνελὼν 10
54　　>ἅπαντας 5　　5 >τὰ 5 35　　6 συγγνώμης 54　　7 >ὁ 6 10　　8 ἔχων / τῶν
θείων tr A⁻¹⁰　　>δὶς γὰρ — θείους χρησμούς 6　　9 χρησμούς] θεσμούς D c₁　　11 tot Q
Ξ´ ante Q ΝΗ´ c₁　　>τό A c₁　　>δή A　　με] ἐμέ 8　　14 ἀντειπόντι] ἀντιπίπτοντι
55　　>τὸν A　　ὄλεθρον pr τὸν A　　Ἄλλος pr ὁ Θεὸς A: ἄλλως 10 12　　15 τοῦτο] τὸ
αὐτὸ 54　　τοῦτο δρᾶσαι tr 1　　δρᾶσαι κελευσθεὶς tr 54

ΞΑ΄

Πῶς νοητέον· *«Καθὼς σύ, οὕτως καὶ ἐγώ· καὶ καθὼς ὁ λαός σου,*
οὕτως καὶ ὁ λαός μου»;

Παρακληθεὶς ὁ Ἰωσαφὰτ κοινωνῆσαι τῆς παρατάξεως τοῦτο
δράσειν ὑπέσχετο. Τὰ αὐτά σοι, φησί, δράσω· ὡς παρατάττῃ πα-
ρατάττομαι· καὶ ὡς ὁ λαός σου πολεμεῖ, καὶ ὁ λαός μου   5
πολεμήσει. Ἔδειξε δ᾽ ὅμως αὐτοῦ τὴν εὐσέβειαν· πύθεσθαι γὰρ
πρότερον τοῦ Θεοῦ τῶν ὅλων ἀναγκαῖον ὑπέλαβεν· «Εἶπε» γάρ
φησι, «πρὸς τὸν Ἀχαάβ. Ἐρωτήσωμεν δὴ τόν Κύριον». Ἐκείνου
δὲ τοῦ Βαὰλ τοὺς προφήτας ἀθροίσαντος, πάλιν ὁ Ἰωσαφὰτ
ἐκείνους μὲν ἐβδελύξατο, θεῖον δὲ προφήτην εὐσεβῶς ἐπεζήτησεν·   10
«Οὐκ ἔστι» γὰρ ἔφη, «ὧδε προφήτης Κυρίου, καὶ ἐπερωτήσομεν
τὸν Κύριον δι᾽ αὐτοῦ;» Ἐκείνου δὲ εἰρηκότος εἶναι μέν, καὶ
Μιχαίαν κεκλῆσθαι, ἐχθραίνειν δὲ αὐτῷ ὡς οὐ τὰ θυμήρη χρησμο-
λογοῦντα, πάλιν ὁ Ἰωσαφὰτ εὐσεβῶς ἀπεκρίνατο· «Μὴ λεγέτω
οὕτως ὁ βασιλεύς». Ἀλλ᾽ ἐν τούτοις μὲν ἀξιέπαινος. Ἐλωβήσατο   15
δὲ αὐτοῦ τὴν εὐσέβειαν ἡ φιλία καὶ ἡ συγγένεια· τοῦτο γὰρ ἡ τῶν

---

1 s 3 Re 22, 4   **7** s 3 Re 22, 7   **11** s 3 Re 22, 7   **14** s 3 Re 22, 8

1, 5, 6, 8, 9, 10, 12, 35, 37, 54, 55, 56

1 νοητέον + τό 1 37   οὕτως] οὕτω 35 55: οὗτος 54   καὶ ἐγώ] κἀγώ A 8: ἐγώ
37   >καὶ 2° A   **2** οὕτως] οὕτω 35 55: οὗτος 54   >καὶ A   **3** κοινωνήσειν 1   **4**
δράσειν] δρᾶσαι 12 35   >παρατάττῃ 10   **5** παρατάσσομαι 10   >πολεμεῖ ed
λαός μου] ἐμὸς c_1 1 12 37   **6** αὐτοῦ τὴν tr 6   πύθεσθαι] >54: πείθεσθαι 10   **7**
>πρότερον — ὑπέλαβεν. Εἶπε 54   ἀναγκαῖον] > 8 35: + εἶναι 9   ὑπέλαβεν + εἶναι
ἀναγκαῖον 8 35   **8** >τὸν 1° 1 37   Ἐκείνου δὲ — οὕτως ὁ βασιλεύς (l 15)] καὶ τὰ ἑξῆς
τῆς ἱστορίας 6   **9** τοῦ Βαὰλ / τοὺς προφήτας tr A   **10** >μὲν 10 54   **11** ἔφη] φησίν
A^{-10} ἔφη, ὧδε] > 10: tr 1 5   ἐπερωτήσωμεν D 56   **13** >οὐ 10 12   θυμήρη pr μὴ
12: θυμηρία 56   χρησμολογοῦντα] χρησμολογοῦντι 5 9 54 55: pr μὴ 10   **14** >πάλιν
A   εὐσεβῶς] εὐλαβῶς 5 10   **15** οὕτως] οὕτω 54: post βασιλεύς D   Ἀλλ᾽ ἐν τούτοις]
οὗτος D: ἀλλ᾽ οὕτως 6   **16** δὲ] οὖν 54   >ἡ 1° 10   >ἡ 2° A^{-5}

Παραλειπομένων ἱστόρησε βίβλος. Ὁ δὲ προφήτης Μιχαίας, καὶ τοῦ πρὸς αὐτὸν ἀποσταλέντος εὐνούχου χρηστὰ προσαγγεῖλαι παρεγγυήσαντος, οὐκ ἠνέσχετο χαρίσασθαι τὸ ψεῦδος τῷ βασιλεῖ. «Ζῇ» γὰρ ἔφη, «Κύριος ὅτι ἃ ἂν εἴπῃ Κύριος πρὸς μέ, ταῦτα
5 λαλήσω».

ΞΒ΄

Τίνος οὖν ἕνεκεν ἐρωτηθεὶς ὑπὸ τοῦ Ἀχαὰβ «Εἰ ἀναβῶ εἰς Ῥαμὼδ Γαλαάδ», ἔφη, «Ἀνάβαινε, καὶ εὐοδώσει Κύριος ἐν χειρὶ τοῦ βασιλέως»;

Ἀνέμεινεν ὁρκωθῆναι, εἶθ᾽ οὕτω φάναι τὸ ἀληθές. Ἐπειδὴ γὰρ
10 ὑπελάμβανεν Ἀχαὰβ διὰ μῖσος τὸν προφήτην προλέγειν τὰ λυπη-
ρά, πρότερον τὰ καταθύμια εἴρηκεν. Εἶτα ὁρκωθεὶς τὰ θεῖα
μεμήνυκε. Τοῦ γὰρ Ἀχαὰβ εἰρηκότος· «Ποσάκις ὁρκίζω σε ἐγὼ
ὅπως λαλήσῃς πρὸς μὲ ἀλήθειαν ἐν ὀνόματι Κυρίου;» —τὸ δὲ
«ποσάκις» ἀντὶ τοῦ «πολλάκις» τέθεικεν—, ἐπήγαγεν ὁ Μιχαίας· 741
15 «Οὐχ οὕτως» ἀντὶ τοῦ «Οὐ καλῶς», ἔφην ἐκεῖνα. «Ἑώρακα γὰρ
πάντα τὸν Ἰσραὴλ διεσπαρμένον ἐν τοῖς ὄρεσιν, ὡς πρόβατα οἷς

---

1 cf 2 Cr 18, 7-13   4 s 3 Re 22, 14   6 s 3 Re 22, 15   12 s 3 Re 22, 16   15 s 3
Re 22, 17

1, 5, 6, 8, 9, 10, 12, 35, 37, 54, 55, 56

1 ἱστόρησε βίβλος tr A   βίβλος pr ἡ 10 54   >Ὁ δὲ προφήτης — ταῦτα λαλήσω
(l 5) 6   2 προσαγγεῖλαι] ἀπαγγεῖλαι A: προαγγεῖλαι 9 12 37   3 παρεγγυήσαντος]
ἀπαγορεύσαντος 54   χαρίσεσθαι 8   τὸ ψεῦδος] διὰ ψεύδους 5   4 Κύριος 1°] >10
54: pr ὁ ed   ὅτι] >12: εἰ τί 54   ἃ] >10 54: ὅσα D 9   ἂν εἴπῃ] λαλήσει
12   Κύριος 2°] > c₁ 1 37: pr ὁ 10   >πρὸς μέ 54   6 ἐρωτηθεὶς + Μιχαίας
6   >τοῦ D   Εἰ] ἵνα c₁ 1 8 37   ἀναβαίνει 6   >εἰς Ῥαμὼδ — Ἀνάβαινε
6   Ῥαμὼδ] scripsi: Ῥαβὼδ 1 37 56: Ῥαμὼθ 9: Ῥαμωὰβ 8 35: Ῥωμωὰβ 12: Ῥεμμὰ 5
54: Ῥαμμὰθ 10: Ῥεμμάθ 55   7 ἀνάβηθι 8 9 35   8 βασιλέως + ἐπὶ οὐκ ἦν κατὰ γνώ-
μην θείαν 6   9 Ἀνέμεινεν ὁρκωθῆναι tr A   ἀνέμενεν 5 54: ἀπένεμε 10   Ἐπειδὴ γὰρ]
ἐπειδήπερ 12   10 Ἀχαὰβ pr ὁ 54   13 λαλήσεις 12   14 τέθεικεν] εἴρηκεν A⁻⁶: εἴρηται
6: + δὲ 54   ἐπήγαγεν + γὰρ 8 35   15 οὕτω 54   >τοῦ 6   Οὐ καλῶς] οὐκ ἀληθῶς
A   ἔφη A⁻⁵⁴   ἐκεῖνο A   16 Ἰσραὴλ pr οἶκον 12

οὐκ ἔστιν ποιμήν». Δηλοῖ δὲ διὰ τούτων ὡς ἡ ἐκείνου πονηρία τὴν
ἧτταν ἐργάζεται· εἰ γὰρ ποιμένος ἔτυχον εὐσεβοῦς, κατὰ κράτος
ἂν τοὺς πολεμίους ἐνίκησαν. Εἶτα καὶ τρόπον ἐπιδεικνὺς
σωτηρίας, «Εἶπε» γάρ φησι, «Κύριος· Εἰ κυρίως αὐτοὶ πρὸς Θεόν,
ἀποστραφήτω δὴ ἕκαστος εἰς τὸν οἶκον αὐτοῦ ἐν εἰρήνη». Εἰ   5
πιστεύοντες τῷ Θεῷ μαθεῖν βούλεσθε παρ᾿ αὐτοῦ τὸ πρακτέον,
τὴν στρατιὰν διαλύσατε. Τοῦ δὲ ᾿Αχαὰβ πρὸς τὸν ᾿Ιωσαφὰτ
εἰρηκότος· «Οὐκ εἶπόν σοι, ὅτι οὐ προφητεύει οὗτος ἐμοὶ καλὰ
ἀλλ᾿ ἢ κακά;» εἶπεν ὁ προφήτης· «Οὐκ ἐγώ. ῎Ακουσον τὸν λόγον
Κυρίου· εἶδον Κύριον τὸν Θεὸν ᾿Ισραὴλ καθήμενον ἐπὶ τοῦ θρόνου   10
αὐτοῦ καὶ πᾶσα ἡ στρατιὰ τοῦ οὐρανοῦ εἱστήκει περὶ αὐτὸν ἐκ
δεξιῶν αὐτοῦ καὶ ἐξ ἀριστερῶν αὐτοῦ, καὶ εἶπε· Τίς ἀπατήσει τὸν
᾿Αχαὰβ βασιλέα ᾿Ισραὴλ καὶ ἀναβήσεται εἰς ῾Ραμὼδ Γαλαὰδ καὶ
πεσεῖται ἐκεῖ; Καὶ εἶπεν οὗτος οὕτως καὶ οὗτος οὕτως. Καὶ εἶπεν·
Οὐ δυνήση. Καὶ ἐξῆλθε πνεῦμα καὶ ἔστη ἐνώπιον Κυρίου καὶ εἶπεν·   15
᾿Εγὼ ἀπατήσω αὐτόν. Καὶ εἶπε Κύριος πρὸς αὐτό· ᾿Εν τίνι; Καὶ
εἶπεν· ᾿Εξελεύσομαι καὶ ἔσομαι πνεῦμα ψευδὲς ἐν στόματι πάντων
744 αὐτοῦ τῶν προφητῶν καὶ ἀπατήσω αὐτόν. Καὶ εἶπε· Δυνήση καὶ
ἔξελθε καὶ ποίησον». Ταῦτα δὲ προσωποποιία τίς ἐστι διδάσκου-
σα τὴν θείαν συγχώρησιν. Οὐ γὰρ ὁ ἀληθῶς Θεὸς καὶ τῆς   20
ἀληθείας διδάσκαλος προσέταττεν ἀπατηθῆναι τὸν ᾿Αχαάβ, ὁ διὰ
τοῦ προφήτου εἰπών· «Εἰ κυρίως αὐτοὶ πρὸς Θεόν, ἀποστραφήτω

---

4 s 3 Re 22, 17   8 s 3 Re 22, 18   9 s 3 Re 22, 19-22   22 s 3 Re 22, 17

1, 5, 6, 8, 9, 10, 12, 35, 37, 54, 55, 56

2 ἔτυχεν 54   3 ἄν] μὲν 12   ἐνίκησεν Α⁻¹⁰   τρόπον pr τὸν 6 54   ἐπιδείκνυσι 1 8:
ἀποδείκνυσι Α   4 σωτηρίας pr τῆς 6 54ᶜ   5 >δὴ 54   οἶκον] τόπον Α   οἶκον
αὐτοῦ] ἑαυτοῦ οἶκον D   Εἰ] οἱ 1   7 στρατείαν 8 35 37   8 ἐμοὶ] > 12: μοι c₁ 9 35 37:
pr ἐν 6   9 >ὁ προφήτης 54   τῶν λόγων 37   10 Κύριον τὸν tr Α   >᾿Ισραὴλ
12   >τοῦ 5   11 καὶ πᾶσα ἡ στρατιὰ — Οὐ δυνήση. Καὶ (l 15)] ἕως τοῦ 6   12 >καὶ
ἐξ ἀριστερῶν αὐτοῦ 37   ἀριστερῶν] εὐωνύμων Α   13 ῾Ραμὼθ 8: ῾Ραμὼβ 1: ῾Ρεμμὰ 5
10: ῾Ρεμμὰθ 54   14 εἶπεν οὗτος tr 5   οὗτος οὕτως 1° tr 37   οὕτως 1°] οὕτω 5 54:
οὗτος 9   οὕτως 2°] οὕτω 5 54: οὗτος 9   15 δυνήση + καὶ εἶπεν ἐν σοὶ D   16 αὐτό]
αὐτόν 12   17 >πνεῦμα 6   18 αὐτοῦ post προφητῶν 54   >τῶν 54   >καὶ 3° c₁ 9
37   19 τίς ἐστι tr Α⁻⁶: ἐστὶ 6   20 ἀληθῶς] ἀληθὴς Α⁻⁵⁴: ἀληθείας 54   Θεός] Δεσπό-
της Α   >καὶ τῆς ἀληθείας διδάσκαλος 6   21 >ὁ διὰ τοῦ προφήτου — ἐν εἰρήνη
6   22 αὐτοὶ] αὐτὸν 12 35   ἀναστραφήτω 54

δὴ ἕκαστος εἰς τὸν ἑαυτοῦ οἶκον ἐν εἰρήνῃ». Διὰ τούτων τοίνυν ὁ προφήτης ἐδίδαξεν, ὡς τὸ πνεῦμα τῆς ἀπάτης ὀργάνοις χρώμενον τοῖς δυσσεβέσιν ἀνθρώποις ψευδῶς ὑπισχνεῖται τὴν νίκην. Τοῦτο δὲ γίνεται τοῦ Θεοῦ συγχωρήσαντος. Κωλῦσαι γὰρ δυνάμενος,
5 οὐκ ἐκώλυσεν, ἐπειδήπερ ὁ Ἀχαὰβ τῆς θείας ἦν κηδεμονίας ἀνάξιος. Ὁ δὲ Ἰώσηπος τὸν Μιχαίαν ἔφησεν εἶναι τὸν ἤδη πρότε-ρον τῷ τελαμῶνι χρησάμενον, καὶ τὰ λυπηρὰ τῷ Ἀχαὰβ προαγ-γείλαντα, τεκμαιρόμενος τῷ φάναι τὸν Ἀχαάβ, ὅτι «Μεμίσηκα αὐτὸν ὅτι οὐ λέγει περὶ ἐμοῦ ἀγαθὰ ἀλλ᾽ ἢ κακά». Καὶ νῦν δὲ αὐ-
10 τὸν εἰς τὸ δεσμωτήριον ἔπεμψεν, τροφῆς αὐτὸν ὀλίγης ἄγαν μετα-λαμβάνειν προστεταχώς, ἣ μόνη κωλύσειν ἔμελλε τὴν ἐκ λιμοῦ τελευτήν. Ἀλλ᾽ οὐδὲ οὕτως ὁ προφήτης ἐξέστη τῆς παρρησίας ἀλλ᾽ ἔφη βοῶν· «Ἐὰν ἐπιστρέφων ἐπιστρέψῃς ἐν εἰρήνῃ, οὐ λελάληκε Κύριος ἐν ἐμοί». Καὶ τούτων δὲ ἀκούσας τῶν λόγων ὥρ-
15 μησεν εἰς τὸν πόλεμον· συναπῆρε δὲ αὐτῷ καὶ ὁ Ἰωσαφὰτ τῆς οἰκείας εὐσεβείας ἀνάξια δεδρακώς. Ἐπιζητήσας γὰρ προφήτην καὶ τοὺς ψευδοπροφήτας ἀποπεμψάμενος, καὶ τὸ πρακτέον παρὰ τοῦ Μιχαίου μεμαθηκώς, τῆς εὐσεβείας προτετίμηκε τὴν φιλίαν. Πλὴν διὰ τὴν ἄλλην αὐτοῦ ἀρετὴν τῆς θείας κηδεμονίας ἀπήλαυ-
20 σε. Τῶν γὰρ σύρων ἐκ τῆς βασιλικῆς ἀμπεχόνης τοπασάντων

---

6 s Josefo, *Ant* 8, 390 s.402 s   8 s 3 Re 22, 8   10 s cf 3 Re 22, 27   13 s 3 Re
22, 28

1, 5, 6, 8, 9, 10, 12, 35, 37, 54, 55, 56

1 >δὴ Α   ἑαυτοῦ οἶκον] οἶκον αὐτοῦ 54: τόπον αὐτοῦ 5 10   2 χρώμενος 35   3
δυσσεβέσιν] πονηροῖς 6   ψεῦδος 6   4 γίγνεται 8   5 ἐπειδήπερ] ἐπείπερ 5: ἐπειδὴ γὰρ
37 54   τῆς θείας/ἦν tr 1   6 Ἰώσηππος 6   7 >τῷ Ἀχαὰβ 54   προσαγγείλαντα
55   8 τῷ] τὸ 5 6 8 35: pr τοῦτο 9   9 ἀγαθά] καλὰ Α   >αὐτὸν 6   10 τροφῆς — τε-
λευτήν] λιμαγχονῶν ἄγαν 6   ὀλίγης ἄγαν tr 12   >ἄγαν 5   μεταλαμβάνειν] μεταλαγ-
χάνειν 1   11 μόνῃ] μόνην D 9 37: μόνον 5   κωλύειν 5   λιμοῦ pr τοῦ 55   12 οὐδὲ
οὕτως] οὐχ Α   παρρησίας] προρρήσεως 54   13 ἐπιστρέψῃς] ἐπιστρέψεις 12:
ἐπιστρέφῃς 1 6   οὐ λελάληκε] οὐκ ἐλάλησε Α 12   14 τοῦτον Α·10   τὸν λόγον 5
6   15 >συναπῆρε δὲ αὐτῷ 6   ὁ] > c₁ 1 12 54: + μὲν 6   16 >τῆς οἰκείας εὐσεβείας
— ἄλλην αὐτοῦ ἀρετὴν (l 19) 6   19 κηδεμονίας] ἐπικουρίας 6   20 Τῶν γὰρ σύρων —
τὸ πέρας ἐδέξατο (p 193 l 4)] καὶ ἀπέδρα τὸν θάνατον 6

αὐτὸν εἶναι τὸν τοῦ Ἰσραὴλ βασιλέα, καὶ κατ' αὐτοῦ χωρησάν-
των, ὁ μὲν τοῦ Θεοῦ τὴν ἐπικουρίαν ἐκάλεσεν, ὁ δὲ συντόμως
αὐτῷ τὴν σωτηρίαν ἐπόρισεν. Ἡ δὲ θεία πρόρρησις τὸ πέρας
ἐδέξατο. Τρωθεὶς γὰρ ὁ Ἀχαὰβ ἐπὶ πλεῖστον ἑστὼς ἐπὶ τοῦ ἅρμα-
τος διετέλεσεν, ἵνα μὴ τροπὴν ἐργάζηται τῇ φυγῇ· τὸ δὲ αἷμα   5
φερόμενον ἐνεπάγη τῷ ἅρματι. Τοῦτο παρὰ κρήνην τινὰ τῷ ἄστει
πελάζουσαν ὁ ἡνίοχος ἔπλυνεν, οἱ δὲ κύνες ἐξέλειχον. Αἱ δὲ πόρ-
ναι ὑπὸ τὴν ἕω κατὰ τὸ ἔθος ἐλούσαντο, οὐκ ἐξεπίτηδες εἰς τὸ
αἷμα βουλόμεναι λούσασθαι, ἀλλ' εἰς τὸ πηγαῖον ὡς εἰώθεσαν
ὕδωρ. Τοῦτο δὲ ἦν κεχρωσμένον τῷ αἵματι.   10

1 s cf 3 Re 22, 32 s   7 s cf 3 Re 22, 38

1, 5, 6, 8, 9, 10, 12, 35, 37, 54, 55, 56

1 >τὸν 12 37 56   >τοῦ 1 8 9   Ἰσραὴλ βασιλέα tr A   4 Τρωθεὶς γὰρ —
πλεῖστον ἑστὼς] ὁ δὲ Ἀχαὰβ τρωθεὶς 6   ἅρματος + ἑστὼς ἐπὶ πλεῖστον 6   5 τροπὴν
pr τὴν 54   6 ἐπάγη 35   τῷ ἄστει] > 8 35: τ' ἔστησεν 12   7 προσπελάζουσαν 8
35   ἔπλυνεν] ἀπέπλυνεν c_1: τὸ δὲ αἷμα 12   >δὲ 1° 12   ἐξέλειξαν D 9   10 τῷ +
τοῦ Ἀχαὰβ 6   αἵματι] ὕδατι 8 35 54*: + τέλος τῶν εἰς τὴν τρίτην τῶν Βασιλειῶν ζητη-
μάτων 1: + ἐπληρώθη ἡ ἑρμηνεία τῆς τρίτης τῶν Βασιλειῶν 12 35

Α΄

Πῶς νοητέον τὸ «Ἠθέτησε Μωὰβ ἐν Ἰσραήλ»;

Δασμὸν ἔφερον οἱ μωαβῖται τῷ Ἀχαάβ, ὡς ὑπήκοοι· τελευτή-
σαντος δὲ ἐκείνου, κατεφρόνησαν τοῦ υἱέος καὶ οὐκ ἠνέσχοντο
5 ἄρχεσθαι.

Β΄

Ὁποῖόν ἐστι τὸ «Δικτυωτὸν ὑπερῷον»;

Οἶκος ἦν ὥρᾳ θέρους ἐπιτήδειος, πολλὰς ἔχων φωταγωγοὺς
δικτυοειδῶς κατεσκευασμένας, ἃς «διατρήτους» ὀνομάζουσιν οἱ
πολλοί.

2 4 Re 1, 1   6 4 Re 1, 2

1, 5, 6, 8, 9, 10, 12, 35, 37, 54, 55, 56

1 Εἰς τὴν τετάρτην τῶν] > c_1 54: pr ἀρχὴ τῶν κεφαλαίων τῶν εἰς τετάρτην τῶν
βασιλειῶν ζητημάτων τὰ Α: pr τοῦ αὐτοῦ μακαρίου Θεοδωρίτου 8: pr τοῦ αὐτοῦ 6 9 10
12 35   >Εἰς 5   τὴν τετάρτην] τῆς τετάρτης βίβλου 5   βασιλειῶν + τέταρτος c_1: +
ζητήματα 1   2 >τὸ 5   3 Δασμὸν] δαμασκὸν 8   4 υἱέος] υἱοῦ αὐτοῦ Α   ἠνέσχοντο]
ἠθέλησαν 37   7 >Οἶκος ἦν — ὀνομάζουσιν οἱ πολλοί 12   8 δικτυοειδεῖς Α   9 οἱ
πολλοί ante διατρήτους 5

Γ΄

«Προσόχθισμα» τί ἐστι;

Καὶ *«προσοχθίσματα»* καὶ *«βδελύγματα»*, τὰ εἴδωλα προσαγο-
ρεύειν εἴωθεν ἡ θεία γραφή. Καὶ γὰρ βδελυγμίας μεστὰ καὶ μίσους
ἄξια. Τὸ γὰρ *«προσόχθισμα»* τὸ μῖσος δηλοῖ. Οὕτω γὰρ καὶ ἡ μα-
καρία Ῥεβέκκα πρὸς τὸν πατριάρχην εἴρηκεν Ἰσαάκ· 5
«Προσώχθισα τῇ ψυχῇ μου διὰ τὰς θυγατέρας τῶν χαναναίων»·
τουτέστι· *«μεμίσηκα».* Καὶ ὁ μακάριος Δαβίδ· *«Παρέστη πάσῃ
ὁδῷ οὐκ ἀγαθῇ, κακίᾳ δὲ οὐ προσώχθισε»·* τουτέστιν· *«οὐκ ἐμίση-
σε τὴν κακίαν».* Ἄξιον δὲ θρηνῆσαι τῶν δυσσεβῶν τὴν ἀλογίαν.
Οὐ γὰρ μόνον τὰ μέγιστα τῶν ζῴων ἐθεοποίησαν, ἀλλὰ καὶ τὰ 10
σμικρότατα καὶ εὐτελέστατα καὶ μύσους μεστά. Τί γὰρ μυσαρώ-
τερον μυίας; Ἀλλ᾽ ὅμως καὶ τὴν εἰκόνα τὴν ταύτης θεὸν ἀνηγό-
ρευσαν, καὶ τὸν τῶν ὅλων καταλιπόντες Θεόν, τὸ ταύτης ἴνδαλμα
περὶ ζωῆς ἐπηρώτον· καὶ ἣν ζῶσαν ταῖς ῥιπίσιν ἐλαύνουσι, ταύτης
τὸν τύπον θεὸν προσηγόρευσαν. 15

Δ΄

Τινὲς ὠμότητα τοῦ προφήτου κατηγοροῦσιν ὅτι δὴ τοὺς δύο πεντη-
κοντάρχους μετὰ τῶν ὑπηκόων οὐρανίῳ πυρὶ παραδέδωκεν.

1 4 Re 1, 3ap   **6** s Gé 27, 46ap   **7** Sal 35, 5   **14** s cf 4 Re 1, 2 s   **16** s cf 4 Re 1,
14

1, 5, 6, 8, 9, 10, 12, 35, 37, 54, 55, 56

1 Προσόχθισμα τί ἐστι] > 12: ὁποῖόν ἐστι ὃ φάσκει προσόχθισμα 6   Προσόχθισμα]
προσοχθίσαι 12   τί] ποῖον Α⁻⁶   **2** προσόχθισμα 54   βδέλυγμα 54   >τὰ 12   **3**
προσαγορεύειν εἴωθεν] καλεῖ 37   >θεία 1 6 55   βδελυγμίας] βδελύγμου Α: βδελυρίας
D   μεστά] > Α   >καὶ 12   **4** >Τὸ 1° 1 9 54   μῖσος] μίσου 54   Οὕτω γὰρ —
ὁδῷ οὐκ ἀγαθῇ (l 8)] φησὶ γὰρ καὶ ὁ Δαβὶδ 54   **5** >ἡ μακαρία Ῥεβέκκα πρὸς τὸν
πατριάρχην Α   Ἰσαάκ] Ἰακώβ 37: pr ὁ 5   **6** Προσώχθισα] προσόχθισμα 8: προσ-
ώχθηκα 10   **7** >μακάριος 6   Δαβὶδ + ἔφη Α   >Παρέστη πάσῃ ὁδῷ οὐκ ἀγαθῇ
6   **8** κακίαν 56   **10** >Οὐ γὰρ μόνον — τὴν εἰκόνα (l 12) 6   **11** μίσους D 9 10
54   **12** >καὶ ed   >τὴν 2° Α 37   ταύτης] αὐτῆς 54: ὅτι καὶ μυίας 6   **13** >καὶ
6   >τὸν 5   ὅλων] ὄντως 5   καταλελοιπότες Α   >τὸ ταύτης ἴνδαλμα — προσηγό-
ρευσαν 6   ταύτης] αὐτῆς Α 1   **14** ἠρώτον 1   ταῖς] > 5: τοῖς 35   **15** ἀνηγόρευσαν
55   **16** προφήτου + Ἠλίου 37   κατηγόρησαν 5   πεντηκοντάρχας 5   **17** >οὐρανίῳ
Α   παρέδωκεν 5 10

Οἱ τοῦ προφήτου κατηγοροῦντες κατὰ τοῦ Θεοῦ τοῦ προφήτου 748 κινοῦσι τὰς γλώττας· αὐτὸς γὰρ αὐτοῖς ἐπαφῆκε τὸ πῦρ. Τολμηρὸν τοίνυν ἄγαν τὸ νεμεσᾶν ταῖς θείαις οἰκονομίαις. Χρὴ γὰρ εἰδέναι τῆς θείας προμηθείας τὸ δίκαιον καὶ ὡς ἐν δίκῃ κολάζει
5 τοὺς ἁμαρτάνοντας καὶ εὐεργετεῖ τοὺς θεραπεύοντας. Δῆλοι δὲ ἦσαν οἱ πεντηκόνταρχοι καὶ οἱ τούτων ὑπήκοοι συμβαίνοντες τῷ σκόπῳ τοῦ πεπομφότος. Ὅθεν καὶ τὰς θεηλάτους τιμωρίας ὑπέμειναν. Ὁ γάρ τοι τρίτος πεντηκόνταρχος ἐπιεικείᾳ καὶ πίστει κοσμούμενος, καὶ τῇ πείρᾳ μαθὼν τοῦ προφήτου τὴν δύναμιν,
10 ἠπίοις λόγοις χρησάμενος τὴν τιμωρίαν διέφυγεν.

Ε´

Πῶς νοητέον τὸ «Ἐβασίλευσεν ἐπὶ Ἰσραὴλ Ἰωρὰμ ὁ ἀδελφὸς Ὀχοζίου ἀντ᾽ αὐτοῦ, ὅτι οὐκ ἦν αὐτῷ υἱός»;

Νόμος ἦν τῶν βασιλέων τοὺς παῖδας τῆς βασιλείας κληρονομεῖν. Παίδων δὲ οὐκ ὄντων, τὸν πρεσβύτατον ἀδελφὸν ἢ
15 τὸν ἐπιτηδειότατον. Αὐτίκα γοῦν τὴν δαβιτικὴν βασιλείαν μεχρὶ τῆς αἰχμαλωσίας παῖς παρὰ πατρὸς παραλαμβάνοντες ᾠκονόμησαν. Τοῦ δὲ Ἰεχονίου πρὸ τῆς παιδοποιίας δορυαλώτου ληφθέντος, Μεθθανίας, ὁ καὶ Σεδεκίας, κατέσχε τὴν βασιλείαν, θεῖος ὢν αὐτοῦ πρὸς πατρός.

---

11 s 4 Re 1, 18dap   17 s cf 4 Re 24, 17 et 2 Cr 36, 9-10

1, 5, 6, 8, 9, 10, 12, 35, 37, 54, 55, 56

2 κινοῦσι] κατηγοροῦσι 37   τὰς γλώττας] τὴν γλῶτταν A (-σσαν 5): + κινοῦντες 37   αὐτοῖς] > 5: τοι A·⁵   ἀφῆκε A   >Τολμηρὸν — τοὺς θεραπεύοντας (l 5) 54   3 νεμεσᾶν] νεμέσαι 12 35 56: νεμεσῆσαι 5 6   Χρὴ] δεῖ 55   4 >καὶ ὡς ἐν δίκῃ — τοὺς θεραπεύοντας 6   ἐν δίκῃ] ἐνδίκως A 12 37: + καὶ 8 9 35   5 >καὶ εὐεργετεῖ 8   6 >καὶ οἱ τούτων ὑπήκοοι 54   συμβαίνοντος 35   7 σκόπῳ/τοῦ πεπομφ. tr 54   >τιμωρίας 54   8 ὑπέμειναν] ὑπήνεγκαν 37: + πληγάς 54   >τοι A 37   ἐπιεικείᾳ] εὐσεβείᾳ 6   >καὶ πίστει 6   9 >καὶ τῇ πείρᾳ — χρησάμενος 6   μαθόντες 5   11 τὸ] > 10: + τότε A   >Ἐβασίλευσεν 54   >ἐπὶ Ἰσραὴλ A   >ὁ A 8 37   ἀδελφοὶ 54   12 Ὀχοσίου 9   13 νόμου 54   τὴν βασιλείαν A c₁   14 ἀδελφὸν] τῶν ἀδελφῶν 37   15 >μεχρὶ τῆς αἰχμαλωσίας 9   16 παῖς] παῖδες c₁ 10   λαμβάνοντες A: + διετέλεσαν 10 37   οἰκονομοῦντες 37   17 παιδοποιίας] παιδογονίας 54   18 Ματθανίας A·⁵⁴: Ματθανανίας 54: Ματταθίας 8 9 35: Μαθανίας 12: Μετθανίας ed   μετέσχε 12   τῆς βασιλείας 6   ὢν αὐτοῦ tr A·⁵⁴   ὢν post πατρός 54

S´

Τίνας υἱοὺς προφητῶν ἡ θεία προσαγορεύει γραφή;

Αὐτοὺς τοὺς προφήτας οὕτω καλεῖ κατὰ τὸ ἑβραίων καὶ σύ-
ρων ἰδίωμα. Οὕτω γὰρ καὶ τοὺς ἀνθρώπους εἴωθεν ὀνομάζειν.
«Υἱοὶ» γάρ φησιν, «ἀνθρώπων, ἕως πότε βαρυκάρδιοι;» Καὶ «Κατὰ
τὸ ὕψος σου ἐπολιώρησας τοὺς υἱοὺς τῶν ἀνθρώπων»· τουτέστι· 5
«τοὺς ἀνθρώπους». Δηλοῖ δὲ καὶ οὗτος ὁ λόγος πολλοὺς
γεγενῆσθαι προφήτας. Καὶ γὰρ οἱ τὴν Ἰεριχὼ καὶ οἱ τὴν Βεθὴλ
οἰκοῦντες, καὶ προεγνώκεσαν καὶ προειρήκεσαν τὴν τοῦ μεγάλου
Ἠλίου ἀνάληψιν. Ἐγνώκει δὲ τοῦτο καὶ ὁ τῶν ὅλων πρωτεύων
Ἐλισσαῖος ὁ πάνυ. Διὸ καὶ τούτοις ἔφη κἀκείνοις· «Καί γε ἐγὼ 10
ἔγνωκα, σιωπᾶτε». Τοσοῦτον δὲ ἦν τῶν προφητῶν τὸ πλῆθος, ὅτι
πεντήκοντα μὲν αὐτοῖς πόρρωθεν ἠκολούθησαν. Μετὰ δὲ τὴν
Ἠλίου τοῦ μεγάλου ἀνάληψιν, τὸν τῆς χάριτος κληρονόμον συν-
αθροισθέντες ἔπεισαν ἀποστεῖλαί τινας εἰς ἐπιζήτησιν τοῦ κοινοῦ
διδασκάλου· καὶ ἀπέστειλαν εὐζώνους πεντήκοντα· τοὺς γὰρ 15
τοιούτους υἱοὺς δυνάμεως προσηγόρευσεν ἀντὶ τοῦ, δυνατούς. Ἐκ
δὲ τῶν ἀποσταλέντων σκοπητέον τῶν ἀποστειλάντων τὸ πλῆθος. ⌟ʲ54

---

1 cf 4 Re 2, 3   **4** s Sal 4, 3 et 11, 9   **10** s 4 Re 2, 3.5   **12** cf 4 Re 2, 7

1, 5, 6, 8, 9, 10, 12, 35, 37, 54, 55, 56

1 Τίνας pr καὶ 6 54   >υἱοὺς 12   προφητῶν pr τῶν ed   προσαγορεύει γραφή tr 8
35: γραφὴ υἱοὺς προσαγορεύει 12   **2** >οὕτω καλεῖ 5   **3** >καὶ 10   **4** >Καὶ Κατὰ τὸ
ὕψος — τοὺς ἀνθρώπους (l 6) 6   >Κατὰ τὸ ὕψος σου 54   **5** ἐπολιώρησαν 8
>τουτέστι· τοὺς ἀνθρώπους 54   **6** >τοὺς 10   οὗτος] >ed: οὕτως 1: αὐτὸς A   **7**
>οἱ 2° A 9   Βαιθὴλ c₁ 9 37 54   **8** >καὶ προειρήκεσαν A   **9** δὲ + καὶ 10   >καὶ
10 54   >ὁ τῶν 6   ὁ] πρὸς 10: πρὸ 54   ὅλων] ἄλλων A   πρωτεύων] προφήτης
A·⁵⁴: προφητῶν 54   **10** >ὁ πάνυ 54   >Διὸ καὶ τούτοις — ἔγνωκα 6   >γε
c₁   >ἐγὼ 5 37   **11** >σιωπᾶτε — ἠκολούθησαν A   >δὲ 35   **12** >Μετὰ δὲ τὴν
Ἠλίου — κληρονόμον 6   **13** Ἠλίου pr τοῦ 10   >τοῦ μεγάλου 54   **14** συν-
αθροισθέντες pr ὃν καὶ 6   >τινας 6   >κοινοῦ 6   **15** >καὶ ἀπέστειλαν 6   >τοὺς
γὰρ τοιούτους — ἀντὶ τοῦ, δυνατούς 12   τοὺς γὰρ τοιούτους] οὕς φησι ἡ γραφή 6   **16**
>προσηγόρευσεν 6   >ἀντὶ τοῦ, δυνατούς — τὸ πλῆθος A   **17** σκοπητέον τῶν
ἀποστειλάντων bis scr 9

Z′

**Τί δήποτε τοῦ Ἐλισσαίου διπλῆν τοῦ πνεύματος τὴν χάριν αἰτησα-
μένου, ὁ μέγας εἶπεν Ἠλίας· «Ἐσκλήρυνας τοῦ αἰτῆσαι»;**

Οὐ φθονῶν τῆς χάριτος τῷ μαθητῇ τοῦτο ἔφη, ἀλλὰ τῶν
ἄλλων ἀνθρώπων κηδόμενος. Ἐπειδὴ γὰρ ἐπὶ τρισὶν ἔτεσι καὶ μη-
5 σὶν ἓξ λιμῷ τοὺς ἀνθρώπους δυσσεβοῦντας ἐπαίδευσεν, ἀνάγκη δὲ
ἦν τὸν διπλῆς κληρονομοῦντα τῆς χάριτος διπλάσια ἐργάσασθαι
θαύματα· ἓν δὲ τούτων ἦν ἡ διὰ τοῦ λιμοῦ τιμωρία· φειδοῖ
κεχρημένος εἶπεν· «Ἐσκλήρυνας τοῦ αἰτῆσαι». Τοῦτο δὲ καὶ ἐκ
τῆς ἱστορίας μανθάνομεν. Ἐν ἑπτὰ γὰρ ἔτεσιν ἐπηνέχθη τοῖς
10 ἀνθρώποις ἡ τοῦ λιμοῦ τιμωρία.

Η′

Πῶς νοητέον· «Πάτερ, πάτερ, ἅρμα Ἰσραὴλ καὶ ἱππεὺς αὐτοῦ»;

Οἱ τῶν ἄλλων ἐθνῶν βασιλεῖς ἵπποις κεχρημένοι καὶ ἅρμασι
παρετάττοντο. Τούτου χάριν τὸν μέγαν Ἠλίαν ἅρμα καὶ ἱππέα
τοῦ Ἰσραὴλ προσηγόρευσεν, ὡς ἀποχρῶντα καὶ μόνον καταλῦσαι
15 τοὺς πολεμίους καὶ παρασχεῖν τοῖς ὁμοφύλοις τὴν νίκην.

2 4 Re 2, 10   8 4 Re 2, 10   11 4 Re 2, 12

1, 5, 6, 8, 9, 10, 12, 35, 37, 55, 56

1 Ἐλισαίου 35   τοῦ πνεύματος] >A: post χάριν 1 9 12   αἰτήσαντο A·5:
αἰτήσαντος D 5   2 εἶπεν] ἔφη 6   αἰτήσασθαι c_1 12   4 ἐπὶ] >A: ἐν 12   τρισὶν ἔτε-
σιν tr A   5 >λιμῷ 6   >ἀνθρώπους 6   δυσσεβοῦντας ante τοὺς 5 37 56   ἀνάγκη
pr ἐν 1   6 τὸν] τὸ 1   κληρονομοῦντα post χάριτος 6   τῆς] >6 10: ante διπλῆς
37   ἐργάσεσθαι c_1 7 θαύματα] >6: θαυμάσια c_1: πράγματα 5 10   τοῦτο 6   8
χρώμενος 6   τοῦ αἰτῆσαι] τὴν καρδίαν σου D: + τουτέστιν, ἐσκλήρυνας τὴν καρδίαν
σου 9   9 >Ἐν 37   10 >τοῦ λιμοῦ 37   11 νοητέον + τὸ 1   αὐτοῦ] τοῦ Θεοῦ ἡμῶν
12   13 παρετάσσοντο 5   ἅρμα pr καὶ A 9 35   ἱππέα] ἱππέαν 10: + ἱππέα 1   14
>τοῦ 37   Ἰσραὴλ ante καὶ ἱππέα 37   15 πολέμους D   παρασχεῖν + πάλιν 5
6   ὁμοφύλοις] πολεμίοις ἀλλοφύλοις 5 6

Θ´

Πῶς νοητέον· «Ποῦ δή ἐστιν ὁ Θεὸς Ἠλίου ἀφφώ»;

Διαβῆναι βουληθεὶς τὸν Ἰορδάνην ὁ προφήτης ἐμιμήσατο τὸν διδάσκαλον, καὶ τῇ μηλωτῇ τὸ ὕδωρ ἐπάταξεν οὐδὲν εἰρηκώς, ἀλλ᾽ ἀποχρῆν νομίσας εἰς θαυματουργίαν τὴν μηλωτήν. Ἐπειδὴ δὲ οὐχ ὑπήκουσε τῶν ὑδάτων ἡ φύσις ἐκάλεσε τὸν τοῦ 5 διδασκάλου Θεὸν τὸν τοῖς ἀνθρώποις ἀόρατον καὶ ἀνέφικτον. Ἀφφὼ γὰρ «ὁ κρύφιος» ἑρμηνεύεται κατὰ τὴν ἔκδοσιν τῶν ἄλλων ἑρμηνευτῶν.

Ι´

Τίνος χάριν δι᾽ ἁλῶν τὴν πικρὰν τῶν ὑδάτων ἰάσατο φύσιν;

Μοϋσῆς ὁ μέγας ξύλον ἐμβαλὼν τὴν πικρὰν ποιότητα τῶν 10 ὑδάτων εἰς γλυκεῖαν μετέβαλεν. Οὗτος τοῖς ἁλσὶ τῆς λυμαντικῆς ἠλευθέρωσεν ἐνεργείας. Ῥάδιον γὰρ τῷ Δεσπότῃ Θεῷ καὶ βουλήσει καὶ λόγῳ καὶ δι᾽ ὧν ἐθέλει μεταβάλλειν τῶν στοιχείων τὰς φύσεις.

ΙΑ´.

Τί ἐστι· «Καὶ Μωσὰ βασιλεὺς Μωὰβ ἦν νωκηδεί»;

15

---

1 4 Re 2, 14   9 cf 4 Re 2, 21   10 s cf Ex 15, 25   15 4 Re 3, 4

1, 5, 6, 8, 9, 10, 12, 35, 37, 55, 56

1 νοητέον + τό 1   >δή Α   2 ἐμιμήσατο / τὸν διδάσκαλον tr 10   4 ἀποχρῆν] >5: ἀποχρῆ 1 8 10 35   νομίσας + ἀρκεῖν 5   Ἐπειδὴ] ἐπεὶ 12   5 δὲ] >6 10: οὖν 12   6 ἀόρατον ... ἀνέφικτον tr 6   9 ὑδάτων + καὶ ἄποτον φύσιν 6   >φύσιν 6   10 Μωσῆς 5   ποιότητα / τῶν ὑδάτων tr Α 37   11 Οὗτος] οὕτως 1 35 37: + τε 37: + δὲ 5   >τοῖς ἁλσί 1 37   12 ἠλευθέρωσαν 35   Δεσπότῃ] τῶν ὅλων 5   13 >καὶ 2° 6   9 ἐθέλειν 5 8   μεταβαλεῖν 12 35   14 >τὰς 5   15 Μωσὰ] Μωσὰβ 6   νωκήδ c₁ 10: ὀκήδ 6: ὠκήδ 5: ὠκηδεί 12: νωκηδή 9

Οἱ ἄλλοι ἑρμηνευταὶ τὸ νωκηδεὶ «ἀρχιποιμένα» ἡρμήνευσαν.
Δηλοῖ δὲ καὶ τὰ ἑξῆς· «Καὶ ἦν φέρων φόρον τῷ βασιλεῖ Ἰσραὴλ 752
ἑκατὸν χιλιάδας ἀρνῶν καὶ ἑκατὸν χιλιάδας κριῶν ἐπιπόκων».
Ἀντ’ ἐγκωμίου μέντοι περὶ τοῦ Ἐλισσαίου εἰρήκασιν ὅτι ἐπέχεεν
5 ὕδωρ ἐπὶ χεῖρας Ἠλίου. Τοσοῦτον εἶχον θαῦμα τοῦ μεγάλου
προφήτου. Ἡ δὲ χρεία καὶ τοὺς δυσσεβοῦντας βασιλέας ἠνάγκα-
σε πρὸς τὸν πανεύφημον Ἐλισσαῖον δραμεῖν. Ὁ δὲ τῇ τοῦ
διδασκάλου παρρησίᾳ χρησάμενος, «Τί ἐμοὶ καὶ σοί»; ἔφη, «δεῦρο
πρὸς τοὺς προφήτας τοῦ πατρός σου καὶ πρὸς τοὺς προφήτας τῆς
10 μητρός σου». Ἡ δὲ ἀνάγκη καὶ τοὺς θρασεῖς ἐπιεικεῖς ἀπεργάζε-
ται. Αὐτίκα γοῦν ὁ Ἰωρὰμ πρᾴως ὑπολαβὼν ἔφη· «Μὴ ὅτι κέκλη-
κε Κύριος τοὺς τρεῖς βασιλεῖς τούτους τοῦ παραδοῦναι αὐτοὺς εἰς
χεῖρας Μωάβ;» Ἀλλ’ οὐδὲ οὕτως ἔπεισε τὸν προφήτην μὴ διελέγ-
ξαι αὐτοῦ τὴν ἀσέβειαν. Ἔφη γάρ· «Ζῇ Κύριος τῶν δυνάμεων ᾧ
15 παρέστην ἐνώπιον αὐτοῦ ὅτι εἰ μὴ πρόσωπον Ἰωσαφὰτ βασιλέως
Ἰούδα ἐγὼ λαμβάνω, εἰ ἐπέβλεψα ἂν πρὸς σέ, ἢ εἶδόν σε». Τῆς
γὰρ χρείας κατενεγκάσης τῆς δυναστείας τὸν τῦφον εἰς καιρὸν ὁ
ἔλεγχος προσεφέρετο.

IB΄

Πῶς νοητέον τὸ «Δάβετέ μοι ψάλλοντα»;

20   Ὁ θειότατος Δαβὶδ καὶ βασιλικῆς καὶ προφητικῆς χάριτος
ἠξιωμένος, καὶ τὴν ἱερατικὴν σοφῶς ἔταξε λειτουργίαν, καὶ τοὺς

2 s 4 Re 3, 4ap   8 s 4 Re 3, 13   11 s 4 Re 3, 13   14 s 4 Re 3, 14   19 4 Re
3, 15

1, 5, 6, 8, 9, 10, 12, 35, 37, 55, 56

1 τὸ] τὸν 5 6 56   νωκὴδ c_1: ὠκὴδ 5 6: ὠκηδεὶ 12: νωκηδῆ 9   ἡρμήνευσαν] εἶπον
55   3 >ἀρνῶν 12   >καὶ ἑκατὸν χιλιάδας 1 12 37   ἐπιπόκων] ἐπιτόκων 1   4
ἐγκωμίων 35   >τοῦ c_1 5 τὰ μεγάλα 12   6 >Ἡ δὲ χρεία — προσεφέρετο (l 18)
6   Ἡ δὲ] Ἰσραὴλ 12   7 Ἐλισαῖον 35   11 προλαβὼν 12   12 >Κύριος 5 10   13 ἔ-
πεισε] ἔφησεν 56   14 ἀσέβειαν] εὐσέβειαν 35   15 >Ἰωσαφὰτ Α 12 35   >βασιλέως
12   16 >ἐγὼ 12   >ἂν Α c_1 ἢ] >37: καὶ Α 8   >εἶδόν σε 37   17 >γὰρ
Α   χρείας + οὖν Α   κατενεγκούσης Α   18 προσεφέρετο 8: προσεφέροντο 35   19 λά-
βε 5 10   μοι] με 8   20 βασιλικῆς...προφητικῆς tr 37   21 ἠξιωμένος pr ἦν 8
35   >σοφῶς 12

μὲν ἱερέας κατὰ τὸν μωσαϊκὸν νόμον ταῖς σάλπιγξι κεχρῆσθαι προσέταξε, τοὺς δὲ λευΐτας κινύραις καὶ ναύλαις καὶ κυμβάλοις καὶ τοῖς ἄλλοις ὀργάνοις. Ἐχρῶντο δὲ οὗτοι τῇ πνευματικῇ τοῦ Δαβὶδ μελῳδίᾳ. Τούτων ἕνα μετακληθῆναι προσέταξεν ὁ προφήτης. Ἐκείνου δὲ ψάλλοντος, ἡ τοῦ πνεύματος χάρις τὸ 5 πρακτέον ἐσήμαινεν· ἐν γὰρ τῷ χειμάρρῳ βόθρους μεγίστους ὀρυγῆναι προσέταξεν, ἵνα τῆς χαράδρας πόρρωθεν ἐνεχθείσης, πληρωθῶσιν οἱ βόθροι τοῦ ὕδατος καὶ τὴν χρείαν παράσχωσι τῷ στρατῷ. Ἐπισημαντέον δὲ ὡς χεῖρα Κυρίου τὴν πνευματικὴν ὠνόμασε χάριν. «Ἐγένετο» γάρ φησιν, «ἐπ᾽ αὐτὸν χεὶρ Κυρίου καὶ 10 εἶπε· Τάδε λέγει Κύριος».

ΙΓ΄

┌Πῶς νοητέον τὸ «Καὶ ἐγένετο μετάμελος μέγας ἐπὶ Ἰσραήλ»;   ┌54

Τῶν μωαβιτῶν ἄρδην ἀναιρουμένων, ἐπειράθη μὲν ὁ τούτων φυγεῖν βασιλεύς. Ἐπειδὴ δὲ τὸ στερρὸν καὶ γενναῖον τῆς φάλαγγος οὐκ ἐνέδωκε, τὸν πρωτότοκον υἱὸν ὃν τῆς βασιλείας εἶχε 15 διάδοχον ἐπί τινος ὡλοκαύτωσε πύργου. Τοῦτο θεασάμενον τῶν πολεμίων τὸ πλῆθος ᾤκτιρε τὸ πάθος καὶ τὴν πολιορκίαν κατέλιπεν.

10 s 4 Re 3, 15-16   **12** 4 Re 3, 27

1, 5, 6, 8, 9, 10, 12, 35, 37, 54, 55, 56

2 κιννύραις 5 9 10 55: pr ταῖς 37   νάβλαις A D 1 9 37 56   >καὶ κυμβάλοις 12 **3** τὴν πνευματικὴν 12   **4** μελῳδίαν 12   **5** προφήτης] Δεσπότης 37   >δὲ 12   **6** γὰρ τῷ tr 6 10   >μεγίστους A   **7** ὀρυχθῆναι 55   πόρρωθεν] πρότερον 10   **10** >Ἐγένετο γάρ — λέγει Κύριος c₁   **12** >τὸ A 9 37   ἐπὶ] ἐν 56   **13** ὁ post φυγεῖν A   **14** τὸ pr καὶ 1   >στερρὸν καὶ 6   **15** ἐνέδωκεν 1   ὃν] καὶ A   >εἶχε A   **16** Τοῦτο] τοῦτον 6   **17** τῶν πολεμίων/τὸ πλῆθος tr 5   >ᾤκτιρε A   >τὸ πάθος A⁻⁶   καὶ] > 5 54: + τὴν ἀσθένειαν 6   κατέλιπεν] κατέλυσεν A⁻⁵⁴: κατέπαυσεν 54: καταλέλοιπεν 12: ἐνδέδωκε 37*

ΙΔ´

Περὶ τίνος ἔφησεν ἡ γυνή· «Ὁ δοῦλός σου ὁ ἀνήρ μου τετελεύτηκε, καὶ σὺ οἶδας ὅτι δοῦλος ἦν τοῦ Κυρίου»;

Τινές φασι τὸν Ἀβδιοὺ εἶναι τὸν οἰκονόμον τοῦ Ἀχαάβ, ὃς ἑκατὸν ἄνδρας ἐν δυσὶ κατακρύψας σπηλαίοις διέθρεψεν αὐτοὺς
5 ἐν ἄρτῳ καὶ ὕδατι· καὶ τὸ χρέος διὰ τὴν ἐκείνων ἐπιμέλειαν γεγενῆσθαι. Θαυμάσαι δὲ ἄξιον τῶν προφητῶν τὴν δύναμιν, ὅτι τὰ ὄντα πηγάζειν παρασκευάζοντες παρέχουσι τοῦ βίου τὰς ἀφορμάς. Καὶ γὰρ ὁ μέγας Ἠλίας τὸ βραχύτατον ἄλευρόν τε καὶ ἔλαιον ἐπὶ πλεῖστον ἐξαρκέσαι πεποίηκε· καὶ ὁ διπλασίαν τὴν
10 ἐκείνου χάριν δεξάμενος, τῆς ἑτέρας χήρας τὸ ὀλιγοστὸν ἔλαιον παμπόλλοις ἀγγείοις ἐπιβληθῆναι κελεύσας, καὶ τοῦ ἀνδρὸς ἐξέτισε τὸ χρέος καὶ αὐτὴν καὶ τοὺς παῖδας διέθρεψε. Καὶ ἐντεῦθεν δὲ ῥάδιον γνῶναι, ὡς καὶ τοῦ λαοῦ παρανομοῦντος καὶ δυσσεβούντων τῶν βασιλέων, ἦσάν τινες εὐσεβεῖς. Τοιοῦτος γὰρ ἦν ὁ Ἀβδιοὺ
15 καὶ οἱ ἑπτακισχίλιοι οἱ μὴ κάμψαντες γόνυ τῇ Βάαλ, καὶ ἡ θαυμασία Σωμανῖτις ἣ πολλῆς θεραπείας τὸν προφήτην ἠξίου. Ἧς τὴν ἐπιμέλειαν ἀμειβόμενος ὁ προφήτης, ἤρετο εἰ ἔστιν αὐτῇ λόγος λαλῆσαι πρὸς τὸν βασιλέα, ἢ πρὸς τὸν ἄρχοντα τῆς δυνάμεως· καὶ δυνάμενος αὐτῇ παρασχεῖν τὴν θείαν ἐπικουρίαν,
20 καὶ τῆς ἀνθρωπίνης αὐτὴν ἀξιῶσαι βούλεται προμηθείας.

---

1 s 4 Re 4, 1   3 s cf 3 Re 18, 3-4   **10 s** cf 4 Re 4, 5-6   **15** cf 3 Re 19, 18 et Ro 11, 4   **16 s** cf 4 Re 4, 12-13

1, 5, 6, 8, 9, 10, 12, 35, 37, 54, 55, 56

1 ἔφησεν] ἔφη 37   >ὁ 2° 5 6 12   2 >καὶ σὺ οἶδας 5 54   >ὅτι δοῦλος ἦν τοῦ Κυρίου 5   3 >τὸν 1° 37   Ἀβδιοὺθ 56   εἶναι post Ἀχαάβ Α   >τὸν 2° 12   ὃς + τοὺς 5 54   4 ἄνδρας + ἔσωσεν 5: + διέσωσε 54   ἐν δυσὶ] > 5 54: ἔνδοθεν 6   10 >κατακρύψας 5 54   >σπηλαίοις Α   διέθρεψεν pr καὶ 5 54: + ὡς προείρηται 5   >αὐτοὺς—γεγενῆσθαι 5 54   5 >ἐν ed   τὸ χρέος] τὴν χρείαν 6 10   τῆς ἐκείνου ἐπιμελείας 6 10   6 γενέσθαι 12   7 >πηγάζειν Α   8 >Καὶ γὰρ — τῆς ἑτέρας χήρας (l 10) Α   9 διπλασίαν post χάριν 37   10 τὸ + γὰρ Α   ὀλίγιστον 8 35 56: ὀλίγον 55   11 ἐμβληθῆναι Α 1 35   >τοῦ ἀνδρὸς ἐξέτισε 6   12 χρέος + ἐξέτισε 6   >Καὶ ἐντεῦθεν — βούλεται προμηθείας (l 20) 6   >δὲ 12 35 37 54   14 Τοιοῦτος] ἐκ τούτων Α   >ἦν Α   15 ἑπτακισχίλιοι] λοιποὶ Α   τῇ] τῷ c_1 1 37   16 Σουμανῖτις 12 54   17 ἀμειβόμενος/ὁ προφήτης tr 54   18 λαλῆσαι post τὸν βασιλέα 8 35   >βασιλέα, ἢ πρὸς τὸν c_1 1 9 37   19 >τὴν θείαν 54

IE΄

Τί ἐστιν· «Ἐν μέσῳ τοῦ λαοῦ μου ἐγὼ κατοικῶ»;

Ἀπραγμοσύνη, φησί, χαίρω, καὶ εἰρηνικῶς διάγω καὶ πρός τινα ἔχειν ἀμφισβήτησιν οὐκ ἀνέχομαι.

IS΄

Πῶς νοητέον· «Κατὰ τὸν καιρὸν τοῦτον, ὡς ἡ ὥρα αὕτη, ζῶσα σὺ καὶ περιειληφυῖα υἱόν»; 5

Τοῦτο πρὸς τὸν πατριάρχην Ἀβραὰμ ὁ τῶν ὅλων ἔφη Θεός· «Κατὰ τὸν καιρὸν τοῦτον ἐλεύσομαι καὶ ἔσται τῇ Σάρρᾳ υἱός». Δηλοῖ τοίνυν δι᾽ ὧν εἴρηκεν ὁ προφήτης, ὡς αὐτὸς ἐφθέγγετο δι᾽ αὐτοῦ ὁ τῶν ὅλων Κύριος. Οὗ δὴ χάριν καὶ ἀποφαντικῶς δέδωκε τὴν ὑπόσχεσιν. Οὕτω δὲ ἀπεγνώκει τὴν παιδοποιίαν ἡ γυνὴ ὅτι 10
καὶ πρὸς τὸν προφήτην ἔφη· «Μὴ ἐγγελάσῃς τὴν δούλην σου». Ἑώρα γὰρ τὴν ὑπόσχεσιν ὑπερβαίνουσαν τῆς φύσεως τὴν ἀσθένειαν. Τῇ πείρᾳ μέντοι μαθοῦσα τοῦ προφήτου τὴν δύναμιν, καὶ τελευτῆσαν τὸ παιδίον ἤλπισεν ἀναστήσεσθαι. Ἐν τῇ κλίνῃ γὰρ τοῦτο τοῦ προφήτου νεκρὸν κατακλίνασα, βαδίζουσα πρὸς 15

1 4 Re 4, 13   4 s 4 Re 4, 16   7 Gé 18, 10ap   11 4 Re 4, 16ap

1, 5, 6, 8, 9, 10, 12, 35, 37, 54, 55, 56

1 ἐστιν + ὃ πρὸς τὸν προφήτην ἡ Σωμανῖτις φησὶν 6   2 Ἀπραγμοσύνη pr ἐπειδὴ ἤρετο αὐτὴν «εἰ ἔστι λόγος αὐτῆς πρὸς τὸν βασιλέα ἢ πρὸς τὸν ἄρχοντα τῆς δυνάμεως» ἀπεκρίθη 6 (cf 4 Re 4, 13)   4 νοητέον + τὸ 1 54   >τὸν 37   ὡς] ὡσεὶ 5   >ἡ 5   >αὕτη 5   >σὺ 12   5 >καὶ A⁻¹⁰   συμπεριειληφυῖα 37 54   6 Τοῦτο + καὶ 5 >Ἀβραὰμ A   Θεός + καὶ 10 54   7 >τοῦτον 37   8 Δηλοῖ] δῆλον 37ᵛⁱᵈ 55   >ἐφθέγγετο A   9 ὁ / τῶν ὅλων tr 1 8 35 37 56   Κύριος + ἐλάλησεν A   >καὶ 8 9 35   10 >Οὕτω δὲ ἀπεγνώκει — τὴν ὑπόσχεσιν (l 12) 5   11 ἐγγελάσῃ 6 9: ἐκγελάσῃ 1 56   12 >Ἑώρα γὰρ — ἀσθένειαν 6   ἑώρακα c₁ 12   >τὴν 1° 10 54   13 πείρᾳ μέντοι tr 54   μαθοῦσα / τοῦ προφήτου tr c₁ 1   14 Ἐν τῇ κλίνῃ — αὐτοῖς ἀπεκάλυπτεν (p 204 l 15)] καὶ μέντοι προσπεσοῦσα τοῖς τοῦ προφήτου ποσὶν ἀπέλαβε τὸν παῖδα ζῶντα 6   15 τοῦτο post νεκρὸν 1   κατακλίνασα + καὶ τὴν θύραν A   βαδίζουσα] > 54: pr ἀποκλείσασα 5 35: pr προκλίνασα 10

τὸν προφήτην ἀφίκετο οὐδὲ τῷ ἀνδρὶ τὴν αἰτίαν τῆς ἀποδημίας 756 μηνύσασα. Αὐτίκα γοῦν ἐκεῖνος ἀγνοῶν ἔρετο· «Τί ὅτι σὺ πορεύῃ σήμερον πρὸς αὐτόν; Καὶ οὐ νουμηνία καὶ οὐ σάββατον». Καὶ γὰρ ἐν τοῖς σάββασι καὶ ἐν ταῖς νουμηνίαις ἑορτάζειν εἰώθεισαν. «Ἡ
5 δὲ εἶπεν· Εἰρήνη»· προσειπεῖν αὐτόν φησι, βούλομαι. Πόρρωθεν δὲ αὐτὴν ὁ προφήτης ἰδών, ἤρετο διὰ τοῦ Γιεζῆ ὅπως ἔχουσι καὶ αὐ- τὴ καὶ ὁ ἀνὴρ καὶ τὸ παιδάριον. Τοῦτο γὰρ δηλοῖ τὸ «Εἰρήνη σοί; Εἰρήνη τῷ ἀνδρί σου; Εἰρήνη τῷ παιδαρίῳ;» ἀντὶ τοῦ· καλῶς διάγετε; Ὑγιαίνετε; Ἡ δὲ πρὸς μὲν τὸν Γιεζῆ εἶπεν· «Εἰρήνη»,
10 τῶν δὲ τοῦ προφήτου ποδῶν ἐπιλαβομένη, τὸ πάθος ἐμήνυσεν. Ἐδήλου δὲ τὴν ὀδύνην τὰ δάκρυα. Ἀναστῆσαι δὲ αὐτὴν πειρω- μένου τοῦ Γιεζῆ, ὁ προφήτης εἶπεν· «Ἄνες αὐτὴν ὅτι κατώδυνος ἡ ψυχὴ αὐτῆς καὶ Κύριος ἀπέκρυψεν ἀπ᾽ ἐμοῦ καὶ οὐκ ἀνήγγειλέ μοι». Δηλοῖ τοίνυν κἀντεῦθεν, ὡς οὐχ ἅπαντα προῄδεσαν οἱ
15 προφῆται ἀλλ᾽ ἅπερ ἡ θεία χάρις αὐτοῖς ἀπεκάλυπτεν.

IZ´

Τί δήποτε εἰς τὴν ἀνάστασιν τοῦ παιδὸς ἀποστείλας τὸν Γιεζῆ, παρηγγύησεν αὐτῷ· «Ἐὰν εὕρῃς τινὰ μὴ εὐλογήσῃς αὐτόν· καὶ ὅτι ἐὰν εὐλογήσῃ σέ τις μὴ ἀποκρίθῃς αὐτῷ»;

2 s 4 Re 4, 23   4 s 4 Re 4, 23   7 s 4 Re 4, 26   12 s 4 Re 4, 27   17 s 4 Re 4, 29

1, 5, 6, 8, 9, 10, 12, 35, 37, 54, 55, 56

1 >τῆς ἀποδημίας 54   2 >Αὐτίκα γοῦν 5   ἐκεῖνος + οὖν 5   πορεύσῃ A   3 >Καὶ 1º 5 37   καὶ οὐ] οὐδὲ 5 37: οὐ 10 54   >Καὶ γὰρ ἐν τοῖς σάββασι 5 54   >γὰρ ed   4 νουμηνίαις + γὰρ 5 54   εἰώθασιν 12 54   6 Γιεζεὶ 1 8: Γιεζὶ 12   7 ἀνὴρ + αὐτῆς A   παιδάριον] παιδίον 1 5 54: + αὐτῶν A   8 Εἰρήνη 2º] καὶ 37   9 Ὑγιαίνετε] εἰρηνεύοντες 12   Γιεζεὶ 1 8 35   11 Ἐδήλου] ἐδείκνυ A   12 Γιεζεὶ 1 8 35   Ἄνες] ἄφες A 12   κατώδυνος + ἐστι 54   13 αὐτῆς + ἐστι 10   >καὶ οὐκ ἀνήγγειλε 54   14 >μοι 1 37 54   Δηλοῖ] δῆλον A 1   15 ἀπεκάλυψεν D   16 >τοῦ παιδὸς 54   Γιεζεὶ 1 8 35   17 αὐτῷ] αὐτόν 8   εὕρῃς] ἴδῃ A   τινὰ pr ἐν τῇ ὁδῷ 54: + ἐν τῇ ὁδῷ A⁻⁵⁴   εὐλογήσῃ A⁻⁵ (-σαι 10 54): εὐλογήσεις 12 35   18 ὅτι] > A⁻¹⁰: ὅσ- τις 12   ἐὰν] > 54: ἂν D c₁   εὐλογοῦντος 54   σέ] > 6 10: αὐτόν 5 54   τις] > 12: ἄλλου 54: + αὐτόν 6   ἀποκριθῆναι 5 10: ἀνταποκριθῆναι 54   αὐτῷ] αὐτόν 6 10

Ἤδει αὐτοῦ τὸ φιλότιμον καὶ κενόδοξον καὶ ὅτι τοῖς κατὰ τὴν ὁδὸν ἐντυγχάνουσι τοῦ δρόμου πάντως τὴν αἰτίαν ἐρεῖ· ἡ δὲ κενοδοξία τὴν θαυματουργίαν κωλύει.

ΙΗ΄

Τί δηλοῖ τὸ «Ἐγλαὰδ ἐπ᾽ αὐτόν»;

Τοῦτο οἱ ἄλλοι ἑρμηνευταὶ «ἐνεφύσησεν» εἰρήκασιν. Ὥσπερ 5
γὰρ τῶν ὅλων ὁ ποιητὴς τοῦ Ἀδὰμ τὸ σῶμα δημιουργήσας διὰ τοῦ ἐμφυσήματος ἐνεφύσησε τὴν ψυχήν, οὕτως ὁ προφήτης ἐμφυσήσας ἀνέστησε τὸ μειράκιον. Ἀλλ᾽ ὁ μὲν δημιουργὸς ἐμφυσήσας ἐδημιούργησε τὴν οὐκ οὖσαν ψυχήν· ὁ δέ γε προφήτης τὴν οὖσαν εἰς τὸ οἰκεῖον ἐπανήγαγε σῶμα. Τὸ δὲ «ἐνέπνευσεν ἐπ᾽ 10
αὐτόν», «συνεκάλυψεν» οἱ ἄλλοι εἰρήκασι. Τὰ δὲ οἰκεῖα αἰσθητήρια τοῖς ἐκείνου προσήρμοσεν, ὀφθαλμοὺς ὀφθαλμοῖς, στόμα στόματι, χεῖρας χερσίν· ἵνα τῆς τοῦ ζῶντος ὁ τεθνεὼς μεταλάβῃ ζωῆς, τῆς πνευματικῆς δηλονότι χάριτος τὴν ζωὴν χορηγούσης.

15

757   ΙΘ΄

Τί ἐστι «συλλέξαι ἀριώθ»;

4 4 Re 4, 34   6 s cf Gé 2, 7   10 s 4 Re 4, 35ap   16 4 Re 4, 39

1, 5, 6, 8, 9, 10, 12, 35, 37, 54, 55, 56

1 αὐτοῦ] αὐτὸν A   >τὸ A 9   >καὶ κενόδοξον — τοῦ δρόμου πάντως A   2 >πάντως ed   τὴν pr ὡς A   3 κωλύει] αἴρει 6   4 Ἐγλαὰδ] Ἐλαὰδ c₁ 1 37: Ἐγλὰδ 6 54: Ἐγλαδὲ 5 10: Γλαὰδ 12   5 ἐνεφύσησαν 5   >Ὥσπερ γὰρ — ἐπανήγαγε σῶμα (l 10) 54   6 >τῶν ὅλων 5   ὁ ante τῶν ὅλων 12   ποιητὴς] Θεὸς 5   >τοῦ Ἀδὰμ τὸ σῶμα δημιουργήσας 6   7 ἐνεφύσησε] ἐνεποίησε A   >οὕτως 37   ὁ + δέ γε 37   8 >ἐμφυσήσας 5 6   >Ἀλλ᾽ ὁ μὲν δημ. — ἐπανήγαγε σῶμα (l 10) 6   10 ἐπανήγαγε] ἀποκατέστησεν 8 9   ἐνέπνευσεν] ἐνεγύωσεν 8 9 35: ἐνέγνυσεν 12   ἐπ᾽] εἰς 10   11 ἐκάλυψεν c₁ 1 37   >οἱ 35   12 προσήρμοσαν 54   ὀφθαλμοὺς A·⁵ 12   ὀφθαλμοῖς — χερσίν 54   13 στόμα στόματι tr A   τεθνηκὼς 8 9 35 54   14 τῆς πνευματικῆς / δηλονότι tr A   16 συλλέξας A·⁵⁴

Οἱ ἄλλοι «ἄγρια λάχανα» ταῦτα ἡρμήνευσαν. Τούτοις τὴν
«τολύπην» οἱ συλλέγοντες ἀγνοοῦντες ἀνέμιξαν· ἀλλὰ τοῦ δηλη-
τηρίου τὴν ἐνέργειαν ἤμβλυνεν ὁ προφήτης ἄλευρον ἐπιβληθῆναι
κελεύσας τῷ λέβητι. Ἤμβλυνε δὲ οὐχ ἡ τοῦ ἀλεύρου φύσις, ἀλλ᾽
5 ἡ τοῦ προφήτου χάρις. Οὕτω καὶ τῶν ὑδάτων τὴν ἀγονίαν εἰς
πολυγονίαν οὐχ οἱ ἅλες μετέβαλον, ἀλλ᾽ ἡ τοῦ προφητικοῦ
πνεύματος δύναμις. Τῶν μέντοι προφητῶν τὸν ἀκτήμονα βίον ἡ
ἱστορία διδάσκει. Ὁ γὰρ τούτων πρωτεύων νῦν μὲν ἀγρίοις
αὐτοὺς λαχάνοις εἱστίασε, νῦν δὲ κριθίνους ἄρτους εἴκοσιν
10 ἑκατὸν ἀνδράσι παρέθηκε, καὶ τούτους ὑφ᾽ ἑτέρων προσενεχθέν-
τας. Τοσαύτης δὲ αὐτοῖς εὐλογίας μετέδωκεν, ὡς καὶ τῶν ἑκατὸν
πληρῶσαι τὴν χρείαν καὶ μετὰ τὸν ἐκείνων κόρον ἱκανοὺς περισ-
σεῦσαι. Τοσαύτη δὲ ἦν τῆς πενίας ἐκείνης ἡ δύναμις, ὡς τὸν βα-
σιλέα τῶν σύρων ἐκείνης δεηθῆναι τῆς χάριτος καὶ Νεεμὰν ἀπο-
15 στεῖλαι τὸν στρατηγόν, ὥστε αὐτὸν διὰ τῆς προφητικῆς προσευχῆς
ἀπαλλαγῆναι τῆς λέπρας. Καὶ ὁ μὲν τοῦ Ἰσραὴλ βασιλεὺς τοῖς
τοῦ σύρου γράμμασι ἐντυχών, δι᾽ ἀπορίαν τὴν ἐσθῆτα διέρρηξεν·
ὁ δέ γε προφήτης ὁ πένης αὐτῷ μὲν ἐνεμέσησεν· ἀποσταλῆναι δὲ
αὐτῷ τὸν Νεεμὰν παρηγγύησε καὶ ἰδεῖν μὲν αὐτὸν ὡς λεπρὸν οὐκ
20 ἠνέσχετο φυλάττων τὸν νόμον, ὡς ὑπὸ τῷ νόμῳ πολιτευόμενος·

2 4 Re 4, 39   13 s cf 4 Re 5, 15

1, 5, 6, 8, 9, 10, 12, 35, 37, 54, 55, 56

1 ἄγρια λάχανα] ἀγριολάχανα A   τὴν] τὸ A   2 τολύπην] λυμαινόμενον 6: λυ-
μαίνον 10 54: τε λοιμικὴν βοτάνην D   οἱ] > 10: ὁ 37   συλλέγων 37   ἀγνοοῦντες]
>6: ἀγνοῶν 37   ἀνέμιξαν] ἀνέμιξεν 37: ὀνόμασαν 12   5 >Οὕτω καὶ τῶν ὑδάτων —
δύναμις (l 7) 54   Οὕτω + δὲ 6: + δὴ 10   τὴν] > ed: ante τῶν 37   6 >εἰς πολυγο-
νίαν 37   >οἱ 6 10   ἅλας 6 10   7 Τῶν] τὸν 37   8 >Ὁ γὰρ τούτων πρωτεύων
6   νῦν μὲν] >12: + γὰρ 6   ἀγρίοις αὐτοὺς] αὐτοῖς ἀγρίοις 6   9 αὐτοὺς λαχάνοις tr
37   εἱστίασε] ἡστία 6: ἡστίασεν 12 35* 56   κριθίνους] κριθίνοις 6: + εἴκοσιν
54   ἄρτους] >ed: ἄρτοις 6   εἴκοσιν ἑκατὸν — ἱκανοὺς περισσεῦσαι (l 12)] τοσοῦτον
πλῆθος διέθρεψε 6   εἴκοσιν + καὶ 54   11 τῶν] τὸν 35   12 περιττεῦσαι A   13 >ἡ
6 37   14 Νεεμὰν 9 35: Ναιμὰν c₁   15 >αὐτὸν 6   >τῆς 6   προσευχῆς] εὐχῆς
A⁻⁵⁴: χάριτος 54   16 μὲν] μέντοι 6 10   τοῦ Ἰσραὴλ βασιλεὺς] βασιλεὺς Ἰσραὴλ A⁻⁵⁴:
βασιλεὺς τοῦ Ἰσραὴλ 54   17 γράμμασι ἐντυχών tr 5   συγγράμμασιν 12   18 >ὁ
πένης 54   ἐνεμέσησεν] ἐνέμησεν 10: ἐνεμήσησεν D   19 αὐτῷ] αὐτὸν 10   Νεεμὰν 9:
Ναιμὰν 55   >καὶ ἰδεῖν — πολιτευόμενος 6   20 φυλάττων/τὸν νόμον tr 5   >τῷ
1   τὸν νόμον 9 10

ἑπτάκις δὲ λούσασθαι ἐν τῷ Ἰορδάνῃ προσέταξε ποταμῷ. Σώμα-
τος γὰρ ἦν ἡ λέπρα· ἐκ δὲ τῶν τεσσάρων τοῦτο στοιχείων
συνέστηκεν· ἐν ἑπτὰ δὲ ἡμέραις ὁ παρὼν βίος ἀνακυκλοῦται. Τῆς
δὲ ψυχῆς ἡ κάθαρσις κατὰ τὸν ἀριθμὸν τῆς ἁγίας ἀποτελεῖται
Τριάδος. Ὁ δὲ Νεεμὰν τὸ μὲν πρῶτον ἀντεῖπε, βελτίους εἶναι 5
τοὺς Δαμασκοῦ ποταμοὺς εἰρηκώς· τὴν εἰσήγησιν δὲ τῶν οἰκείων
δεξάμενος, ἀπελήλυθε καὶ τοῦ πάθους ἀπαλλαγεὶς προσελήλυθε
τῷ προφήτῃ. Καὶ πρῶτον μὲν αὐτῷ τὰ πολύτιμα προσενήνοχε
δῶρα· ὁ δὲ προφήτης τὴν πολυπόθητον πενίαν παντὸς προτετίμη-
κε πλούτου, καὶ τὴν εὐαγγελικὴν νομοθεσίαν πρὸ τῆς νομοθεσίας 10
πεπλήρωκε. «Δωρεὰν» γάρ φησιν, «ἐλάβετε, δωρεὰν δότε». Ὁ δὲ
760 θαυμάσιος ἐκεῖνος ἀνὴρ καὶ αὐτὴν τοῦ Ἰσραὴλ τὴν γῆν ἡγιᾶσθαι
πιστεύων ἠξίωσε δύο «γόμους» ἡμιονικοὺς ἐκ ταύτης λαβεῖν, ὥσ-
τε ἐπὶ ταύτης μόνῳ προσφέρειν τῷ Δεσπότῃ Θεῷ τὰς νενομισμέ-
νας θυσίας. «Οὐ γὰρ ποιήσει» φησίν, «ὁ δοῦλός σου ὁλοκαύτωμα 15
ἢ θυσίαν θεοῖς ἑτέροις, ἀλλ᾽ ἢ τῷ Κυρίῳ μόνῳ. Καὶ περὶ τοῦ λόγου
τούτου ἱλάσεταί μοι Κύριος τῷ δούλῳ σου, καὶ ἐν τῷ εἰσπορεύε-
σθαι τὸν Κύριόν μου εἰς οἶκον Ῥεεμὰν προσκυνῆσαι ἐκεῖ ὅτι αὐτὸς
ἐπαναπαύεται ἐπὶ τῆς χειρός μου· καὶ ἐν τῷ προσκυνεῖν αὐτὸν εἰς
οἶκον Ῥεεμὰν προσκυνήσω ἅμα αὐτῷ Κυρίῳ τῷ Θεῷ καὶ ἱλάσεται 20

1 cf 4 Re 5, 10   5 s cf 4 Re 5, 12   11 Mt 10, 8   13 4 Re 5, 17   15 s 4 Re 5,
17-18

1, 5, 6, 8, 9, 10, 12, 35, 37, 54, 55, 56

1 λούσασθαι post Ἰορδάνῃ 1: + αὐτόν 10   Ἰορδάνῃ + αὐτόν 5   >ποταμῷ 6
54   2 γὰρ] δὲ Α   >ἦν 54   >τοῦτο 6   τοῦτο στοιχείων tr 54   3 >δὲ
35   ἀνακυκλεῖται 9 37 54 55: ἀποκυκλοῦται 12   4 >Τῆς δὲ ψυχῆς — Τριάδος 54   5
Νεεμμὰν 9 35: Ναιμὰν 55   >τὸ 6   μὲν πρῶτον tr 5 6   βελτίους εἶναι — ἡγιᾶσθαι πι-
στεύων (l 13)] ἄπελθε δὲ ἐπανῆκε καθαρός· γυνὴ δὲ 6   6 εἰσήγησιν δὲ tr 37   7
εἰσδεξάμενος 10   >τοῦ πάθους Α   ἀπαλλαγεὶς] ἐπανῆκε Α⁻⁶   προσελήλυθε] καθαρὸς
5 54   8 >τῷ προφήτῃ 54   μὲν] > 10: + τῷ προφήτῃ 54   αὐτῷ τὰ] ἐπανιὼν
54   προσενήνοχε post δῶρα 1: προσενηνοχὼς 5   9 προφήτης τὴν πολυπόθητον] οὐ
προσεδέξατο 54   παντὸς προτετίμηκε πλούτου] τιμῶν 54   προετίμηκε 5   11 πεπλή-
ρωκε] πληρῶν 54   φησιν post δότε 54   ἐλάβετε + καὶ 8   12 αὐτῇ] αὐτοῦ 10
54   τοῦ Ἰσραὴλ/τὴν γῆν tr 37   13 πιστεύων] νομίζων 54   ἠξίωσε post ἡμιονικοὺς 54:
+ λαβεῖν 6   γόμους] γόνους 35   >ἐκ ταύτης λαβεῖν 6   14 μόνῳ] μόνον 1: μόνος 10:
μόνης 54   >τῷ 6   >Δεσπότῃ 6 54   >νενομισμένας 54   15 Οὐ γὰρ ποιήσει — περὶ
τοῦ λόγου τούτου (p 208 l 1)] πιστεύσας καὶ αὐτὴν τοῦ Ἰσραὴλ τὴν γῆν ἡττᾶσθαι
6   >σου 54   ὁλοκαυτώματα Α   16 θυσίας 37 54   θεοῖς ἑτέροις tr 1 37 56   >τῷ
12   Κυρίῳ] >1: Θεῷ 37 55 56   μόνῳ + Θεῷ 1   17 ἱλασθήσεται 55   >καὶ 5   18
οἶκον pr τὸν 9   Ῥεμμὼν Α: Νεεμὰν D 9   19 ἐπαναπέπαυται Α: ἐπαναπαύσεται 12
35   >καὶ ἐν τῷ προσκ. — περὶ τοῦ λόγου τούτου (p 208 l 1) Α   Ῥεεμὰν] Νεεμὰν 8 9 35

Κύριος τῷ δούλῳ σου περὶ τοῦ λόγου τούτου». Ἀνάγκη με, φησί, συνεισιέναι τῷ βασιλεῖ τὸν ψευδώνυμον θεὸν προσκυνεῖν βουλομένῳ. Ἀλλ᾿ εἰσιὼν ἐγὼ τὸν ἀληθινὸν προσκυνήσω Θεόν, συγγνώμης τυχεῖν ἱκετεύων ὅτι δὴ διὰ τὴν βασιλικὴν ἀνάγκην
5 εἰσελθεῖν πρὸς τὸν ψευδώνυμον θεὸν ἀναγκάζομαι. Τοῦτο γὰρ δεδήλωκεν εἰρηκώς· «*Ἱλάσεταί μοι Κύριος τῷ δούλῳ σου περὶ τοῦ λόγου τούτου».* Ταῦτα τὰ ῥήματα τῆς ἰουδαϊκῆς πληθύος κατηγορεῖ, ὅτι καὶ νόμον ἔχοντες καὶ προφήτας καὶ ἱερέας καὶ θαυματουργίας καὶ θεοσημείας ὁρῶντες, τὴν τῶν εἰδώλων θεραπείαν
10 τῆς τοῦ Θεοῦ τῶν ὅλων προτετιμήκασι θεραπείας. Ἄξιον δὲ θαυμάσαι τοῦ προφήτου καὶ τῆς χάριτος τὴν ἰσχὺν καὶ τῆς ψήφου τὸ δίκαιον. Καὶ γὰρ ἔγνω τοῦ Γιεζῆ τὴν κλοπὴν καὶ τὴν λέπραν αὐτῷ τοῦ Νεεμὰν ἀπεκλήρωσεν. «*Οὐχὶ ἡ καρδία μου»,* φησίν, «*ἦν μετὰ σοῦ ὅτε κατεπήδησε Νεεμὰν ἀπὸ τοῦ ἅρματος αὐτοῦ εἰς*
15 *συνάντησίν σοι; Καὶ νῦν ἔλαβες τὸ ἀργύριον καὶ τὰ ἱμάτια καὶ λήψῃ ἐν αὐτῷ κήπους καὶ ἐλαιῶνας καὶ ἀμπελῶνας, καὶ ποίμνια καὶ βουκόλια καὶ δούλους καὶ δούλας· καὶ ἡ λέπρα Νεεμὰν κολληθήσεταί σοι καὶ ἐν τῷ σπέρματί σου ἕως αἰῶνος».* Ἀλλ᾿ ἐκεῖνος μὲν ἐρασιχρήματος γεγονὼς ἀπεφάνθη λεπρός· ὁ δὲ τῶν προφητῶν
20 χορὸς τὴν ἐσχάτην πενίαν ἠσπάζετο. Οὐδὲ γὰρ οἰκίας εἶχον, ἀλλὰ καλύβαις ἐχρῶντο. Διὸ τὸν μέγαν προφήτην ἱκέτευσαν συναπελ-

6 s 4 Re 5, 18   13 s 4 Re 5, 26-27

1, 5, 6, 8, 9, 10, 12, 35, 37, 54, 55, 56

1 με] μοι 8 9 54   2 συνεισιέναι] σινιέναι 5 54: συνεισεῖναι 12 35   τὸν pr πρὸς A   ψευδώνυμον + ἡμῶν 10   >προσκυνεῖν — προσκυνήσω Θεόν Α   3 προσκυνήσω ante τὸν ἀληθινὸν 1 37: pr ἐγὼ 12   4 ἱκετεύω 54   >δὴ 10 35   7 Ταῦτα + δέ Α: + τῆς ἱστορίας D 9   >τὰ ῥήματα 6   πληθύος] ἀπιστίας D 9   8 ἔχοντας 37   >καὶ ἱερέας — θεοσημείας 12   >καὶ θαυματουργίας 6   9 θεοσημείας] θεοσημίας 1 9 37 55: σημεῖα Α   τὴν τῶν εἰδώλων — ἐπραγματεύσατο τὴν ἀνάβασιν (p 209 l 13)] τοῦ θεοῦ τῶν ὅλων τὴν τῶν εἰδώλων θεραπείαν προτετιμήκασι 6   10 >τῶν ὅλων 5   προετίμησαν 5   θεραπείας] λατρείας 54   11 >καὶ 2° 5   12 ἔγνω] ἐγὼ 12   Γιεζεὶ 1 8 35   13 Νεεμμὰν 9: Ναιμὰν 55   μου + γὰρ 8 9 35   φησίν, ἦν tr 12   >ἦν 54   14 Νεεμμὰν 9: Ναιμὰν 35   15 σοι] σου Α 55   16 ἐν αὐτῷ] σεαυτῷ 10 54   >καὶ ἀμπελῶνας c₁ 1 9 37   17 Νεεμμὰν 9: Ναιμὰν 55   18 σοι pr ἐν ed   >ἐν 1 9 37   σου + καὶ 54   >μὲν c₁ 1 37   19 ἐρασιχρήματος] ἐρωτιχρήματος 10: ἐραστὴς χρήματος 1 5 56: ἐραστὴς χρημάτων 37 55   20 πενίαν] πτωχείαν 1   ἠσπάσατο ed   ἀλλὰ + καὶ 35

θεῖν αὐτοῖς ξύλα τέμνουσιν εἰς τὴν τούτων κατασκευήν. Τοσαύτη δὲ ἐχρῶντο πενίᾳ, ὡς μηδὲ ἀξίνην ἀνάσχεσθαι κτήσασθαι. Αὐτίκα γοῦν μιᾶς εἰς τὸν ποταμὸν ἐμπεσούσης, εἴρηκεν ὁ ταύτῃ χρησάμενος· «῏Ω δὴ Κύριε, καὶ αὐτὸ κεχρημένον». ᾿Αλλὰ μηδεὶς
761 ἡγείσθω βλάσφημον τὴν φωνήν. ᾿Επεὶ καὶ ὁ προφήτης Δαβὶδ ἐν τῇ 5 πνευματικῇ μελῳδίᾳ φησίν· «῏Ω Κύριε, σῶσον δή, ὦ Κύριε, εὐόδωσον δή». Παραδόξως δὲ ἄγαν ὁ προφήτης ἀνήγαγε τὸ σιδήριον. Σύλον γὰρ ἐμβαλών, παρεσκεύασεν ἐπιπολάσαι τὸ σιδήριον. Τόδε πάλιν προετύπου τὴν τοῦ Θεοῦ καὶ Σωτῆρος ἡμῶν οἰκονομίαν. ῞Ωσπερ γὰρ τὸ μὲν κουφότατον ξύλον ὑποβρύχιον 10 γέγονεν, ὁ δὲ βαρύτατος ἐπεπόλασε σίδηρος, οὕτω τῆς θείας φύσεως ἡ κατάβασις τῆς ἀνθρωπίνης φύσεως ἐπραγματεύσατο τὴν ἀνάβασιν.

Κ´

Τί ἐστιν «Εἰς τὸν τόπον τὸν Φελμουνί»;

῾Ως ἄν τις εἴποι· «Εἰς τόνδε τὸν τόπον». Τοῦτο γὰρ δηλοῖ τὸ 15 «Φελμουνί». ᾿Αξιάγαστον δὲ τοῦ προφήτου καὶ τοῦτο. Θηρευθεὶς γὰρ ἐθήρευσε τοὺς θηρεύσαντας καὶ ἀχλὺν τοῖς τούτων ὀφθαλμοῖς ἐπιπάσας, εἰς τὴν βασιλεύουσαν αὐτοὺς εἰσήγαγε πόλιν. Εἶτα τὴν

---

4 4 Re 6, 5   6 s Sal 117, 25   8 cf 4 Re 6, 6   14 4 Re 6, 8

1, 5, 6, 8, 9, 10, 12, 35, 37, 54, 55, 56

2 >δὲ 10   ἐχρῶντο πενίᾳ tr 5   ἀνέχεσθαι A   3 εἰσπεσούσης 54   ταύτῃ] ταύτην 1 5 12 37 56   4 χρησάμενος] λαβεῖν εἰς χρῆσιν 5: χρώμενος 10 54   Κύριε] > 10: Κύριος 1   6 φησίν] εἶπεν A   8 >γὰρ ἐμβαλών 10   παρεσκεύαζεν 8 35   ἐπιπολάσαι] ἐπιπλάσαι 12   9 Τόδε] τοῦτο δὲ A   >Θεοῦ καὶ 5   11 ὁ] τὸ ed   βαρύτατον ed   ἐπεπόλευσε 12   σιδήριον 1 5 8 9 10   οὕτω + καὶ 12   12 ἐπραγματεύσατο ante ἡ κατάβασις A   14 >τὸν 2º 12   ᾿Εφελμουνί c₁: ᾿Ελμωνί 54   16 τῷ ᾿Ελμωνί 54   θηρεύσει A   17 >τοὺς A⁻⁵   θηρεύσαντας] θηράσαντας c₁ 1 9 37: θηρεύσοντας 5   18 ἐπιπάσας] ἐπαγαγὼν A: ἐπιπάσσας 56   >εἰς τὴν βασιλεύουσαν αὐτοὺς A   πόλιν pr εἰς τὴν A

ἀχλὺν ἀποσκεδάσαι τὸν Θεὸν ἱκετεύσας, γνῶναι παρεσκεύασεν, ὡς εἴσω τῶν ἀρκύων ἐλήφθησαν καὶ ὅτι ζωγρῆσαι πειραθέντες ἐζώγρηνται. Ἀξιέπαινον δὲ αὐτοῦ κἀκεῖνο. Τοῦ γὰρ βασιλέως ἀνελεῖν πειραθέντος, ἔφη· «Οὐ πατάξεις οὓς οὐκ ἠχμαλώτευσας ἐν
5 ῥομφαίᾳ σου καὶ τόξῳ σου. Παράθες αὐτοῖς ἄρτους καὶ ὕδωρ καὶ φαγέτωσαν καὶ πιέτωσαν καὶ ἀποσταλήτωσαν πρὸς τὸν κύριον αὐτῶν». Εἰ σφαγεῖεν, φησίν, οὐ γνωσθήσεται τῆς θαυματουργίας τὸ μέγεθος· εἰ δὲ ὑγιεῖς ἀπέλθοιεν πρὸς τὸν ἀποστείλαντα, μαθήσεται κἀκεῖνος τοῦ Θεοῦ τοῦ ἡμετέρου τὴν δύναμιν.

KA´

10 Ἡ κόπρος τῶν περιστερῶν ποίαν χρείαν ἐπλήρου;

Ἡ τῆς πολιορκίας ἀνάγκη καὶ τοῦ λιμοῦ τὸ μέγεθος ἠνάγκαζεν αὐτοὺς ἀντὶ ἁλῶν κεχρῆσθαι τῇ κόπρῳ.

KB´

Τί δήποτε προσέταξεν ὁ προφήτης κλεισθῆναι τὴν θύραν καὶ ἐπισχεθῆναι τὸν παρὰ τοῦ βασιλέως ἀποσταλέντα;

15 Ὁ ἐμβρόντητος βασιλεὺς τοῦ πατρὸς καὶ τῆς μητρὸς τὴν μιαιφονίαν ἐζηλωκώς, προσέταξεν ἀποτεμεῖν τοῦ προφήτου τὴν

---

4 s 4 Re 6, 22   10 cf 4 Re 6, 25   13 s cf 4 Re 6, 32

1, 5, 6, 8, 9, 10, 12, 35, 37, 54, 55, 56

1 >τὸν Θεὸν 54   παρεσκεύαζεν 12   2 ὡς] ὅτι 6   3 >Ἀξιέπαινον δὲ — τοῦ ἡμετέρου τὴν δύναμιν (l 9) 6   4 ἀνελεῖν] ἀναίρειν 54   οὓς pr εἰ μὴ Α   >οὐκ 5 9   10   5 αὐτοῖς] αὐτοὺς 12   6 >καὶ πιέτωσαν Α   ἀποσταλήτωσαν] ἀποστατήτωσαν 9: ἀπελάσονται 5: ἀπελεύσονται 10 54   πρός] εἰς 9   7 σφαγεῖεν] σφάγοιεν 1: σφαγήσονται Α   φησίν] γὰρ 12   8 ἀποστείλαντα + αὐτοὺς 54   9 Θεοῦ post ἡμετέρου 1 5   >τοῦ 2° 1 5   τὴν ante τοῦ Θεοῦ 1   10 >Ἡ 54   ἐπλήρουν 35   11 ἠνάγκασεν 1 6   12 >τῇ 10   κόπρῳ] κοπρίᾳ 1   13 προσέταξεν + ᾧ προσέταξεν 6   >κλεισθῆναι Α   θύραν] χεῖρα 9: + ἀποκλεῖσαι Α   14 σταλέντα 37 54

κεφαλήν, καὶ ταῦτα σάκκον περιβεβλημένος καὶ τὸν Θεὸν ἱκετεύων λῦσαι καὶ σκεδάσαι τὸ στυγνὸν ἐκεῖνο νέφος καὶ τετριγός. Καὶ δέον ἱκετεῦσαι τὸν προφήτην, ὥστε τὴν ὑπὲρ αὐτοῦ πρεσβείαν προσενεγκεῖν τῷ Θεῷ, τοῦτο μὲν οὐκ ἐποίησεν, ἠπείλησε δὲ κατασφάττειν ὡς ἀμελοῦντα, ἢ ὡς ἑκόντα παρορῶντα τῆς 5 συμφορᾶς τὴν ὑπερβολήν. Ἀλλ’ εὐθὺς μεταμεληθεὶς ἔδραμεν ἐπέχων τὸν φόνον. Τοῦτο γὰρ καὶ ὁ προφήτης δεδήλωκεν· «Εἰ ἑωράκατε» γάρ φησιν, «ὅτι ἀπέστειλεν ὁ υἱὸς τοῦ φονευτοῦ οὗτος ἀφελεῖν τὴν κεφαλήν μου; Ἴδετε ὡς ἐὰν εἰσέλθῃ ὁ ἄγγελος ἀποκλείσατε τὴν θύραν καὶ ἐκθλίψατε αὐτὸν ἐν τῇ θύρᾳ· οὐκ ἰδοὺ ἡ 10 φωνὴ τῶν ποδῶν τοῦ κυρίου αὐτοῦ κατόπισθεν αὐτοῦ;» Ἀλλ’ ὅμως καὶ ταῦτα πάσχων ὁ προφήτης ἱκέτευσε τὸν Δεσπότην καὶ τὴν πολιορκίαν ἀθρόως διέλυσε. Μετὰ τοῦτο τὸ διήγημα, ὁ τὴν ἱστορίαν συγγράψας ἐδίδαξεν ἡμᾶς, ὡς τῇ Σωμανίτιδι τὸν ἐσόμενον λιμὸν ὁ προφήτης προείρηκεν. Μεμήνυκε δὲ καὶ τὸν χρόνον. 15 «Κύριος» γάρ φησιν, «ἐκάλεσε λιμὸν ἐπὶ τὴν γῆν καὶ παρέσται ἐπὶ τὴν γῆν ἑπτὰ ἔτη». Αἰνίττεται δὲ ὁ λόγος, ὡς ὁ Ἰσραὴλ τοῦ λιμοῦ τὴν τιμωρίαν ἐδέξατο. Διὸ δὴ τῇ Σωμανίτιδι παρηγγύησε λέγων· «Ἀνάστηθι καὶ πορεύου σὺ καὶ ὁ υἱός σου καὶ ὁ οἶκός σου, καὶ παροίκει οὗ ἐὰν εὕρῃς ἐκεῖ». Εἰ δὲ κοινὸς ἦν πάσης τῆς γῆς ὁ λιμός, 20 οὐκ ἂν αὐτὴν ἑτέρωσε ἀπεστάλκει. Δῆλον τοίνυν, ὡς ὁ Ἰσραὴλ ταῖς θεηλάτοις πληγαῖς ἐπαιδεύετο, ὡς μετὰ τοσαύτην ἐπιμέλειαν δυσ-

---

7 s 4 Re 6, 32   16 s 4 Re 8, 1   19 s 4 Re 8, 1

1, 5, 6, 8, 9, 10, 12, 35, 37, 54, 55, 56

1   >τὸν Θεὸν Α   2   >λῦσαι καὶ 6   3   >καὶ τετριγός 6   5   κατασφαγήν 37   >ἀμελοῦντα, ἢ ὡς 6   6   τῆς συμφορᾶς/τὴν tr 37   8   ἑωράκατε] οἴδατε 5   >γάρ 5   >φησιν Α   ὅτι] ὅτε 5: + καὶ 37   οὗτος] οὕτως D   9   ἐὰν] ἂν Α·10 55   ἔλθῃ 10: ἐπέλθῃ 12   10   κλείσατε 37   παραθλίψατε 54   11   >τοῦ 12   κατόπισθεν] καὶ ὄπισθεν 12   12   καὶ ταῦτα πάσχων — Δεσπότην καὶ] εὐξάμενος καὶ μετὰ ταῦτα 6   13   ἀθρόως] > 6: εὐθέως 54   ἔλυσε 54   Μετὰ τοῦτο — ὡς τῇ Σωμανίτιδι (l 14)] ἰστέον δὲ ὅτι 6   Μετὰ pr καὶ 1   >ὁ τὴν ἱστορίαν συγγράψας 54   14   συγγράφων 54   ἡμᾶς + ἡ ἱστορία 54   Σουμανίτιδι 54 55   >τὸν 54   ἐσόμενον] προειρηκετόν 54   15   λιμὸν + ἑπτὰ ἔτεσιν 6   προφήτης + τῇ Σαμαρίτιδι 6   προείρηκεν] > 54: προεδήλωκε 6   >Μεμήνυκε δὲ 6 54   > καὶ τὸν χρόνον — Αἰνίττεται δὲ ὁ λόγος (l 17) 6   16   Κύριος] καὶ 8 35   >καὶ παρέσται ἐπὶ τὴν γῆν c_1 35 54   17   δὲ] δὴ 37 56   ὡς] καὶ ὅτι 6   18   >Διὸ δὴ — καὶ ἐντεῦθεν (p 212 l 1) 6   >δὴ 10 54   Σουμανίτιδι 12 54 55   19   >καὶ ὁ οἶκός σου 5 10   20   παροίκησον 1   ἐὰν] ἂν 8 12   εὕρεις 12   22 ταῖς θεηλάτοις πληγαῖς] μόνῳ τῷ λιμῷ 54   >ἐπιμέλειαν 35

σεβῶς πολιτευόμενος. Μανθάνομεν δὲ καὶ ἐντεῦθεν, ὡς διπλασίας τετύχηκε χάριτος ὁ προφήτης· τοῦδε γὰρ τοῦ λιμοῦ ὁ χρόνος διπλάσιος.

ΚΓ΄

Τί δήποτε τοῦ Βαραδὰδ ὁ προφήτης τὴν τελευτὴν τῷ ᾿Αζαὴλ
5 **προειπών, παρεσκευάσατο εἰπεῖν αὐτῷ, «Ζωῇ ζήσῃ»;**

Ὁ τῶν ὅλων Θεὸς Ἠλίᾳ τῷ μεγάλῳ παρεκελεύσατο χρῖσαι τὸν μὲν ᾿Ελισσαῖον εἰς προφήτην, τὸν δὲ ᾿Αζαὴλ εἰς βασιλέα Συρίας καὶ τὸν ᾿Ιηοὺ εἰς βασιλέα ᾿Ισραήλ. ᾿Αλλὰ τὸν μὲν ᾿Ελισσαῖον ἔχρισεν ὡς προσετάχθη, τοὺς δὲ βασιλέας οὐκ
10 ἔχρισεν· ἔφθασε γὰρ ἀναληφθῆναι. Ὁ δὲ ᾿Ελισσαῖος διπλῆν τὴν ἐκείνου χάριν δεξάμενος, πρῶτον εἰς τὴν Δαμασκὸν ἀπελήλυθεν ὥστε χρῖσαι τὸν ᾿Αζαήλ. Ὁ τοίνυν Βαραδὰδ —ἓν γάρ ἐστιν ὄνομα, υἱὸς ῎Αδερ— μαθὼν τοῦ προφήτου τὴν παρουσίαν, ἀπέστειλε τὸν ᾿Αζαὴλ καὶ δῶρα πολυτελῆ καὶ φιλότιμα ὥστε μαθεῖν
15 εἰ τῆς ἀρρωστίας ἀπαλλαγήσεται. ᾿Αφικομένῳ τοίνυν τῷ ᾿Αζαὴλ ὁ προφήτης προεῖπε καὶ τὴν αὐτοῦ βασιλείαν καὶ τοῦ πεπομφότος τὸν θάνατον. Εἶπε δὲ αὐτῷ μὴ μηνῦσαι τὸν θάνατον, ἵνα μὴ ἀθυμῶν ὑπεξέλθῃ τὸν βίον. ᾿Ιδὼν μέντοι τὸν ᾿Αζαὴλ ὁ προφήτης, τὰς τῶν δακρύων ἀφῆκε λιβάδας· προεώρα γὰρ τὰς ἐσομένας διὰ
20 τούτου τῷ ᾿Ισραὴλ συμφοράς. Τοῦτο γὰρ καὶ αὐτῷ προμεμήνυκεν.

---

5 4 Re 8, 10   **10** s cf 4 Re 8, 7 s

1, 5, 6, 8, 9, 10, 12, 35, 37, 54, 55, 56

1 ὡς] καὶ ὅτι 6   διπλασίας] διπλῆς 1 6 9 37   **2** χάριτος / ὁ προφήτης tr 6   >γὰρ 6   τοῦ] >10: + δὲ 6   **3** διπλάσιος] δηλοῖ 6   **4** Βαραδὰδ] Βαραδὰλ 5: Βαρὰδ 10: ῎Αδερ 35   τῷ ᾿Αζαὴλ / προειπών tr 5 54   **5** παρεσκευάσατο] παρεκελεύσατο Α   Ζωῇ] ζῶν 8 35: ζωὴν 54: εἰ 6   ζήσῃ] ζήσει 6   **7** τὸν μὲν tr 37   ᾿Ελισαῖον 35   >εἰς 1° Α 55   **8** > καὶ τὸν ᾿Ιηοὺ εἰς βασιλέα ᾿Ισραήλ 10   ᾿Ιοὺ c₁ 1 6 12   **9** ᾿Ελισαῖον 35   ἔχρισεν / ὡς προσετάχθη tr Α   >τοὺς δὲ βασιλέας οὐκ ἔχρισεν 54   δὲ βασιλέας tr 1 37: βασιλεῖς δὲ Α   **10** Ὁ δὲ ᾿Ελισσαῖος — δεξάμενος] ᾿Ελισσαῖος γὰρ 54   ᾿Ελισσαῖος] >Α⁻⁵⁴: ᾿Ελισαῖος 35   **11** χάριν δεξάμενος tr 6   **12** Βαραὰδ Α⁻⁶: Βαραδδὰδ 12   >γάρ 54   **14** φιλοτίμως Α   >ὥστε Α   μαθεῖν] ἠρώτησεν 5   **16** εἶπεν 10   πεπομφότος + αὐτὸν 5 6: + αὐτῷ 10   **17** >Εἶπε — θάνατον 10 35 55   >μὴ 1° 12   **18** ὑπεξέλθοι 6 12   τοῦ βίου ed   ᾿Ιδοὺ 6   **20** διὰ τούτου] δι' αὐτοῦ Α   καὶ αὐτῷ tr 54   αὐτὸ 12 35   μεμήνυκεν 54: προεμήνυσεν 5

ΚΔ΄

Πῶς νοητέον τὸ «Ἔλαβε τὸ στρῶμα καὶ ἔβαψεν αὐτὸ ὕδατι καὶ ἐπέβαλεν ἐπὶ τὸ πρόσωπον αὐτοῦ καὶ ἀπέθανεν»;

Ὁ Ἰώσηπος τὸν Ἀζαὴλ εἴρηκε τοῦτο πεποιηκέναι καὶ βιαίαν ἐπενεγκεῖν αὐτῷ τελευτήν. Δυσσεβὴν γὰρ ἦν καὶ μιαιφόνος. Αὐτὸς γὰρ εἰρήκει· «Θεὸς ὀρέων ὁ Θεὸς Ἰσραὴλ καὶ οὐ Θεὸς 5 κοιλάδων». Καὶ σωθεὶς ὑπὸ τοῦ Ἀχαὰβ ἀχάριστος περὶ τὸν εὐεργέτην ἐγένετο. Ἐδίδαξε δὲ ἡμᾶς ἡ ἱστορία τῆς κακῆς συγγενείας τὴν βλάβην· ὁ γὰρ ἕτερος Ἰωρὰμ ὁ τῆς Ἰούδα φυλῆς βασιλεὺς ἔφυ μὲν ἐκ τοῦ Ἰωσαφὰτ ἀνδρὸς εὐσεβοῦς· τοῖς δὲ τῆς ὁμοζύγου ὑπαχθεὶς λόγοις, τῆς ἀσεβείας μετέλαχεν· «Ἐπορεύθη» 10 γάρ φησιν, «ἐν ὁδῷ τῶν βασιλέων Ἰσραήλ, καθὼς ἐποίησεν οἶκος Ἀχαὰβ ὅτι θυγάτηρ Ἀχαὰβ ἦν αὐτῷ εἰς γυναῖκα καὶ ἐποίησε τὸ πονηρὸν ἔναντι Κυρίου».

ΚΕ΄

Πῶς νοητέον τὸ «Ἐπάταξε τὸν Ἐδώμ καὶ τὸν λαὸν τὸν κυκλοῦντα αὐτόν, καὶ τοὺς ἄρχοντας μετὰ τῶν ἁρμάτων, καὶ ἔφυγεν ὁ 15 λαὸς εἰς τὰ σκηνώματα αὐτοῦ»;

Ἦρχε τῶν ἰδουμαίων ὁ τῆς Ἰούδα φυλῆς βασιλεύς, ἀλλὰ κατὰ

---

1 s 4 Re 8, 15   **3** s Josefo, *Ant* 9, 92   **5** s 3 Re 21, 23.28   **10** s 4 Re 8, 18
14 s 4 Re 8, 21

1, 5, 6, 8, 9, 10, 12, 35, 37, 54, 55, 56

1 τό 1°] καὶ A   >τὸ 2° A   >καὶ 1° 12   ἔβαψεν + δὲ 12   αὐτὸ] αὐτοῦ 6: αὐτῷ 54   ὕδατι pr τῷ 6   **2** ἔβαλεν A   ἐπὶ] εἰς 12   >τὸ 10   **3** >Ὁ 12   Ἰώσηππος 6   >καὶ D   **4** ἐπενεγκεῖν αὐτῷ tr A 12   τελευτήν pr τὴν 5   **5** εἴρηκε D 5 37   ὁ] > 12 35: καὶ 56   **9** ἔφυ] ἔφυγε 5: ἔφη 54   >τοῖς 54   δὲ τῆς tr 54   **10** Ἐπορεύθη γὰρ — ἔναντι Κυρίου (l 13)] καθὼς ἡ ἱστορία δηλοῖ 6   **11** φησιν post ὁδῷ c₁   οἶκος pr ὁ A 1   **12** >ὅτι θυγάτηρ Ἀχαὰβ 35   ἐποίει 1 10   **13** ἔναντι] ἐνώπιον A   **14** >τό 37   >τὸν 1° 5   >καὶ 54   τὸν λαὸν — σκηνώματα αὐτοῦ (l 16)] τὰ ἑξῆς 5   **15** >αὐτόν, καὶ τοὺς ἄρχοντας μετὰ A   αὐτόν] αὐτῷ 55

τὴν τοῦ πατριάρχου Ἰσαὰκ προφητείαν, τὴν τῆς δουλείας ἀπεσείσαντο ζεύγλην. «Ἔσται» γάρ φησι, «καιρὸς ἡνίκα ἂν καθέλῃς καὶ ἐκλύσῃς τὸν ζυγὸν αὐτοῦ ἀπὸ τοῦ τραχήλου σου». Στρατεύσαντες τοίνυν κατ᾽ αὐτῶν, ἐκείνους μὲν ἀνεῖλον καὶ εἰς
5 τὴν οἰκείαν ἐπανῆλθον γῆν. Οἱ δὲ Ἰδουμαῖοι καὶ νικηθέντες ἄρχεσθαι λοιπὸν οὐκ ἠνέσχοντο.

ΚΣ´

Τίνος χάριν δι᾽ ἄλλου προφήτου τὸν Ἰηοὺ κέχρικεν ὁ Ἐλισσαιέ;

Λάθρα τοῦτο γενέσθαι συνέφερεν, ὥστε συντόμως ἀναιρεθῆναι τὸν Ἰωράμ· εἰ γὰρ προῄσθετο, παρετάξατο ἄν. Ἐν δὲ τῇ
10 παρατάξει πολλοὺς ἦν ἀνάγκη πεσεῖν ἑκατέρωθεν.

ΚΖ´

Διὰ τί δὲ χρίσαντα φυγεῖν εὐθὺς παρηγγύησεν;

Ἵνα μὴ συλληφθεὶς κινδυνεύσῃ· βούλεται γὰρ ἡμᾶς ὁ Δεσπότης Θεὸς καὶ ἀνθρωπίναις οἰκονομίαις κεχρῆσθαι. Τοὺς γὰρ λόγῳ τιμηθέντας εἰς δέον προσήκει κεχρῆσθαι τῷ λόγῳ.

ΚΗ´

15 **Διὰ τί «ἐπίληπτον» τὸν προφήτην ἐκάλεσαν;**

2 s Gé 27, 40   7 cf 4 Re 9, 1s   11 cf 4 Re 9, 3   15 4 Re 9, 11

1, 5, 6, 8, 9, 10, 12, 35, 37, 54, 55, 56

1 πατριάρχου Ἰσαὰκ προφητείαν] προφήτου φωνὴν 54   2 ἀπεσείσατο 8
35   ζεύγλην] βλάβην 6   >φησι 6 12   ἡνίκα] ἵνα 5   3 >καὶ ἐκλύσῃς ed   7
προφήτην 8   Ἰηοὺ 12   >ὁ Α·⁵⁴ c₁   Ἐλισσαιέ] Ἐλισσεαί 6: Ἐλισαιέ 35: + βασιλέα
6   9 >γὰρ 12   Ἐν δὲ τῇ παρατάξει] > 6: + καὶ Α 1   10 >ἀνάγκη 6   11 >δὲ 10
54   χρίσαντι 37   φυγεῖν] αὐτὸν 9   12 συλληφθεὶς + εὐθὺς 10   >ὁ 8 56   13
>Δεσπότης 5   χρῆσθαι 6   14 προσήκει κεχρῆσθαι tr 6   15 ἐκάλεσεν c₁ 35 54

Ὡς δυσσεβοῦντες ὕβριζον τοῦ Θεοῦ τοὺς θεράποντας, καὶ μιαινομένους ἐκάλουν ὡς παρρησίᾳ χρωμένους· ὁ δὲ Ἰηοὺ οὐχ ὡς παροινῶν ἀδολέσχην ὠνόμασεν ἀλλὰ κρύψαι τὰ εἰρημένα πειρώμενος. Ἐπειδὴ δὲ εἶδεν ἐπικειμένους, ἐμήνυσεν.

KΘ´

Τί ἐστι· «Ἔλαβεν ἀνὴρ τὸ ἱμάτιον αὐτοῦ καὶ ἔθηκεν ὑποκάτωθεν 5
Ἰηοὺ ἐφ᾽ ἓν τῶν γαρείμ»;

Τὰ ἑξῆς ἑρμηνεύει τοῦ λόγου τὸ ἀσαφές· ἐπήγαγεν γὰρ «Ἐπὶ μίαν τῶν ἀναβαθμίδων». Γνόντες δὲ τὴν θείαν χειροτονίαν, ὡς βασιλεῖ προσήνεγκαν τὴν τίμην. «Ἀραμὶμ» δὲ τοὺς σύρους ἐκάλεσεν· «ἀραμὰ» γὰρ οἱ σύροι. Οὕτω δὲ καὶ οἱ ἄλλοι ἡρμήνευσαν. 10

Λ´

Πῶς νοητέον· «Καὶ ἡ ἀγωγή, ἀγωγὴ Ἰηοὺ υἱοῦ Ναμεσσὶ διότι ἡ παραλλαγὴ ἦγεν»;

Πόρρωθεν ὁ σκοπὸς θεασάμενος, ὡς οἱ μὲν ἀποσταλέντες οὐκ ἀνέστρεψαν, ὁ δὲ τοῦ πλήθους ἡγούμενος ἔοικεν εἶναι Ἰηοὺ —τοῦτο γὰρ τὸ σχῆμα ἐδήλου— ἐμήνυσεν ὅπερ ἑώρακεν. Ἔνια 15 μέντοι τῶν ἀντιγράφων ἔχει· «Καὶ ὁ ἄγων ἦγε τὸν Ἰηοὺ», τουτέστιν, ὁ Θεός.

5 s 4 Re 9, 13   **7** s 4 Re 9, 13   **9** 4 Re 9, 16   **11** s 4 Re 9, 20ap   **16** 4 Re 9, 20

1, 5, 6, 8, 9, 10, 12, 35, 37, 54, 55, 56

1 τοῦ Θεοῦ τοὺς θεράποντας tr 5 54: τὸν Θεὸν τοὺς θεραπεύοντας 6 10   **2** Ἰού 12   **3** ἀδολεσχεῖν 6 10 12   **4** πειρώμενος] βουλόμενος A   Ἐπειδὴ] ἐπεὶ c_1 5 37   εἶδεν] οὐδὲν 10 54: pr οὐδὲν 6   ἐπικείμενον A^{-5} **5** Τί ἐστι] >10: + καὶ A   ἔθηκαν 1 9 10   **6** Ἡιού 12   >ἐφ᾽ ἓν τῶν γαρείμ 5   γαρίμ 8 35: γαραμείν 6: γαμὲρ γαραμείν 10: γαραμίν 54   **7** >ἐπήγαγεν — χειροτονίαν A   >γὰρ 37   **8** >θείαν 8 35   **9** ἀραμὶν 9 12 35: ἀραμεὶν c_1 37: ἀραμεὶμ 1: γαραμεὶμ 6 10: γαραμὶν 54: ῥαμαὶμ 5   **10** >ἀραμὰ γὰρ οἱ σύροι 5   γαραμεὶν 6: γαραμὶν 54: ἄρμαὴ 8 12: ἄρμαὶ 12: ἄρμαεὶ 10 35   ἡρμήνευσαν + ἑρμηνευταὶ 55   **11** >Καὶ 10   >ἀγωγὴ 5 8   >υἱοῦ 5 10 12   Ναμεσὶ 1 8 9: Νεμεσῇ 5 37: Ναμεσεῖ 6: ἡ Ἀμεσσὶ 10   >διότι ἡ παραλλαγὴ ἦγεν 5   >ἡ A 12   **12** >παραλλαγὴ A   ἦγεν] παρηγγύησε A   **13** >ὁ 35   **14** ἐῴκει 5   **16** εἶχε 6 54   >τὸν A   >τουτέστιν A

ΛΑ΄

Τί ἐστι· «Κύριος ἔλαβεν ἐπ᾽ αὐτὸν τὸ λῆμμα τοῦτο»;

Τὰς προφητείας καὶ τὰς ὁράσεις ἐκάλουν καὶ λήμματα. Οἵ μὲν γὰρ τῶν προφητῶν ἢ δι᾽ ἐνυπνίων ἢ ὕπαρ ἑώρων τινά· καὶ τοῦτο τὸ εἶδος ὅρασις ἐκαλεῖτο. Τινὲς δὲ τοῦ θείου Πνεύματος δι᾽ αὐτῶν
5 ἐνεργοῦντος ἐφθέγγοντο καὶ προὔλεγον τὰ ἐσόμενα· τοῦτο ἐκάλουν λῆμμα. Ἀναμιμνήσκει τοίνυν ὁ Ἰηοὺ τῆς Ἠλίου τοῦ μεγάλου προρρήσεως, ὅτι ἔνθα τοῦ Ναβουθὲ ἔλειξαν οἱ κύνες τὸ αἷμα, ἐκεῖ τὸ αἷμα τοῦ Ἀχαὰβ λείξουσιν. Οὗ δὴ χάριν καὶ τοῦ Ἰωρὰμ ἐκεῖ τὸ σῶμα ῥιφῆναι προσέταξε, καὶ τῆς Ἰεζάβελ τὸ
10 σῶμα μεμαθηκὼς ὑπὸ κυνῶν ἀνηλῶσθαι, ἐθαύμασεν ὁ Ἰηοὺ τὸ τῆς προρρήσεως ἀψευδές. «Ἐν τῇ μερίδι» γὰρ ἔφη, «Ἰεζράελ καταφάγονται οἱ κύνες τὰς σάρκας Ἰεζάβελ», καὶ τὰ ἑξῆς. Τῶν δὲ ⁷⁶⁹ ἄλλων τοῦ Ἀχαὰβ παίδων ἀναιρεθέντων ὑπὸ τῶν θρεψαμένων, σοφῶς ἄγαν ὁ Ἰηοὺ πρὸς τὸν λαὸν ἔφη· «Ἰδοὺ ἐγὼ συνεστράφην
15 ἐπὶ τὸν ἐμαυτοῦ κύριον καὶ ἀπέκτεινα αὐτὸν καὶ τούτους πάντας τίς ἐπάταξεν; Ἴδετε ὅτι οὐ πεσεῖται ἀπὸ τῶν λόγων Κυρίου ἐπὶ τὴν γῆν, ὧν ἐλάλησε κατὰ τοῦ οἴκου Ἀχαάβ». Ἐγώ, φησίν, ὡς τυραννῆσαι βουλόμενος ἀνεῖλον τὸν Ἰωράμ· τοὺς ἀδελφοὺς αὐτοῦ ἑβδομήκοντα ὄντας τὸν ἀριθμὸν τίς ἀνεῖλεν; Οὐχ ἡ θεήλατος ὀρ-
20 γὴ τοῖς οἰκειοτάτοις ὑπουργοῖς χρησαμένη; Ἀψευδεῖς ἄρα τῶν προφητῶν αἱ προρρήσεις.

---

1 4 Re 9, 25   8 cf 3 Re 20, 19   11 s 4 Re 9, 36   14 s 4 Re 10, 9-10

1, 5, 6, 8, 9, 10, 12, 35, 37, 54, 55, 56

1 ἐστι + καὶ A   Κύριος pr ὁ 54   ἔλαβεν] ἐλάλησεν 1 5 12   2 προφητικὰς A   >καὶ 1° A⁻⁵⁴   >τὰς 2° A   ἐκάλουν / καὶ λήμματα tr A   >καὶ 2° 1 10   3 >ἢ 1° 12   4 >τὸ 12 37   >ὅρασις 12   θείου] ἁγίου 12   5 προὔλεγεν 54   6 ἀνεμίμνησκε 5 54: ἀνεμίμνησκει 1 8 9   >Ἀναμιμνήσκει — προφητῶν αἱ προρρήσεις (l 21) 6   7 ἔνθα τοῦ] ἐν θανάτῳ 8   Ναβουθὲ] Ναβουθαὶ A⁻⁵ c₁ 1 9 37: + οὐ D   8 >τοῦ 1° A   >χάριν 54   9 τῆς Ἰεζάβελ/τὸ σῶμα tr 12: + δὲ 5   10 μαθὼν 54   ἀναλῶσθαι 8   >ὁ 1 54   11 Ἰεσδράε D: Ἰεσδράελ 9 37: Ἰεσράελ 10: Ἰεσράηλ 5: Ἰεσδράηλ 1   13 τοῦ Ἀχαὰβ / παίδων tr A   ὑπὸ] > D: pr οὐχ A: ὑπ᾽ αὐτοῦ 54   τῶν] > D: δυσμενῶν 5 10: ἀλλ᾽ 54   θρεψαμένων] τρεψαμένων 5 10: ὑπὸ τῶν ἐν Σαμαρείᾳ, ἐκείνου μέντοι γνώμῃ 54   14 >ἄγαν A   ὁ Ἰηοὺ post λαὸν 5   συναγεστράφην 8 9 35   16 Ἴδετε + ἀφφῶ c₁ 9 37: ἀμφῶ 1   ἐπὶ τὴν γῆν post Ἀχαάβ 9   17 τοῦ οἴκου] τὸν οἶκον 12   Ἀχαὰβ pr τοῦ 5   φήσας 8 35   18 ἀνεῖλον 35   Ἰωράμ + καὶ 10 54   τοὺς + δὲ 35   19 >τὸν ἀριθμὸν 54 55   20 Ἀψευδεῖς + γὰρ 12

ΛΒ΄

«Γνώστας» τίνας καλεῖ;

Τοὺς μάντεις, τοὺς οἰομένους εἰδέναι τὰ μέλλοντα. Ὥσπερ γὰρ ὁρῶντας καὶ βλέποντας τοὺς προφήτας ὠνόμαζον, ὡς τὰ μέλλοντα προορῶντας, οὕτως καὶ τοὺς μάντεις γνώστας ἐκάλουν, ὡς καὶ γινώσκειν τὰ κεκρυμμένα οἰομένους καὶ προγινώσκειν τὰ   5
μηδέπω γεγενημένα.

ΛΓ΄

Τί ἐστιν «Ἰωναδὰβ τοῦ Ῥηχάβ;»

Εὐσεβὴς ἀνὴρ καὶ αὐτὸς καὶ τὸ γένος. Ἐν σκηναῖς γὰρ διετέ-
λεσαν κατοικοῦντες καὶ τῆς τοῦ οἴνου πόσεως ἀπεχόμενοι. Τού-
των καὶ ὁ προφήτης Ἰερεμίας σὺν ἐπαίνοις ἐμνήσθη. Καὶ αὐτὴ   10
δὲ ἡ ἱστορία δηλοῖ αὐτῶν τὴν εὐσέβειαν. Πρῶτον μὲν γὰρ ἰδὼν
αὐτὸν ὁ βασιλεὺς εὐλόγησεν αὐτόν, τουτέστι, προσεῖπεν αὐτῷ.
Εἶτα ἤρετο· «Εἰ ἔστιν εὐθεῖα ἡ καρδία σου μετὰ τῆς καρδίας μου,
καθώς ἐστιν ἡ ἐμὴ καρδία μετὰ τῆς καρδίας σου». Τοῦ δὲ
εἰρηκότος· «Ἔστιν, εἶπεν αὐτῷ Ἰηού· Εἰ ἔστι, δὸς τὴν χεῖρά σου».   15
Ἔπειτα αὐτὸν σύνεδρον εἰς τὸ ἅρμα λαβὼν ἔφη· «Δεῦρο μετ'
ἐμοῦ, καὶ ἴδε ἐν τῷ ζηλῶσαί με τῷ Κυρίῳ, καὶ ἐπεκάθισεν αὐτὸν ἐν

---

1 4 Re 10, 11   7 4 Re 10, 15   10 cf Je 35, 1 s   13 s 4 Re 10, 15   16 s 4 Re
10, 16

1, 5, 6, 8, 9, 10, 12, 35, 37, 54, 55, 56

1 καλεῖ pr ὁ συγγραφεὺς 6   2 εἰδέναι / τὰ μέλλοντα tr c_1 1 37   3 >ὠνόμαζον —
γνώστας A   4 οὕτω 1 8   5 οἰομένους] δυναμένους 54   6 γεγενημένα + οὕτω καὶ
γνώστας τοὺς μάντεις A   7 Ἰωναδὰβ] Ἰωναδαβὰδ 12: + ὁ c_1 1 37: + υἱὸς 10
Ῥιχάβ A·⁵   8 ἀνὴρ + ἦν A·⁵⁴: + ὢν 54   γένος + αὐτοῦ A 9   10 σὺν] ἐν 54   11
>Πρῶτον μὲν — πρυτανεύων ἠνείχετο (p 218 l 3) 6   12 >αὐτὸν 1° A·⁵⁴   βασιλεὺς
+ Ἰηοῦ A   ηὐλόγησεν 54   αὐτῷ] αὐτόν c_1 1 9 12 35   13 σου] αὐτοῦ 54   14 >ἐμὴ
A 56   καρδία + μου A   καρδίας + μου, καθώς ἐστιν ἡ ἐμὴ καρδία μετὰ τῆς καρδίας
8   15 Ἰηού pr ὁ 5   16 ἅρμα + αὐτοῦ 5

τῷ ἅρματι αὐτοῦ». Καὶ ἐντεῦθεν τοίνυν δῆλον, ὡς κἂν ταῖς δέκα φυλαῖς ἦσάν τινες εὐσεβείᾳ κοσμούμενοι, δι᾽ οὓς καὶ τῶν ἄλλων ὁ σοφῶς ἅπαντα πρυτανεύων ἠνείχετο.

ΛΔ´

Τί δήποτε μέλλων κατασφάττειν τῶν εἰδώλων τοὺς ἱερέας ἐψεύσα-
5 το; Ἔφη γάρ· «Ἀχαὰβ ἐδούλευσε τῷ Βάαλ ὀλίγα καὶ ἐγὼ δου-
λεύσω αὐτῷ πολλά».

Καὶ τῶν λόγων καὶ τῶν ἔργων τὸν σκοπὸν ἐξετάζειν δίκαιον. Τοῦτο κἀνταῦθα ποιητέον. Καὶ γὰρ ὁ Ἰηοὺ μηδένα διαφυγεῖν 772 βουλόμενος τὴν σφαγὴν ἐκείνοις ἐχρήσατο τοῖς λόγοις, ἵνα 10 θαρρήσαντες ἅπαντες παραγένωνται. Ἵνα δὲ μήτις τῶν θείων ἱερέων μεταλάχῃ τῆς τιμωρίας, ὡς ἀναξίους δῆθεν τῆς ἑορτῆς ἐξελαθῆναι προσέταξεν· εἶθ᾽ οὕτω μόνους ἐκείνους κατηκόντισεν ἅπαντας. Καὶ τοῦ Βάαλ δὲ τὴν στήλην ἐνέπρησε καὶ τὰ ἄλση ἐξέκοψε, καὶ τῶν ἄλλων εἰδώλων πᾶσαν τοῦ Ἰσραὴλ τὴν γῆν 15 ἠλευθέρωσε. Τὰς δέ γε χρυσᾶς δαμάλεις σέβων διατετέλεκε. Βααλεὶμ δὲ τὸν τοῦ Βάαλ σηκὸν προσηγόρευσεν.

ΛΕ´

Τίνος χάριν ἡ Γοθολία καὶ τοὺς ἐκγόνους ἀνῄρει;

5 s 4 Re 10, 18   13 s cf 4 Re 10, 26-29   17 cf 4 Re 11, 1

1, 5, 6, 8, 9, 10, 12, 35, 37, 54, 55, 56

1 >δῆλον 37 54   κἂν] καὶ ἐν Α   2 κεχοσμουμένοι 5: κεχοσμημένοι 54   ἄλλων + ἐκήδετο 10 54   >ὁ 5   3 σοφῶς] >Α: σοφὸς 55   ἅπαντα] >Α: πάντα 8   πρυτανεύων] > 5: + ἅπαντα σοφῶς 10 54   ἠνείχετο] > 10 54: ἐκήδετο ὁ Θεός 5   4 ἱερεῖς Α   5 καὶ + γε Α   7 τῶν λόγων ... τῶν ἔργων tr 12 54   δίκαιον] δεῖ Α   10 ἅπαντες] πάντες ed   μήτις] μηδεὶς Α   11 μεταλάχῃ] μεταλάβῃ Α   >τῆς ἑορτῆς 37   12 ἐξελαθῆναι] ἐξελθῆναι 12   οὕτως D 6 9   >ἐκείνους c₁ 1 37   κατηκόντισαν 37   13 >ἅπαντας — ἐνέπρησε 10   14 >ἄλλων 6   >τοῦ 54   τὴν γῆν ante τοῦ Ἰσραὴλ Α (γῆν tantum 6): ante πᾶσαν 37   15 διετέλεσε Α   16 Βααλὶμ Α⁻¹⁰: Βαλεὶμ 12 35 55   17 >ἡ Α   >καὶ 5   ἐγγόνους D c₁ 37 54   ἀνῄρει] ἀνεῖλεν Α

Ὡς δυσσεβὴς καὶ τυραννική· ἄπαν τοῦ Δαβὶδ τὸ γένος, ὡς εὐσεβές, ἐκκόψαι πρόρριζον ἠβουλήθη, ἵν᾽ ἐπειλημμένη τῆς δυναστείας ἐκπαιδεύσῃ τὸν λαὸν τὴν οἰκείαν ἀσέβειαν. Ἀλλ᾽ ὁ πάντα σοφῶς ἰθύνων Δεσπότης παρεσκεύασεν αὖθις τῇ βασιλικῇ τὴν ἱερατικὴν ἀναμιγῆναι φυλήν, καὶ τὸν Ἰωδαὲ τὸν σοφώτατον ἱερέα 5 γῆμαι τὴν Ἰωσαβεὲ τοῦ Ἰωρὰμ τὴν θυγατέρα, ἵνα φυλάχθῃ τοῦ βασιλικοῦ σπέρματος ὁ σπινθήρ. Αὕτη γὰρ ὁρῶσα τὸ βασιλικὸν ἀναιρούμενον γένος, καὶ ἔκλεψε καὶ ἔκρυψε τὸν ἀδελφιδοῦν Ἰωάς, καὶ διετέλεσεν ἔνδον ἐν τῷ ναῷ διατρέφουσα, καὶ ἓξ μὲν ἔτη κατέσχε τὴν βασιλείαν ἡ μιαρωτάτη Γοθολία· τῷ ἑβδόμῳ δὲ ὁ 10 πάνσοφος ἀρχιερεὺς τὴν βασιλείαν εἰς τὸ βασιλικὸν ἐπανήγαγε γένος.

ΛΣ´

«Παρατρέχοντας» τίνας καλεῖ

Τοὺς ἡγουμένους τοῦ βασιλέως· «Χορρὶ» δὲ καὶ «Ρασίμ», ἀσπιδηφόρους καὶ δορυφόρους. Τούτους τριχῇ διελών, τοὺς μὲν 15 ἐκέλευσε φυλάττειν τοῦ βασιλέως τὸν οἶκον, τοὺς δὲ τὴν εἴσοδον τοῦ θείου νεώ, τοὺς δὲ τὴν πύλην τὴν ἑτέραν.

5 s cf 4 Re 11, 2-4   13 4 Re 11, 4ap   14 4 Re 11, 4

1, 5, 6, 8, 9, 10, 12, 35, 37, 54, 55, 56

1 τοῦ Δαβὶδ / τὸ γένος tr A (τὸν 54)   >ὡς εὐσεβές 54   2 ἐβουλήθη 1 8 9 35 55 ἀπειλημμένη 56   5 μιγῆναι c_1 1 5 37   6 Ἰωσαβαὲ 8 35: Ἰωσαβεαὶ 12: Ἰσαβεὲ 5 54 Ἰωραμὰ 6   7 Αὕτη] αὐτίκα 5   8 γένος] φῦλον 55   >καὶ 1° A   9 >ἐν τῷ ναῷ A   10 τὴν βασιλείαν pr διέπουσα $A^{.54}$: + διέπουσα 54   μιαρωτάτη + γυνὴ 8 9 35   ἑβδόμῳ δὲ tr 54: + ἔτει A   13 Παρατρέχοντας] ἑκατοντάρχους 5   τίνας + ἐνταῦθα 6   14 τοῦ βασιλέως — ἀσπιδηφόρους] τῶν παρατρεχόντων τῷ βασιλεῖ· «Χορσὶ» μὲν γὰρ οἱ παρατρέχοντες, «Ρασὶμ» δὲ οἱ ἀσπιδιφόροι 5   Χορρὶ] χόροι 54   Ρασίν $A^{.5}$: Ρασσίν 12: Ρασείμ c_1 37   ἀσπιδηφόρους pr τοὺς 6   15 >καὶ A   δορυφόρους] >A: δορυφόρος 1   >Τούτους 1   16 ἐκέλευσε] ἐκάλεσε 1   φυλάσσειν 5   17 ναοῦ 5 9   πύλην] πόλιν 54

ΛΖ´

Τί σημαίνει τὸ «Φυλάξατε τὴν φυλακὴν τοῦ οἴκου Μεσσαέ»;

Τὸ «Μεσσαὲ» οἱ λοιποὶ ἑρμηνευταὶ «ἀπὸ διαφθορᾶς» εἰρήκασι, τουτέστι, μετὰ πάσης φυλακῆς, ὥστε μηδεμίαν γενέσθαι βλάβην ἐν τῷ οἴκῳ τῷ θείῳ. Τὸ δέ· «Δύο χεῖρες ὑμῖν», ἀντὶ τοῦ ἄρτιοί
5 ἐστε καὶ ὑγιεῖς, καὶ ἱκανοὶ φυλάξαι καὶ τὸν οἶκον τοῦ Θεοῦ καὶ τὸν τοῦ βασιλέως. Ἐκέλευσε δὲ καὶ τοὺς λευίτας μαχαιροφόρους εἶναι, καὶ τὸν βασιλέα φρουρεῖν. Τὸ δέ· «Ὁ εἰσερχόμενος εἰς τὰ σαδηρὼθ ἀποθανεῖται», τῶν Παραλειπομένων ἡ βίβλος οὕτως 773 ἔχει· «Καὶ ὁ εἰσπορευόμενος εἰς τὸν οἶκον ἀποθανεῖται». Οὕτω δὲ
10 καὶ ὁ Ἰώσηπος εἴρηκε. Τὸ δέ· «Ἀπὸ τῆς ὠμίας τοῦ οἴκου τῆς δεξιᾶς, ἕως τῆς ὠμίας τοῦ οἴκου τῆς ἀριστερᾶς», δηλοῖ ὡς μηνοειδὲς οἱ λευῖται σχῆμα πεποιηκότες, τὰ κέρατα εἶχον συνημμένα τῷ οἴκῳ, ἐν μέσῳ δὲ ὄντα τὸν βασιλέα ἐφρούρουν, ὁ δὲ στρατὸς ὁπλοφόρων ἔξω εἰστήκει, τοὺς εἰσιέναι πειρωμένους ἐπέχων.

ΛΗ´

15 **Τί ἐστιν· «Ἔδωκεν ἐπ᾽ αὐτὸν τὸ ἁγίασμα καὶ τὸ μαρτύριον»;**

Ἡ βίβλος τῶν Παραλειπομένων οὕτως ἔχει· «Ἔδωκεν ἐπ᾽ αὐ-

---

1 4 Re 11, 6   4 4 Re 11, 7   7 s 4 Re 11, 8   9 2 Cr 23, 7   10 Josefo, *Ant* 9, 147   10 s 4 Re 11, 11   15 4 Re 11, 12   16 s 2 Cr 23, 11

1, 5, 6, 8, 9, 10, 12, 35, 37, 54, 55, 56

1 φυλάξεται 8 35: φυλάξετε 37: φυλάξαιτε 12   >τοῦ 55   Μεσσαέ] Μεσίας Α   2 Μεσσαὲ] Μεσίας Α   διαφθορᾶς] διαφορᾶς c₁ 1 5 54   3 γίνεσθαι 1 37   5 >καὶ ὑγιεῖς 6   >καὶ 3° Α   6 >καὶ τὸν τοῦ βασιλέως — φρουρεῖν 6   τὸν + οἶκον 8 9 35   >τοῦ 56   >καὶ 5   7 εἶναι] ὄντας 37   >Ὁ Α 37   τὰ] τὸ 10 54   8 σιδηρῷ 8: σαδειρὼ 12: σαδηρῶ 35   9 >Καὶ 1 10 37 54   >ὁ Α   εἰσπορευόμενος] εἰσερχόμενος 37   >Οὕτω δὲ καὶ ὁ Ἰώσηπος εἴρηκε 6   10 >ὁ 37 54   11 >τῆς δεξιᾶς — τοῦ οἴκου 6   >τῆς 2° ed   μονοειδὲς Α⁻⁶   12 οἱ λευῖται / σχῆμα tr 37   13 οἴκῳ + καὶ Α·   >δὲ 1° Α   >ὁ δὲ στρατὸς — ἐπέχων 6   15 >Τί ἐστιν c₁   >ἐπ᾽ c₁   μαρτύριον + αὐτοῦ 6

τὸν τὸ βασίλειον καὶ τὸ μαρτύριον· καὶ ἐβασίλευσαν αὐτὸν καὶ
ἔχρισαν αὐτὸν Ἰωδαὲ καὶ οἱ υἱοὶ αὐτοῦ καὶ εἶπον· Ζήτω ὁ
βασιλεύς». Ὡς εἶναι δῆλον, ὅτι τὸ μὲν ἁγίασμα τὸ χρίσμα ἐκάλε-
σε, μαρτύριον δὲ τὸν βασιλικὸν στέφανον ὡς τῆς βασιλείας δηλω-
τικόν· σύνδεσμον δὲ τὴν τυραννίδα εἰώθασιν ὀνομάζειν. Τοσαύτη   5
δὲ ἦν τῆς Γοθολίας ἡ πονηρία ὅτι τὸν ἔκγονον βεβασιλευκότα
θεασαμένη καὶ τὴν ἐσθῆτα διέρρηξε καὶ ἐβόησε· «Σύνδεσμος, σύν-
δεσμος». Ἀλλὰ τοῖς ἑκατοντάρχοις ὁ σοφώτατος ἐκέλευσεν
ἱερεύς, ἔξω τῶν ἱερῶν αὐτὴν ἀνελεῖν περιβόλων. Κἀνταῦθα δὲ ἡ
μὲν Βασιλειῶν βίβλος, «Ἔξωθεν τῶν σαδηρὼθ» ἔχει, τῶν δὲ Πα-   10
ραλειπομένων, «Ἐκτὸς τοῦ οἴκου».

ΛΘ´

**Πῶς νοητέον τὸ «Διέθετο Ἰωδαὲ ὁ ἱερεὺς διαθήκην ἀναμέσον Κυ-
ρίου καὶ ἀναμέσον τοῦ βασιλέως καὶ ἀνάμεσον τοῦ λαοῦ, τοῦ
εἶναι εἰς λαὸν τῷ Κυρίῳ»;**

Τὴν διαθήκην πανταχοῦ οἱ ἄλλοι ἑρμηνευταὶ «συνθήκην»   15
εἰρήκασι. Τέθεικε, φησί, καὶ ὅρους καὶ νόμους καὶ τῷ βασιλεῖ καὶ
τῷ λαῷ, ὥστε μόνῳ τῷ Κυρίῳ δουλεύειν καὶ κατὰ τοὺς αὐτοῦ πο-
λιτεύεσθαι νόμους. Ὅσον δὲ ὀνίνησι διδάσκαλος εὐσεβὴς καὶ ἥδε
ἡ ἱστορία διδάσκει· «Ἐποίησε» γάρ φησι, «Ἰωὰς τὸ εὐθὲς
ἐνώπιον Κυρίου πάσας τὰς ἡμέρας ἃς ἐφώτιζεν αὐτὸν ὁ ἱερεὺς Ἰω-   20
δαέ». Τὸ δὲ ἀτελὲς καὶ τοῦδε τοῦ βασιλέως καὶ τοῦ λαοῦ ὁ

---

7 s 4 Re 11, 14   **10** 4 Re 11, 15   **11** 2 Cr 23, 14   **12** s 4 Re 11, 17   **19** s 4 Re
12, 2

1, 5, 6, 8, 9, 10, 12, 35, 37, 54, 55, 56

2 >οἱ 35   εἶπαν 8: εἶπεν 12   **3** εἶναι] ἔσται 54   >τὸ μὲν 1   >τὸ 2° 5   **4** βα-
σιλικὸν] τῆς βασιλείας 1   **5** τὴν τυραννίδα] > 1: post ὀνομάζειν 9   εἰώθεσαν D 56:
εἰώθεισαν 6 10: εἴωθεν 54   >Τοσαύτη δὲ — Ἐκτὸς τοῦ οἴκου (l 11) 6   Τοσαύτη]
τοιαύτη 54   **6** ἔγγονον D 9   **7** >σύνδεσμος 10   **8** Ἀλλὰ + καὶ 37   τοὺς
ἑκατοντάρχους 1   ὁ σοφώτατος / ἐκέλευσεν tr A   **9** ἀρχιερεύς 10   αὐτὴν ἀνελεῖν tr
5   >δὲ 54   **10** σαηρὼθ 8 35: σαηρὰθ 12   **13** >καὶ ἀνάμεσον τοῦ βασιλέως A 1
12   >τοῦ 3° 10   **14** τῷ Κυρίῳ] Κυρίου ed   **15** πανταχοῦ] > 6: ἀλλαχοῦ A⁻⁶   **16**
>Τέθεικε, φησί A   Τέθεικε + γὰρ 12   νόμους + καὶ αὐτῷ γινώσκειν 6   **18** >Ὅσον
δὲ ὀνίνησι — γεγενημένας θυσίας (p 222 l 5) 6   >ἥδε A   **19** >ἡ c₁ 8 37   >γάρ
54   >φησι 12   **20** ἐφώτισεν 1   ὁ ἱερεὺς/Ἰωδαέ tr A 55   **21** >τοῦδε A

ἱστοριογράφος ἐδίδαξεν. Ἐπήγαγε γάρ· «Πλὴν τῶν ὑψηλῶν οὐκ ἀπέστησαν· ἔτι ὁ λαὸς ἐθυσίαζε καὶ ἐθυμίων ἐν τοῖς μετεώροις». Οἶμαι δὲ νῦν μὴ τῶν ψευδωνύμων αὐτοῖς θεῶν ἐπιμέμφεσθαι 776 λατρείαν, ἀλλὰ τὰς παρὰ τὸν μωσαϊκὸν νόμον ἔξω τοῦ θείου νεὼ
5 γεγενημένας θυσίας.

Μ΄

Τί ἐστιν· «Ἀργύριον συντιμήσεως ἀνδρός, ἀργύριον συντιμήσεως ψυχῶν»;

Τούτων τὸν νοῦν τὸ Δευτερονόμιον ἑρμηνεύοντες δεδηλώκαμεν. Προσέταξε γὰρ ὁ Δεσπότης Θεὸς τοὺς ὑπισχνουμένους τὴν
10 ὑπὲρ ἑαυτῶν τιμὴν προσφέρειν τῷ Σωτῆρι Θεῷ πόσους σίκλους προσήκει διδόναι. Ἐκέλευσε τοίνυν ὁ βασιλεὺς Ἰωᾶς ἅπαν τὸ προσφερόμενον ἀργύριον τοὺς ἱερέας κομίσασθαι καὶ αὐτοὺς ποιεῖσθαι τὴν προσήκουσαν θεραπείαν τοῦ θείου νεώ. Τοῦτο γὰρ λέγει· «Αὐτοὶ κραταιώσουσι τὸ βεδὲκ οἴκου Κυρίου εἰς πάντα οὗ
15 ἐὰν εὑρεθῇ ἐκεῖ βεδέκ». «Βεδὲκ» δὲ καλεῖ τῶν ἐφθαρμένων ξύλων ἢ λίθων τὴν θεραπείαν. Ἡ δὲ τῶν Παραλειπομένων βίβλος ἀντὶ τοῦ «Ποιῆσαι τὸ βεδέκ», «Ἐπισκευάσαι τὸν οἶκον Κυρίου» λέγει καὶ πάλιν «Τοῦ θεραπεῦσαι τὸν οἶκον Κυρίου».

1 s 4 Re 12, 3   **6** s 4 Re 12, 4   **14** s 4 Re 12, 5   **17** s 2 Cr 24, 12

1, 5, 6, 8, 9, 10, 12, 35, 37, 54, 55, 56

1 ὁ ἱστοριογράφος ἐδίδαξεν. Ἐπήγαγε] ἡ ἱστορία διδάσκει· ἐπάγει 54   >γάρ 12   **2** ἐθυσίαζον 1 5   **3** μὴ + τὴν D 9   >αὐτοῖς 37   θεῶν] >12: post ἐπιμέμφεσθαι 54   **4** λατρείαν pr τὴν 37   >τὰς 5 54   Θεοῦ ed   **5** γεγενημένας pr τὰς 54   **6** Ἀργύριον inc R 54   **7** ψυχῆς 6 55   **8** Τούτων] τοῦτον Α⁻⁵⁴ 8 35: τοῦτο 9: καὶ 54   τὸν νοῦν — δεδηλώκαμεν] ἐν τῷ Δευτερονομίῳ ὁ νοῦς ἥρμηνευται 54   **9** >Θεὸς Α   τοὺς] αὐτοὺς Α⁻⁵⁴   **10** ὑπὲρ] παρ᾽ 37   ἑαυτῶν] αὐτῶν Α   >τῷ 6 8   >Σωτῆρι D 6 54   Θεῷ + καὶ Σωτῆρι D   **12** κομίσεσθαι 6 10: κομίζεσθαι 54   **13** >προσήκουσαν 6   θεραπείαν post νεώ 6   >θείου 6 37   **14** κραταιώσωσι 6 12   βεδδὲκ 9 12 35: δεβὲκ 54   οἴκου pr τοῦ Α⁻⁵   >οἴκου Κυρίου — εὑρεθῇ ἐκεῖ D   >εἰς πάντα — εὑρεθῇ ἐκεῖ 5   **15** εὑρεθῇ] πορευθῇ 6 54   >ἐκεῖ Α   βεδέκ 1°] βεδδέκ 8 9 12   Βεδὲκ 2°] > A D 10 35 37: βεδδὲκ 9   >δὲ 10   καλεῖται 6 54   πεφθαρμένων c₁   ξύλων] τόπων Α   **16** τὴν] ἢ Α   θεραπείαν] θεραπεία Α⁻⁵: pr ξύλων 5   **17** >Ποιῆσαι τὸ c₁ 1 37   βεδδέκ D 9   >Κυρίου 5   >λέγει 54

ΜΑ´

Πῶς νοητέον· «Καὶ μετεμελήθη Κύριος καὶ ᾤκτιρεν αὐτοὺς διὰ τὴν διαθήκην αὐτοῦ τὴν πρὸς Ἀβραὰμ καὶ Ἰσαὰκ καὶ Ἰακώβ»;

Ἰωάχας ὁ τοῦ Ἰηοὺ υἱός, ὁ τῶν δέκα φυλῶν βασιλεύς, εἰς ἀσέ-
βειαν ἀποκλίνας, κοινωνὸν ἔσχε τὸν λαὸν τῆς τῶν εἰδώλων λα-
τρείας. Δίκας τοίνυν αὐτοὺς ὁ Θεὸς εἰσπραττόμενος, τῷ Ἀζαὴλ   5
παρέδωκεν ὃν χειροτονῶν βασιλέα Συρίας Ἐλισσαῖος ὁ μέγας
πλεῖστα ἐξέχεε δάκρυα· ἅτε δὴ προβλέπων τὸν ὄλεθρον, ὃν
ἔμελλεν ἐμποιήσειν ταῖς δέκα φυλαῖς. Οὕτω γὰρ αὐτοὺς ἀνήλω-
σεν, ὡς ἱππεῖς μὲν αὐτοῖς ὑπολειφθῆναι πεντήκοντα, ἅρματα δὲ
δέκα, πεζοὺς δὲ μυρίους. Πλείους δὲ πολλάκις τῶν ἑκατὸν   10
ἐσχήκασι μυριάδων. Ἀλλ᾽ ᾤκτιρε αὐτοὺς πάλιν ὁ φιλοικτίρμων
Δεσπότης, καὶ τὰς οἰκείας αὐτοῖς ἀποδέδωκε πόλεις. Ταύτην
ἐκάλεσεν ὁ συγγραφεὺς μεταμέλειαν, τουτέστιν, τὴν ἀπὸ δυσκλη-
ρίας εἰς εὐκληρίαν μεταβολήν.

ΜΒ´

**Τί δήποτε μέλλων τελευτᾶν ὁ προφήτης Ἰωάχας τῷ τοῦ Ἰωᾶς   15
υἱεῖ διὰ τόξου καὶ βέλους τὴν ἐσομένην προεμήνυσε νίκην;**

1 s 4 Re 13, 23   **3** s cf 4 Re 13, 15 s   **15** s cf 4 Re 13, 15

1, 5, 6, 8, 9, 10, 12, 35, 37, 54, 55, 56

1 Καὶ] τὸ 1 10   διὰ] καὶ 37   **2** >αὐτοῦ Α   >τὴν ed   >καὶ Ἰσαὰκ καὶ Ἰακώβ
6   Ἰσαὰκ] Ἰσραὴλ 54   **3** Ἰωχὰς 54   βασιλεύς + ὁ 6   **5** αὐτοὺς/ὁ Θεὸς tr c_1 **6**
>βασιλέα 1   Ἐλισαῖος 35   **8** ἤμελλεν 37   ἐμποιήσειν] ἐποίσειν c_1 1 10: ποιήσειν 37:
ποιεῖν 54: ποιήσων ed + ἔμελλεν 12   δέκα] δώδεκα D 9 54   Οὕτω] οὕτως 1: αὐτὸς
37   >αὐτοὺς 55   ἀνήλωσεν] ἀνάλωσεν Α⁻⁶ D 1 9 10 56: ἠνάλωσεν 55   **9** ὡς +
εὐαριθμήτους 6   >ἱππεῖς μὲν — ἐσχήκασι μυριάδων (l 11) 6   ἱππέας 5 54   >μὲν
54   αὐτοῖς] αὐτῶν 5 54: αὐτοὺς 12   ἀπολειφθῆναι 55   πεντήκοντα + καὶ 55   δὲ
δέκα] δώδεκα c_1 **10** πεζοὺς pr καὶ Α   >δὲ 1° 54   **11** αὐτοὺς πάλιν tr 5   >πάλιν
54   ὁ] ὡς c_1 1   >φιλοικτίρμων 5   **12** Δεσπότης] Θεός Α   αὐτοῖς] αὐτῶν
Α⁻⁶   ἀπέδωκε 35   **13** >ὁ 5 54   συγγραφεὺς] > 5 54: βασιλεὺς 6 10   >τὴν Α⁻⁶
37   δυσκληρίας pr τῆς Α   **15** Τί δήποτε] διὰ τί c_1 >μέλλων τελευτᾶν — Ἰωᾶς υἱεῖ
Α   τελευτᾶν/ὁ προφήτης tr c_1 Ἰωάχας] Ἰωχὰς 9   Ἰωᾶς] Ἰᾶς 8   **16** υἱῷ
37   τόξου] > Α: τοῦ ξύλου 1   >καὶ Α   βέλων Α   >τὴν ἐσομένην Α   προμεμήνυ-
κε Α⁻⁶: προεμήνυκε 6: ἐμήνυσε ed   νίκην pr τὴν Α

Οὐχ οὕτως ἐπίστευον τοῖς λόγοις ὡς ταῖς δι' ἔργων προρρήσεσιν. Οὗ δὴ χάριν καὶ τόξον τεῖναι ἐκέλευσε καὶ προσαρμόσαι τούτῳ τὸ βέλος. Ὑπολαβὼν δέ, ὡς αὐτομάτως ἀφήσει πολλά, 777 ἔφη τοῦ πρώτου πεμφθέντος· «*Βέλος σωτηρίας Κυρίῳ καὶ βέλος* 5 *σωτηρίας ἐν Ἰσραὴλ καὶ πατάξεις τὴν Συρίαν ἐν Ἀφὲκ ἕως συντελείας*». Ἐπειδὴ δὲ τρία μόνον ἐξέπεμψεν, ἠχθέσθη λίαν ὁ προφήτης ὡς τρὶς τῆς Συρίας μόνον ἡττωμένης καὶ πανωλεθρίαν οὐ δεχομένης. Ὁ δὲ προφήτης καὶ τελευτήσας τὸν νεκρὸν ἀνέστησε τὸν πελάσαντα, ἵνα καὶ τοῦτο μαρτυρῇ τὸ θαῦμα, ὡς 10 διπλασίαν τοῦ διδασκάλου τὴν χάριν ἐδέξατο.

ΜΓ΄

Τί δηλοῖ ἡ παραβολὴ τοῦ «*ἄκχαν*» καὶ τῆς «*κέδρου*»;

Ὁ Ἀμεσίας τῶν ἰδουμαίων πολέμου νόμῳ κρατήσας ἤλπισε καὶ τὰς δέκα νικήσειν φυλὰς καὶ τὸν ἐκείνων εἰς μάχην προὐκαλέσατο βασιλέα. Ἐκεῖνος δὲ ἀντεδήλωσεν ὡς ὁ ἄκχαν τῇ 15 κέδρῳ δεδήλωκε κατεγγυῆσαι τῷ παιδὶ τὴν θυγατέρα. Τῶν δὲ περὶ τοῦ γάμου γινομένων λόγων, τὰ θηρία διελθόντα συνεπάτησε τὸν ἄκχαν καὶ διέφθειρε. Διὰ δὲ τούτων τῶν λόγων ἀπείκασεν μὲν ἑαυτὸν τῇ κέδρῳ, τὸν Ἀμεσίαν δὲ ἄκχαν. Τοῦτο γὰρ δηλοῖ τὰ ἑξῆς· «*Πατάξας*» γάρ φησιν, «*ἐπάταξας τὴν Ἰδουμαίαν καὶ ἐπῆρέ*

---

4 s 4 Re 13, 17   7 s cf 4 Re 13, 21   11 4 Re 14, 9   19 s 4 Re 14, 10

1, 5, 6, 8, 9, 10, 12, 35, 37, 54, 55, 56

1 ἐπίστευεν ed   2 τεῖναι   ἐκέλευσε] ἐντεῖναι προσέταξε 37   3 τοῦτο 12 54   >ὡς A⁻¹⁰ ἀφήσειν A⁻¹⁰   4 πρῶτον 37   Βέλος 1°] βέλους 10 54   5 πατάξει 6   >τὴν 5   συντελείας pr τῆς 1   6 >δὲ 8 35   μόνον] μόνα 12   λίαν pr δὲ 5   7 ὡς] ἕως 1 37   τρὶς] τρεῖς 6   τῆς Συρίας/μόνον tr 55   >καὶ πανωλεθρίαν οὐ δεχομένης A   8 >Ὁ δὲ προφήτης 54   καὶ τελευτήσας τόν] τελευτήσας δ' οὖν οὗτος 54   9 >ἵνα καὶ — χάριν ἐδέξατο 6   τοῦτο] αὐτὸ A   μαρτυρεῖ D 54   θαῦμα] σῶμα A   >ὡς 54   10 διπλάσιον 12   δέξασθαι 54   11 τοῦ] τῆς 10 54   ἄκχαν D: ἄκαν A⁻¹⁰ c₁ 1 37   12 Ἀμεσσίας c₁ 1 8 12: Ἀμμεσίας 5   >τῶν ἰδουμαίων D   πολέμου / νόμῳ κρατήσας tr D   κρατήσας] νικήσας 6   13 >καὶ 1° 54   >νικήσειν 54   τὸν] τῶν 35   14 προεκαλέσατο 10   >ὁ 10 12 35   ἄκχαν 12: ἄκαν A⁻⁵⁴ c₁ 8 35 37   15 τῷ παιδὶ] ἐν τῷ πεδίῳ D   16 γενομένων 54   λόγων] ἤγουν 8 35   συνεπάτησαν A 12   17 ἄκχαν D: ἄκαν A⁻¹⁰ 37   διέφθειραν A 12   Διὰ] ἀπὸ 55   μὲν ἑαυτὸν tr 8 9 37   >μὲν 12   18 Ἀμεσίαν δὲ tr 37   Ἀμεσσίαν c₁ 1 5 6 8 12: Μαμεσίαν 54   ἄκχαν] pr τῷ A 1: ἄχχαν D: ἄκαν A⁻¹⁰ 37   τὰ] τὸ 10: pr καὶ 6   19 >Πατάξας — Ἔλαβε δὲ καὶ τοὺς (p 225 l 9) 6   Πατάξας] παρατάξας 35   ἀπῆρεν 8 35

σε ἡ καρδία σου ἡ βαρεῖα· ἐνδοξάσθητι, ἐνδοξάσθητι καθήμενος ἐν
τῷ οἴκῳ σου. Καὶ ἵνα τί ἐρίζεις ἐν κακίᾳ; Καὶ πεσῇ σὺ καὶ Ἰούδας
μετὰ σοῦ». Αὕτη δὲ ἡ παραίνεσις ἀλαζονικὴ μέν, συμφέρουσα δέ,
καὶ τὸ τέλος ἐδίδαξε. Μὴ πεισθεὶς γὰρ ὁ Ἀμεσίας παρετάξατο
μέν, ἡττήθη δὲ καὶ γενόμενος δορυάλωτος, εἰσαγαγεῖν τὸν   5
πολέμιον εἰς τὴν πόλιν τὴν βασιλικὴν ἠναγκάσθη. Ὁ δὲ τῶν
Ἱεροσολύμων γενόμενος ἐγκρατής, τετρακοσίους πήχεις τῶν πε-
ριβόλων κατέλυσε καὶ τοὺς θείους θησαυροὺς καὶ τοὺς βασιλι-
κοὺς συλήσας ἀνέστρεψεν. Ἔλαβε δὲ καὶ «τοὺς υἱοὺς τῶν
συμμίξεων τῶν βδελυγμάτων», τουτέστιν, τοὺς τῶν ψευδωνύμων   10
θεῶν ἱερέας.

ΜΔ΄

Ποία πόλις ἡ «Αἰλών»;

Ἣν νῦν ὀνομάζουσιν Αἰλάν. Κεῖται δὲ ἐν τῷ στόματι τοῦ
Ἀραβικοῦ κόλπου ὃν Ἐρυθρὰν προσαγορεύουσι θάλασσαν.

ΜΕ΄

Τὴν ταῖς Βασιλείαις ἐγκειμένην προφητείαν τοῦ Ἰωνᾶ οὐχ εὕρομεν   15
ἐν τῷ βιβλίῳ τοῦ Ἰωνᾶ.

9 s 4 Re 14, 14   12 4 Re 14, 22   15 s cf 4 Re 14, 25

1, 5, 6, 8, 9, 10, 12, 35, 37, 54, 55, 56

1 >ἐνδοξάσθητι A^{-5} c$_1$ >καθήμενος 37   2 ἵνα] διὰ A   κακίᾳ pr τῇ D   Ἰούδας
pr ὁ 5   3 >μέν 10   δέ + ὡς A 1   4 >καὶ A   ἐδίδαξε] ἔδειξε A   πεισθεὶς]
ἠσθεὶς D   Ἀμεσσίας c$_1$ 1 8 12 54   5 ἡττηθεὶς A   γενόμενος δορυάλωτος tr 5   6
>τὴν 1° 1   πόλιν post βασιλικὴν 1   βασιλικὴν] βασιλευομένην 12   ἠνάγκασεν 10:
ἠνάγκασται 54   7 τετρακοσίας 8   9 συλήσας] εὐλογήσας 1 37   υἱοὺς + δὲ 6   10
>τουτέστιν, τοὺς 6   11 ἱερέας + φησίν 6   12 > tot Q ΜΔ΄ c$_1$ Ποία πόλις] ποίαν
κέκληκε πόλιν 6   > ἡ A   Αἰλώμ 5 6: Ἐλώμ 54: Αἰδώμ 10: Ἀηλών 12   13 Αἰλά
A^{-10}: Ἐλάμ 37   14 ἀραβίου 1   ὃν] ἣν 12 54   θάλατταν 6 10   15 tot Q ΜΔ΄ et
ΜΕ΄ in unam coalescunt A   Τὴν + δὲ A   ταῖς pr ἐν 10 54   κειμένην 54   >τοῦ
Ἰωνᾶ A   τοῦ] τῷ 35   16 >ἐν 8   τῷ] τῇ 6   βίβλῳ 5 6

Τὰ κατὰ τὴν Νινευὴ ἐν ἐκείνῃ μόνα συνέφραψε· τούτου χάριν 780
ἑτέραν οὐ συνῆψε προφητείαν ἐκείνοις.

MS´

Διὰ τί Ὀζίας ὁ βασιλεὺς ἐλεπρώθη;

Σαφέστερον τὰ κατὰ τοῦτον ἡ τῶν Παραλειπομένων ἐδίδαξε
5 βίβλος. Ἐκείνην τοίνυν ἑρμηνεύοντες, σὺν Θεῷ φάναι, τὴν αἰτίαν
ἐροῦμεν. Τὸ δὲ «Ἐκάθητο ἐν οἴκῳ Ἀφφουσώθ», «κρυφαίως» οἱ
λοιποὶ ἐκδεδώκασι, τουτέστιν, ἔνδον ἐν θαλάμῳ ὑπ᾽ οὐδενὸς
ὁρώμενος. Ἴθυνε δὲ τὴν βασιλείαν Ἰωαθὰμ ὁ υἱὸς αὐτοῦ· καὶ
ταῦτα δύο καὶ πεντήκοντα τοῦ Ὀζίου βασιλεύσαντος ἔτη. Καὶ τοῦ
10 πατρὸς δὲ τελευτήσαντος, αὐτὸς τῆς βασιλείας ἐγένετο
κληρονόμος καὶ τῆς μὲν ἄλλης ἀσεβείας τὸν λαὸν ἠλευθέρωσε,
καὶ τοῦ θείου νεὼ τὴν πύλην τὴν ὑψηλὴν ᾠκοδόμησε. Τελείαν δὲ
οὐκ ἔσχε τὴν εὐφημίαν· τὴν γὰρ ἐν τοῖς ὑψηλοῖς λατρείαν οὐκ
ἔπαυσεν. Ἄχαζ δὲ ὁ τούτου υἱὸς τῇ τῆς δυσσεβείας ὑπερβολῇ τῶν
15 ἄλλων ἀπέκρυψε τὴν ἀσέβειαν.

MZ´

Πῶς νοητέον τὸ «Διῆγε τοὺς υἱοὺς αὐτοῦ ἐν πυρί»;

Ὁ μὲν Ἰώσηπος ἔφη καὶ τὸν ἕνα αὐτῶν τῶν υἱέων ὁλοκαυτῶ-

---

3 cf 4 Re 15, 5   4 s cf 2 Cr 26, 19   6 4 Re 15, 5   16 4 Re 16, 3   17 Josefo; Ant 9, 243

1, 5, 6, 8, 9, 10, 12, 35, 37, 54, 55, 56

1 Τὰ + ἄγαν A   ἐκείνῳ μόνῳ 54   μόνα ante ἐν 5   2 >ἑτέραν A   συνῆψε] συν-
έγραψε A   προφητείαν ante οὐ c₁ 1 37   ἐκείνοις] > A: ἐκεῖνος 8   5 >Ἐκείνην τοίνυν
— αἰτίαν ἐροῦμεν 54   Ἐκείνην] ἐκεῖ 6   τοίνυν] > 1: οὖν 6   >ἑρμηνεύοντες, σὺν Θεῷ
φάναι 6   6 Ἀφφουσωθὶ 8 35   κρυφίως 55   7 λοιποὶ] ἄλλοι 54   ὑπ᾽ οὐδενὸς] ὑπὸ μη-
δενὸς 54   8 ὁρώμενος] βλεπόμενος 12   δὲ] οὖν D 9   Ἰωαθὰν 9: Ἰωαθὰμ 1 6   υἱὸς pr
τούτου A⁻⁵⁴   >αὐτοῦ A⁻⁵⁴   >καὶ 5   9 >καὶ ταῦτα δύο — ἀπέκρυψε τὴν ἀσέβειαν (l 15)
6   ταῦτα] τὰ 10 54: κατὰ 5   Ὀζιὰ 54   βασιλεύοντος 10 54 55   10 >δὲ A 8 9
35   12 >νεὼ 54   13 εἶχε A 56   14 δυσσεβείας] ἀσεβείας 1 54   15 ἀσέβειαν] δυσσέ-
βειαν 1   16 >τό 54   17 Ἰώσηππος 6   τὸν + μὲν 12   ἕνα] υἱὸν 54   αὐτῶν] αὐτοῦ
A   >τῶν A   >υἱέων 54

σαι τῷ Βάαλ. Ἐγὼ δὲ οἶμαι τὸ μέχρις ἡμῶν φθάσαν τῆς πλάνης εἶδος τὸν λόγον αἰνίττεσθαι. Εἶδον γὰρ ἔν τισι πόλεσιν ἅπαξ τοῦ ἔτους ἐν ταῖς πλατείαις πολλὰς ἁπτομένας πυρὰς καὶ ταύτας τινὰς ὑπεραλλομένους, καὶ πηδῶντας οὐ μόνον παῖδας, ἀλλὰ καὶ ἄνδρας, τὰ δέ γε βρέφη παρὰ τῶν μητέρων παραφερόμενα διὰ τῆς 5 φλογός. Ἐδόκει δὲ τοῦτο ἀποτροπιασμός τις εἶναι καὶ κάθαρσις. Ταύτην οἶμαι κατὰ τοῦ Ἄχαζ γεγενῆσθαι κατηγορίαν.

ΜΗ´

Τίνι τὸ θυσιαστήριον οἰκοδομηθῆναι προσέταξεν ὁ Ἄχαζ ἐν τῷ θείῳ νεῷ;

Οὐκ οἶμαι αὐτὸν τῷ τῶν ὅλων κατεσκευακέναι Θεῷ, ἀλλὰ τινὶ 10 τῶν ψευδωνύμων θεῶν. Τοῦτο γὰρ ἡ τῶν Παραλειπομένων αἰνίττεται βίβλος. Λέγει δὲ οὕτως· «*Καὶ προσέθηκεν Ἄχαζ τοῦ ἀποστῆναι Κυρίου καὶ εἶπεν ὁ βασιλεὺς Ἄχαζ· Ζητήσω τοὺς θεοὺς Δαμασκοῦ τοὺς τύπτοντάς με· καὶ εἶπεν, ὅτι θεοὶ βασιλέως Συρίας κατισχύουσιν αὐτούς. Τοίνυν θύσω αὐτοῖς καὶ ἀντιλήψονταί μου.* 15 *Καὶ ἐγένοντο αὐτοὶ αὐτῷ εἰς σκῶλον καὶ παντὶ Ἰσραήλ*». Καὶ τὰ
781 ἑξῆς δὲ τοῦτο δηλοῖ· «*Καὶ ἀπέστησεν Ἄχαζ τὰ σκεύη οἴκου Κυρίου καὶ κατέκοψεν αὐτὰ καὶ ἀπέκλεισε τὰς θύρας οἴκου Κυρίου, καὶ ἐποίησεν ἑαυτῷ θυσιαστήριον ἐν πάσῃ γωνίᾳ ἐν Ἱερουσαλήμ*».

---

8 s cf 4 Re 16, 11   **12** s 2 Cr 28, 22-23   **17** s 2 Cr 28, 24

1, 5, 6, 8, 9, 10, 12, 35, 37, 54, 55, 56

1 ἡμῶν] αὐτῶν 37   **2** εἶδος] ἔθος 54   αἰνίττεται 6   τισι] ταῖς 54   >ἔν τισι πόλεσιν 6   **3** >ἐν ταῖς πλατείαις 6   >πολλὰς Α   ἀναπτομένας 1 37 56   >τινὰς 6   **4** ὑπεραλλομένας 54   >καὶ πηδῶντας — ἄνδρας 6   **5** φερόμενα 5 12   **6** >τοῦτο Α   >τις 37   **7** >Ταύτην οἶμαι — κατηγορίαν c₁   ταύτης 8   κατά] καὶ Α   γεγενῆσθαι] εἶναι 6: + τὴν 5   **8** tot Q ΜΖ´ et ΜΗ´ in unam coalescunt D   Τίνι pr ἐπιγραφή D   οἰκοδομηθῆναι post Ἄχαζ Α   ἐπέταξεν Α 8   >ὁ 54   **10** >Οὐκ 54   >αὐτὸν τῷ — Θεῷ, ἀλλὰ 54   αὐτὸν] αὐτὸ 5 10 37   >κατεσκευακέναι Α   **11** γὰρ + καὶ 6   **12** οὕτως] >6: οὕτω 54   προσέθηκεν] προσέθετο 12   >τοῦ Α   **13** ἀποστῆναι + ἀπὸ Α   Κυρίου pr τοῦ Α⁻⁶   >ὁ βασιλεὺς 6   >Ἄχαζ 54   **14** εἶπεν, ὅτι — κατισχύουσιν αὐτούς] μετὰ ταῦτα 6   θεοὶ pr οἱ 10 37   **15** κατισχύσουσιν 35 54: κατισχύσωσιν 12   αὐτούς] αὐτοῖς 10   θύσω αὐτοῖς] θήσω αὐτοὺς 6   >αὐτοῖς Α⁻⁶   μου] μοι 37   **16** >Καὶ ἐγένοντο — παντὶ Ἰσραήλ Α   αὐτοὶ αὐτῷ tr 8 35   **17** >δὲ 5 6   >Καὶ ἀπέστησεν — τούτων ἀκόλουθα (p 228 1 1) 54   >Καὶ ἀπέστησεν — οἴκου Κυρίου 6   **18** >καὶ κατέκοψεν αὐτὰ — οἴκου Κυρίου Α   **19** ἑαυτῷ] αὐτῷ 37   >ἐν 1° 1 35 37

Τοιαῦτα καὶ τὰ τούτων ἀκόλουθα. Καὶ αὐτὴ δὲ ἡ τῶν Βασιλειῶν βίβλος τοῦτο σημαίνει. «Ἐπορεύθη» γάρ φησιν, «ὁ βασιλεὺς Ἄχαζ εἰς συνάντησιν τῷ Θεγλαθφαλασὰρ βασιλεῖ ἀσσυρίων εἰς Δαμασκόν· καὶ εἶδε τὸ θυσιαστήριον τὸ ἐν Δαμασκῷ καὶ ἀπέστει-
5 λεν ὁ βασιλεὺς Ἄχαζ πρὸς Οὐρίαν τὸν ἱερέα τὸ μέτρον καὶ τὴν ὁμοίωσιν καὶ τὸν ῥυθμὸν αὐτοῦ κατὰ πᾶσαν ποίησιν αὐτοῦ». Αὐτίκα γοῦν καὶ τὸ χαλκοῦν θυσιαστήριον, ὃ Σολομὼν κατεσκευάκει, μετέθηκε· τὸ δὲ νεοποίητον ἐν τῷ ἐκείνου τέθεικε τόπῳ. Ὅτι δὲ καὶ αἱ «μεχωνὼθ» βάσεις ἦσαν, τὰ ἑξῆς διδάσκει.
10 «Συνέκοψε» γάρ φησιν, «ὁ βασιλεὺς Ἄχαζ τὰ συγκλείσματα τῶν μεχωνώθ, καὶ μετῆρεν ἀπ᾽ αὐτῶν τὸν λουτῆρα». Ἐτόλμησε δὲ καὶ ἑτέραν ἀσέβειαν. Τῶν γὰρ βασιλείων τὴν θύραν ἔνδον ἐν τῷ θείῳ νεῷ μετατέθεικε τὴν δίοδον διὰ τῶν ἱερῶν περιβόλων ποιούμενος. Καὶ τοῦτο δὲ ἡμᾶς ἡ ἱστορία διδάσκει, ὡς Ἀδραμέλεχ ὁ Αἰθίοψ
15 ἐν Αἰγύπτῳ κατῴκει. «Μαναὰ» δὲ «δῶρα» ἡρμήνευσαν οἱ λοιποί.

ΜΘ´

Τί ἐστιν «Ἀπὸ πύργου φυλασσόντων ἕως πόλεως ὀχυρᾶς»;

Ἐν παντὶ τόπῳ, φησί, βωμοὺς τοῖς δαίμοσιν ᾠκοδόμησε, καὶ οὐ μόνον ἐν πόλεσι καὶ κώμαις ἀλλὰ καὶ ἐν τοῖς κατὰ τὴν ὁδὸν πύργοις, ἐν οἷς ὀλίγοι τινὲς εἰώθασι φρουρεῖν. Ἐνταῦθα δὲ τὰ

---

2 s 4 Re 16, 10   **7** cf 3 Re 8, 64   **10** s 4 Re 16, 17   **14** cf 4 Re 17, 31   **15** cf 4 Re 17, 3   **16** 4 Re 17, 9

1, 5, 6, 8, 9, 10, 12, 35, 37, 54, 55, 56

1 > Τοιαῦτα καὶ — ἐν Αἰγύπτῳ κατῴκει (l 15) 6   Τοιαῦτα] ταῦτα 5   > τὰ 5 10   τούτων] τούτοις 5 10   ἀκόλουθα + διεπράττετο 5 10 56   ἡ / τῶν Βασιλειῶν tr A   **2** τοῦτο] οὕτως 37   > φησιν 37 54   > ὁ βασιλεὺς 54   **3** εἰς] ἐπὶ ed   Θεγλαθφαλασὰρ c₁: Θεγλαφαλασὰρ 5 9: Θαιηλαφασὰρ 54: Θεγλαθφαρσὰρ 8: Θεγλαθφασὰρ 12: Θεγλαθφαλασὰρ 35   ἀσυρίων 5: Ἀσσυρίας 35   **4** > καὶ εἶδε — ἐν Δαμασκῷ 35   > τὸ 2° 54   ἐν] εἰς 8: ἔνδον 54   Δαμασκῷ] -ὸν 8   **5** Ἄζαζ 54   **7** χαλκὸν 5   Σολομὼν pr ὁ 1   κατεσκεύασεν 10 12 54   **8** μετέθεικεν 12 35ᶜ   > τὸ δὲ νεοποίητον — τόπῳ A   ἔθηκε 37   **9** > αἱ μεχωνὼθ A   βάσεις] βασιλεῖς D   **10** Ἄχαζ] > 37: + καὶ 8 9 35   συγκλίματα D 9 37   τῶν] τῷ 12   **11** μεχονόθ 5: μεχονώθ 9 10   Ἐτόλμησαν 37   δὲ] > 5: γὰρ 9 12   **12** βασιλέων 5 10: βασιλικῶν D   > ἐν 54:   **13** ναῷ 5 56   μετέθηκε A   **14** ἐδίδαξεν A   **15** Μαναά] μανναὰ 12: pr τὸ δὲ 6   > δὲ 6   οἱ λοιποί] ante δῶρα 6: + τῶν ἑρμηνευτῶν 6   **18** κώμαις pr ἐν 6 10   **19** > ἐν οἷς ὀλίγοι — φρουρεῖν 6   ὀλίγοι τινὲς tr c₁   εἰώθασι ante ὀλίγοι c₁ 1 37: εἰώθεσαν 54   φρουρεῖν] φρυκτωρεῖν A

«ὑψηλὰ» τὰ τεμένη τῶν δαιμόνων ἐκάλεσεν. «Ὠκοδόμησαν» γάρ
φησιν, «ἑαυτοῖς ὑψηλὰ ἐν πάσαις ταῖς πόλεσιν αὐτῶν· καὶ ἐστήλω-
σαν ἑαυτοῖς οἱ υἱοὶ Ἰσραὴλ στήλας καὶ ἄλση ἐν παντὶ βουνῷ
ὑψηλῷ καὶ ὑποκάτω παντὸς ξύλου ἀλσώδους· καὶ ἐθυμίων ἐκεῖ ἐν
τοῖς ὑψηλοῖς, καθὼς τὰ ἔθνη ἃ ἀπῴκισε Κύριος ἐκ προσώπου 5
αὐτῶν». Κοινωνοὺς δὲ οἶμαι εἰρῆσθαι τὴν πρὸς τὰ ἔθνη συμφωνίαν
καὶ τοὺς ἐξ ἐκείνων ὁρμωμένους καὶ διδάξαντας τῆς ἀσεβείας
τοὺς νόμους. Τοῦτο γὰρ αἰνίττεται τὰ ἑξῆς· «Καὶ ἐποίησαν κοινω-
νοὺς καὶ ἐχάραξαν τοῦ παροργίσαι Κύριον καὶ ἐλάτρευσαν τοῖς
εἰδώλοις οἷς εἶπε Κύριος αὐτοῖς· Οὐ ποιήσετε τὸ ῥῆμα τοῦτο». 10
Πανταχοῦ δὲ τὸ «ἄλσος» οἱ λοιποὶ «ἀσταρὼθ» ἑρμηνεύουσι.
784 Δηλοῖ δὲ τοῦτο τὴν Ἀστάρτην ἤγουν Ἀφροδίτην. Τὸ δὲ «Ἐποίη-
σαν ἐφοὺδ καὶ θεραφίμ», τὸ μὲν ἐφοὺδ κατὰ μίμησιν τοῦ ἱερατικοῦ
ἐνδύματος, τὸ δὲ θεραφὶμ τὸ ταῖς μαντικαῖς ἁρμόττον προρρήσε-
σιν.」 Ἵνα δὲ μή τις εἰς ἀπολογίαν προφέρῃ τοῦ Ἰσραὴλ τὸ τῆς 15 ⌐6
ἀσεβείας αἰτίαν γενέσθαι τὴν τῆς βασιλείας διαίρεσιν, καὶ τὸ
πόρρω τῶν Ἱεροσολύμων διάγειν, ἀναγκαίως καὶ τῆς Ἰούδα
φυλῆς ἐπέδειξε τὴν ἀσέβειαν. Ἔφη δὲ οὕτως· «Καί γε καὶ Ἰούδας
καὶ αὐτὸς οὐκ ἐφύλαξε τὰς ἐντολὰς Κυρίου τοῦ Θεοῦ αὐτοῦ, καὶ
ἐπορεύθη ἐν τοῖς δικαιώμασι παντὸς Ἰσραὴλ οἷς ἐποίησαν καὶ 20
ἀπώσαντο Κύριον ἐξ αὐτῶν». Ὅτι δὲ χρόνῳ ὕστερον τῶν
Βασιλειῶν συνεγράφη ἡ βίβλος ἐκ τῶν ὑπὸ τῶν προφητῶν καθ'

---

1 s 4 Re 17, 9-11   8 s 4 Re 17, 11-12   12 s 4 Re 17, 17ap   18 s 4 Re 17, 19-20

1, 5, 6, 8, 9, 10, 12, 35, 37, 54, 55, 56

1 >τὰ 6 54   δαιμόνων] εἰδώλων A c_1 2 φησιν, ἑαυτοῖς tr 8 9 35   >ὑψηλὰ 37
>ταῖς 10   ἐστήλωσεν 54   3 >οἱ A^{-10} 37   >υἱοὶ A^{-10} βουνῷ pr τῷ 35   5 ἐν τοῖς
ὑψηλοῖς — ἐκ προσώπου αὐτῶν] τὸ δὲ ἐποίησαν 6   >ἃ 54   ἐκ] ἀπὸ 1   6 >δὲ
6   οἶμαι εἰρῆσθαι] tr c_1 1 37: post συμφωνίαν 6   τὴν] τῆς A^{-54}: τοῖς 54   συμφωνίας
A   7 ὡρμημένους 37: ὁρμούμενος 54   διδάξαντας] μὴ δόξαντας 54   8 >Τοῦτο γὰρ
αἰνίττεται — τὸ ῥῆμα τοῦτο (l 10) 6   αἰνίττεται + καὶ 54   ἐποίησε 54   9 ἐχάραξαν] ἦρ-
ξαντο A   >τοῦ 5 10   Κύριον pr τὸν A 55   11 τὸ] > D: post λοιποὶ 5   τὸ ἄλσος / οἱ
λοιποὶ tr 10 54   ἄλσος post ἑρμηνεύουσι 5 6   οἱ pr ὃ 12   12 Ἀφροδίτην pr τὴν 1 5 6 8
37   13 ἐφοὺδ 1°] ἐφωοὺδ 6: ἐφοὺθ 12   >καὶ θεραφίμ — τὸ δὲ θεραφὶμ A   θεραφίν 9:
θεραφείμ 12 55: θεραφείν 35 56: θερραφίν 37   ἐφοὺδ 2°] ἐφωοὺδ 12   14 θεραφὶν 8 9: θερα-
φεὶμ 12 55: θεραφεῖν 35 56: θερραφὶν 37   >τὸ 2° A   μαντικαῖς] μαγικαῖς A: + ἦν 5 10
35   προρρήσεσιν + πέφυκε 6   15 >Ἵνα δὲ — ναασηνοὺς ὀνομάζεσθαι (fin Q) 6   Ἵνα
+ γὰρ 35   >δὲ 10   προφέρει 12 35: προσφέρῃ c_1 τοῦ] τῷ 5 54   >τὸ 12   17
Ἱεροσολύμων] βασιλείων 1   >καὶ 5 10   18 ἀπέδειξε A 35   οὕτω 8 35 54   >καὶ 2°
A 9   19 ἐφύλαξαν 35   21 Κύριον pr τὸν A 8   αὐτῶν] ἑαυτῶν 10   22 τῶν Βασιλειῶν /
συνεγράφη tr D

ἕκαστον συγγραφέντων καιρὸν καὶ τόδε τὸ χωρίον διδάσκει·
«Ἀπῳκίσθη» γάρ φησιν, «Ἰσραὴλ ἀπὸ τῆς γῆς αὐτοῦ εἰς
ἀσσυρίους ἕως τῆς ἡμέρας ταύτης». Καὶ τοῦτο πολλάκις εἴρηκεν ὁ
τὴν ἱστορίαν συγγεγραφώς. Ἐδίδαξε δὲ καὶ τὰ κατὰ τοὺς νῦν κα-
5 λουμένους σαμαρείτας, ὅθεν τε μετῳκίσθησαν, καὶ ὅπως τὸν
μωσαϊκὸν φυλάττειν ἠναγκάσθησαν νόμον. Ὑπὸ γὰρ τῶν θηρίων
ἀναλισκόμενοι, ἱκέτευσαν ἕνα τῶν ἰσραηλιτῶν αὐτοῖς ἱερέων
ἀποσταλῆναι, ἵν᾽ οὗτος αὐτοὺς ἐκπαιδεύων τοῦ Θεοῦ τῆς γῆς τὸν
νόμον, τῆς ἐπικειμένης λώβης ἐλευθερώσῃ. Ἐτόπαζον γὰρ μερι-
10 κὸν εἶναι τῶν ὅλων τὸν ποιητήν. Ἀλλ᾽ ὅμως καὶ τοῦ ἱερέως ἀπο-
σταλέντος καὶ τὸν νόμον διδάσκοντος, «Τὸν Κύριον», φησίν,
«αὐτοὶ ἐφοβοῦντο καὶ τοῖς θεοῖς αὐτῶν ἐλάτρευον κατὰ τὸ κρῖμα
τῶν ἐθνῶν· ὅθεν ἀπῴκισεν αὐτοὺς ἐκεῖθεν ἕως τῆς ἡμέρας ταύτης.
Οὕτως ἐποίουν κατὰ τὸ κρῖμα αὐτῶν τὸ ἀπ᾽ ἀρχῆς». Ταῦτα περὶ
15 τῶν σαμαρείτων εἰρηκώς, ἐπὶ τὴν Ἰούδα μετέβη φυλὴν καὶ τὸν
Ἐζεκίαν ἠγάσθη, ὡς τῷ Δαβὶδ παραπλησίως τὸν τῶν ὅλων
τεθεραπευκότα Θεόν. Οὐ γὰρ μόνον τὰς στήλας συνέτριψε καὶ τὰ
ἄλση ἐξέκοψεν, ἀλλὰ καὶ τὰ ὑψηλὰ ἐξῆρεν, ὅπερ οὐδεὶς τῶν πρὸ
αὐτοῦ πεποίηκε. Συνέκοψε δὲ καὶ τὸν χαλκοῦν ὄφιν, ὃν ὁ μέγας
20 κατεσκεύασε Μωϋσῆς, οὐχ ἵνα προσκυνῆται, ἀλλ᾽ ἵνα προτυπώσῃ
τὸ σωτήριον πάθος· «Τούτῳ», φησίν, «ὁ λαὸς θυμιῶν διετέλεσε
καὶ ἐκάλεσεν αὐτὸν Νεεσθάν». Τοῦτο δὲ ἐν τῇ τῶν Ἑβραϊκῶν
ὀνομάτων ἑρμηνείᾳ κείμενον εὗρον· «Χαλκὸς αὕτη». Οἱ δὲ λοιποὶ

---

2 s 4 Re 17, 23   5 s cf 4 Re 17, 24 s   11 s 4 Re 17, 33-34   16 s cf 4 Re 18, 3-4   21 s 4 Re
18, 4

1, 5, 8, 9, 10, 12, 35, 37, 54, 55, 56

1 καιρὸν pr κατὰ c₁: καιρῶν 12 54   >καὶ 10 54   διδάσκει] δηλοῖ Α   2 Ἰσραὴλ]
Ἰερουσαλὴμ 10   3 ἀσυρίους 9 54   εἰρήκαμεν 12   4 τὰ] ταῦτα 12   5 >καὶ 54
ὅπως + τε 54   6 φυλάττειν — νόμον] νόμον ἠναγκάσθησαν φυλάττειν 54   Ὑπὸ γὰρ τῶν
θηρίων — αὐτῶν τὸ ἀπ᾽ ἀρχῆς (l 14)] αὐτοῖς ἐπιτεθειμένων διεξελθὼν 54   7 ἕνα τῶν] μέν τι-
να 10   8 οὗτος] αὐτὸς 5: οὕτως 35   αὐτοὺς ἐκπαιδεύων tr 37   9 νόμον + καὶ 10   10
τῶν ὅλων] > 10: pr τὸν Θεὸν 5   τὸν ante τῶν ὅλων 1   ποιητὴν] > 5: + τῶν νόμων
10   11 φησίν, αὐτοὶ tr 10 37 55   12 αὐτοὶ] αὐτοῖς 12 35   τοῖς θεοῖς] τοὺς θεοὺς 12: +
δὲ 5 10   13 ἐκεῖθεν] ἐντεῦθεν 1   ταύτης pr τὰς 35   14 κατὰ τὸ κρῖμα] κατάκριμα
37   15 >εἰρηκώς 54   16 παραπλησίως] παραπλήσιον εἶναι 37   18 >καὶ τὰ ἄλση
ἐξέκοψεν D   συνέκοψεν 5 54: ἔκοψε 10   ἀλλὰ] > 54: δὲ 10   >καὶ τὰ ὑψηλὰ — πρὸ
αὐτοῦ πεποίηκε Α   19 Συνέκοψε] > 5 10: συνέτριψε 8 12   >δὲ 5 10   20 κατεσκεύασε
Μωϋσῆς tr Α   Μωσῆς 1 5 8 9 54   προσκυνεῖται 12 54   προτυπώσῃ/τὸ σωτήριον tr
54   21 Τούτῳ] τοῦτον 12 37: + γὰρ 9   22 ἐκάλεσαν 1 5 10   Νεεσθάν] Νεεθάν 9:
Ἐλθάν 5 54: Σελθάν 10   >δὲ 12   τῇ] τινὶ 54   23 κείμενον] ἑρμηνευόμενον
54   χαλκῆα 5   αὕτη] ὕλη 5 10: αὐλὴ 37 54

τὸν Νεεσθὰν «Νάας» ἡρμήνευσαν. Ἐντεῦθεν οἶμαι καὶ τοὺς
ὀφίτας, αἵρεσις δὲ αὕτη δυσσεβεστάτη, ναασηνοὺς ὀνομάζεσθαι.

785   Ν΄

⌜Τί ἐστιν, «Εἰς τέλος τριῶν ἐτῶν»;   ⌐6

Τρία τέλεια, φησίν, ἔτη τῆς Σαμαρείας ἡ πολιορκία κατέσχεν.

                                    ΝΑ΄

Τί δήποτε δῶρα δώσειν τῷ Σενναχηρὶμ ὁ Ἐζεκίας ὑπέσχετο;   5

    Ἄχαζ ὁ πατὴρ αὐτοῦ τὸν Θεγλαθφαλασὰρ εἰς συμμαχίαν κα-
τὰ τῶν σύρων καλέσας, φόρον τελέσειν ὑπέσχετο. Τοῦτον ἐκεῖνος
διετέλεσε παρέχων. Ὁ δὲ Ἐζεκίας τὸν ἐπικείμενον δασμὸν οὐκ
ἐξέτισε· τὴν δὲ στρατιὰν θεασάμενος ἐπηγγείλατο δώσειν καὶ
ἔδωκε «τριακόσια τάλαντα ἀργυρίου καὶ τριακόσια τάλαντα   10
χρυσίου». Τοσοῦτον γὰρ ὁ Ἀσσύριος δασμὸν παρέχειν ἐκέλευσεν.

                                    ΝΒ΄

Τί δήποτε τὸ θεῖον θεραπεύειν σπουδάζων, ἐκ τῶν ἱερῶν χρημά-
των παρέσχε τὸν φόρον;

3 4 Re 18, 10   5 cf 4 Re 18, 14   10 s 4 Re 18, 14   12 s cf 4 Re 18, 15

1, 5, 6, 8, 9, 10, 12, 35, 37, 54, 55, 56

    1 τὸν] > 5: τὸ 9 12   Νεεσθὰν] Νεεθὰν 9: Ἐσσὰν 5: Ἐσθὰν 10 54   >Νάας
5   >ἡρμήνευσαν ed   2 ὀφίτας] ὀφίστας 35: σοφιστὰς 12   δυσσεβεστάτην
54   ναασηνοὺς c₁ 1 37: ἐσσηνοὺς 5: νεασθηνοὺς 10   νεασθηνόμους 54   3 > tot Q
c₁   τέλος pr τὸ A c₁   4 ἔτη + ἐπὶ A c₁   ἡ πολιορκία / κατέσχεν tr A c₁   5 δῶρα] pr τὰ
10   δώσειν pr ἐν 12   τῷ] τὸν 37   Σεναχηρὶμ c₁ 9 37: Σεναχρὶμ 56: Σενναχηρεὶμ 5:
Σενναχειρὶμ 6: Σενναχειρεὶμ 10   Ἰεζεκίας 12   >ὑπέσχετο 12   6 Ἄχαζ pr ὁ 54
Θεγλαφαλασὰρ A 9: Θεγλαθφαλσὰρ D 37 56: Θεγλαθφαρασὰρ 55   7 τελέσειν] τελεῖν
A   Τοῦτον] τοῦτο 1 8 35 56   9 >ἐπηγγείλατο A   δώσειν] δυοῖν 10: + ὑπέσχετο
A   10 >ἀργυρίου καὶ τριακόσια τάλαντα A 12   τριακόσια 2°] τριάκοντα 55   11 χρύ-
σου 10   >Τοσοῦτον γὰρ — παρέχειν ἐκέλευσεν 6   Ἀσύριος 10   παρεῖχε A⁻¹⁰: παρέχε
10: κατέσχε 12

Οὐκ ἀπέχρων οἱ βασιλικοὶ θησαυροί. Ἔθος δὲ ἦν ἐν ταῖς τοιαύταις ἀνάγκαις καὶ τοὺς ἱεροὺς δαπανᾶν καὶ πάλιν αὐτοὺς ἐκ τῶν πολέμων ἀναπληροῦν. Ἡ ἀνάγκη δέ παρεσκεύασε καὶ τὰς θύρας χωνεῦσαι τὰς χρυσᾶς, ἃς αὐτὸς κατεσκεύασε, καὶ τοὺς
5 σταθμοὺς τῶν θυρῶν. Τούτους γὰρ «ἐστηριγμένα» οἶμαι κληθῆναι· ἵνα μὴ πολέμῳ κρατήσας ὁ Σενναχηρίμ, καὶ τὸν ναὸν καὶ τὴν πόλιν ἐμπρήσῃ· καὶ ἐνταῦθα δὲ πάλιν δεδήλωκεν ὁ τὴν ἱστορίαν συγγράψας, ὅτι οὐ μόνον τὰ τεμένη τῶν δαιμόνων ὑψηλὰ ὀνο- μάζουσιν, ἀλλὰ καὶ τὰ τῷ Θεῷ τῶν ὅλων ἐν τοῖς ὑψηλοῖς τόποις
10 δεδομημένα θυσιαστήρια. «Ἐὰν γὰρ εἴπητε», φησί, «πρὸς μέ· Ἐπὶ Κύριον τὸν Θεὸν ἡμῶν πεποίθαμεν· οὐχὶ αὐτὸς Ἐζεκίας ἀπέστησε τὰ ὑψηλὰ αὐτοῦ καὶ τὰ θυσιαστήρια αὐτοῦ, καὶ εἶπε τῷ Ἰούδᾳ καὶ τῇ Ἱερουσαλήμ, Ἐνώπιον τοῦ θυσιαστηρίου τούτου προσκυνήσατε ἐν Ἱερουσαλήμ»; Καὶ ταῦτα ἔλεγεν ὁ Ῥαψάκης, ἑβραῖος ὤν, ὡς
15 οἶμαι, καὶ πρὸς ἐκείνους αὐτομολήσας, ἢ τοῖς ἐξανδραποδισθεῖσιν 788 ἤδη συναπαχθείς, καὶ ὡς εὔνοιαν δείξας τοῖς ἀσσυρίοις τὴν στρα-
J6 τιὰν θαρρηθείς·⅃ τῇ γὰρ ἑβραΐδι φωνῇ κεχρημένος ἐποιεῖτο τοὺς λόγους· αὐτίκα γοῦν αὐτὸν οἱ ἄρχοντες διαλεχθῆναι συριστὶ παρ- εκάλεσαν, ὥστε μὴ γνῶναι τὸν λαὸν τὰ λεγόμενα. Ἐκεῖνος δὲ
20 μαθὼν ἀνιᾶν τοὺς ἄρχοντας τὸ τὸν λαὸν ἐπαΐειν τῶν λεγομένων, τῇ ἑβραίων φωνῇ κεχρημένος τὰς δυσσεβεῖς ἐκείνας βλασφημίας

5 cf 4 Re 18, 16   10 s 4 Re 18, 22   18 s cf 4 Re 18, 26 s

1, 5, 6, 8, 9, 10, 12, 35, 37, 54, 55, 56

1 ἀπέχρων] ἀντήρκουν Α⁻⁵: ἐξήρκουν 5   θυσαυροί] θεσμοί 6   δὲ] οὖν Α   >ἦν Α   2 ἱεροὺς + θησαυροὺς Α   δαπανᾶν + θησαυροὺς 37   3 πολεμίων c₁ 5 37   ἀνεπλήρουν 6 10   4 θύρας] πύλας Α   ἐχώνευσε Α⁻⁵   αὐτὸς] οὗτος 5 8   6 Σε- ναχηρεὶμ 1 5 9 37 55: Σεναχειρὶμ 10: Σενναχιρὶν 8   7 >καὶ ἐνταῦθα δὲ πάλιν — Καὶ ταῦτα ἔλεγεν (l 14) 6   καὶ ἐνταῦθα] κἀνταῦθα 54   δὲ] > 54: + δὴ 37   >τὴν ἱστορίαν 54   8 συγγράψας] συγγραφεύς 54   δαιμόνων] εἰδώλων Α   9 >τόποις 9   10 >εἴπητε D   >φησί 54   11 ἡμῶν] > 1: ὑμῶν 10   >ἀπέστησε 37   12 καὶ εἶπε] λέγων Α   >τῷ Ἰούδᾳ καὶ — θυσιαστηρίου τούτου Α   14 ὁ + δὲ 6   Ῥαβσάκης 1   ἑβραῖος] ἰουδαῖος 6   >ὡς Α   15 >οἶμαι, καὶ 6   ἐκείνους αὐτομολήσας] τοὺς πολεμίους ηὐτομόλησε 6   >ἢ 6   τοῖς ἐξανδραποδισθεῖσιν] > 6: καὶ ἐξανδραποδισθεὶς Α⁻⁶   16 >ἤδη συναπαχθεὶς — στρατιὰν θαρρηθείς 54   ἤδη] > 6: + καὶ Α   >καὶ 6   ἀσυρίοις 10   στρατιὰν] στρατηγίαν Α   17 θαρρηθείς] αὐτῷ κατεθάρρησαν 6   >τῇ γὰρ ἑβραΐδι — Δεσπότης ἀπέφηνεν (fin Q) 6   χρώμενος Α   18 αὐτὸν] > 54: + καὶ Α   19 γνῶναι] μαθεῖν 1   λεγόμενα] γενόμενα 8 12   20 μαθὼν] γνοὺς 1   ἀνιᾶν + ἐν τούτῳ 54   τὸ τὸν λαὸν — κεχρημένος] ἔτι μᾶλλον τῇ αὐτῇ φωνῇ 54   21 χρώμενος 5 10

ἐτόλμησε, τοῖς ψευδωνύμοις θεοῖς τὸν ἀληθινὸν ἀπεικάσας Θεόν. Ἀλλ' ὁ σοφώτατος βασιλεὺς οὐχ ὅπλα ταῖς ἐκείνου βλασφημίαις ἀλλὰ προσευχὴν καὶ δάκρυα καὶ σάκκον ἀντέταξε, καὶ τὸν προφήτην Ἡσαΐαν γενέσθαι πρεσβευτὴν ἠντιβόλησεν. Ἀξιάγαστα δὲ αὐτοῦ καὶ τὰ ῥήματα. «*Ἡμέρα*» γὰρ ἔφη, «*θλίψεως καὶ* 5 *ὀνειδισμοῦ καὶ ἐλεγμοῦ καὶ παροργισμοῦ ἡ ἡμέρα αὕτη, ὅτι ἦλθον υἱοὶ ἕως ὠδίνων καὶ οὐκ ἔστιν ἰσχὺς τῇ τικτούσῃ*». Ἐμπιπράμεθά, φησί, καὶ ἐξαπτόμεθα τῷ θυμῷ, τῶν ἀρρήτων ἐκείνων βλασφημιῶν ἐπακούσαντες, κολάσαι δὲ τοὺς ἄνδρας ἐκείνους τοὺς δυσσεβεῖς οὐ δυνάμεθα. Ὅθεν ἱκετεύομεν τὸν τῶν 10 βλασφημιῶν ἐκείνων ἀκηκοότα Δεσπότην διδάξαι τοὺς ἀνοσίους, ὡς οὐκ ἔστιν εἷς τῶν καλουμένων θεῶν. Παραυτίκα δὲ τὴν ἱκετείαν δεξάμενος ὁ φιλάνθρωπος ἀπεσκέδασε τοῦ βασιλέως τὸ δέος. «*Ἰδοὺ*» γὰρ ἔφη, «*δίδωμι πνεῦμα ἐν αὐτῷ καὶ ἀκούσεται ἀγγελίαν πονηρὰν καὶ ἀποστραφήσεται εἰς τὴν χώραν αὐτοῦ· καὶ κα-* 15 *ταβαλῶ αὐτὸν ἐν ῥομφαίᾳ ἐν τῇ γῇ αὐτοῦ*». Τὸ δὲ «*Ἰδοὺ ἐγὼ δίδω-* 789 *μι πνεῦμα ἐν αὐτῷ*» τὴν δειλίαν οἶμαι δηλοῦν. Καὶ γὰρ ὁ θεῖος Ἀπόστολος οὕτως ἔφη· «*Οὐ γὰρ ἔδωκεν ἡμῖν ὁ Θεὸς πνεῦμα δειλίας*». Ἡ δὲ Θεοῦ πρόρρησις εὐθὺς τὸ τέλος ἐδέξατο. Φήμης γὰρ θρυλληθείσης ὡς τῶν αἰθιόπων ὁ βασιλεὺς ἐπεστράτευσε, 20 δείσας ὁ Σενναχηρὶμ ὑπεχώρησε τὴν πάσης δυσσεβείας μεστὴν ἀποστείλας ἐπιστολήν. Ἀλλὰ ταύτην ὁ σοφώτατος βασιλεὺς ἀναπτύξας ἐν τῷ ναῷ τὴν θαυμασίαν ἐκείνην προσενήνοχε προσευχήν· «*Κύριε παντοκράτωρ ὁ Θεὸς Ἰσραήλ, ὁ καθήμενος ἐπὶ*

5 s 4 Re 19, 3   14 s 4 Re 19, 7   18 s 2 Tim 1, 7   24 s 4 Re 19, 15

1, 5, 8, 9, 10, 12, 35, 37, 54, 55, 56

1 τοῖς + δὲ D 9   >θεοῖς 10   ἀπείκασε D 9   3 ἀλλὰ + καὶ 10   ἀντέταξε] ἀντέστησε 5: ἀντήλλαξε 10 54   7 υἱοὶ pr οἱ D 5 37   >τῇ 37   ἐμπίπραμαι 12   8 ἐξάπτομαι 12   9 ἀκούσαντες 5 54: ἐπακούσας 12   >δὲ D   >τοὺς ἄνδρας 54   ἐκείνους 37 54   11 >ἐκείνων 12   12 δὲ] γοῦν 9   13 φιλάνθρωπος] > 54: + Θεὸς A: + Κύριος 8   ἀπεσκέδασε] ἀπεσκεύασε 9   16 καταβαλεῖ 5 54: καταβάλλει 10   αὐτοῦ] αὐτῶν 9 10 37   17 δηλοῦν] σημαίνειν 55   18 Ἀπόστολος οὕτως ἔφη] Παῦλος οὕτω φησίν 54   >ὁ Θεὸς A   19 δειλίας + πάλιν εἰς φόβον 12   20 θρυληθείσης 8 9 10 54 56   τῶν αἰθιόπων / ὁ tr 54   21 Σενναχηρεὶμ 1 5 9 37 55: Σεναχηρὶμ 12: Σεναχειρὶμ 10: Σενναχηρεὶμ 54: Σεναχηρεὶρ 35   τὴν] τῆς c₁ 1 5 10   δυσσεβείας] ἀσεβείας 54   >μεστὴν 12 54   22 ἀποστείλας ante τὴν πάσης 37   >βασιλεὺς 54   24 προσευχήν] φωνήν A

τῶν χερουβίμ, σὺ εἶ ὁ Θεὸς μόνος ἐπὶ πάσαις ταῖς βασιλείαις τῆς
γῆς· σὺ ἐποίησας τὸν οὐρανὸν καὶ τὴν γῆν». Ἐκεῖνοί σε, φησίν,
ἕνα νομίζουσι τῶν πολλῶν τῶν οὐκ ὄντων· ἐγὼ δέ σε μόνον οἶδα
Θεὸν τὸν Ποιητὴν τῶν ἁπάντων· «Κλῖνον, Κύριε, τὸ οὖς σου καὶ
5 ἄκουσον, ἄνοιξον, Κύριε, τοὺς ὀφθαλμούς σου καὶ ἴδε· καὶ
ἄκουσον τῶν λόγων Σενναχηρὶμ βασιλέως ἀσσυρίων οὓς ἀπέ-
στειλεν ὀνειδίζειν Θεὸν ζῶντα». Τὸ δέ· «Κλῖνον καὶ ἄκουσον»
ἀνθρωπίνως τέθεικε μετ' εὐμενείας δεχθῆναι τὴν ἱκετείαν
ἀντιβολῶν. «Ἐπ' ἀληθείας γάρ, Κύριε, ἠρήμωσαν βασιλεῖς ἀσσυ-
10 ρίων τὰ ἔθνη καὶ τὴν γῆν αὐτῶν, καὶ ἔδωκαν τοὺς θεοὺς αὐτῶν εἰς
τὸ πῦρ. Οὐ γὰρ ἦσαν θεοί, ἀλλ' ἔργα χειρῶν ἀνθρώπων, ξύλα καὶ
λίθοι, καὶ ἀπώλεσαν αὐτούς». Τοῦτο, φησί, τὸν ἀνόσιον τοῦτον
ἐκίνησεν εἰς ἀσέβειαν. Ὠήθη γὰρ ὅμοιόν σε εἶναι τῶν οὐκ ὄντων
θεῶν· ἀλλὰ τῇ πείρᾳ μαθέτω, Δέσποτα, ὅσον τὸ διάφορον
15 ἀληθινοῦ Θεοῦ καὶ ψευδοῦς. Ἀλλὰ γὰρ περιττὸν οἶμαι ταυτολο- 792
γεῖν. Ταῦτα γὰρ τὸν προφήτην Ἡσαΐαν ἑρμηνεύων ἀνέπτυξα. Συν-
τόμως τοίνυν ἐρῶ, ὡς τὴν ἱκετείαν ὁ Δεσπότης δεξάμενος, νύ-
κτωρ ἐν ἀκαρεῖ ὀκτωκαίδεκα μυριάδας τῶν ἀσσυρίων, καὶ πεντα-
κισχιλίους τῷ θανάτῳ παρέπεμψεν. Ὁ δὲ Σενναχηρὶμ τὸν θάνα-
20 τον διέφυγεν· ἵν' αὐτὸς ἅπασι μηνύσῃ ὅση τοῦ Θεοῦ τῶν ἰουδαίων
ἡ δύναμις. Εὐθὺς δὲ παρὰ τῶν παίδων ἐδέξατο τὴν δικαίαν
πληγήν. Ἐπειδὴ γὰρ κατὰ τοῦ πεποιηκότος ἐλύττησεν, ὑπὸ τῶν
φύντων ὑπέμεινε τὴν ἀναίρεσιν. Ἀραρὰτ δὲ τὴν Ἀρμενίαν ἐκάλε-

4 s 4 Re 19, 16   9 s 4 Re 19, 17-18   18 s cf 4 Re 19, 35   23 cf 4 Re 19, 37

1, 5, 8, 9, 10, 12, 35, 37, 54, 55, 56

1 >ὁ 1 37   3 ἕνα νομίζουσι] ἐπονομάζουσιν ἕνα Α   >τῶν 2° D   ὄντων + δὲ
θεῶν D: + θεῶν 9   μόνον οἶδα tr 8   4 >Θεὸν 54   >τὸν Α 37   >Ποιητὴν
37   5 ἄκουσον] ἐπάκουσον 5 9 12 35 54: + μου 5   >Κύριε Α 37 56   6 τοὺς λό-
γους 54: τὸν λόγον 56   Σεναχηρεὶμ 1 5 9 35 37 54 55: Σεναχηρὶμ 12: Σεναχειρὶμ 10:
Σενναχηρεὶμ 54   βασιλέως + Ἰούδα 54   ἀσυρίων 10   7 ὀνειδίζων 1 10 12 37   8
>μετ' εὐμενείας — ἀντιβολῶν 54   εὐμενείας] εὐφημίας 10   >τὴν ἱκετείαν Α   9
ἀσυρίων 10: + καὶ 12 37   10 >καὶ 2° 10   11 ξύλοι 12   12 >τὸν ἀνόσιον τοῦτον
Α   13 ἀσέβειαν + αὐτοῦ 5 10: + αὐτῶν 54   ὅμοιόν σε tr Α   τῶν] τοῖς 55   ὄντων
θεῶν] οὖσι θεοῖς 55   14 ὅσον] πόσον 54   15 ψευδοῦς] ἀψευδοῦς 35   >γὰρ 1
12   >περιττὸν Α   ταυτολογεῖν] τὰ αὐτὰ λέγειν 5 54   16 >Ταῦτα γὰρ Α   Ἡσαΐαν
+ κἀκεῖνον γὰρ Α   ἑρμηνεύων] ἑρμηνεύοντα 54: + ταῦτα Α   17 >Δεσπότης
54   18 ἀσυρίων 10   19 Σεναχηρεὶμ 1 5 9 12 35 37 55: Σεναχειρὶμ 10: Σενναχηρεὶμ
54   20 >αὐτὸς ed   >αὐτὸς ἅπασι Α   ὅση] πόση 9: ὡς 10   22 πληγήν] σφαγήν Α

σεν. Ἡ γὰρ προφητεία τοῦ Ἠσαΐου ταύτην ἔχει τὴν ἑρμηνείαν.
Καὶ τὰ περὶ τῆς ἀρρωστίας δὲ ἐν τῇ τοῦ θεσπεσίου Ἠσαΐου
προφητείᾳ δῆλα πεποιηκώς, παρέλκον οἶμαι δὶς τὴν αὐτὴν
ἑρμηνείαν ποιήσασθαι. Τὸ μέντοι κατὰ τὸν ἥλιον θαῦμα εἰς πᾶσαν
τὴν οἰκουμένην διέδραμε. Πᾶσι γὰρ ἐγένετο γνώριμος 5
ἀναστρέψας ὁ ἥλιος. Οὗ δὴ χάριν τῶν βαβυλωνίων ὁ βασιλεὺς
καὶ τῶν ἀσσυρίων τὸν ὄλεθρον ἐγνωκώς, καὶ τὰ κατὰ τὸν ἥλιον
παραδόξως γεγενημένα μεμαθηκώς, καὶ πρέσβεις καὶ δῶρα τῷ
ἰουδαίων ἀπέστειλε βασιλεῖ· καὶ οὓς ἐξανδραποδίζειν εἰώθεσαν,
τούτους ὡς κρείττους ἐτίμησαν. Οὕτως αὐτοὺς ἐπισήμους ὁ παρ' 10
αὐτῶν θεραπευθεὶς Δεσπότης ἀπέφηνεν.

ΝΓ´

⌐ Τί δήποτε μέμψιν ὑπέμεινεν Ἐζεκίας ὁ βασιλεύς, τοὺς θησαυροὺς ⌐₆
τοῖς τῶν βαβυλωνίων πρεσβευταῖς ἐπιδείξας;

Ὅτι δέον τοῦ Θεοῦ διδάξαι τὴν δύναμιν, καὶ τὴν κηδεμονίαν
ἧς ἔτυχε, τὸν πλοῦτον ἐπέδειξε, τὸν οὐδὲν ἔχοντα μόνιμον. Ὅτι 15
δὲ οὐ φύσις, ἀλλὰ γνώμη ἐν τοῖς ψυχικοῖς ἐκράτει, μαρτυρεῖ Μα-
νασσῆς, τὴν εὐσεβῆ τοῦ πατρὸς πορείαν καταλιπών, καὶ τὴν
ἐναντίαν ὁδεύσας. «Ὠκοδόμησε» γάρ φησι, «τὰ ὑψηλὰ ἃ κατέ-
σκαψε Ἐζεκίας ὁ πατὴρ αὐτοῦ, καὶ ἀνέστησε θυσιαστήριον τῷ
Βάαλ· καὶ ἐποίησεν ἄλση καθὼς ἐποίησεν Ἀχαὰβ βασιλεὺς 20

1 cf Is 37, 38   2 cf 4 Re 20, 1 et Is 38, 1 s   4 cf 4 Re 20, 11   8 s cf 4 Re 20,
12   12 s cf 4 Re 20, 13 s   18 s 4 Re 21, 3

1, 5, 6, 8, 9, 10, 12, 35, 37, 54, 55, 56

1 >Ἡ γὰρ προφητεία — ποιήσασθαι (l 4) 54   Ἡ γὰρ προφητεία — προφητείᾳ δῆλα
(l 3)] ἐν γὰρ τῇ προφητείᾳ δῆλον 5   Ἡ] ἐν 10   προφητείᾳ pr τῇ 10   2 >τῇ 35   3
>αὐτὴν D 9 55   4 ἑρμηνείαν + τὴν αὐτὴν 55   5 >Πᾶσι γὰρ — ὁ ἥλιος 54   6 τῶν
βαβυλωνίων/ὁ βασιλεὺς tr 37   7 τῶν ἀσσυρίων] >A: post τὸν 1ο 1 35   τὸν1ο] τὴν
54   8 >γεγενημένα D   >καὶ 1ο 54   τῷ post ἀπέστειλε 54: + τῶν 5 10 12   9
>ἰουδαίων 54   εἰώθεισαν 9 10 37 54: εἰώθασιν 12   10 >τούτους ὡς κρείττους
ἐτίμησαν 8   11 Δεσπότης] Θεὸς 5   ἀπέφηνεν] ἐποίησεν 54   12 tot Q ΝΓ´ post Q
ΝΔ´ 54   13 τοῖς/τῶν βαβυλωνίων tr 12   πρεσβευταῖς ἐπιδείξας] ὑποδείξας
πρεσβευταῖς 6   ὑποδείξας A 12   15 ἔτυχον 1   ὑπέδειξε A   >τὸν οὐδὲν ἔχοντα μό-
νιμον 54   οὐδὲν] μηδὲν 9   16 κρατεῖ A 37   17 πορείαν] πολιτείαν A   καταλείπων
12 35   18 >Ὠκοδόμησε — βασιλεὺς Ἰσραήλ (p 236 l 1) 6 54   κατέσκαψε + καὶ κα-
τέσπασεν 5   19 >Ἐζεκίας 37   τῷ] τοῦ 12   20 βασιλεὺς pr ὁ D 1

Ἰσραήλ· καὶ προσεκύνησε πάσῃ τῇ στρατιᾷ τοῦ οὐρανοῦ· καὶ ἐδούλευσεν αὐτοῖς». Στρατιὰν δὲ οὐρανοῦ τὸν ἥλιον ἔφη καὶ τὴν σελήνην, καὶ τοὺς ἀστέρας καὶ τὸ πάντων δυσσεβέστατον, «ᾠκοδόμησε θυσιαστήριον ἐν οἴκῳ Κυρίου, ἐν ᾧ εἶπεν Ἐν
5 Ἰερουσαλὴμ θήσω τὸ ὄνομά μου». Καὶ οὐχ ἓν μόνον, ἀλλὰ πλεῖ- 793
στα. «Πάσῃ γὰρ τῇ στρατιᾷ τοῦ οὐρανοῦ ἐν ταῖς δύο αὐλαῖς οἴκου Κυρίου ᾠκοδόμησε· καὶ ἐκληδονίζετο καὶ οἰωνίζετο, καὶ ἐποίησεν ἐγγαστριμύθους καὶ γνώστας ἐπλήθυνε». Κληδὼν δέ ἐστιν ἡ διὰ λόγων παρατήρησις· οἰωνισμὸς δὲ ἡ διὰ πτηνῶν. Γνώστας δὲ
10 οἶμαι τοὺς δι' ἥπατος μαντευομένους κληθῆναι. Τὸ δὲ πάντων ἀνοσιώτατον, τὸ ἐν τῷ θείῳ στῆσαι νεῷ τὸ τῆς ἀκολάστου δαίμο-νος ἄγαλμα. «Ἔθηκε» γάρ φησι, «τὸ γλυπτὸν τοῦ ἄλσους ἐν τῷ οἴκῳ Κυρίου». Καὶ τὰ ἑξῆς διδάσκει τὴν τῆς ἀσεβείας ὑπερβολήν.

ΝΔ΄

Πῶς νοητέον, «Ἐκτενῶ ἐπὶ Ἰερουσαλὴμ τὸ μέτρον Σαμαρείας»;

15 Ταῖς αὐταῖς, φησί, καὶ τούτους περιβαλῶ συμφοραῖς. Καὶ ὥσ-περ ἐκείνων τοὺς μὲν ὁ λιμός, τοὺς δὲ ὁ πόλεμος ἐδαπάνησε, τοὺς δὲ λοιποὺς ἐξανδραποδίσαντες εἰς ἑτέραν μετέστησαν γῆν,
16 οὕτω καὶ τοῖς ἐν Ἰερουσαλὴμ οἰκοῦσι τοσαύτας τιμωρίας ἐποίσω.⌋

4 s 4 Re 21, 4   6 s 4 Re 21, 5-6   12 s 4 Re 21, 7   14 4 Re 21, 13

1, 5, 6, 8, 9, 10, 12, 35, 37, 54, 55, 56

1 καὶ 1°] >54: ἦν δὲ 6   προσεκύνησε] μετὰ γὰρ τὰς ἄλλας ἀσεβείας καὶ 54   >πάσῃ 6 54   >τῇ 6   στρατείαν 6   2 >καὶ ἐδούλευσεν αὐτοῖς. Στρατιὰν δὲ οὐρανοῦ 6   καὶ ἐδούλευσεν αὐτοῖς] φησὶ αὐτὸν ἡ ἱστορία δουλεῦσαι 54   δὲ + λέγει 5: + ἔφη 10   οὐρανοῦ pr τοῦ Α 55   >ἔφη Α   >καὶ 6 37   >τὴν σελήνην 37   3 ἀστέρας + φησίν 6: + καλεῖ 54   >καὶ τὸ πάντων — γνώστας ἐπλήθυνε (l 8) 6   πάντων + δὲ 54   δυσσεβεστέρων 54   4 >'Εν 3° 37   5 πλεῖστα pr καὶ 9   6 οἴκῳ 37   7 >καὶ οἰωνίζετο 10 54   8 ἐγγαστρομύθους 56   Κληδὼν] κλειδονισμὸν 6   >ἐστιν 35   ἡ] > 8 35: αἱ 6 10   9 παρατηρήσεις 6 10: + καὶ 12   οἰωνισμὸς] οἰώνισμα Α⁻⁶   ἡ] αἱ 10   10 >Τὸ δὲ πάντων — τῆς ἀσεβείας ὑπερβολήν (l 13) 6   11 τὸ 2°] καὶ 54   11 στῆναι 54   ναῷ 5 9 54   ἀκολάστου] ἀκολασίας 1   12 >τῷ 10   13 >Καὶ τὰ ἑξῆς — ὑπερβολήν 54   ἑξῆς + δὲ 5 8 9 10 35   14 νοητέον + τό Α⁻⁵⁴ 1   15 καὶ τούτους / περιβαλῶ tr Α   >Καὶ ὥσπερ Α   16 ἐκείνων + γὰρ Α   18 οὕτως 37 54   ἐν] τὴν Α   Ἰερουσαλὴμ + γῆν 10 54   τοσαύτας] > 54: τὰς αὐτὰς 1 9 12 35 37: + φησί 6   >τιμωρίας 54   ἐποίσω] ποιήσω 54

Καὶ ὥσπερ τοῦ Ἀχαὰβ τὸν οἶκον πανωλεθρίᾳ παρέδωκα, οὕτω τῆς Ἱερουσαλὴμ μεταβαλῶ τὴν περιφάνειαν εἰς εὐτέλειαν. Οὐ γὰρ μόνον εἰς τὴν τῶν εἰδώλων ἐλύττησε πλάνην, ἀλλὰ καὶ «αἷμα ἀθῶον ἐξέχεε Μανασσῆς σφόδρα, ἕως οὗ ἐνέπλησε τὴν Ἱερουσαλὴμ στόμα ἐπὶ στόμα». Ἀνήρει δὲ διαφερόντως τοὺς τῆς 5 εὐσεβείας ἀντεχομένους, καὶ τοὺς τὴν θείαν ὀργὴν αὐτῷ προσημαίνοντας. Τοῦτόν φασι καὶ τὸν προφήτην Ἡσαΐαν διαπρίσαι ξυλίνῳ χρησάμενον πρίονι. Ἀλλ᾽ οὗτος μὲν ὡς ἡ τῶν Παραλειπομένων ἐδίδαξεν ἱστορία, μεταμελείᾳ χρησάμενος τῆς ἀνακλήσεως ἔτυχεν. Ἀμμὼν δὲ ὁ τούτου υἱὸς τὴν μὲν τοῦ πατρὸς 10 ἐμιμήσατο πονηρίαν, τὴν δὲ μεταμέλειαν οὐκ ἐζήλωσεν. Ὁ δὲ ἔκγονος τὴν ἄκραν ἤσκησεν ἀρετήν, καὶ τοῦ προγόνου Δαβὶδ ἐκτήσατο τὴν εὐσέβειαν. Καὶ πρῶτον μὲν τὰ θεραπείας δεόμενα τοῦ θείου νεὼ πάσης ἐπιμελείας ἠξίωσεν· ἔπειτα τῶν θείων λογίων ἀκούσας, τῶν ἐν τῷ Δευτερονομίῳ κειμένων, καὶ τὴν ἐσθῆτα 15 διέρρηξε καὶ ἐπὶ πλεῖστον ἐθρήνησε, καὶ μαθεῖν τὸ πρακτέον παρὰ τοῦ Θεοῦ τῶν ὅλων ἐζήτησεν. Εἰς τοσαύτην δὲ τῶν θείων ἀμέλειαν ἐξώκειλαν ἅπαντες, ὡς μηδὲ τῶν θείων ἐπακούειν λογίων. Τοῦτο οὖν τὸ βιβλίον ἔν τινι τῶν ἱερῶν οἴκων Χελκίας ὁ 796 ἀρχιερεὺς ἐρριμμένον εὑρών, ἀπέστειλε τῷ βασιλεῖ. Ὁ δὲ βασι- 20 λεὺς τὰ ἐγκείμενα γνοὺς καὶ τὸν ἀρχιερέα καὶ τοὺς ἄρχοντας,

---

3 s 4 Re 21, 16   8 cf *Vitae Prophetarum* (ed. Ch. C. Torrey p. 20), *Is 1*   9 cf 2 Cr 33, 13
10 s cf 4 Re 21, 20   19 s cf 4 Re 22, 8

1, 5, 8, 9, 10, 12, 35, 37, 54, 55, 56

1 >Καὶ ὥσπερ — κατέκαυσε (p 238 l 21) 6   τοῦ Ἀχαὰβ/τὸν οἶκον tr 37
παραδέδωκα 12   οὕτως 12   2 μεταβαλῶ post περιφάνειαν 12: καταβαλῶ A (post περι-
φάνειαν 54)   περιφάνειαν] ὑπερηφανίαν A   3 ἐλύττησαν D 5 54   4 ἐξέχεαν 12
>Μανασσῆς 12   ἔπλησεν 8 54: ἔπλησαν 12   6 τῆς εὐσεβείας ἀντεχομένους, καὶ τοὺς]
εὐσεβεῖς καὶ τοὺς μηνύοντας 54   >τοὺς 5   αὐτῷ] > 54: αὐτοῖς 5 10   7 προσημαίνον-
τας] > 54: προμηνύοντας 5 10: σημαίνοντας ed   8 διαπρίσαι ξυλίνῳ tr 54   >ξυλίνῳ 5
10   χρησάμενον πρίονι] > 54: tr 9   9 >ἐδίδαξεν 54   >τῆς A   10 ἀνακλήσεως]
ἀνέσεως c₁ 1: ἀφέσεως 37   ἐπέτυχεν 12   Ἀμὼν c₁ 1 12 35: Ἀμὼς 10 54ᶜ: Ἀμμὼς
5   μὲν τοῦ πατρὸς — ἐζήλωσεν. Ὁ δὲ] πονηρίαν μιμησάμενος τὴν μετάνοιαν οὐκ
ἐμιμήσατο. Ὁ δὲ τούτου 54   12 ἔγγονος D 1   προγόνου Δαβὶδ — Δευτερονομίῳ
κειμένων (l 15)] τε νεὼ ἐπεμελήθη καὶ τὴν ἐν τῷ Δευτερονομίῳ θείων λογίων ἀκούσας
54   14 λόγων D   16 πλεῖστον] πλεῖον 5 54   τὸ πρακτέον post τοῦ Θεοῦ 54   17 παρὰ]
περὶ 5   >τῶν ὅλων 54   >Εἰς τοσαύτην — ἐπακούειν λογίων (l 19) 5   >τοσαύτην
10   >δὲ τῶν θείων — μηδὲ τῶν θείων A   18 ἀμέλειαν pr λογίων 12   ἐπακούειν] > 54:
ὑπακούειν 55: ἀκούειν 10   19 οὖν] γοῦν A   20 ἀρχιερεὺς] ἱερεὺς 54 55: βασιλεὺς 1   21
ἀναγνοὺς 8 35 54   τοὺς ἀρχιερέας 37

238 THEODORETI CYRENSIS

πρὸς Ὀλδὰν ἀπέστειλε τὴν προφῆτιν. Ὁ δὲ τῶν ὅλων Θεὸς διὰ
ταύτης κατὰ μὲν τοῦ λαοῦ καὶ τοῦ ναοῦ καὶ τῆς πόλεως, τὴν
ψῆφον ἐξήνεγκε διὰ τὰς παρ᾽ αὐτῶν τολμηθείσας παρανομίας· τῷ
εὐσεβεῖ δὲ βασιλεῖ χρηστὰ προηγόρευσεν· «᾽Ανθ᾽ ὧν» γάρ φησιν,
5 ἤκουσας τῶν λόγων μου, καὶ ἡπαλύνθη ἡ καρδία σου καὶ
ἐνετράπης ἀπὸ προσώπου μου, ὡς ἤκουσας ὅσα ἐλάλησα ἐπὶ τὸν
τόπον τοῦτον καὶ ἐπὶ τοὺς ἐνοικοῦντας ἐν αὐτῷ, τοῦ γενέσθαι εἰς
ἀφανισμὸν καὶ διέρρηξας τὰ ἱμάτιά σου, καὶ ἔκλαυσας ἐνώπιόν
μου· καί γε ἐγὼ ἤκουσα, φησὶ Κύριος. Οὐχ οὕτως· ἰδοὺ ἐγὼ προσ-
10 τίθημί σε πρὸς τοὺς πατέρας σου, καὶ συναχθήσῃ εἰς τὸν τάφον
σου ἐν εἰρήνῃ· καὶ οὐκ ὄψονται οἱ ὀφθαλμοί σου πάντα τὰ κακὰ ἃ
ἐγὼ ἐπάγω ἐπὶ τὸν οἶκον τοῦτον καὶ ἐπὶ τοὺς κατοικοῦντας
αὐτόν». Τοσοῦτον κατάνυξις καὶ δάκρυον τοὺς χρωμένους
ὀνίνησι· τοσοῦτον εὐσεβὴς εὐεργετεῖ βασιλεὺς ὅσον οἱ δυσσεβεῖς
15 τοὺς ἀρχομένους πημαίνουσιν. Ὥσπερ γὰρ ᾽Αμμὼν καὶ
Μανασσῆς εἰς ἀσέβειαν ἐξέμηναν τὸν λαόν, καὶ ἄλση φυτεύσαν-
τες καὶ τεμένη τοῖς δαίμοσιν ἀναστήσαντες, οὕτως ᾽Ιωσίας ὁ
εὐσεβὴς βασιλεὺς τὰ τῷ Βάαλ καὶ τῇ ᾽Ασηρὼθ καὶ τοῖς ἄλλοις
εἰδώλοις κατασκευασθέντα σκεύη ἐν τῷ χειμάρρῳ τῶν Κέδρων
20 συνέτριψε καὶ ἐχώνευσεν· ἐν δὲ τῇ Βεθὴλ τοὺς τῶν εἰδώλων
ἱερέας κατέκαυσε.[Τὸ δὲ «Μαζουρὼθ» ἀστέρος οἶμαι ὄνομα
εἶναι, καὶ τοπάζω τὸν ῾Εωσφόρον οὕτως ὀνομάσθαι. Ἔφη γὰρ
οὕτως· «Καὶ ἐθυμίων τῷ Βάαλ καὶ τῷ ἡλίῳ καὶ τῇ σελήνῃ καὶ
τοῖς Μαζουρὼθ καὶ πάσῃ τῇ στρατιᾷ τοῦ οὐρανοῦ».

1 cf 4 Re 22, 14   4 s 4 Re 22, 19-20   18 s cf 4 Re 23, 4   23 s 4 Re 23, 5

1, 5, 6, 8, 9, 10, 12, 35, 37, 54, 55, 56

1 τὴν] τὸν 35   προφήτην 35 37   >τῶν ὅλων 5   >διὰ ταύτης 54   2 τοῦ λαοῦ ...
τοῦ ναοῦ tr 1 55   >καὶ 2° 10   4 εὐσεβεῖ δὲ tr A   προσηγόρευσεν 10 12 54*   >᾽Ανθ᾽
ὧν — κατοικοῦντας αὐτόν (l 13) 54   7 >τοῦ 37   9 >καί γε — Οὐχ οὕτως
5   προστίθεμαι 35   10 συναχθείσῃ 12   12 >ἐγὼ 37   13 δάκρυα 54   14
>τοσοῦτον εὐσεβὴς — οὕτως ᾽Ιωσίας (l 17) 54   >εὐσεβὴς εὐεργετεῖ — οἱ δυσσεβεῖς
5   εὐεργετεῖ] ἐνεργεῖ 12   εὐεργετεῖ βασιλεὺς tr 55   15 τοῖς ἀρχομένοις
5   πημαίνουσιν pr εὐσεβεῖς 5: πημαίνονται ed: λυμαίνονται 5: λοιμαίνουσιν 10   ᾽Αμών 1
35 56: ᾽Αμμὼς 5: ᾽Αμὼς 10   16 Μανασῆς 37   ἐξέμηναν] ἐξέκλιναν A   φυτεύσαντες]
φύσαντες c₁   17 >καὶ τεμένη — ἀναστήσαντες 37   18 ὁ εὐσεβὴς βασιλεὺς] ὁ δὲ βασιλεὺς
εὐσεβέστατος 54   εὐσεβὴς βασιλεὺς tr 5 10   τὰ] > 5: ὧν A   τῷ] τῇ A   τῇ] τῷ
1   ᾽Ασηρὼθ] ᾽Ασταρὼθ 10 54 55: ᾽Ασταρτῇ 5   >καὶ τοῖς ἄλλοις εἰδώλοις c₁ 1 37   19
κατασκευασμένα 55   20 Βαιθὴλ c₁ 54   21 κατέκαυσε] κατέσφαξε 5   Μαζουλὼθ 10:
᾽Αμαζουρὼθ 1 37   οἶμαι post εἶναι 37   22 >Ἔφη γὰρ οὕτως — στρατιᾷ τοῦ οὐρανοῦ
(l 24) 6   23 >σελήνῃ καὶ τοῖς 54   24 τοῖς] τῷ 5: τῇ 10   Μαζωρὼθ 1: Μαζαρὼθ 10

ΝΕ΄

Τίνα λέγει τὸν οἶκον τὸν «Καδησὶμ» τὸν ἐν οἴκῳ Κυρίου;

Ὁμωνύμως ἐκάλεσαν ἁγίους τοὺς δαίμονας. Τὸ γὰρ «Κάδης» ἅγιον ἑρμηνεύεται. «Ἐν τούτῳ δὲ τῷ οἴκῳ ὕφαινον», φησίν, «αἱ γυναῖκες στολὰς τῷ ἄλσει». Τὸ δὲ ἄλσος, ὡς πολλάκις ἔφην, οἱ ἄλλοι ἑρμηνευταὶ ἢ Ἀσηρὼθ ἢ Ἀσταρὼθ ὀνομάζουσιν. Ὄνομα δὲ 5 τοῦτο τῆς Ἀφροδίτης· αὐτὴν γὰρ καλοῦσιν Ἀστάρτην. Ταύτης δὲ καὶ τὸ ξόανον ἔνδον ἔστησαν ἐν τῷ θείῳ νεῴ. Ἀλλ᾽ ὁ ἀξιάγαστος βασιλεὺς καὶ τὸ ἄλσος ἐξέκοψε καὶ τὸ ξόανον ἐξενήνοχε καὶ πυρὶ παραδέδωκεν· οἱ δὲ περὶ τὸν Ἀκύλαν τὸ «καδησὶμ» οὕτως ἡρμήνευσαν, «Οὗ ἐποίουν ἐνδύματα τοῖς ἐκπορνεύουσιν ἀπὸ 10 Κυρίου». Ὅτι δὲ τὰ ὑψηλὰ οὐ μόνον οἱ τῶν εἰδώλων ἐκαλοῦντο βωμοὶ ἀλλὰ καὶ τὰ ἐν τοῖς ὑψηλοῖς χωρίοις δομηθέντα τῷ Θεῷ θυσιαστήρια, πάλιν ἡ ἱστορία διδάσκει. Λέγει γὰρ οὕτως· «Πλὴν οὐκ ἀνέβησαν οἱ ἱερεῖς τῶν ὑψηλῶν πρὸς τὸ θυσιαστήριον Κυρίου ἐν Ἱερουσαλήμ, εἰ μὴ ἔφαγον ἄζυμα ἐν μέσῳ τῶν ἀδελφῶν 15 αὐτῶν». Δῆλον δὲ ὡς ἐκ τοῦ ἱερατικοῦ γένους ὑπῆρχον οὗτοι. Εἰ δὲ τοῖς εἰδώλοις ἐλάτρευσαν, οὐκ ἂν αὐτοὺς ὁ εὐσεβὴς βασιλεὺς συγγνώμης ἠξίωσεν.

1 cf 4 Re 23, 7   **3** s 4 Re 23, 7   **13** s 4 Re 23, 9

1, 5, 6, 8, 9, 10, 12, 35, 37, 54, 55, 56

1 Τίνα] τίνας 54   >τὸν 1° 54   >οἶκον Α   τὸν 2°] >Α: τῶν c₁ 37   Καδησεὶμ Α⁻⁵⁴ c₁ 9: Καδδησὶμ 35   τὸν 3°] τῶν c₁ 37 54   Κυρίου + Κυρίου 5   **2** ἐκάλεσεν 6 12 37 54 55   ἁγίοις 6 10   **3** ἅγιος 5   >δὲ Α   **4** στολὰς] στήλας 1 37   πολλάκις ἔφην tr Α⁻⁵⁴   **5** >ἢ 1°] Α⁻⁵⁴: καὶ 54   >Ἀσηρὼθ ἢ Α   Ἀστηρὼθ 12   ὀνομάζουσιν] καλοῦσιν 12   **6** καλοῦσιν Ἀστάρτην tr 54   **7** >καὶ 10   ξόανον] ξύλον 12   ἔστησεν 54   ἐν] >35: + τῷ ναῷ 54   νεῴ] >54: ναῷ 5 9   >Ἀλλ᾽ ὁ ἀξιάγαστος — παραδέδωκεν (l 9) 6   **8** ἐξενήνοχε] ἐξέβαλε 5 54: ἐξέβαλλε 10   **9** παραδέδωκεν + τὸ δὲ καδησεὶμ 6   >τὸ καδησὶμ 6   καδησὶν 37 56: καδησεὶμ Α 55: καδὴς 1 12: καδδὴς 9   οὕτω 54   **11** >Ὅτι δὲ 6   >τὰ 5 6   ὑψηλὰ + δὲ 6   **12** >χωρίοις 54   τῷ Θεῷ/θυσιαστήρια tr 6   **13** >πάλιν ἡ ἱστορία Α   >διδάσκει — οὕτως 54   Λέγει γὰρ — συγγνώμης ἠξίωσεν (l 18)] δὲ τοῦτο ἐνταῦθα καὶ ἡ ἱστορία σαφέστερον 6   **14** >οἱ 54   πρός] εἰς 5   **16** ὡς] ὅτι 5   ἱερατικοῦ] ἰσραηλιτικοῦ 12   **17** >βασιλεὺς 12

NS´

Τὸ «Ταφὲθ» τί δηλοῖ;

Ἐν τῇ τῶν ἑβραϊκῶν ὀνομάτων ἑρμηνείᾳ πτῶσιν εὗρον σημαῖνον τὸ ὄνομα. Τόπος δὲ ἦν οὗτος ἐν ᾧ διῆγον ἐν πυρὶ τὰ παιδία τῷ Μελχόλ. Ἀμμανιτῶν δὲ τοῦτο εἴδωλον ἦν. Τοῦτο δὲ
5 καὶ ἡ ἱστορία δεδήλωκεν. «Ἐμίανε» γάρ φησι, «τὸ Ταφὲθ τὸ ἐν φάραγγι υἱοῦ Ἐννόμ, τοῦ μὴ διάγειν ἄνδρα τὸν υἱὸν αὐτοῦ καὶ τὴν θυγατέρα αὐτοῦ ἐν πυρὶ τῷ Μελχόλ». Τὸ δὲ «φαρουρίμ», «τοῦ φρουροῦ» οἱ περὶ τὸν Σύμμαχον ἡρμήνευσαν. Ὅπως δὲ τοῦτον ἐμίανεν ὁ εὐσεβὴς βασιλεὺς ἡ ἱστορία διδάσκει. «Ἔπλησε γὰρ
10 τοὺς τόπους αὐτῶν ὀστέων ἀνθρώπων». Καὶ πάλιν. «Ἀπέστειλε καὶ ἔλαβε τὰ ὀστᾶ ἐκ τῶν τάφων καὶ κατέκαυσεν αὐτὰ ἐπὶ τὸ θυσιαστήριον καὶ ἐμίανε τὸ θυσιαστήριον κατὰ τὸ ῥῆμα Κυρίου ὃ ἐλάλησεν ὁ ἄνθρωπος τοῦ Θεοῦ ἐν τῷ ἑστάναι Ἱεροβοὰμ ἐπὶ τὸ θυσιαστήριον ἐν τῇ ἑορτῇ». Ὅτι δὲ οὐ ψευδοπροφήτης ἦν ὁ τὸν
15 ἄνθρωπον τοῦ Θεοῦ παραπείσας τροφῆς μεταλαβεῖν παρ' αὐτῷ καὶ ἐντεῦθεν καταμαθεῖν εὐπετές· «Διεσώθη» γάρ φησι, «τὰ ὀστᾶ τοῦ προφήτου τοῦ πρεσβύτου, τοῦ κατοικοῦντος ἐν Βεθήλ, μετὰ τῶν ὀστῶν τοῦ ἀνθρώπου τοῦ Θεοῦ τοῦ ἥκοντος ἐξ Ἰούδα, καὶ λελαληκότος πάντα τὰ ἔργα ταῦτα ἃ ἐποίησεν Ἰωσίας».

1 4 Re 23, 10   5 s 4 Re 23, 10   7 cf 4 Re 23, 11   9 s 4 Re 23, 14   10 s 4 Re 23, 16   16 s 4 Re 23, 19ap

1, 5, 6, 8, 9, 10, 12, 35, 37, 54, 55, 56

1 Ταφὲθ] Ἀφὲθ 12: Θαβὲχ 37   δηλοῖ + ἐνταῦθα 6   4 Μελχόλ 6 9 37: Μελχόμ 1: Μελχόμ 56: Μολόχ 5   ἀμανιτῶν 8 12: ἀμμαριτῶν 1   >τοῦτο εἴδωλον 1 37   τοῦτο 1° + τὸ Α 12   ἦν ante τοῦτο Α 1 37   5 >Ἐμίανε — πυρὶ τῷ Μελχόλ 54   >φησι Α >τὸ Ταφὲθ 6   Θαβὲχ 10 37   τὸ 2°] τῶν 6: τὸν 55: + γὰρ D   6 φάραγγι + ἀποκτείνας 37*: + Θαβὲχ 6   υἱοῦ] > Α-10 37: pr ἀποκτείνας τετρακοσίους ἑβδομήκοντα Α-54 37mg: + αὐτοῦ 12   >Ἐννόμ Α-10 37   τῶν υἱῶν 6   >καὶ τὴν θυγατέρα αὐτοῦ ed   7 >τῷ 1   Μελχόλ 6 9 37: Μελχόμ 1: Μολόχ 5   Τὸ] τοῦ Α-10   ἀφαρουρὶ D: φαρουρὶ Α-10 9: φαριαρὶ 10   8 φρουρίου Α   >Ὅπως δὲ τοῦτον — θυσιαστήριον ἐν τῇ ἑορτῇ (l 14) 6   9 >βασιλεὺς 37   γὰρ + φησί 5 8 9 10 35   10 αὐτῶν + φησί 54   πάλιν + καὶ 10 54   11 αὐτὰ / ἐπὶ τὸ tr 54   12 καὶ ἐμίανε — θυσιαστήριον ἐν τῇ ἑορτῇ (l 14)] καὶ ἑξῆς 54   >καὶ ἐμίανε τὸ θυσιαστήριον Α   14 οὐ] ὁ 35   ψευδοπροφήτης] προφήτης 12   ἦν + ψευδὴς 12   15 πείσας 37   τροφὴν 6 10   μεταλαβεῖν] μετασχεῖν 54   >παρ' αὐτῷ 54   αὐτῷ] αὐτοῦ 1: + ὃν ὁ λέων ἀπέκτεινε 6   16 καὶ ἐντεῦθεν] κἀντεῦθεν 6   ἐντεῦθεν] ἐνταῦθα 10 54: + ἐστὶν 54   καταμαθεῖν εὐπετές] δῆλον 6   >φησί 12 37   ὀστᾶ + τοῦ πρεσβυτέρου 5 10   17 τοῦ 1°] τούτου 37   τοῦ πρεσβύτου] > 5 10: τοῦ πρεσβυτέρου c₁ 1 12   >κατοικοῦντος ἐν 54   Βαιθήλ c₁ 54   18 ἐξ pr τὸ 54   19 πάντα] κατὰ 54   >ταῦτα ed

NZ´

Τί δήποτε καὶ περὶ τοῦ Ἐζεκίου, καὶ περὶ τοῦ Ἰωσίου ταῦτα ἔφη· «ὅτι ὅμοιος αὐτῷ οὐκ ἐγένετο ἔμπροθεν αὐτοῦ καὶ μετ᾽ αὐτὸν οὐκ ἀνέστη ὅμοιος αὐτῷ»;

Οὔτε ἐκεῖνον τούτῳ συνέκρινεν, οὔτε τοῦτον ἐκείνῳ, ἀλλὰ
τοῖς ἄλλοις τοῖς δόξασιν εὐσεβεῖν, τῷ Ἀσᾷ καὶ τῷ Ἰωσαφὰτ καὶ   5
800 τῷ Ἰωάθαμ· καὶ τοῦτον κἀκεῖνον παρεξετάσας, κρείττους ἀπέφη-
νεν. Ἐὰν δέ τις ψιλῷ προσχῇ τῷ γράμματι, εὑρεθήσεται κἀκεῖνος
καὶ οὗτος καὶ τοῦ Δαβὶδ ὑπερκείμενοι. Καὶ περὶ ἐκείνου γὰρ καὶ
περὶ τούτου ἔφη ὅτι «Ὅμοιος αὐτῷ οὐκ ἐγένετο βασιλεὺς
ἔμπροσθεν αὐτοῦ». Ἀλλὰ δῆλον, ὡς οὔτε τὸν Ἐζεκίαν τοῦ Δαβὶδ   10
προτέθεικεν, οὔτε τὸν Ἰωσίαν τοῦ Ἐζεκίου καὶ τοῦ Δαβὶδ ἀπέφη-
νε κρείττονα· ἄλλα τοῖς ἄλλοις αὐτοὺς εὐσεβέσι συνέκρινεν. Εἰ δέ
τις ὑπείληφε μεμφθῆναι τὸν Ἐζεκίαν ὡς φρονήματι χρησάμενον
ὑψηλῷ, καὶ τοῖς τοῦ Βαβυλωνίου πρεσβευταῖς τοὺς θησαυροὺς ἐπι-
δείξαντα, ὄψεται καὶ τὸν Ἰωσίαν οὐ παντάπασιν αἰτίας ἐλεύθε-   15
ρον. Ἡνίκα γὰρ Φαράω Νεχάω κατὰ τῶν ἀσσυρίων ἐστράτευσεν,
ἐπικουρῆσαι τοῖς ἀσσυρίοις ἐσπούδασε· καὶ ὡς ἡ τῶν Παραλειπο-
μένων ἐδίδαξε βίβλος ἔφη πρὸς αὐτὸν ὁ Φαράω· «*Τί ἐμοὶ καὶ σοί,*

2 s 4 Re 23, 25   9 s 4 Re 23, 25   18 s 2 Cr 35, 21-23

1, 5, 6, 8, 9, 10, 12, 35, 37, 54, 55, 56

1 ταῦτα] τὰ αὐτὰ Α 1   2 αὐτῷ] αὐτοῦ 1 37 54 56   >αὐτοῦ καὶ μετ᾽ — ὅμοιος
αὐτῷ 12   4 ἐκεῖνον τούτῳ] ἐκείνῳ τοῦτον 6   5 ἄλλοις] ἀνθρώποις 5   εὐσεβεῖν]
εὐσεβέσιν c₁ 1 37   Ἀσσᾷ 9 55   6 Ἰωθὰμ 12: Ἰοάθαμ 6: Ἰωάθαν 37   παρεξετάσας
+ τούτους 6 10 37: + τούτους 5: + τούτων 54   κρείττους ἀπέφηνεν tr Α: + τοὺς δύο
54   7 προσχῇ] προσέχῃ Α   8 >καὶ 2° 37   ὑπερκείμενος 5   >Καὶ περὶ ἐκείνου —
περὶ τούτου Α   9 >ἔφη ὅτι — εὐσεβέσι συνέκρινεν (l 12) 54   ἔφη pr οὐ γὰρ
Α   αὐτῷ] αὐτοῦ 12   11 προυτέθεικεν 35   τοῦ Ἐζεκίου ante τὸν Ἰωσίαν
37   Ἐζεκίας Α   12 Εἰ δέ τις ὑπείληφε — ἐλευθερίας ἠξίωσεν (p 243 l 4)] οὔκουν
αὐτοὺς ἀλλήλοις συγκρίνει καθὼς καὶ ὁ ἱστοριογράφος δεδήλωκε οὐ δι᾽ ἀλλήλων
ὑπερτίθησιν. Τὸ γὰρ οὕτω νοεῖν ἔσχατον ἀνοίας ἐστίν 6   14 >τοῦ 1 37   βαβυλωνίων
1   ὑποδείξαντα 5: ἐπεδείξαντο 54   16 Ἡνίκα] καὶ 5 54   γὰρ + ὅτε 5   ἀσυρίων
10   ἐστρατεύσατο 5   17 ἀσυρίοις 8   >καὶ 54   18 ἐδίδαξε βίβλος tr 54   >ἔφη
πρὸς αὐτὸν — ὅτι ἐπόνεσα σφόδρα (p 242 l 9) 54   >ὁ Α

βασιλεῦ Ἰούδα; Οὐκ ἐπὶ σὲ ἥκω σήμερον ποιῆσαι πόλεμον, ἀλλ' ἢ ἐπὶ τὸν τόπον τοῦ πολέμου, καὶ ὁ Θεὸς εἶπε τοῦ κατασπεῦσαί με. Πρόσεχε σὺ ἀπὸ τοῦ Θεοῦ τοῦ μετ' ἐμοῦ, μὴ καταφθείρῃ σε. Καὶ οὐκ ἀπέστρεψεν Ἰωσίας τὸ πρόσωπον αὐτοῦ, ἀλλ' ἐκραταιώθη τοῦ
5 πολεμεῖν αὐτὸν καὶ οὐκ ἤκουσεν Ἰωσίας τῶν λόγων Φαράω Νεχάω ἐκ στόματος Κυρίου· καὶ ἦλθε τοῦ πολεμῆσαι ἐν τῷ πεδίῳ Μαγεδδώ. Καὶ ἐτόξευσαν οἱ τοξόται Φαράω ἐπὶ τὸν βασιλέα Ἰωσίαν. Καὶ εἶπεν ὁ βασιλεὺς τοῖς παισὶν αὐτοῦ· Ἐξαγάγετέ με, ὅτι ἐπόνεσα σφόδρα». Ὁ δὲ Ἔσδρας οὕτω φησί· «Καὶ διεπέμψατο ὁ
10 Βασιλεὺς Αἰγύπτου πρὸς Ἰωσίαν λέγων, Τί ἐμοὶ καὶ σοί, βασιλεῦ τῆς Ἰουδαίας; Οὐχὶ πρὸς σὲ ἐξαπέσταλμαι ὑπὸ Κυρίου τοῦ Θεοῦ; Ἐπὶ γὰρ τοῦ Εὐφράτου ὁ πόλεμός μού ἐστι. Καὶ νῦν Κύριος μετ' ἐμοῦ ἐστι καὶ μετ' ἐμοῦ ἐπισπεύδων ἐστίν. Ἀπόστηθι, καὶ μὴ ἐναντιοῦ τῷ Κυρίῳ. Καὶ οὐκ ἀπέστρεψεν ἑαυτὸν Ἰωσίας ἐπὶ τὸ ἅρμα
15 αὐτοῦ ἀλλὰ πολεμεῖν αὐτὸν ἐπεχείρει, οὐ προσέχων ῥήμασιν Ἱερεμίου τοῦ προφήτου ἐκ στόματος Κυρίου, ἀλλὰ συνεστήσατο πρὸς αὐτὸν πόλεμον ἐν τῷ πεδίῳ μετὰ ἀδίκου». Οὐ τοίνυν αὐτὸς ἀλλήλοις συγκρίνει, οὐδὲ ἀλλήλων ὑπερτίθησι. Τὸ γὰρ οὕτω νοεῖν ἀνοίας ἐστὶν ἐσχάτης· ἀλλὰ τοῖς ἄλλοις αὐτοὺς παρεξήτασε βασι
20 λεῦσι. Τὰ δὲ κατὰ τὸν Ἰωαχὰζ καὶ Ἰωαχὶμ καὶ Ἰωακεὶμ καὶ Ἰεχονίαν καὶ Σεδεκίαν πλατύτερον ὁ θεῖος Ἱερεμίας συνέγραψε. Κἀκείνην δὲ τὴν βίβλον διὰ τὴν τοῦ Κυρίου χάριν ἅπασαν ἡρμηνεύσαμεν. Παρέλκον τοίνυν ὑπολαμβάνω δὶς τοὺς αὐτοὺς ἀνελίξαι λόγους. Τὸν δὲ Ἰωαχίμ, τὸν τοῦ Ἰωακεὶμ υἱόν, ὁ θεῖος

9 s 1 Esd 1, 24-27

1, 5, 6, 8, 9, 10, 12, 35, 37, 54, 55, 56

1 βασιλεῦ pr ὁ 10   >ἢ D 9   3 Πρόσεχε] πρόσχες 1   >τοῦ 2° 37   καταφθείρω 5 10: καταφθείρῃς 12   4 >τὸ πρόσωπον αὐτοῦ — ἤκουσεν Ἰωσίας Α   ἀλλ'] καὶ 1   ἐκραταιώθη 8 12   5 >οὐκ 1   τῶν pr κατὰ 5   τὸν λόγον Α 9 35   Φαράω pr τῷ 12   6 >ἐκ στόματος Κυρίου 5   Κυρίου] Θεοῦ 10   >τοῦ Α   πολεμεῖν ed   7 Φαράω pr τοῦ Α   9 Ὁ δὲ Ἔσδρας οὕτω] καὶ πάλιν ὁ Ἔσδρας 54   11 ὑπὸ] ἀπὸ 12   12 μού] > Α: μοί 8 9 56   >νῦν Κύριος 37   13 >ἐστι καὶ μετ' ἐμοῦ Α 37   >ἐπισπεύδων Α   14 ἑαυτὸν] αὐτὸν 5   15 αὐτὸν] > 1: αὐτῷ 56   >οὐ 54   ῥήμασιν pr τοῖς 9 12 35   17 ἀδίκου] εδδακους D: ἀδικίας 9   >Οὐ τοίνυν — παρεξήτασε βασιλεῦσι (l 20) 54   19 >ἐστὶν Α 12 35   20 Ἰωαχὰζ] > 5 54: Ἀχὰζ 37   >καὶ 1° 5 54   Ἰωαχὶμ] >D 10: Ἰωαχεὶμ 1 5 9: Ἰωαχὰμ 37 54   >καὶ 2° D 10   Ἰωαχὶμ... Ἰωακεὶμ tr c₁   22 διὰ τὴν — ὑπολαμβάνω] ἡρμηνεύσαντες παρέλκον ὑπειλήφαμεν 54   τὴν 2°] τῆς Α 1 55   τοῦ Κυρίου] θείας Α c₁ 1: θείαν 37   χάριτος Α 1 55   πᾶσαν Α   23 δὶς] > 12: εἰς 10   24 ἀνελίξαι] ἀναλῆξαι 12: ἀνεδείξαι 35: ἀνελίττειν 37   Ἰωχίμ] > 12: Ἰωαχίμ 1 9 55: Ἰωακεὶμ 8 10 35   >τὸν τοῦ 12   >υἱόν, ὁ θεῖος — βίβλος Ἰωακείμ (p 243 l 2) 54

Ἱερεμίας Ἰεχονίαν καλεῖ· ἡ δὲ τῶν Παραλειπομένων βίβλος Ἰωακείμ. Τοῦτον ὁ Εὐϊλὰδ Μαρωδὰχ τῆς εἱρκτῆς ἀπαλλάξας, ὁμοδίαιτον εἶχε καὶ ὁμοτράπεζον. Ὁ τύπτων γὰρ καὶ ἰώμενος τοῖς πολεμίοις ἐκδεδωκώς, πάλιν αὐτὸν ἐλευθερίας ἠξίωσεν.

1 cf Je 34, 17; 2 Cr 36, 5d.8   2 s cf 4 Re 25, 27 s

1, 5, 6, 8, 9, 10, 12, 35, 37, 54, 55, 56

1 Ἰεχονίου 12   Ἰωακείμ] Ἰωαχείμ 8 9 10 12: Ἰαχείμ 35   2 >ὁ 12   Εὐϊλὰτ A   Μερωδὰχ 56: Μαρωδὰδ 8 9 35: Μαρωδὰμ 12   3 καὶ 2° + πάλιν 54   4 τοὺς πολεμίους 12

Τῆς βίβλου τῶν Παραλειπομένων τὴν ὑπόθεσιν ἡ προσηγορία
δηλοῖ. Ὅσα γὰρ παρέλιπεν ὁ τὰς βασιλείας συγγεγραφώς, ταῦτα
συντέθεικεν ὁ τόνδε τὸν πόνον ἀναδεξάμενος, ἐκ πολλῶν αὐτὰ
5 προφητικῶν βιβλίων συναγαγών. Πολλὰ δὲ καὶ τῶν ἐκεῖ συγ-
γεγραμμένων τούτοις συνήρμοσεν, ἵνα φυλάξῃ τῆς ἱστορίας τὴν
ἁρμονίαν. Ἄνωθεν δὲ ἀπὸ τῆς γενεαλογίας ἤρξατο, ἵνα δείξῃ
συντόμως, ὡς ἐξ ἑνὸς ἀνθρώπου πάντα τὰ φῦλα τῶν ἀνθρώπων
ἐβλάστησεν. Ἐπειδὴ δὲ μόνης τῆς Ἰούδα βασιλείας ποιεῖται
10 μνήμην, διδάσκει τίνες αἱ τούτων πόλεις καὶ κῶμαι καὶ ἐκ τίνων
τὰς προσηγορίας ἐσχήκασιν. Ἐντεῦθεν μανθάνομεν, ὡς Νάθαν,
ἐξ οὗ τὸν Σωτῆρα καὶ Κύριον ἡμῶν ἐγενεαλόγησε Λουκᾶς ὁ
θεσπέσιος, καὶ τοῦ Δαβὶδ ἦν υἱὸς καὶ τοῦ Σολομῶντος
ὁμομήτριος ἀδελφός. «Οὗτοι» γάρ φησιν, «ἐτέχθησαν τῷ Δαβὶδ ἐν
15 Ἱερουσαλὴμ Σαμαὰ καὶ Σωβὰβ καὶ Νάθαν καὶ Σολομών, οἱ τέσσα-

7 s cf 1 Cr 1, 1 s   14 s 1 Cr 3, 5

1, 5, 6, 8, 9, 10, 12, 35, 37, 54, 55, 56

1 Εἰς] > 5: pr τοῦ αὐτοῦ 6 9 10 12 35: pr τοῦ αὐτοῦ μακαρίου Θεοδωρήτου c₁
(>αὐτοῦ) 8: pr ἐκ τῶν τοῦ μακαρίου Θεοδωρήτου 54   τὴν πρώτην] > c₁: τῆς πρώτης 5:
+ βίβλον D 9   τῶν Παραλειπομένων] τὰ Παραλειπόμενα c₁   2 ἡ ὑπόθεσις 12   ἡ
προσηγορία] τὴν προσηγορίαν 12: ἐπιγραφὴ 54   3 Ὅσα] ἃ A·¹⁰   παραλέλοιπεν c₁: πα-
ρέλειπεν 8 12   4 αὐτὰ + βίβλων αὐτὰ 37   5 βιβλίων] > 37: βίβλων c₁ 1 8 9 12   6
γεγραμμένων c₁   8 >ὡς 10   >τὰ 35   9 >μόνης A   ποιεῖται μνήμην] tr 6: ποιεῖ
τὴν μνήμην 1 37: ποιεῖται τὴν μνήμην c₁   10 τίνων] τούτων 54   12 ἡμῶν + Ἰησοῦν
Χριστὸν A·⁵   ἐγενεαλόγησε Λουκᾶς tr 54   Λουκᾶς pr ὁ 37 54   13 >ὁ θεσπέσιος 54:
ὁ θαυμάσιος 37   Σολομῶντος + ὢν 12   14 φησιν, ἐτέχθησαν tr 12   ἐτέχθησαν / τῷ
Δαβὶδ tr 5   15 Σαμαὰ] Σαὰμ c₁ 1 37   Σωβὰβ] Σοβὰ 5 54: Σωβὰ 6 10: Σαβαὰ 8   οἱ]
υἱοὶ A

ρες τῆς *Βηρσαβεαὶ θυγατρὸς Ἠλᾶ»*. Καὶ τὸν Ῥηχὰβ δὲ τὸν πολλα-
χοῦ τῆς γραφῆς ἐπαινούμενον, αὕτη δείκνυσιν ἡ βίβλος ἐκ τῆς
Ἰούδα ὄντα φυλῆς. Διδάσκει δὲ σαφέστερον τὴν αἰτίαν δι᾽ ἣν ὁ
μὲν Ῥουβὶμ τῶν πρωτοτοκίων ἐξέπεσεν, ὁ δὲ Ἰωσὴφ τούτων
τετύχηκεν, ἡ δὲ Ἰούδα φυλὴ τιμῆς ἀπήλαυσε πλείονος. *«Υἱοὶ* 5
γάρ φησι, *«Ρουβὶμ πρωτοτόκου Ἰσραήλ, ὅτι αὐτὸς ὁ πρωτότοκος.*
Ἐν δὲ τῷ βεβηλῶσαι τὴν στρωμνὴν τοῦ πατρὸς αὐτοῦ ἔδωκε τὰ
πρωτοτόκια αὐτοῦ τοῖς υἱοῖς Ἰωσὴφ καὶ οὐκ ἐγενεαλογήθη εἰς
πρωτοτόκια Ρουβίμ, ὅτι Ἰούδας δυνατὸς ἰσχύϊ ἐν τοῖς ἀδελφοῖς
αὐτοῦ καὶ εἰς ἡγούμενον ἐξ αὐτοῦ καὶ τὰ πρωτοτόκια τῷ Ἰωσήφ». 10
Δηλοῖ δὲ ὁ λόγος ὡς τὰ μὲν πρεσβεῖα τῶν πρωτοτοκίων ὁ Ἰωσὴφ
ἐκομίσατο, τὴν δὲ ἡγεμονίαν ὁ Ἰούδας ἐδέξατο διὰ τὸν ἐξ αὐτοῦ
κατὰ σάρκα βλαστήσαντα Κύριον. Τοῦτο γὰρ αἰνίττεται τὸ *«εἰς*
ἡγούμενον ἐξ αὐτοῦ». Οὐ γὰρ μόνους τοὺς ἐξ αὐτοῦ βασιλέας ὁ
λόγος δηλοῖ ἀλλὰ καὶ τὸν αἰώνιον βασιλέα, ὃς οὔτε ἀρχὴν ἔσχεν 15
804 ἡμερῶν, οὔτε τέλος λήψεται. Διδάσκει δὲ καὶ ὅπως αἱ πέραν τοῦ
Ἰορδάνου φυλαί, ἡ τοῦ Ῥουβὶμ καὶ ἡ τοῦ Γὰδ καὶ τὸ ἥμισυ τῆς
Μανασσίτιδος φυλῆς συνεπλάκησαν τοῖς ἀγαρηνοῖς καὶ τοῖς
ἰτουραίοις καὶ ναφισαίοις καὶ τοῖς ἄλλοις τοῖς μετ᾽ αὐτῶν παρα-
ταττομένοις, καὶ ὡς μάχης καρτερᾶς γενομένης κατὰ κράτος ἐνί- 20

5 s 1 Cr 5, 1-2   14 1 Cr 5, 2   16 s cf 1 Cr 5, 18 s

1, 5, 6, 8, 9, 10, 12, 35, 37, 54, 55, 56

1 Βηρσαβεὲ Α c₁ 8 9 37: Βιρσαβαιὲ 12: Βιρσαβεὲ 35 54   Ῥιχὰμ 5 54: Ῥιχὰβ 6:
Ῥαχὰβ 10   >δὲ 37 55   >τὸν 2° 8 35   3 >ὄντα 54   4 Ῥουβεὶμ 37: Ῥουβὴν 8 12
56: Ῥουβὶν 6 10 35   πρωτοτόκων D   5 ἐπέτυχεν 10   φυλὴ / τιμῆς ἀπήλαυσε tr
6   Υἱοὶ pr οἱ 1   >Υἱοὶ γάρ — αὐτὸς 54   6 Ῥουβεὶμ 5 37: Ῥουβὴν 8 56: Ῥουβὶν 6
10 35 55   Ῥουβὶμ ... Ἰσραήλ tr 12   πρωτοτόκου] πρωτότοκος 1: πρωτότοκοι 10   ὁ
πρωτότοκος — δὲ τῷ] τὸν μὲν γὰρ διὰ τὸν 54   7 στρωμνὴν — τοῖς υἱοῖς] πατρῴαν
στρωμνὴν ἐκπέσειν τῶν πρωτοτοκίων εἰσποιηθέντων αὐτοῖς τῶν υἱῶν 54   8 >καὶ οὐκ
ἐγενεαλογήθη — ἐκομίσατο (l 12) 54   >οὐκ 5   ἐγενεαλογίσθη 12   9 πρωτοτοκίαν
35   Ῥουβίμ] pr ὁ c₁ 9 37: Ῥουβείμ 5 37: Ῥουβὴν D 56: Ῥουβὶν 6 10 55   ἰσχύϊ] > 37:
ἰσχύει 5 6 12 35: ἐν ἰσχύϊ 1   10 >τῷ Α   11 >Δηλοῖ δὲ — ὁ Ἰωσὴφ Α   πρεσβεῖα]
πρωτοτοκία 12   πρωτοτόκων 12   12 τὴν δὲ ἡγεμονίαν — ἐδέξατο] δέξασθαι δὲ τὸν
Ἰούδαν τὴν ἡγεμονίαν, φησί 54   >ὁ Α   13 >κατὰ σάρκα 54   τὸ] καὶ 54   14 >Οὐ
γὰρ μόνους — αὐτοῦ Α⁻⁶ 35*   βασιλέας] βασιλέα 54: βασιλεῖς 1: + μὲν γὰρ 5 54   15
>ὃς οὔτε — λήψεται 54   16 οὔτε] οὐδὲ 5 6   καὶ ὅπως tr Α   17 >ἡ 1° Α⁻⁶
Ῥουβεὶμ 5 37: Ῥουβὶν 10 55: Ῥουβὴν 8 16 35   >ἡ 2° Α 12 35   18 Μανασσήτιδος 1
5: Μασανίτιδος 10: Μανασίτιδος 54   19 ἰτουραίοις] τυρίοις c₁ 1 37*: σιτουραίοις 5 6
37ᵐᵍ: ἰτουρίοις D   ναφεσαίοις 5 54: ναφεσέοις 10   μετ᾽ αὐτῶν] μετὰ τούτων Α: μετὰ
τῶν 1   20 παρατασσομένοις 5   κρατερᾶς 54   γεναμένης 12

κησαν, καὶ τοὺς ἀγαρηνοὺς ἐξήλασαν. Λέγει δὲ καὶ τὴν αἰτίαν τῆς νίκης· «Ὅτι τῷ Θεῷ», φησίν, «ἐβόησαν ἐν τῷ πολέμῳ καὶ ἐπήκουσεν αὐτῶν ὅτι ἐπεποίθεισαν ἐπ᾿ αὐτῷ». Συνέγραψε δὲ καὶ τῆς λείας τὸν ἀριθμόν· «Πεντήκοντα» γάρ φησιν, «χιλιάδας
5 καμήλων ἔλαβον καὶ προβάτων διακοσίας καὶ πεντήκοντα χιλιάδας καὶ ὄνους δισχιλίους καὶ ψυχὰς ἀνθρώπων ἑκατὸν χιλιάδας. Τραυματίαι γὰρ πολλοὶ ἦσαν, ὅτι παρὰ Θεοῦ ἦν ὁ πόλεμος καὶ κατῴκησαν ἀντ᾿ αὐτῶν ἕως τῆς ἀποικίας». Γενεαλογεῖ δὲ καὶ τοὺς ἱερέας καὶ τοὺς λευίτας, καὶ λέγει τὸν Σαδοὺκ τὸν ἐπὶ
10 τοῦ Δαβὶδ ἀρχιερατεύσαντα, ἐνδέκατον ἀπὸ Ἀαρὼν γεγενῆσθαι· Ἀζαρίαν δέ, ὃς ἔκγονος ἦν τοῦ Σαδούκ, πρῶτον ἐν τῷ ναῷ τῷ οἰκοδομηθέντι ὑπὸ τοῦ Σολομῶντος ἱερατεῦσαι. Ἐκ τούτων ἦν καὶ Ἰωσεδὲκ ὃς δορυάλωτος εἰς Βαβυλῶνα μετὰ τῶν ἄλλων ἀπήχθη. Τούτου υἱὸς ἦν Ἰησοῦς ὁ ἱερεὺς ὁ μέγας, ὃς σὺν τῷ Ζο-
15 ροβάβελ τὴν αἰχμαλωσίαν ἐπανήγαγε καὶ τὸν θεῖον νεὼν ᾠκοδόμησεν. Ἐντεῦθεν μανθάνομεν ὡς Κορὲ ὁ κατὰ Μωϋσοῦ τοῦ μεγάλου τὴν στάσιν ἐγείρας, τοῦ Ἰσαὰρ ἦν ἔκγονος· ὃς τοῦ μὲν Καὰθ υἱὸς ἦν, ἀδελφὸς δὲ Ἀβρὰμ τοῦ πατρὸς Ἀαρὼν καὶ Μωϋσοῦ· τοιγάρτοι ἀνεψιδοῦς ἦν τοῦ νομοθέτου. Ἀλλ᾿ οὗτος μὲν
20 ἐν τῇ ἐρήμῳ δίκας εἰσεπράχθη τῆς τυραννίδος· οἱ δὲ υἱεῖς τῆς τιμωρίας οὐκ ἐκοινώνησαν τῷ γεννήτορι. Αὐτίκα γοῦν Σαμουὴλ ὁ μέγας ἐκ τούτου κατάγει τὸ γένος. Καὶ Αἰμὰν δὲ ὁ ψαλτῳδὸς ἔκγονος ἦν Σαμουὴλ τοῦ προφήτου· υἱὸς γὰρ ἦν Ἰωὴλ τοῦ υἱοῦ

2 s 1 Cr 5, 20   4 s 1 Cr 5, 21-22   9 s cf 1 Cr 6, 1 s

1, 5, 6, 8, 9, 10, 12, 35, 37, 54, 55, 56

3 >καὶ ἐπήκουσεν — ἐπ᾿ αὐτῷ 6   αὐτῷ] αὐτόν 9   4 ἀριθμόν + καὶ πάντα τὰ σκῦλα 6   >Πεντήκοντα — ἕως τῆς ἀποικίας (l 8) 6 54   5 >καὶ 2° 37   8 κατῴκισαν 5 8 9 35   ἀποικίας] μετοικίας 12   9 Σαδδοὺκ D 1 9: Σαδὼκ 55   10 ἀρχιερατεύσαντα] ἀρχιερέα 12   11 ἔγγονος D 1 6   Σαδδούκ D 1 9: Σαδὼκ 55   πρῶτον pr καὶ 6   >τῷ 2° 10   12 >τοῦ D c₁ 9   13 εἰς Βαβυλῶνα / μετὰ τῶν ἄλλων tr 6   14 Ἰησοῦς pr ὁ 1   ἱερεὺς ὁ μέγας] μέγας ἱερεὺς 37   Ζωροβάβελ 6   15 ναὸν 5   16 ὁ] ὡς 55   Μωσοῦ 8: Μώσεως 9: Μωσῆ 37: Μωϋσῆ 1: Ἰησοῦ 5   >τοῦ μεγάλου 6   17 τὴν στάσιν] στασίας 54   ἐγείρας] > 54: ἐγχειρίσας 12   Ἰσαὰρ] Σισαὰρ c₁ 37: Σιναὰρ 1: Ἰσραὴλ 10   >ἦν 37   ἔγγονος D 6 9   18 υἱὸς ἦν tr A   Ἀμρὰμ 8 10 35: Ἀμβρὰμ 1 6 56*: Ἀβραὰμ 37   19 Μωσοῦ 8: Μώσεως 9: Μωϋσῆ 1: Μωσῆ 37   ἀνεψιαδοῦς 54   20 >τῆς 5   υἱοὶ A   21 γεγεννηκότι 5   22 κατάγων 6   ψαλτῳδὸς 54 56: ψαλμῳδὸς 5   23 ἔγγονος D 1 6 9

Σαμουήλ. Ὁ δὲ Ἀσὰφ εἷς δὲ καὶ οὗτος τῶν ψαλτῳδῶν, ἐκ τοῦ
Γερσὼν κατῆγε τὸ γένος, ὃς υἱὸς μὲν ἦν τοῦ Λευῒ ἀδελφὸς δὲ τοῦ
Καάθ. Ὁ δὲ Αἰθάμ, καὶ οὗτος δὲ τῶν ἀδόντων ἐτύγχανεν ὤν,
πρόγονον ηὔχει τὸν Μεραρὶ τοῦ Λευῒ τὸν τρίτον υἱόν.⌋ Διδάσκει ⌊10
δὲ καὶ τῶν ἱερέων καὶ τῶν λευιτῶν τὸ διάφορον. Λέγει γὰρ τοὺς 5
λευίτας δεδόσθαι εἰς πᾶσαν δουλείαν τῆς σκηνῆς οἴκου τοῦ Θεοῦ.
«Καὶ Ἀαρών», φησί, «καὶ οἱ υἱοὶ αὐτοῦ θυμιῶντες ἐπὶ τὸ
θυσιαστήριον τῶν ὁλοκαυτωμάτων καὶ ἐπὶ τὸ θυσιαστήριον τοῦ θυ-
μιάματος, εἰς πάντα τὰ ἔργα τοῦ Ἁγίου τῶν ἁγίων, καὶ τοῦ ἐξιλά-
σκεσθαι περὶ τοῦ Ἰσραὴλ κατὰ πάντα ὅσα ἐνετείλατο Μωϋσῆς ὁ 10
805 δοῦλος τοῦ Θεοῦ». Δοκεῖ δέ μοι αὕτη ἡ βίβλος μετὰ τὴν ἐπάνοδον
συγγραφῆναι τὴν ἀπὸ Βαβυλῶνος. Μέμνηται γὰρ καὶ τῆς αἰχ-
μαλωσίας καὶ τὴν ταύτης αἰτίαν διδάσκει. «Πᾶς» γάρ φησιν,
«Ἰσραὴλ ἐγενεαλογήθησαν καὶ ἰδού εἰσι γεγραμμένοι ἐπὶ βιβλίου
ἡμερῶν βασιλέων Ἰσραὴλ καὶ Ἰούδα, καὶ ἀπῳκίσθησαν εἰς 15
Βαβυλῶνα διὰ τὴν ἀσυνθεσίαν αὐτῶν ἣν ἠδίκησαν· καὶ οἱ
κατοικοῦντες πρότερον ἐν ταῖς κατασχέσεσιν αὐτῶν καὶ ἐν ταῖς
πόλεσιν αὐτῶν Ἰσραὴλ καὶ οἱ ἱερεῖς καὶ οἱ λευῖται καὶ οἱ
ναθηναῖοι». Τοῦτο δὲ δηλοῖ μεταγενεστέραν εἶναι τῆς
αἰχμαλωσίας τὴν συγγραφήν. Οὐδεὶς γὰρ ἱστορίαν συγγράφων τὰ 20
μεταγενέστερα λέγει, ἀλλ' ἢ τὰ πρότερα ἢ τὰ ἐπ' αὐτοῦ
γεγενημένα. Προφητῶν γὰρ ἴδιον τὸ προλέγειν τὰ μέλλοντα. Ἔφη
δὲ ὅτι σὺν αὐτοῖς ἠχμαλωτεύθησαν καὶ οἱ πρὸ αὐτῶν τὴν γῆν

---

7 s 1 Cr 6, 49   13 s 1 Cr 9, 1-2

1, 5, 6, 8, 9, 10, 12, 35, 37, 54, 55, 56

1 Ἀσὰφ] Ἀσαφὰτ 54   2 Γερσὼν] Γεδεὼν c₁ 1 8 9 35: Γεδσὼμ 6 12: Γηρσὼμ 10: Γε-
δεσσῶν 37   3 Ἐθὰμ D   οὗτος] αὐτὸς D 9   >ὤν A   4 ηὔχει] εἶχε A   Μεραρὴ
37   τοῦ Λευῒ / τὸν τρίτον υἱόν tr A   5 Λέγει γὰρ τοὺς — δοῦλος τοῦ Θεοῦ (l 11) 6   6
>τοῦ 54   7 Καὶ Ἀαρών, φησί] Ἀαρὼν δὲ 54   οἱ υἱοὶ — θυσιαστήριον 1° (l 8)] τοὺς ἐξ
αὐτοῦ εἰς τὸ θυμιᾶν ἐπὶ τὸ ἱλαστήριον 54   >οἱ 9 12 35   αὐτοῦ pr οἱ 1   8 θυσιαστήριον
1° + τοῦ θυμιάματος ἐπὶ τὸ θυσιαστήριον 12   >καὶ 12   >ἐπὶ 54   9 εἰς pr καὶ
A   >τοῦ Ἁγίου A   >τοῦ 2° 54   10 ἐνετείλατο Μωϋσῆς tr 54   Μωσῆς A   11 >ὁ
δοῦλος τοῦ Θεοῦ 54   μοι] καὶ ed   13 τὴν ταύτης tr 37   >ταύτης 54   διδάσκει]
διηγεῖται δι' ἣν ἡ αἰχμαλωσία 54   14 βιβλίων 12   15 βασιλέως D 9   καὶ Ἰούδα — οἱ
ναθηναῖοι (l 19)] καὶ τὰ ἑξῆς 6   17 >καὶ ἐν ταῖς πόλεσιν αὐτῶν 35   19 ναθηναῖοι 9:
μαθιναῖοι 8   Τοῦτο] ταῦτα A   Τοῦτο δὲ — εἶναι] μεταγενεστέραν δὲ τοῦτο δηλοῖ 12   20
Οὐδεὶς γὰρ — τὰ μέλλοντα (l 22)] προφητείας μὲν γὰρ τὸ καὶ περὶ τῶν μελλόντων προαγο-
ρεύειν· ἱστορία δὲ τὰ παρεληλυθότα καὶ τὰ ἐνεστῶτα μόνα δύναται διηγεῖσθαι
54   >συγγράφων 8   21 >τὰ 1° 37   πρότερα + ἀλλ' 35   23 τὴν γῆν/ἐκείνην tr 37

ἐκείνην κατεσχηκότες. Πολλοὶ γὰρ καὶ χαναναῖοι καὶ χετταῖοι
καὶ ἰεβουσαῖοι συνῴκουν αὐτοῖς καὶ τῆς συμφορᾶς ἐκοινώνησαν.
Σὺν τῷ Ἰσραὴλ δὲ καὶ οἱ ἱερεῖς καὶ οἱ λευῖται ἀπήχθησαν
δοριάλωτοι. Ναθηναίους δὲ οἶμαι καλεῖσθαι τοὺς ἱεροδούλους
5 ὀνομαζομένους. Πολλοὶ γὰρ ἑαυτοὺς ἀφιέρουν εἰς τὰς τῶν ἱερέων
καὶ λευιτῶν ὑπουργίας. Ἐξῆν γὰρ καὶ τοὺς ἐκ τῶν ἄλλων φυλῶν
καὶ ὑδροφορεῖν καὶ ξύλα κόπτειν καὶ τἆλλα ὅσα τοιαῦτα ἐργάζε-
σθαι. Εἰ γὰρ τοὺς γαβαωνίτας ἀλλοφύλους ὄντας Ἰησοῦς ὁ
πανεύφημος ἐκέλευσεν ὑδροφόρους εἶναι τῆς σκηνῆς καὶ
10 ξυλοκόπους, πολλῷ μᾶλλον ἰσραηλίταις ἡ τοιαύτη πρόσφορος ἦν
λειτουργία. Εὗρον δὲ καὶ ἐν τῇ τῶν ἑβραϊκῶν ὀνομάτων ἑρμηνείᾳ
τοῦτο δηλοῦν τὸ ὄνομα «δόσιν Ἰάω», τουτέστι, «τοῦ ὄντος
Θεοῦ». Μέμνηται δὲ καὶ τῶν τῆς Ἱερουσαλὴμ οἰκητόρων· καὶ
λέγει τούτους εἶναι ἐκ τῶν υἱῶν Ἰούδα καὶ Βενιαμὶν καὶ Ἐφραὶμ
15 καὶ Μανασσῆ. Μέμνηται καὶ ἱερέων καὶ λευιτῶν τῶν ἐκείνην
ᾠκηκότων τὴν πόλιν. Κορηνοὺς δὲ καλεῖ τοῦ Κορὲ τοὺς ἀπογό-
νους. Ἐκ τούτων λέγει καὶ πυλωροὺς τῷ θείῳ γεγενῆσθαι νεῷ· καὶ
τὴν διάταξιν ταύτην ὑπὸ Σαμουὴλ καὶ Δαβὶδ γεγονέναι. «Τού-
τους» γάρ φησιν, «ἠρίθμησε καὶ ἔστησε Δαβὶδ καὶ Σαμουὴλ ὁ
20 ὁρῶν ἐν τῇ πίστει αὐτῶν· οὗτοι καὶ οἱ υἱοὶ αὐτῶν ἐπὶ τῶν πυλῶν
οἴκου Κυρίου καὶ τοῦ οἴκου τῆς σκηνῆς τοῦ φυλάσσειν αὐτὴν εἰς
τοὺς τέσσαρας ἀνέμους». Τῆς δὲ σκηνῆς ἐμνημόνευσεν ἐπειδὴ ἐπὶ

4 cf 1 Cr 9, 2ap   8 s cf Jos 9, 27   13 s cf 1 Cr 9, 3 s   16 cf 1 Cr 9, 19ap   17 cf
1 Cr 9, 18ap   18 s 1 Cr 9, 22-24

1, 5, 6, 8, 9, 12, 35, 37, 54, 55, 56

1 χαναναῖοι ... χετταῖοι tr 9   χετθαῖοι 5 12   2 >καὶ τῆς συμφορᾶς ἐκοινώνησαν
6   3 >οἱ 1° et 2° 6   4 ναθαναίους D 9   5 >ὀνομαζομένους 54   >ἀφιέρουν 12   6
ὑπουργίας] λειτουργίας 12 37:   + ὑπέβαλον 12   Ἐξῆν] ἐχρῆν D 5   7 καὶ 1°] ὑπουργεῖν
6   ξύλα κόπτειν] ξυλοκοπεῖν 5 12: ξυλακοπεῖν 1: ξυλοφορεῖν 6   >καὶ τἆλλα — ἦν
λειτουργία (l 11) 6   τἆλλα ὅσα] τὰ 54   8 τοὺς γαβαωνίτας — ἦν λειτουργία (l 11)] καὶ γα-
βαωνίταις τοῦτο παρὰ Ἰησοῦ τοῦ Ναυῆ συγκεχώρηται, πῶς οὐκ ἐπ᾽ ἀδείας ἡ πρᾶξις καὶ ἐξ
ἄλλης ὦσι φυλῆς τοῖς ἰσραηλίταις; 54   9 ὑδροφόρους εἶναι] ὑδροφορεῖν 12   τῇ σκηνῇ
12   10 ξυλοκόπους] ξυλακοπεῖν 12: ξυλοφόρους 37   12 >δόσιν Ἰάω 54   >δόσιν —
Θεοῦ 5   Ἰάω] ειλω 6 37   >τοῦ A   13 >Μέμνηται δὲ — τὴν πόλιν (l 16) 6   14 τού-
τους] αὐτοὺς c₁   Βενιαμεὶν 12 35   >καὶ 2° c₁   15 Μέμνηται + δὲ 35   >τῶν D 9 56
16 >τοὺς 6   17 ναῷ c₁ 1 8 9 35   19 >Τούτους γὰρ — ἱερὰς λειτουργίας (p 249 l 2)
54   Δαβὶδ ... Σαμουὴλ tr 37   20 ὁρῶν] ὢν 8 35   >οὗτοι καὶ — αὐτῶν 6   >οἱ c₁
35   21 τοῦ φυλάσσειν — ᾠκοδόμητο ἀλλ᾽ (p 249 l 1)] ἔτι γὰρ ὤν, οὐκ ἦν καὶ 6   22 ἐπὶ]
ὑπὸ 5

Σαμουὴλ καὶ Δαβὶδ οὐδέπω ὁ θεῖος νεὼς ᾠκοδόμητο ἀλλ᾿ ἐν τῇ σκηνῇ ἐπετέλουν· τὰς ἱερὰς λειτουργίας. Ἡρμήνευσε δὲ καὶ τὰς ἐφημερίας. Οὐ γὰρ καθ᾿ ἑκάστην ἡμέραν ἠμείβοντο, ἀλλὰ κατὰ ἑπτὰ ἡμερῶν ἀριθμόν. Τοῦτο γὰρ ἐπήγαγε· «Καὶ οἱ ἀδελφοὶ αὐτῶν

808 ἐν ταῖς ἐπαύλεσιν αὐτῶν ἤρχοντο εἰς τὰ ἕβδομα τῶν καιρῶν τοῦ 5
εἰσπορεύεσθαι κατὰ ἑπτὰ ἡμέρας ἀπὸ καιροῦ εἰς καιρὸν μετὰ τού-
των». Καὶ τὰ σκεύη δὲ τῆς λειτουργίας ἕτεροι ἦσαν λευῖται πεπι-
στευμένοι. «Καὶ ἐξ αὐτῶν» γάρ φησιν, «ἐπὶ τὰ σκεύη τῆς
λειτουργίας, ὅτι ἐν ἀριθμῷ εἰσοίσουσι καὶ ἐν ἀριθμῷ ἐξοίσουσιν
αὐτά· καὶ ἐξ αὐτῶν καθεστάμενοι ἐπὶ τὰ σκεύη καὶ ἐπὶ πάντα τὰ 10
σκεύη τὰ ἅγια καὶ ἐπὶ τῆς σεμιδάλεως καὶ τοῦ οἴνου καὶ τοῦ ἐλαίου
καὶ τοῦ λιβάνου καὶ τῶν ἀρωμάτων». Τὸ μέντοι θυμίαμα οἱ ἱερεῖς
κατεσκεύαζον· «Ἀπὸ γὰρ τῶν ἱερέων», φησί, «μυρεψοὶ τοῦ μυροῦ
ἐν τοῖς ἀρώμασι». Περὶ τοῦ τάφου τοῦ Σαοὺλ σαφέστερον ἐνταῦθα
συγγέγραπται. Ἐν μὲν γὰρ ταῖς Βασιλείαις ἀνέγνωμεν ὅτι «ἔλαβον 15
τὰ ὀστᾶ αὐτοῦ καὶ ἔθαψαν ἐπὶ τὴν ἄρουραν ἐν Ἰαβείς»· ἐνταῦθα δὲ
«ὑπὸ τὴν δρῦν ἐν Ἰαβείς». Καὶ τὰ περὶ τῆς ἐγγαστριμύθου σαφέ-
στερον ἐνταῦθα δεδήλωται. «Ἀπέθανε» γάρ φησι, «Σαοὺλ ἐν ταῖς
ἀνομίαις αὐτοῦ αἷς ἠνόμησε ἐν Κυρίῳ κατὰ τὸν λόγον Κυρίου, διότι
οὐκ ἐφύλαξεν αὐτὸν καὶ ὅτι ἐπηρώτησε Σαοὺλ ἐν τῇ ἐγγραστριμύ- 20

4 s 1 Cr 9, 25   8 s 1 Cr 9, 28-29   13 s 1 Cr 9, 30   15 s 1 Re 31, 13   16 s 1
Cr 10, 12   18 s 1 Cr 10, 13

1, 5, 6, 8, 9, 12, 35, 37, 54, 55, 56

1 ναὸς 5 55   ἐν τῇ σκηνῇ — λειτουργίας 54   2 >ἱερὰς 6   λειτουργίας] θυσίας
37   3 >ἡμέραν 6   ἀλλὰ + γὰρ 55   κατά] > 5 6: δι᾿ 54   4 >ἀριθμόν — μετὰ τού-
των (1 6) 54   6 τοῦτο 37   7 >λευῖται 5   λευῖται πεπιστευμένοι tr 54   8 >Καὶ ἐξ
αὐτῶν — τῆς λειτουργίας A   >Καὶ ἐξ αὐτῶν — τῶν ἀρωμάτων (1 12) 6   9 οἴσουσι˙5
6   10 καθιστάμενοι A 9   >καὶ ἐπὶ — σκεύη A 35   >τὰ 1° 12   12 >καὶ τοῦ λιβά-
νου 35 37˙   13 Ἀπὸ γὰρ — τοῖς ἀρώμασι 6   14 Περὶ] pr καὶ c₁ 1 37 54: + δὲ 5
9   >τοῦ 2° 54   Σαοὺλ] Σαμουὴλ 5 54   ἐνταῦθα + ἡ ἐν ταῖς Βασιλείαις 54   15
συγγέγραπται] οὐ γέγραπται D   Ἐν μὲν γὰρ — πρακτέον ἐπόθησεν (p 250 1 9)] οὐ μὴν
ἀλλὰ καὶ περὶ τῆς ἐγγαστριμύθου 54   >Ἐν μὲν γὰρ — ἐν Ἰαβείς (1 17) 6   ταῖς] τοῖς
12   Βασιλείαις] Βασιλείοις ed   16 ἐπὶ] ὑπὸ 5   ἐν] εἰς 5   Ἰαβίς 1 9   >ἐνταῦθα δὲ
ὑπὸ — ἐν Ἰαβείς A D   17 Ἰαβίς 1 9   18 δεδήλωται] > A 12 35: δηλοῖ 8   Ἀπέθανε
γάρ — ὁ προφήτης (p 250 1 1) 6   19 >ἐν 5   20 τῇ] τῷ D 1 9

θῳ τοῦ ἐκζητῆσαι· καὶ ἀπεκρίνατο αὐτῷ Σαμουὴλ ὁ προφήτης». Δηλοῖ δὲ ὁ λόγος, ὡς οὐχ ἡ γοητεία τῆς ἐγγαστριμύθου τὸν Σαμουὴλ ἀνήγαγεν, ἀλλ᾽ ὅτι μὲν ἐκεῖνος δυσσεβῶς καὶ παρανόμως δι᾽ ἐκείνης ᾔτησε τοῦτο γενέσθαι. Ὁ δὲ Θεὸς κατ᾽ αὐτοῦ τῆς
5 τιμωρίας τὴν ψῆφον ἐξήνεγκε. Διδάσκει δὲ ταῦτα σαφῶς ὡς οὐ ψευδὴς καθ᾽ ἅ τινες εἰρήκασιν ἡ γεγενημένη πρόρρησις. «Ἀπεκρίθη γὰρ αὐτῷ», φησί, «Σαμουὴλ ὁ προφήτης». Οἶμαι δὲ οὕτως ὀνομάσθαι τὴν ὄψιν ἐπειδὴ παρὰ τοῦ Σαμουὴλ ὁ Σαοὺλ μαθεῖν τὸ πρακτέον ἐπόθησεν. Εἴτε δὲ ἄγγελος ἦν ὁ ὀφθεὶς ἐν
10 τύπῳ τοῦ Σαμουὴλ τὸ σχῆμα δεικνύων, εἴτε αὐτὴ τοῦ Σαμουὴλ ἡ ψυχή, ἰστέον, ὡς οὐ τῇ μαγγανείᾳ τῆς ἐγγαστριμύθου τοῦτο γεγένηται ἀλλὰ τῇ τοῦ Θεοῦ σοφίᾳ τε καὶ δυνάμει· ὃς καὶ διὰ τῶν δυσσεβούντων πολλὰ τῶν ἐσομένων πολλάκις προείρηκε· διὰ τοῦ Φαραὼ τὴν εὐθηνίαν καὶ τὸν λιμόν· διὰ τοῦ Ναβουχοδονόσορ τὰς
15 μεγίστας βασιλείας τῆς οἰκουμένης. Ἀλλὰ γὰρ ἀποχρώντως περὶ τούτου ἐν τῇ τῶν Βασιλειῶν εἰρήκαμεν ἑρμηνείᾳ. Ἐπὶ τὰ λοιπὰ τοίνυν ἰτέον. Τὸν Δαβὶδ ἔφη κεχρίσθαι ἐν τῇ Χεβρὼν κατὰ τὸν λόγον Κυρίου διὰ χειρὸς Σαμουὴλ ἐπειδὴ τῷ Σαμουὴλ ὁ Δεσπότης λόγον Κυρίου διὰ χειρὸς Σαμουὴλ ἐπειδὴ τῷ Σαμουὴλ ὁ Δεσπότης
Γ10 Θεὸς[ἐνετείλατο χρῖσαι αὐτόν. Τὸ δὲ «Ἐπορεύετο Δαβὶδ
20 πορευόμενος καὶ μεγαλυνόμενος, καὶ Κύριος παντοκράτωρ μετ᾽ αὐτοῦ», δηλοῖ τοῦ παναγίου Πνεύματος τὴν ἀξίαν, «Κύριον γὰρ

7 1 Cr 10, 13   17 s cf 1 Cr 11, 3   19 s 1 Cr 11, 9

1, 5, 6, 8, 9, 10, 12, 35, 37, 54, 55, 56

1 >τοῦ 37   >αὐτῷ 5   2 ὡς οὐχ tr 6   οὐχ] οὐχὶ 37 55   >ἡ 37   γοητείαις ed   3 μὲν ἐκεῖνος tr A   4 >δι᾽ ἐκείνης 5   >δὲ 5   5 ταῦτα] τοῦτο 12   6 ἅ] ἅπερ 1   εἰρήκασιν] εἶπον 5   γεγενημένη] > 6: γενομένη 1 5   7 αὐτῷ, φησί tr 8   >φησί 6   8 ὀνομασθῆναι D 9   9 ἐπόθησεν] ἐπεπόθησεν 6: ἠθέλησεν 37   Εἴτε — ὀφθεὶς] τὸ δὲ ὀφθὲν εἴτε ἄγγελος ἦν 54   δὲ + γε 6   10 τὸ σχῆμα / δεικνύων] > 54: tr 5 6   εἴτε pr αὐτοῦ 5 54   Σαμουὴλ + αὐτοῦ 6   11 ψυχή + ἐν ταύτῃ τῇ ὄψει 5 6: + εἰς τὸ τοῦ σώματος εἶδος μετασχηματισθεῖσα 54   ἰστέον] δῆλον 54   >τῇ 6   μαγγανίᾳ D 56   12 γεγένηται] γέγονεν 5   >τε 5   >τῶν 6   13 δυσσεβούντων] τοιούτων A   >πολλάκις 5   προείρηκε] εἴρηκε 54: ὡς προειρήκαμεν 8 35: + ὡς προειρήκαμεν 9*   >διὰ τοῦ Φαραώ — τοίνυν ἰτέον (l 17) 6   διὰ pr ὡς 54: + τὴν 56   τοῦ] τούτου 54   14 διὰ pr καὶ 5: + δὲ 54   15 μεγάλας 12   >Ἀλλὰ γὰρ — τοίνυν ἰτέον (l 17) 54   ἀποχρώντως pr καὶ 5   16 τούτου] τούτων 5 12   17 τοίνυν] τὰ νῦν 37   Δαβὶδ + δὲ 54   κεχρῆσθαι 12 54* 56   Χεβρὸν 6   18 >ἐπειδὴ τῷ Σαμουὴλ 1 35 37 54   ἐπειδὴ] ἐπεὶ c₁   >ὁ Δεσπότης — χρῖσαι αὐτόν 54   ὁ ... Θεὸς / ἐνετείλατο tr 5   >Δεσπότης 5   20 >καὶ μεγαλυνόμενος 54   παντοκράτωρ + ἦν A   21 παναγίου] ἁγίου 9   >γὰρ 6

παντοκράτορα» τὸ πανάγιον ἐκάλεσε Πνεῦμα. Πεντάπηχυν δὲ τὸν
Αἰγύπτιον ἔφη, ὃν Βανέας ἀνεῖλε. Πῶς οὖν ἔφασάν τινες μὴ
γεγενῆσθαί τινας μεγάλα σώματα ἐσχηκότας; Γαδδοὺρ «Τῶν
809 ἀμαληκιτῶν τὸ στίφος» ὠνόμασεν· ἡ δὲ τῶν Βασιλειῶν βίβλος
«σύστρεμμα» αὐτὸ κέκληκε. Καταλέγων τοὺς συνελθόντας εἰς τὴν 5
Χεβρὼν ὁ συγγραφεὺς ἔφη καὶ ταῦτα· «Καὶ ἀπὸ τῶν υἱῶν Ἰσραὴλ
Ἰσαὰρ γινώσκοντες σύνεσιν εἰς τοὺς καιροὺς αὐτῶν, γινώσκοντες
τί ποιήσει Ἰσραὴλ τὰς ἀρχὰς αὐτοῦ διακόσιοι καὶ πάντες οἱ ἀδελ-
φοὶ αὐτῶν μετ᾽ αὐτῶν». Τούτους δὲ ἐπὶ σοφίᾳ τεθαύμακεν, ὡς
ἱκανοὺς καὶ δεινοὺς συνιδεῖν τὸ πρακτέον καὶ προιδεῖν, οὐ προφη- 10
τικῶς ἀλλὰ συνετῶς τὰ ἐσόμενα καὶ εἰσηγήσασθαι τὰ συμφέρον-
τα. Τῆς κιβωτοῦ μετακομιζομένης, ὁ Ὀζὰ περιτρεπομένην ἰδὼν
προσήρεισε τὴν χεῖρα· ἐκολάσθη δὲ ὡς λευίτης ὢν καὶ οὐχ ἱερεὺς
εἶτα πελάσαι ταύτῃ τετολμηκώς. Μόνων γὰρ ἦν τῶν ἱερέων τὸ
ταύτην φέρειν ἐπ᾽ ὤμων. Ἐπειδὴ δὲ δείσας ὁ Δαβὶδ εἰς τὸν 15
βασίλειον αὐτὴν οἶκον εἰσαγαγεῖν οὐκ ἐτόλμησεν, ἀλλ᾽ εἰς τὸν
οἶκον Ἀβεδδαδὰμ τοῦ Χετταίου κατέστησε· δεικνὺς ὁ Θεός, ὡς
οὐκ οἶδεν ἰσραηλίτου καὶ ἀλλοφύλου διαφοράν, ἀλλ᾽ εὐσέβειαν
μόνην τιμᾷ, ἐπέκλυσε παντοδαπαῖς εὐλογίαις τοῦ ἀλλοφύλου τὴν
οἰκίαν. Ταύτας ὁ Δαβὶδ τὰς πηγὰς θεασάμενος εἰς τὰ βασίλεια 20

1 s cf 1 Cr 11, 23   3 s cf 1 Cr 12, 7 ?   4 s cf 2 Re 4, 2 et 3 Re 11, 14 (24) ubi
hebraeum gᵉdud exhibet; cf supra 62, 9-10   6 s 1 Cr 12, 32   12 s cf 1 Cr 13,
10   15 s cf 1 Cr 13, 13

1, 5, 6, 8, 9, 10, 12, 35, 37, 54, 55, 56

1 >δὲ D 1 9 37*   2 Βανέας pr ὁ 55; Βαναίας 1 10 56   >Πῶς οὖν — ἐσχηκότας
6   ἔφησαν 35   3 ἐσχηκότας] ἔχοντας 5   Γεδδοὺρ 6 10 54·. Γεδοὺρ 5: + δὲ 5
54   4 στῆφος 12 56   5 σύστρεμα 55   Καταλέγων] καταγγέλων 37: + δὲ A   συν-
εληλυθότας c₁   6 >Καὶ 2° 37   >Ἰσραὴλ A   8 τὰς pr εἰς A   αὐτὸ 56   >οἱ 5
8   9 αὐτῶν 1°] αὐτοῦ 12   10 δεινοὺς] ἐκείνους 12   ἰδεῖν A   τὸ πρακτέον / καὶ
προιδεῖν tr 54   11 τὰ 1°] καὶ 10   >τὰ ἐσόμενα 54   ἐσόμενα] λεγόμενα D   εἰση-
γήσασθαι] εἰσηγοῦντο 6 10   εἰσηγήσασθαι/τὰ συμφέροντα tr A·⁵⁴   12 κιβωτοῦ + δὲ 5
54   >ὁ A·⁶   Ὀζὰν 5 54ᶜ: Ἀζὰ 37   13 δὲ + δὲ 6   ὡς] > 5: ὅτι 54   >ὢν 10
54   14 εἶτα — τετολμηκώς] ὢν ἐτόλμησεν αὐτῇ πελάσαι 54   εἶτα] ὅτι 5   τετόλμηκε
5   >ἦν 6   >τὸ 54   15 ὤμων] pr τῶν 54   >Ἐπειδὴ δὲ — ἱερέων μετήνεγκεν (p
252 l 3) 6   16 βασίλειον] βασιλικὸν A 12   τὸν] τὴν 5 10 35   17 >οἶκον
54   Ἀβεδδαρὰν 10 37: Ἀβεδδὰν c₁: Ἀββεδὰν 12: Ἀβαιδδαρὰ 54: Ἀβενδαρὰ
5   Γετθαίου 5 10: Γεθθαίου 54: Χετθαίου ed   >κατέστησε 54   18 ἰσραηλίτου ...
ἀλλοφύλου tr 10   ἰσραηλίτου καὶ ἀλλοφύλου/διαφοράν tr 54   19 μόνον 8 35
54   ἀπέκλυσε 5   παντοδαπαῖς pr γὰρ 5 10   τοῦ] τὴν 54   20 Ταύτας + δὲ
54   πηγὰς] πληγὰς 10

πάλιν τὴν κιβωτὸν μετατέθεικεν. Ἔγνω δὲ τὴν αἰτίαν τῆς τοῦ Ὀζᾶ τιμωρίας· οὗ δὴ χάριν αὐτὴν οὐ δι' ἁμάξης ἀλλὰ διὰ τῶν ἱερέων μετήνεγκεν. «Ἦραν γὰρ αὐτήν», φησίν, «ὡς ἐνετείλατο Μωϋσῆς ἐν λόγῳ Κυρίου Θεοῦ Ἰσραὴλ κατὰ τὴν γραφὴν ἐπ' ἀνα-
5 φορεῦσιν ἐπ' ὤμοις αὐτῶν». Εἶτα λέγει καὶ τὰς διατάξεις τῶν ψαλτῳδῶν, καὶ τίνες μὲν ἐν κινύραις ᾖδον, τίνες δὲ ἐν ναύλαις, τίνες δὲ ἐν κυμβάλοις. Τὴν δὲ τῶν μουσικῶν ὀργάνων διαφορὰν ἐν ταῖς Βασιλείαις εἰρήκαμεν.

Α´

Πῶς Δαβὶδ οὐκ ὢν ἱερεὺς ἐφοὺδ ἀμπείχετο; «Καὶ ἐπὶ Δαβὶδ» γὰρ
10 **φησιν, «ἐφοὺδ μόνον».**

Πολλάκις εἰρήκαμεν ὅτι τὸ ἐφοὺδ «ἐπένδυμα» ὁ Ἀκύλας εἶπεν· ὁ δὲ Σύμμαχος «ἐπωμίδα». Ἀλλ' ἦν ἐπενδύματα ἱερατικά, ἦν δὲ καὶ κοινά. Δῆλον δὲ ὡς ὁ μέγας Δαβὶδ καὶ θεοσεβὴς ὢν καὶ θεοφιλὴς ἀνήρ, οὐκ ἂν παρέβη τὸν νόμον οὐδ' ἂν ἱερατικὴν
15 ἐτόλμησε περιβαλέσθαι στολήν. Ἀλλὰ διδάσκει ὁ λόγος ὡς ἡγούμενος τῆς κιβωτοῦ καὶ χορεύων, οὐ τὸ βασιλικὸν περιεβέβλη-το σχῆμα, ἀλλ' ἐπωμίδα μόνην, ἣν νῦν καλοῦσιν Ἀρκαδίκιν. Τὸ δὲ Χελχὰρ «ἄρτου κολλυρίδα» ἐν ταῖς Βασιλείαις εὑρήκαμεν.

3 s 1 Cr 15, 15   9 s 1 Cr 15, 27   18 cf 1 Cr 16, 3ap et 2 Re 6, 19

1, 5, 6, 8, 9, 10, 12, 35, 37, 54, 55, 56

1 μετέθηκεν 12 54   3 >Ἦραν — φησίν 54   αὐτήν, φησίν tr 37   ἐνετείλατο Μωϋ-
σῆς] καὶ Μωσῆς ὁ θεῖος προσέταξεν 54   4 Μωσῆς 5   >ἐν λόγῳ — ὤμοις αὐτῶν
54   ἐπ' ἀναφορεῦσιν] pr ἐν 8: ἐπ' ἀμφόρευσιν 12: ἐν ἀναφορεῦσιν ed   5 ἐπ'] ἐν D 1 9
37   αὐτῷ 37   >καὶ 12   6 >καὶ 6   >ἐν 1° 1 37   κινύραις 5 6 9 55: κινύρας
37   >ᾖδον 6   >ἐν ναύλαις, τίνες δὲ Α   ναύλαις] αὐλαῖς 35: νάβλαις c₁ 1 8 9
12   7 κυμβάλοις + ᾖδον 6   >Τὴν δὲ — εἰρήκαμεν 6   9 Δαβὶδ pr ὁ 1 9
37   ἀμπείχετο] ἠμπίσχετο 5: ἠμπήχετο 8: ἠμπέσχετο 6 10: ἀμπίσχετο 1: ἀμπίσχετο 12
56: ἀμπήσχετο 54: ἀμπήχετο 35   10 >φησιν 6   ἐφοὺδ + δὲ 8   12 ἱερατικά] ἱερά
54   13 ὡς] > 6: ὅτι 5   θεοσεβὴς ... θεοφιλὴς tr 54   14 >ἂν Α   15 Ἀλλὰ — λό-
γος] Ἀλλ' ἐκεῖνο ἴσως παριεβάλετο 54   >ὁ ed   >ὡς ἡγούμενος — ἐπωμίδα μόνην (l
17) Α   16 περιβέβλητο 37   17 ἐξωμίδα ed   ἣν] ὃ 10 54   νῦν + ἔνιοι
54   Ἀρκαδίκην 6 12 55   18 Χελχὰρ ἄρτου] Χερχὰλ ἄρτου c₁ 1 37: Χελχαρὰρ τοῦτο
D: Χελχαρὰν ἀντὶ τοῦ Α (Χελχαρὰρ 10: Χελκαρρὰρ 54)   εἰρήκαμεν Α⁻⁶

Αἰνίττεται δὲ ἡ βίβλος ὡς τοῦ πανευφήμου Δαβίδ εἰσιν ἅπαντες οἱ ψαλμοί. Λέγει δὲ οὕτως. «*Τότε ἔταξε Δαβὶδ ἐν ἀρχῇ τοῦ αἰνεῖν τὸν Κύριον ἐν χειρὶ Ἀσάφ, καὶ τῶν ἀδελφῶν αὐτοῦ*». Διηνεκῶς δὲ τῆς ὑμνῳδίας ἐπετέλουν τὰς λειτουργίας, τῇ διαδοχῇ τὸν πόνον συλῶντες. Νῦν μὲν γὰρ οὗτοι, νῦν δὲ ἐκεῖνοι τῷ ποιητῇ τῶν ὅλων 5 τὸν ὕμνον προσέφερον. Λέγει δὲ ὅτι καὶ ἐν τῇ Γαβαὼν Σαδοὺκ τὸν ἱερέα προσφέρειν τὰς θυσίας ἐκέλευσεν, ἐπειδήπερ ἡ ὑπὸ 812 Μωϋσοῦ κατασκευασθεῖσα σκηνὴ ἐν ἐκείνῃ ἐπεπήγει τῇ πόλει. Ἡνίκα δὲ ὁ θεήλατος θάνατος ἐπηνέχθη τῷ λαῷ καὶ τὸν ἄγγελον ἐπάγοντα τὸν ὄλεθρον ἐθεάσατο, ἐν τῇ ἅλῳ Ὀρνᾶ θυσιαστήριον 10 ᾠκοδόμησε καὶ τὴν ὑπὲρ τοῦ λαοῦ θυσίαν προσήνεγκεν· οὐχ ὡς τὸν θεῖον παραβαίνων νόμον —ὁ γὰρ νόμος ἐκέλευσεν ἐν τῷ πρὸ τῆς σκηνῆς θυσιαστηρίῳ τὰς θυσίας προσφέρειν— ἀλλὰ διὰ τὴν τοῦ λαοῦ τιμωρίαν ἠπείχθη τὸν Θεὸν ἱλεώσασθαι. Τοῦτο γὰρ καὶ ἡ ἱστορία ἐδίδαξε. «*Καὶ ἡ σκηνὴ Κυρίου ἣν ἐποίησε Μωϋσῆς ἐν τῇ* 15 *ἐρήμῳ καὶ τὸ θυσιαστήριον τῶν ὁλοκαυτομάτων ἐν τῷ καιρῷ ἐκείνῳ ἐν Βαμᾶ ἐν Γαβαὼν καὶ οὐκ ἠδυνήθη Δαβὶδ τοῦ πορευθῆναι ἔμπροσθεν αὐτοῦ τοῦ ἐκζητῆσαι τὸν Θεόν, ὅτι κατέπαυσεν ἀπὸ προσώπου τῆς ῥομφαίας τοῦ ἀγγέλου Κυρίου*». Εἶτα τὸν τόπον ἐν ᾧ τὸν Θεὸν ἱλεώσατο τὴν θυσίαν προσενεγκὼν ἀφιέρωσεν, ὥστε 20 ἐν αὐτῷ τὸν θεῖον οἰκοδομηθῆναι νεών. «*Εἶπε*» γάρ φησι, «*Δαβίδ· Οὗτός ἐστιν ὁ οἶκος Κυρίου τοῦ Θεοῦ καὶ τοῦτο τὸ θυσιαστήριον εἰς ὁλοκαύτωσιν τῷ Ἰσραήλ*». Ὅτι δὲ οὐκ ἐμέμφθη πόρρω τῆς

2 s 1 Cr 16, 7   6 s cf 1 Cr 16, 39   15 s 1 Cr 21, 29-30   21 s 1 Cr 22, 1

1, 5, 6, 8, 9, 10, 12, 35, 37, 54, 55, 56

1 >πανευφήμου 5 54   εἰσιν ἅπαντες tr c_1 πάντες 10   2 οὕτω 54   Τότε] > 5 54: τὸ 6 10   3 χειρὶ] ἀρχῇ A   4 τῶν πόνων 35   5 συλῶντες] συλοῦντες 8 10 35: συλλέγοντες 6   >τῷ ποιητῇ — Λέγει δὲ ὅτι A   6 >τὸν 1 37   Γαβαών] + δὲ 5 6   Σαδοὺκ 1 12 35 56: Σαδὼκ 55   7 ἱερέα] ἀρχιερέα 54   ἐπειδήπερ] ἐπειδὴ A   8 Μωϋσέως 5 6 10: Μωυσέος 9: Μωυσῆ 1 37: Μωσέως 54   >ἐν 12 54   >ἐκείνῃ 54   9 >θάνατος D 6 9   ἐπηνέχθη + λοιμὸς D 9   10 ἐπαγάγοντα 10 54   ὄλεθρον] θάνατον A   ἐθεάσατο] > 5: ἐθεάσαντο 6   12 παραβαῖνον 1 8 9 12 54   ὁ γὰρ νόμος] ὃς 5 54   ἐκέλευσεν] >54: ἐκέλευεν 35   >ἐν 12 54   >τῷ 12   13 θυσιαστηρίῳ] θυσιαστήριον μόνον 54   >τὰς θυσίας 54   προσφέρειν + κελεύει τὰς θυσίας 54   14 >γὰρ 6   καὶ] ὡς 54   15 διδάσκει 54   > Καὶ ἡ σκηνὴ — Κυρίου. Εἶτα (l 19) 54   σκηνὴ + γάρ φησι 5   >Κυρίου 1   Μωσῆς 5   16 >καὶ τὸ A $^{-5}$ 17 ἐκείνῳ + ἦν 5 8 10   ἐν Βαμᾶ — ἀγγέλου Κυρίου (l 19)] καὶ τὰ ἑξῆς 6   Βαμᾶ] Βανᾶ 12: + τῇ 5   18 αὐτοῦ] > 37: αὐτῆς A   κατέπαυσεν pr οὐ 5   19 τὸν + δὲ 54   21 ναὸν 5   >Εἶπε γάρ — τῷ Ἰσραήλ 54   >Δαβίδ 5   22 >Κυρίου A 37   >καὶ τοῦτο — τῷ Ἰσραήλ 6   23 >δὲ c_1 vid

σκηνῆς τὴν θυσίαν προσενεγκὼν ἡ ἱστορία διδάσκει. Τὰ γὰρ
ἱερεῖα κατέκαυσεν οὐ χειροποίητον πῦρ ἀλλ᾽ οὐρανόθεν καταπεμ-
φθέν. «᾽Εβόησε» γάρ φησι, «Δαβὶδ πρὸς Κύριον καὶ ἐπήκουσεν
αὐτοῦ Κύριος ἐν πυρὶ ἐκ τοῦ οὐρανοῦ ἐπὶ τὸ θυσιαστήριον τῆς
5 ὁλοκαυτώσεως». ᾽Εκέλευσε δὲ καὶ πάντας ἀριθμηθῆναι τοὺς
προσηλύτους· καὶ τοὺς μὲν λιθοτόμους ἀπέφηνε τοὺς δὲ μετα-
κομίζειν τοὺς τεμνομένους λίθους· ἐνετείλατο δὲ τοὺς λίθους ἐν
αὐταῖς ταῖς λιθοτομίαις καθαιρεῖσθαί τε καὶ ἀποξέεσθαι, εἶθ᾽ οὕτω
μετακομίζεσθαι. Τὸ δὲ «Οὐκ οἰκοδομήσεις οἶκον τῷ ὀνόματί μου,
10 ὅτι αἵματα πολλὰ ἐξέχεας ἐπὶ τῆς γῆς ἐναντίον μου», εἰρῆσθαι
οἶμαι εἰς ὠφέλειαν τῶν τὰς μιαιφονίας ἐργαζομένων. Οὐ γὰρ ἂν
δίκαιον φόνον ἐπεμέμψατο βασιλεῖ, ὁ τοῦ Φινεὲς τὸν δίκαιον
φόνον θυσίαν προσαγορεύσας. Καίτοι ὁ Φινεὲς ἱερεὺς ἦν ἐπαινού-
μενος. «Φινεὲς» γάρ φησιν, «υἱὸς ᾽Ελεάζαρ ἔστησε τὸν θυμόν μου
15 ἐν τῷ ζηλῶσαι αὐτὸν τὸν ζῆλόν μου». Καὶ αὐτὸς δὲ ὁ προφήτης
Δαβὶδ μετὰ πολλὰς ἔφη γενεάς· «Καὶ ἔστη Φινεὲς καὶ ἐξιλάσατο
καὶ ἐκόπασεν ἡ θραῦσις καὶ ἐλογίσθη αὐτῷ εἰς δικαιοσύνην εἰς γε-
νεὰν καὶ γενεὰν ἕως τοῦ αἰῶνος». Καὶ Μωϋσῆς δὲ ὁ νομοθέτης
τρισχιλίους ἀνεῖλε τελεσθέντας τῷ μόσχῳ τοῖς λευίταις χρησάμε-
20 νος ὑπουργοῖς· καὶ Σαμουὴλ ὁ μέγας αὐτόχειρ ἐγένετο τοῦ ῎Αγαγ·
καὶ ᾽Ηλίας ὁ πάνυ πεντήκοντα πρὸς τοῖς ὀκτακοσίοις κατέκτεινε

---

3 s 1 Cr 21, 26   **9** s 1 Cr 22, 8   **14** s Nú 25, 11   **16** s Sal 105, 30-31   **18** s cf
Ex 32, 28   **20** cf 1 Re 15, 33   **21** cf 3 Re 18, 40

1, 5, 6, 8, 9, 10, 12, 35, 37, 54, 55, 56

1 ἡ ἱστορία — τῆς ὁλοκαυτώσεως (l 5)] δῆλον ἐκ τοῦ τὰ ἱερεῖα οὐχὶ χειροποίητον ἀλλ᾽
οὐράνιον πῦρ ἀναλῶσαι 54   **3** >᾽Εβόησε γάρ — οὕτω μετακομίζεσθαι (l 9) 6   >φησι
12   >καὶ ἐπήκουσεν αὐτοῦ Κύριος A   ἤκουσεν 8 35   **4** ἐν πυρὶ / ἐκ τοῦ οὐρανοῦ tr
c₁   **5** ὁλοκαυτώσεως] ὁλοκαρπώσεως 5   >καὶ 12 35   ἀριθμῆσαι 54   **7** λίθους 1°]
προσέταξεν A   >ἐνετείλατο δὲ τοὺς λίθους D c₁   **8** λιθοτομαῖς 8 12   καθαίρεσθαι 9
37 55   >τε A 37   οὕτως D 9 56   **9** Οὐκ pr σὺ 5: + σὺ 6 10: + σοι 54   **10** >ἐπὶ
τῆς γῆς 37   ἐπὶ τῆς γῆς / ἐναντίον μου tr 12   **11** >οἶμαι 54   >Οὐ γὰρ — προσαγο-
ρεύσας (l 13) 6   **12** ἐμέμψατο 10: ἐπέμψατο 35* 54 56*   βασιλεῖ pr τῷ A   **13** προ-
αγορεύσας 54   Καίτοι] καὶ γὰρ καὶ 6   >ὁ A   ἦν ἐπαινούμενος] ὢν ἐπηνήθη φονεύ-
σας 6   **14** >Φινεὲς γάρ — τοῦ αἰῶνος (l 18) 6 54   >μου 10   **16** >Δαβὶδ 5   **18**
Μωϋσῆς pr ὁ 12: Μωσῆς 5   >δὲ 6   >ὁ 54   **19** >τελεσθέντας τῷ μόσχῳ 6   **20** ὁ
μέγας] > 1: pr δὲ A   >αὐτόχειρ ἐγένετο 6   τοῦ] τὸν 6   **21** ᾽Ηλίας + δὲ 10   >ὁ
πάνυ — καὶ ἱερέας 6   πάνυ] μέγας 5 10   πρὸς τοῖς] καὶ 54   ἀπέκτεινε 1

813 τοῦ Βάαλ προφήτας καὶ ἱερέας. Δι᾽ ἑτέραν τοιγαροῦν αἰτίαν οὐκ αὐτὸς ἀλλ᾽ ὁ τούτου παῖς τὸν θεῖον νεὼν ᾠκοδόμησεν. Ἐπειδὴ γὰρ ἔμελλεν ὁ Δεσπότης Χριστός, ὁ κατὰ σάρκα μὲν υἱὸς τοῦ Δαβίδ, ὡς Θεὸς δὲ Κύριος τοῦ Δαβὶδ καὶ Δεσπότης, τὰς κατὰ πᾶσαν τὴν οἰκουμένην οἰκοδομήσειν ἐκκλησίας, οὐκ εἴασε τὸν 5 Δαβὶδ τὸν ἰουδαϊκὸν οἰκοδομῆσαι νεὼν ἀλλὰ τὸν ἐκείνου υἱὸν τοῦτο δρᾶσαι προσέταξεν, οὗ ἡ προσηγορία τὴν τοῦ Σωτῆρος ἡμῶν προετύπου εἰρήνην. Καὶ γὰρ Σολομὼν «εἰρηνικὸς» ἑρμηνεύε- ται καὶ ὁ Κύριος «ἡμῶν εἰρήνη» προσαγορεύεται. Καὶ μάρτυς ὁ μακάριος Παῦλος βοῶν· «Αὐτὸς γάρ ἐστιν ἡ εἰρήνη ἡμῶν, ὁ 10 ποιήσας τὰ ἀμφότερα ἓν καὶ τὸ μεσότοιχον τοῦ φραγμοῦ λύσας». Ἡ μέντοι ἱστορία διδάσκει τὸν τῶν λευιτῶν ἀριθμὸν καὶ πόσαι μὲν χιλιάδες τῇ οἰκοδομίᾳ ἐπιστατεῖν προσετάχθησαν, πόσαι δὲ κρίνειν καὶ παιδεύειν τὸν νόμον, πόσαι δὲ αὖ πάλιν πυλωρεῖν καὶ φυλάττειν τοῦ ναοῦ τὰς εἰσόδους, πόσαι δὲ ᾄδειν καὶ τῶν ὅλων 15 τὸν Κύριον ἀνυμνεῖν. Λέγει δὲ ὅπως καὶ τοῦ Μωϋσοῦ τοὺς ἀπογόνους τοῖς λευίταις συνέταξε· «Μωϋσῆς» γάρ φησιν, «ἄνθρωπος τοῦ Θεοῦ καὶ οἱ υἱοὶ αὐτοῦ ἐκλήθησαν ἐπὶ τῆς φυλῆς Λευί». Ἐδίδαξε δὲ ὡς καὶ Σαδοὺκ ὁ ἀρχιερεὺς τοῦ Ἐλεάζαρ ἀπό- γονος ἦν, ὁ δὲ Ἀχιμέλεχ τοῦ Ἰθάμαρ· καὶ ὅτι πλειόνων εὑρεθέν- 20 των τῶν ἀπὸ τοῦ Ἐλεάζαρ καταγόντων τὸ γένος, δύο μοίρας ἐν ταῖς ἐφημερίαις ἀπένειμε τούτοις, μίαν δὲ τοῖς ἀπὸ τοῦ Ἰθάμαρ· «Διεῖλε γὰρ αὐτούς», φησί, «Δαβὶδ τοῖς υἱοῖς Ἐλεάζαρ ἄρχοντας

---

10 s Ef 2, 14   **17** s 1 Cr 23, 14   **23** s 1 Cr 24, 4-5

1, 5, 6, 8, 9, 10, 12, 35, 37, 54, 55, 56

1 ἱερεῖς 1   τοιγαροῦν] οὖν Α   **2** παῖς] υἱοῖς 6   >τὸν c_1 1   >θεῖον 6 54   **3** >Δεσπότης 5 >Χριστός 37   ὁ 2° + ἐκ Δαβὶδ 6   >μὲν υἱὸς — καὶ Δεσπότης 6   **4** ὡς Θεὸς — καὶ Δεσπό- της] Κύριος δὲ καὶ Δεσπότης ὡς Θεὸς 54   Θεὸς δὲ tr 5   Κύριος pr καὶ 5 10 12 37   **5** οἰκοδο- μεῖν D 9   τὸν] τῷ 35   **6** τὸν ἰουδαϊκὸν — ἐκείνου υἱὸν] ἀλλὰ τὸν τούτου παρεσκεύασεν υἱὸν οἰκοδομῆσαι τὸν νεὼν 54   ἰουδαϊκὸν pr Ἰούδα 12   ναὸν 6   **7** >τοῦτο δρᾶσαι προσέταξεν 6 54   >τὴν 54   **8** Καὶ] ὁ 8 9 35   Σολομῶν pr ὁ 37 54   **9** >Καὶ μάρτυς — φραγμοῦ λύσας (l 11) 6   >Καὶ μάρτυς — βοῶν 54   **10** >γάρ 5   ὁ ποιήσας — φραγμοῦ λύσας 54   12 τὸν/τῶν λευιτῶν tr 37   **13** τῆς οἰκοδομίας 12   τῇ οἰκοδομίᾳ / ἐπιστατεῖν tr 10   προσετάχθησαν] post νόμον 6: προσετάγησαν 5   **14** >δὲ αὖ πάλιν — τὰς εἰσόδους 6   **15** φυλάσσειν 5 54   καὶ c_1 6 10 37*   >τῶν ὅλων τὸν Κύριον ἀνυμνεῖν 6   >τῶν ὅλων 5   τῶν ὅλων / τὸν tr 1 6 37 54   **16** ἀνυμνεῖν] pr καὶ c_1 10: ante τὸν 1   ὅπως] πως Α   Μωϋσέος 9: Μωσέως 5: Μωϋσῆ 1 37   **17** >Μωϋσῆς γὰρ — φυλῆς Λευί 6   Μωσῆς 5 54   γάρ] > 10 54: δὲ 5   **18** ἄνθρωπος pr ὁ c_1 10 54   >οἱ 56   φυλῆς] φυλακῆς 12   **19** Λευί pr τοῦ Α: Δαβίδ 5 54   ὡς καὶ tr 5 10   >ὡς 54   >καὶ 6 12 55   Σαδοὺκ pr ὁ D: Σαδδοὺκ 1 9 12 56: Σαδδὼκ 55   τοῦ] τὸν 54   **20** Ἀβιμέλεχ Α 37 55: Ἀρχιμέλεχ 1   Ἰθάμαι 8   **21** >τῶν Α   >ἀπὸ τοῦ Ἐλεάζαρ καταγόντων 10   **23** >Διεῖλε γὰρ — ἄρχοντας 5   >Διεῖλε γὰρ — ἐν κλήροις (p 256 l 2) 6   γὰρ + καὶ 10 56   αὐτούς, φησί tr 10   Δαβὶδ + καὶ 12   τοὺς υἱοὺς 10 35 54

κατ᾽ οἴκους πατριῶν αὐτῶν ἐκκαίδεκα καὶ τοῖς υἱοῖς Ἰθάμαρ κατ᾽
οἴκους πατριῶν αὐτῶν ὀκτὼ καὶ διεῖλεν αὐτοὺς ἐν κλήροις». Τού-
των τῶν ἐφημεριῶν καὶ ὁ μακάριος μέμνηται Λουκᾶς ἐν αὐτῇ τῇ
τοῦ Εὐαγγελίου ἀρχῇ. Ἔφη γὰρ εἶναι τὸν Ζαχαρίαν ἐξ ἐφημερίας
5 Ἀβιά· τοῦτον δὲ τὸν Ἀβιᾶ ἕβδομον εἰληχέναι κλῆρον ἡ
προκειμένη βίβλος ἐδίδαξε. Τὸν δὲ Ἀσὰφ καὶ Αἰμὰν καὶ Ἰδιθοὺμ
τῶν ψαλτῳδῶν τοὺς ἄρχοντας, τινὲς μὲν ἔφασαν οὐ τοῦ Θεοῦ
κεκλῆσθαι προφήτας ἀλλὰ τοῦ Δαβὶδ ἐπειδὴ παρ᾽ αὐτοῦ τοὺς
ὕμνους λαμβάνοντες ᾖδον ἐν τοῖς ὀργάνοις. Ἐγὼ δὲ οἶμαι καὶ
10 αὐτοὺς προφητικῆς μετειληχέναι χάριτος. Τοῦτο γὰρ καὶ ἡ
ἱστορία διδάσκει· «Ἔστησε» γάρ φησι, «Δαβὶδ ὁ βασιλεὺς καὶ οἱ
ἄρχοντες τῆς δυνάμεως εἰς τὰ ἔργα τοὺς υἱοὺς Ἀσάφ, Αἰμὰν καὶ
Ἰδιθοὺμ τοὺς προφητεύοντας ἐν κινύραις καὶ νάβλαις καὶ κυμβά-
λοις». Καὶ μετ᾽ ὀλίγα· «Υἱοὶ Ἀσάφ ἐχόμενοι Ἀσάφ τοῦ προφήτου
15 ἐχόμενοι τοῦ βασιλέως». Καὶ πάλιν· «Τῷ Ἰδιθούμ, υἱοὶ Ἰδιθοὺμ
ἐχόμενοι τοῦ πατρὸς αὐτῶν Ἰδιθοὺμ ἐν κινύραις τοῦ προφητεύον-
τος ἐξομολόγησιν καὶ αἴνεσιν τῷ Κυρίῳ». Καὶ μετὰ βραχέα· «Πάν-
τες οὗτοι υἱοὶ τοῦ Αἰμὰν τοῦ ὁρῶντος τῷ βασιλεῖ ἐν λόγοις τοῦ 816
Θεοῦ τοῦ ὑψῶσαι κέρας. Καὶ ἔδωκεν ὁ Θεὸς τῷ Αἰμὰν υἱοὺς τέσ-
20 σαρας καὶ δέκα καὶ θυγατέρας τρεῖς. Πάντες οὗτοι μετὰ τοῦ πατρὸς
αὐτῶν ὑμνοῦντες ἐν οἴκῳ Κυρίου ἐν κυμβάλοις καὶ νάβλαις καὶ
κινύραις εἰς τὴν δουλείαν οἴκου τοῦ Θεοῦ, ἐχόμενοι τοῦ βασιλέως
καὶ Ἀσάφ καὶ Ἰδιθοὺμ καὶ Αἰμάν». Μωϋσοῦ δὲ τοῦ μεγάλου τοὺς
ἀπογόνους τῶν ἱερῶν θησαυρῶν ἀπέφηνε φύλακας. Ἀπέκειτο δὲ

---

  3 s cf Lc 1, 5   5 cf 1 Cr 24, 10   11 s 1 Cr 25, 1   14 s 1 Cr 25, 2   15 s 1 Cr 25,
3   17 s 1 Cr 25, 5-6

    1, 5, 6, 8, 9, 10, 12, 35, 37, 54, 55, 56

  1 >ἐκκαίδεκα — πατριῶν αὐτῶν D 5   ἐκκαίδεκα] ἐξ καὶ δέκα 10   τοὺς υἱοὺς 10
54   2 >αὐτῶν 10 37 54   >ὀκτὼ 5   3 >ἐν αὐτῇ — ἀρχῇ 6   ἐν αὐτῇ — Ἔφη γὰρ] λέγει
γὰρ ἐν τοῖς ἱεροῖς εὐαγγελίοις 54   4 εἶναι τὸν Ζαχαρίαν post Ἀβιᾶ 6   5 δὲ] γὰρ
10   Ἀβιᾶ 1°] Ἀβιᾶν c₁ 8 10 35 37   6 ἐδίδαξε] ἐγνώρισε 37   >Τὸν δὲ — Ἰδιθοὺμ καὶ
Αἰμάν (l 23) 6   Τὸν] τῷ 12   8 κεκλῆσθαι] κεκλεῖσθαι 12: κλῆσθαι 56*   9 >ἐν 54   10
προφητικῆς] > 37: προφητικοῦ 5   χάριτος] χαρίσματος 5   γὰρ] δὲ c₁   11 ἔστησαν 5
54   >ὁ c₁   13 προφητεύοντας — Ἰδιθοὺμ καὶ Αἰμάν (l 23)] προφήτας καὶ ἑξῆς
54   κιννύραις 5 9 55   ναύλαις 37   κυμβάλοις pr ἐν 1   14 Υἱοὶ pr οἱ 10   >Ἀσάφ 12
35   15 >ἐχόμενοι D: ἐχόμενα 1   >τοῦ βασιλέως — Ἰδιθοὺμ ἐχόμενοι 12   υἱοὶ pr οἱ 8
10 55   >υἱοὶ Ἰδιθοὺμ 1 5 37*   16 κιννύραις 5 9 55   17 αἴνεσιν] αἶνον 8 9 35   18
>τοῦ 1° Α   >τοῦ 3° Α   19 τέσσαρες 1 9 35 55   20 Πάντες + οὖν 37   21 νάβλαις
pr ἐν Α 1: ναύλαις 37   22 κιννύραις 55   οἴκου pr τοῦ 9   23 Μωϋσοῦ pr καὶ Α 8: Μωϋ-
σέως 1 9 37   δὲ] > 8: τε 55   >τοῦ μεγάλου 54   24 Ἀπέκειντο ed

ἐν τούτοις καὶ τὰ ἐκ τῶν πολέμων ἀκροθίνια καὶ τὰ δῶρα τὰ προσφερόμενα τῷ Θεῷ. «Ὅσα» γάρ φησιν, «ἡγίασε Δαβὶδ ὁ βασιλεὺς καὶ οἱ ἄρχοντες τῶν πατριῶν, χιλίαρχοι καὶ ἑκατόνταρχοι καὶ οἱ ἄρχοντες τῆς δυνάμεως, ἃ ἔλαβον ἐκ πολέμων καὶ ἐκ λαφύρων καὶ ἡγίασεν ἀπ᾽ αὐτῶν τοῦ μὴ καθυστερῆσαι τὴν οἰκοδομὴν τοῦ 5 οἴκου Κυρίου καὶ ἐπὶ πάντων τῶν ἁγίων τοῦ Θεοῦ ὅσα ἡγίασε Σαμουὴλ ὁ ὁρῶν καὶ Σαοὺλ ὁ τοῦ Κὶς καὶ ᾿Αβεννὴρ ὁ τοῦ Νὴρ καὶ ᾿Ιωὰβ ὁ τοῦ Σαρουΐα καὶ πᾶς ὁ ἁγιάζων διὰ χειρὸς Σαλωμὶθ καὶ τῶν ἀδελφῶν αὐτοῦ». Μηδεὶς δὲ νομιζέτω διαφωνίαν τὸ τὸν Βανέαν ἐν ταῖς Βασιλείαις αὐλάρχην εἰρῆσθαι καὶ τοῦ βασιλέως 10 ἀδελφιδοῦν, ἐνταῦθα δὲ ἱερέα. Ὁμώνυμοι γάρ εἰσιν· ἀλλ᾽ οὗτος μὲν ἐκ τῆς ἱερατικῆς, ἐκεῖνος δὲ ἐκ τῆς βασιλικῆς φυλῆς. ᾿Αξιάγαστος δὲ τοῦ Δαβὶδ ἡ παραίνεσις ἦν πρὸς τὸν υἱὸν ἐποιήσατο. «Γνῶθι» γὰρ ἔφη, «τὸν Θεὸν τῶν πατέρων σου καὶ δούλευε αὐτῷ ἐν καρδίᾳ τελείᾳ καὶ ψυχῇ θελούσῃ, ὅτι πάσας 15 καρδίας ἐκζητεῖ Κύριος καὶ πᾶν ἐνθύμημα διανοιῶν γινώσκει». Τὴν ἀναγκαστήν, φησί, δουλείαν οὐκ ἀποδέχεται, τὴν δὲ ἐθελούσιον ἐπαινεῖ καὶ τὴν τελείαν ἀγαπᾷ προθυμίαν. «᾿Εὰν ζητήσῃς αὐτὸν εὑρεθήσεταί σοι, καὶ ἐὰν ἐγκαταλείψῃς αὐτὸν ἐγκαταλείψει σε εἰς τέλος». Εὐαγγελικὴ ὑπόσχεσις· «ζητεῖτε» γάρ φησι, «καὶ 20 εὑρήσετε· κρούετε καὶ ἀνοιγήσεται ὑμῖν». «Ἴδε τοίνυν ὅτι προείλετό σε οἰκοδομῆσαι αὐτῷ οἶκον εἰς ἁγίασμα· ἀνδρίζου καὶ ποίει». Προέκρινέ σε, φησίν, ἐμοῦ· ἐγὼ ἠβουλήθην οἰκοδομῆσαι

---

2 s 1 Cr 26, 26-28   **10** cf 1 Cr 27, 5   **14** s 1 Cr 28, 9   **18** s 1 Cr 28, 9   **20** s Mt 7, 7 et par   **21** s 1 Cr 28, 10

1, 5, 6, 8, 9, 10, 12, 35, 37, 54, 55, 56

1 πολεμίων 54   ἀκροθίνια 1 6 12 35 37 56   **2** >Ὅσα γάρ — ἀδελφῶν αὐτοῦ (1 9) 6   **3** >καὶ 2° 12   **4** >οἱ c₁   πολέμων pr τῶν Α 37   λαφύρων pr τῶν Α   **5** >καὶ 12   **6** >τῶν 5   >ὅσα 54   **7** >ὁ 1° 35   Σαοὺλ] Σαμουὴλ 54 55* (Σαὴλ 55ᶜ) 56* (Σαοὺλ 56ᶜ)   Κὶς] Κῆς 5: Κεὶς 56   ᾿Αβεννὶρ 12   >ὁ τοῦ Νὴρ Α   **8** ὁ 1°] >10: ἐξ οὗ 12   >καὶ 1° 10   Σαλουμὴθ Α: Σαλωμὴθ 37   **9** >δὲ 12   τὸ pr εἶναι Α: τοῦ Α: τῷ 37   **10** Βαναίαν 1 6 10 37 54   **11** ἱερέαν 37   οὗτος] αὐτὸς c₁ 1 37: οὕτως 35   **12** >ἐκεῖνος δὲ — βασιλικῆς 6   ἐκεῖνος δὲ] καὶ οὐκ Α   φυλῆς pr ἦν Α   **15** πάσας + τὰς D 9   **16** ἐκζητεῖ] ἐξετάζει 8: ἐκζητήσει 35: ζητεῖ 54   **17** ἀναγκαστήν] ἀναγκαστικὴν Α 9   >φησί 5   φησί, δουλείαν tr 12   οὐκ ἀποδέχεται] οὐ καταδέχεται Α⁻⁶ (>οὐ 5): ἅτα δέχεται 6   **18** τὴν τελείαν — προθυμίαν] προσίεται 1   >᾿Εὰν ζητήσῃς — ἀνοιγήσεται ὑμῖν (1 21) 6   ζητήσεις 12 55   Ἐὰν] ἂν 5 10: + καὶ 9   **19** ἐγκαταλείψῃς] ἐγκαταλείπῃς 12   >αὐτὸν 37   ἐγκαταλείψει] ἐγκαταλείπει 8: ἐγκαταλείψῃς 12: ἐγκαταλείψῃ ed   **20** ὑπόσχεσις pr ἡ 1 12 35 37 54: ὑπόθεσις 55   >φησι 54   **21** εὑρεθήσεται 8   >ὅτι 1   **22** οἰκοδομῆσαι pr φησίν ἐμοῦ ed   αὐτὸν 6   **23** >Προέκρινέ σε — ἀποπλήρωσον (p 258 l 2) 6

καὶ σοὶ τὸ ἔργον ἐπέτρεψε. Σὺν πάσῃ τοιγαροῦν προθυμίᾳ τὸ κε-
λευσθὲν ἀποπλήρωσον. Εἶτα ὡς νέῳ καὶ ἀγνοοῦντι καὶ τὰ μέτρα
καὶ τὸ σχῆμα τῆς οἰκοδομίας σκαριφεύσας ἔδωκεν. «Ἔδωκε»
γάρ φησι, «Δαβὶδ Σολομῶντι τῷ υἱῷ αὐτοῦ τὸ παράδειγμα τοῦ
5 ναοῦ καὶ τῶν οἴκων αὐτοῦ καὶ τῶν ἀποθηκῶν αὐτοῦ καὶ τῶν
ὑπερῴων καὶ τῶν ταμιείων αὐτοῦ τῶν ἐσωτέρων καὶ τοῦ οἴκου τοῦ
ἱλαστηρίου». Καὶ διδάσκων ὡς οὐ λογισμὸς ἀνθρώπινος ταῦτα
διέγραψεν, ἀλλ᾽ ἡ χάρις τοῦ Πνεύματος, ἐπήγαγε. «Καὶ τὸ
παράδειγμα πάντων ὧν ἦν ἐν πνεύματι μετ᾽ αὐτοῦ, καὶ τῶν αὐλῶν
10 οἴκου Κυρίου καὶ πάντων παστοφορίων τῶν κύκλῳ τῶν εἰς τὰς 817
ἀποθήκας οἴκου Κυρίου». Ἐδίδαξε δὲ αὐτὸν καὶ ὁπόσου σταθμοῦ
εἶναι προσήκει τὰς λυχνίας τὰς χρυσᾶς, ὁπόσου δὲ τὰς τραπέζας.
Ὡσαύτως δὲ καὶ τὰ πυρεῖα καὶ τὰς κρεάγρας καὶ τὰ σπονδεῖα
καὶ τὰς φιάλας. «Καφφωρὲ» δὲ καλεῖ σκεύη τινὰ χρυσᾶ καὶ ἀργυ-
15 ρᾶ ἐν οἷς ἐφύρων τὴν σεμίδαλιν τῷ ἐλαίῳ. Καὶ τἆλλα δὲ πάντα
διεξελθὼν ἐπήγαγε· «Πάντα ἐν γραφῇ ἐκ χειρὸς Κυρίου ἔδωκε
Δαβὶδ τῷ Σολομῶντι, κατὰ τὴν περιγενηθεῖσαν αὐτῷ σύνεσιν τοῦ
συνιέναι τὴν κατεργασίαν τοῦ παραδείγματος». Ἐπισημαντέον δὲ
ὡς ἄνω μὲν ἐν πνεύματι δεδόσθαι τὴν γνῶσιν εἴρηκεν· ἐνταῦθα δὲ
20 ἐκ χειρὸς Κυρίου. Κύριος ἄρα τὸ πανάγιον Πνεῦμα κἂν μὴ θέλω-
σιν οἱ τῷ Πνεύματι πολεμοῦντες. Μετὰ διορισμοῦ δὲ αὐτῷ τὴν
θείαν κηδεμονίαν ὑπέσχετο. «Οὐκ ἀνήσει σε» γάρ φησιν, «οὐδὲ μὴ

3 s 1 Cr 28, 11   8 s 1 Cr 28, 12   14 cf 1 Cr 28, 17ap   16 s 1 Cr 28, 19   22 s 1 Cr 28, 20

1, 5, 6, 8, 9, 10, 12, 35, 37, 54, 55, 56

2 τὰ μέτρα ... τὸ σχῆμα tr 6   3 >τῆς 6   οἰκοδομίας] > 6: οἰκοδομῆς 1   >ἔδωκεν 1
10 37   4 >γάρ φησι 6 10   >Δαβὶδ A   Σολομῶντι] pr τῷ A: Σολομῶν 12 35 56: Σαλομῶν-
τι 55   >τῷ 5   αὐτοῦ + φησιν 10   >τὸ παράδειγμα — τοῦ ἱλαστηρίου (l 7) 6   5 τὸν οἶκον
35   >καὶ 2° 5   >τῶν ἀποθήκων αὐτοῦ καὶ A 8   6 >τῶν ταμιείων — ἐσωτέρων καὶ
1   τῶν ταμιείων — τοῦ ἱλαστηρίου] ἑξῆς 54   7 Καὶ] >1: εἶτα 54   >διδάσκων 6   ὡς] ὅτι
6   λογισμοῖς ἀνθρωπίνοις A   ταῦτα + τὰ σχήματα τοῦ ναοῦ 6   8 >ἀλλ᾽ ἡ χάρις τοῦ Πνεύ-
ματος 6   Πνεύματος + ἦν μετ᾽ αὐτοῦ 5   9 >ὧν 6   πνεύματι pr τῷ 12   >καὶ τῶν αὐλῶν
— οἴκου Κυρίου (l 11) 54   10 >καὶ πάντων — οἴκου Κυρίου 6   παστοφορίων pr τῶν 5
10   τῶν 1°]τοῦ 5   11 >οἴκου 10   αὐτῷ 6   καὶ ὁπόσου — καὶ τὰς φιάλας (l 14)] πάντα τὰ
σκεύη καὶ τὰ σπόνδια τοῦ ναοῦ χρυσᾶ καὶ ἀργυρᾶ 6   ὁπόσου] πόσου A   12 εἶναι προσήκει tr
A   ὁπόσου] πόσου A: πόσους 12   13 καὶ τὰ σπονδεῖα/καὶ τὰς φιάλας tr 5 54   14 καππο-
ρέον 5 6: χασπορέον 54: χαππωρὲ 10: χαφωρὲ 55: χαφφωρὲ 1: χαφφωρὰ 12   15 >Καὶ
6   τἆλλα] > 6: τὰ ἄλλα 10 54: ἄλλα 5   τἆλλα δὲ πάντα] πάντα ἄλλα 55   δὲ
πάντα/διεξελθὼν tr 6   16 >ἐκ 12   δέδωκε 5 37   17 Σολομῶν A⁻⁶ 12 35 56: Σαλομῶντι
55   >κατὰ τὴν περιγενηθεῖσαν — τοῦ παραδείγματος 6   αὐτῷ] ἐν αὐτῷ 12   τοῦ] τοῦτο
37   19 >μὲν 6   ἐνταῦθα pr καὶ 12   20 >πανάγιον 6   21 >τῷ 54   >Μετὰ διορισμοῦ —
οἴκου Κυρίου (p 259 l 1) 6   αὐτῷ / τὴν θείαν tr 5 10   22 θείαν] θέσιν 12   σε γάρ tr A   μή
pr οὐ 1 54

σε ἐγκαταλίπῃ, ἕως τοῦ συντελέσαι σε ἐργασίαν οἴκου Κυρίου».
Οἰκοδομῶν γὰρ ἠὺσέβει καὶ τῆς θείας προνοίας ἀπήλαυε· μετὰ δὲ
τὴν οἰκοδομίαν εἰς ἀσέβειαν ἀποκλίνας, ἔρημος τῆς θείας κηδε-
μονίας ἐγένετο. Ὅτι δὲ καὶ μαρμάροις ὁ νεὼς ἐπεποίκιλτο ἡ
ἱστορία διδάσκει. «Λίθους» γάρ φησιν, «ὄνυχος καὶ πληρώσεως, 5
λίθους πολυτελεῖς καὶ ποικίλους καὶ πάντα λίθον τίμιον καὶ λίθους
παρίους εἰς πλῆθος». Δείξας δὲ ὁπόσας μυριάδας ταλάντων καὶ
χρυσοῦ καὶ ἀργύρου συνήγαγε καὶ χαλκὸν καὶ σίδηρον ὑπερβαί-
νοντα τοὺς τῶν ἀριθμῶν λογισμούς, προέτρεψε τοὺς ἄρχοντας
ἑκόντας προσενεγκεῖν δῶρα τῷ Δεσπότῃ Θεῷ. Τοῦτο γὰρ ἔφη· 10
«Καὶ τίς ἑκουσιάσεται πληρῶσαι τὰς χεῖρας αὐτοῦ σήμερον τῷ
Κυρίῳ;» Τὴν δὲ τοῦ λαοῦ θεασάμενος προθυμίαν ὕμνον τῷ μεγα-
λοδώρῳ Δεσπότῃ προσήνεγκε. «Τίς γάρ εἰμι», φησίν, «ἐγὼ καὶ τίς
ὁ λαός μου, ὅτι ἰσχύσαμεν τοῦ ἑκουσιάσασθαί σοι οὕτως; Ὅτι σά
ἐστι τὰ πάντα καὶ ἐκ τῶν σῶν δεδώκαμέν σοι. Ὅτι πάροικοί ἐσμεν 15
ἐναντίον σου καὶ πάροικοι καθὼς πάντες οἱ πατέρες ἡμῶν καὶ ὡς
σκιαὶ αἱ ἡμέραι ἡμῶν ἐπὶ τῆς γῆς». Οὕτως τῆς ἀνθρωπίνης φύσεως
τὴν ἀσθένειαν ὁμολογήσας, ᾔτησε καὶ τῷ λαῷ καὶ τῷ βασιλεῖ τῆς
εὐσεβείας τὴν κτῆσιν. «Δὸς αὐτῷ» γάρ φησι, «καρδίαν ἀγαθὴν

5 s 1 Cr 29, 2   11 s 1 Cr 29, 5   13 s 1 Cr 29, 14-15   19 s 1 Cr 29, 19

1, 5, 6, 8, 9, 10, 12, 35, 37, 54, 55, 56

1 >σε 1° A   ἐγκαταλείπῃ 8 35 37 54: καταλίπῃ 12   σε 2°] >1 5: + πᾶσαν
A   ἐργασίαν] pr λειτουργίας 5: λειτουργίαν ἐργασίας 54: + λειτουργίας 8 10 35   2
γάρ] μὲν οὖν 6   >καὶ τῆς θείας — ἀπήλαυε 6   προνοίας] κηδεμονίας 8 55: κηδόμενος
35   ἀπήλαυσε 5 8 10 35   4 κηδεμονίας] οἰκονομίας A: προνοίας 8 9 35   ναὸς 1 5
6   5 >ἡ ἱστορία διδάσκει 6   γάρ] καί 6   >φησιν 6 12   ὀνύχοις 6   >καὶ πληρώ-
σεως λίθους 6   πληρώσεως] pr λίθους A: pr λίθους καί 37   6 >λίθους πολυτελεῖς —
λίθον τίμιον 1   >καὶ πάντα λίθον — ὁπόσας μυριάδας 6   7 Δείξας δὲ — ἀριθμῶν λο-
γισμούς (1 9)] καὶ ἑξῆς 54   >δὲ 10   ὁπόσας] πόσας 12   ταλάντων] χρυσόν τε
6   >καὶ 6 55   8 χρυσοῦ] ἄπειρον 6   ἄργυρον 6   συνήγαγε] > 6: συνεισήγαγε
37   >καὶ 2° 6   9 ἀριθμῶν] ἀνθρώπων A 37   λογισμούς + ἡ ἱστορία διδάσκει τοῖς
ἐντυγχάνουσιν 6   προέτρεψε + δὲ 54   >προέτρεψε τοὺς ἄρχοντας — εἶχον συγ-
γεγραμμένας (p 260 l 10) 6   10 >Δεσπότῃ 5   12 >μεγαλοδώρῳ 5   13 Δεσπότῃ +
Θεῷ 5   εἰμι, φησίν tr 1 9 37   φησίν, ἐγώ tr 12   14 >τοῦ A   ἑκουσιάσαι 5 10:
ἑκουσιάσεσθαι 55   σοι οὕτως] τοιούτως 5: οὕτω 54   15 >τὰ 54   πάροικοι] παρε-
πίδημοι 5 9 12 37   16 ἡμῶν + ἔσμεν A 9   ὡς] ὡσεὶ A   17 σκιὰ 54   >ἡμῶν
54   οὕτω c₁ 37 54   18 >καὶ 1° 12   19 κτίσιν 12   αὐτῷ γάρ tr A 12

ποιεῖν τὰς ἐντολάς σου καὶ τὰ μαρτύριά σου καὶ τὰ προστάγματά
σου». Εἶτα πάντα τὸν λαὸν κοινωνῆσαι τῆς ὑμνῳδίας παρεγγυᾷ
καὶ κοινῇ πάντας κλῖναι τὰ γόνατα καὶ προσενεγκεῖν τὴν προσκύ-
νησιν. Ἔπειτα χιλιόμβην προσενεγκὼν καὶ θυσίας ἑτέρας ἐπιτε-
5 λέσας τοῦ λαοῦ παρόντος ἐχειροτόνησε τὸν υἱόν. Τὸ δέ,
«Ἐκάθισε Σολομὼν ἐπὶ θρόνου Κυρίου εἰς βασιλέα ἀντὶ Δαβὶδ τοῦ
πατρὸς αὐτοῦ», ἀντὶ τοῦ «Εἰς τὸν ὑπὸ τοῦ Θεοῦ δοθέντα θρόνον
ἐκάθισε». Δηλοῖ δὲ τῆς προτέρας ἱστορίας τὸ τέλος, ὡς καὶ Σα-
μουὴλ ὁ ὁρῶν καὶ Νάθαν ὁ προφήτης καὶ Γὰδ ὁ ὁρῶν βίβλους
10 εἶχον συγγεγραμμένας.

6 s 1 Cr 29, 23   8 s cf 1 Cr 29, 29

1, 5, 6, 8, 9, 10, 12, 35, 37, 54, 55, 56

1 ποιεῖν pr τοῦ A   2 Εἶτα] εἰ 12   τῆς pr οἱ D   3 >καὶ κοινῇ — γόνατα 12   4
>ἑτέρας 54   ἐπιτελέσαι 12   6 >εἰς βασιλέα c_1 1 37   9 Νάθαν + δὲ ed   10 εἶχεν
35 54   συγγεγραμμένους 10 56: ἐγγεγραμμένας 12

ΕΙΣ ΤΗΝ ΔΕΥΤΕΡΑΝ ΤΩΝ ΠΑΡΑΛΕΙΠΟΜΕΝΩΝ

Ἡ δευτέρα βίβλος διδάσκει ὡς ἡ σκηνὴ μὲν ἦν ὁ μέγας κατεσκεύασε Μωϋσῆς, ἐν τῇ Γαβαὼν εἰστήκει, ἡ δὲ κιβωτὸς ἐν τοῖς Βασιλείοις τῇ ἑτέρᾳ κεκαλυμμένη σκηνῇ. Ὁ δὲ Σολομὼν ἐν τῷ μωσαϊκῷ θυσιαστηρίῳ χιλιόμβην ἱερατεύσας ἱκέτευσε τὸν Θεὸν 5 καὶ σοφίας τυχεῖν ᾔτησε καὶ συνέσεως. Τῷ δὲ Χειρὰμ ἐπιστέλλων τὴν οἰκείαν θεογνωσίαν ἐπέδειξε· *«Τίς»* γάρ φησιν, *«ἰσχύσει οἰκοδομῆσαι τῷ Θεῷ οἶκον, ὅτι ὁ οὐρανὸς τοῦ οὐρανοῦ οὐχ ὑποίσουσιν αὐτόν; Καὶ τίς εἰμι ἐγὼ οἰκοδομῶν αὐτῷ οἶκον ἀλλ᾽ ἢ τοῦ θυμιᾶν κατέναντι αὐτοῦ;»* Τὴν ἐμαυτοῦ, φησί, χρείαν πληρῶ. Τὴν αὐτοῦ 10 γὰρ χωρῆσαι φύσιν οὐδὲ ὁ ὑπέρτερος δύναται οὐρανός· προσφέρειν δὲ αὐτῷ τὸ δυνατὸν ἐμοὶ βουλόμενος σέβας, χειροποίητον οἶκον οἰκοδομῶ. Ὅσον δὲ ὀνίνησιν ἡ τῶν εὐσεβῶν φιλία δεδήλωκεν ὁ Χειράμ· ἀντιγράφων γὰρ οὕτως ἔφη· *«Εὐλογητὸς Κύριος ὁ Θεὸς Ἰσραὴλ ὃς ἐποίησε τὸν οὐρανὸν καὶ τὴν γῆν,* 15

2 s cf 2 Cr 1, 3 s   **7** s 2 Cr 2, 6   **14** s 2 Cr 2, 12

1, 5, 6, 8, 9, 10, 12, 35, 37, 54, 55, 56

1 >Εἰς τὴν — Παραλειπομένων 55   Εἰς τὴν δευτέραν] pr τοῦ αὐτοῦ 6 9 12 35: pr τοῦ αὐτοῦ μακαρίου Θεοδωρίτου 8: pr ἐκ τῶν τοῦ μακαρίου Θεοδωρήτου 54: ἑρμηνεία τῆς δευτέρας βίβλου 10: + βίβλον D 9   **2** βίβλος + τῶν Παραλειπομένων 9 12   >μὲν 5 54   **3** κατεσκεύασε Μωϋσῆς tr 5   Μωσῆς 5 9   Γαβαὼν] Γαβλὼν 5   **4** >τῇ A   **5** χιλιόμβας ed   **6** >ᾔτησε A   ἐπιστέλλων + ἐπὶ D   **7** ἐπέδειξε] ἔδειξε 8 12: ἀνέδειξε 9: ἀπέδειξε 37: ἐδίδαξε 35   ἰσχύει D 9 10   **8** οἰκοδομήσει 6   τῷ Θεῷ / οἶκον tr A   οὐρανὸς + καὶ ὁ οὐρανὸς 5   **9** αὐτόν] αὐτῷ 54   ἐγὼ] > D 9: + ὁ c₁ 1 37   **10** Τὴν 1° + δὲ 54   **11** >φύσιν A   ὑπέρτατος 37   δύναται οὐρανός tr A   **12** δὲ + γὰρ 1   βουλομένῳ 54   **13** Ὅσον] οἷον 6   **14** ἐδήλωσεν 9   γὰρ οὕτως tr A   οὕτως] οὕτω 54: οὕτος 55   **15** ὁ Θεὸς Ἰσραὴλ ὃς laes 55

ὃς ἔδωκε Δαβὶδ τῷ βασιλεῖ υἱὸν σοφὸν καὶ εἰδότα φρόνησιν καὶ
ἐπιστήμην ὃς οἰκοδομήσει οἶκον τῷ Κυρίῳ». Δῆλον δὲ ὡς ἐκ τῆς
πρὸς τὸν Δαβὶδ συνηθείας μεμάθηκεν οὗτος ὡς τοῦ Ἰσραὴλ ὁ
Θεὸς οὐρανοῦ καὶ γῆς Ποιητής. Μηδεὶς δὲ νομιζέτω τήνδε τὴν
5 βίβλον πρὸς τὰς Βασιλείας διαφωνεῖν ἐπειδὴ τοῦ ναοῦ τὸ μῆκος
ἑξήκοντα μὲν πήχεων ἐνταῦθα εὑρίσκομεν, τεσσαράκοντα δὲ
ἐκεῖ. Εὑρήσει γὰρ κἀκεῖ πρὸς τοῖς τεσσαράκοντα ἄλλους εἴκοσι
τοῦ καλουμένου «Δαβεὶρ», τουτέστι, «τοῦ Ἁγίου τῶν ἁγίων»· τῶν
εἴκοσι δὲ προστιθεμένων τοῖς τεσσαράκοντα οἱ ἑξήκοντα γίγνον-
10 ται. Οὕτω πάλιν τὸ ὕψος πέντε μὲν καὶ εἴκοσι πήχεων ἐν ταῖς Βα-
σιλείαις εὑρίσκομεν, ἐνταῦθα δὲ εἴκοσι καὶ ἑκατόν. Ἀλλ᾽ ἐν τῷ
παραδείγματι δεδήλωκεν ὁ θεῖος Δαβὶδ ὡς οὐχ ἕνα μόνον ὄροφον
εἶχεν ὁ θεῖος νεώς· «Τὸν οἶκον» γάρ φησι, «καὶ τὰ ὑπερῷα αὐτοῦ
ποιήσεις». Καὶ ἡ ἱστορία τῶν Βασιλειῶν διδάσκει ὅτι οὐ μόνον
15 διώροφα ἀλλὰ καὶ τριώροφα εἶχεν ὁ οἶκος. Πόλιν δὲ Δαβὶδ τὴν
Σιὼν ὠνόμασεν. «Ἐξεκκλησίασε» γάρ φησιν, «ὁ Σολομὼν πάντας 821
τοὺς πρεσβυτέρους Ἰσραὴλ καὶ πάντας τοὺς ἄρχοντας τῶν φυλῶν
καὶ τοὺς ἡγουμένους τῶν πατριῶν τῶν υἱῶν Ἰσραήλ, τοῦ
ἀνενεγκεῖν τὴν κιβωτὸν διαθήκης Κυρίου ἐκ πόλεως Δαβίδ· αὕτη
20 ἐστὶ Σιών». Οὕτω δὲ καλεῖ τὴν ἀνωτέραν πόλιν. Ὡς ὀχυρωτέρα
γὰρ τειχίσας, ἐν αὐτῇ τὰ βασίλεια ᾠκοδόμησε· «Καὶ ἐξεκκλησιά-

---

6 cf 2 Cr 3, 3　　7 s cf 3 Re 6, 16 s　　11 cf 2 Cr 3, 4　　13 s cf 1 Cr 28, 20　　16 s
2 Cr 5, 2　　20 s 2 Cr 5, 3

1, 5, 6, 8, 9, 10, 12, 35, 37, 54, 55, 56

1 >Δαβὶδ 37 54　　Δαβὶδ / τῷ βασιλεῖ tr c₁ 5　　καὶ εἰδότα laes 55　　2 ἐκ post τὸν
10　　3 Δαβὶδ pr τοῦ 10　　μεμαθήκαμεν 6　　>οὗτος 6　　ὁ] > 54: ante τοῦ Ἰσραὴλ
5　　4 Ποιητής pr ἐστί 1 5 54: + ἔστι 8　　6 τεσσαράκοντα ... ἐκεῖ tr A　　>δὲ 10　　7
εὑρίσκει 5: εὑρήσεις c₁　　>γὰρ κἀκεῖ — τεσσαράκοντα 6　　κἀκεῖ] > A 37: ἐκεῖ c₁
8　　ἄλλους] καὶ ἑτέρους 6　　8 Δαβὶρ 12 35: Δαβὴρ 8 10　　>τῶν 2° A　　9 >εἴκοσι δὲ
— γίγνονται 6 54　　>οἱ A 37　　10 οὕτως c₁ 1 10 37　　11 >δὲ 54 56　　13 εἶχεν / ὁ
θεῖος tr 54　　ναὸς 6　　οἶκον γάρ tr 8　　γάρ + αὐτοῦ 54　　>αὐτοῦ 54　　14 ἱστορία
+ δὲ A　　15 διώροφα 6 12 35 56　　>ἀλλὰ 10 37　　τριώροφα 6 12 35 56　　οἶκος]
τοῖχος 1 37　　Πόλιν] πάλιν 9 10　　δὲ] ὁ 9　　>Δαβὶδ 37　　16 >Ἐξεκκλησίασε —
ἐστὶ Σιών (l 20) 54　　>φησιν 1　　>ὁ A⁻⁵ 35　　17 Ἰσραήλ] Ἱερουσαλὴμ 6 10　　>καὶ
πάντας — υἱῶν Ἰσραήλ 37　　>τῶν φυλῶν — τῶν υἱῶν 1　　18 >τῶν 2° A　　>υἱῶν
6　　19 διαθήκης pr τῆς 37　　>Κυρίου 55　　20 ἐστὶ] δὲ ed　　>πόλιν. Ὡς ὀχυρωτέρα
54　　21 >γὰρ A　　τειχίσας pr ἦν 5　　τὰς βασιλείας 35

σθη πρὸς τὸν βασιλέα Σολομὼν πᾶς ἀνὴρ Ἰσραὴλ ἐν τῇ ἑορτῇ·
οὗτος ὁ μὴν ἕβδομος». Ἑορτὴν τὴν σκηνοπηγίαν καλεῖ· αὕτη γὰρ
τρίτη ἦν ἑορτή. «Καὶ εἰσήνεγκαν οἱ ἱερεῖς τὴν κιβωτὸν διαθήκης
Κυρίου εἰς τὸν τόπον αὐτῆς εἰς τὸ Δαβεὶρ τοῦ οἴκου εἰς τὰ Ἅγια
τῶν ἁγίων ὑποκάτω τῶν πτερύγων τῶν χερουβίμ». Καὶ ἐντεῦθεν 5
δῆλον ὡς Δαβεὶρ τὸ ἄδυτον καὶ ἄψαυστον καὶ ἀνάκτορον ἐκάλε-
σε τοῦ ναοῦ, ὅπερ Ἅγια ἁγίων ὀνομάζειν φίλον τῇ θείᾳ γραφῇ.
Τοῦ μέντοι Σολομῶντος προσευξαμένου, καὶ πέρας ἐπιτεθεικότος
τῇ προσευχῇ, πῦρ κατενεχθὲν οὐρανόθεν τὰς προσενεχθείσας
θυσίας ἀνάλωσε. Πάλιν μέντοι ἡ ἱστορία διδάσκει, ὡς τοῦ 10
πανευφήμου Δαβὶδ εἰσιν οἱ ψαλμοί. Λέγει δὲ οὕτως· «Καὶ οἱ
λευῖται ἐν ὀργάνοις ᾠδῶν Κυρίου, ὧν ἐποίησε Δαβὶδ ὁ βασιλεὺς
τοῦ ἐξομολογεῖσθαι ἔναντι Κυρίου, ὅτι ἀγαθόν, ὅτι εἰς τὸν αἰῶνα τὸ
ἔλεος αὐτοῦ, ἐν ὕμνοις Δαβὶδ διὰ χειρὸς αὐτοῦ». Τοσαύτη δὲ ἦν ἡ
τοῦ Σολομῶντος εὐσέβεια, ὅτι τοῦ Φαραὼ τὴν θυγατέρα εἰς τὰ 15
νεόδμητα μετέστησε βασίλεια λέγων· «Οὐ κατοικήσει ἡ γυνή μου
ἐν οἴκῳ Δαβὶδ βασιλέως Ἰσραήλ, ὅτι ἅγιος οὗτος οὗ εἰσῆλθεν ἐκεῖ
ἡ κιβωτὸς τοῦ Κυρίου». Κατέστησε δὲ καὶ τοὺς πυλωροὺς καὶ
τοὺς ᾠδοὺς κατὰ τὰς τοῦ Δαβὶδ διατάξεις. Τὰ δὲ ἀγώγιμα «ξύλα
πεύκινα» ὁ Ἰώσηπος κέκληκε. Ταῦτα τῶν μὲν Βασιλειῶν ἡ βίβλος 20
ὑποστηρίγματα ἔφη γεγενῆσθαι τοῦ οἴκου Κυρίου καὶ τοῦ οἴκου

---

3 s 2 Cr 5, 7   9 cf 2 Cr 7, 1   11 s 2 Cr 7, 6   16 s 2 Cr 8, 11   18 s cf 2 Cr 8,
14   19 s Josefo, *Ant* 8, 176   21 cf 3 Re 10, 12

1, 5, 6, 8, 9, 10, 12, 35, 37, 54, 55, 56

1 Σολομῶντα 1 6 37   >Ἰσραὴλ 37   2 >οὗτος ὁ μὴν — ἦν ἑορτή 12   >ὁ A 12
56   ἕβδομος pr ὁ 55   Ἑορτὴν + δὲ A 9   4 Δαβὶρ 12: Δαβὴρ 6 10 35   5 >τῶν
πτερύγων A   ἐντεῦθεν] ἔνθεν c₁ 1 37: + οὖν 5 10   6 >ὡς 5   Δαβεὶρ] > 5: Δαβὶρ
12: Δαβὴρ 1 8 10 35   >ἄδυτον καὶ 6   >καὶ 2° 6   ἐκάλεσαν 1   8 εὐξαμένου 6
9   πέρας] τέλος 54   ἐπιτεθεικότος] τεθεικότος 55   11 >πανευφήμου 5 6   οὕτω
54   12 ᾠδῶν 54   13 >τοῦ 12   ἀγαθός A 37   14 ἦν] δείκνυται A   >ἡ A⁻⁵   15
Σαλομῶντος 55   >τοῦ 2° 54   τὰ] τὸν 5 10   16 νεόδμητα A   ἔστησε 54   λέγων
+ ὅτι 8 9 35   >ἡ 54   17 >Δαβὶδ 6   οὗ] Θεοῦ A   εἰσῆλθεν + δὲ A   ἐκεῖ post
Κυρίου 12   18 >τοῦ A   Κατέστησε] καὶ ἔστησεν 12   19 ὁδοὺς 35   >τοῦ 12   20
Ἰώσηππος 6   κέκληκε] εἴρηκε 1 54   21 ὑποστηρίγματα] ὑποστήριγμα 12: + δὲ
12   γεγενῆσθαι] γενέσθαι 54

τοῦ βασιλέως· ἡ δὲ προκειμένη ἱστορία, «ἀναβάσεις τῷ οἴκῳ
Κυρίου καὶ τῷ οἴκῳ τοῦ βασιλέως». Πάλιν μέντοι μανθάνομεν
ἐντεῦθεν, ὡς Νάθαν ὁ προφήτης καὶ Ἀχιὰ ὁ Σιλωνίτης καὶ Ἰωὴλ
ὁ κατὰ τοῦ Ἱεροβοὰμ τὴν ψῆφον ἐξενεγκών, βίβλους εἶχον συγ-
5 γεγραμμένας. «Καὶ οἱ κατάλοιποι» γάρ φησι, «τῶν λόγων
Σολομῶντος, οἱ πρῶτοι καὶ οἱ ἔσχατοι, οὐκ ἰδοὺ οὗτοι γεγραμμένοι
ἐπὶ τῶν λόγων Νάθαν τοῦ προφήτου καὶ ἐπὶ τῶν λόγων Ἀχιᾶ τοῦ
Σιλωνίτου καὶ ἐν ταῖς ὁράσεσιν Ἰωὴλ τοῦ ὁρῶντος κατὰ Ἱεροβοὰμ
υἱοῦ Ναβάτ;» Μεμαθήκαμεν δὲ ἐντεῦθεν, ὡς ὁ ἄνθρωπος τοῦ
10 Θεοῦ, ὁ τὸ ἐν Βεθὴλ θυσιαστήριον ῥαγῆναι κελεύσας, ὃν ὁ λέων
συνέτριψε τοῦ Θεοῦ παραβεβηκότα τὴν ἐντολήν, Ἰωὴλ
προσηγορεύετο.

Α΄.

**Πῶς νοητέον τὸ «Οὐκ ἤκουσεν ὁ βασιλεὺς τοῦ λαοῦ, ὅτι ἦν μετα-
στροφὴ ἀπὸ τοῦ Θεοῦ, ἵνα ἀναστήσῃ Κύριος τὸν λόγον αὐτοῦ,
15 ὃν ἐλάλησεν ἐν χειρὶ Ἀχιᾶ τοῦ Σιλωνίτου»;**

Οἱ τῆς θείας κηδεμονίας ἀπολαύοντες συνορῶσι τὸ πρακτέον 824
ὑπὸ τοῦ Θεοῦ σοφιζόμενοι. Οἱ δὲ ταύτης ἐστερημένοι τῆς χάριτος,
ὡς ἔτυχε φέρονται. Τοῦτο καὶ ἐνταῦθα ὁ λόγος δεδήλωκεν, ὅτι

1 s 2 Cr 9, 11   5 s 2 Cr 9, 29   10 s cf 3 Re 13, 3 s   13 s 2 Cr 10, 15

1, 5, 6, 8, 9, 10, 12, 35, 37, 54, 55, 56

1 ἡ δὲ προκειμένη laes 55   2 >Κυρίου καὶ τῷ οἴκῳ 54   μέντοι laes 55   3 ἐνταῦθα
54   Σηλωνίτης c_1 37   4 Ἱεροβοὰμ] Ῥοβοὰμ 12   ἐξενεγκών] ἐπενεγκών 55   5 ὁ κα-
τάλοιπος 55   >γάρ 12   φησι, τῶν laes 55   6 Σαλομῶντος 55   >καὶ 54   >οἱ 2°
37   7 καὶ ἐπὶ τῶν λόγων — δὲ ἐντεῦθεν (l 9)] καὶ ἑξῆς 54   8 Σηλωνίτου c_1 37   κατὰ]
περὶ 5 10   9 Ναβάλ 6   ἐντεῦθεν] ἐνταῦθα 37: + καὶ 5   ὡς] ὅτι 5 35   10 >ὁ 1°
5   >τὸ 12   Βαιθὴλ 37 54 55   >ὁ 2° 6   11 συνέτριψε] ἀνεῖλεν 54   >τοῦ Θεοῦ
παραβεβηκότα τὴν ἐντολήν 54   12 προσηγόρευτο 8 9 10 35 56   13 Πῶς pr τοῦ αὐτοῦ
55: ὡς 54   τὸ] ὅτι 12   βασιλεὺς + ὅτι 54   >τοῦ 6 37 54   14 ἀναστήσῃ] στήσῃ
A^{-54}: στήσει 54   15 >ὃν ἐλάλησεν 12   Σηλωνίτου c_1 37   16 ἀπολαύσαντες 9   17
>τοῦ 10   σοφιζόμενοι] φωτιζόμενοι 1   18 καὶ] γὰρ 5 12   ὁ λόγος / δεδήλωκεν tr 11

ἔδοξε τῷ Δεσπότῃ Θεῷ ῥῆξαι διχῆ τὴν βασιλείαν διὰ τὰς τοῦ πατρὸς παρανομίας. Τῆς μέντοι διαιρέσεως γενομένης, καὶ τοῦ Ἱεροβοὰμ τὰς χρυσᾶς δαμάλεις κατασκευάσαντος, οἱ ἐν ταῖς δέκα φυλαῖς οἰκοῦντες ἱερεῖς καὶ λευῖται πρὸς τὴν δαβιτικὴν μετέστησαν βασιλείαν· ἐν ἐκείνῃ γὰρ ἦν ὁ θεῖος νεώς. Ἐνταῦθα 5 δὲ ἡ ἱστορία διδάσκει, ὅτι καὶ ἄκοντας «αὐτοὺς ἐξέβαλεν Ἱεροβοὰμ καὶ οἱ υἱοὶ αὐτοῦ, τοῦ μὴ λειτουργεῖν τῷ Κυρίῳ καὶ κατέστησεν αὐτῷ ἱερεῖς τῶν ὑψηλῶν καὶ τοῖς εἰδώλοις καὶ τοῖς ματαίοις καὶ ταῖς δαμάλεσιν αἷς ἐποίησεν Ἱεροβοάμ». Ἠκολούθη- σαν δὲ τοῖς ἱερεῦσι καὶ τοῖς λευίταις καὶ οἱ τῶν ἄλλων φυλῶν 10 εὐσεβεῖς. «Ἀπῆλθον» γάρ φησιν, «ὀπίσω αὐτῶν ἀπὸ πασῶν φυλῶν Ἰσραήλ, οἳ ἔδωκαν καρδίαν αὐτῶν ζητῆσαι Κύριον τὸν Θεὸν Ἰσραήλ, καὶ ἦλθον εἰς Ἱερουσαλὴμ θῦσαι Κυρίῳ τῷ Θεῷ τῶν πατέρων αὐτῶν καὶ κατισχῦσαι τὴν βασιλείαν Ἰούδα». Ὁ δὲ φιλάνθρωπος Δεσπότης δυσσεβήσαντα μὲν τὸν Ῥοβοὰμ τῷ Σου- 15 σακεὶμ παραδέδωκε. Διὰ Σαμαίου δὲ τοῦ προφήτου καὶ αὐτῷ καὶ τοῖς ἄρχουσιν εἰρηκώς, «Ὑμεῖς ἐγκατελίπετέ με καὶ ἐγὼ ἐγκαταλείψω ὑμᾶς ἐν χειρὶ Σουσακείμ», ὡς εἶδεν ἐντραπέντας καὶ τὴν ἀσέβειαν ὁμολογήσαντας, ἔφη τῷ προφήτῃ· «Ἐνετράπησαν, οὐ καταφθερῶ αὐτοὺς καὶ δώσω αὐτοὺς ὡς εἰς μικρὸν εἰς 20

6 s 2 Cr 11, 14-15   11 s 2 Cr 11, 16-17   17 s 2 Cr 12, 5   19 s 2 Cr 12, 7

1, 5, 6, 8, 9, 10, 12, 35, 37, 54, 55, 56

1 τῷ Δεσπότῃ Θεῷ] ὁ Δεσπότης 54   2 διαιρέσεως] παραινέσεως 54   3 >χρυσᾶς 8 9 35   4 >οἰκοῦντες 37   δαβιτικὴν] δαβιδικὴν 12: βασιλικὴν 37   5 μετέστησαν + τοῦ Δαβὶδ 37   >ἦν A   ναός 5   6 >δὲ A⁻⁵   7 >καὶ οἱ υἱοὶ — ἐποίησεν Ἱεροβοάμ (l 9) 54   >οἳ 5 35 55   >τοῦ A c₁ 1 37   8 αὐτῷ] ἑαυτῷ 1 12 37   9 δαμάλεσιν] δα- μάλαις 12   Ἠκολούθησεν 37   10 >καὶ 2° 6   οἳ] ἐκ 5   11 >εὐσεβεῖς A >Ἀπῆλθον — βασιλείαν Ἰούδα (l 14) 54   ἀπὸ] ἐκ A   12 Κύριον pr τὸν 6 10   >τὸν A⁻⁵ 1   13 ἦλθεν 35   Ἱεροσόλυμα A   Κυρίῳ pr τῷ A   >τῷ 1 6 37 55   >Θεῷ 37 55   14 >τῶν πατέρων ed   15 Δεσπότης] Θεὸς 54   Ῥοβοὰμ] Ἱεροβοὰμ D 10 54   τῷ] τοῦ 35   16 Σουσακὶμ 6 54   παραδέδωκε] παρέδωκεν c₁: περιδέδωκε 5   Σημαίου 1 37 (-μεου): Σαμέου 10 12 55   17 εἰρηκώς] εἰπὼν 1 8   ἐγκατελίπατε c₁: ἐγκαταλίπετε 1 6: ἐγκαταλείπατε 12   >με 54   >ἐγὼ 54   18 ἐγκαταλήψομαι 12: κα- ταλείψω 1 35   Σουσακίμ 6 54   ὡς + δὲ 1 37   εἶδεν + δὲ 6   20 καταφθείρω A⁻¹⁰ D   >ὡς 35   σμικρὸν 8 37

σωτηρίαν», ἀντὶ τοῦ, «Τὸν σπινθῆρα τῆς εὐλογίας τῆς οἰκουμένης
ἐν αὐτοῖς διαφυλάξω»· «καὶ οὐ μὴ στάξῃ ὁ θυμός μου ἐπὶ
Ἱερουσαλὴμ ἐν χειρὶ Σουσακείμ». Οὐ νῦν αὐτούς, φησί, παραδώ-
σω πανωλεθρίᾳ, ἀλλ᾽ εἰς ὕστερον φυλάξω τὴν τιμωρίαν· ἐπὶ δὲ
5 τοῦ παρόντος αὐτοῖς τὸν τῆς δουλείας ἐπιθήσω ζυγόν. «Ἔσονται
γὰρ αὐτῷ» φησίν, «εἰς δούλους καὶ γνώσονται τὴν δουλείαν μου
καὶ τὴν δουλείαν τῆς βασιλείας τῆς γῆς». Ἀπὸ συγκρίσεως, φησίν,
αὐτοὺς διδάξω ὅπως χρηστὸς ὁ ἐμὸς ζυγός, καὶ ὅπως βαρὺς ὁ
τῶν ἀνθρώπων ζυγός. Πάλιν δὲ ἑτέρας ἐδιδάχθημεν γεγενῆσθαι
10 βίβλους προφητικάς· «Οἱ λόγοι» γάρ φησι, «Ῥοβοάμ, οἱ πρῶτοι
καὶ οἱ ἔσχατοι, οὐκ ἰδοὺ εἰσι γεγραμμένοι ἐν τοῖς λόγοις Σαμαίου
τοῦ προφήτου καὶ Ἰαδὼκ τοῦ ὁρῶντος τοῦ γενεαλογῆσαι καὶ αἱ
πράξεις αὐτοῦ;» Ἄξιον δὲ θαυμάσαι τὴν τοῦ Ἀβιᾶ δημηγορίαν.
Τῶν γὰρ δέκα φυλῶν ὀκτακοσίας χιλιάδας κατ᾽ αὐτοῦ στρατευ-
15 σαμένας ἰδών — ἡγεῖτο δὲ αὐτῶν Ἱεροβοάμ — οὗτος μετὰ τετρα-
κοσίων χιλιάδων παραταττόμενος, πρὸς τοὺς ἀντιπαραταττομέ-
νους ἔφη· «Οὐχ ὑμῖν γνῶναι, ὅτι Κύριος ὁ Θεὸς Ἰσραὴλ ἔδωκε βασι- 825
λείαν τῷ Δαβὶδ ἐπὶ Ἰσραὴλ εἰς τὸν αἰῶνα καὶ τοῖς υἱοῖς αὐτοῦ
διαθήκην ἁλὸς αἰωνίαν;» Οὐχ ὑμᾶς, φησίν, ἔδει γνῶναι ὡς θεόσδο-
20 τος ἡ τοῦ Δαβὶδ βασιλεία καὶ τέλος οὐ δεχομένη κατὰ τὴν θείαν
ὑπόσχεσιν; Πῶς οὖν ἀνεστήσατε τύραννον τοῦ πατρός μου τὸν
δοῦλον; «Διαθήκην δὲ ἁλὸς αἰωνίαν» τὸ βέβαιον τῆς βασιλείας
ἐκάλεσεν· ἐπειδὴ καὶ βάρβαροι πολλάκις συνεσθίοντες πολεμίοις
βεβαίαν εἰρήνην φυλάττουσι τῶν ἁλῶν μεμνημένοι. Ἀλλ᾽ ὁ ἐμὸς

2 s 2 Cr 12, 7   **5** s 2 Cr 12, 8   **10** s 2 Cr 12, 15   **14** s cf 2 Cr 13, 3   **17** s 2 Cr
13, 5   **22** 2 Cr 13, 5ap

1, 5, 6, 8, 9, 10, 12, 35, 37, 54, 55, 56

2 διαφυλάξω] φυλάξω 1   **3** Σουσακίμ 6 54   >φησί 6   **4** >εἰς 12   **5** αὐτοῖς]
>Α⁻¹⁰: τοῖς 10: post δουλείας 37   >τὸν Α   >τῆς 5   **6** αὐτῷ φησίν tr c₁ 12 37   **7**
δουλείαν + μου 54   φησίν, αὐτοὺς tr 6 8 9 10 35   **9** δὲ + καὶ 5   >γεγενῆσθαι
54   **10** προφητικάς] προφήτας 54   λόγοι] λόγῳ 5   Ῥοβοάμ] Ἱεροβοάμ 8 37   >οἱ
2° 6 54   **11** Σαμέου 10 37 55   **12** Ἰαδὼκ pr τοῦ 54: Σαδὼκ 5: Ἰωαδὼκ
8   γεννεαλογῆσαι 55   >καὶ αἱ 10   **13** Ἀβιὰδ c₁   **14** >γὰρ 12   στρατευομένας 1
5 8   **15** αὐτῶν] αὐτοῦ 54   τριακοσίων 8 12   **16** >πρὸς τοὺς ἀντιπαραταττομένους
D 9*   ἀντιπαρατασσομένους 5   **17** Ἰσραήλ] Ἱερουσαλὴμ Α⁻¹⁰ 9 56   **18** >αὐτοῦ
6   **19** ἁλὸς] ἄλλως 37   **22** ἁλὸς] > 35: ἄλλως 37   **23** πολλάκις συνεσθίοντες tr
37   πολεμίοις pr τοῖς 37   **24** βεβαίαν εἰρήνην tr 5

πατήρ, φησί, διὰ νεότητα καὶ δειλίαν παρεχώρησε τῇ τυραννίδι·
ἐγὼ δὲ ὑμῖν ἐπιμέμφομαι, ὅτι κατὰ τῆς θείας βασιλείας θρασύνε-
σθε, ἣν τῷ γένει τοῦ Δαβὶδ ὁ τῶν ὅλων ἐδωρήσατο Κύριος· καὶ
θαρρεῖτε τῷ πλήθει καὶ ταῖς χρυσαῖς δαμάλεσι δι᾽ ἃς καὶ τοῦ
Θεοῦ τοὺς ἱερέας ἐξελάσαντες, ἑτέρους ἀντ᾽ αὐτῶν κατεστήσατε,   5
παραπλήσια δρῶντες τοῖς ἔθνεσι. Καὶ γὰρ ἐκεῖνοι τοὺς τυχόντας
ἱερέας χειροτονοῦσι τοῖς οὐκ οὖσι θεοῖς. Ἡμεῖς δὲ τῷ ἀληθινῷ
θαρροῦμεν Θεῷ, οὗ καὶ τοὺς ἱερέας καὶ τοὺς λευίτας γεραίρομεν
καὶ κατὰ τὸν θεῖον νόμον τὰς θυσίας προσφέρομεν κατὰ τὰς
τούτου διατάξεις παρατατταττόμεθα, ταῖς θείαις σάλπιγξι τὸν πόλε-   10
μον προσημαίνοντες. Διὸ παρεγγυῶ μὲν ὑμῖν μὴ ἀντιπαρατάξα-
σθαι τῷ Δεσπότῃ Θεῷ, ὃς τῆς ἡμετέρας φάλαγγος στρατηγεῖ. Με-
ταγνώσεσθε γὰρ τοῦτο ποιήσαντες. Τούτων εἰρημένων, ἐκύκλω-
σαν μὲν τὸν Ἰούδαν αἱ δέκα φυλαί· ἠλάλαξαν δὲ οὗτοι καὶ τὴν
θείαν ῥοπὴν εἰς ἐπικουρίαν ἐκάλεσαν. Ὁ δὲ κληθεὶς εἰς   15
συμμαχίαν Θεὸς εἰς δειλίαν τῶν πολεμίων τὸ θράσος μετέβαλε
καὶ τραπέντες ἀπέδρασαν ἅπαντες, καὶ πεντήκοντα μυριάδες
ἀνηλώθησαν φεύγουσαι. Λέγει δὲ καὶ τῆς φυγῆς τὴν αἰτίαν· «Καὶ
κατίσχυσαν υἱοὶ Ἰούδα, ὅτι ἤλπισαν ἐπὶ Κύριον τὸν Θεὸν τῶν
πατέρων αὐτῶν». Ἔλαβον δὲ καὶ πόλεις ὑποκειμένας ἐκείνοις τὸν   20
δὲ Ἰεροβοὰμ αὐτὸς ὁ τῶν ὅλων Θεὸς τῷ θανάτῳ παρέδωκεν.
Ἐπαινεῖ δὲ καὶ τοῦ Ἀσὰ τὴν προτέραν εὐσέβειαν· «Ἐποίησε»
γάρ φησιν, «Ἀσὰ τὸ εὐθὲς ἐνώπιον Κυρίου τοῦ Θεοῦ αὐτοῦ καὶ

---

4 cf 2 Cr 13, 8ap   7 s cf 2 Cr 13, 10 s   18 s 2 Cr 13, 18   22 s 2 Cr 14, 2-3

1, 5, 6, 8, 9, 10, 12, 35, 37, 54, 55, 56

1 πατήρ, φησί tr 6   διὰ νεότητα] διάνοιαν A   δειλίαν pr διὰ D 9   3 τοῦ] > 35:
pr τῷ 5: τῷ 6 8   > ὁ τῶν ὅλων 6   > τῶν ὅλων 5   ἐδωρήσατο] ἐχαρίσατο
54   ἐδωρήσατο Κύριος tr 5   5 τοῦ Θεοῦ/τοὺς ἱερέας tr 6   > ἀντ᾽ 6   8 θαρροῦντες
12   καὶ τοὺς 2°] κλητοὺς 6   9 κατὰ 2° pr καὶ 5 54   10 τούτου + οὖν
10   παρατασσόμεθα 5: παραταττόμενοι 1   11 Διὸ] δι᾽ ὧν 12: δι᾽ ὃν 35   > μὲν
5· ὑμῖν] ὑμᾶς 54   12 > Δεσπότῃ 1   13 > Μεταγνώσεσθε γὰρ τοῦτο ποιήσαντες
6   τοῦτο ποιήσαντες] τοῦ ποιήσαντος κατεπαιρόμενοι 5   ποιήσαντες] πράξαντες
1   Τούτων + οὖν 12   ἐκύκλωσεν 10   14 οὗτοι καὶ tr 55   15 > τὴν θείαν ῥοπὴν —
εἰς δειλίαν 6   16 > εἰς 54   θράσος + εἰς δειλίαν 6   μετέβαλον 6   17 > ἀπέδρασαν
ἅπαντες καὶ 6   πάντες A-6   18 ἀναλώθησαν 56   19 υἱοὶ pr οἱ A   Κύριον pr τὸν
37   > τὸν 55   20 ἔλαβε 54   22 > δὲ D 1 9   23 > φησιν 12 54

ἀπέστησε τὰ θυσιαστήρια τὰ ἀλλότρια», τουτέστι, τὰ τῶν εἰδώλων.
Εἶτα ἐπήγαγε, «καὶ τὰ ὑψηλά». Ἐγὼ δὲ οἶμαι διὰ τούτων αἰνίττε-
σθαι τὰ παρανόμως τῷ Θεῷ ἐν τοῖς βουνοῖς ἀνακείμενα. «Καὶ
συνέτριψε τὰς στήλας καὶ ἐξέκοψε τὰ ἄλση». Καὶ ἐν τοῖς ἑξῆς δὲ
5 τοὺς ἐπαίνους αὐτοῦ διέξεισι. Μετὰ τῆς εὐσεβείας ταύτης παρα-
ταξάμενος ἐτρέψατο τοὺς αἰθίοπας καὶ διώκων ἅπαντας
κατηνάλωσεν. Ὁμόρους δὲ λέγει τούτους αὐτῶν γεγενῆσθαι.
«Ἐσκύλευσαν» γάρ φησι, «σκῦλα πολλὰ καὶ ἐξέκοψαν τὰς κώμας
αὐτῶν κύκλῳ Γεράρων, ὅτι ἐγένετο ἔκστασις Κυρίου ἐπ᾿ αὐτούς·
10 καὶ διήρπασαν τὰς πόλεις αὐτῶν ὅτι σκῦλα πολλὰ ἐγενήθη αὐτοῖς. 828
Καί γε σκηνὰς κτηνῶν τοὺς Ἀμαζονιεὶμ ἐξέκοψαν καὶ ἔλαβον
πρόβατα πολλὰ καὶ καμήλους καὶ ἐπέστρεψαν εἰς Ἱερουσα-
λήμ». Ὅτι δὲ τὰ Γέραρα τῆς Παλαιστίνης ἐστίν, οὐδένα ἀντερεῖν
οἶμαι. Περὶ γὰρ τὴν καλουμένην Ἐλευθερόπολιν γεραρηνῶν,
15 Σαλτὸν μεχρὶ τοῦ παρόντος ὠνόμασται. Εἰκὸς τοίνυν ἀποίκους
αἰθιόπων ἐκείνην οἰκῆσαι τὴν χώραν· καὶ ἄλλους δέ τινας Ἀμα-
ζονιεὶμ ὠνομασμένους οὓς κατ᾿ αὐτῶν στρατεύσαντας ἄρδην
κατέκτειναν ἅπαντας. Μετὰ μέντοι τὴν νίκην, Ἀζαρίας υἱὸς
Ὀδὴδ ὁ προφήτης Πνεύματος θείου πλησθεὶς ἀπαντήσας τῇ
20 στρατιᾷ καὶ τῆς θείας ἐπικουρίας ἀνέμνησε καὶ προσμένειν τῇ
εὐσεβείᾳ προέτρεψεν. «Ἐὰν» γάρ φησιν, «ἐκζητήσητε αὐτὸν

2 2 Cr 14, 3   3 s 2 Cr 14, 3   6 s cf 2 Cr 14, 12   8 s 2 Cr 14, 13-15   21 s
2 Cr 15, 2

1, 5, 6, 8, 9, 10, 12, 35, 37, 54, 55, 56

4 ἐξέκοψε] συνέκοψε D 9   Καὶ ἐν] κἂν 54   >ἐν A^{-54} 12   >δὲ 12   5 >αὐτοῦ
37   διέξεισι] διεξίειν c$_1$ εὐσεβείας + δὲ 5   6 ἐτρέψατο] συνετρίψατο 54   >καὶ
διώκων ἅπαντας κατηνάλωσεν 6   7 κατηνάλωσεν] κατανάλωσεν D 9 56: ἀνάλωσεν
1   τούτους] τοὺς 6   8 ἐσκύλευσε A   ἐξέκοψε A   10 ὅτι σκῦλα — εἰς Ἱερουσαλήμ
(l 12)] καὶ τὰ ἑξῆς 6   11 σκηνὰς] pr τὰς A   κτηνῶν] >A 55: + καὶ A 12   τοὺς]
τὰς 9   Ἀμαζονιεὶμ 5 10: Ἀμαζονὶμ 54   12 ὑπέστρεψαν 5 35 54   14 γεραρηνῶν] γε-
ραρηνὸν 8 9 10 12: γεραρῶν A^{-10} 15 Σαλτῶν A   ὠνομάσθαι 37   16 οἰκῆσαι/τὴν
χώραν tr 54   Ἀμαζονεὶμ 5 10: Ἀμαζονὶμ 6 54: Ἀμαζωνιεὶμ 35 56   17 >οὓς A^{-54}
18 μέντοι] δὲ 8 9 35   19 Ὀδὴδ 8 10 35 55: Ὠδδὴδ 12: Ἰωβὴδ 6: Ὀδὶδ 54   ὑπαν-
τήσας c$_1$ 9 12 35 37   20 ἀνέμνησε] ἐμνημόνευσε A   21 προέτρεψεν] προετρέψατο 1:
παρέτρεψεν ed   >Ἐὰν A   >γάρ φησιν — ἐγκαταλείψει ὑμᾶς 6 54   γάρ φησιν tr
5 10

εὑρεθήσεται ὑμῖν καὶ ἐὰν ἐγκαταλίπητε αὐτὸν ἐγκαταλείψει ὑμᾶς».
Ἐπιδείκνυσι δὲ αὐτοῖς καὶ τῶν δέκα φυλῶν τὴν ἀσέβειαν.
«Ἡμέραι» γάρ φησι, «πολλαὶ τῷ Ἰσραὴλ ἐν οὐ Θεῷ ἀληθινῷ καὶ
οὐχ ἱερέως ὑποδεικνύντος καὶ ἐν οὐ νόμῳ καὶ ἐκάθισεν ἐν
στενότητι καὶ ἐπιστρέψουσιν ἐν θλίψει ἐπὶ Κύριον τὸν Θεὸν 5
Ἰσραήλ· καὶ ζητήσουσιν αὐτὸν καὶ εὑρεθήσεται αὐτοῖς». Μὴ
ζηλώσητε, φησί, τῶν ἀδελφῶν ὑμῶν τὴν ἀσέβειαν. Ἐκεῖνοι γὰρ οὐ
τῷ ἀληθινῷ Θεῷ ἀλλὰ τοῖς ψευδωνύμοις λατρεύουσι· καὶ ἐστέρην-
ται ἱερέων καὶ διδασκάλων ἐκπαιδευόντων τὸν τοῦ Θεοῦ νόμον·
ἀλλὰ μαθήσονται τῇ πείρᾳ ὅσον κακὸν ἡ ἀσέβεια. Παντοδαπαῖς 10
γὰρ συμφοραῖς περιπεσόντες τὴν θείαν ἐπικουρίαν ζητήσουσιν·
καὶ τεύξονται ταύτης διὰ τὴν ἄφατον ἀγαθότητα. Προλέγει δὲ καὶ
τῶν ἀσσυρίων τὴν ἔφοδον· «Ἐν γὰρ τοῖς καιροῖς», φησίν,
«ἐκείνοις οὐκ ἔστιν εἰρήνη τῷ ἐκπορευομένῳ, ὅτι ἔκστασις Κυρίου
πολλὴ ἐπὶ πάντας τοὺς κατοικοῦντας τὰς γαίας. Καὶ πολεμήσει 15
ἔθνος πρὸς ἔθνος καὶ πόλις πρὸς πόλιν, ὅτι ὁ Θεὸς ἐξέστησεν
αὐτοὺς ἐν πάσῃ θλίψει». Εἶτα αὐτοῖς εἰσηγεῖται τὴν εἰς τὸν Θεὸν
ἐλπίδα κατέχειν ἀσάλευτον. «Καὶ ὑμεῖς» γάρ φησιν, «ἰσχύσατε καὶ
μὴ ἐκλυέσθωσαν αἱ ὀσφύες ὑμῶν ὅτι ἔστι μισθὸς τῆς ἐργασίας
ὑμῶν». Τούτων ὁ βασιλεὺς ἀκούσας ὅσα ἦν ὑπόλοιπα τῶν εἰδώ- 20
λων τεμένη κατέλυσε] καὶ ἃς παρέλαβε τῶν δέκα φυλῶν ἐξεκάθηρε ⌐6

3 s 2 Cr 15, 3-4ap   13 s 2 Cr 15, 5-6   18 s 2 Cr 15, 7

1, 5, 6, 8, 9, 10, 12, 35, 37, 54, 55, 56

1 εὑρεθήσεται pr καὶ 5 10   ἐγκαταλίπητε] ἐγκαταλείπητε 8 35 56   ἐγκαταλείψει]
καταλείψει 8 35: ἐγκαταλιπεῖ 10: ἐγκαταλείψῃ 56   3 πολλαὶ] > 6: post Ἰσραὴλ 12   4
καὶ οὐχ ἱερέως — εὑρεθήσεται αὐτοῖς (l 6)] καὶ τὰ ἑξῆς· ὑμεῖς δέ φησι 6   ἱερέως]
ἱερωσύνης 12   ὑποδεικνύντες 54   ἐκάθισαν A   5 θλίψεσιν 54   6 ἐκζητήσουσιν D
9   7 φησί] > 6: + αὐτῶν 10   8 ψευδωνύμοις + πάλιν 12   >καὶ ἐστέρηνται —
Θεοῦ νόμον 6   10 >Παντοδαπαῖς γὰρ — ἄφατον ἀγαθότητα 6   13 φησίν, ἐκείνοις tr
12 54   14 ἐκπορευομένῳ + καὶ τῷ εἰσπορευομένῳ c₁ 1 9ᵐᵍ 37   ὅτι ἔκστασις — πάσῃ
θλίψει (l 17)] καὶ ἑξῆς 54   15 >πολλὴ 9 35   τὰς] > 10 37: τὴν 8   γαίας] γέας 1 10:
γᾶς 12 35: γῆν 8   >Καὶ πολεμήσει — καὶ πόλις 10   πολεμήσαι c₁ 1 37   16 πρὸς 1°]
ἐπ' 37   πόλις] πόλιν 56   πρὸς πόλιν] καὶ πάλιν 10   17 θλίψει pr τῇ 1   αὐτοῖς]
αὐτοὺς 8   18 ἔχειν 6   >Καὶ ὑμεῖς γάρ — ἐργασίας ὑμῶν 6   19 ἐλκυέσθωσαν
35   >ἔστι 54   τῇ ἐργασίᾳ 54   20 εἰδώλων] δαιμόνων 12   21 ἃς] ὅσας A

πόλεις. Ἐδίδαξε δὲ ἡ ἱστορία καὶ ταῦτα ὡς ἐκ τῶν ἄλλων φυλῶν πλῆθος πολὺ τῇ πείρᾳ μεμαθηκὸς τῶν δύω φυλῶν τὴν εὐσέβειαν καὶ τὴν θείαν κηδεμονίαν ἧς ἀπολαύουσι τὰς μὲν οἰκείας κατέλι- 829 πον πόλεις εἰς δὲ τὰς τούτων κατέφυγον καὶ τὸ παροικεῖν ἐν 5 ἀλλοτρίαις τοῦ τὰς οἰκείας οἰκεῖν προετίμησαν. Τούτους μετὰ τῶν δύω φυλῶν συναγαγὼν ὁ Ἀσὰ ἑορτὴν ἐπινίκιον ἐπετέλεσε· καὶ πάμπολλα θύματα προσενεγκὼν τῷ Θεῷ ὁμόσαι παρεσκεύα- σεν ἅπαντας, ὡς τῆς ἐννόμου πολιτείας οὐκ ἀποστήσονται ἀλλὰ μόνῳ λατρεύσουσι τῷ σεσωκότι Θεῷ. Οὕτω δὲ θερμῶς τοὺς 10 θείους ἠσπάσατο νόμους, ὅτι καὶ τὴν μητέρα τῇ Ἀστάρτῃ λατρεῦσαι προελομένην τῆς βασιλείας ἐγύμνωσε· καὶ τὸ εἴδωλον συγκόψας κατέκαυσεν ἐν τῷ χειμάρρῳ Κέδρων. Ἀλλ᾽ οὐκ ἐν ἅπασι τέλειος ἦν. Πρῶτον μὲν γὰρ οὐχ ἅπαντα ἐξῆρε τὰ ὑψηλά, τουτέστι, τοὺς ἐν τοῖς ὑψηλοῖς χωρίοις ἀνακειμένους τῷ Θεῷ τῶν 15 ὅλων βωμούς. Ἀπηγόρευτο γὰρ ἑτέρωσε θύειν· ἑνὶ γὰρ ἡ κατὰ νόμον λατρεία περιώριστο τόπῳ. Ἔπειτα δὲ τοῦ Βαασᾶ στρατεύ- σαντος κατ᾽ αὐτοῦ καὶ τὴν Ῥαμὰ τοῖς Ἱεροσολύμοις ἐπιτειχίσαν- τος, δέον εἰς συμμαχίαν καλέσαι τὸν τοσούτων αὐτῷ γενόμενον χορηγὸν ἀγαθῶν, τὸν βασιλέα τῆς Συρίας εἰς συμμαχίαν ἐκάλε- 20 σεν, ἐκ τῶν βασιλικῶν θησαυρῶν καὶ μέντοι καὶ τῶν θείων, χρυ- σὸν αὐτῷ πέμψας ὅτι μάλιστα πλεῖστον. Ἀλλ᾽ οὐκ εἴασεν αὐτὸν ἀνίατον ὁ φιλάνθρωπος Κύριος· Ἀνανίαν δὲ τὸν προφήτην ἀπο-

12 cf 2 Cr 15, 16   16 s cf 2 Cr 16, 1 s

1, 5, 8, 9, 10, 12, 35, 37, 54, 55, 56

1 >καὶ 37   ταῦτα] τοῦτο ed   ἄλλων φυλῶν] ἀλλοφύλων 54   2 πλήθους 12 >τῇ πείρᾳ 54   τῇ] τὴν 35   μεμαθηκὼς 35: ἐκμεμαθηκὸς 54   δύο 12 35 37   4 τούτων + πόλεις 10 54   >καὶ τὸ παροικεῖν — προετίμησαν 54   τὸ] τοῦ 8 12   5 Τούτους] οὓς 54   6 ἑορτὴν ἐπινίκιον tr 1 37   7 προσενεγκὼν τῷ Θεῷ] τῷ Θεῷ προσέ- νεγκεν Α   ὁμόσαι + τε 5 10   9 μόνον 9   λατρεύσωσι 12   οὕτως 56   10 ἠσπάσαντο Α 1   μητέρα + αὐτοῦ Α   τῇ Ἀστάρτῃ / λατρεῦσαι tr 8 9 35   11 ἑλομένην Α: προειλομένην ed   12 χειμάρρῳ] χειμάρῳ 37: + δὲ 12   Κέδρων pr τῶν 10 54 55   13 οὐχ ἅπαντα] οὐ πάντα 12   15 >Ἀπηγόρευτο — περιώριστο τόπῳ 54   ἀπηγόρευται 1   >ἑτέρωσε θύειν· ἑνὶ γὰρ Α   16 περιώριστο pr ἐν Α   Βαασσᾶ 9: Βασαᾶ 12: Βασὰ 54   17 τὴν] τῇ D   18 αὐτῷ] > c₁: τῶν 8   αὐτῷ ... χορηγὸν / ἀγαθῶν tr 5   19 >τῆς 37   >ἐκάλεσεν 12   21 χρυσὸν αὐτῷ] χρυσίων αὐτῶν 54   22 Ἀνανίαν] Ἀνανί c₁ 37

στείλας, τὴν ἀπιστίαν διήλεγξε τάδε εἰπών· «Ἐν τῷ πεποιθέναι σε
ἐπὶ βασιλέα Συρίας καὶ μὴ πεποιθέναι σε ἐπὶ Κύριον τὸν Θεόν σου
διὰ τοῦτο διεσώθη ἡ δύναμις βασιλέως Ἰσραήλ». Ἡ σή, φησίν,
ἀπιστία προεξένησεν ἐκείνοις τὴν σωτηρίαν. Εἰ γὰρ συνήθως ἐπί-
στευσας, ἄρδην ἂν πάντας κατέκτεινας. Ἀναμιμνήσκει δὲ αὐτὸν   5
καὶ τῶν αἰθιόπων καὶ τῶν λιβύων καὶ τῶν ἵππων καὶ τῶν
ἁρμάτων καὶ τῆς αὐτοῦ πίστεως δι' ἣν αὐτοὺς κατηνάλωσεν
ἅπαντας· ὅτι «Ὀφθαλμοὶ Κυρίου», φησίν, «ἐπιβλέπουσιν ἐπὶ πᾶσαν
τὴν γῆν κατισχῦσαι μετὰ πάσης καρδίας πρὸς αὐτόν». Πᾶς γὰρ
φησι, γνησίως αὐτὸν καλῶν, τεύξεται τῆς σωτηρίας. Εἶτα σαφέ- 10
στερον ἐλέγχει· «Ἠγνόησας ἐπὶ τούτῳ»· ἔπειτα τὰ ἐσόμενα σκυ-
θρωπά· «Ἀπὸ τοῦ νῦν ἔσται σοι πόλεμος». Ἐντεῦθεν δῆλον, ὡς οἱ
Ἀμαζονιείμ λιβυκόν ἐστιν ἔθνος. Οὓς γὰρ ἄνω Ἀμαζονιείμ
ὠνόμασεν, ἐνταῦθα λιβύας κέκληκεν. Ὁ δὲ Ἀσά, δέον ἀλγῆσαι
καὶ θρηνῆσαι καὶ τὴν θείαν καλέσαι φιλανθρωπίαν, οὐ μόνον 15
ὠργίσθη ἀλλὰ καὶ δεσμωτηρίῳ τὸν προφήτην παρέδωκε.
Συναπήλαυσε δὲ καὶ ὁ λαὸς τῆς τούτου πλημμελείας. «Ἐλυμήνα-
το» γάρ φησιν, «Ἀσὰ ἐν τῷ λαῷ, ἐν τῷ καιρῷ ἐκείνῳ». Ἐπιμέμ-
φεται δὲ αὐτῷ, ὅτι καὶ ἀρρωστήσας οὐ τὸν Κύριον ἐζήτησεν ἀλλὰ
832 τοὺς ἰατρούς. Ἀλλὰ τούτου τὴν σαφήνειαν ἐν τῇ τετάρτῃ τῶν Βα- 20

1 s 2 Cr 16, 7   8 s 2 Cr 16, 9   11 s 2 Cr 16, 9   17 s 2 Cr 16, 10   19 s cf 2 Cr
16, 12

1, 5, 8, 9, 10, 12, 35, 37, 54, 55, 56

1 τάδε] ταῦτα 54   >σε 10   2 >ἐπὶ βασιλέα — πεποιθέναι 35   >σε c_1 35   3
ἐσώθη A 12   4 προυξένησεν A (-νισεν 54): προξένησεν 55   5 >ἂν 35   ἅπαντας 35
54   πάντας κατέκτεινας tr 1 54   ἀπέκτεινας 1   6 καὶ 1°] > 5: κατὰ 54   7 ἣν] ἧς
37   κατανάλωσεν D 10 54 56   8 Κυρίου, φησίν tr c_1 >φησίν 37   9 μετὰ πάσης]
ἐν πάσῃ 5   καρδίας] καρδίᾳ πλήρῃ 5 ed (πλήρει)   10 αὐτὸν] ἑαυτὸν 12: pr πρὸς 54
11 ἐλέγχει] > 5: διελέγχει 54   >Ἠγνόησας ἐπὶ τούτῳ· ἔπειτα A   τούτῳ] τοῦτο
1   ἔπειτα] ἐπὶ 12: ἐπεὶ 35: + προλέγει c_1 1 37: + λέγει 5   12 νῦν + γάρ φησιν
5   πόλεμος pr ὁ 54   δῆλον] ἔστι μαθεῖν 5: ἐστὶ ἔθνος λαβεῖν 54   13 Ἀμαζονιείμ 1°]
Ἀμαζονεὶμ 5 10: Ἀμαζονὶμ 54   >ἐστιν 37 54   >ἔθνος 54   Ἀμαζονιείμ 2°]
Ἀμαζονεὶμ 5: Ἀμαζονὶμ 54   14 Ἀσσά 9   16 προφήτην] προφητικὴν
56   παραδέδωκε 54   17 >τῆς 54   Ἐλυμήνατο γάρ — τῷ λαῷ] > A: + καὶ
56   19 >καὶ 37   ἀλλὰ τούς] ἀλλ' A: ἀλλ' αὐτοὺς 1   20 Ἀλλὰ τούτου — τῆς
ἑρμηνείας] πῶς δὲ τοῦτο νοητέον ἐν ταῖς Βασιλείαις προείρηται 54

σιλειῶν τεθεικώς, ἐπὶ τὰ ἑξῆς βαδιοῦμαι τῆς ἑρμηνείας. Ἐπαινεῖ
τὸν Ἰωσαφὰτ ἡ ἱστορία, ὡς κατ' ἀρχὰς τοῦ Δαβὶδ ἐζηλωκότα τὴν
ἀρετήν. Τοῦτο γὰρ λέγει· «Ἐν ταῖς πρώταις». Διηγεῖται αὐτοῦ καὶ
τὰ ἀξιέπαινα κατορθώματα. «Κύριον» γάρ φησι, «τὸν Θεὸν τοῦ
5 πατρὸς αὐτοῦ ἐξεζήτησε καὶ ἐν ταῖς ἐντολαῖς αὐτοῦ ἐπορεύθη καὶ
οὐ κατὰ τὰ ἔργα Ἰσραήλ». Δείκνυσι δὲ καὶ τὸν τούτων καρπόν·
«Καὶ κατηύθυνε Κύριος τὴν βασιλείαν ἐν χειρὶ αὐτοῦ καὶ ἐγένετο
αὐτῷ πλοῦτος καὶ δόξα πολλή». Τὸ δὲ «Ὑψώθη ἡ καρδία αὐτοῦ»,
οὐκ ἐπὶ κατηγορίας ἀλλ' ἐπὶ εὐφημίας τέθεικεν, ἐπήγαγε γάρ·
10 «Ἐν ὁδοῖς Κυρίου καὶ ἐξῆρε τὰ ἄλση καὶ τὰ εἴδωλα ἀπὸ τῆς γῆς
Ἰούδα». Ἐπέστησε δὲ καὶ παντὶ τῷ λαῷ διδασκάλους τοῦ νόμου
τοῦ θείου καὶ ἱερέας καὶ λευίτας καὶ ἄρχοντας. Ἐκομίζετο δὲ
παρὰ τοῦ Δεσπότου Θεοῦ τῆς εὐσεβείας τὰ ἐπίχειρα. «Ἐγένετο»
γάρ φησιν, «ἔκστασις ἐπὶ πάσας τὰς βασιλείας τῆς γῆς τῆς κύκλῳ
15 Ἰούδα καὶ οὐκ ἐπολέμουν τῷ Ἰωσαφάτ». Τοσοῦτο δὲ πᾶσιν ἐπέ-
πεσε δέος ὅτι καὶ ἀλλόφυλοι καὶ ἄραβες δασμὸν αὐτῷ προσ-
εκόμιζον. Ταύτην ἔχων τὴν ἀφθονίαν καὶ πόλεις ᾠκοδόμησε καὶ
οἰκίας ἐδείματο καὶ τὰς ἀτειχίστους ὠχύρωσε κώμας.
Ἐκουσιαζόμενον δὲ τῷ Κυρίῳ λέγει τὸν οὐχ ὑπὲρ ἁμαρτημάτων
20 προσφέροντα ἀλλὰ δῶρα προσκομίζοντα τῷ Θεῷ. Ἐπιμέμφεται
δὲ αὐτῷ τὴν γαμικὴν ἐπιμιξίαν, ἣν πρὸς τὸν Ἀχαὰβ ἐποιήσατο.

---

3 2 Cr 17, 3   4 s 2 Cr 17, 4   7 s 2 Cr 17, 5   8 s 2 Cr 17, 6   10 s 2 Cr 17,
6   14 s 2 Cr 17, 10   16 s cf 2 Cr 17, 11-12   21 cf 2 Cr 18, 1

1, 5, 8, 9, 10, 12, 35, 37, 54, 55, 56

1 τεθεικώς] εἰρηκὼς 5 10   ἑρμηνείας] ἱστορίας 1   Ἐπαινεῖ + δὲ 54   2 >ἡ
ἱστορία 1   ὡς] οὓς 5   ἐζηλωκότα] ζηλώσαντα 5: ἐσχολακότα 10   3 >Τοῦτο γὰρ λέ-
γει — ἔργα Ἰσραήλ (l 6) 54   Ἐν pr τὸ A   Διηγεῖται + δὲ 5   4 κατορθώματα laes
10   5 ἐξήτησε 5 10   6 καὶ] κἂν 54   τούτων] τούτου 5 10   7 >Καὶ 1° A   κατηύθυνε
+ γάρ φησι 1   Κύριος + ἐν χερσὶ 1   βασιλείαν + αὐτοῦ 54   >ἐν χειρὶ 1   9 >ἐπὶ
2° 5 54   ἔθηκεν 5   10 τὰ 1°] καὶ 54   >καὶ τὰ εἴδωλα A   11 >διδασκάλους 10
54   >τοῦ νόμου 54   12 >τοῦ θείου A 1 37   >καὶ 1° 10 54   13 >Θεοῦ 5   14
ἐπὶ πάσας laes 55   τῆς 1°] > 54: τὰς 12   15 ἐκπολέμουν 35   Τοσοῦτο] laes 55:
τοσοῦτον A 1 9 37 56   16 ἐπέπεσε] ἐπήγαγε A   ἀλλόφυλοι pr οἱ c₁ 1 9 37   ἄραβες
pr οἱ c₁ 1 9 37   18 κώμας] πόλεις 12   19 τῷ Κυρίῳ / λέγει tr 37 54   20 >ἀλλὰ
δῶρα προσκομίζοντα 54   προσκομίζοντα pr τὸν 9   21 >δὲ c₁ 1 37

Γοθολίαν γὰρ τοῦ ᾿Αχαὰβ τὴν θυγατέρα κατηγγύησε τῷ παιδί. Τέθεικε δὲ καὶ τὸ διήγημα τὸ κατὰ τὸν Μιχαίαν καὶ τοὺς ψευδοπροφήτας ὅπερ ἐν ταῖς Βασιλείαις ἡρμήνευται παρ᾿ ἡμῶν. Τὸ δὲ παρ᾿ ἐκείνου τοῦ συγγραφέως παραλειφθέν, ἐνταῦθα δὲ τεθέν, ἀναγκαῖον οἶμαι εἰπεῖν. ᾿Επανιόντι γὰρ ἀπ᾿ ἐκείνης τῆς 5 παρατάξεως τῷ ᾿Ιωσαφὰτ ἀπήντησεν «᾿Ιηοὺ ὁ τοῦ ᾿Ανανὶ ὁ προφήτης καὶ εἶπεν αὐτῷ· Βασιλεῦ ᾿Ιωσαφάτ, εἰ ἁμαρτωλῷ σὺ βοηθεῖς, εἰ μισουμένῳ ὑπὸ Κυρίου σὺ φιλιάζεις; διὰ τοῦτο ἐγένετο ἐπὶ σὲ ὀργὴ παρὰ Κυρίου· ἀλλ᾿ ἢ λόγοι ἀγαθοὶ εὑρέθησαν ἐν σοί, ὅτι ἐξῆρας τὰ ἄλση ἀπὸ τῆς γῆς ᾿Ιούδα καὶ κατηύθυνας τὴν 10 καρδίαν σου ἐκζητῆσαι τὸν Κύριον». ᾿Εντεῦθεν μανθάνομεν, ὡς ἐλαττοῖ τὰς ἐπὶ τοῖς ἁμαρτήμασι τιμωρίας τὰ προγενόμενα κατορθώματα. ῾Ο γὰρ δίκαιος Κριτὴς ταῦτα ἐκείνοις ἀντιμετρῶν οὕτως ἐκφέρει τὴν ψῆφον. Τοῦτο καὶ ἐπὶ τούτου πεποίηκεν. ᾿Εχαλέπηνε μὲν γὰρ κατ᾿ αὐτοῦ διὰ τὴν συγγένειαν· διὰ δὲ τὴν 15 ἄλλην ἀρετὴν τῶν προσβαλόντων καὶ κυκλωσάντων ἠλευθέρωσε πολεμίων. Προσήκει τοίνυν ἡμᾶς ταῦτα μεμαθηκότας φεύγειν τῶν 833 θεομισῶν καὶ τὴν φιλίαν καὶ τὴν συγγένειαν. ῾Ο δὲ συγγραφεὺς τὸν ψόγον καταλιπών, εἰς τὸν τῆς εὐφημίας μετέβη κατάλογον, καὶ διδάσκει τοὺς ἐντυγχάνοντας, ὡς τὸν ἔλεγχον ὁ βασιλεὺς 20 δεξάμενος ἐσπούδασεν ἐν τοῖς εὐσεβέσι πόνοις τὴν τῆς συγγενείας

2 cf 2 Cr 18, 7 s   6 s 2 Cr 19, 2-3

1, 5, 8, 9, 10, 12, 35, 37, 54, 55, 56

1 γὰρ] δὲ 9   τοῦ ᾿Αχαὰβ / τὴν tr 1   θυγατέραν 35   2 >καὶ 1° 9 12 35   >τὸ 1° 5 10   διήγημα / τὸ... Μιχαίαν tr 5   3 ὅπερ] ὅ 54   διηρμήνευται 54   >παρ᾿ ἡμῶν 54   4 >δὲ παρ᾿ ἐκείνου τοῦ συγγραφέως 54   παραλειφθέν + ἐκεῖ 54   >δὲ 2° 9   τεθέν] κείμενον 54   5 >οἶμαι 54   >γὰρ 37   6 ᾿Ιηοὺ] ῾Ηιοὺ 12: ᾿Ιησοῦς 35   >ὁ 1° 54   7 καὶ εἶπεν αὐτῷ] λέγων Α   8 φιλιάζεις] φυλάζεις 9   >ἐγένετο 54   9 >παρὰ Α   ἢ] οἳ 8 54   10 ἐξῆρας] ἐξήρανας 55   12 >τὰς 54   ἁμαρτήμασι] ἁμαρτάνουσι 12 54   προγεγενημένα c₁ 1 37   13 ῾Ο γὰρ] καὶ γὰρ ὁ 5 54   >γὰρ 10   δίκαιος Κριτὴς] δικαιοκριτὴς 35: + καὶ νῦν 54   >ταῦτα ἐκείνοις — πεποίηκεν 54   14 τούτου] τούτῳ 5 10: τούτοις 12   15 ἐχαλέπαινε 37   >γὰρ Α   κατ᾿ αὐτοῦ] κατὰ ᾿Ιωσαφὰτ 54   16 προβαλόντων 5   18 φιλίαν... συγγένειαν tr 10 54   19 καταλεῖπον 12   μετέβη] ἐπέβη 5   κατάλογον] λόγον 54   21 >ἐν Α

ἐξαλεῖψαι κηλῖδα. «Πάλιν» γάρ φησιν, «ἐξῆλθεν Ἰωσαφὰτ εἰς τὸν
λαὸν ἀπὸ Βηρσαβεὲ ἕως ὄρους Ἐφραὶμ καὶ ἐπέστρεψεν αὐτοὺς ἐπὶ
Κύριον τὸν Θεὸν αὐτῶν». Καὶ οὐ μόνον τῆς εὐσεβείας ἀλλὰ καὶ
τῆς ἄλλης ἐφρόντισεν εὐνομίας. «Κατέστησε» γάρ φησι, «κριτὰς
5 ἐν πάσαις ταῖς πόλεσιν Ἰούδα ταῖς ὀχυραῖς». Ἀξιάγαστα δὲ αὐτοῦ
καὶ τὰ πρὸς τοὺς κριτὰς ῥήματα· «Ἴδετε» γάρ φησι, «τί ὑμεῖς
ποιεῖτε, ὅτι οὐκ ἀνθρώπῳ ὑμεῖς κρίνετε, ἀλλ᾽ ἢ τῷ Κυρίῳ καὶ μεθ᾽
ὑμῶν λόγοι κρίσεως. Καὶ νῦν γενέσθω ὁ φόβος Κυρίου ἐφ᾽ ὑμᾶς
καὶ φυλάσσετε καὶ ποιεῖτε ὅτι οὐκ ἔστι μετὰ Κυρίου Θεοῦ ὑμῶν
10 ἀδικία οὐδὲ θαυμάσαι πρόσωπον οὐδὲ λαβεῖν δῶρα». Ἔδειξεν
αὐτοῖς τὸν τῶν ὅλων ὀπτῆρα καὶ τὸ τούτου δέος ἐντέθεικεν, ἵνα
μήτε δώροις μήτε φιλίᾳ πωλῶσι τὸ δίκαιον. Παραπλήσια δὲ καὶ
τοῖς τῆς Ἰερουσαλὴμ κριταῖς ἐνετείλατο, ὥστε μὴ μόνον τοῖς
πολίταις δικάζειν ἀλλὰ καὶ τῶν ἑτέρωθεν ἀφικνουμένων τὰς
15 ἀμφιβολίας διαλύειν ἐνδίκως καὶ παραινεῖν τὰ προσήκοντα.
«Διαστελεῖτε γὰρ αὐτοῖς», φησί, «καὶ οὐχ ἁμαρτήσονται τῷ Κυρίῳ·
καὶ οὐκ ἔσται ὀργὴ ἐφ᾽ ὑμᾶς καὶ ἐπὶ τοὺς ἀδελφοὺς ὑμῶν. Οὕτως
ποιήσετε καὶ οὐχ ἁμαρτήσεσθε». Ἔστησε δὲ αὐτοῖς Ἀμαρίαν τὸν
ἱερέα, ὥστε εἰ ἀγνοοῖεν οἱ δικάζοντες ὅπως ἐξενεγκεῖν προσήκει
20 τὴν ψῆφον παρὰ τοῦ Θεοῦ μάθοιεν δι᾽ ἐκείνου. «Ἰδοὺ» γάρ ἔφη,
«Ἀμαρίας ὁ ἱερεὺς ἡγούμενος ἐφ᾽ ὑμᾶς εἰς πάντα λόγον Κυρίου·
καὶ Ζαβαδίας υἱὸς Ἰσμαὴλ ἡγούμενος τῷ οἴκῳ Ἰούδα εἰς πάντα
λόγον τοῦ βασιλέως· καὶ οἱ γραμματεῖς καὶ οἱ λευῖται ἐνώπιον

1 s 2 Cr 19, 4   4 s 2 Cr 19, 5   6 s 2 Cr 19, 6-7   16 s 2 Cr 19, 10   20 s 2 Cr
19, 11

1, 5, 8, 9, 10, 12, 35, 37, 54, 55, 56

1 >Πάλιν γάρ — Θεὸν αὐτῶν (l 3) 54   2 Βερσαβεὲ D 56: Βηρσαβεαὶ 1   6 φησι, τί
/ ὑμεῖς tr 54   7 >ὑμεῖς 54   ἀλλ᾽ ἢ] ἀλλὰ 54: ἀλλὰ ἢ 10   8 κρίσεων 8 35   >ἐφ᾽
ὑμᾶς 12   9 ὑμῶν] ἡμῶν 8 9 10 12 55   10 >οὐδὲ θαυμάσαι πρόσωπον c_1 1
37*   Ἔδειξεν + δὲ 8   11 >τὸ 10 54   τούτου] τούτῳ 10   ἐντέθεικεν] ἐνέθηκεν
54   12 μήτε 1°] μὴ A   μήτε 2°] μηδὲ 5   πωλοῦσι 10   παραπλησίως A 56   15
λύειν 37   16 διαστέλλεται 8: διαστέλλετε 9 12 35   φησί] > 54: φασίν c_1 17 Οὕτως]
οὕτω 54   18 ποιήσεσθε 8 9 35: ποιήσατε c_1 54   ἁμαρτήσασθε 35: ἁμαρτήσατε
54   Ἐπέστησε A 37   19 ὥστε εἰ ἀγνοοῖεν laes 55   εἰ ἀγνοοῖεν — τὴν ψῆφον] ὅσα μὴ
ἐκεῖνοι συνορῶσι 54   >εἰ 35   ἀγνοῖεν 8 56: ἀγνοεῖν 35   προσενεγκεῖν c_1:
ἐξενεγκοῖεν 5   >προσήκει A   20 μάθοιεν laes 55   21 Κυρίου laes 55   22 Ζαβαδίας
pr οὐ 10   υἱὸς pr ὁ c_1 9 12 35   23 οἱ 1°] >ed: laes 55   γραμματεῖς laes
55   >ἐνώπιον ὑμῶν 54

ὑμῶν». Εἰ τὸν Θεόν, φησί, ἔρεσθαι βούλεσθε, διὰ τοῦ ἱερέως τοῦ-
το γινέσθω· εἰ δὲ τὸν βασιλέα διὰ τοῦ ἄρχοντος· εἰ δὲ τὰ δοκοῦν-
τα τῷ νόμῳ μαθεῖν θέλετε, παρὰ τῶν λευιτῶν τῶν διδασκόντων
τὸν νόμον μάθετε. Τοὺς γὰρ διδασκάλους γραμματέας ἐκάλεσεν.
Εἶτα ἐπήγαγεν· «Ἀνδρίζεσθε καὶ ποιεῖτε καὶ ἔσται Κύριος μετὰ τοῦ   5
ἀγαθοῦ». Οὐχ ἁπλῶς εἶπε «μεθ᾽ ὑμῶν», ἀλλὰ «μετὰ τοῦ ἀγαθοῦ»,
τουτέστι, τοῦ σκοπὸν ἀγαθὸν ἔχοντος καὶ περὶ τοῦτο ῥέποντος.
Καὶ τῶν παμπόλλων δὲ πολεμίων κατ᾽ αὐτοῦ στρατευσάντων,
οὔτε τῷ πλήθει τῶν ὑπηκόων, οὔτε τοῖς ὅπλοις ἐθάρρησεν. Ἀλλ᾽
«ἔδωκε», φησί, «τὸ πρόσωπον αὐτοῦ ἐκζητῆσαι τὸν Κύριον καὶ   10
ἐκήρυξε νηστείαν ἐν παντὶ Ἰούδα». Εἶτα πάντων συνειλεγμένων
καὶ τὸν Θεὸν ἱλεουμένων, αὐτὸς τὴν ὑπὲρ ἁπάντων προσενήνοχε
προσευχήν, Κύριον μὲν αὐτὸν καὶ Θεὸν τῶν πατέρων ὀνομάσας,
οὐρανοῦ δὲ καὶ γῆς ποιητὴν καὶ τῶν ἐθνῶν ἁπάντων Δεσπότην.
836 Εἶτα ἀναμιμνήσκει τῆς γεγενημένης εὐεργεσίας τε καὶ   15
θαυματουργίας. «Σὺ γὰρ εἶ» φησί, «Κύριος ὁ Θεὸς ἡμῶν ὁ ἐξ-
ολοθρεύσας τοὺς κατοικοῦντας τὴν γῆν ταύτην ἀπὸ προσώπου
λαοῦ σου Ἰσραὴλ καὶ ἔδωκας αὐτὴν τῷ σπέρματι Ἀβραὰμ τοῦ
φίλου σου». Ἀνέμνησε δὲ τοῦ προπάτορος ἵνα διὰ τῆς πρὸς
ἐκεῖνον ἐπαγγελίας τύχῃ τῆς βοηθείας. Ἔφη δὲ καὶ ὅπως ὁ νεὼς   20
ᾠκοδομήθη καὶ ὅπως Σολομὼν προσευξάμενος ᾔτησεν, ὡς εἰ πο-
λεμίων ἐπεληλυθότων προσδράμοι ὁ λαὸς τῷ νεῷ καὶ τὸν τούτου

5 s 2 Cr 19, 11   10 s 2 Cr 20, 3   13 s cf 2 Cr 20, 6   16 s 2 Cr 20, 7

1, 5, 8, 9, 10, 12, 35, 37, 54, 55, 56

1 >Εἰ τὸν Θεόν, φησί 12   Εἰ] ἐνώπιον 8 35: + τι οὖν A   τὸν Θεόν post ἔρεσθαι
5   >τὸν D 10 54   >Θεὸν 10 54   φησί A 56   ἐρεῖσθαι 10: αἴρεσθαι 8
54   βούλεσθε] pr ἐὰν 8: ἃ ἂν 12: ἂν 35   2 γινέσθω laes 55: γενέσθω 35   εἰ 1°] εἰς
12   3 >τῶν 2° 12 55   4 >τὸν 12   γραμματεῖς 5 54   6 >Οὐχ ἁπλῶς — τουτέστι
A   ἁπλῶς + οὖν 8 9 35   τοῦ] τοῦτον A: τοὺς 12: τὸν c₁   7 ἔχοντας 12   περὶ]
πρὸς A   τοῦτο] τούτου 8 35   >ῥέποντος D 9*   8 >δὲ 8 9 35   10 >φησί 37   12.
>καὶ τὸν Θεὸν ἱλεουμένων D 9   πάντων A   13 εὐχήν A   14 >καὶ 1° 5   15 >τῆς
A   γεγενημένης] > 10 54: γενομένης 37   16 >εἶ A   φησί, Κύριος] Κύριε, φησί
54   >ὁ 2° 10   17 >τοὺς κατοικοῦντας 1   >ταύτην D 9   18 λαοῦ pr τοῦ 5
54   19 τῷ φίλῳ D   τῆς] τὴν 54   20 ἐπαγγελίαν 54   τύχοι c₁   ναὸς 5 55   21
εὐξάμενος 12   22 προσεληλυθότων 10 55: ἐληλυθότων 1   προσδράμῃ 37   ναῷ 5 55

καλέσοι Θεόν, τῆς ἄνωθεν αὐτοὺς ·ἀπολαῦσαι ῥοπῆς. Οἶδας δέ, φησίν, ὡς οἱ πατέρες ἡμῶν διϊόντες τὴν ἔρημον καὶ εἰς τήνδε τὴν γῆν ἀφικνούμενοι, οὔτε τοῖς ἰδουμαίοις, οὔτε ἀμμανίταις, οὔτε μωαβίταις ἐλυμήναντο παριόντες κατὰ τὰς σὰς ἐντολάς. Ἀλλ'
5 οὗτοι νῦν κατὰ ταὐτὸν ἀθροισθέντες ἐξελάσαι πειρῶνται ἡμᾶς τῆς ὑπὸ σοῦ δεδομένης κληρονομίας. Εἶτα ἐρωτηματικῶς· «Οὐ κρινεῖς ἐν αὐτοῖς;» Ὁμολογεῖ δὲ καὶ τὴν οἰκείαν ἀσθένειαν ὅτι «Οὐκ ἔστιν ἡμῖν ἰσχὺς τοῦ ἀντιστῆναι πρὸς τὸ πλῆθος τὸ πολὺ τοῦτο τὸ ἐλθὸν ἐφ' ἡμᾶς. Καὶ οὐκ οἴδαμεν τί ποιήσομεν αὐτοῖς
10 ἡμεῖς, ὅτι ἐπὶ σοὶ οἱ ὀφθαλμοὶ ἡμῶν». Τούτων λεγομένων ἅπαν εἰστήκει τὸ πλῆθος μετὰ βοῆς τὸν Θεὸν ἱκετεῦον. Αἱ δὲ γυναῖκες σὺν ὀλολυγῇ καὶ κωκυτῷ τὰς ἱκετείας προσέφερον. Ὁ δὲ φιλοικτίρμων Θεός, Ἰεζιὴλ τῷ λευΐτῃ χρησάμενος ὑπουργῷ, ἔλυσε τὸ δέος τῇ τῶν ἀγαθῶν ὑποσχέσει. «Ἐγένετο» γάρ φησιν, «ἐπ'
15 αὐτὸν πνεῦμα Κυρίου ἐν τῇ ἐκκλησίᾳ καὶ εἶπεν· Ἀκούσατε πᾶς Ἰούδα καὶ οἱ κατοικοῦντες Ἱερουσαλὴμ καὶ ὁ βασιλεὺς Ἰωσαφάτ». Τιμῆς ἡ διαίρεσις· χωρὶς γὰρ τοῦ βασιλέως ἐμνήσθη καὶ χωρὶς τῶν τὴν Ἱερουσαλὴμ οἰκούντων· πολλοὶ γὰρ καὶ ἐκ τῶν ἄλλων φυλῶν ἐκείνην ᾤκουν τὴν πόλιν. «Τάδε λέγει Κύριος ὑμῖν· Μὴ
20 φοβηθῆτε ὑμεῖς, μὴ πτοηθῆτε ἀπὸ προσώπου ⌐τοῦ ὄχλου τοῦ ⌐6 πολλοῦ τούτου· ὅτι οὐχ ὑμῖν ἐστιν ἡ παράταξις ἀλλ' ἢ τῷ Θεῷ». Εἶτα κελεύει ἐπί τινος στῆναι κορυφῆς καὶ θεατὰς γενέσθαι τῆς παρατάσεως· «Οὐχ ὑμῖν» γάρ φησι, «πολεμῆσαι ἐν ταύτῃ. Στῆτε

5 s cf 2 Cr 20, 11   6 s 2 Cr 20, 12   8 s 2 Cr 20, 12   11 s cf 2 Cr 20, 13   14 s
2 Cr 20, 14-15   19 s 2 Cr 20, 15   23 s 2 Cr 20, 17

1, 5, 6, 8, 9, 10, 12, 35, 37, 54, 55, 56

1 καλέσαι 37: καλέσει 55: καλέσῃ ed   αὐτοὺς] αὐτὸν A: αὐτοῦ 35   Οἶδας δέ] δὰ
(sic) γὰρ D 9   2 >ἡμῶν 37   διϊόντες] διερχόμενοι 1   3 ἀμμανίταις pr τοῖς A 1
35   4 μωαβῖται 8: μωαβίτες 12 35   σὰς ἐντολάς] ἐντολὰς τὰς σάς 8   5 κατὰ
ταὐτὸν] > A: κατ' αὐτῶν D 56   ἐξελάσαι] ἐκωλοθρεῦσαι 12   6 δεδομένης pr ἡμῖν 5
8: + ἡμῖν 54   ἐρωματικῶς 5 54   7 >ἐν 10   8 ἀντιστῆναι ed   9 >αὐτοῖς A   10
ἡμεῖς + αὐτοῖς 10 35   Τούτων + δὲ 10   12 ὀλολυγῇ] ὀλολυγμῷ 37   κωκυτὸν 5
10   >τὰς ἱκετείας A   ἱκετείας] ἱκετηρίας 37   13 >Θεός 54   Ἰεζεὴλ 5 8 12:
Ἰεζεκιὴλ 37: Ἰεζοὴλ 54   16 Ἰούδας 9 37   >ὁ c₁ 1   18 πολλοὶ] καὶ 54   γὰρ] δὲ
5   >ἐκ 1   ἄλλων φυλῶν] ἀλλοφύλων 54   19 ἐκείνην ᾤκουν tr 5   Μὴ] μηδὲ
A   21 τοῦ πολλοῦ/τούτου tr 10   >ὅτι 54   παράταξις] πρᾶξις 12   22 >Εἶτα κε-
λεύει — ὑμνῳδίαις ἐχρήσαντο (p 277 l 6) 6   23 ὑμῖν] ὑμεῖς 10 54   πολεμήσετε A

καὶ σύνετε καὶ ἴδετε τὴν σωτηρίαν Κυρίου τὴν μεθ' ὑμῶν. Ἰούδα
καὶ Ἱερουσαλὴμ μὴ φοβεῖσθε μηδὲ δειλιᾶτε ἐξελθεῖν αὔριον εἰς
ἀπάντησιν αὐτῶν καὶ Κύριος μεθ' ὑμῶν». Ἔδωκε τὸ τοῦ θάρσους
ἐνέχυρον καὶ ἐξήλασε τὸ ἀνθρώπινον δέος. Τούτων εἰρημένων ὑπὸ
τοῦ Ἰεζιὴλ προσεκύνησαν ἅπαντες· οἱ δὲ λευῖται ταῖς ὑμνῳδίαις   5
ἐχρήσαντο. Ἐξιόντας δὲ τῇ ὑστεραίᾳ ὁ βασιλεὺς παρεθάρρυνε
λέγων· «Ἀκούσατέ μου, Ἰούδα καὶ οἱ κατοικοῦντες Ἱερουσαλήμ,
ἐμπιστεύσατε ἐν Κυρίῳ τῷ Θεῷ ἡμῶν καὶ ἐμπιστευθήσεσθε, ἐμπι-
837 στεύσατε ἐν τοῖς προφήταις αὐτοῦ καὶ εὐοδωθήσεσθε». Εἶτα τῆς
στρατιᾶς ἡγεῖσθαι προσέταξεν οὐ τοὺς προμάχους ὁπλοφοροῦν-   10
τας ἀλλὰ τοὺς λευίτας ὑμνοῦντας. Ὁ δὲ διασκεδάζων βουλὰς
ἐθνῶν καὶ ἀθετῶν λογισμοὺς λαῶν καὶ ἀθετῶν βουλὰς ἀρχόντων
καὶ ἀποστρέφων φρονίμους εἰς τὰ ὀπίσω καὶ τὴν βουλὴν αὐτῶν
μωραίνων κατ' ἀλλήλων τοὺς πολεμίους διήγειρε. Καὶ πρῶτοι μὲν
ἀμμανῖται καὶ μωαβῖται τοὺς ἰδουμαίους ἀνήλωσαν· εἶτα κατ'   15
ἀλλήλων χωρήσαντες τὰ παραπλήσια ἀλλήλους διέθηκαν. Ὁ δὲ
βασιλεὺς σὺν τοῖς ὑπηκόοις τὰς τῶν πολεμίων ἐθεώρει σφαγάς.
Ἐπειδὴ δὲ ἅπαντες ἔπεσον καὶ οὐδὲ εἷς διέφυγεν ἵνα τοῖς οἰκείοις
μηνύσῃ τὸ πάθος, ἀδεῶς καὶ τοὺς νεκροὺς ἐσκύλευσαν καὶ τὴν

7 s 2 Cr 20, 20

1, 5, 6, 8, 9, 10, 12, 35, 37, 54, 55, 56

1 σύνετε] συνίετε 1 37 56: laes 10 55   καὶ ἴδετε laes 55   2 φοβῆσθε 5 9   δει-
λιάσητε 5   ἐξελθεῖν laes 55   3 αὐτῶν] αὐτῷ c₁ 1 5 37   >καὶ 10 37   Κύριος pr ὁ 5
54   τὸ τοῦ] τοῦτο A   θάρσος 10   4 >καὶ A   ἀπήλασε 54   ἀνθρωπεῖον c₁ 1 8 35
Τούτων pr τῶν λόγων 1   5 Ἰεζιὴλ 5 8 54: Ἰεζεκιὴλ 37   δὲ λευῖται tr 37   λευῖται +
καὶ D 9   ὑμνῳδίαις] συνῳδίαις 37   6 ἐξιόντα 54   περιεθάρρυνε ed   7 Ἰούδα pr
υἱοὶ A   >καὶ οἱ κατοικοῦντες Ἱερουσαλήμ 6   Ἱερουσαλήμ pr ἐν D 9   8
ἐμπιστεύσατε 1°] πιστεύσατε c₁ 1 10 37: ἐμπιστεύσαντες 10   >ἐν A 35 37   ἡμῶν]
laes 55: ὑμῶν 12   >ἐμπιστευθήσεσθε ed   9 >ἐμπιστεύσατε — καὶ εὐοδωθήσεσθε 6
12   10 στρατείας 12   τοὺς pr καὶ 54   11 βουλὰς] φυλὰς ed   12 καὶ ἀθετῶν λογι-
σμοὺς] > 6: καὶ ποιῶν παράδοξα 54   >λαῶν καὶ — αὐτῶν μωραίνων (l 14) 6
54   >καὶ ἀθετῶν βουλὰς ἀρχόντων A⁻⁵ c₁ 1 37   14 >πρῶτοι μὲν — ἀλλήλων χωρή-
σαντες (l 16) 6   πρῶτον A 12   15 >καὶ μωαβῖται 1   ἀνάλωσαν A   16 ἀλλήλους]
ἀλλήλοις A⁻⁵⁴ 12 37   >Ὁ δὲ βασιλεὺς — ἐθεώρει σφαγάς 6   17 πολεμίων] παρα-
νόμων 12   18 Ἐπειδὴ] ἐπεὶ 5   ἅπαντες] πάντες A   οὐδὲ εἷς] οὐδεὶς 8 10   διέφυγεν]
διέμεινεν 37   >ἵνα τοῖς οἰκείοις — ἐσκύλευσαν καὶ 6   τοῖς οἰκείοις / μηνύσῃ tr
37   19 μηνύσει 12 54   >καὶ 1° A

λείαν ἀπήγαγον ἄπασαν. Ἐν τρισὶ δὲ τοῦτο δεδρακότες ἡμέραις τῇ τετάρτῃ τὸν δοτῆρα τῆς νίκης ἀνύμνησαν. Ἔλαβε δὲ καὶ τὸ πεδίον ἐκεῖνο τὴν τῆς εὐλογίας ἐπωνυμίαν· «Κοιλὰς γὰρ εὐλογίας» ἐκλήθη. Τὸ δὲ τῆς νίκης παράδοξον ἐξεδειμάτωσεν ἄπαντας τῶν
5 ὁμόρων τοὺς βασιλεῖς. Ἀλλὰ καὶ τῆς μεγίστης ταύτης θαυμα- τουργίας γεγενημένης ἔτι φησίν, «Ὁ λαὸς οὐ κατηύθυναν τὴν καρδίαν αὐτῶν πρὸς Κύριον τὸν Θεὸν τῶν πατέρων αὐτῶν». Ἐμνημόνευσε δὲ· πάλιν ἡ ἱστορία τῆς τοῦ Ἰηοῦ τοῦ Ἀνανὶ ἐγγράφου προφητείας. Ἔφη δὲ οὕτως· «Καὶ οἱ πολλοὶ λόγοι Ἰω-
10 σαφάτ, οἱ πρῶτοι καὶ οἱ ἔσχατοι οὐκ ἰδοὺ γεγραμμένοι εἰσὶν ἐν λόγοις Ἰηοῦ υἱοῦ Ἀνανὶ οὓς κατέγραψεν ἐπὶ βιβλίου λόγων βασιλέων Ἰσραήλ;» Ἐπιμέμφεται δὲ πάλιν τῷ Ἰωσαφὰτ ὅτι τῷ Ὀχοζίᾳ τῷ υἱῷ Ἀχαὰβ ἐκοινώνησε καὶ ἐπήγαγε· «Καὶ αὐτὸς ἠνόμησε τοῦ ποιῆσαι καὶ πορευθῆναι πρὸς αὐτὸν καὶ ἐκοινώνησε
15 μετ' αὐτοῦ ποιῆσαι πλοῖα καὶ πορευθῆναι εἰς Θαρσεῖς καὶ ἐποίησε νῆας ἐν Γεσιὼν Γαβέρ». Καὶ ἤδη δὲ ἔφην ὅτι πόλις ἦν αὕτη τῷ ἰνδικῷ πελάγει παρακειμένη αἰθίοπας οἰκήτορας ἔχουσα. Καλοῦσι δὲ αὐτὴν κατὰ τὴν Ἑλλάδα φωνὴν Βερονίκην. Ὁ δὲ τῶν ψυχῶν ἰατρὸς Ἐλιέζερ τὸν τοῦ Δωδίου, τὸν προφήτην, πρὸς τὸν Ἰωσα-
20 φὰτ ἀποστείλας ἐπεμέμψατο τῇ φιλίᾳ καὶ τὴν παιδείαν προεῖπεν·

---

1 s cf 2 Cr 20, 25   **3** 2 Cr 20, 26   **6** s 2 Cr 20, 33   **9** s 2 Cr 20, 34   **13** s 2 Cr 20, 35-36

1, 5, 6, 8, 9, 10, 12, 35, 37, 54, 55, 56

1 ἐπήγαγον 12   **2** >τῇ 6   δοτῆρα / τῆς νίκης tr 6   >Ἔλαβε δὲ καὶ — τῶν πα- τέρων αὐτῶν (l 7) 6   **3** πεδίον] παιδίον 8 56   τὴν/τῆς εὐλογίας tr 35 37   **4** ἐδειμάτωσεν 5: ἐξεδειμάτωσαν 54   **6** ἔτι] τι Α   κατηύθυνε 1 10   **7** >τὸν 55   **8** >τῆς 54   >τοῦ 1° Α   **9** οὕτως] οὕτω 54   πολλοὶ] λοιποὶ Α   **10** >οἱ 2° 5   **11** >Ἰηοῦ c₁ 1 37   >υἱοῦ 10   Ἀνανὶ] Ἀννὶ 35   >οὓς κατέγραψεν — βασιλέων Ἰσραήλ 6   κατέγραψαν 5   λόγου 10   **12** >τῷ 1° D 9   >τῷ 2° 1   **13** >τῷ c₁   >καὶ ἐπήγαγε — φωνὴν Βερονίκην (l 18) 6   **14** >πρὸς αὐτὸν — καὶ πορευθῆναι Α   **15** μετ' αὐτοῦ] μετὰ τοῦ 1 8 9 12 55   καὶ 1°] τοῦ 12   **16** ναῦς Α   Γασιὼν Α   >δὲ 12   54   πόλις pr ἡ 1   **17** πελάγει] κόλπῳ Α   αἰθίοπας + δὲ 12   **18** κατὰ τὴν Ἑλλάδα φωνὴν] ἑλλάδι φωνῇ 5   **19** >Ἐλιέζερ τὸν τοῦ Δωδίου, τὸν προφήτην 6   Ἐλιέζερ] Ἐλιέζαρ 1 56: Ἐλιέζεν 12: Ἐλέζερ 35: Ἐλεάζαρ 54: + μᾶλλον δὲ ὁ Δεσπότης Θεὸς 8   Δωδίου 5 10 37   τοῦ προφήτου 10   >τὸν 6   **20** ἐπεμέμψατο] ἐμέμψατο 12: ἐπέμψατο 54: pr καὶ 9 12 35   τὴν φιλίαν 10   παιδίαν 54

«Ὡς ἐφιλίασας γὰρ τῷ Ὀχοζίᾳ καὶ ἐκοινώνησας μετ' αὐτοῦ, διέκοψε Κύριος τὰ ἔργα σου καὶ συνετρίβησαν αἱ νῆές σου καὶ οὐκ ἠδυνήθησαν τοῦ πορευθῆναι εἰς Θαρσεῖς». Ὅσων δὲ κακῶν πρόξενος ἡ δυσσεβὴς ἐκείνη συγγένεια τὰ ἑξῆς διδάσκει τῆς ἱστορίας· Ἰωρὰμ γὰρ ὁ τοῦ Ἰωσαφὰτ υἱός, Ἀχαὰβ τοῦ κηδεστοῦ 5 ἐζήλωσε τὴν ἀσέβειαν. Οὗτος καὶ τοὺς ἀδελφοὺς κατέκτεινε ἅπαντας, καὶ διὰ πάσης ὤδευσε πονηρίας. «Ἐπορεύθη» γάρ φη-
840 σιν, «ἐν τῇ ὁδῷ βασιλέως Ἰσραήλ, ὡς ἐποίησεν οἶκος Ἀχαάβ, ὅτι θυγάτηρ Ἀχαὰβ ἦν αὐτῷ γυνή· καὶ ἐποίησε τὸ πονηρὸν ἐνώπιον Κυρίου καὶ οὐκ ἐβούλετο Κύριος ἐξολοθρεῦσαι τὸν οἶκον Δαβὶδ διὰ 10 τὴν διαθήκην ἣν διέθετο τῷ Δαβὶδ ὃν τρόπον εἶπε δοῦναι αὐτῷ λύχνον καὶ τοῖς υἱοῖς αὐτοῦ πάσας τὰς ἡμέρας». Ἐντεῦθεν ἐδιδάχθημεν ὅσον ὀνίνησιν ἡ τῶν προγόνων εὐσέβεια. Ἀνέχεται γὰρ καὶ πονηρῶν ὁ φιλάνθρωπος τῆς τῶν κατοιχομένων ἀρετῆς μεμνημένος. Ἐδρέψατο δὲ καὶ τοὺς τῆς ἀσεβείας καρπούς. 15 Ἀπώσατο μὲν γὰρ ἡ Ἰδουμαία τὸν τῆς δουλείας ζυγόν· ἀπέστη δὲ καὶ Λεμνὰ πόλις οὖσα τῆς Ἰουδαίας. Ὁ δὲ Δεσπότης διὰ Ἠλίου τοῦ πάνυ τὴν ψῆφον κατ' αὐτοῦ ἐξενήνοχεν. Ἀλλ' οὐκ αὐτὸς ὁ προφήτης ἀφίκετο, διὰ γραμμάτων δὲ μεμήνυκε τὴν θείαν ἀπόφα-σιν. «Ἦλθε» γάρ φησιν, «ἐγγραφὴ παρὰ Ἠλίου τοῦ προφήτου 20

1 s 2 Cr 20, 37ap   7 s 2 Cr 21, 6-7   **20** s 2 Cr 21, 12-15

1, 5, 6, 8, 9, 10, 12, 35, 37, 54, 55, 56

1 γὰρ + φησι A   2 σου 1°] αὐτοῦ 37   νῆες] νῆαι 6: ἠνίαι 10   3 >τοῦ 6   κακῶν πρόξενος tr 54   4 ἐκείνης 10   5 Ἰορὰμ 6   Ἰωσαφὰτ] Ἀσαφὰτ 6   6 >Οὗτος 6   ἀδελφοὺς] συγγενεῖς 37   ἀπέκτεινε 6   7 πονηρίας laes 55   >Ἐπορεύθη — αὐτῷ γυνή· καὶ (l 9) 6   8 βασιλέως] > D: βασιλέων A 55   9 ὅτι θυγάτηρ Ἀχαὰβ — πάσας τὰς ἡμέρας (l 12)] καὶ ἑξῆς 54   >ἦν 37   ἐποίησε + γὰρ 6   10 ἠβούλετο 6 37   11 >τῷ 6 9 12   δοῦναι laes 55   12 Ἐντεῦθεν + δὲ 10 54   13 ἐδιδάχθημεν] διδασκόμεθα 54   ἡ laes 55   Ἀνέχεται γὰρ — ἀρετῆς μεμνημένος] καὶ οὐκ ἐβούλετο γάρ φησιν, Κύριος ἐξολοθρεῦσαι τὸν οἶκον Δαβὶδ διὰ τὴν διαθήκην ἣν διέθετο τῷ Δαβὶδ 54   15 καὶ] ὅμως 54   ἀσεβείας] εὐσεβείας c_1 9 35   16 >γὰρ 37   >ἡ A·54 8 56   ἐπέστη 8   17 Λεμνὰ] Λουνὰ A·6: Λομνὰ ed   >οὖσα 6   Ἠλίου pr τοῦ 37   18 πάνυ] προφήτου A   >ψῆφον A   αὐτοῦ + ἀπόφασιν A   οὐκ αὐτὸς] οὐχ οὗτος D 9   19 ἀφίκετο] ἀφικνεῖτο D 9: ἐνήνοχεν τὴν ἀπόφασιν 6   >τὴν θείαν ἀπόφασιν — προφήτου λέγοντος 6   20 ἐγγραφὴ] ἐν γραφῇ c_1 8 9 12   παρὰ] τοῦ 55   >προφήτου 54

λέγοντος· Τάδε λέγει Κύριος ὁ Θεὸς τοῦ πατρός σου· Ἀνθ' ὧν οὐκ
ἐπορεύθης ἐν ὁδῷ Ἰωσαφὰτ τοῦ πατρός σου καὶ ἐν ὁδοῖς Ἀσὰ βα-
σιλέως Ἰούδα καὶ ἐπορεύθης ἐν ὁδοῖς βασιλέων Ἰσραὴλ καὶ
ἐξεπόρνευσας τὸν Ἰούδαν, καὶ τοὺς κατοικοῦντας ἐν Ἰερουσαλὴμ
5 ὃν τρόπον ἐξεπόρνευσεν οἶκος Ἀχαὰβ καὶ τοὺς ἀδελφούς σου,
υἱοὺς τοῦ πατρός σου τοὺς ἀγαθοὺς ὑπὲρ σὲ ἀπέκτεινας· διὰ τοῦτο
ἰδοὺ Κύριος πατάσσει πληγὴν μεγάλην ἐν τῷ λαῷ σου καὶ ἐν τοῖς
υἱοῖς σου, καὶ ἐν ταῖς γυναιξί σου, καὶ ἐν πάσῃ τῇ ἀποσκευῇ σου·
καὶ σὺ ἔσῃ ἐν ἀρρωστίαις πονηραῖς, ἐν ἀρρωστίᾳ κοιλίας σου ἕως
10 οὗ ἐξέλθῃ τὰ ἔντερά σου ἀπὸ τῆς ἀρρωστίας ἐξ ἡμερῶν εἰς
ἡμέρας». Ἐντεῦθεν μανθάνομεν ὡς καὶ Ἀσὰ καὶ Ἰωσαφὰτ οὐ
παντάπασιν ἦσαν ἀδόκιμοι ἀλλ' εἰ καί τινα ἐπλημμέλησαν ἐν τοῖς
πλείοσι τὸν Θεὸν ἐθεράπευσαν. Καὶ γὰρ οὗτος ἐνεκλήθη ὡς τὴν
ἐκείνων πορείαν καταλιπών. Ἔλαβε δὲ πέρας ἡ πρόρρησις. Οὐ
15 γὰρ μόνον ἀλλόφυλοι τῷ Ἰωρὰμ ἐπεστράτευσαν, ἀλλὰ καὶ
ἄραβες καὶ τῶν αἰθιόπων οἱ πρόσοικοι καὶ προσβαλόντες
κατὰ κράτος ἐνίκησαν, καὶ τὴν πόλιν ἀνεῖλον καὶ τὸ πλῆθος ἐξην-
δραπόδισαν καὶ τοὺς υἱοὺς αὐτοῦ καὶ τὰς θυγατέρας κατέκτειναν
καὶ τὸν βασιλικὸν ἐσφετερίσαντο πλοῦτον. Μόνος δὲ Ὀχοζίας
20 διέφυγε ὁ τῶν παίδων νεώτατος. Ἐπέσκηψε δὲ αὐτῷ καὶ τῆς
γαστρὸς τὸ πάθος κατὰ τὴν πρόρρησιν καὶ οὐδὲ μετὰ θάνατον

15 s cf 2 Cr 21, 16   18 s cf 2 Cr 21, 17

1, 5, 6, 8, 9, 10, 12, 35, 37, 54, 55, 56

1 λέγοντος] λέγων 5   τοῦ πατρός] τῶν πατέρων 1   2 καὶ ἐν ὁδοῖς — ἐν ἀρρωστίᾳ
κοιλίας σου (1 9)] καὶ ἑξῆς 54   >Ἀσὰ Α   3 >βασιλέως Ἰούδα καὶ ἐπορεύθης ἐν ὁδοῖς
Α[-10] 9*   βασιλέων] βασιλέως 1 8 12 37 56: + Ἰούδα καὶ 6   καὶ 2°] οἱ c₁ 1 9 37   4
ἐξεπόρνευσαν c₁ 1 9 37   Ἰούδα 6 10 37   >καὶ τοὺς κατοικοῦντας ἐν Ἰερουσαλὴμ
6   5 οἶκος pr ὁ 5 10   6 υἱούς] > 6: καὶ τοὺς c₁ 1: pr καὶ τοὺς 37   >τοῦ πατρός σου
τοὺς 6   τοῦτο] τούτου Α 1 8 9   8 ἀποσκευῇ] οἰκίᾳ ed   9 >ἐν ἀρρωστίαις πονηραῖς
Α   πονηροῖς 1   ἀρρωστίᾳ] ἀρρωστίαις 55   10 οὗ] >6: τοῦ 54: σου 35   ἐξέλθοι
12   11 Ἀσὰ 9   Ἰωσαφὰτ 12 35   12 τινα] τινας 8 35   13 >Καὶ γὰρ οὗτος —
πορείαν καταλιπών 6 54   ἀνεκλήθη 35   14 πέρας] τέλος 35   15 τῷ] τὸν 1
37   Ἰωρὰν 37   16 ἄραβες 10 35   προβαλόντες 6 10   17 κατακράτως 56   εἷλον
Α   ἐξανδραπόδισαν 12   18 αὐτοῦ] αὐτῶν 12   ἀπέκτειναν 55   19 >καὶ τὸν βασιλι-
κὸν — πλοῦτον 6   ἐσφετερίσαντο πλοῦτον tr c₁   20 ὁ] > 1: post παίδων Α
>Ἐπέσκηψε δὲ — ἐν τάφοις βασιλέων (p 281 l 3) 6   21 γαστρὸς] θυγατρὸς 54

βασιλικῆς ἠξιώθη ταφῆς. «Οὐκ ἐποίησε γὰρ αὐτῷ», φησίν, «ὁ λαὸς ἐκφορὰν καὶ κλαῦσιν κατὰ τὴν κλαῦσιν τῶν πατέρων αὐτοῦ καὶ ἔθαψαν αὐτὸν οὐκ ἐν τάφοις βασιλέων». Ἀληθῶς «φοβερὸν τὸ ἐμπέσειν εἰς χεῖρας Θεοῦ ζῶντος». Ὥσπερ γὰρ ὁ ἔλεος ἄρρητος

841 οὕτως ἡ κόλασις ἀνυπόστατος. Ἐκ ταύτης τῆς ἱστορίας μανθάνο- 5
μεν, ὡς οἱ Ἀμαζονιεὶμ πρόσοικοι αἰθιόπων εἰσίν. Ἄνω γὰρ τοὺς ἐπελθόντας πολεμίους τῷ Ἰωρὰμ ὁ συγγραφεὺς ἐδίδαξεν ὁμόρους εἶναι τῶν αἰθιόπων. Ἐνταῦθα δὲ εἰρηκώς, ὅτι καὶ τὸν Ὀχοζίαν ἐβασίλευσαν ἀντ᾽ αὐτοῦ τὸν υἱὸν αὐτοῦ τὸν νεώτερον, ἐπήγαγεν «Ὅτι πάντας τοὺς πρεσβυτέρους ἀπέκτεινε τὸ ληστήριον, τὸ ἐλ- 10
θὸν ἐπ᾽ αὐτοὺς ἀπὸ τῶν βαρβάρων καὶ τῶν Ἀμαζονιεὶμ ἐν τῇ παρεμβολῇ». Καὶ οὗτος δὲ τοῦ πατρὸς ἐζήλωσε τὴν ἀσέβειαν. Διδάσκαλον γὰρ εἶχε τὴν μιαρωτάτην μητέρα. Τοῦτον ἀνεῖλεν ὁ Ἰηοὺ σὺν τῷ Ἰωρὰμ τῷ βασιλεῖ Ἰσραήλ. Ἔτυχε μέντοι ταφῆς διὰ τὴν τοῦ πάππου εὐσέβειαν· ἔθαψε γὰρ αὐτόν, φησίν, Ἰηού, «Ὅτι εἶπεν 15
Υἱός ἐστιν Ἰωσαφάτ, ὅστις ἐζήτησε τὸν Κύριον ἐν ὅλῃ καρδίᾳ αὐτοῦ». Μετὰ ταῦτα ἐξηγεῖται ἡ ἱστορία τὰ κατὰ τὸν Ἰωὰς ἅπερ ἐν τῇ τετάρτῃ τῶν Βασιλειῶν ἡρμηνεύσαμεν· ἐροῦμεν δὲ ὅσα ἐν

1 s 2 Cr 20, 19.20   3 s Heb 10, 31   10 s 2 Cr 22, 1   15 s 2 Cr 22, 9

1, 5, 6, 8, 9, 10, 12, 35, 37, 54, 55, 56

1 βασιλικῆς/ἠξιώθη ταφῆς tr 5   ταφῆς] τιμῆς c_1 12   ἐποίησαν 54   >αὐτῷ 10 35 >φησίν 37   λαὸς + αὐτῶ 10   2 κλαῦσιν 1°] καῦσιν 5 35: + καὶ 35   κλαῦσιν 2°] καῦσιν 5 35   3 Ἀληθῶς + οὖν 6   4 >Ὥσπερ γὰρ — κόλασις ἀνυπόστατος 54   ἔλεος + αὐτοῦ D 9   5 οὕτως] οὕτω καὶ 1 5 10   κόλασις + αὐτοῦ 12   ἀνυπόστατος] ἀνύποιστος A   6 μαζονιεὶμ c_1(-ζω-) 1 12: ἀμαζονιεὶμ 5 10: ἀμαζονὶμ 6 54   πρόοικοι 8   7 Ἰορὰμ 6   >ἐδίδαξεν 54   8 εἰρηκώς] εἰπών 5   10 >τοὺς πρεσβυτέρους 6   ἀπέκτεινε / τὸ ληστήριον tr 54   ἐπελθὸν A^{-6}: ἐπελθὼν 6   11 ἀπὸ τῶν βαρβάρων laes 55   καὶ + ἀπὸ A   τῶν 2°] τὸν 37   ἀμαζωνιεὶμ c_1 12: ἀμαζονιεὶμ 5 10: ἀμαζονὶμ 6 54   ἐν] > D 9: pr τῶν 1   13 μητέρα] γυναῖκα 12   >ὁ 1   Ἡιοὺ 6   14 Ἰωρὰμ] > 54: Ἰορὰ 37: laes 55   >τῷ 2° 1 54   15 πάππου 35   >ἔθαψε γὰρ — ὅλη καρδία αὐτοῦ 6   >φησίν A   Ἰηού pr ὁ c_1 16 Ἰωσαφάτ pr τοῦ c_1 1 37   ἐζήτησε] ἐζήλωσε 37   17 αὐτοῦ + καὶ 8   >ἡ ἱστορία A   18 ὅσα ἐν ἐκείνῃ — συγγεγραφὼς ἐδίδαξεν (p 282 l 2)] καὶ ὅσα ἐκεῖ παραλειφθέντα ἐνταῦθα κεῖνται· διδάσκει γὰρ ἡμῖν ἱστορία 54

ἐκείνῃ τῇ βίβλῳ μὴ εὑρήκαμεν κείμενα. Ὁ γὰρ τὰς Παραλειπομέ-
νας συγγεγραφὼς ἐδίδαξεν ὡς ὑπὸ τοῦ θαυμαστοῦ ἀρχιερέως εἰς
ζῆλον ὁ λαὸς πυρσευθεὶς κατέσπασε τοῦ Βάαλ τὴν στήλην καὶ
συνέτριψε, καὶ ἐκ βάθρων ἀνέσπασε τὰ θυσιαστήρια καὶ τὰς τῶν
5 δαιμόνων εἰκόνας ἐλέπτυνε. Ματθὰν δὲ τοῦ Βάαλ τὸν ἱερέα
κατέκτεινε· τὰς δὲ τῶν ἱερέων ἐφημερίας ἐκράτυνε καὶ τῶν
λευιτῶν τὴν τάξιν καὶ τὰ ἄλλα ἁπαξαπλῶς, ὅσα Δαβὶδ ὁ βασι-
λεὺς εἰς τὴν τοῦ Θεοῦ διετάξατο θεραπείαν. Συνήργει δὲ τοῖς ὑπὸ
τοῦ ἀρχιερέως πραττομένοις ὁ βασιλεὺς φωτιζόμενος ὑπ᾽ αὐτοῦ·
10 «Ἐποίησε» γάρ φησιν, «Ἰωὰς τὸ εὐθὲς ἐνώπιον Κυρίου πάσας τὰς
ἡμέρας Ἰωδαὲ τοῦ ἱερέως». Προσήνεγκε δὲ καὶ τῇ οἰκοδομίᾳ τοῦ
νεὼ τὴν ἁρμόττουσαν θεραπείαν. Ἐν τῷ παρεληλυθότι γὰρ ἠμελή-
θη χρόνῳ, ὅτι «Γοθολία», φησίν, «ἡ ἄνομος καὶ οἱ υἱοὶ αὐτῆς
κατέσπασαν τὸν οἶκον τοῦ Θεοῦ καί γε πάντα τὰ ἅγια Κυρίου
15 ἐποίησαν τοῖς Βααλείμ». Τούτων δὲ ἁπάντων ὁ ἀξιάγαστος ἀρ-
χιερεὺς αἰτιώτατος, ὃς διὰ τὴν εὐσέβειαν καὶ τὴν πολλὴν ἀρετὴν
— ἐβίω μὲν ἔτη τριάκοντα καὶ ἑκατόν — θήκης δὲ ἠξιώθη βασιλικῆς.
«Ἔθαψαν γὰρ αὐτόν», φησίν, «ἐν πόλει Δαβὶδ μετὰ τῶν βασιλέων
ὅτι ἐποίησεν ἀγαθωσύνην ἐν Ἰσραὴλ καὶ μετὰ τοῦ Θεοῦ καὶ τοῦ
20 οἴκου αὐτοῦ». Ἐκείνου δὲ τελευτήσαντος, ὁ Ἰωὰς ἀπέκλινεν εἰς

2 s cf 2 Cr 23, 17 s   10 s 2 Cr 24, 2   13 s 2 Cr 24, 7   18 s 2 Cr 24, 16

1, 5, 6, 8, 9, 10, 12, 35, 37, 54, 55, 56

1 μὴ] > 10: ante ἐν ἐκείνῃ 5   μὴ εὑρήκαμεν ante ἐν ἐκείνῃ 55   2 συγγεγραφὼς]
συγγεγράψας 5: + βίβλους 8   >τοῦ 37   3 πυρσευθεὶς] πορευθεὶς Α c₁   4 καὶ συν-
έτριψε] > 6: + αὐτὴν 10 54   ἀνέσπασε] ἀνέσκαψε 10 12   5 Ματθὰν 1 12 35:
Ναθὰμ 8: Ναθθὰν 9: μαθὼν c₁   6 >τὰς δὲ τῶν ἱερέων — τὴν τάξιν 6   7 ὅσα] ὡς ὁ
12   8 >εἰς τὴν τοῦ Θεοῦ 6   >θεραπείαν 6   9 ἀρχιερέως] ἱερέως 54 55   10
>Ἐποίησε γὰρ — Ἰωδαὲ τοῦ ἱερέως 6 54   11 >τοῦ 12 35   >Προσήνεγκε δὲ — τοῖς
Βααλείμ (l 15) 6   12 ναοῦ c₁ 1 5 37 54   ἁρμόττουσαν] προσήκουσαν 54   παρελθόν-
τι 5   τῷ παρεληλυθότι/γὰρ tr A   ἠμελήθη χρόνῳ tr A   13 Γοδολία 1   >οἱ 35 37
14 >γε 5   15 τοῖς] τῷ 35   Βααλίμ 1 37 54: Βαλείμ 12 55: Βαλλίμ 56   ἁπάντων]
πάντων 5   ἀρχιερεὺς + Ἰωδαὲ 6   16 διὰ τὴν εὐσέβειαν καὶ τὴν πολλὴν ἀρετὴν]
εὐσεβῶς 6   17 ἐβίωσε 55   ἔτη / τριάκοντα καὶ ἑκατόν tr 5   18 >Ἔθαψαν γὰρ αὐτόν
— τοῦ οἴκου αὐτοῦ (l 20) 6 54   19 καὶ 2° + μετὰ 55   20 Ἰωὰς 6   ἀπέκλιναν 6

ἀσέβειαν τοῖς ἄρχουσιν ὑπαχθείς· ἀλλ' οὐκ ἠμέλησεν ὁ τῶν ψυχῶν ἰατρός. «Ἀπέστειλε» γάρ φησι, «Κύριος πρὸς αὐτοὺς προφήτας, ἐπιστρέψαι αὐτοὺς πρὸς Κύριον καὶ διεμαρτύρατο αὐτοὺς καὶ οὐκ ἤκουσαν». Ἑνὸς δὲ προφήτου καὶ ὀνομαστὶ ἐμνήσθη· «Πνεῦμα» γάρ φησι, «Κυρίου ἐνέδυσε τὸν Ζαχαρίαν, τὸν   5 τοῦ Ἰωδαὲ τοῦ ἱερέως, καὶ ἀνέστη ἐπάνω τοῦ λαοῦ καὶ εἶπεν
844 αὐτοῖς· Τάδε λέγει Κύριος· Ἵνα τί ὑμεῖς παραπορεύεσθε τὰς ἐντολὰς Κυρίου; καὶ οὐκ εὐοδωθήσεσθε, ὅτι ἐγκατελίπετε τὸν Κύριον καὶ ἐγκαταλείψει ὑμᾶς». Ἀλλ' οὐ μόνον τοῖς θείοις λόγοις ἀντεῖπον ἀλλὰ καὶ κατέλευσαν τὸν προφήτην, τοῦ βασιλέως κελεύσαντος,   10 καὶ κατέλευσαν ἔνδον ἐν τῷ ὑπαίθρῳ τοῦ ναοῦ. Τοσαύτην οὗτος ἀχαριστίαν ἐνόσησε καὶ περὶ τὸν σεσωκότα Θεὸν καὶ περὶ τὸν ὑπουργηκότα τῇ σωτηρίᾳ. Τοῦτο γὰρ καὶ ἡ ἱστορία διδάσκει. «Καὶ οὐκ ἐμνήσθη Ἰωὰς ὁ βασιλεὺς τοῦ ἐλέους οὗ ἐποίησεν ὁ πατὴρ αὐτοῦ μετ' αὐτοῦ, καὶ ἐθανάτωσε τὸν υἱὸν αὐτοῦ μετ' αὐτόν.   15 Ὡς δὲ ἀπέθνησκεν εἶπεν· Ἴδοι Κύριος καὶ κρίναι». Καὶ οὐ διήμαρτε τῆς αἰτήσεως. Ἐνιαυτοῦ γὰρ διελθόντος, ὀλίγη μὲν αὐτοῖς σύρων προσέβαλε στρατιά· ἐξεδόθησαν δὲ ὑπὸ τοῦ καταφρονηθέντος Δεσπότου· καὶ τοὺς μὲν ἀνεῖλον, τοὺς δὲ ἐξανδραποδίσαντες

2 s 2 Cr 24, 19   5 s 2 Cr 24, 20   14 s 2 Cr 24, 22

1, 5, 6, 8, 9, 10, 12, 35, 37, 54, 55, 56

2 φησι, Κύριος tr 37   πρὸς] εἰς 5   3 ἐμαρτύρετο Α⁻¹⁰: ἐμαρτύραντο 10: διεμαρτύραντο c₁   4 αὐτοὺς] αὐτοῖς 54   ἤκουσαν] ἠθέλησαν c₁ 1 37   δὲ + καὶ μόνου 54   >καὶ 2° 10   ὀνομαστὶ] >54: μόνου Α⁻⁵⁴   5 >φησι 54   >τὸν 1° 1   Ζαχαρίαν] Ζαχαρία 12: Ἀζαρίαν 54 55   6 Ἰοδαὲ 6: Ἰουδαὲ 35: Ἰωαδαὲ 56   8 ἐγκατελίπετε] ἐγκαταλείπετε 8: ἐγκαταλείπατε 12 54   9 ἐγκαταλείψει] ἐγκαταλείψη 37: pr οὐκ 6   >Ἀλλ' οὐ μόνον — ἀντεῖπον ἀλλὰ 6   λογίοις 1   10 >καὶ κατέλευσαν 5 6   >τὸν προφήτην, τοῦ βασιλέως κελεύσαντος Α   11 >καὶ Α   κατέλευσαν] > Α⁻⁵: + αὐτὸν 5   >ἔνδον Α   >ἐν τῷ ὑπαίθρῳ τοῦ ναοῦ 6   >ἐν 8 9 35   τοῦ ὑπαίθρου 9   Τοσαύτην] Τοιαύτην ed   12 >καὶ 1° c₁ 1 37   13 τὴν σωτηρίαν 5 35   >Τοῦτο γὰρ καὶ ἡ ἱστορία 54   >καὶ Α   14 ἐμνήσθη + φησίν 5   Ἰοὰς 6   ἐποίησεν + Ἰωδαὲ 5   15 >αὐτοῦ 3° 37   αὐτόν] αὐτοῦ 10 37: αὐτῶν 5 35*   16 >Ὡς δὲ ἀπέθνησκεν εἶπεν 6 35   >Ἴδοι Κύριος — ἐξανδραποδίσαντες ᾤχοντο (p 284 l 1) 6   Ἴδοι] ἰδοὺ 8 12 54   >καὶ 1° 12   17 αὐτοῖς] αὐτὸν 37   18 προσέβαλε] προσέβαλλε 10: προσέλαβε 37   19 ἐξανδραποδίσαντας 35

ᾤχοντο. Οὗτος δὲ ἀρρωστίᾳ περιπεσὼν ὑπὸ τῶν ὑπηκόων ἐσφάγη. Ταύτην γὰρ κατ᾽ αὐτοῦ τὴν ψῆφον ὁ Δεσπότης ἐξήνεγκεν. Τοῦτο γὰρ καὶ ὁ ἱστοριογράφος ἔφη· «Καὶ μετὰ Ἰωὰς ἐποίησε κρίματα καὶ ἐπέθεντο Ἰωὰς οἱ παῖδες αὐτοῦ ἐν αἵμασιν υἱῶν

5 Ἰωδαὲ τοῦ ἱερέως, καὶ ἐθανάτωσαν αὐτὸν ἐπὶ τῆς κλίνης αὐτοῦ καὶ ἀπέθανε καὶ ἔθαψαν αὐτὸν ἐν πόλει Δαβὶδ καὶ οὐκ ἔθαψαν αὐτὸν ἐν τῷ τάφῳ τῶν βασιλέων». Ἀληθὴς ἄρα ὁ θεῖος λόγος ἐκεῖνος ὁ πρὸς τὸν Νῶε ῥηθείς, «Ὁ ἐκχέων αἷμα ἀνθρώπου ἀντὶ τοῦ αἵματος αὐτοῦ ἐκχυθήσεται, ὅτι ἐν εἰκόνι Θεοῦ ἐποίησα τὸν ἄνθρωπον».

10 Καὶ τούτους δὲ ὁ τοῦ Ἰωὰς υἱὸς Ἀμασίας βασιλεύσας κατέκτεινεν. Οὐ γὰρ ζήλῳ θείῳ πυρσευθέντες ἀνεῖλον, ἀλλὰ μιαιφόνῳ χρησάμενοι γνώμῃ. Οὗτος στρατεῦσαι βουληθεὶς κατὰ τῶν ἰδουμαίων, ἐμισθώσατο ἰσραηλιτῶν ἑκατὸν χιλιάδας ἰσαρίθμων ταλάντων. Ἀλλ᾽ ὁ προφήτης πρὸς αὐτὸν θεόθεν ἀποσταλεὶς

15 ταῦτα ἔφη· «Βασιλεῦ, μὴ πορευέσθω μετὰ σοῦ δύναμις Ἰσραήλ, ὅτι οὐκ ἔστι Κύριος μετὰ Ἰσραὴλ πάντων τῶν υἱῶν Ἐφραίμ. Ὅτι ἐὰν ὑπολάβῃς κατισχῦσαι ἐν τούτοις ἐν τῷ πολέμῳ, τροπώσεταί σε Κύριος ἐναντίον τῶν ἐχθρῶν σου, ὅτι ἐστὶν ἰσχὺς τῷ Κυρίῳ τοῦ

---

3 s 2 Cr 24, 24.25   8 s Gé 9, 6   15 s 2 Cr 25, 7-8

1, 5, 6, 8, 9, 10, 12, 35, 37, 54, 55, 56

1 Οὗτος δὲ ἀρρωστίᾳ laes 55   ὑπηκόων pr οἰκείων 54   2 τὴν ψῆφον / ὁ Δεσπότης tr 12   >ὁ Δεσπότης 55   ὁ Δεσπότης / ἐξήνεγκεν tr 5   ὁ Δεσπότης ἐξήνεγκεν — ἐν τῷ τάφῳ τῶν βασιλέων (l 7)] ὡς ἡ ἱστορία διδάσκει ὁ Δεσπότης ἐξήνεγκεν 54   3 Τοῦτο γὰρ καὶ] ὡς 5 37   μετὰ + ταῦτα 1 5   Ἰοὰς 5 6   ἐποίησαν 6   4 Ἰωὰς pr τῷ Α 9: Ἰὰς 5: Ἰοὰς 6   5 Ἰοδαὲ 6   ἐθανάτωσαν laes 55   6 ἔθαψαν] ἐθανάτωσαν 5: + αὐτὸν ἐπὶ τῆς κλίνης αὐτοῦ καὶ ἀπέθανε καὶ ἔθαψαν 56   >αὐτὸν 2° 9   7 ἐν] ἐπὶ 1   τάφῳ] τόπῳ c₁ 1 37   βασιλέων + αὐτόν 9   >θεῖος Α   >ἐκεῖνος 5 37   8 τὸν Νῶε] τῷ νεῷ 37   ἀνθρώπου + πίνει αὐτὸ 37   >τοῦ 10 55   9 >ἐκχυθήσεται 12   10 δὲ ὁ τοῦ Ἰωὰς — βασιλεύσας] 1ac 8   >δὲ 6   ὁ τοῦ] > 5 10: ὁ 6: τοὺς σφαγὰς 54   Ἰοὰς 6   Ἀμεσίου 5: Ἀμεσίας 6 12 54: Ἀνεσίας 35: Ἀμασείας 37   11 ἀπέκτεινεν 5 54   ζήλῳ θείῳ tr 54   θείῳ] Θεοῦ 8 9 35   πυρσευθέντες] > 6: πυρωθέντες 1 12   μιαιφόνῳ pr μόνῳ 54   12 χρησάμενοι] χρώμενοι 1   γνώμῃ + Ἀντ᾽ αὐτοῦ δὲ ἐβασίλευσεν ὁ υἱὸς αὐτοῦ Ἀμασίας ed   13 χιλιάδων 1 37   ἰσαρίθμων] εἰς ἀρίθμων τῶν 6   14 Ἀλλ᾽ ὁ] ἀλλὰ 5 10 54   >ὁ προφήτης 6   >πρὸς αὐτὸν 54   πρὸς αὐτὸν / θεόθεν tr 37   15 πορευθῶ 10   Ἰσραὴλ pr τοῦ 37   17 >σε Α⁻⁵ 12   18 ἐναντίον] πάντων 10

βοηθῆσαι καὶ τοῦ τροπώσασθαι». Ἀρκῶ σοι, φησίν, εἰς βοήθειαν·
οὐ χρήζεις πλήθους παραταττόμενος, μὴ λάβῃς εἰς ἐπικουρίαν
τοὺς εὐσεβείας γεγυμνωμένους. Τούτου δὲ εἰρηκότος, «Καὶ τί
ποιήσω τοῖς ἑκατὸν ταλάντοις οἷς ἔδωκα 'τῇ δυνάμει Ἰσραήλ;»
ὑπολαβὼν ὁ προφήτης ἔφη. «Ἔστι τῷ Κυρίῳ δοῦναί σοι πλείω   5
τούτων». Πιστεύσας τοῖς εἰρημένοις ἀπῆλθε καὶ νενικηκὼς
ἐπανῆλθε καὶ κατέκτεινε μὲν μυρίους, ἐξηνδραπόδισε δὲ τοσού-
845 τους. Ἀλλὰ τῆς θείας ἐπικουρίας τυχὼν οὐκ ἔγνω τὸν εὐεργέτην.
Τῶν γὰρ ἡττηθέντων τοὺς θεοὺς οὓς μετὰ τῶν λαφύρων ἐκόμισεν,
ὡς δοτῆρας τῆς νίκης ἐτίμησε καὶ ἱερουργίαις ἐγέραιρεν. Ἀλλὰ   10
πάλιν ὁ φιλάνθρωπος Κύριος διά τινος τῶν προφητῶν ἤλεγξε τὴν
ἀσέβειαν. «Εἶπε γὰρ αὐτῷ», φησί, «Τί ἐζήτησας τοὺς θεοὺς τοῦ
λαοῦ οἳ οὐκ ἐξείλαντο τὸν λαὸν αὐτῶν ἐκ χειρός σου;» Ἐπὶ
πολλῷ, φησί, χρόνῳ τούτους ἐθεράπευσαν ἰδουμαῖοι, ἀλλ' οὐκ
ἀπώναντο τῆς θεραπείας· οὐδεμίας γὰρ παρ' αὐτῶν ἐπικουρίας 15
ἀπήλαυσαν. Σὺ δὲ τῆς ἐμῆς ἀπολαύσας ῥοπῆς, οὐ μόνον ἐκείνους
κατέκτεινας ἀλλὰ καὶ τούτους ἐξηνδραπόδισας. Τούτων οὐδὲν
ὤνησε τὸν ἀνόητον. Ἔφη γὰρ πρὸς τὸν προφήτην· «Μὴ σύμ-
βουλον τοῦ βασιλέως δέδωκά σε; πρόσεχε σεαυτῷ, ἵνα μὴ

---

3 s 2 Cr 25, 9   **5** s 2 Cr 25, 9   **12** s 2 Cr 25, 15   **18** s 2 Cr 25, 16

1, 5, 6, 8, 9, 10, 12, 35, 37, 54, 55, 56

1 >τοῦ 55   >Ἀρκῶ σοι — σοι πλείω τούτων (l 6) 6   **2** χρήζειν 54   παρατασσό-
μενος 5   λάβεις 12: λάβῃ ed   >εἰς D   **3** εὐσεβείᾳ 8 35   **4** δυνάμει] δυναστείᾳ
5   Ἰσραήλ pr τοῦ 55   **5** πλείω] πλεῖον A 37: πλείονα 55   **6** >τούτων D
9 Πιστεύσας + δέ 5 6: + τοίνυν 9: + οὖν 54   ἀπῆλθε] ἐπανῆλθε 6 35ᶜ   >καὶ νε-
νικηκὼς ἐπανῆλθε 1 5 8   **7** >ἐπανῆλθε καὶ 6   >μὲν A   **9** οὓς] οὗ c₁ 1 37   **10** ὡς]
ἀλλ' ὡς c₁ 1 37   δωτέρας 6 12: δοτῆρα 8 35*   >καὶ ἱερουργίαις ἐγέραιρεν
54   ἐγέραρε 10   Ἀλλὰ πάλιν — τῶν προφητῶν] ἀλλ' 5 6   **11** >ἤλεγξε τὴν ἀσέβειαν
6   τὴν ἀσέβειαν pr αὐτοῦ A⁻⁶: + ὁ Θεός 5   **12** Εἶπε pr διὰ προφήτου 5 6: pr διὰ τοῦ
προφήτου ed: ἐδίδαξεν 6   >γὰρ αὐτῷ — τούτους ἐξηνδραπόδισας (l 17) 6   >φησί
A⁻¹⁰   **13** ἐξείλοντο 1 5 9 54   χειρῶν 37   **14** πολλῷ] πολὺν A   φησί, χρόνῳ tr 1
10   χρόνον A   **15** ἀπώσαντο ed   παρ' αὐτῶν / ἐπικουρίας tr 37   **16** ἐκείνους κα-
τέκτεινας tr 5   **17** τούτοις 54   Τούτων οὐδὲν] πλὴν οὐδὲ τούτων 6   **19** >τοῦ βασι-
λέως 12   δέδωκε 37   >πρόσεχε σεαυτῷ — πατάξωσί σε 37   >σεαυτῷ 12

πατάξωσί σε». Ὁ δὲ προφήτης ἔφη σὺν παρρησίᾳ «Ἔγνων ὅτι
ἐβουλεύσατο Κύριος τοῦ διαφθεῖραί σε, ὅτι ἐποίησας τοῦτο καὶ οὐκ
ἤκουσας τῆς συμβουλίας μου». Οὕτω τῆς θείας γυμνωθεὶς
προμηθείας προσκαλεῖται μὲν εἰς πόλεμον τοῦ Ἰσραὴλ τὸν
5 βασιλέα· πέπονθε δὲ ἅπερ ἐν ταῖς Βασιλείαις εἰρήκαμεν. Ὁμοίως
δὲ τῷ πατρὶ καὶ τοῦ βίου τὸ πέρας ἐδέξατο. Ἐπαινεῖ τὸν Ὀζίαν ἡ
θεία γραφή· «Ἦν» γάρ φησιν, «ἐκζητῶν τὸν Κύριον ἐν φόβῳ
Κυρίου, ἐν ταῖς ἡμέραις Ζαχαρίου τοῦ συνιόντος ἐν ὁράσει Θεοῦ».
Λέγει δὲ καὶ τοὺς τῆς εὐσεβείας καρπούς· «Καὶ ἐν ταῖς ἡμέραις
10 αὐτοῦ αἷς ἐξεζήτησε τὸν Κύριον κατηύθυνεν αὐτὸν Κύριος ὁ Θεός».
Ἐντεῦθεν μανθάνομεν, ὡς πολλοὶ Ζαχαρίαι γεγένηνται. Καὶ γὰρ ὁ
τοῦ Ἰωδαὲ υἱὸς ὃν Ἰωὰς κατέλευσε Ζαχαρίας ὠνόμασται. Καὶ οὗ-
τος ὁ ἐπὶ τοῦ Ὀζίου Ζαχαρίας κέκληται. Οἶμαι δὲ τοῦτον εἶναι
περὶ οὗ πρὸς τὸν Ἡσαΐαν ὁ τῶν ὅλων ἔφη Θεός· «Ποίησόν μοι
15 μάρτυρας πιστοὺς ἀνθρώπους, τὸν Οὐρίαν τὸν ἱερέα καὶ Ζαχαρίαν
υἱὸν Βαραχίου». Καὶ γὰρ ὁ Ἡσαΐας κατ᾽ ἐκεῖνον προεφήτευσε τὸν
καιρόν· «Ὅρασις» γάρ φησιν, «ἣν εἶδεν Ἡσαΐας υἱὸς Ἀμὼς ἣν
εἶδε κατὰ τῆς Ἰουδαίας καὶ κατὰ Ἰερουσαλὴμ ἐν ἡμέραις Ὀζίου

1 s 2 Cr 25, 16   7 s 2 Cr 26, 5   9 s 2 Cr 26, 5   14 s Is 8, 2   17 s Is 1, 1

1, 5, 6, 8, 9, 10, 12, 35, 37, 54, 55, 56

1 πατάξω A⁻¹⁰   εἶπε 5 6   σὺν παρρησίᾳ] συμπαρρησίᾳ 12 37 54   >Ἔγνων
A   >ὅτι 6   ὅτι] εἰ 54   2 >ἐποίησας τοῦτο καὶ 6   4 προμηθείας] ἐπικουρίας
6   >προσκαλεῖται — τὸν βασιλέα 6   προκαλεῖται 10 37   5 >δὲ 6   τοῖς βασιλείοις
εἴρηται 6   >Ὁμοίως — ἐδέξατο 54   Ὁμοίως δὲ τῷ laes 55   6 δὲ] γὰρ 37   >τοῦ
βίου A   πέρας] τέλος 12   ἐδέξατο + δὲ 5 54   τὸν + τοῦ καὶ Ἀζαρίου
10ᵐᵍ   Ὀσίαν 1 35 54 56   7 γάρ φησιν laes 55: + Κύριος 35   8 συνιόντος 9 10
54   ἐν ὁράσει laes 55   10 αἷς] > 37: pr φησίν 54   ἐζήτησε A   >τὸν 8 9
35   Κύριον + καὶ 5 9 55   κατεύθυνεν 1 55   >αὐτὸν 37   11 γεγένηνται] γεγόνασιν
54   12 Ἰωδαὲ 6   Ἰωὰς pr ὁ 55: Ἰοὰς 6   κατέλυσε 6 8   >Ζαχαρίας ὠνόμασται
54   ὠνόμαστο 5   13 >ὁ 54   >Ζαχαρίας κέκληται 54   κέκλητο 5   >δὲ 54   14
>ὁ τῶν ὅλων 5   Θεός pr ὁ 5   μοι] σοι 35   15 Ζαχαρίαν pr τὸν 10   16 >ὁ
A⁻⁵   >κατ᾽ ἐκεῖνον — κατὰ Ἰερουσαλὴμ (l 18) 54   προεφήτευε 9   17 καιρόν]
Κύριον 12   >Ὅρασις — τῆς Ἰουδαίας 6   >εἶδεν 5   >ἣν εἶδε 2° A   ἣν 2°] καὶ
8   18 >κατὰ τῆς Ἰουδαίας 5   Ἰουδαίας] Ἰδουμαίας 12   >κατὰ Ἰερουσαλὴμ
5   Ἰερουσαλὴμ pr τῆς 55

καὶ Ἰωαθὰμ καὶ Ἀχὰζ καὶ Ἐζεκίου οἳ ἐβασίλευσαν τῆς Ἰουδαίας».
Λέγει δὲ αὐτὸν καὶ ἐν πολέμοις ἀνδρεῖον, καὶ ἐν οἰκοδομίαις
φιλότιμον καὶ ἐν γεωργίαις φιλόκαλον. Πέτρας δὲ τῆς πόλεως
τοὺς οἰκήτορας ἄραβας ὀνομάζει. Ἀλλ᾽ οὐκ ἤκουσε τοῦ
προγόνου Δαβὶδ λέγοντος, «Εἰς τὸ τέλος μὴ διαφθείρῃς». Ἀλαζο- 5
νικῷ γὰρ φρονήματι χρησάμενος, ἔργον ἀρχιερατικὸν ἐπιτελέσαι
τετόλμηκεν· «Ὡς γὰρ κατίσχυσε», φησίν, «Ὀζίας ὑψώθη ἡ
848 καρδία αὐτοῦ τοῦ διαφθεῖραι καὶ ἠδίκησεν ἐν Κυρίῳ Θεῷ αὐτοῦ καὶ
εἰσῆλθεν εἰς τὸν ναὸν Κυρίου τοῦ θυμιᾶσαι ἐπὶ τὸ θυσιαστήριον τῶν
θυμιαμάτων». Οὐ γὰρ ἐν τῷ βωμῷ τῶν ὁλοκαυτωμάτων τοῦτο 10
δρᾶσαι τετόλμηκεν, ἀλλ᾽ ἔνδον ἐν τῷ ναῷ. Ἀλλ᾽ οὐ παρεχώρη-
σεν ὡς βασιλεῖ ὁ ἀρχιερεὺς ἀλλὰ σὺν παρρησίᾳ διήλεγξεν.
«Εἰσῆλθε», γάρ φησιν, «ὀπίσω αὐτοῦ Ζαχαρίας ὁ ἱερεύς, καὶ μετ᾽
αὐτοῦ ὀγδοήκοντα ἱερεῖς υἱοὶ δυνάμεως· καὶ ἐπέστησαν ἐπὶ τὸν
Ὀζίαν τὸν βασιλέα καὶ εἶπον αὐτῷ· Οὐ σοί, Ὀζία, τοῦ θυμιᾶσαι 15
τῷ Κυρίῳ ἀλλ᾽ ἢ τοῖς ἱερεῦσι τοῖς υἱοῖς Ἀαρὼν τοῖς ἡγιασμένοις
τοῦ θυμιᾶσαι. Ἔξελθε ἀπὸ τοῦ ἁγιάσματος ὅτι ἀπέστης ἀπὸ τοῦ
Κυρίου καὶ οὐκ ἔσται σοι εἰς δόξαν παρὰ Κυρίου τοῦ Θεοῦ».
Διώρισται, φησί, παρὰ τοῦ Θεοῦ τὰ τοῖς βασιλεῦσι προσήκοντα
καὶ τὰ τοῖς ἱερεῦσιν ἁρμόττοντα. Γενικὸν ἔχουσι τὸ γέρας οἱ 20

3 s cf 2 Cr 26, 7   5 Sal 56, 1 *et passim*   7 s 2 Cr 26, 16   13 s 2 Cr 26, 17-18

1, 5, 6, 8, 9, 10, 12, 35, 37, 54, 55, 56

1 Ἰωαθὰμ] Ἰωναθὰν 12   οἳ ἐβασίλευσαν τῆς Ἰουδαίας] προεφήτευσε 54   2 αὐτὸν]
τὸν βασιλέα 6   οἰκοδομίαις] οἰκοδομαῖς Α: + πᾶσι 6   3 >καὶ ἐν γεωργίαις — ἄρα-
βας ὀνομάζει 6   4 >τοὺς 8   5 προγόνου] προφήτου 37   Εἰς] τε 12   >τὸ 55   6
φρονήματι χρησάμενος tr 5 54   ἱερατικὸν Α   τελέσαι 5   10: τετελεσαι 54   7 >Ὡς
γὰρ κατίσχυσε — Θεῷ αὐτοῦ 6 54   8 >τοῦ Α   Θεῷ pr τῷ 37   9 >καὶ
54   εἰσῆλθεν + γὰρ θυμιᾶσαι 54   Κυρίου pr τοῦ 54: + τοῦ Θεοῦ 12   >τοῦ
Α   >θυμιᾶσαι — θυμιαμάτων 54   ἐπὶ pr καὶ 5   10 >Οὐ γὰρ ἐν — δρᾶσαι τετόλμη-
κεν Α   βωμῷ τῶν ὁλοκαυτωμάτων lac 8   11 >ἀλλ᾽ ἔνδον — ναῷ 6   >Ἀλλ᾽ 2°
Α⁻⁶   12 >ὡς βασιλεῖ 6 54   ἀλλὰ σὺν] ἀλλ᾽ ἐν Α   διήλεγξεν + καθὼς ἡ ἱστορία
δηλοῖ 6   13 >Εἰσῆλθε — προσαπολέσεις (p 288 l 2) 6   >φησιν 37   Ζαχαρίας pr ὁ
9: Ἀζαρίας D   ἀρχιερεύς 5   14 >ἐπὶ 5   15 εἶπαν 37   σοί] σύ 12   >τοῦ
θυμιᾶσαι Α   17 >τοῦ 3° 12   18 >καὶ Α   19 >Διώρισται — τοῦ Θεοῦ 1 12   Διώ-
ρισται ed   >τοῦ D 9   Θεοῦ] Κυρίου τοῦ Θεοῦ 8 9 35   20 ἁρμόττοντα pr προσήκον-
τα 10

ἱερεῖς. Τί πατεῖς τὸν θεόσδοτον νόμον; τί παραβαίνεις τοὺς ὅρους;
ἁρπάζων τὰ μὴ προσήκοντα καὶ τὰ οἰκεῖα προσαπολέσεις. Ἀλλ᾽
οὐ μόνον οὐκ εἶξεν ἀλλὰ καὶ ἐχαλέπηνε πρὸς τοὺς λόγους καὶ
ἐπέμεινε τῆς ἱερουργίας κατατολμῶν. Ἀλλ᾽ ἀντὶ τῆς δόξης
5 ἀτιμίαν ἐδρέψατο. «Ἀνέτειλε» γάρ φησιν, «ἡ λέπρα ἐν τῷ
μετώπῳ αὐτοῦ ἐν τῷ οἴκῳ Κυρίου ἐναντίον τῶν ἱερέων ἐπάνω τοῦ
θυσιαστηρίου τῶν θυμιαμάτων». Παραυτίκα δὲ τὴν θεήλατον πλη-
γὴν οἱ ἱερεῖς θεασάμενοι καὶ ἄκοντα αὐτὸν ἐξήλασαν τοῦ νεὼ καὶ
τὰ αὐτὰ πέπονθεν Ἀδὰμ τῷ προπάτορι. Καὶ γὰρ ἐκεῖνος
10 ἐπιθυμήσας γενέσθαι Θεὸς καὶ τὸ εἶναι εἰκὼν Θεοῦ
προσαπώλεσεν· καὶ οὗτος πειραθεὶς τὴν ἱερωσύνην ἁρπάσαι καὶ
τῆς βασιλείας ἐξέπεσεν. Ἔνδον γὰρ ἐν θαλάμῳ ἐκάθητο. Ἔφερε
γὰρ ἐν τῷ μετώπῳ τῆς παρανομίας τὸν ἔλεγχον. Ἰωαθὰμ δὲ ὁ
τούτου παῖς ἰθύνων διετέλει τὴν βασιλείαν. Αὐτὸς καὶ τοῦ πατρὸς
15 τελευτήσαντος τὰ σκῆπτρα παρέλαβεν. Ἠρίστευσε δὲ καὶ οὗτος
ἐν πολέμοις καὶ τοὺς ἀμμανίτας δασμὸν φέρειν ἠνάγκασε. Λέγει

5 s 2 Cr 26, 19   9 s cf Gé 3, 5   15 s cf 2 Cr 27, 5

1, 5, 6, 8, 9, 10, 12, 35, 37, 54, 55, 56

1 πατεῖς] ποτ᾽ εἰς 12   >τί παραβαίνεις — προσαπολέσεις 54   >τί 2° 12   2 καὶ
pr ἐξ οὗ 1   Ἀλλ᾽] ἀλλὰ 12: ὁ δὲ 54   3 >οὐ 12   >οὐκ 6   εἶξεν + ὁ βασιλεὺς
6   ἀλλὰ καὶ] ἀλλ᾽ 54   ἐχαλέπαινεν 12   >πρὸς τοὺς λόγους — κατατολμῶν. Ἀλλ᾽
6   4 >καὶ ἐπέμεινε τῆς ἱερουργίας Α   >κατατολμῶν 54   ἀντὶ pr καὶ 6   >τῆς 2°
1   6 αὐτοῦ + καὶ 5 54   ἐν τῷ οἴκῳ — τῶν θυμιαμάτων] ἑξῆς 54   >ἐπάνω τοῦ θυ-
σιαστηρίου — Παραυτίκα δὲ 6   7 >τοῦ θυσιαστηρίου 37   τὴν θεήλατον πληγὴν οἱ
ἱερεῖς] οἱ ἱερεῖς τὴν θεήλατον ὀργὴν Α⁻⁶: καὶ τὸν θεήλατον ὀργὴν 6   8 θεασάμενοι pr δε-
ξάμενον 37   ναοῦ 10   9 τὰ αὐτὰ] ταῦτα 9 10 35   Ἀδὰμ/τῷ προπάτορι tr 5   >Καὶ
γὰρ ἐκεῖνος — γενέσθαι Θεὸς 6   11 ἀπώλεσε 6   >καὶ οὗτος πειραθεὶς — βασιλείας
ἐξέπεσεν Α⁻⁵⁴   οὗτος] οὕτως 35   παραθεὶς 35   >πειραθεὶς τὴν 54   ἱερωσύνην —
ἐξέπεσεν] ἱερωσύνης ἔρωτι καὶ (sic) καὶ τῆς βασιλικῆς δόξης ἐστέρητο 54   12 γὰρ] δὲ
1   ἐκάθητο] καθῆστο c₁ 1 37 + καὶ 37: + τῆς ἐν τῷ μετώπῳ λέπρας τὴν ἐν τῷ πλήθει
διατριβὴν καὶ παρρησίαν ἀπειργούσης 5 54   >Ἔφερε γὰρ — τὸν ἔλεγχον 54   Ἔφερε
γὰρ ἐν τῷ μετώπῳ] φέρων ἐπὶ τοῦ μετώπου 1   13 >γὰρ 37   Ἰωαθὰμ] > 12: Ἰωαθὰν
9*: Ἰωαθὰμ 37: Ἰοαθὰμ 6   δὲ ὁ tr 12   14 παῖς] υἱὸς 55   διετέλει / τὴν βασιλείαν tr
54   Αὐτὸς] >6: ὃς 54: + δὲ 1: + γὰρ 5 10   15 παρέλαβεν] κατέλαβεν c₁: παρέβαλεν
1   Ἠρίστευσε laes 55   οὗτος] ὁ αὐτὸς c₁   16 >καὶ τοὺς ἀμμανίτας — τοῦ Θεοῦ
αὐτοῦ (p 289 l 2) 6   ἀμανίτας 55

δὲ καὶ τὴν αἰτίαν ὁ συγγραφεύς· «Ὅτι ἡτοίμασε τὰς ὁδοὺς αὐτοῦ ἔναντι Κυρίου τοῦ Θεοῦ αὐτοῦ». Ἀχὰζ δὲ ὁ τούτου παῖς ἐν ταῖς τῆς ἀσεβείας ἐπινοίαις τοὺς ὁμοίους ἀπέκρυψεν ἅπαντας. Τοῦτο καὶ τῶν Βασιλειῶν ἡ βίβλος ἐδίδαξεν. Αὕτη δὲ πρὸς τούτοις ἡ ἱστορία καὶ τὴν συμφορὰν ἐδήλωσεν ἣν ὑπέμεινε. Πρῶτον μὲν γὰρ 5 ἐξεδόθησαν σύροις· καὶ πολλοὶ μὲν ἀνηρέθησαν, πολλοὶ δὲ ἐξηνδραποδίσθησαν. Ἔπειτα δὲ Φακεὲ τῶν δέκα φυλῶν ὁ βασιλεὺς ἐν μιᾷ συμπλοκῇ δώδεκα αὐτῶν μυριάδας κατέκτεινε καὶ τοὺς στρατηγοὺς καὶ τοῦ βασιλέως τοὺς παῖδας· εἴκοσι δὲ μυριάδας ἐξηνδραπόδισεν. Ὠδὴδ δὲ ὁ προφήτης τοῖς νενικηκόσιν 10 849 ὑπαντήσας ἠπείλησε τοῦ Θεοῦ τὴν ὀργὴν ὅτι δὴ παρὰ τὸν θεῖον νόμον εἰς δουλείαν ἦγον οὓς ᾐχμαλώτευσαν. «Ἰδοὺ» γάρ φησιν, «ὀργὴ τοῦ Θεοῦ τῶν πατέρων ἡμῶν ἐπὶ Ἰούδαν· καὶ παρέδωκεν αὐτοὺς εἰς τὰς χεῖρας ὑμῶν καὶ ἀπεκτείνατε ἐν αὐτοῖς ἐν ὀργῇ καὶ ἕως τῶν οὐρανῶν ἔφθασε. Καὶ νῦν υἱοὺς Ἰούδα καὶ Ἰερουσαλὴμ 15 ὑμεῖς λέγετε κατακτήσασθαι εἰς δούλους καὶ δούλας. Ἰδοὺ οὐκ εἰμὶ μεθ᾽ ὑμῶν μαρτύρεται Κύριος ὁ Θεὸς ὑμῶν. Καὶ νῦν ἀκούσατε μου

---

1 s 2 Cr 27, 6   **4** cf 4 Re 16, 2 s   **5** s cf 2 Cr 28, 5 s   **12**s 2 Cr 28, 9-11

1, 5, 6, 8, 9, 10, 12, 35, 37, 54, 55, 56

2 ἔναντι] ἐναντίον Α 37   **3** >τῆς 54   >ἐπινοίαις 54   τοὺς ὁμοίους — Αὕτη δὲ] τοὺς πάντας κατέκρυψεν· ἐδίδαξεν δὲ τοῦτο καὶ τῶν Βασιλειῶν ἡ βίβλος. Αὕτη **6**   Τοῦτο] διὸ 54: + δὲ 35   **4** >τῶν Βασιλειῶν — ἣν ὑπέμεινε 54   δὲ + καὶ 12   **5** Πρῶτον] πρῶτοι 35   >γὰρ 6 54   **6** σύροις] ἀσσυρίοις 1   >καὶ πολλοὶ μὲν ἀνηρέθησαν 6   >μὲν 54   >πολλοὶ δὲ ἐξηνδραποδίσθησαν Α   **7** ἐξανδραποδίσθησαν 12: ἐξηντραποδίσθησαν 37   >δὲ 6   Φακεὲ] καὶ 1   δέκα] δύω 37   τῶν δέκα φυλῶν / ὁ tr 1   **8** συμπλοκῇ δώδεκα / αὐτῶν tr 37   αὐτῶν μυριάδας tr c₁   ἀπέκτεινε 1   >καὶ τοὺς στρατηγοὺς — παῖδας 6   καὶ τοὺς στρατηγοὺς post τοὺς παῖδας 5   **9** τοῦ] τοὺς 5 12   >τοὺς 10 12   >δὲ 1 54   **10** >᾽Ὠδὴδ δὲ — ἀπήγαγον πόλεως (p 290 l 13) 6   Ὠδὴδ] Ὠδὰδ 1 55: Ὠδὶδ 5 37: Ὀδὰδ 1 56: Ὠδὶ 54   **11** ἀπαντήσας 1   ἠπείλησε + τοῖς νενικηκόσι 9*   >τοῦ Θεοῦ 9   ὀργὴν + αὐτοῖς τοῦ θεοῦ 9   δὴ] δεῖ 12 35 56   **12** οὓς] οἷς 35   **13** ἡμῶν] ὑμῶν 8 10 35 54 56   ᾽Ιούδα 12 54   **14** αὐτοὺς] αὐτὸν c₁ 1 37   ἀπεκτείνατε — Κυρίου ἐφ᾽ ὑμᾶς (p 290 l 2)] ἑξῆς 54   >ἐν 1° 1 8 9 35   αὐτοῖς] αὐτὸν 1: αὐτοὺς 8 9 35   **16** δούλας + οὐκ D 8 10   **17** ὑμῶν 2° + πλημμέλεια μεθ᾽ ὑμῶν D 9   Καὶ νῦν ἀκούσατε — ἀδελφῶν ὑμῶν (p 290 l 2)] ἡμῶν πλημμέλεια μεθ᾽ ὑμῶν Κυρίῳ τῷ Θεῷ ἡμῶν 5 10

καὶ ἀποστρέψατε τὴν αἰχμαλωσίαν ἣν ἠχμαλωτεύσατε ἀπὸ τῶν
ἀδελφῶν ὑμῶν, ὅτι ὀργὴ θυμοῦ Κυρίου ἐφ' ὑμᾶς». Ἐβουλήθη,
φησίν, ὁ Δεσπότης Θεὸς δίκας ἐκείνους εἰσπράξασθαι τῆς
ἀσεβείας. Τοῦτο κἀκείνοις τὴν ἧτταν καὶ ὑμῖν παρέσχε τὴν
5 νίκην. Ὑμεῖς δὲ νενικηκότες ἐπελήσθητε τῆς συγγενείας, τὴν
φύσιν εἰς νοῦν οὐκ ἐλάβετε, ὡς βαρβάροις ἀλλοφύλοις τοῖς
ὁμοφύλοις ἐχρήσασθε. Καὶ οὐκ ἠρκέσθητε ταῖς μυρίαις σφαγαῖς
ἀλλὰ καὶ δουλεύειν τοὺς ὁμογενεῖς ἀναγκάζετε. Μαρτύρομαι τοί-
νυν ὑμᾶς, ὡς χαλεπώτερα πείσεσθε. Εἶξαν οἱ ἄρχοντες τῷ
10 προφήτῃ· καὶ τῷ λαῷ παρῄνεσαν καὶ θεραπείας τοὺς
δοριαλώτους ἠξίωσαν. Ἐνέδυσαν γάρ φησι, τοὺς γυμνοὺς καὶ
ἀλοιφὴν αὐτοῖς προσήνεγκαν καὶ τροφὴν καὶ τοῖς ἀσθενεστέροις
ἔδωκαν ὑποζύγια καὶ μέχρι τῆς Ἱεριχοῦς ἀπήγαγον πόλεως.
Ἐπισημαντέον δὲ ὅτι «πόλιν φοινίκων» τὴν Ἱεριχὼ κέκληκε.
15 «Κατέστησαν γὰρ αὐτούς», φησίν, «εἰς Ἱεριχὼ τὴν πόλιν τῶν
φοινίκων». Ἐδίδαξε δὲ καὶ τοῦτο ἡ ἱστορία, ὡς ἐπιμείναντες τῇ
ἀσεβείᾳ παρεδόθησαν καὶ τοῖς ἀλλοφύλοις καὶ εἰς τὰς τούτων
πόλεις ᾤκησαν οἱ πολέμιοι. «Ἐταπείνωσε» γάρ φησι, «Κύριος τὸν
Ἰούδαν διὰ τὸν Ἀχὰζ βασιλέα Ἰούδα ἀνθ' ὧν ἀπεκάλυψεν ἐν τῷ

11 s cf 2 Cr 28, 15   14 s 2 Cr 28, 15   18 s 2 Cr 28, 19

1, 5, 6, 8, 9, 10, 12, 35, 37, 54, 55, 56

2 ἀδελφῶν] ὀφθαλμῶν 37   >θυμοῦ 10 12   Κυρίου] Κύριος 35   ὑμᾶς] ἡμᾶς 5 8 35
55   Ἐβουλήθη + γὰρ A   3 ἐκείνους] > 54: ἐκείνοις 8 35 56   εἰσπρᾶξαι D 9   4
κἀκείνους 54   5 >ἐπελήσθητε τῆς συγγενείας 35   ἐπελήθητε 54   συγγενείας]
εὐγενείας 5 10   6 >εἰς νοῦν οὐκ ἐλάβετε 54   ὡς pr ἀλλ' 5 10: pr καὶ τοῖς ὁμοφύλοις
54   >βαρβάροις 54   ἀλλοφύλοις] pr καὶ 5: pr τοῖς 10: + καὶ βαρβάροις 54   7
>τοῖς ὁμοφύλοις A   8 ὁμογενεῖς] ὁμοφύλοις 12   >Μαρτύρομαι τοίνυν — χαλεπώτερα
πείσεσθε 12   9 ὑμᾶς] > 5: ὑμῖν c₁ 9   10 >καὶ θεραπείας — ἠξίωσαν c₁ 1
37*   θεραπείαν 54   11 φησι/τοὺς γυμνοὺς tr 54   13 Ἱεριχὼ A   ἀπήγαγεν 35   14
ὅτι + καὶ ἐνταῦθα 6   >φοινίκων τὴν Ἱεριχὼ D 9*   15 >Κατέστησαν — φοινίκων
6   κατέστησε 1 12 37 54   >φησίν 8 9 35 37   Ἱεριχὼ pr τὴν ed   >τῶν 1   16
ἱστορία, ὡς ἐπιμείναντες laes 10   17 >καὶ 1° 5 54 55   18 ᾤκησαν] κατῴκησαν c₁:
ᾠκοδόμησαν 37   Κύριος pr ὁ 37   19 Ἰούδα 5 12 37   βασιλέα pr τὸν ed   >ἐν 54

Ἰούδα καὶ ἀπέστη ἀποστασίᾳ ἀπὸ Κυρίου». Τὸ δὲ «ἀπεκάλυψεν» ἀντὶ τοῦ «ἐδίδαξεν αὐτὸν ἃ μὴ δεῖ». Ξένα γὰρ εἰσήγαγεν ἔθη καὶ τοὺς τῶν ἄλλων ἐθνῶν θεοὺς παρεσκεύασε σέβειν. Καλέσας δὲ τὸν ἀσσύριον εἰς ἐπικουρίαν διήμαρτε τῆς σπουδῆς. Τοῦτο γὰρ ἐπήγαγεν· «Οὐκ εἰς βοήθειαν αὐτῷ ἀλλ᾽ ἢ τοῦ θλιβῆναι αὐτόν». 5
Καὶ ταύταις δὲ πάσαις ταῖς τιμωρίαις ὑποβληθεὶς ἐπέτεινε τὴν ἀσέβειαν. Τοῦτο γὰρ ἔφη· «Καὶ προσέθηκεν Ἀχὰζ τοῦ ἀποστῆναι ἀπὸ Κυρίου καὶ εἶπεν ὁ βασιλεὺς Ἀχάζ· Ζητήσω τοὺς θεοὺς Δαμασκοῦ τοὺς τύπτοντάς με· καὶ εἶπεν ὅτι οἱ θεοὶ Συρίας κατισχύσουσιν αὐτούς. Θύσω τοίνυν αὐτοῖς καὶ ἀντιλήψονταί μου 10
καὶ ἐγένοντο αὐτοὶ αὐτῷ εἰς σκῶλον». Οὐ γὰρ μόνον οὐκ ἐπεκούρησαν ἀλλὰ καὶ τῶν παντοδαπῶν αὐτῷ συμφορῶν ἐγένον-
852 το πρόξενοι. Εἰς ἔσχατον δὲ πονηρίας ἐλάσας, «Καὶ τὰ ἱερὰ κατέκοψε σκεύη καὶ τοῦ θείου νεὼ τὰς θύρας ἀπέκλεισε καὶ ἐποίη-σεν ἑαυτῷ θυσιαστήρια ἐν πάσῃ γωνίᾳ ἐν Ἰερουσαλήμ». Καὶ τὰ 15
ἑξῆς δὲ τὴν αὐτὴν ἔχει κατηγορίαν. Τοῦτον ἀποθανόντα τῆς μετὰ τῶν εὐσεβῶν βασιλέων ταφῆς οὐκ ἠξίωσαν. Ἐζεκίας δὲ ὁ τούτου υἱὸς τὴν ἀκροτάτην κατώρθωσεν ἀρετήν. «Ἐποίησε» γάρ φησιν, «Ἐζεκίας τὸ εὐθὲς ἐνώπιον Κυρίου κατὰ πάντα ὅσα ἐποίησε Δαβὶδ

---

5 2 Cr 28, 21.22   7 s 2 Cr 28, 22-23   13 s 2 Cr 28, 24   18 s 2 Cr 29, 2

1, 5, 6, 8, 9, 10, 12, 35, 37, 54, 55, 56

1 Ἰούδα + ἀσέβειαν 54   ἀποστασίᾳ] ἀποστάσει c₁ 1 37   ἀπεκάλυψεν] ἀπέκαμψεν
5 6   2 δεῖ] ᾔδει D 9   ἔθη] ἔθνη 35: ἔφη 55   3 >καὶ τοὺς τῶν ἄλλων — θλιβῆναι
αὐτόν (l 5) 6   >ἄλλων 54   θεοὺς ante τῶν 54   σέβειν] ἀσεβεῖν 10   4 ἀσύριον
10   5 αὐτῷ] αὐτῶν 8 35: αὐτὸν 12   ἢ τοῦ] εἰς τὸ 10 54   6 >πάσαις 54   τιμωρίαις]
αλω 6: παιδείαις 5 54: συμφοραῖς 10   7 προστέθεικεν 9   >τοῦ Α 1   8 εἶπεν ὁ βασι-
λεὺς Ἀχάζ] ἑξῆς 54   >ὁ βασιλεὺς Ἀχάζ 6   >ὁ 12   Ζητήσω] τοίνυν ἐκζητήσω
54   9 >τοὺς τύπτοντας — τοίνυν αὐτοῖς 54   10 κατισχύουσιν Α 8 9: κατισχύσωσιν
12   Θύσω τοίνυν tr Α   αὐτοῖ] αὐτοὺς 35   μου] μοι 54   11 ἐγένοντο] ἐγένετο
35   αὐτοὶ] > 9: αὐτῷ D 6   αὐτῷ] > 10: αὐτοὶ 6 12: αὐτοῖς 8 35   σκῶλον] σκώλω-
πα 12   >οὐκ 12   12 ἐπεκούρησαν + ἥκιστα 12   >τῶν 6   αὐτῷ] > 6: αὐτῶν 8
35: αὐτοῖς 12   13 ἐσχάτην Α   πονηρίαν Α 12   14 κατέκοψε] κατέκαυσε 9: + καὶ
12   ναοῦ 5   15 ἑαυτῷ] αὐτῷ 6 37   >ἐν 2° 12   Ἰερουσαλήμ] Ἰσραήλ 9
35   >Καὶ τὰ ἑξῆς — ἔχει κατηγορίαν 6   16 >δὲ Α⁻⁵   >τῆς 54   18 ἀκροτάτην]
ἀρετὴν 6   >ἀρετήν 6

ὁ πατὴρ αὐτοῦ». Καὶ πρῶτον ἀνέῳξε τὰς θύρας οἴκου Κυρίου καὶ
ἀπεσκεύασεν αὐτάς. Εἶτα τοὺς ἱερέας καὶ τοὺς λευίτας ἁγιάσας
ἐκκαθάραι παρηγγύησε τὸν θεῖον νεών. «Οἱ δὲ παραυτίκα ἐξέβα-
λον», φησί, «πᾶσαν τὴν ἀκαθαρσίαν τὴν εὑρεθεῖσαν ἐν οἴκῳ Κυρίου
5 εἰς τὴν αὐλὴν οἴκου Κυρίου· καὶ ἐδέξαντο οἱ λευῖται ἐξενεγκεῖν εἰς
τὸν χειμάρρουν Κέδρων ἔξω». Ἔπειτα τούτων γεγενημένων τὰς
νενομισμένας θυσίας προσήνεγκεν, οὐχ ὑπὲρ μόνων τῶν δύο
φυλῶν ἀλλ᾽ ὑπὲρ τῶν δυοκαίδεκα. «Ἐξιλάσατο» γάρ φησι, «περὶ
παντὸς Ἰσραὴλ ὅτι παντὸς Ἰσραὴλ εἶπεν ὁ βασιλεὺς προσ-
10 ενεχθῆναι τὰ ὁλοκαυτώματα καὶ τὰ περὶ ἁμαρτίας καὶ ἔστησε
τοὺς λευίτας ἐν οἴκῳ Κυρίου αἰνοῦντας ἐν κυμβάλοις καὶ ἐν
κινύραις καὶ ἐν ναύλαις κατὰ τὴν ἐντολὴν Δαβὶδ τοῦ βασιλέως καὶ
Γὰδ τοῦ ὁρῶντος τῷ βασιλεῖ καὶ Νάθαν τοῦ προφήτου, ὅτι δι᾽ ἐν-
τολὴν Κυρίου τὸ πρόσταγμα ἐν χειρὶ τῶν προφητῶν αὐτοῦ». Τοῦτο
15 διελέγχει τῶν ἰουδαίων τὴν ἀφροσύνην, οἳ τὸν μέγαν Δαβὶδ
προφήτην καλεῖν οὐκ ἀνέχονται. Ἐνταῦθα γὰρ ἡ γραφὴ τῶν
τριῶν μνημονεύσασα ἐπήγαγεν, «Ὅτι δι᾽ ἐντολὴν Κυρίου τὸ πρόσ-
ταγμα ἐν χειρὶ τῶν προφητῶν αὐτοῦ». Μετ᾽ ὀλίγα δὲ ὁ λόγος

---

3 s 2 Cr 29, 16   8 s 2 Cr 29, 24.25   17 s 2 Cr 29, 25

1, 5, 6, 8, 9, 10, 12, 35, 37, 54, 55, 56

1 πρῶτον ἀνέῳξε — Κέδρων ἔξω (l 6)] ἑξῆς 54   θύρας] πύλας A: + τοῦ 6 37   2
>καὶ ἀπεσκεύασεν αὐτάς 6   ἐπεσκεύασεν 9 12 35 37 55   >Εἶτα A   τοὺς 1° + δὲ
A   ἱερεῖς A 8   >τοὺς 2° 6   >ἁγιάσας 6   3 ἐκκαθῆραι 37   ναόν 5   >Οἱ δὲ
παραυτίκα — Κέδρων ἔξω (l 6) 6   ἐξέβαλαν A: ἐξέβαλεν 35   5 >εἰς τὴν αὐλὴν οἴκου
Κυρίου A 37   ἐξενεγκεῖν pr τοῦ 12   >εἰς 2° 12   6 χειμάρρον A 1   Κέδρων pr τῶν
A 9   Ἔπειτα τούτων γεγενημένων] καὶ καθάρας τὸν ναὸν 54   7 προσήνεγκαν 9
12   >οὐχ ὑπὲρ μόνων — Ἐξιλάσατο γάρ φησι 6   >μόνων 54   δύο + μόνον 54   8
>τῶν 10   δυοκαίδεκα] δώδεκα 5 54   Ἐξιλάσατο pr καὶ 6: ἐξιλάσαντο 54   9 >ὅτι
παντὸς — περὶ ἁμαρτίας 6 54   παντὸς 2° pr περὶ 5 10 37   10 >τὰ 2° c₁ 1 37   καὶ
2° pr εἶτα 54   11 Κυρίῳ 54   12 >καὶ ἐν κινύραις καὶ ἐν ναύλαις 6   κιννύραις 5 9 54
55: κινήραις 10   >ἐν 54   νάβλαις c₁ 1 10 35   13 καὶ Γὰδ τοῦ ὁρῶντος τῷ βασιλεῖ]
>6 10˙: + καὶ πρὸς τῷ βασιλεῖ 10   >ὅτι δι᾽ ἐντολὴν — τῶν προφητῶν αὐτοῦ
6   ἐντολῆς 10 54   14 >τὸ 54   πρόσταγμα] + Κύριον 54: + ἦν A 37   >ἐν
54   15 οἳ] > 5 54: ὅτι 6 10   16 ἀνεχομένων 5 54   >Ἐνταῦθα γὰρ — τῶν
προφητῶν αὐτοῦ (l 18) 6   17 μνημονεύουσα A   >Ὅτι δι᾽ ἐντολὴν — ἐν χειρὶ
54   δι᾽] διὰ τὴν D 9   ἐντολῆς 10   18 >ὁ 10 54

αἰνίττεται ὅτι καὶ ὁ ᾿Ασὰφ ὑμνοποιὸς ἐγεγόνει. «Εἶπε» γάρ φησιν,
«᾿Εζεκίας ὁ βασιλεὺς καὶ οἱ ἄρχοντες τοῖς λευίταις τοῦ ὑμνεῖν τὸν
Κύριον ἐν λόγοις Δαβὶδ καὶ ᾿Ασὰφ τοῦ προφήτου». Διδάσκει δὲ
πάλιν ἡμᾶς ἡ ἱστορία, ὡς τῶν ἱερέων οὐκ ἀποχρώντων «ἀποδεῖραι
τὴν ὁλοκαύτωσιν, ἀντελάβοντο αὐτῶν οἱ ἀδελφοὶ αὐτῶν οἱ λευῖται 5
ἕως οὗ συνετελέσθη τὸ ἔργον, καὶ ἕως οὗ ἡγιάσθησαν οἱ ἱερεῖς,
ὅτι οἱ λευῖται προθύμως ἡγιάσθησαν παρὰ τοὺς ἱερεῖς». Τοῦτο δὲ
καὶ νῦν ἔστιν εὑρεῖν γιγνόμενον. Πρεσβυτέρου γὰρ οὐ παρόντος
καὶ τῆς χρείας κατεπειγούσης, ἀναγκάζεται καὶ διάκονος προσ-
φέρειν τῷ δεομένῳ τὸ βάπτισμα. ῾Ο μέντοι βασιλεὺς ἄγαν ὢν 10
εὐσεβὴς καὶ τοὺς ἐν ταῖς πόλεσι τῶν δέκα φυλῶν οἰκοῦντας εἰς
τὴν ἑορτὴν συνεκάλεσε. Καί τινες μὲν ἐκωμῴδουν τοὺς συγκα-
λοῦντας, τινὲς δὲ ὑπακούοντες ἦσαν. Πλείστου δὲ πλήθους συν-
αθροισθέντος, ἐπετελέσθη τοῦ Πάσχα ἡ ἑορτή. Πάλιν μέντοι οὐκ
ἐξαρκούντων τῶν ἱερέων, οἱ λευῖται ἔθυον τῷ πλήθει τὰ θύματα 15
853 καὶ τοῖς ἱερεῦσι τὸ αἷμα προσέφερον· οἱ δὲ τῇ τοῦ θυσιαστηρίου
προσέχεον βάσει. ᾿Εξαπίνης δὲ κληθέντες πρὶν ἁγνισθῆναι τῶν
ἱερείων μετέλαβον. Τοῦτο καὶ ἡ ἱστορία διδάσκει, «ὅτι τὸ πλεῖστον
τοῦ λαοῦ ἀπὸ ᾿Εφραὶμ καὶ Μανασσῆ καὶ ᾿Ισαχὰρ καὶ Ζαβουλὼν

---

1 s 2 Cr 29, 30   4 s 2 Cr 29, 34   18 s 2 Cr 30, 18

1, 5, 6, 8, 9, 10, 12, 35, 37, 54, 55, 56

1 ἐγεγόνει] ἐγένετο 9   3 >Διδάσκει δὲ 6   >δὲ 12   4 πάλιν ἡμᾶς tr A   >ἡμᾶς
6   ἡ ἱστορία] > 1 37: + διδάσκει 6   ὡς] > 10: ὅτι A⁻¹⁰   5 τὰ ὁλοκαυτώματα
54   >οἱ ἀδελφοὶ αὐτῶν 6   6 >οὗ 1° A   συντελέσθη 6: ἐσυνετελέσθη 10   >καὶ
ἕως οὗ — παρὰ τοὺς ἱερεῖς 6   7 ὅτι οἱ λευῖται — παρὰ τοὺς ἱερεῖς] καὶ ἑξῆς 54   9
ἀναγκάζεται laes 55   10 βάπτισμα + καὶ 6   ἄγαν ὢν εὐσεβής] > A⁻¹⁰: ἀναγαγὼν
εὐσεβῶς 10   ὢν εὐσεβὴς laes 55   11 >καὶ τοὺς ἐν — δέκα φυλῶν 6   οἰκοῦντας]
>54: πάντας 6   12 >τὴν 55   συνεκάλεσε ante εἰς 54   >Καί τινες — ὑπακούοντες
ἦσαν 6   >μὲν 10   13 ἦσαν] ἦσαν 5 10 35 37: συνῆσαν 54   συναθροισθέντα
10   14 τοῦ Πάσχα / ἡ tr 9 10   15 τὰ πλήθη 10 35   16 τὸ αἷμα] τὰ θύματα
6   προσέφερον + καὶ τὸ αἷμα 6   >τῇ ed   17 προσέχεον] παρέφερον 10   18
ἱερείων] ἱερῶν 9 12 35   Τοῦτο + γὰρ D 9   >ὅτι τὸ πλεῖστον — φιλοτίμως τὰ θύματα
(p 294 l 4) 6   19 ᾿Ισσαχὰρ 9 35 56

οὐχ ἡγιάσθησαν ἀλλ᾽ ἔφαγον τὸ Φάσεκ τοῦτο παρὰ τὴν γραφήν».
Ἔτυχον δὲ συγγνώμης διὰ τὴν τοῦ βασιλέως εὐσέβειαν. Προσέθε-
σαν δὲ τῇ ἑορτῇ ἑτέρας ἰσαρίθμους ἡμέρας, τῶν ἀρχόντων πα-
ρεσχηκότων φιλοτίμως τὰ θύματα. Ἔφη δὲ τοιαύτην ἑορτὴν ἐκ
5 τῶν ἡμερῶν Σολομῶντος μὴ γεγενῆσθαι. Ἐντεῦθεν ὁρμήσαντες
καὶ τὰ τεμένη τῶν εἰδώλων κατέλυσαν καὶ τὰ ἄλση ἐξέτεμον καὶ
μετὰ τούτων τὰ ἐν τοῖς ὑψηλοῖς ἀνατεθέντα τῷ Θεῷ θυσιαστήρια
ἐκ βάθρων ἀνέσπασαν. Ἐφρόντισε δὲ καὶ τῆς ἱερατικῆς τάξεως
καὶ τὴν ὑπὸ τοῦ προγόνου γεγενημένην ἐκράτυνε καὶ τὸν λαὸν
10 παρεσκεύασε τὰς κατὰ νόμον ἀπαρχὰς ἀποδοῦναι τοῖς ἱερεῦσιν.
Εἶτα ὁ συγγραφεὺς ἐπήγαγεν ὡς «Μετὰ τοὺς λόγους τούτους καὶ
τὴν ἀλήθειαν ταύτην ἦλθε Σεναχηρεὶμ βασιλεὺς ἀσσυρίων». Δηλοῖ
δὲ ὁ λόγος ὅτι καὶ τοὺς θεοσεβεῖς ἄνδρας δοκιμάζων ὁ τῶν ὅλων
Θεός, συμφοραῖς περιπεσεῖν συγχωρεῖ, εἶτα ἐπικουρῶν διαλύει τὰ
15 σκυθρωπά. Ὁ δὲ βασιλεὺς καὶ τῷ Θεῷ θαρρῶν τὰ παρ᾽ ἑαυτοῦ
συνεισέφερε καὶ πρῶτον τὰς πρὸ τῆς πόλεως πηγὰς ἐνέφραξεν,
ἵνα μὴ προσεδρεύων πολιορκῇ ἔχων τὴν ἀφθονίαν τοῦ ὕδατος.
Ἔπειτα τοὺς περιβόλους ὠχύρωσε καὶ τοὺς πύργους εἰς ὕψος

4 s cf 2 Cr 30, 26   5 s cf 2 Cr 31, 1 s   11 s 2 Cr 32, 1   16 s cf 2 Cr 32, 4 s

1, 5, 6, 8, 9, 10, 12, 35, 37, 54, 55, 56

1 οὐχ pr καὶ 12 35   Φάσεχ 55   τοῦτο] > 54: οὕτω 10   τὴν] τῇ 10   γραφήν pr
θείαν 5 37 54: ἐντολήν 54: θεία γραφῇ κέκληται 10   2 >δὲ 35   Προέθεσαν 35   3
>τῇ ἑορτῇ — ἰσαρίθμους ἡμέρας Α   4 >φιλοτίμως Α   5 γενῆσθαι Α⁻⁵⁴: γενέσθαι
54   6 εἰδώλων] δαιμόνων D 6 9 37   7 >μετὰ τούτων 6   τούτων] τοῦτο c₁ 1   >τὰ
55   >ἀνατεθέντα τῷ Θεῷ θυσιαστήρια 6   ἀνατεθειμένα 54   8 >Ἐφρόντισε — τοῖς
ἱερεῦσιν (l 10) 6   ἐφρόντισαν 37: ἐφρόντησαν 54   τῆς ἱερατικῆς pr τὰ 8 9 35: τοῖς
ἱερεῦσι 10   10 δοῦναι 55   12 Σεναχηρεὶμ] ὁ Σεναχηρὴμ 12: Σεναχηρείμ 56: Σεναχι-
ρεὶμ 5 54: Σεναχειρὶμ 6: Σενναχιρὶμ 8: Σεναχιρὶμ 10: + ὁ Α⁻⁵⁴   ἀσυρίων 5
10   >Δηλοῖ δὲ — περιπεσεῖν συγχωρεῖ (l 14) 6   13 θεοσεβεῖς] εὐσεβεῖς 54   >τῶν
ὅλων Α⁻⁵⁴   14 παραπεσεῖν 5   >εἶτα ἐπικουρῶν Α⁻⁵⁴   >διαλύει Α   τὰ σκυθρωπά]
>Α⁻⁵⁴: + ἀποσοβεῖ 54   15 καὶ/τῷ Θεῷ θαρρῶν tr Α   ἑαυτοῦ συνεισέφερε καὶ] αὐτοῦ
συνεισφέρων Α   16 πρὸ] περὶ 35   ἀνέφραξεν 10   17 >προσεδρεύων πολιορκῇ
6   >τὴν 6   τοῦ] > 6: αὐτοῦ 10   18 Ἔπειτα τοὺς — προσῳκοδόμησεν ἕτερον (p 295
l 1)] ὁ πολιορκῶν ἔπειτα πάντα κατωχύρωσε τοὺς πύργους καὶ περιβόλους 6   ὠχείρωσε
10   >εἰς ὕψος 37

ἀνέστησε καὶ προτείχισμα προσῳκοδόμησεν ἕτερον. Ἀλλ᾽ οὔτε τούτοις οὔτε τοῖς ὅπλοις ἐθάρρησεν ἀλλὰ πρὸς τὸ πλῆθος ἔφη· «Ἀνδρίζεσθε καὶ ἰσχύσατε· μὴ φοβηθῆτε μηδὲ πτοηθῆτε ἀπὸ προσώπου βασιλέως ἀσσυρίων καὶ ἀπὸ προσώπου παντὸς ἔθνους τοῦ μετ᾽ αὐτοῦ, ὅτι μεθ᾽ ἡμῶν πλείους ὑπὲρ τοὺς μετ᾽ αὐτοῦ. Μετ᾽ 5 αὐτοῦ βραχίονες σάρκινοι, μεθ᾽ ἡμῶν δὲ Κύριος ὁ Θεὸς ἡμῶν τοῦ σῶσαι ἡμᾶς καὶ τοῦ πολεμεῖν τὸν πόλεμον ἡμῶν». Διὰ δὲ τούτων ἔδειξε καὶ τῆς θείας ἐπικουρίας τὸ ἄμαχον καὶ τῆς ἀνθρωπείας φύσεως τὸ πρόσκαιρον καὶ ἐπίκηρον. Τὰ δὲ λοιπὰ καὶ ἡ τετάρτη τῶν Βασιλειῶν ἔχει. Ἐπιμέμφεται δὲ αὐτῷ ἡ ἱστορία ὅτι καὶ 10 τοιαύτην νίκην νενικηκὼς καὶ τῆς ἀρρωστίας παραδόξως ἀπαλλαγείς, οὐ κατὰ τὸ ἀνταπόδομα ὃ ἔδωκεν αὐτῷ Κύριος ἀνταπέδωκεν αὐτῷ Ἐζεκίας, «ἀλλ᾽ ὑψώθη ἡ καρδία αὐτοῦ καὶ ἐγένετο ὀργὴ ἐπὶ Ἰούδαν καὶ ἐπὶ Ἰερουσαλὴμ καὶ ἐπ᾽ αὐτόν. Καὶ ἐταπεινώθη Ἐζεκίας ἀπὸ τοῦ ὕψους τῆς καρδίας αὐτοῦ, αὐτὸς καὶ 15 οἱ κατοικοῦντες Ἰερουσαλήμ. Καὶ οὐκ ἦλθεν ἐπ᾽ αὐτοὺς ὀργὴ Κυρίου ἐν ταῖς ἡμέραις Ἐζεκίου». Ἀληθὴς ἄρα ὁ λόγος ἐκεῖνος 856 ὅτι «Ὁ ὑψῶν ἑαυτὸν ταπεινωθήσεται».」 Οὗτος μέντοι διὰ τὴν ⌐5

---

3 s 2 Cr 32, 7-8   9 s cf 4 Re 19, 35 s   13 s 2 Cr 32, 25-26   18 s Lc 14, 11

1, 5, 6, 8, 9, 10, 12, 35, 37, 54, 55, 56

1 περιτείχισμα 35   >οὔτε 10   3 φοβηθῆτε ... πτοηθῆτε tr 1   >μηδὲ πτοηθῆτε D 6 9   4 βασιλέως pr τοῦ Α⁻⁶ 37   ἀσσυρίων] > 37: ἀσύριων 10   >καὶ ἀπὸ προσώπου — τοῦ μετ᾽ αὐτοῦ 6   ἔθνους pr τοῦ 54   5 >ὅτι μεθ᾽ ἡμῶν — τοὺς μετ᾽ αὐτοῦ 5 10 37   ὅτι + οἳ 6 54   τοὺς] τῶν 6 12 54   αὐτοῦ 2°] αὐτὸν 6: αὐτῶν 54   >Μετ᾽ αὐτοῦ c₁   6 >σάρκινοι 6   >δὲ Α⁻⁵⁴   ἡμῶν 2°] > 6: ὑμῶν 12   7 ἡμᾶς] ὑμᾶς 10   >καὶ τοῦ πολεμεῖν — καὶ ἐπίκηρον (l 9) 6   >δὲ 9   8 ἔδειξε] ἐδίδαξε Α 35   ἄμαχον] ἀμήχανον 1 37   ἀνθρωπίνης Α 8 9 35   9 πρόσκαιρον] ἀσθενὲς 54   ἐπίκηρον] ἐπίκουρον 8   >Τὰ δὲ λοιπὰ — Βασιλειῶν ἔχει 54   10 >καὶ τοιαύτην νίκην — Ἐζεκίας, ἀλλ᾽ (l 13) 6   11 τοσαύτην Α   παραδόξως ἀπαλλαγείς tr 5 10 37   12 ἔδωκεν] ἀντἐπέδωκε 37   αὐτῷ] αὐτοῦ 10   Κύριος pr ὁ 54   ἀντεπέδωκε 56   13 >καὶ ἐγένετο ὀργὴ — Ἰερουσαλήμ (l 14) 6   ἐγένετο ὀργὴ — ἡμέραις Ἐζεκίου (l 17)] ἑξῆς 54   ἐγένετο + ἐπ᾽ αὐτὸν 5: + ὑπ᾽ αὐτὸν 10   14 ἐπὶ pr καὶ 5   Ἰούδα Α 1   >καὶ ἐπ᾽ αὐτὸν Α   αὐτὸν] αὐτῶν 35   15 >ἀπὸ τοῦ ὕψους τῆς καρδίας αὐτοῦ Α   >αὐτὸς καὶ οἱ κατοικοῦντες — ἡμέραις Ἐζεκίου 6   17 >ὁ λόγος 54   >ἐκεῖνος 6 54   18 ὅτι] > 37 54: + πᾶς 6 9   ταπεινωθήσεται + καὶ ὁ ταπεινῶν ἑαυτὸν ὑψωθήσεται 5 10

εὐσέβειαν αὐτόπτης οὐκ ἐγένετο τῶν λυπηρῶν, ἀλλὰ πρὸ τῆς
ἐφόδου τῶν πολεμίων τοῦ βίου τὸ τέλος κατέλαβε. Γηὼν δὲ τὸν
Σιλωὰμ καλεῖ. Ὅτι μέντοι διὰ τὸ ἀναστρέψαι τὸν ἥλιον τοὺς
δέκα ἀναβαθμοὺς ἀπέστειλε πρὸς αὐτὸν τῶν βαβυλωνίων ὁ βασι-
5 λεὺς ἡ ἱστορία διδάσκει. Διηγησαμένη γὰρ ὃν συνήγαγε πλοῦτον
καὶ ὅσους κατεσκεύασε θησαυροὺς ἐπήγαγε· «Καὶ εὐωδώθη
Ἐζεκίας ἐν πᾶσι τοῖς ἔργοις αὐτοῦ καὶ οὕτως ἐν τοῖς πρεσβευταῖς
τῶν ἀρχόντων τῶν ἀπὸ Βαβυλῶνος τοῖς ἀποσταλεῖσι πρὸς αὐτὸν
πυθέσθαι παρ' αὐτοῦ τὸ τέρας ὃ ἐγένετο ἐπὶ τῆς γῆς καὶ ἐγκατέλι-
10 πεν αὐτὸν Κύριος τοῦ πειράσαι αὐτὸν εἰδέναι τὰ ἐν τῇ καρδίᾳ
αὐτοῦ». Δηλοῖ δὲ ὁ λόγος ὅτι ἄμεινον ἐν Κυρίῳ καυχᾶσθαι. Δέον
γὰρ αὐτὸν τὰ περὶ τῆς θείας δυνάμεως διηγήσασθαι, τοὺς θη-
σαυροὺς ἐπέδειξε, τοὺς οὐδὲν μόνιμον ἔχοντας. Τὸ δὲ «πειράσαι
αὐτὸν εἰδέναι τὰ ἐν τῇ καρδίᾳ αὐτοῦ», τοῦτο σημαίνει ὅτι ἠθέλησε
15 γυμνῶσαι τοὺς λογισμοὺς αὐτοῦ. Οὐ γὰρ αὐτὸς ἀγνοεῖ τῶν
ἀνθρώπων τὰ ἐνθυμήματα ὁ ἐπιστάμενος καρδίας μονώτατος·
ἀλλὰ τοῖς ἄλλοις ἀποκαλύπτει τὰ κεκρυμμένα. Ἀπήλαυσε δὲ καὶ
ἐπιταφίων λαμπρῶν. Μετὰ πολλῆς γὰρ αὐτὸν καὶ τιμῆς καὶ δόξης

---

3 s cf 4 Re 20, 8 s **6** s 2 Cr 32, 30-31 **13** s 2 Cr 32, 31 **17** s cf 2 Cr 32, 33

1, 6, 8, 9, 10, 12, 35, 37, 54, 55, 56

1 εὐσέβειαν + αὐτοῦ 6 54 2 τοῦ βίου — κατέλαβε] τὸν βίον μετήλλαξε 54 Γηὼν]
Γιὼν 56: Γηὸν 10: laes 55 δὲ] > 37: + ὡς προείρηται ed: + εἴρηται ὅτι 54 3 Ση-
λωὰμ 55 καλεῖ + καὶ διὰ τί 54 μέντοι] μὲν 10 4 δέκα] δώδεκα 37 >τῶν 8 5
Διηγησαμένη γὰρ — εὐωδώθη] εὐωδώθη, γάρ φησι 54 Διηγησαμένη γὰρ — ἐπὶ τῆς γῆς
καὶ (l 9)] λέγει δὲ ὅτι 6 συνήγαγε] διήγαγε 9 10 7 οὕτως] οὕτω 54 τοῖς 2°] ταῖς
35 8 >τῶν 1° 1 9 >ἐγκατέλιπεν D 10 10 >αὐτὸν 1° c_1 τὰ ἐν τῇ καρδίᾳ
αὐτοῦ] τὰ ἔργα αὐτοῦ 6 11 Δηλοῖ] δῆλος c_1 1 12 >τὰ 54 δυνάμεως] θαυματουρ-
γίας D 9 10 διηγήσασθαι] ἐξηγήσασθαι A $^{.10}$: + ἢ 6 54 13 ἐπέδειξε] ἐπιδείξαι 54:
ἐπεδείξαι 6: ἢ τοὺς θησαυροὺς ὑποδείξαι 37 τοὺς οὐδὲν μόνιμον — τὰ κεκρυμμένα
(l 17)] τοῖς ἀπὸ Βαβυλῶνος πρεσβευταῖς 6 οὐδὲν] μηδὲν 54 14 ἠθέλησε] ἤθελεν 8 9
10 12: ἦλθεν 35 15 γυμνῶσαι 37 αὐτὸς + ὁ πλάσας 54 16 >ὁ ἐπιστάμενος καρ-
δίας — τὰ κεκρυμμένα 54 17 >δὲ 10 18 ἐπιταφίων] ἐνταφίων 54 λαμπρῶν +
ἀπέλαυσεν δὲ καὶ τιμῆς πλείονος καὶ δόξης 8 >Μετὰ πολλῆς — δόξης κατέθηκαν (p
297 l 1) 54 >γὰρ αὐτὸν 8 >καὶ A $^{.10}$ >καὶ δόξης 6

κατέθηκαν. Τοῦ δὲ Μανασσῆ τὴν ἀσέβειαν καὶ ἡ τῶν Βασιλειῶν ἐδίδαξε βίβλος. Οὐ γὰρ μόνον τοὺς δυσσεβεῖς βασιλέας ὑπερηκόντισεν, ἀλλὰ καὶ «τὰ ἔθνη» φησίν, «ἃ ἐξῆρε Κύριος ἀπὸ προσώπου τῶν υἱῶν Ἰσραήλ». Ἔτισε δὲ καὶ δίκας τῆς ἀσεβείας. Παρεδόθη γὰρ τῷ βασιλεῖ τῶν ἀσσυρίων καὶ ἀπήχθη πεπεδημένος εἰς 5 Βαβυλῶνα. Ἀλλὰ τῆς φιλανθρωπίας ἡ ἄβυσσος μετέδωκε καὶ τούτῳ τῶν τοῦ ἐλέους κρουνῶν· «Ὡς γὰρ ἐθλίβη», φησί, «Μανασσῆς ἐδεήθη τοῦ προσώπου Κυρίου τοῦ Θεοῦ αὐτοῦ καὶ ἐταπεινώθη σφόδρα ἀπὸ προσώπου τοῦ Θεοῦ τῶν πατέρων αὐτοῦ. Καὶ προσηύξατο πρὸς αὐτὸν καὶ ἐπήκουσε τῆς βοῆς αὐτοῦ καὶ ἐπέστρε 10 ψεν αὐτὸν εἰς Ἱερουσαλὴμ ἐπὶ τὴν βασιλείαν αὐτοῦ· καὶ ἔγνω Μανασσῆς ὅτι Κύριος αὐτός ἐστιν Θεός». Τοσοῦτον ἡ παιδεία τοὺς βουλομένους ὀνίνησιν. Ἃ γὰρ βασιλεύων οὐκ ἔσχε ταῦτα δουλεύων ἐκτήσατο. Τῆς γὰρ δουλείας ἀπαλλαγείς, «περιεῖλε», φησί, «τοὺς θεοὺς τοὺς ἀλλοτρίους καὶ τὸ γλυπτὸν ἐξ οἴκου Κυρίου 15 καὶ πάντα τὰ θυσιαστήρια ἃ ᾠκοδόμησεν ἐν ὄρει οἴκου Κυρίου καὶ ἐν Ἱερουσαλήμ· καὶ ἐξέβαλεν ἔξω τῆς πόλεως καὶ κατώρθωσε τὸ θυσιαστήριον Κυρίου καὶ ἔθυσεν ἐπ᾿ αὐτῷ θυσίαν σωτηρίου καὶ αἰνέσεως». Ἐδίδαξε δὲ καὶ τὸν λαὸν εὐσεβεῖν. «Εἶπε» γάρ φησι,

1 s cf 4 Re 21, 2   3 s 2 Cr 33, 9   5 s cf 2 Cr 33, 11   7 s 2 Cr 33, 12-13   14 s 2 Cr 33, 15-16   19 s 2 Cr 33, 16

1, 6, 8, 9, 10, 12, 35, 37, 54, 55, 56

1 Τοῦ pr τοῦτο 8   δὲ Μανασσῆ tr ed   2 ἐδίδαξε βίβλος tr 54   >Οὐ γὰρ μόνον — τῶν υἱῶν Ἰσραήλ(l 4) 6 54   βασιλέας] βασιλεῖς ed   3 >καὶ 6   5 πεπεδημένος] δεδεμένος 12   6 >καὶ 6   7 >τῶν 6   >κρουνῶν — Μανασσῆς 6   Ὡς γὰρ ἐθλίβη — τὴν βασιλείαν αὐτοῦ (l 11)] καὶ τῆς δουλείας ἀπαλλάξας ἐπὶ τὴν ἰδίαν βασιλείαν ἐπανήγαγε τῆς μεταμελείας τοῦτο κέρδος εὑράμενος 54   8 τοῦ 1°] γὰρ 6   10   >προσώπου 6   >καὶ ἐταπεινώθη — τῆς βοῆς αὐτοῦ (l 10) 6   9 >τοῦ 1 8   35   10 βοῆς] φωνῆς 5 37   11 >αὐτὸν 6   ἐπὶ] εἰς 6   >καὶ ἔγνω — ἐστιν Θεός 10   54   12 Θεός pr ὁ 6   13 >Ἃ γὰρ βασιλεύων — δουλεύων ἐκτήσατο 6 54   ἔσχε] εἶχε   10   15 φησί] > 54: πάντας 6   >τοὺς 1° 6   θεοὺς/τοὺς ἀλλοτρίους tr 6   θεοὺς +   καὶ 10   >καὶ τὸ γλυπτὸν — ἔξω τῆς πόλεως (l 17) 6   16 πάντα τὰ θυσιαστήρια — τὸν λαὸν εὐσεβεῖν(l 19)] ἑξῆς καὶ μετ᾿ ὀλίγον 54   θυσιαστήρια] τοῦ θυσιαστηρίου 8   35   Κυρίου + καὶ πάντα τὰ τοῦ θυσιαστηρίου τοῦ Βάαλ 12   17 >καὶ 1° 12   κατόρθωσεν 12 56   >τὸ ed   18 Κυρίου pr τοῦ 10   >καὶ ἔθυσεν — καὶ αἰνέσεως 6   αὐτῷ] αὐτὸ 1 8 37   19 >καὶ 6 35   >Εἶπε γάρ φησι, — Θεῷ Ἰσραήλ (p 298 l 1) 6   >φησι c_1 35 54

«Μανασσῆς τῷ Ἰούδα δουλεύειν Κυρίῳ τῷ Θεῷ Ἰσραήλ». Τὸ δὲ ἀτελὲς τοῦ λαοῦ πάλιν ὁ λόγος δεδήλωκεν· πλὴν ἔτι ὁ λαὸς ἐπὶ τῶν ὑψηλῶν ἐθυσίαζεν. Ὅτι δὲ τῷ Θεῷ ἐν τοῖς ὑψηλοῖς ἔθυον σαφῶς ἐνταῦθα ἡ ἱστορία δεδήλωκεν· ἐπήγαγε γάρ· «Πλὴν εἰς
5 κενὸν Κυρίῳ τῷ Θεῷ αὐτῶν». Τὰ δὲ κατὰ τὸν Ἀμὼν καὶ τὸν Ἰωσίαν ἐν τῇ τετάρτῃ τῶν Βασιλειῶν ἡρμηνεύσαμεν. Ζητητέον δὲ πῶς ἔνδον οὔσης τῆς κιβωτοῦ ἐν τῷ Ἁγίῳ τῶν ἁγίων τοῖς λευίταις ὁ Ἰωσίας ἁγνισθῆναι προσέταξε τοῦ δοῦναι τὴν κιβωτὸν τὴν ἁγίαν ἐν τῷ οἴκῳ Κυρίου. Καὶ τὰ ἑξῆς δὲ τοῦτο δηλοῖ· «Καὶ
10 ἔθηκαν τὴν κιβωτὸν τὴν ἁγίαν ἐν τῷ οἴκῳ ὃν ᾠκοδόμησε Σολο- 857 μὼν υἱὸς Δαβὶδ τοῦ βασιλέως Ἰσραήλ». Ἐγὼ δὲ οἶμαι ἢ τὸν Ἀσσύριον ἐπὶ τοῦ Μανασσῆ τὴν πόλιν ἑλόντα ἐξαγαγεῖν τὴν κιβωτὸν ἔνδοθεν, ἤ τινα τῶν δυσσεβῶν βασιλέων τῶν μετὰ τὸν Ἐζεκίαν βεβασιλευκότων, ἢ τὸν Μανασσὴν ἢ τὸν Ἀμών· εἶτα
15 τοῦτο τὸν Ἰωσίαν μεμαθηκότα εἰς τὸν οἰκεῖον ἀποκαταστῆσαι τόπον. Πάλιν μέντοι ἡ ἱστορία τὸν Ἀσὰφ καὶ Αἰμὰν καὶ Ἰδιθοὺμ προφήτας ἐκάλεσε. «Κατὰ τὰς ἐντολάς», φησί, «Δαβὶδ καὶ Ἀσὰφ

---

4 s 2 Cr 33, 17ap   6 s cf 4 Re 21, 15 s   9 s 2 Cr 35, 3   17 s 2 Cr 35, 15

1, 6, 8, 9, 10, 12, 35, 37, 54, 55, 56

2 ὁ λόγος δεδήλωκεν — τῷ Θεῷ αὐτῶν (l 5)] ἦν ἐν τοῖς ὑψηλοῖς 6   δεδήλωκεν] ἐδήλωσε 54: + ἐπήγαγε 37   πλὴν] pr γὰρ 37: πάλιν 35   ἔτι] > 54: pr ὅτι 1 37 54 56   4 ἐνταῦθα laes 55   5 Κυρίῳ + Κυρίῳ 55   Θεῷ αὐτῶν. Τὰ laes 55   Ἀμὼς 54: Ἀμμὼν 56   >τὸν 2° 6 8   6 τῇ τετάρτῃ τῶν Βασιλειῶν ἡρμηνεύσαμεν] ταῖς Βασιλείαις ἡρμηνεύεται 54   τετάρτῃ] ἱστορία 6   Ζητητέον laes 55   7 πῶς] ὅπως 37   8 >τοῖς λευίταις c₁   >ὁ 9 10   9 >τὴν ἁγίαν ἐν τῷ 12   Κυρίου pr τοῦ 35   τὰ] τὸ 9 10 35   τοῦτο laes 55   10 ὃν] ᾧ c₁ 1 6 37 54   Σολομὼν] > 35: + ὁ 8 37   11 >υἱὸς Δαβὶδ τοῦ βασιλέως 6   >Ἰσραήλ 6 54   >ἢ 6 54   12 τῶν ἀσσυρίων 35   Μανασσοῦ D 56   13 ἔνδοθεν pr τῶν 54   >ἢ τινα τῶν δυσσεβῶν βασιλέων τῶν Α   τινα + τῶν 1   τῶν δυσσεβῶν / βασιλέων tr 1   μετὰ τὸν Ἐζεκίαν — εἰς τὸν οἰκεῖον (l 15)] καὶ τῶν ἐφ' ἑξῆς βεβασιλευκότων μηδένα λόγον ἐχόντων εὐσεβείας. Καὶ διὰ τοῦτο τῷ οἰκείῳ τόπῳ μὴ ἀποκαταστησάντων αὐτήν, μαθόντα τοῦτο τὸν εὐσεβέστατον Ἰωσίαν τὸν οἰκεῖον αὐτὴν 54   >μετὰ τὸν Ἐζεκίαν βεβασιλευκότων 6 10   μετὰ τὸν] μετ' αὐτὸν 8   14 >ἢ τὸν Μανασσὴν — ἀποκαταστῆσαι τόπον (l 16) 6   Μανασὴν 55   Ἀμμὼν 55   17 >προφήτας ἐκάλεσε — Αἰμὰν καὶ Ἰδιθοὺμ 6 12 54   >καὶ 55

καὶ Αἰμὰν καὶ Ἰδιθοὺμ τῶν προφητῶν τοῦ βασιλέως». Τὸ δὲ «Κε-
ρεσεὶμ» εἶδος εἶναι μαντείας ὑπολαμβάνω· τοῖς γὰρ
ἐγγαστριμύθοις καὶ τοῖς γνώσταις καὶ τοῖς θεραφὶμ συνῆπται. Το-
σαύτη δὲ ἦν τοῦδε τοῦ βασιλέως ἡ ἀρετὴ ὅτι καὶ θρῆνον ὁ
προφήτης Ἱερεμίας συνέγραψε καὶ τοῦτον τοῖς ᾠδοῖς δέδωκε καὶ   5
ταῖς ᾀδούσαις, ὥστε τοῦτον ᾄδειν καθ᾽ ἕκαστον ἐνιαυτὸν
ἐπιτελοῦντας τὴν μνήμην. Τὰ δὲ κατὰ τοὺς λοιποὺς βασιλέας ὁ
προφήτης Ἱερεμίας διὰ πλειόνων ἐδίδαξεν. Ἡμεῖς δὲ διὰ τὴν
θείαν χάριν κἀκείνην τὴν βίβλον ἑρμηνεύσαντες αὖθις ἑρμηνεῦσαι
τὰ αὐτὰ περιττὸν ὑπειλήφαμεν. Ὅτι δὲ ἐκ πολλῶν προφητικῶν   10
βίβλων ταῦτα ὁ ἱστοριογράφος μετὰ πολὺν χρόνον συνήγαγε, τὸ
τέλος τῆς βίβλου διδάσκει· μέμνηται γὰρ Κύρου τοῦ περσῶν βα-
σιλέως καὶ τῆς ἐπανόδου τῶν αἰχμαλώτων.

---

1 s 2 Cr 35, 19a   4 s cf 2 Cr 35, 25   7 s cf Je 52, 1 s   12 s cf 2 Cr 36, 22-23

1, 6, 8, 9, 10, 12, 35, 37, 54, 55, 56

1 βασιλέως + εἶναι φησίν 6 54   Τὸ] τὰ 1 8 9 12   Κερεσεὶμ] Κερεσὶμ c₁ 1 37: Κε-
ρεσσὶμ 12: Κερεὶμ 6 54: θεραφεὶμ 9ᶜ 10   2 τοῖς] τὰ 9   3 θεραφεὶμ 9 12 35: θεραφὶν
c₁   4 τοῦδε] > 54: ἡ 6   >ἡ 6   θρῆνον + ὃν c₁   5 ὁ προφήτης / Ἱερεμίας tr
54   7 ἐπιτελοῦντας τὴν μνήμην] > 6: + αὐτοῦ 9 10   βασιλεῖς 6 37 54   8 Ἡμεῖς δὲ
— κἀκείνην] διὸ Θεοῦ χάριτι ἐκεῖνον 54   >δὲ 55   9 τὴν θείαν χάριν] τῆς θείας χάριτος
6 37 54   >τὴν βίβλον 54   ἑρμηνεῦσαι / τὰ αὐτὰ tr 54   10 τὰ αὐτὰ] ταύτην ed
περιττὸν + ἂν εἴη 8: + ἂν 12 35   +εἶναι 9 10   >δὲ 12   >ἐκ πολλῶν 10   πολλῶν /
προφητικῶν βίβλων tr 1   11 βιβλίων 35   συνήγαγε] συνηγάγετο 54: pr ὁ
ἱστοριογράφος 9*   12 ἐκδιδάσκει 6 37 54 56   τοῦ] τῶν 8 35   περσῶν] πέρσου 54

INDICES

ADVERTENCIA

— Los números remiten a la página y línea de la edición.

— Para las citas del AT seguimos las ediciones de Cambridge (A. E. Brooke - N. McLean - H. St. J. Thackeray, *The Old Testament in Greek. Genesis-Tobit,* Cambridge 1906-1940) y Gotinga (*Septuaginta. Vetus Testamentum Graecum,* Göttingen 1931—). En aquellos libros que todavía no han aparecido en ninguna de estas dos ediciones seguimos la edición manual de A. Rahlfs (Stuttgart 1935). Para las citas del NT seguimos la edición de E. Nestle-K. Aland, *Novum Testamentum Graece,* Stuttgart 1979[26].

La sigla *cf* indica que no se trata de cita literal sino de alusión. Cuando a la cita se añade *ap*(paratus) indica que el texto, normalmente antioqueno, no es fácil de identificar sin consultar el aparato de Brooke-McLean.

— Para Flavio Josefo seguimos la edición de B. Niese, *Flavii Iosephi Opera,* I-VII, Berlín 1955.

— El índice léxico no es exhaustivo. Nos hemos limitado a los términos de mayor interés lexicográfico. Se excluyen de ordinario las citas bíblicas, más reflejo del léxico de Septuaginta que del de Teodoreto, y hemos atendido muy especialmente a posibles acepciones nuevas o muy especializadas del vocablo en cuestión.

I. INDICE DE CITAS BIBLICAS

1. ANTIGUO TESTAMENTO

2. NUEVO TESTAMENTO

II. INDICE DE AUTORES

III. INDICE LEXICO